青南齋 사회학論集

學問餘滴

학 문 여 적

신 행 철 저

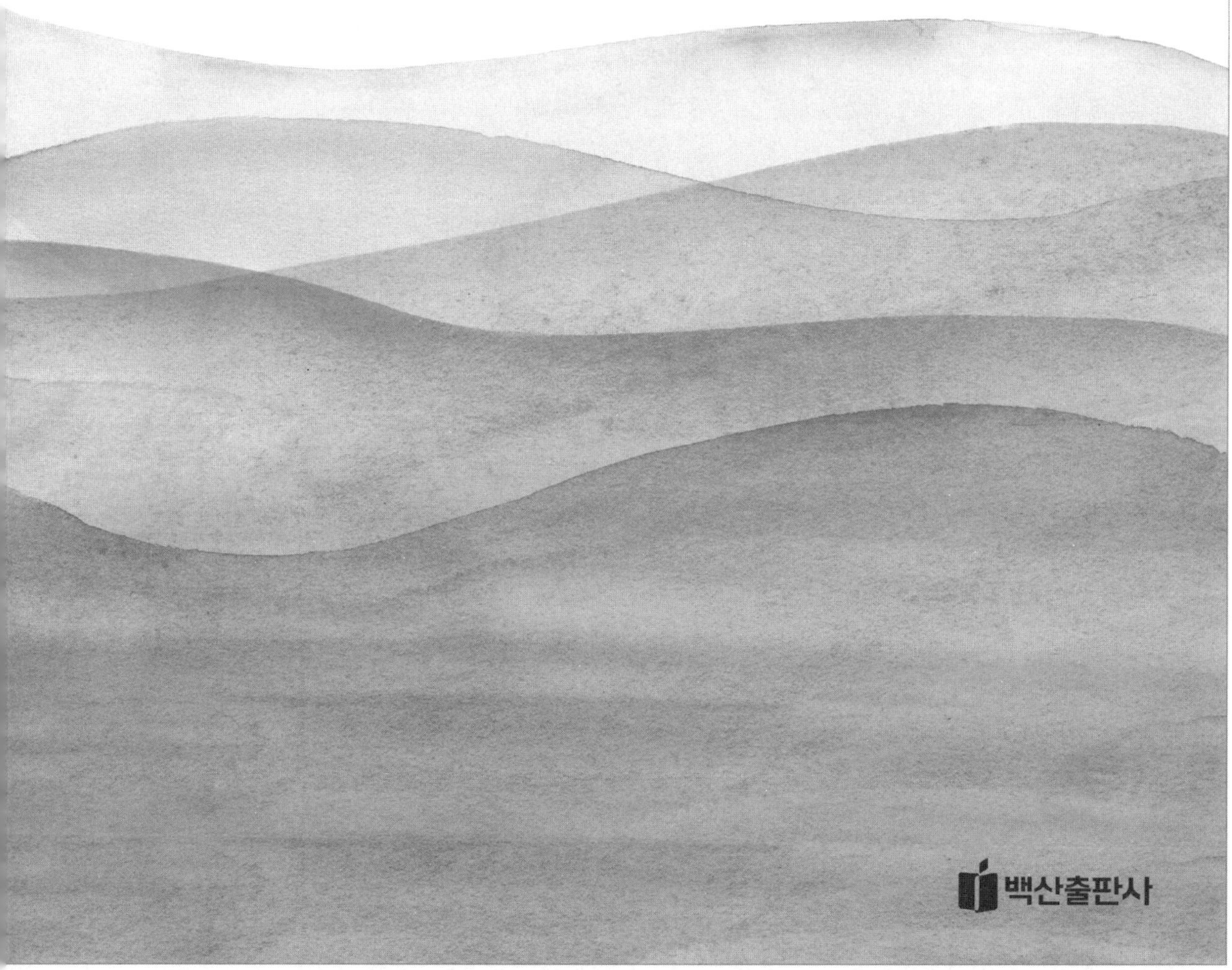

백산출판사

서문

학문한답시고 흘려보낸 세월 30여 년, 그리고 이제 10년이 더 흘러 그 흔적들이 묻히게 될지도 모르는 시점에 이르렀다. 묻히게 될 그 학문적 흔적들을 한 권의 책으로 모아보았다. 그 내용은 학문적으로 수준 미달의 것들도 있지만 이는 내 능력의 한계이다. 독창성이나 기여도를 돌이켜보면 그렇다. 술이부작(述而不作)이다.

지금부터 15년 전, 대학교수 정년퇴임 시점에서 정년퇴임 기념 삼아 그동안의 논문 중 제주 관련 내용을 모아 『제주사회와 제주인』(제주대출판부, 2004)을 출간했었다. 나의 고향인 제주의 대학에 몸담은 동안 주로 제주사회에 학문적 관심을 두고 연구한 결과물들 묶은 것이었다. 나의 박사학위논문을 책(『제주 농촌 지역사회의 권력구조』, 일지사, 1989)으로 엮어낸 후 25년 만의 단행본 저술인 셈이다. 그동안에는 공저 책 몇 권과 번역시 『계급사회학』(한울, 2001)을 내놓은 바 있다.

이번에 출간하는 『學問餘滴』(학문여적)은 정년퇴임 기념 삼아 내놓은 『제주사회와 제주인』에 주제의 성격상 담지 못했던 학문적 관심을 가진 다양한 주제의 내용을 모아 정리한 것이다. 사회계층 · 계급, 사회복지, 지역사회학, 정치사회학의 몇몇 주제들을 다루었다.

사회계층 · 계급 부분은 특히 지식인에 관련지어 논의하는 내용이 주를 이룬다. 여기에는 지식인을 자처하는 대학교수로서의 나 자신을 성찰하고 돌아보려는 의도가 숨어 있다. 이것이 책의 Ⅰ부 내용이다. Ⅱ부 사회복지와 지역사회개발 부분은 나의 학문적 출발점(1970년대 말, 석사과정)에서부터 관심 가져온 주제이다. 개발연대에 그늘진 사회의 구석은 사회복지 대상 영역의 확대를 낳았고, 지역사회(농촌사회)의 상대적 후진성은 학문적 관심의 대상이 되기에 충분하였다. 내가 석사과정에서 사회복지 특히 지역사회개발 분야를 택한 이유이다.

지역사회개발과 관련하여서는 지역사회 지도력의 문제가 중요했다. 그래서 접근한 것이 정치적 주제인 '권력'의 문제였고 이런 관심이 정치사회학으로 이어지면서 국가에 대한 관심도 생기게 되었다. 이 책의 Ⅲ부에서 국가와 사회 변화의 여러 측면을 다루게 된 이유이다. 돌이켜 생각하면 학문적 의욕에도 불구하고 역부족으로 정치사회학적 주제의 연구들은 이루어내지 못하였다. 그 대신에 우리 사회 특히 지역사회의 요구에 결부하여 여러 주제가 더해졌다.

『제주사회와 제주인』에서 다루지 못하고 지나쳐버린 제주사회에 관한 두 편의 논문을 마지막 Ⅳ부에 넣었다. 사회의 갈등과 통합, 제주 사회 · 문화에 대한 연구를 개관한 것이 그것이다.

학문적 업적으로 내세우기에는 미치지 못하는 글들, 특히 초고(草稿)를 포함하고, 조사보고서를 부록으로 더했다. 몇 편의 초고는 그 완성의 시기를 놓치면서 남겨진 흔적들이고 조사보고서는 학문외적 활동으로 실천적 용역 프로젝트에 참여하여 작성된 것들이다. 그 당시 제주 지역사회의 시대적 관심사의 반영물이다.

그저 학문의 여백을 채우는 성격의 책이라 자인하면서 책 이름을 『學問餘滴』이라 하였다. 『천자문』에 따르면 "秋收冬藏, 閏餘成歲"(추수동장 윤여성세)이다. 가을에 거둔 곡식 겨울에 저장하고, 일 년 12개월에 나머지 시간(윤달)을 더하여 연연세세(年年歲歲) 세월이 이루어진다 하였다. 이 책의 의미가 그러하다. 본격적인 학문적 성취의 본류에 들기에는 그렇지만 그 윤여(閏餘)의 부분이 더해져서 학문활동의 전체를 이루게 되었다는 의미이다. 학문적 성취를 거두어 저장하면서 여백의 흔적들 또한 모음으로써 나의 전체 학술활동이 이루어짐을 말하려 함이다. 학문생활 속에서 거둔 여백의 결실을, 잊어버리기 전에 모아 두고자 하는 것이 이 책이 의도하는 바이다. 중국의 루쉰(魯迅)은 '옛일을 다시 들추기'로 산문집 『朝花夕拾』(조화석습: 아침에 핀 꽃 저녁에 줍는다)을 저술하였다. 옛날 자신의 경험을 뒤늦게 들추어 글로써서 모아놓은 것이다. 이에 빗대어 말하면 나 또한 '옛날 들추기'하여 옛날에 지은 글을 오늘 나이 들어 이 책에 모아놓았다. 지난날 어지럽게 흩어져 있는 글들은 꽃(朝花)일 터이고 여기 모아놓는 작업은 그 꽃을 줍는 일(夕拾)일 터이다.

나는 학문 공부를 내 또래의 동학(同學)들보다 훨씬 늦게 시작하였다. 학문 훈련의 본격적인 과정은 대학원 석사과정에서 시작된다고 하거니와, 학부 졸업 15년이 지나서야 대학원 석사과정을 시작한 것이다. 학부 졸업 후 15년은 학문 공부와는 동떨어진 세계에서 노닐었다. 이제 와 생각하면 미몽(迷夢)의 정원(庭園)을 벗어나지 못하고 지낸 세월이었다. 학문의 세계로 접어들어 30여 년, 다행히도 대학교수가 되어 26년여 열심히 한다고 했으나 역부족하여 남겨놓는 게 보잘것없어 보인다.

이제 내 나이 팔순에 이르러 지난날을 돌아보며 남는 회한을 다소나마 풀어보려 하는 것이 이 책을 내는 이유이기도 하다. 나의 지난날을 정리한다는 의미에서 비록 초라하지만 나 개인적으로는 적지 않은 의미가 있다고 생각하면서 감히 책으로 엮어 내놓는다. 내용의 잘못에 대해서는 독자 제현의 질정(叱正)을 바라고 이를 달게 받겠다.

이 책과 더불어 나의 전공영역의 모든 '학문적' 글쓰기에 대한 관심을 접으려 하면서 뒤돌아보아 토로하지 않을 수 없는 말을 남기려 한다. 미몽의 정원을 벗어나지 못하고 지내던 시절 나를 학문의 세계에 접근하도록 독려해 주었고 학자로서 생활하도록 뒷바라지하면서 반세기 넘게 나와 고락을 함께해 온 나의 내자(內子)에게 이 지면을 빌려 다시 없는 고마움을 전한다. 그리고 학문활동의 전 과정을 통하여 나를 가르치고 지도편달해 주신 학위과정의 지도교수님과 선배 동료 여러 분께 감사의 말씀을 드린다. 내 교단에서의 가르침에 따르고 다방면의 사회생활을 통하여 나를 지지해 주는 제자들에게도 고마움을 전한다.

끝으로 온라인 디지털시대에 어려움을 겪으면서도 오프라인의 출판사업을 굳건하게 지키면서 타산을 초월하여 이 책의 출판을 맡아주신 백산출판사의 진욱상 대표께 깊이 감사드리고, 더불어 저자의 악필로 책의 교정과정에 어려움을 겪으면서도 정성을 기울여 협조해 주신 성인숙 과장과 편집 출판진 여러분에게 고마운 마음을 전한다. 건승하시기 바란다.

2018년의 한여름
제주의 우거(寓居), 청남재(靑南齋)에서
신행철

차례

I 계층 · 계급과 지식인 9

제1장 사회계급의 개념과 관점 _11
제2장 갈등이론에 있어서 산업사회의 계급형성에 관한 이론 검토 _33
제3장 지식인 집단의 사회계층적 성격 _53
제4장 서학에 대한 후기조선 지식인들의 대응 _81
제5장 현대 산업사회 지식인의 야누스적 모습 _100

II 사회복지 · 지역사회개발 117

제6장 역할 개념과 사회복지 _119
제7장 지방분권화 정책과 사회복지의 미래 _133
제8장 노인복지와 사회정책(*草稿) _149
제9장 도벽성(盜癖性) 치료의 일 사례 _165
제10장 지역사회개발 _173
제11장 지역사회와 리더십 _205

III 국가와 사회변화의 여러 측면 227

제12장 21세기, 후기산업사회 국가의 성격 _229
제13장 한국 정치사회의 변화와 교육 · 교육자의 역할(*草稿) _251
제14장 미래사회의 특성과 교육의 과제(*草稿) _265
제15장 대학의 연구기능과 사회발전 _278
제16장 일차적 사회의식의 변모 _301

IV 제주사회 317

제17장 제주사회의 갈등과 도민통합 _319
제18장 제주 사회 · 문화 연구 개관 _349

부록 조사보고서 365

제1장 제주도개발에 대한 주민의식구조 _367

제2장 제주도민의 개발에 대한 의식조사 _406

제3장 제주도 사회복지 _419

제4장 북제주군의 사회복지 _436

제5장 제주의 사회과학 학술활동 _451

■ 게재논문의 출처 _471

I

계층 · 계급과 지식인

Chapter 01 사회계급의 개념과 관점

Chapter 02 갈등이론에 있어서 산업사회의 계급형성에 관한 이론 검토

Chapter 03 지식인 집단의 사회계층적 성격

Chapter 04 서학에 대한 후기조선 지식인들의 대응

Chapter 05 현대 산업사회 지식인의 야누스적 모습

CHAPTER

01 사회계급의 개념과 관점

1. 사회불평등과 계급

사회불평등은 인류사회의 보편적 현상으로서 그 구조화된 체계를 사회계층화 체계(stratification)로 부르기도 하는데, 계급은 근대 산업사회의 특징적인 계층화 현상을 설명하려는 용어라 할 수 있다(Crompton, 1995: 15-19).[1] 그 용어의 의미에 대한 혼란은 종래 계층화 현상에 대한 서로 다른 이론상의 논쟁 때문이기도 하고 각 이론들이 설명하려는 대상의 사회·경제적 변화 때문이기도 하다(Crompton, 1995: 27). 말하자면 동일한 사회를 대상으로 하면서도 이론적 입장의 차이에 따라 어떤 사람들은 계급이라는 개념을 가지고 설명하려 하고 다른 사람들은 계층이란 개념을 가지고 설명하려 한다. 이때 전자의 입장을 계층이론, 후자의 입장을 계급이론이라고 한다. 이론상의 입장 차 말고, 대상이 되는 사회 현실의 성격 차이에 따라 계급 개념을 가지고 설명할 수 있는 경우도 있고 계층 개념을 가지고 설명할 수 있는 경우도 있을 것이다. 말하자면 계급 개념이 적용되어 좋은 사회 현실이 있을 수 있는 반면에 계층 개념이 적용되어 마땅한 현실이 있을 수 있다고 볼 수 있는 것이다. 물론 이들이 이론적이 되었건 대상의 인식 차에서 오는 것이건 간에 계층론자들은 사회불평등 현상을 계층 개념으로 접근하려 하고 계급론자들은 그런 현상에 대하여 계급 개념을 가지고 접근하려 한다.

---

1) 그러나 근대 이후의 불평등 현상을 계급체계로 보는 것만은 아니다. 사회기능론적 시각에서는 계층화현상을 그 체계를 이루는 분화된 집단들이 서로 적대적 대립 없이 등급화된 서열체계를 이루고 있는 계층들(strata)의 체계로 본다. 그 대표적인 견해는 Davis와 Moore(1945: 242-249)에서 볼 수 있다. 근대 이후의 불평등 현상을 계급체계로 보는 경우에도 서로 다른 입장들을 취하게 된다. 예컨대 기능론적 시각에 대립하는 신갈등론적 계층이론가들은 권력과 강제를 중요시하고 갈등을 강조하면서도 계급이 사회체제를 혁명적으로 붕괴하는 담당자라는 마르크스적 시각에 대해서는 회의적이다(예컨대 Dahrendorf, 1959 참조).

계급이론에 있어서 계급이라는 개념은 '행동하는' 사회집단이라는 의미와 깊게 관련되어 있다. 그리하여 마르크스의 구별을 따라 계급을 '즉자적' 계급과 '대자적' 계급으로 구분하게 되는 것인데 이때 '즉자적' 계급은 행동하지 않는, 사회현실로 존재하는 사회불평등체계의 구성단위 집단으로서 마르크스주의 계급론자들에게 있어서 이 집단은 계층일 뿐 엄격한 의미에 있어서의 계급은 아닌 것이다. 계급은 '대자적' 계급이어야 하는 것이다. 이 대자적 계급은 당연히 계급의식을 갖는 것이며 그럴 때만 계급은 행동하는, 적어도 행동할 수 있는 능력을 갖춘 사회 변혁의 주체로서의 진정한 의미의 계급이 되는 것이다.[2] 그러나 오늘날 계급이라는 용어의 사용은 보다 포괄적이다.

경험적 현실 속에서 계급 현상에 접근하려 할 때에는 고용구조 혹은 직업구조를 그 지표로 삼으려 하는데 그 지표의 범주로는 행정 당국의 '표준 직업 분류표' 등에 근거하는 직업집단들의 상식적인 위계, 직업에 따른 정통적 합의의 위신척도, 관계적 또는 이론적 계급모형 등 셋을 들게 된다(Crompton, 1995: 30; 같은 책, 제3장). 이 세 범주 중 가장 '대자적' 의미에서 계급에 해당한다고 볼 수 있는 것은 관계적 범주의 그것으로 Crompton은 이 범주에 대하여 다음과 같이 부연하고 있다.

> 이 모형은 명백히 계급이론――특히 마르크스와 베버의 이론――을 참조하여 구성된 것이다. 여기서는 단순히 불평등구조나 위신을 설명하기보다는 계급관계의 역학과 현실을 조사해야 한다고 주장한다. 관계적 계급모형에 이론적으로 근거한 두 가지 주요한 예는 라이트(Wright)의 마르크스적 모형과 골드소프(Goldthorpe)의 신베버주의적 계급모형이다. 두 학자는 모두 자신들의 계급모형이 위계적 · 단계적이라기보다는 '관계적'이라고 주장한다(Crompton, 1995: 30).

사회적 불평등을 둘러싼 사회학적 논쟁의 대부분은 크게 두 가지 부류로 나눌 수 있는 서로 다른 관점 간에 이루어져 왔다. 하나의 관점은 등급화의 개념에 의존하는 계층모델이고 다른 하나는 사회적 관계에 기초하는 계급모델이다. 전자의 경

2) 마르크스에 있어서는 생산관계에 있어서 동일한 입장에 있는 사람들의 범주 혹은 집합(aggregate)을 즉자적 계급(class-in-itself), 이 즉자적 계급이 공통의 이해관계와 계급 상대를 느낄 때, 즉 계급의식을 가질 때 대자적 계급(class-for-itself)이 된다. 대자적 계급이 실천적 계급으로서 다른 계급에 대항하여 공동 투쟁을 수행하게 되는 것인데, 이것이 마르크스에 있어서 적어도 혁명이론의 관점에서 보아 진정한 의미의 계급이 되는 것이다(Anderson, 1974: 49-50).

우 계급은—만약 계급이란 것이 존재한다면—수입, 직업, 교육 등이 층화된 체계 안에서 개인 혹은 가족의 위치라는 관계적 개념으로 계급을 이해한다.

계급은 오래전부터 다양한 의미를 가지고 있어서 물질적 불평등뿐 아니라 사회적 위신, 법적 또는 전통적 지위를 묘사하기 위하여 사용되기도 하였다. 그 개념에 대해서는 역사적으로 사회학의 매우 오랜 논쟁점이 되어왔다. Marx, Weber, Durkheim 등의 고전사회학자들은 전(前)산업사회 내지 봉건사회로부터 산업 및 자본주의사회로의 구조적 이행기의 사회상황을 진단하기 위한 핵심 개념의 하나로 계급을 취급했다. 물론 이 고전사회학자들은 서로 다른 관점과 비중을 두고 계급개념을 논의한 것이 사실이지만 계급을 당시 사회의 구조와 변동을 파악하기 위한 중심개념의 하나로 삼았다는 점에서는 공통적이라 할 수 있다.

그러나 2차 대전을 치르고 나면서 계급개념은 자본주의적 발전과의 연관성보다는 다차원적 성층이론을 제시하는 계층론자들로부터 새로운 조명을 받게 된다.[3] 60년대까지 많은 사회학자들은 계급개념을, 심한 경우, 사회분석에서 유관적합성이 없는 것으로 간주하는가 하면 일부에서는 마르크스주의적 계급소멸론을 하나의 신화에 불과한 것으로 보아 이에 관해 더 이상 지적인 관심을 보이지 않는 경향마저 보인다(Westergaard, 1965: 77-113). 계급개념을 다차원적 요소로 분해하는 데 치중하고 이전에는 개념적 문제의 중심점이던 재산소유관계(property relations)와 같은 것은 오히려 무시되기도 한 것이 이 시기 논의의 주요 흐름이라 할 수 있다. 60년대 후반에 오면서 이런 모습은 다시 급속히 변화한다.

한국사회의 계급 및 계층에 관한 연구는 비교적 일찍부터 있었으나(이상백, 1934, 1954), 1960년대에 와서야 점차 활발해졌다. 계급과 계층의 개념규정을 위한 논의라든지(김채윤, 1964: 107-143) 실질적인 양적, 질적 연구의 전개 등이 이때 상당한 축적을 보이기 시작하는데 당시의 연구들은 주로 계층모델의 입장에서 수행됐다고 할 수 있다(김채윤, 1984: 71-89). 계급모델에 의한 한국사회의 불평등 현상에 관한 분석은 70년대 중반에 들어서면서 나타난다(김영모, 1979: 305-331). 특히 이론적 맥락에서의 계급모델의 구성에 대해서는 80년대의 몇몇 연구가 이루어지는데,

3) 대표적인 예로는 Blau와 Duncan(1976)이 있다.

Hagen Koo와 Doo-Seung Hong(1980), Hagen Koo(1982), 홍두승(1983), 김진균(1984), 서관모(1987) 등이 그들이다.

2. 고전사회학에서의 논의: 마르크스와 베버

사회계급에 대한 대표적인 두 관점은 고전사회학의 마르크스와 베버의 이론적 접근에서 찾아볼 수 있다. 이 두 관점의 큰 차이점은 계급갈등에 관한 것이다. 마르크스는 계급갈등을 역사 변동의 중요한 동력으로 보고 계급행동에 그 계급의 중요한 의미를 부여하고 있는 반면에 베버는 계급갈등이 필연적인 것으로 보지 않았으며 계급행동에 중요한 의미를 부여하지도 않는다. "베버는 계급갈등이 사회를 변화시키는 유일한 힘도, 심지어 중요한 힘도 아니라고 보았다."(Crompton, 1995: 31) 마르크스와 베버의 대비되는 측면들이 계급 행동이나 계급갈등에만 있는 것은 아니며 이 대비되는 두 관점은 오늘날까지도 계급이론의 두 흐름으로 이어지고 있다. 이어서 마르크스와 베버의 관점을 살펴보고자 한다.

마르크스

계급에 관한 학문적 논의는 마르크스를 그 출발점으로 삼는 것이 일반적이다. 마르크스는 계급 개념을 가지고 근본적인 사회조직의 구조를 설명하고자 하였다. 특히 그는 자본주의사회를 분석하면서 계급 개념을 사용하였지만 몇 개의 계급들이 존재하는가에 대해서는 일정하게 언급한 바가 없다. 그의 미완성의 작품으로 남겨진 『자본론』의 마지막 장(52장, 계급론)에서는 세 개의 계급을 적시하고 있고(Marx, 1959: 941), 1848년의 『공산당선언』에서는 프롤레타리아와 부르주아의 두 개의 계급을 언급하고 있다. 이와 같이 마르크스는 그의 저술에 따라 서로 다른 언급을 함으로써 혼란을 불러일으키고 있는 것이 사실이다.[4] 마르크스는 계급 개념이나 지배계급과 같은 연관된 개념들을 체계적으로 명료하게 사용하지 못했고 중간계급의 예에서 보는 것처럼 계급 개념들을 일관되지 못하게 사용했다(Edgell,

4) 마르크스는 『자본론』이나 『공산당선언』 이외에도 *The Eighteenth Brumaire of Louis Bonaparte* 등에서 계급에 관한 논의를 하고 있다.

1993: 2). 이것은 그의 서로 다른 저술들이 의도하는 바가 다른 데서 오는 것으로 볼 수 있다. 그리하여 후세에 마르크스의 사상에 대한 다양한 방식의 해석들이 등장하게 된다. 특히 마르크스는 과학적인 현실 분석의 차원에서는 있는 그대로 서술하는 입장을 취했던 반면에 역사발전의 과정을 설명하고 도래하는 인류사회의 미래를 실천적으로 예측하는 변증법적 유물사관의 입장에서는 서로 대립하는 지배계급과 피지배계급의 두 계급만을 강조하는 것으로 보인다. 이 점에 대해서는 P. Calvert의 다음의 서술이 참고가 될 것이다.

> 우리는 이제 그(마르크스: 필자 주)가 '계급'이라는 용어를 사용하는 두 가지 상이한 방식을 구별해야만 한다. 마르크스에게 있어서 계급은 무엇보다도 하나의 분석적 개념이다. 이 개념은 과거 역사 전개의 과정과 그의 미래에 대한 역사적 열망을 설명하려 했던 개념이다. 한편 그는 그의 역사적 저술 예컨대 『무월 18일』에서처럼 계급을, 그 당시 프랑스 사회에 사실상 존재하는 것으로 보았던 분열상을 명명하기 위한 시술적 어휘로 사용하였다(Carlvert, 1982: 11-12).

마르크스에 따르면, 인류의 역사적 시기들(고대, 봉건주의, 자본주의)은 지배적인 생산양식에 의해 특징지어지는데 이 지배적인 생산양식에 기초하여 계급구조는 억압자인 지배계급과 억압당하는 피지배계급으로 구성된다. 지배계급은 생산수단을 소유·통제하는 계급인데 때때로 교묘한 방식으로 사람들 전체의 도덕적·지적 생활 역시 통제한다. 마르크스에 따르면 법과 정부, 예술과 문학, 과학과 철학 등 모든 영역은 어느 정도는 직접적으로 지배계급에 공헌한다. 마르크스에 있어서 사회계급이라는 용어는 생산조직에서 같은 기능을 수행하는 사람들의 어떤 집합체로서, 『공산당 선언』에서 보듯이 자유인과 노예, 귀족과 평민, 영주와 농노, 직장과 숙련공, 한마디로 말하면 억압자와 피억압자는 역사상 상이한 시기에 있어서의 사회계급들이다(Bendix & Lipset, 1966: 6-7).

대체로 마르크스의 계급이론은 인류사회의 역사 전체에 대해 그 전개과정을 보다 포괄적으로 설명하려는 것이지만 최근의 경제 발전 단계인 산업자본주의체제의 분석에 초점을 맞추고 있다. 마르크스에 있어서 자본주의 생산양식은 역사적으로 볼 때 잉여가치 혹은 이윤을 창출하는 데 있어서 효율이 보다 크다. 말하자면 자본주의체제는 노동을 착취하는 데 보다 탁월한 체계이다. 그리고 그 계급체계는

'단순화'된 특징을 가지면서 계급 대립도 단순화하였다고 본다. 『공산당선언』에서 마르크스는 "부르주아 시대는… 전체적으로 사회가 점점 더 직접적으로 서로 대립하는 부르주아와 프롤레타리아라는 커다란 두 개의 적대적 진영으로 나누어지고 있다."(Marx & Engels, 1848: 49)고 주장한다.

부르주아는 생산수단을 소유한 계급이고 프롤레타리아는 그렇지 못하여 노동력을 팔아야만 하는 계급이다. 부르주아가 이윤을 얻고 경쟁적인 경제상황에서 살아남기 위해서는 노동 착취를 하여야 하기 때문에 그 두 계급 사이의 관계는 적대적일 수밖에 없는 것이다. 부르주아는 노동력의 유지를 위해서 필요한 최소한의 노동 대가인 임금을 노동자에게 지급하고 잉여노동의 대가는 이윤이라는 명분으로 착취하게 된다. 임금과 이윤은 반비례의 관계에 있는 것이고 따라서 부르주아의 이익과 프롤레타리아의 이익은 정반대로 대립하는 것이기 때문에 그들 사이에 필연적인 갈등이 존재하게 된다. 마르크스에 따르면 산업자본주의사회의 계급구조는 결과적으로 작지만 훨씬 더 부유한 자본가 계급과 점점 더 가난해지고 소외된 그러나 거대한 집단으로서의 노동자계급으로 양극화되며, 이러한 양극화의 최종 산물은 혁명적 계급갈등이며 그 결과 노동자계급의 승리는 불가피한 것이다. 그리고 오직 프롤레타리아의 계급행동을 통해서만 자본주의 사회가 종식되는 것이다.

마르크스는 계급체계의 양극화에 논의의 초점을 맞추면서도 많은 다른 계급들 및 계급들의 분파의 존재에 대해 언급한다. 특히 예를 들면, 『무월 18일』 19세기 중반 프랑스에 대한 분석에서 두 개의 주요 계급들 내부의 계급 분파들에 대해 언급하고 있는데 자본부문의 분파로는 토지 · 금융 · 산업을, 노동부문의 분파로는 룸펜프롤레타리아와 프롤레타리아를 들고, 또한 두 개의 과도 계급으로 프티부르주아와 농민을, 그 외 중간계급들로는 군대, 대학, 교회, 법조계, 학계 및 언론계의 고위층을 들고 있다. 『자본론』 1권에서는 노동귀족, 노동계급 중 좋은 보수를 받는 층, 그리고 연령 · 성 · 기능에 기초하는 노동계급 내의 분파들, 그리고 도시노동자와 도시노동자의 구분에 대하여 언급한다. 『공산당선언』에서는 자영업자나 소규모 자본가들을 지적하여 하층 중간계급과 중간계급이라는 용어를 사용하기도 하는데 결국 마르크스는 『잉여가치론』에서 지적하였듯이 '한편에는 노동자를 다른 한편에는 자본가와 지주를 두고 그 사이의 입장을 취하는' 재산 없는 중간계급들의 성장을 인식하였던 것이다(Edgell, 1973: 9). 이렇게 보게 되면 마르크스의 이분법적 계급이론은 다른 계급들과 계급 분파들의 존재를 부정하는 것은 아니라고 볼 수 있는데, 이러한 복잡한 계급관계들이 계급 형성이나 계급 갈등, 그리고 전체적 변동에 있어서의 다양성을 낳게 된다고 할 수 있는 것이다. 이상의 마르크스의 관점을 요약 정리해 보면 첫째, 중간계급 혹은 계급들의 존재를 의도적으로 무시하고 지배계급과 피지배계급의 이원적 계급구조를 주장한다는 것. 둘째, 대자적 계급과 즉자적 계급을 구별함으로써 계급의식(적대의식)과 계급 '행동'을 강조하고 있다는 것. 셋째, 노동계급의 혁명성, 즉 혁명세력으로서의 노동계급을 강조하고 있다는 점 등이다(Roberts, 1978: 3).

마르크스의 두 계급 갈등 모델은 결국 자본주의 사회의 붕괴와 새로운 무계급 사회의 도래를 지향하는 계급의 혁명적 역할을 기대하는 그의 의지를 반영하는 것이라고 할 수 있을 것이다. 마르크스 이후 선진자본주의 사회는 계급의 양극화보다는 다계급 분화현상이 나타났으며 계급갈등으로 인한 체제 붕괴가 일어나지 않는다는 점에서 보면, 두 개의 갈등하는 계급으로 양극화된 자본주의사회라는 마르크스의 모델은 허구적인 측면이 있긴 하나 마르크스 시대의 불평등 현상을 묘사하는 데는 성공한 것으로 볼 수 있으며 아직도 불평등 현상을 분석하는 이론적 틀로서 유용하게 사용되고 있음을 부인하기 어렵다.

베버

마르크스가 경제적 하부구조 즉 생산수단의 소유 여부라는 단일 차원의 경제적 요인만을 가지고 사회불평등을 설명하는 이분법적 계급모델을 주장하는 데 대해서 베버의 사회불평등에 대한 견해는 보다 복잡하다. 잘 알려져 있듯이 그는 사회불평등을 경제적 차원 이외에 사회적 차원과 정치적 차원을 추가하여 설명하고자 한다. 경제적 차원에서는 경제적 자원에 입각한 계급을, 사회적 차원에서는 사회적 위신에 따른 사회적 지위집단을, 정치적 차원에서는 권력에 따른 정치집단을 각각 제시한다. 마르크스에 있어서는 사회적 지위나 권력도 근본적으로 생산수단의 소유라는 경제적 요인에 의해 결정되는 상부구조의 요인으로 보는 것이지만 베버는 그렇게 단순화시키기를 거부하는 것이다. 그리하여 베버는 "'계급', '지위집단'과 '정치집단'은 (각각: 필자 주) 사회공동체 내의 권력 배분 현상"(Gerth & Mills,

1958: 181)이라고 본다. 이와 같이 베버는 계급을 사회불평등의 한 차원으로 보면서도 경제적 성격을 갖는 개념으로 파악하고 있는 점은 마르크스와 같다고 하겠다. 다만 그의 계급모델은 마르크스의 양극화모델과는 다르다. 마르크스가 생산관계 속에서 계급현상을 파악하는 데 대해서 베버는 시장상황(계급상황) 속에서 파악하고자 하며 계급구분도 다양성을 갖는다.

계급상황은 동일한 시장상황에서 상품이나 노동의 판매를 통하여 소득을 얻는 동일한 조건을 갖는 사람들의 입장을 말하는 것인데 베버는 계급상황을 다음과 같이 설명한다.

> 계급상황은 다음과 같은 특징을 나타낼 개연성이다. 1) 재화를 조달하는 것, 2) 생활상의 어떤 지위를 차지하는 것, 3) 내적 만족을 얻는 것. 재화와 기능의 상대적 통제력이나 그 수입 발생에서 파생하는 (계급상황의: 필자 주) 개연성은 일정한 경제질서 내에서 나타나는 것이 상례이다. 계급은 동일한 계급상황에 놓인 모든 사람들을 의미한다(Weber, 1968: 302).

Gerth와 Mills(1968: 181)에 따르면 베버에 있어서의 계급들은 공동체는 아니며 공동체적 행동의 기초가 될 뿐이다. 우리가 계급이라고 말할 때는 많은 사람들이 그들 삶의 기회가 되는 특정의 원인적 요소를 공통으로 가지는 경우인데, 그 요소라는 것이 그 상품과 노동시장의 조건하에서 소득을 얻기 위한 상품과 기회를 장악함에 있어서 배타적인 경제적 이해관계가 되는 그런 경우이다. 결국 베버에 있어서 계급이라는 용어는 '동일한 계급상황에 놓인 어떤 사람들의 집단'을 일컫는다.

이러한 계급도 세 개의 차원으로 나누어 설명한다. 즉 재산계급(property class), 상업계급(commercial class), 사회계급(social class)이 그것이다. 재산계급은 기본적으로 재산의 차이에 의해서, 상업계급은 재화와 용역의 시장성에 의해 결정되는 것인 데 비하여 사회계급은 "이들 계급상황의 종합으로서 그 계급 내에서의 개인적, 세대적 이동이 용이하고 독특하다"(Weber, 1968: 302)라고 한다.

재산계급 체계나 상업계급 체계는 각각 유리한 계급과 불리한 계급의 두 계급과 그 두 계급 사이에 '중간계급'을 두고 있는 삼분법적 구조를 제시하면서 마르크스의 이분법 체계와는 다른 견해를 취한다. 재산계급에 있어서는, 특전을 받는 유리한 계급은 토지, 광산, 시설 등의 임대를 통하여 소득을 얻는 임대소득자들이고 특전을 못 받는 계급은 부자유자 · 낙오자 · 빈민들이며 '중간계급들'에 해당하는 사람들은 다양한데 농민 · 장인 · 관리 등이 그에 해당한다. 상업계급의 경우에는, 유리한 특전 계급에 기업가(때로는 전문가와 독점적인 기능 소유자)가 해당되는데 이 계급은 그들의 사업적 이해관계에 따라 기업경영을 독점하고 정치적 결정에 영향을 발휘하는 그런 계급이고, 특전을 못 받는 계급으로는 다양한 자격요건을 갖는 숙련 · 반숙련 · 비숙련 노동자들이 이에 해당한다. 상업계급체계에 있어서 중간계급에 해당하는 집단으로는 사무직원과 때로 특전계급에 들어가기도 하는 자유전문직과 독점적 기능을 갖춘 노동자집단을 들 수 있다(Weber, 1968: 303-304). 그러나 베버에 있어서 계급 개념을 종합적으로 포괄하는 것은 사회계급(social classes)이다. 베버는 사회계급들로 "(1) 전체로서의 노동계급, (2) 프티부르주아, (3) 무산 인텔리겐치아와 전문가——기술자, 다양한 종류의 화이트칼라 피고용자들, 공무원들——이들은 훈련비용에 따라 상당한 정도의 사회적 차이를 가질 가능성이 있다). (4) 재산과 교육을 통하여 특전을 얻은 계급들"을 들고 있다(Weber, 1968: 305). 이러한 베버의 입장은 사회계급체계에서 자본가계급과 노동자계급을 인정하면서도 그 중간에 구중간계급인 프티부르주아와 신중간계급인 화이트칼라층을 두는 다(多)분법적 체계로 보는 것임을 알 수 있다. 뿐만 아니라 이러한 계급들이 반드시 계급의식을 갖고 존재하는 것은 아니라고 본다. 베버에 따르면 계급의식의 조직화는 다음과 같은 조건하에 성공하게 된다.

> (1) 직접적인 경제적 상대방(… 주주가 아니라 기업가…)에 대항하여, (2) 동일한 계급상황에 있는 사람들의 수가 많을 때, (3) 사람들을 조직화하기가 쉬울 때, 특히 사람들이 '작업공동체' 내에서처럼 일하는 장소에 집중되어 있을 때, (4) 사람들이 지향하는 목표가 쉽게 이해되고 있을 때…(Weber, 1968: 305).

위의 인용문을 풀어 설명하면(Giddens, 1971: 165-166) 계급의식은 (1) 적대적 계급이 가시적이고 직접적인 경제적 경쟁관계에 있는 집단일 경우, (2) 동일한 계급상황을 공유하는 많은 수의 사람들이 존재하는 경우, (3) 의사소통과 회합을 조직하기가 단순한 경우, (4) 문제의 계급에 리더십이 마련되는 경우에 가장 쉽게 발생한다는 것이다. 그러므로 이러한 상황이 형성되지 못한다면 계급의식은 현재화되지 않는 것이며 '사회계급들'은 단순히 계급상황을 공유하는 사회집단 그 자체로 존재하게 되는 것이다. 그리하여 유사한 계급상황을 공유하면서도 그들 이익을 신장시키기 위한 어떤 조직도 형성하지 않는 집단들도 있는 것이고, 재산 분배상의 불평등이 언제나 계급투쟁으로 이끄는 현저한 요소가 아니며, 불리한 처지에 있는 계급들이 자신들의 처지를 정당한 것으로 받아들이는 한 계급갈등은 없다. 역사상 많은 시기에 있어서 그러했다는 주장이 나오게 되는 것이다.

베버는 계급들 사이의 갈등이나 적대감이 계급의 일반적 특성을 나타내는 기준이 될 수는 없다고 보는 것이다. 그러면서도 다음과 같은 일반화를 시도하였다. 첫째, 시장상황에 있어서의 중심 문제는 노동 가격의 결정이라는 것 둘째, 보다 처절한 적대감은 관리자와 피고용자 사이에 일어난다는 것. 그리고 계급의식을 계급갈등에 관련지으면서도 Marx가 노동계급이 계급의식을 갖게 되는 필연성을 너무 강조하였다는 점(Stacey, 1976: 67-68). 이와 같이 Weber에 있어서의 계급은 시장상황의 객관적 속성을 지칭하는 개념으로 마르크스에 있어서와는 달리 반드시 대자적 성격의 것(class-for-itself)은 아니다. 이 점은 베버가 마르크스와는 달리 그의 계급이론에서 계급 '행동'의 중요성을 강조하지 않고 있음을 나타내주는 것이다.

3. 현대 사회학에서의 논의: 신마르크스주의와 신베버주의

고전사회학의 대표적인 두 관점, 마르크스와 베버의 관점에 대한 논의는 1960년대 이후에 활발하게 이루어지게 된다. Marx와 마르크스주의 도식에 대한 재평가가 이때 사회학의 전 분야에 걸쳐서 있게 되고, 사회적 불평등 현상에 대해서도 마찬가지의 노력들이 나타난다. Ossowski(1963)는 60년대 초 이런 노력의 한 예라고 할 수 있다. 그는 마르크스를 종합적으로 재해석, 마르크스의 개념에 있어서의 이분법적 도식의 계급구조를 새롭게 해석하고(〈그림 1-1〉 참조), '계급구조에 대한 해석의 유형들'을 다음 〈그림 1-2〉와 같이 제시하고 있다.

[그림 1-1] 이분법적 계급 개념의 해석

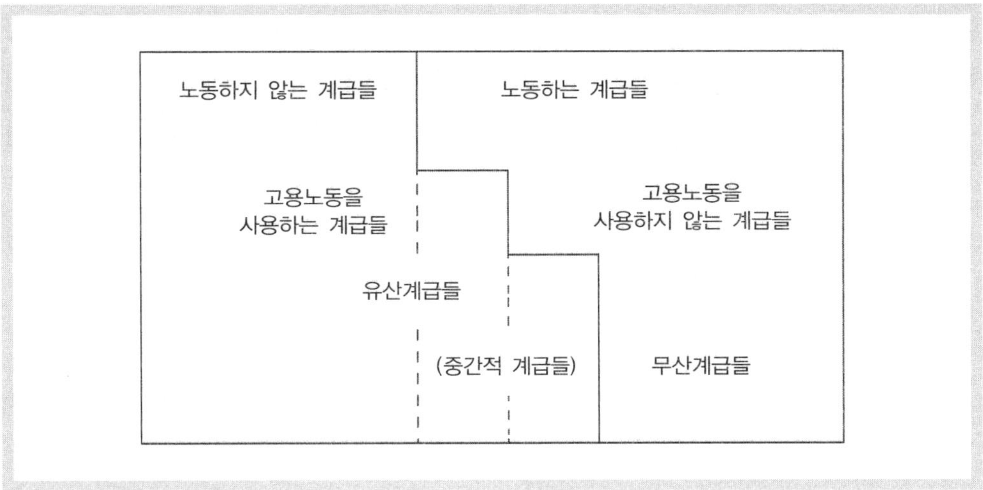

자료: Ossowski, 1963: 78.

그 이후 이런 변화는 주로 정치적 동기에 의해 이끌려지는 것인데 특히 유럽의 신마르크스주의자들에 의해 주도된다.5) 고전사회학의 시대보다 훨씬 복잡해지고 조직화된 사회 상황에 적합한 마르크스주의적 분석틀을 마련한다는 것이 이들이 내세운 주된 목적이 되는 것이다.6)

그런데 이들은 계층론자들의 지위서열적 개념화에 반대함은 물론이고 재산소유관계보다 시장상황을 준거로 계급을 규정하는 입장에 대해서도 동일한 태도를 취한다. 이 시장상황에 준거를 두는 입장은 곧 신베버주의적 계급이론가들을 지칭하는 것으로 이들 역시 계층론자들과는 구별되는 개념화를 시도한다.7) 대부분의 계층론자들은 계급구조 그 자체에 대한 모델은 제공치 않을뿐더러 계급을 어떤 고유한 또는 필연적인 구조가 없는, 경험적으로 배열되는 개방적인 성격의 것으로

5) 예컨대 Poulantzas(1973, 1975); Carchedi(1977) 등이 있다.

6) 사실 그동안 변화된 자본주의 사회는 이른바 소유와 통제의 분리 양상이라든지 공적 소유와 사적 소유의 발달, 신중간계급의 문제 등으로 정통적인 마르크스주의 도식 이상의 것을 요구하는 것이라 할 수 있다. 때문에 60년대와 70년대에 걸친 신마르크스주의자들의 사회분석은 보다 복잡하고 더 추상적인 계급모델의 개발과 이를 통한 마르크스주의적 해석에 몰입하지 않을 수 없었던 것이다(Poulantzas, 1973; Carchedi, 1977; Johnson, 1977: 194-233).

7) 대표적인 신베버주의 계급이론가 중 몇을 열거하면 다음과 같다.
Giddens(1981), Parkin(1979), Goldthorpe(1987).

인식하려 한다. 이는 신마르크스주의자나 신베버주의자들이 계급구조에 대한 개념화를 이론화의 중심에 두는 것과는 분명히 대조되는 경향인 것이다. 결국 지금에 와서 사회적 불평등 현상에 대해 이루어지는 논의의 큰 부분은 이러한 신마르크스주의자, 신베버주의자 그리고 계층론자들이 상호 간에 그리고 각 진영 내부에서 펼치고 있는 논쟁들이라 할 수 있을 것이다.

[그림 1-2] 계급구조에 대한 해석의 유형들

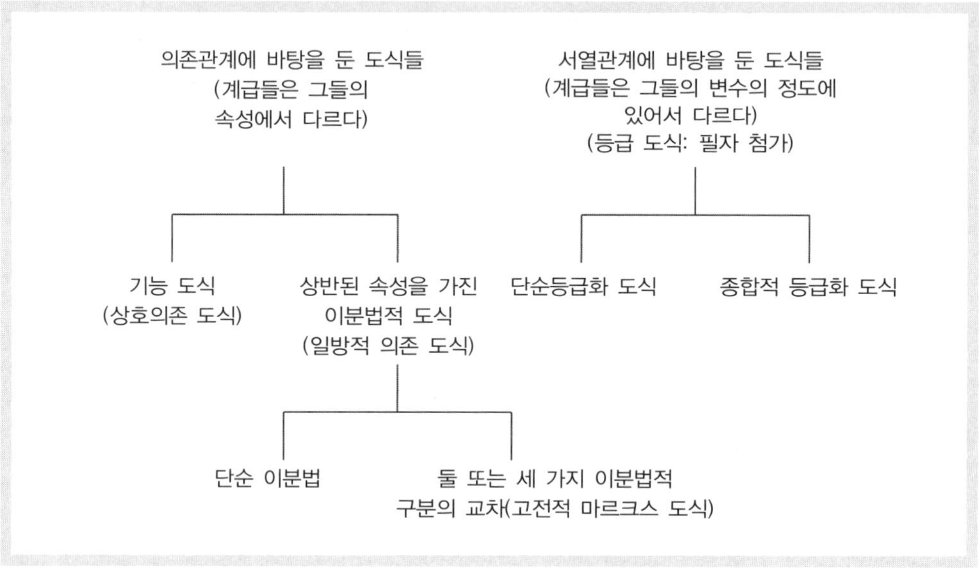

자료: Ossowski, 1963: 152.

하지만 신베버주의와 신마르크스주의는 우리가 흔히 생각하는 것만큼 상호 배타적인 것만은 아니라고 할 수 있다. 베버주의적 계급이론을 개선된 마르크스주의 이론으로 간주해도 좋을 것이라는 Kerstholt(1989: 113-135)의 주장은 그런 점을 지적한 한 가지 사례가 될 것이다. 그는 베버주의 이론이 이전에 마르크스주의를 특징화시켰던 노동가치론과 경제결정론의 형이상학적 껍질을 벗겨냈기에 그렇다고 한다. 실제로 베버주의자인 Goldthorpe(1982: 162-185)의 연구는 비마르크스주의적 전제를 통한 마르크스주의의 주요 교의들의 적용가능성을 입증해 보인다.

이러한 베버주의와 마르크스주의 간의 교류경향은 역으로 신마르크스주의자들의 이론화작업에서도 나타난다. 그 좋은 예로 구조주의 마르크스주의자인 Wright를 들 수 있다.[8)] 그는 자신의 초기 이론이 마르크스주의적이라기보다 오히려 베버주의적이라는 것을 분명히 지적하지만, 그의 후기 작업에서 보이는 합리적 선택 마르크스주의(rational choice Marxism) 역시 베버주의적 사회불평등 이론에 더 가깝다고 할 수 있다.[9)] 이는 그의 이론에서 베버적 주제인 지배(domination)와 마르크스적 주제인 착취(exploitation)를 어떻게 다루었나를 보면 알 수 있는데, 그는 합리적 선택 이론(rational choice theory)이 마련하는 베버에 대한 새로운 해석을 통해 그 주제들을 연결짓는 것이다.

이 글에서는 신베버주의와 신마르크스주의 간의 이런 관계를 염두에 두면서 일단 양자가 모두 사회적 관계의 개념에 입각한 계급이론을 제공하는 것으로 간주해 두고자 한다. 그리고 두 진영 각각으로부터 계급개념과 분석 틀이 다채롭게 제시되고 있다는 점을 결코 무시해서는 안 되겠지만 이 글에서는, 논의를 간추리기 위해서, 그중 대표적인 이론가로 신베버주의 진영에서는 Goldthorpe를, 신마르크스주의에서는 Wright를 선정하고 이들이 제공한 모델만을 검토해 보고자 한다. 이는 이 글이 차후의 본격적인 논의에 앞선 예비적 수준의 것임을 미리 한정시키려는 의도이기도 하다.

잘 알려져 있듯이 구조주의 마르크스주의자인 Wright는 두 개의 계급모델을 개발했다. 하나는 모순적 계급위치(contradictory class location)의 모델이고 다른 하나는 착취계급(exploitation class)모델이다.

모순적 계급위치의 개념은 자본주의적 사회관계가 지닌 기본적 차원들과의 관련성에 따라 계급이 차별적인 성격을 띤다는 것으로 이해함을 전제로 삼는다.[10)]

---

8) Wright의 대표적인 저술로 1978년도의 *Class, Crisis and the State*(London: New Left Books)와 1985년의 *Classes*(London: New Left Books)를 들 수 있다. 1978년도의 저술은 1979년 Verso에서 다시 출판되었다.

9) Wright의 초기 이론은 위의 주 8)의 두 저술 중 1978년도(1979년도 Verso에서 재출판)의 저술에서 제시되며, 후기 작업은 1985년의 저술에서 이루어진다.

10) Wright의 앞의 책 중 1978년의 것과 1979년의 *Class Structure and Income Determination*(New York: Academic Press)을 참조할 것.

[그림 1-3] 라이트의 모순적 계급 위치 모델[11)]

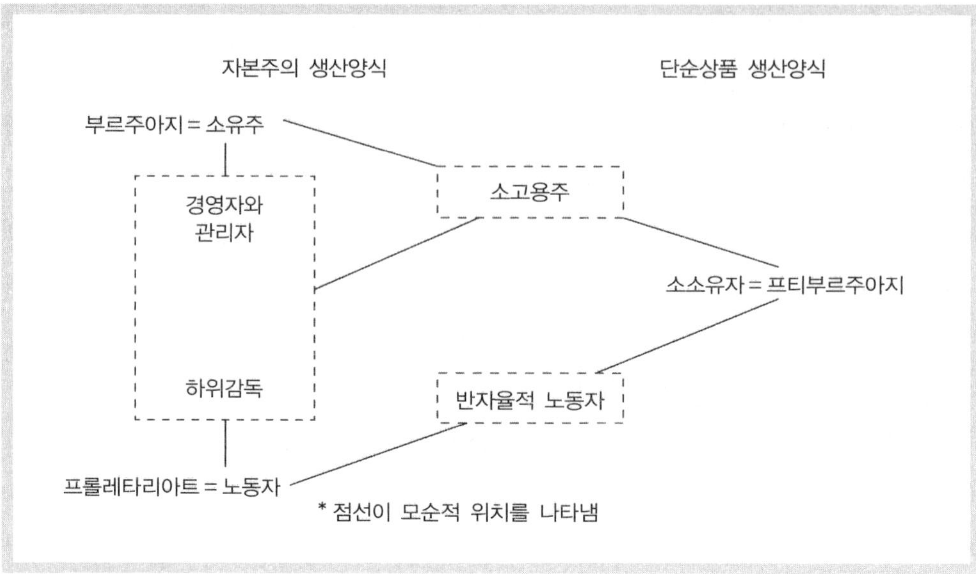

자료: Wright, 1985: 48.

Wright에 의하면 자유주의적 자본주의의 시기에는 세 계급——부르주아와 프티부르주아, 프롤레타리아——이 출현했는데 이들은 자본주의적 사회관계의 차원들 곧, 소유권(ownership)과 직접 생산자들의 노동과정에 대한 통제, 타인의 노동에 대한 권위의 행사라는 세 차원들과의 관련성에 따라 구별된다고 한다. 부르주아는 생산수단을 소유하며 노동과정을 통제할 뿐만 아니라 노동자들에 대한 권위를 행사하지만, 프롤레타리아는 무산자이고 자기 노동에 대한 통제력이 없고 권위 역시 행사하지 못하는 것이다.

그런데 독점자본주의의 발달과정에서 노동자의 탈숙련화, 소유와 통제의 분리, 관료제적 위계(bureacratic hierarchy)의 발달이 병행되고 자본주의적 사회관계의 세 차원들은 수렴되지 못한다. 이 비수렴화(non-convergence)로 자본주의적 사회관계의 차원들이 차별적인 결합을 이루는 과정에서 부가적으로 세 형태의 모순적 계급위치가 생성된다는 것이다. 이때의 세 위치는 실질적 소유권은 없지만 노동에 대한 권위를 행사하는 관리자 및 감독들과 노동에 대해 단지 최소한의 권위만을 갖는 소규모 고용인(small employer), 그리고 노동자와는 달리 자신의 노동과정에 대

11) Wright는 '자본주의 사회의 기본적 계급 체계도'라 한다.

해 어느 정도 통제가 가능한 반자율적 피고용인(semi-autonomous employees)들을 지칭한다. 결국 이 모델에 의하면 선진 자본주의 사회는 부르주아지, 프롤레타리아트, 프티부르주아지, 소고용주, 경영자와 관리자 및 하위감독, 반자율적 노동자라는 여섯 가지의 계급적 위치로 특징화할 수 있다(〈그림 1-3〉 참조).

Wright(1985)의 착취계급 모델은 이상의 모순적 계급위치 모델에 대한 자기 비판 과정에서 그 자신 스스로 새로 제안한 것이다. Wright(1985: 51-57)는 모순적 계급위치 모델의 문제점과 함께 두 모델이 서로 다른 몇 가지 중요한 점을 다음과 같이 지적한다. 첫째, 특정의 계급관계가 이중적 또는 이질적 위치라는 것을 반영하기 위한 모순적 계급위치라는 개념 자체가 마르크스주의 테제로 볼 때 모순적일 수밖에 없다는 점과 둘째, 자본주의 사회관계의 차원이라기보다 특정 작업환경의 결과일 수도 있는 자율성 개념이 모호한 채로 모순적 계급위치 모델에서 사용됐다고 본다. 그리고 셋째, 역사적 유물론에 입각한 자본주의 사회의 미래가 제시될 수 있어야 하는데 그를 위한 분석이 제대로 이루어지지 못했기 때문에 넷째로 이 모순적 계급위치 모델이 지배의 문제에 중점을 둔 것과는 달리 착취의 문제에 초점을 맞춘 모델을 구성하고자 하며 이때의 착취개념은 John Roemer의 이론에서 발전시켜 사용하겠다는 것이다.[12)]

Roemer(1982: 39-40)는 자산(assets)의 불평등한 배분에 근거해서 착취의 개념을 규정했다. 이를 바탕으로 Wright는 생산수단과 의사결정의 권력, 숙련기술의 불평등 배분으로 노동력이 분화될 수 있음을 주장하고 이러한 것들은 각각 생산수단 자산과 조직 자산, 자격 자산(credential assets)에 의한 착취에 상응한다고 본다.

예를 들어 자격 자산은 그것을 소유한 사람들에게 한계생산(marginal product)과 관련된 잉여를 점유하게 만든다(Wright, 1985: 76-77). 이는 사회적으로 인정받는 특정의 자격증이 특정 숙련기술의 공급을 제한하고 그 결과 고용주들이 자격증 소지자들의 임금을 올려주어야 하기 때문에 생기는 현상이다. 자격증 소지자들의 임금상승은 그 숙련기술과 관련된 상품의 가격을 그렇지 않은 사람들이 생산할 때보다 높여 놓는다. 이는 자격증 소지자들이 자신들의 한계생산의 가격과 동등한 임금을 받는 것이지만 그 가격은 한계생산 가치 이상의 것, 곧 자격증 비소지자들

12) Wright가 착취개념의 구성을 위해 주로 의존한 Roemer의 저술은 Roemer(1982) 참조.

의 한계생산 가격 이상의 것이 된다. 이러한 두 가격 간의 차이가 자격 자산의 소유자들이 점유하는 부분이고 자격증 비소지자들에 대한 착취라는 것이다.

조직은 권위의 위계를 통해서 통제되는 자산이다(Wright, 1985: 80). 이 조직 자산에 대한 효과적인 통제——가령, 노동과정에 대한 의사결정——로 관리자나 관료들이 사회적으로 산출된 잉여의 전부 또는 일부를 점유할 수 있다는 점에서 착취가 이루어진다. 다시 말해 조직 자산이 불균등하게 배분됨으로써 생산수단의 비소유자인 관리자나 관료들이 의사결정과정이 민주적일 때보다 더 많은 자원을 점유하게 되는 것이다. 이러한 착취 양식은 국가 관료제의 사회 또는 국가 사회주의 사회에서 전형적으로 찾아볼 수 있다.

Wright는 이와 같은 방식으로 자산에 근거한 착취의 형태들을 개념화하면서 12개의 계급들로 구성된 계급모델을 제안한다(〈그림 1-4〉 참조). 그중 부르주아지와 소규모 고용인, 프티부르주아지의 세 계급은 생산수단의 소유자이며, 비소유자들로 구성되는 나머지 9개 계급은 조직 자산의 통제와 자격 자산의 소유 정도에 따라 구분짓는다.

[그림 1-4] 라이트의 착취계급 모델[13)]

	생산수단 상태의 자산					
	소유자	비소유자				조직 자산
노동을 고용할 충분한 자본을 소유하고 노동하지 않는 자	1 부르주아지	4 전문경영인	7 반자격 경영인	10 비자격 경영인	+	
노동을 고용할 충분한 자본을 소유하지만 노동을 해야 하는 자	2 소고용주	5 전문감독자	8 반자격 감독자	11 비자격 감독자	〉0	
자신을 위해 일할 충분한 자본을 소유하지만 노동자를 고용하지 않는 자	3 프티 부르주아지	6 전문 비경영인	9 준자격 노동자	12 프롤레타리아트	−	
		+	〉0	−		
		기술/자격 자산				

자료: Wright, 1985: 88.

13) Wright는 '자본주의사회에 있어서의 계급위치 유형'이라 한다.

베버주의자들은 계급구조의 형태보다 그것을 구성해 가는 과정과 동학――사회이동의 유형, 사회적 폐쇄, 계급구조화 등――에 더 많은 관심을 보인다. Goldthorpe의 연구(1980, 1982)도 이 점에서 예외가 아니다. 그의 계급모델은 현대 영국에서 진행되고 있는 사회이동의 정도에 대한 논의를 하면서 제시된다.

Goldthorpe(1982: 168-173)는 현대 자본주의 사회의 전개과정에서 새로이 등장한 전문직과 관리직 피고용인들을 서비스 계급이라 부르고 이들을 다른 계급과 구별짓고자 한다. 그는 이 서비스 계급이 공적 부문과 사적 부문 모두에서 조직규모가 커짐에 따라 더 정교화된 권위의 분화와 전문적 지식이 요구되면서 등장했다고 본다.

이 서비스계급은 다른 피고용인들과 비교할 때 상대적으로 우월한 시장상황과 작업상황을 향유한다는 점에서 여타의 계급들과 뚜렷이 구분할 수 있다. 이는 그들이 고용주가 필요로 하는 전문지식으로 봉사하고 조직문제의 해결을 위해 고용주로부터 권위를 위임받는 과정에서 고용주의 신뢰를 담보해 냄으로써 부여받게 되는 특징이다. 이들은 자신들의 서비스에 대한 대가로 더 많은 금전적 보상을 요구하고 받아내며, 보다 많은 승진기회와 직업의 안정성을 보장받음은 물론이고, 작업상황에서 타인에 대한 권위와 높은 수준의 자율성을 지니는 것이 일반적이다. 그러나 이 서비스 계급은 최근의 역사적 과정에서 형성된 탓으로 다른 계급들에게 보이는 사회적 연대는 기대하기 어렵다는 특징도 보여준다.

이러한 서비스 계급의 개념을 포함한 Goldthorpe의 계급 모델은 순전히 기술적인 측면에서 본다면 Hope-Goldthorpe의 직업의 사회적 희구도(Social desirability)에 관한 척도의 작성에서 그 출발점을 찾을 수 있다.[14] 하지만 그는 계급모델에 관한 이론적 바탕을 Weber에 두고 사회적 희구도보다는 오히려 공유된 객관적 작업과 시장상황을 기준으로 직업을 7개의 계급으로 분류해 낸다. 그의 일곱 계급은 다음과 같다.

- 계급 I (서비스 계급 상층): 자영이건 고용이건 높은 등급의 전문직. 정부와 대규모 산업체의 높은 등급의 관리자를 포함.

14) Hope-Goldthorpe의 척도에 대해서는 Goldthorpe와 Hope(1974)를 참조.

- 계급Ⅱ(서비스 계급 하층): 낮은 등급의 전문직과 높은 등급의 기술직, 낮은 등급의 관리자. 소규모 기업체나 조직의 관리자와 비육체 노동자의 감독을 포함.
- 계급Ⅲ(일상적 화이트칼라): 정부와 기업체의 비관리직의 사무직 또는 판매직 종사자들.
- 계급Ⅳ(자영노동자): 자영이거나 10명 이내의 피고용인을 두지만 전문직 종사자가 없는 자영인.
- 계급Ⅴ(감독): 어느 정도 육체노동의 성격을 띤 낮은 수준의 기술직과 육체노동자의 감독.
- 계급Ⅵ(숙련 육체노동자): 모든 산업 분야의 숙련 육체노동자.
- 계급Ⅶ(비숙련 육체노동자): 반숙련 또는 미숙련의 모든 육체노동자와 농업노동자.

Goldthorpe에 따르면 이것은 "유사한 시장상황과 노동상황을 공유하는 사람들을 몇 가지 계급으로" 묶은 것이라 하고, 다음과 같이 그 입장을 밝히고 있다.

그 구성원들이 다음 두 가지 면에서 전형적으로 유사하게 나타나는 직업 범주들을 결합한다. 하나는 경제적 안전성과 성취 기회, 수입의 원천과 수준, 그 밖의 고용 조건이고, 다른 하나는 구성원들이 종사하는 생산과정을 지배하는 권위와 통제의 체계 속에서의 위치이다(Goldthorpe, 1987: 40).

이렇게 구성된 범주들은 서비스 범주, 중간 범주, 노동 범주의 세 가지로 묶을 수 있다. 즉 계급 Ⅰ과 Ⅱ는 서비스 계급, 계급 Ⅲ, Ⅳ와 Ⅴ는 중간계급, 계급 Ⅵ과 Ⅶ은 노동계급이 그것이다. 이런 Goldthorpe의 계급도식은 신베버주의적 계통으로서 베버의 기본적 두 계급요인인 교환을 위한 부의 소유와 시장성 있는 지식/기술을 하나의 모형안에 결합하려 한 시도라고 지적되고 있다(Edgell, 1993: 28).

4. 계급 개념의 정치성: 결론에 대신하여

사회불평등이론으로서의 마르크스주의 매력의 하나는 어떤 맥락 안에서 구조적 불평등인 객관적 계급유형과 정치적 갈등 및 투쟁으로의 과정을 연결짓는 고리를 마련해 준다는 데서 찾을 수 있다. 중요한 것은 이 연결고리를 규명하고자 할 때 마르크스주의 행위이론의 두 축을 이루는 계급이해와 계급의식이라는 두 개념이 나타난다는 점이다.

고전적인 마르크스주의의 해석으로는 이러한 것들 사이의 관계가 명확하다. 곧 계급구조의 양극화와 근로대중의 궁핍화를 수반하는 자본주의적 관계의 강화는 결국 그 자본주의 자신을 변형시킬 담지자(agent)를 창조해 내고야 만다. 이 담지자란 다름 아닌 프롤레타리아를 일컫는 것인데 마르크스주의 도식에서는 이 훈련되고 자의식을 지니며 연합된 프롤레타리아가 즉각적인 계급의식을 초월하고 자기지양(self-abolition)을 통해 더 높은 목적을 추구할 수 있는 능력을 부여받게 된다.

그러나 이러한 행위이론이 마르크스주의 이론 틀 전체에서 가장 취약한 연결고리가 된다는 Lockwood의 지적[15]을 거부하기는 매우 어렵다. 이 점에서 베버의 계급 개념이 사회불평등현상을 설명하는 개념으로 강점을 갖는다고 볼 수 있는데 그것은 계급행동의 차원을 계급 개념에 선택적으로 연결시킴으로써 보다 더 보편성을 확보하고 있다고 보기 때문이다. 그러나 그 후 이루어자는 계급의 개념이나 그 관점에 대한 논의들은 결국, 일찍이 Bendix와 Lipset(1966: 150)이 지적한 바와 같이 계급의 상이한 이론 사이의 논란은 종종 정치적 지향에 따른 실질적 갈등의 대치물이라고 할 수 있을 것이다. 계급개념에 어떤 의미를 부여하고 그것을 사용하느냐에 따라 학자들의 공동체가 형성되기도 하며, 이 공동체는 하나의 이데올로기를 공유하면서 정치적 실천까지도 담보해 내는 사례가 적지 않기 때문이다.

15) 구체적인 논의는 Lockwood(1981: 435-481)를 참조.

참 / 고 / 문 / 헌

김영모(1979), "한국사회의 직업구조와 그 변화에 관한 연구", 『한국사회계층연구』, 일조각.

김진균(1984), "한국사회의 계급구조", 『한국사회 변동연구』, I, 민중사.

김채윤(1964), "사회계급의 개념도식", 『서울대학교 논문집』, 17집.

_____(1984), "한국사회계층론 40년", 『한국사회학』, 18집, 여름호.

서관모(1987), 『한국사회 계급구성의 연구』, 서울대학교 박사학위논문.

이상백(1954), "서얼금고시말," 『동방학지』.

_____(1934), "서얼차대의 연원에 관하여", 『한국문화사논고』, 을유문화사.

홍두승(1983), "한국사회의 계층연구를 위한 예비적 고찰", 『한국사회의 전통과 변화』, 범문사.

Anderson, Charles H.(1974), *The Political Economy of Social Class*, Englewood Cliffs, NJ.: Prentice-Hall.

Bendix, R., & S. M. Lipset(eds.)(1966), *Class, Status and Power,* 2nd ed., Free Press.

Blau, P. M., & O. D. Duncan(1976), *The American Occupational Structure*, New York: John Wiley.

Calvert, Peter(1982), *The Concept of Class*, New York: St. Martin's Press.

Carchedi, G.(1977), *On the Economic Identification of Social Class*, London: Routledge and Kegan Paul.

Crompton, Rosemary(1995), 『현대의 계급론』, 정태환 · 한상근 옮김, 한울(원제 *Class and Stratification: An Introduction to Current Debates*).

Dahrendorf, Ralf(1959), *Class and Class Conflict in the Industrial Society*, London: Routledge.

Davis, Kingsley, & Moore, Wilbert E.(1945), "Some Principles of Stratification", *American Sociological Review,* 10.

Edgell, Stephen(1993), *Class*, London: Routledge.

Gerth, H. H., & C. Wright Mills(tran. & ed.)(1958). *From Max Weber: Essays in Sociology*, Oxford Univ. Press.

Giddens, Anthony(1971), *Capitalism and Modern Social Theory: An Analysis of the Writings of Marx, Durkheim and Max Weber*, Cambridge: Cambridge Univ. Press.

_____(1981), *The Class Structure of the Advanced Societies*, London: Hutchinson.

Goldthorpe, J. H.(with C. Llewellyn, & C. Payne)(1980)(2nd ed., 1987), *Social Mobility and Class Structure in Modern Britain*, Oxford: Clarendon Press.

Goldthorpe, J. H.(1982), "On Service Class, Its Formation and Future", in Giddens and Mackenzie(eds.), *Social Class and the Division of Labour: Essays in honour of Ilya Neustadt,* Cambridge: Cambridge University Press.

Goldthorpe, J. H., & K. Hope(1974), *The Grading of Occupations,* Oxford.

Johnson, T.(1977), "What is Be Known? The Structure Determination of Social Class", *Economy and Society,* Vol. 6.

Kerstholt, F.(1989), "Between Rational Choice and Durkheim Solidarity", in S. Clegg(ed.), *Organizational Theory and Class Analysis: New Issues and New Approaches,* Berlin: De Gruyter.

Koo, H. G.(1982), "A Preliminary Approach to Contemporary Korean Class Structure", in Y. S. Chang, T. W. Kwon, & P. J. Donaldson(eds.), *Society in Transition; with Special Reference to Korea*, Seoul: Seoul National University Press.

Koo, H. G., & Hong, D. S.(1980), "Class and Income Inequality in Korea", *American Sociological Review,* Vol. 45.

Lipset, S. M., & R. Bendix(1951), "Social Status and Social Structure", *British Journal of Sociology*, Vol. Ⅱ.

Lockwood, D.(1981), "The Weakest Link in Chain? Some Comments on the Marxist Theory of Action", *Research in the Sociology of Work,* Vol. 1.

Marx, Karl(1959), *Das Kapital: Kritik der Politischen Okonomie*, Buch Ⅲ, Dietz Verlag Berlin.

________(1963), *The Eighteenth Brumaire of Louis Bonaparte*, International Publishers: New York. (*Der 18te Brumaire des Louis Napoleon,* originally published in New York, 1852)

Marx, Karl, & F. Engels(1948), *Manifesto of the Communist Party*, Moscow: Foreign Languages Publishing House.

Ossowski, Stanislow(1963), trans. Shelia Petterson, *Class Structure in the Social Consciousness*, Free Press.

Parkin, F.(1979), *Marxism and Class Theory: A Bourgeois Critique*, London: Tavistock.

Poulantzas, N.(1973), *Political Power and Social Class*, London: New Left Books.

________(1975), *Classes in Contemporary Capitalism*, London: New Left Books.

Roberts, Kenneth(1978), *The Working Class*, Longman Group Ltd.

Roemer, J.(1982), *General Theory of Exploitation and Class*, Cambridge: Cambridge University Press.

Stacey, Barrie(1976), *Psychology and Social Structure*, Mathuen & Co.

Weber, Max(1968), *Economy and Society,* Vol. 1, ed. Guenther Roth & Claus Wittich, New York: Bedminster Press.

Westergaard, J. H.(1965), "The Withering Away of Class: A Contemporary Myth", in Anderson and R. Blackburn(eds.), *Towards Socialism*, London: Fontana.

Wright, E. O.(1978), *Class, Crisis and the State,* London: New Left Books.

____________(1979), *Class Structure and Income Determination*, New York: Academic Press.

____________(1985), *Classes*, London: New Left Books.

CHAPTER 02

갈등이론에 있어서 산업사회의 계급형성에 관한 이론 검토
- Ralf Dahrendorf를 중심으로 -

1. 서론: 문제의 성격

갈등이론은 대체로 두 개의 커다란 줄기에서 이해된다. 하나는 K. Marx를 그 고전적 이론가로 하여 Ralf Dahrendorf로 이어지는 변증법적 갈등이론 혹은 갈등구조이론이고 다른 하나는 G. Simmel을 그 선구자로 하는 Lewis A. Coser 등에서 볼 수 있는 갈등기능론이다.

그런데 후자, 즉 Coser의 갈등이론은 갈등을 그 분석의 주요 개념으로 다루었다는 점에서 갈등이론이기는 하나 그가 구조기능론적인 테두리 속에서 그 나름의 갈등이론을 짜는 데 이르고 있고 갈등의 사회 통합적 성격에 관심을 두었다는 점에서 그 이론이 기능주의적 관점을 함축하고 있으며 기능이론에 대한 보완조치로서의 성격을 띠는 것으로 볼 수 있다(박영신, 1980a: 21-22).[1)]

이에 비하여 Dahrendorf는 기능이론이 사회의 한 측면, 즉 합의의 측면을 강조하고 다른 하나의 측면, 즉 갈등의 측면을 소홀히 했음을 비판하고 기능이론에 대응하는 하나의 사회에 대한 시각으로서 갈등이론을 제기하였다. 즉 그는 그의 글 "Out of Utopia"의 결론 부분에서 다음과 같이 쓰고 있다.

> 나는 구조 기능주의자들의 잘못을 들어 갈등모델의 포괄적이고 배타적인 적용을 주장하고 싶지 않다. 내가 아는 한에서는 사회학적 문제의 설명을 위해서 양 모델이 필요한 것이다. 사실상 철학적 의미에 있어서 사회는 같은 현실의 두 얼굴을 갖는 것이 적절할 것이다. 즉 안정, 조화, 합의의 얼굴과 변화, 갈등, 억압의 얼굴이 그것이다(Dahrendorf, 1968: 128).

---

1) 같은 저자 박영신은 『변동의 사회학』(1986b: 21)에서도 같은 요지의 내용을 서술하고 있다.

따라서 갈등이론의 진면목은, 적어도 기능이론에 비판적으로 맞서는 성격으로서의 갈등이론의 특징적 성격을 변증법적 갈등이론에서 찾는 것이 마땅하지 않을까 생각한다. 변증법적 갈등이론은 이해관계가 대립되는 두 집단 사이에 필연적으로 나타나는 갈등현상의 변화적 동태성을 다룬다. 이때 대립 · 갈등하는 집단들은 각기 하나의 계급을 형성하고 있는 것으로 보기 때문에, 다시 말하면 이해관계가 상충하는 계급들이 존재하는 사회구조가 곧 갈등의 전제라 할 수 있기 때문에 계급은 갈등이론의 핵심적 개념인 것으로 보인다.

이 글에서 Dahrendorf를 중심으로 계급의 문제를 논의하게 되는 이유가 여기에 있다.[2)]

Dahrendorf의 갈등이론은 계급형성이론과 계급갈등이론의 두 부분으로 나누어 볼 수 있다.[3)] 이 글은 갈등의 문제를 논외로 하는 것은 아니라 할지라도 계급형성의 문제를 그 주요 관심사로 삼는다. 그러하여 먼저 마르크스의 계급이론에 대한 견해를 살펴보고 나서 계급 개념을 중심으로 그의 계급이론의 성격을 알아보고, 산업사회에 있어서의 계급구조와 권위관계에 관하여 고찰하려 한다.

2. K. Marx에 대한 견해

1950년대까지만 하더라도 마르크스는 사회학과는 별로 관련이 없는 철학자, 경제학자로 취급되었던 것이 근래 1960년대에 이르러 사회학분야 특히 갈등이론가들을 중심으로 하여 그의 사상이 크게 부각되기에 이르렀다.[4)]

사회갈등현상을 이해하려 할 때 마르크스의 이론을 거론치 않을 수 없을 만큼 현대사회학은 그의 영향을 많이 받고 있다. Dahrendorf(1958: 221)에 따르면 계급이론을 하나의 특수한 내용으로 하는 갈등이론은 산업 및 정치 갈등의 분석에 적용될 때 전통적 특히 마르크스의 계급이론 입장에 매우 가까워지게 된다는 것이

2) 물론 계급에 대한 모든 논의가 갈등의 시각에 관련되는 것은 아니다. 그리고 갈등은 계급 간에만 존재하는 것이 아니고 국민생산의 재분배, 국가 정치에의 참여 및 그 변경에 관련하여 다투는 소수 지배자들 사이의 갈등 또한 존재하는 것이 사실이다.

3) Dahrendorf(1959: 153)는 "일반적인 계급이론은 분석적으로 분리될 수 있는 두 요소로 구성된다. 즉 계급형성이론과 계급행위 혹은 계급갈등 이론이 그것이다"라고 하였다.

4) 이런 경향에 대해서는 Duke(1976: 144, 특히 〈주〉 2)를 참조.

다. Anthony Giddens(1971 참조) 같은 사람은 마르크스를 E. Durkheim, M. Weber 등과 더불어 자본주의사회이론의 대표적 인물로 손꼽고 있는 터이다. 박영신 교수도 다음과 같이 쓰고 있다.

> 사회변동을 갈등론적 모형으로 분석하는 현대사회학의 이론을 이해하려 할 때 마르크스의 이론을 거론치 않을 수 없을 만큼 그가 끼친 영향은 큰 것 같으며, 그의 이론을 흔히 갈등론적 모형의 창시적 이론으로 이해하려는 것이 일반적 흐름이다(박영신, 1980a: 18).

갈등사회학의 측면에서 보면 마르크스이론의 요체는 그의 계급이론이다. 이는 그의 문제의식에서 보나 그 영향력에서 보나 현대사회학 이론이 딛고 넘어가야 할 산정(山頂)임을 부인할 수 없다. T. B. Bottomore는 사회계급이 경제적 집단의 성격을 포함하고 있는 한, 계급이론의 논의에서 마르크스의 견해를 고찰해 보는 것이 좋다고 하고 그 이유를 다음과 같이 피력하였다.

> 마르크스가 계급을 인식함에 있어서 경제적 기반을 대단히 강조할 뿐 아니라 계급 사이의 적대적 관계를 뚜렷이 밝히고 있다는 사실과 마르크스의 계급 개념에 대한 비판적 고찰 자체가 사회계급의 본질에 연관된 대부분의 중요한 문제를 밝힐 수 있는 성격을 포함하고 있기 때문이다(Bottomore, 1965: 16-17).

다만 마르크스의 계급이론이 갖는 단순성, 일면성을 극복하고 변모된 사회구조의 양상에 따른 타당한 계급이론을 구성하는 것이 현대사회학에 있어서 계급이론이 해결해야 할 과제라 할 것이다.

R. Dahrendorf는 마르크스의 이론적 맥을 이어 그를 비판적으로 수용하고 있다.[5] 그는 "마르크스의 계급이론은 사회적 불평등에 관한 이론으로 보아야 할 것"이라고 하면서 다음과 같이 언급하고 있다.

> 마르크스가 가장 먼저 계급이론을 정립했고 또 가장 독특한 이론을 제시했다. 오늘날 마르크스의 이론은 비판을 받고 있지만 마르크스이론을 대체할 수 있는 이

---

5) Irving M. Zeitlin(1973: 109)은 Dahrendorf가 그의 선학(先學)들처럼 Marx와 타협할 필요성을 느끼고 그 자신이 하는 일이 마르크스에 대한 "경험적 논박과 이론적 매체"와 같은 것으로 생각했다고 쓰고 있다.

론은 아직 나타나지 않았다(Dahrendorf, 1959: 117).

그런데 마르크스의 이론에 있어서는 계급의 개념과 이론이 결정적인 역할을 함에도 불구하고 마르크스의 어떤 저술에서도 그 계급이론이 체계적으로 나타나 있지 않다. 다만 『자본론』 Ⅲ권 마지막 장인 제52장에서 F. Engels의 "원고는 여기서 중단되었다"는 첨언과 함께 끝맺지 못한 '계급이론'이 실려 있고 『공산당선언』 등의 문헌에서 단편적으로 거론되고 있을 뿐이다. 마르크스는 사회계급을 명백하게 두 개의 계급, 즉 부르주아와 프롤레타리아로만 구분하지는 않았으며 경우에 따라 다양하게 구분하고 있어서 그 계급의 구분은 모호하다(Aron, 1980: Ch. Ⅱ 참조).

마르크스에 있어서 계급 개념의 중요성과 계급분류의 애매성에 대해서는 S. Ossowski에 의해 잘 서술되고 있다. Ossowski는 마르크스에 있어서의 계급 개념은 '계급입장'과 '계급관점'이라는 용어가 근래까지도 '마르크스주의 입장'과 "마르크스주의 관점"과 같은 뜻으로 쓰일 만큼 마르크스이론 전체의 중심적 개념으로 쓰이고 있을 뿐만 아니라, "사회계급 개념은 계급이익의 상부구조로서의 문화에 대한 마르크스의 전체적인 이해와 분리될 수 없는 것이라고 할 수 있다"고 지적한다(Ossowski, 1963: 71).[6] 그러나 Ossowski에 따르면 그 의미는 뚜렷이 정의되지 않고 가변적인 의미를 갖는다. 그리하여 계급은 "공통의 경제적 이해관계를 가진 사회집단의 범주 또는 어떤 측면에서 동일한 경제적 조건을 함께 가진 성원들의 집단이라기보다 포괄적인 범위 안에서 여러 가지 방식으로 분화된 집단들을 가리킨다(Ossowski, 1963: 71). 계속해서 Ossowski는 『자본론』의 Ⅲ권 '계급론'에서도 "마르크스가 '무엇이 계급을 구성하는가?'라는 질문에 답하려는 순간 극적으로 끝나고 있다"고 하고 오직 사회계급 분류만이 사회계급에 부여한 의미를 파악할 수 있도록 해준다고 하였다(Ossowski, 1963: 72).

그러면 사회계급 분류의 문제가 마르크스에 있어서 어떻게 다루어지고 있는가? Ossowski는 다음과 같이 여러 가지 면에서 마르크스의 사회계급 분류의 다양성을 지적하고 있다.[7]

---

6) 이 책은 본래 1956년 폴란드어로 출판되었다.

7) 이 문제에 대한 이하의 서술은 Ossowski(1963: 75-82)의 내용을 간추린 것이다.

(1) 중간계급들의 존재를 인정한다는 점, 경제적 등급화에 있어서 중간적 위치를 차지하는 집단들은 아주 다양한 신분과 경제적 지위들을 포함하기 때문에 하나의 통일된 도식 속에 한정하기 어렵다. 프티부르주아지[8], 교수, 소자본가, 의회의원, 저술가들로 구성되는 자유주의적 중간계급 등이 그것이다.

(2) 삼분법적 기능도식이 발견된다는 점, 즉 마르크스는『자본론』Ⅲ권 마지막 미완성의 장('계급론')에서 "임금노동자들과 자본가들과 지주들은 그러므로 자본주의적 생산양식에 기반을 둔 근대사회의 세 개의 거대한 계급들을 이룬다"고 보는 것이다.

(3) 더 나아가서 다분법적 분류도 유추할 수 있다는 점, 즉 마르크스는 금융귀족들을 산업자본가들과 구별하기도 하고 농민의 존재도 언급하고 산업프롤레타리아와 구분하여 룸펜프롤레타리아라는 계층을 언급하기도 한다. 뿐만 아니라 부르주아와 대산업가계급을 달리 구분하기도 한다.

마르크스가 이와 같이 다양하게 사회계급들을 분류한 것은 복잡한 역사과정과 온갖 문화현상에 대한 해석을 위해 필요하였던 것이고 실제의 사회구조를 반영하려는 것이다. 그러나 마르크스에 있어서의 기본적인 계급의 분류는 이분법적 도식이라 할 것이다. 이분법적 도식은 자본주의사회를 그 지배적이고 독특한 형태인 생산관계의 측면에서 특징지으려는 것이고 마르크스주의가 수행하고자 했던 혹은 革命의 임무를 위해서 가장 편리한 것이었다. 뿐만 아니라 계급의 양극화는 자본주의 사회구조의 진보적 과정의 결과라고 보는 것이다. 마르크스는 자본주의사회가 발전함에 따라 사회계급은 결국 부르주아와 프롤레타리아 두 계급으로 양극화될 것으로 믿었다. 그는『자본론』의 미완성의 장에서 다음과 같이 쓰고 있다.

> 자본주의적 생산양식이 갖고 있는 변함없는 경향과 발전법칙을 볼 수 있는바 즉 생산수단이 점점 더 노동으로부터 분리되고 이와 같이 분리된 생산수단은 점점 더 대규모로 집중하게 되고, 그래서 노동은 임금노동무로, 생산수단은 자본가 소유로 변하게 된다(Marx, 1959: 941).

---

8) 스스로 생산수단을 소유하고 그것을 스스로 사용하고 있는 사람들로서 두 개의 층으로 나누어진다. 자신의 작업장에서 일하면서 고용노동도 사용하는 층과 고용노동은 사용하지 않는 층.

이렇게 이원화되는 두 계급 사이에는 적대감이 심화됨으로써 이는 필연적으로 혁명을 초래하여 기존의 자본주의 사회가 붕괴되고 계급 없는 사회가 오리라는 것이다. 이러한 맥락에서 보아 마르크스의 계급이본의 성격을 다음과 같이 네 가지 내용으로 요약할 수 있을 것이다.

① 그 계급구분법은 일정치 않고 경우에 따라 편의적 구별을 하고 있다는 것(사회현상에 대한 현실적 이해)
② 생산수단과의 관계에 의해 즉 그 소유와 비소유에 따라 계급을 구분한다는 것(계급의 경제결정론 및 양극화)
③ 사회계급은 계급의식을 전제로 해서만 존재하는데 그 계급의식은 계급투쟁 인식을 바탕으로 한다는 것(투쟁을 전제로 하는 계급)
④ 사회계급의 존재는 생산 발전의 어떤 역사적 국면에서만 관련된다는 것(계급 없는 사회의 도래)

마르크스의 계급이론에 관한 논의는 대체로 이상의 네 차원에서 이루어지게 된다. Dahrendorf는 마르크스가 강조한 계급 사이의 이해관계로 인한 갈등의 문제는 중시되어야 한다고 보면서도 계급을 소유와 비소유라는 기준에 의해 정의하는 것은 20세기 산업사회에서 더 이상 용납될 수 없다고 논박한다. 그는 마르크스와는 달리 계급관계가 권위의 불평등한 분배에서 유래한다고 본다.

그러면 이제 마르크스의 계급이론에 대한 Dahrendorf의 견해를 검토해 보자. Dahrendorf는 갈등이론의 탁월한 저서 *Class and Class Conflict in Inaustrial Society*[9]에서, 여러 저서에서 산견(散見)되는 계급에 관한 내용들을 엮어서 마르크스의 계급이론을 재구성한 후 이를 분석적으로 검토하여 부분적으로 수용하면서 비판하고 있다.[10] 우선 Dahrendorf(1959: 27-32)는 마르크스의 계급이론이 두 가지 상호 분리 가능한 부분, 즉 ① 경험적 증명을 허용하는 사회학적 요소와 ② 경험적 검증을 완전히 벗어난 철학적 요소로 나누어 보고 있다. 철학적 요소로는 ① 계급과

9) 이 책은 원래 1957년 *Soziale Klassen und Klassen Konflikt in der Industriellen Gesellschaft*라는 명칭으로 독일어로 출판되었던 것이 1959년 저자 자신에 의해서 다시 영문판으로 개정되면서 번역되었다.
10) 이 책의 1장에서 마르크스 이론을 재구성하고 그 성격을 밝히고 있으며 4장에서는 이에 대한 사회학적 비판을 하고 있다. 이하 이 글 2.의 나머지 부분은 주로 이 내용을 요약 서술하는 것이다. 이 부분에 대한 논의는 최재현(1977)과 Duke(1976: 168-172)가 참고가 될 것이다.

사유재산의 독단적 연결, ② 모든 사회의 역사에 계급투쟁의 보편성을 주장하는 점, ③ 자본주의사회를 역사상 최후의 계급사회로 보는 점, ④ 사회구조의 변동이 반드시 혁명적이어야 한다는 점을 들고 있는데 이 철학적 요소의 사변성(思辨性)이 마르크스 계급이론의 사회학적 성격을 반감시켰다고 본다.

사회학적 요소로는 다음과 같은 8개 항목을 든다(Dahrendorf, 1959: 18-27).

① 전체 사회의 수준에서 변동을 설명하고자 했다.
② 계급투쟁 조건의 일반적 유형으로 양 계급모델을 제시했다.
③ 계급 형성의 조건은 사유권의 인정이라는 점.
④ 경제적 권력 · 권위와 정치적 권력 · 권위를 동일시하는 점.
⑤ 계급형태의 집단화가 발생하는 과정의 단계를 사회구조의 조건으로부터 묘사하는 점.
⑥ 사회계급의 자격은 조직집단으로서 정치투쟁에 참여하고 그 구성원들이 계급의식을 가심으로써 갖추어진다는 점.
⑦ 계급형성에 관한 이론은 사회변동의 원동력으로서의 계급갈등이론의 일부가 된다는 점.
⑧ 갈등에 따른 변동을 사회적 현실태(現實態)로 보는 사회관.

Dahrendorf는 이러한 마르크스 계급이론의 요소들 중 어떤 것은 거부하고 어떤 것은 지지하면서 그 나름대로의 계급 개념과 계급이론을 전개해 간다.

그가 지지하는 점은 다음 두 가지이다(Dahrendorf, 1959: 119-126).

① 동태적 입장에서 사회변동의 과정을 설명해 주는 제 요인과 세력을 탐구하고 있다는 점(사회구조와 사회변동의 관련).
② 집단갈등이 구조변동의 원동력이라는 관점을 제시한 점(사회변동과 갈등의 관련).

한편 마르크스를 거부하는 입장을 보면 다음과 같다(Dahrendorf, 1959: 126-144).

① 사회변동과 계급갈등을 관련시키는 입장에 있어서: 계급갈등이 가장 중요한 갈등이긴 하나 모든 갈등을 계급갈등에 제한시키는 것은 잘못이다.
② 계급갈등과 혁명을 관련시키는 점에 있어서: 계급갈등이 항상 혁명적인 것은 아니다.

③ 계급과 계급갈등을 관련시키는 점에 있어서: 계급 간의 갈등이 항상 명시적으로 존재하는 것은 아니다.

④ 소유권과 계급의 관련에 있어서: 소유권이 아니라 권위 혹은 권력이 계급형성의 기준이다. 소유권은 권위의 한 형태일 뿐이다.

⑤ 산업상의 권력과 사회적 권력 사이의 관계에 대해서: 경제와 정치 양자 사이에 상관관계는 있으나 일반화할 수준은 아니라고 보고 재산의 소유보다 정치권력의 우위를 주장한다.

Dahrendorf는 위에서 본 바와 같이 마르크스를 비판적으로 수용하면서 한편 그를 보충하여[11] 그의 계급이론을 정립하였는데 이는 그의 갈등이론의 기초가 된다.

3. 계급개념과 계급이론

Dahrendorf는 계급구조의 분석에 있어서 계급역할 또는 계급위치에 관련시켜 계급구조를 분석하려는 마르크스의 객관적 계급이론을 보충하고자 한다. 그리하여 주관적 계급이론의 차원도 고려해야 한다고 본다. 계급역할을 맡고 있는 개인의 사회심리적 측면도 계급구조를 분석함에 있어서 고려해야 한다는 것이다. 다시 말하면, 계급 형성의 요인을 계급을 형성하는 개인의 측면과 전체 계급성원이 처해 있는 개인외적 환경의 측면에서 모두 찾아보아야 한다는 입장이다.

Dahrendorf(1959: 150 참조)에 의하면 객관주의와 주관주의 논쟁은 계급개념에 관한 문제로서 계급을 이론적 차원에서 보느냐 실제적 차원에서 보느냐 하는 것과 결부된다.[12] 계급을 이론적 현상으로 볼 때 그것은 인간을 일정한 특성에 따라 분류 · 추상화한, 같은 형태의 사람들이고, 실제적 현상으로 볼 때 그것은 특수한 목적을 갖고 있는 사회적 실체, 즉 특정의 집합체를 일컫는 관념이 된다. 실제적 현상으로서의 계급은 사회적 갈등을 일으키는 원동력으로서의 계급 혹은 그와 깊은 갈등을 실행하고 있는 조직화된 집단화로서의 계급이다. 그리고 이론적 현상으

11) 보충하는 입장에 대해서는 Dahrendorf(1959: 144-150) 참조.

12) 이하 계급의 개념 및 그 이론에 대한 논의는 주로 Dahrendorf(1959: 150-154)의 내용을 중심으로 한 것이다.

로서의 계급은 권위관계로 조직화된 사회조직 내의 사회적 지위로서의 계급이다. 어느 개념이 보다 훌륭한 것인가 하는 질문은 계급의 종류에 관심을 갖는 경우에는 가치가 있을지 모르나 계급이론에 관한 한 이 질문은 무의미하다는 것이 Dahrendorf의 입장이다. 무릇 과학이란 이론적 현상의 측면에서 실제적 현상을 설명하는 것이 그 본질이라 한다면, 계급이론에 있어서도 실제적 현상의 본질을 규명하여 이론을 구성하고 이 이론에 비추어 다시 실제적 계급 현상을 비쳐보아야 하기 때문이라는 것이다. 이러한 입장에서 그는 계급이론이 포함하는 많은 개념들 중의 하나로서 계급개념을 다음과 같이 정의하고 있다.

> 명령적으로 조정된 조직체의 권위구조에 관련되면서 그로부터 발생하는 현재적 또는 잠재적 이해관계를 공유하는 개인들의 조직화된 혹은 비조직화된 집합체 라 할 것이다. 사회계급은 현재적 또는 잠재적 이해관계라는 정의 때문에 항상 갈등집단인 것이다(Dahrendorf, 1959: 238).

Dahrendorf에 있어서의 계급개념은 단순한 용어가 아니라 이론을 구체화시켜 주는 용어로서 그것은 계급이론과 밀접한 관계를 갖는다.

계급이론은 권위관계로 구성되어 있는 사회조직의 구조적 변동을 체계적으로 설명하는 데 관심을 두고 있으며 특정사회의 계급현상을 초월하여 구성되는 이론이다.

계급형성이론은 계급갈등이론과 더불어 계급이론의 한 분야인데, 이는 계급구조(즉 계급은 왜 어떤 방법으로 단결하고 있는가?)와 계급형성(즉 계급은 어떻게 발생되는가?)을 포괄하는 영역이다. 말하자면 계급발생에 관련하여 분석하는 영역이다. 계급갈등이론은 계급형성이론에 기초를 두고 있으며 계급 간의 상호관계를 분석한다. 다시 말하면 전자는 계급의 범위와 그 유형을 다루는 계급구조의 영역이고 후자는 계급갈등과 그 규제의 문제, 계급갈등으로 인한 사회변동을 다루는 계급갈등의 영역이라 할 것이다.

4. 산업사회의 계급구조

Dahrendorf(1959: 40)는 그의 계급이론을 산업사회를 설명할 수 있는 이론으로 제시하고 있다. 말하자면 마르크스 이후 변동을 거친 현대사회에 있어서의 계급현상을 분석하고자 한다.

Dahrendorf(1959: 40)에 따르면 산업사회는 "일반적으로 공장과 기업에 있어서의 기계화된 상품생산"을 그 특징적 양상으로 하는데, 이는 자본주의사회를 포괄하는 전체적인 개념이다. 이 개념은 선진공업사회를 모델로 하기 때문에 공업화된 사회주의사회도 포함한다.

마르크스는 산업혁명에 이어지는 어떤 역사적 시점에서 자본주의사회 현실에 입각하여, 그 사회계급구조의 본질을 소유권을 중심으로 한 양극화의 경향이라 인식했다. 이 점에 대하여 T. B. Bottomore는 다음과 같이 쓰고 있다.

> 마르크스는 노동자 계급이 보다 동질적이 될 것으로 기대했는데 그것은 기계의 사용이 보다 광범위해짐으로써 기술과 소득의 차이가 감소될 것이기 때문이다. 그리고 구중간계급의 많은 성원들이 임금노동자의 생활조건으로 내려앉게 될 것이므로 노동자 계급은 수적으로 강력해질 것이며, 노동자 생활조건이 비슷해지고 노동자 계급의 조직들 사이에 커뮤니케이션 시설이 발달하고 사회주의 교리가 전파됨으로써 노동자 계급은 보다 단결되고 계급의식도 발달할 것으로 생각하였다. 그리하여 마침내 노동계급의 물질적 조건과 부르주아의 그것과는 상당한 간격이 벌어지게 되고… 노동계급은 혁명적 세력으로 발전하게 되리라고 기대하였다(Bottomore, 1965: 28).

그런데 Bottomore(1965: 24-29)는 마르크스의 기대와는 달리 마르크스 이후 사회계급체계의 양극화현상은 일어나지 않고 있다는 입장을 취하면서 마르크스에 대해 비판적인 견해들이 들고 있는 그 이유에 대해 대략 다음과 같이 서술하고 있다.

(1) 근래 생산성이 크게 증대됨에 따라 노동자계급의 절대적 생활수준이 높아짐으로써 프롤레타리아의 부르주아화 현상이 나타났다. 뿐만 아니라 현대의 노동자계급은 기술의 수준에서 볼 때 매우 다양하게 분화되었으며 중간계급의 팽창은 전체 인구 중에서 산업노동자가 차지하는 비중을 감소시켰다. 사회이동성의 증가는 노동계급의 결속력을 약화시켰고 노동자계급은 생활수준의 향상으로 중간계급의 생활유형을 받아들이게 되었다.[13)]

---

13) Bottomore(1965: 29-32)는 이러한 마르크스 비판에 대하여 비판하고 있다. 특히 프롤레타리아의 부르주아화 현상은 극히 의심스러운 것이라고 본다.

(2) 경제발전에 따라 회사원, 감독, 경영자, 기술자, 과학자 및 일종의 봉사적인 기능을 제공하는데 고용된 사람들로 형성된 새로운 중간계급이 성장함으로써 현대산업사회에 있어서의 사회계층은 보다 더욱 복잡해졌음을 나타낸다(Bottomore, 1965: 5).

(3) 재산소유권의 광범위한 분산과 대규모 재산소유의 붕괴, 그리고 사회이동의 증대에 따라 부르주아계급의 구조와 구성 및 안전성이 크게 수정되었다. 부르주아는 더 이상 독립적인 지배계급으로 남아 있을 수 없게 되고 보통선거제의 확립으로 정치권력은 결국 국민대중의 의사에 의해 결정되게 되었다(Bottomore, 1965: 28).[14)]

그러면 Dahrendorf는 산업사회에 있어서의 계급형성의 다양성을 어떻게 제시하고 있는지를 살펴보기로 하자.

Dahrendorf(1959: 41-61 참고)는 후기 자본주의사회를 분석함으로써 마르크스의 주장이 잘못된 것임을 지적한다. Dahrendorf는 산업사회의 구조적 변화 양상은 마르크스가 예견한 계급의 양극화가 아니라 오히려 다음과 같이 계급구조가 분화내지 다양화되고 있다고 설명한다.

1) 자본의 분화

주식회사의 발전에 따라 소유·자본과 통제·경영의 분리현상이 일어난다. 이런 현상에 대하여 C. Wright Mills를 대표자로 하는 보수적 견해는 이런 분리현상에도 불구하고 주주와 경영자가 전혀 동질적인 집단이라고 주장한다. Mills(1968)는 특히 현대 미국사회의 권력엘리트를 분석하는 가운데 여러 가지 실증적 자료에 입각하여 소유와 통제의 분리가 갖는 허구성을 지적한다.

이에 대하여 Dahrendorf는 J. Burnham(1960)[15)]에 따라 급진적 견해를 취함으로써 소유권과 경영권이 분리되어 궁극적으로 자본가와는 다른 새로운 경영집단

14) 여기서 정치권력의 의사결정의 문제는 이렇게 속단할 수 없음은 물론이다. 다만 마르크스에 대한 비판적 견해로서 제시하는 데 그 의미가 있다.

15) 이 책에서 Burnham은 자본주의 사회에 이어 경영자가 지배하는 '경영자 사회'가 출현하게 되었다고 주장한다.

이 형성되고 있다고 한다. 이러한 견해는 경제학자 J. K. Galbraith(1973)에 의해서도 지지되고 있다. 그는 경제질서가 그 중심이 토지에서 자본으로, 그리고 오늘날 경영으로 바뀌어 왔다고 지적하고 새로운 산업국가에 있어서의 대규모 성숙한 법인기업조직을 테크노스트럭처(Technostructure)라는 개념으로 설명한다. 이 테크노스트럭처의 핵심부에는 경영층이 이 조직과 가장 밀착되어 자리 잡고 있고 그 주변적 위치에 금전적 보상에만 동기유인을 갖는 주식소유자가 자리한다고 지적한다. 말하자면 자본의 지배적 지위가 더 이상 존재하지 않음을 뜻한다. 이에 따라 자본가 대 노동자의 계급갈등이 변질되지 않을 수 없게 된다.

2) 노동의 분화

마르크스에 있어서는 생산기술의 발달로 인하여 모든 노동자는 생산에 관련하여 동질화될 뿐만 아니라 생활여건도 점차 동질화되어 감으로써 하나의 계급으로 더욱 공고하게 결합된다고 보았다.

그러나 Dahrendorf(1959: 50)에 따르면 기술진보와 더불어 산업사회의 노동자는 오히려 분화되어 다음 세 종류의 기술집단으로 나누어진다는 것이다. ① 점증하는 고도의 숙련노동자층, 이들은 엔지니어 및 전문가층과 결합된다. ② 대단히 확산적이고 특수한 산업경험을 갖는 미숙련노동자층, 비교적 증 · 감이 적다. ③ 산업체에 새로 채용되거나 반실업상태에 있는 점감하는 비숙련 노동자층이 그것이다.

3) 새로운 중간계급의 대두

새로운 중간계급이란 기업, 무역, 상업, 행정 등의 분야에서 월급을 받는 사무직 종사자를 일컫는다. 이 계층에 관련된 어려운 문제는 그 상한선과 하한선의 계층경계를 규정하기 어렵다는 점과 갈등에 관련하여 볼 때 지배자의 편에 서는가, 종속자의 편에 서는가 하는 점이다.

마르크스 시대에는 이 계층은 무시해도 좋을 만큼 극소수에 불과하였고 마르크스에 있어서는 이 계급이 Marginal Class로서 오랫동안 지속적이지도 못하고 중요하지도 않은 존재였다. 이들 중간계급은 계급의 양분(兩分) 구조를 무너뜨리는 것도 아니며 앞으로 계급투쟁의 과정에서 점차 소멸할 운명의 존재에 불과했다(최재현, 1977: 110). 그러나 이 계층은 오늘날 상당한 수로 증가하였고 마르크스의 예측과는 달리 중요한 사회층으로 등장하였다. 이 점에 대하여 John H. Goldthorpe는 "상대적인 동질화의 과정이 일어나고 상층과 하층을 분리하는 간격과 범위를 축소한다"는 Alex Inkeles의 논문 "Social Stratification in the Modernization of Russia"(1960)의 서술을 인용하면서 다음과 같이 서술하고 있다.

> 이러한 과정의 결과로서 각 계층질서 내에서 분배상의 중간 범위에 속하게 되는 전체인구의 비율이 현저하게 증가하는 현상이 얼어난다. 그래서 계층위계질서의 '형태'는 피라미드 형태이던 것이 끝나고 거의 오각형 혹은 다이아몬드형의 형태가 된다(Goldthorpe, 1971: 96).

계속해서 그는 이러한 중간층이 현저하게 확대되는 것은 고도수준의 직업상 역할이 수적으로 증가하고 경제문제에 국가의 개입이 증가하기 때문이라고 지적한다(Goldthorpe, 1971: 96 97).

Wilbert E. Moore(1963: 104)도 산업화 초기에는 양극화의 경향을 보이나 산업화의 진전에 따라 매우 다양한 중간적 지위들이 나타남으로써 양극화의 경향은 감소된다고 하였다.[16]

중간계급의 계급으로서의 성격에 대해서는 엇갈리는 견해들이 있다. 하나는 중간계급이 경우에 따라 지배계급에 속하기도 하고 복종자의 위치에 서기도 한다는 견해이고, 다른 하나는 이 계급은 과거의 자본가나 부르주아 등 지배계급의 연장으로서 지배계급에 해당한다고 보는 견해이다(Dahrendorf, 1959: 53-54).[17]

16) Moore(1963: 99)는 산업화의 추세에 따라 다음 그림과 같이 "권위와 기술의 정도에 따른 산업인구의 분포"상태가 변한다고 하였다. 그러나 T. B. Bottomore(1965: 30) 같은 사람은 "소위 노동계급의 부르주아화로부터, 다시 말하면 현대 산업사회는 중간계급의 사회라는 견해에서 나오는 정치적 결론——이데올로기와 계급갈등의 종말——은 그 자체가 매우 의심스러운 것"이라고 한다.

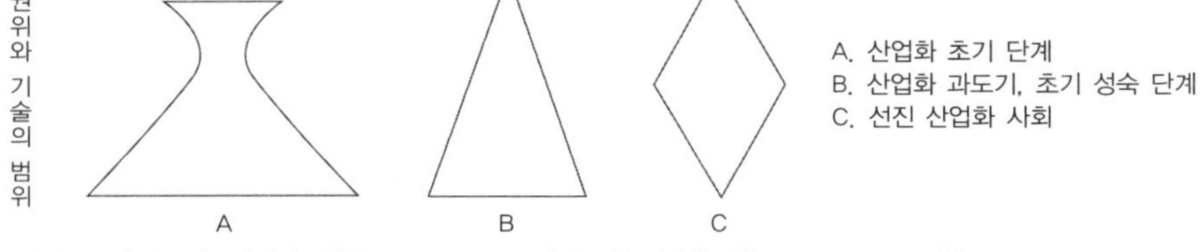

17) 이하 중간계급의 성격에 대한 Dahrendorf의 논의는 같은 책, pp. 54-61 참조.

Dahrendorf는 이들 세 견해 어느 것도 지지하지 않으면서 이 신중간계급을 관료와 사무직 노동자로 구별하여 관료의 사회적 지위에는 지배계급의 논리를, 사무직 노동자들의 사회적 지위에는 노동계급이론을 적용할 것을 제안한다. Dahrendorf에 따르면 신중간계급은 일부 관료층이 부르주아에, 사무직 노동자가 프롤레타리아에 추가 분산되면서 보다 복잡하고 이질적인 존재가 되었다. 신중간계급 관료층이 권력행사에 참여한다 하더라도 과거의 지배계급과는 다르며 사무직 노동자도 과거의 노동자 계급과는 다른 사회적 특성을 갖는다. 이리하여 산업사회의 계급질서는 더욱 복잡하게 형성되기에 이르렀다는 것이다.

5. 권위관계와 계급질서

Dahrendorf(1959: 204)는 "우리들의 모델에 입각하면 계급이란 용어는 명령적으로 조정된 조직체 내의 권위의 분화적 배분에서 초래된 갈등집단을 의미한다"고 하고 있다. 말하자면 계급질서는 전체 사회를 단위로 하는 이분법적 계급질서가 아니라 권위관계에 의해 결합된 사회조직단위의 계급질서라는 것이다. 그는 계급위치가 단지 부나 생산수단의 소유에서 오는 것이 아니라 사회조직에서의 권위의 배분에서 결과되는 것이라고 본다. 계급위치의 근본적 결정요인은 경제적 소유가 아니라 권력이다(Duke, 1976: 149).

Dahrendorf(1959: 248-256)에 따라 후기자본주의사회에 있어서의 계급구조를 보면, 권위적인 지위를 누가 점유하고 있는가에 따라 권위구조의 핵심에 경영자층을 두고 이 층과 노동자계급 사이에 전문가들로 구성된 연구진과 사무직 종사자층이 존재한다. 이것은 앞에서 언급한 바 있는 J. K. Galbraith의 성숙한 기업조직의 테크노스트럭처와 유사하다. Galbraith(1973: 200)는 "성숙한 법인기업에서 주주는 힘을 가지고 있지 않다"고 주장하고 뒤이어 다음과 같이 말하고 있다.

> 성숙한 법인기업은 몇 개의 동심원과 비슷한 것이라고 생각하는 것이 편리하다. … 바깥쪽 원둘레에 가까운 부분은 가장 많은 사람들로 이루어진 집단이라 할 수 있다. 그들은 회사에 결합되는 정도가 가장 완만하고 그 유인체계도 일반적으로 그에 상응하고 있다. 동심원의 중심부는 이른바 최고 경영자층이다. 그들은 가장 굳게 회사에 밀착해 있다(Galbraith, 1973: 201).[18]

이러한 동심원구조의 맨 바깥쪽 원둘레에 보통 주주가 위치하고, 그다음 중앙을 향하여 생산노동자, 화이트칼라, 전문가집단 순으로 중심의 경영자층에 접근되고 있다(Galbraith, 1973: 201-204).

Dahrendorf가 계급결정요인이 소유권이 아니라 권위 · 권력이라 보는 것은 정치결정론으로서, 이러한 그의 입장은 정치조직으로서의 국가단위의 계급구조를 논의함에 있어서 더욱 뚜렷이 나타난다. 그에 의하면 후기자본주의사회에 있어서 "국가는 기업과 같이 하나의 권위관계의 구조를 갖는다. 그 내부에 권위적 명령을 발할 권리가 부여된 위치 혹은 사람과 그들에게 종속된 다른 위치 혹은 사람들이 있다."(Dahrendorf, 1959: 290) 나아가서 그는 지배계급이 누구인가에 대하여 다음과 같이 말하고 있다.

> Burnham과 Mills에 의하여 이루어진 것 같은 분석의 주요 결점 중 하나는 그들은 정치국가에 있어서의 명백한 권위의 자리와 그 점유자에게 충분한 관심을 기울이지 않고 있다는 점이다(Dahrendorf, 1959: 302).

따라서 Dahrendorf는 기업가 엘리트와 경제 엘리트는 궁극적으로는 정부 엘리트보다 영향력이 적으며, 종종 정부 엘리트에 추종적이라고 보고 있다는 견해(Duke, 1976: 150)는 옳다고 하겠다.

Dahrendorf는 국가라는 정치단위의 계급구조를 그 성원들의 권력행사에 대한 관계로 이해하고 그 성원들을 다음과 같이 네 개의 집단[19])으로 나눈다.

1) 지배집단: 다른 사람들에 대하여 법을 만들어놓을 수 있는 위치에 있는 집단
2) 사무봉사 계급(Service Class): 법을 적용, 집행할 뿐 아니라 권력을 가진 자를 돕고 자문함으로써 지배집단을 돕는 사람들
3) 피지배집단: 통치자 및 그 공복들의 권력에 종속되어 있는 사람들

---

18) 산업조직체(기업)의 계층분화 구조의 형태는 Dahrendorf와 유사하다 할지라도 그 기본 관점에 있어 서로 상이함은 물론이다.

19) 여기에서 '집단'은 '계급'의 뜻으로 쓰인 듯하다.

4) 지식인층: 지도자와 그 추종자로 이루어지는 구조 밖에 위치해 있는 사람들, 자유로운 부동(浮動)지식인. 사회구조에 쉽사리 적응 못 하고 다소 고독한 자유를 즐길 수 있는 피난처를 찾는 사람들[20]

이러한 구분은 권력관계에서 인간을 몇 개의 집단으로 구분한 B. Russell의 입장을 따르는 것으로 보아진다. B. Russell은 다음과 같이 말하고 있다.

> 어떤 사람은 천성이 항상 명령적인 데 비해 어떤 사람들은 천성적으로 항상 복종하기 쉬운 생리를 가지고 있다. 이들 지도자와 추종자 사이에는 많은 평범한 인간들이 있는데 이들은 어떤 상황에서는 명령하기를 좋아하나 다른 상황에서는 지도자에게 종속되기를 더 좋아한다(Russel, 1975: 18).

그리고 Russell(1975: 26)은 제3의 인간으로 "중간에서 물러서는 타입의 인간이 있다"고 하고 이들은 "거만을 떨지 않고 복종을 거부할 만한 용기를 가진 사람이 있다. 그런 사람들은 쉽사리 사회구조에 적응하지 못하고 여러 가지 방법으로 혼자 고독한 자유를 즐길 수 있는 피난처를 찾는" 사람들로서 때로는 역사적으로 중요한 역할을 해왔다고 지적한다.

이러한 국가의 계층구조를 Dahl의 정치층(Political Stratum)의 개념을 빌려 도식화해 볼 수 있을 것이다.[21](〈그림 2-1〉 참조)

〈그림 2-1〉에서 지배집단과 사무봉사계급은 정치층으로, 피지배집단과 지식인층의 대부분은 비정치층으로 구분해 볼 수 있는데, 피지배집단은 권력집단에 추종적인 층이고 비정치층의 지식인층은 비추종적인 성격을 갖는 층이라 할 것이다. 지식인층을 점선으로 나타낸 것은 그들이 사회계층구조에서 하나의 층을 형성한다고 명확히 하기가 어렵고 정치구조에 공고히 결속되지 않았음을 뜻하며 그 일부는 정치층의 부분을 이루고 있다.

---

20) 이러한 구분에 대해서는 Dahrendorf(1968: 235) 참조.
21) Dahl(1976: 101 이하) 참조.

[그림 2-1] 정치국가의 계층구조

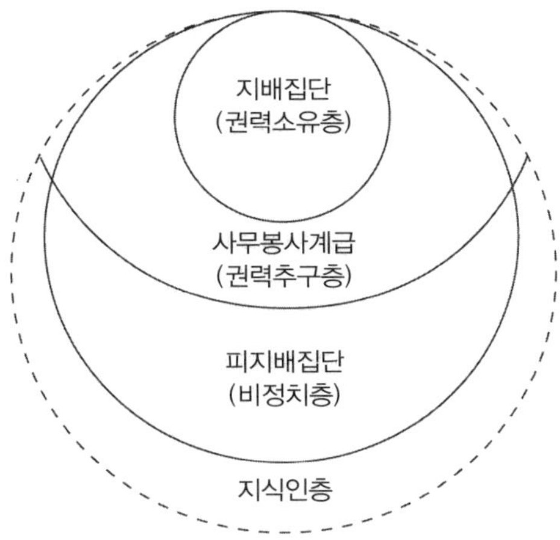

※ 이 그림은 Dahl의 정치층을 나타내는 그림을 다소 수정한 것이고 ( ) 속의 표현은 Dahl의 표현이다. Dahl은 지식인층은 구별하지 않았다.

이들 집단들 중 사무봉사계급은 광범하게 확대되고 있으며 그 계급의 특징적인 위치가 다른 모든 계급의 행위에 침투되고 있다고 Dahrenorf(1968: 236)는 보고 있다. Dahrendorf는 이와 같은 계급구조의 기반으로 다음과 같은 네 가지 요인을 든다.[22)]

1) 사회적 발전: 평등한 시민권의 인정, 대표정부, 법의 지배 및 복지국가의 출현
2) 경제적 발전: 경제발전의 결과 민권의 효과적 행사를 가능케 하는 보다 높은 임금과 짧은 노동시간의 확보
3) 권력구조상의 변화: 권력의 제도화, '법의 지배'의 일반화, 정치결정론적 현상
4) 국가권력행사의 분화

이러한 요인을 배경으로 하여 오늘날 특히 유럽에 있어서 계급구조가 형성되고, 마르크스가 기대하던 바의 강력한 지배자와 무력한 다수의 종속자와의 적대시의 문제가 없는 것으로 보인다는 것이 Dahrendorf의 견해이다.

---

22) 이상 네 요인에 대해서는 Dahrendorf(1968: 240-244) 참조.

6. 결론: 발전적 연구를 위한 문제점의 제기

이 글에서 필자는 R. Dahrendorf의 계급형성의 문제에 대한 시각을 다른 저술가들의 견해를 가미하면서 재구성 · 정리하려 하였다.

그의 이론은 K. Marx의 입장을 비판적으로 계승하고 있기 때문에 이를 마르크스에 결부하여 논의를 진행하였다.

오늘날의 산업사회는 산업화가 진전되면서 이미 마르크스이론의 배경이었던 자본주의사회가 아니라 이제 우리는 후기자본주의 산업사회를 경험하기에 이른 것이다. 여기에 마르크스의 계급이론은 그 설득력이 약화될 수밖에 없게 되고, 그의 예언적인 계급 이분화현상은 현실적으로 오류임이 명백해진 것이다. 그리하여 Marx에 대한 비판적 논의가 활발하게 전개되어 왔는데, R. Dahrendorf, R. Aron, S. Ossowski 등을 그 대표적인 학자로 손꼽을 만하다(Giddens, 1971: 53-78 참조).

그중에서도 특히 R. Dahrenorf는 그의 주저(主著) *Class and Class Conflict in Industrial Society*(1959)에서도 볼 수 있는 것처럼 마르크스이론에서 출발하여 집중적이면서도 포괄적으로 산업사회의 계급의 문제를 논의한 두드러진 학자이다. 그는 마르크스가 완성 · 체계화하지 못한 계급이론을 보충 구성하고 나서 그 이론의 오류를 비판하고 마르크스 이후의 산업사회를 배경으로 하여 계급이론의 경험적 모형을 제시하려 하였다.

그에 따르면 후기 자본주의사회에 있어서의 계급현상의 변화모습은 다음과 같다.

(1) 자본의 분화로 새로운 경영자집단이 등장한다. (2) 노동의 分化로 노동자층은 단합된 단일 계층으로서의 의의를 상실하게 된다. (3) 새로운 중간계급이 대두되고 분화되면서 자본가계급과 노동자계급의 중간에 위치하지만 그 상 · 하의 계층경계는 모호하다.

한편 '명령적으로 조정된 조직체'(imperatively co—ordinated association)의 중요한 형태인 국가라는 정치단위에 있어서는 계급구조를 (1) 지배집단, (2) 사무봉사계급(service class), (3) 피지배집단, (4) 지식인층으로 나누고 있다.

이와 같이 Dahrendorf는 후기 자본주의사회로서의 산업사회의 계급이 다원적으로 형성되었다고 보고 있으나 그의 계급이론은 '산업사회를 설명할 수 있는' 이론으로 만족하고 있기 때문에, 사회이론들이 대체로 그러하듯이 이론으로서의 보편성에 문제가 있으며 비판받을 점이 적지 않은 것으로 보인다.[23)]

이제 그의 계급이론의 몇 가지 문제점을 지적하면서 이 글을 맺고자 한다.

1) '명령적으로 조정된 조직체'마다 계급이 형성된다고 보는 입장은 조직체마다 계급이 편재한다는 것이 되고, 이것은 전후사회를 단위로 하여 볼 때 역설적으로 계급 부재의 현상을 암시해 주는 경우가 있게 된다. 즉 '명령적으로 조직된 조직체'의 개념은 사회계층체계의 층화현상을 모호하게 만든다.
2) C. W. Mills가 말하는 대로 한 사회에 소수의 권력엘리트가 있어서 산업엘리트와 정치엘리트가 동일하다면, 적어도 엘리트집단을 설명하는 이론으로서는 정치결정론을 경제결정론에 대치하는 것이 무의미하다.
3) Marx의 이분법적 계급이론의 허구성을 지적하면서도 권위의 소유와 비소유를 논의하면서 역시 이분법적 논리에 빠졌다. 이것은 그가 신중간계급을 관료층(지배층)과 화이트칼라 노동자층(피지배층)으로 나누려는 시도에서도 나타난다. 중간계급의 존재의의는 무엇인가?
4) 지식인을 별개의 사회계층으로 구분하려는 시도에 문제가 있다. 과연 지식인층이 하나의 사회계층으로 존재하는가?
5) 산업사회에 있어서의 계급구조의 다원성을 논의하는 경우에 그 계급 간의 경계선이 애매하다. 이것은 계급구조를 경험적으로 다룰 때 혼란을 일으킨다.

---

23) 이에 대해서는 다음 책들이 참고가 될 것 같다. Zeitlin(1973: 109-122), Giddens(1971, 특히 pp. 69-74). 본고에서는 본고의 성격상 이에 대한 논의를 세외하였나.

참 / 고 / 문 / 헌

박영신(1980a), "갈등사회의 이론적 인식," 박영신 편저, 『갈등의 사회학』, 까치.

______(1980b), 『변동의 사회학』, 학문과사상사.

최재현(1977), "Ralf Dahrendorf 연구", 『한국사회학연구』, 1집, 서울대 사회과학연구회.

Aron, Raymond(1980), 『산업사회와 사회계층』, 이동렬 옮김, 범조사(원제 *La Lutte de Classes*).

Bothomore, T. B.(1965), *Classes in Modern Society,* Allen & Unwin.

Burnham, James(1960), *The Managerial Revolution*, Indiana Univ. Pr.

Dahl, Robert A.(1976), *Modern Political Analysis*, Prentice-Hall.

Dahrendorf, Ralf(1958), "Toward a Theory of Social Conflict", W. L. Wallace(ed.), *Sociological Theory*, Aldine Pub. Co.

______________(1959), *Class and Class Conflict in Industrial Society*, Stanford: Stanford Univ. Pr.

______________(1968), "Out of Utopia", R. Dahrendorf, *Essays in the Theory of Society,* Stanford Univ. Pr.

______________(1968), "Recent Changes in the Class Structure of European Societies", Frank Lindenfeld(ed.), *Reader in Political Sociology*, Funk & Wagnalls.

Duke, James T.(1976), *Conflict and Power in Social Life,* Brigham Young Univ. Pr.

Galbraith, J. K.(1973), 『새로운 산업국가』, 이기욱 옮김, 장문각(원제 *The New Industrial State*).

Giddens, Anthony(1971), *Capitalism and Modern Social Theory: An Analysis of the Writings of Marx, Durkheim and Max Weber,* Cambridge: Cambridge Univ. Press.

Goldthrope, John H.(1971), "Social Stratification in Industrial Society", Melvin M. Tumin(ed.), *Readings on Social Stratification*, Prentice-Hall.

Marx, Karl(1959), *Das Kapital: Kritik der Politischen Ökonomie,* Buch Ⅲ, Dietz Verlag Berlin.

Mills, C. Wright(1968), *The Power Elites*, Oxford Univ. Pr.

Moore, Wilbert E.(1963), *Social Change*, Prentice-Hall.

Ossowski, Stanislaw(1963), *Class Structure in the Social Consciousness,* trans., Shelia Petterson, Free Press.

Russel, Bertrand(1975), 『권력론』, 이성규 옮김, 서문문고(원제 *Power: A New Social Analysis).*

Zeitlin, Irving M.(1973), *Rethinking Sociology*, Prentice-Hall.

CHAPTER 03

지식인 집단의 사회계층적 성격

1. 서론

종래 지식인에 대한 논의들을 보면[1] '지식인 계층' 혹은 '지식계급' 등의 용어를 빈번히 쓰면서도 그 역할이나 중요성을 논의하는 데 치중하고, 지식인 집단의 계층적 성격이나 사회계층체제와의 관련성에 대해서 규명하려는 노력은 소홀했던 것으로 보인다. 그러나 지식인 집단의 계층적 성격의 문제는 지식인의 사회적 중요성이 강조될수록 더욱 논의되어야 할 문제라고 할 것이다. 현대사회가 구조적으로 매우 이질화되고 그 복합성이 증대된 상황에서는 더욱 그러하다.

현대 산업사회는[2] 지식인들에 관련지어 보았을 때 다음과 같은 두 가지 상반된 의미가 있다. 하나는 지식인들의 사회참여 확대요 다른 하나는 지식인들 집단 고유의 성격 상실 현상이다. 공업화에 따르는 기술주의와 합리적 조직 원리인 관료제를 그 두드러진 특징으로 하는 현대 산업사회는[3] 생산성과 합리성을 강조하게 되고 이는 과학적 연구와 그 실천적 목적을 위한 사용, 즉 기술과의 관련성을 크게 증대시켰다. 그리하여 높은 지식수준의 지식인들의 수요가 급격히 늘어났고, 이에 따라 대학교육 등 고등교육의 보편화 현상이 불가피하였다. 이러한 고등교육의 보편화는 그들의 사회적 속성을 크게 변질시키고 있으며 특히 기계화 · 자동화의 진

---

1) 지식인에 대한 논의에 대해서는 다음 여러 주(註)에서 소개하는 것들 외에 특히, Edward Shils(1968: 414-415)의 'bibliography'가 참조될 것이다.

2) '산업사회'라는 용어의 사용에 대해서는 논의의 여지가 있다. 이 글에서는 산업화를 거쳐 성숙한 오늘의 사회를 일컫는 서술적 표현이다.

3) 현대 산업사회의 모습을 보는 대표적인 고전적 세 입장으로는 K. Marx의 공업화(industrialization), M. Weber의 관료화(bureaucratization), 그리고 A. Tocqueville의 참정권의 확대 등을 들 수 있으나 공업화와 관료화의 경우가 더욱 강조되고 있다.

전은 근로자와의 한계를 또한 모호하게 만들어주고 있다(김대환, 1982: 41). 이것은 결국 지식인들의 계급적 경계를 모호하게 함으로써 그 계층구조적 성격을 규명하는 데 어려움을 더해주는 것이 된다.

한편 현대 산업사회에 있어서 고도의 사회적 분화에 따라 촉진된 기능 전문화의 추세는 지식인들에 대한 필요성을 크게 증대시켰으나[4] 이에 따라 지식인들은 조직 속에서 전문가화하는 경향이 두드러지게 나타났다. 조직 속의 지식인들은 그들의 지적 자율성을 제약받게 되었을 뿐 아니라 문화현상의 전체적 파악이나 포괄적 통찰에의 관심은 약화되고 개별화된 전문 영역의 부분에 그 관심이 집중되었다. 여기에 지식인들은 그 본래의 모습을 상실할 개연성을 갖게 된 것이다. Lewis A. Coser가 지적하는 바와 같이 지난 두 세기 동안 서구세계에 있어서 지식인층의 핵심이었던 독립 · 불기속(不羈束)의 지식인들(unattached intellectuals)은 비록 질적으로는 중요하다 할지라도 그 수가 상대적으로 크게 감소하여 소규모의 집단으로 쇠락하였다(Coser, 1965: 263).[5] 따라서 지식인 계층의 성격을 지니고 실재하는 집단으로 논의할 가치가 그만큼 감소하게 되었다.

그러나 지식인들의 존재는 엄연한 현실이다. 다만 이들 지식인들이 사회계층체계상 어떤 위치를 차지하고 있는가를 검토해 보지도 않고 막연히 지식인이라고 부를 수 있는 사람들을 하나로 묶어 지적 계급 혹은 지식인계층이라고 일컬을 수 있는 것인지는 충분히 재고해 볼 가치가 있다고 본다. 설사 오늘날 많은 지식인들이 그 고유성을 상실하고 있다 하더라도 그 성격을 계층구조 속에서 논의해 보는 것도 현대의 지식인에 대해 재검토한다는 차원에서 또한 중요한 의미가 있는 것으로 생각한다.

여기에 이 글에서 현대 산업사회에 있어서의 지식인 집단의 계층적 성격을 규명해 보려는 이유가 있다. 이 글의 주요 흐름은 다음 두 가지로 잡고 있다. 하나는 오늘날 지식인 집단이 어떻게 그 성격이 바뀌면서 계층구조에 관련되고 있는가 하는 것이고, 둘은 그 고유의 특징을 계속 유지하고 있는 지식인 집단이 어떤 계층적 위치에 있는가 하는 것이다. 이렇게 함으로써 지식인들의 다른 사회집단과 다

4) '지식인층'의 필요성에 대해서는 Shils(1968: 401-402) 참조.

5) Coser는 그 쇠락의 이유로 사회구조적 면에서는 "지식의 제도화, 특히 학원화"를, 이데올로기 면에서는 "급진적 이데올로기 및 아방가르드(avant-garde)의 쇠락"을 들고 있다.

른 특징적 모습을 밝히고 '지식계급' 혹은 '지식인계층' 고유의 성격을 규명할 수 있을 것으로 본다. 이를 위하여 먼저 지식인의 개념과 그 집단 형성과정부터 검토하고자 한다.

2. 지식인의 개념과 지식인 집단의 형성과정

1) 지식인의 개념

지식인이란 무엇인가에 대한 대답은 다양하다. 그것은 다음과 같은 몇 가지 이유 때문인 것으로 보인다.

(1) 지식인을 가리키는 서로 유사한 용어들, 예컨대 지식인(intellectuals), 지성인(intelligent), 인텔리겐치아(intelligentsia), 교육받은 사람(man of knowledge), 착상이 풍부한 사람(man of ideas) 등이 거의 동일한 수준에서 사용되어 왔다.[6] 특히 지식인과 '인텔리겐치아'를 그 의미상 혼동하여 이해하거나 동일시하는 경향이 있다.[7]

(2) 이러한 용어들을 사람들은 그때그때 자기 충족적 의미로 사용하고 있다.

(3) 지식인 현상은 워낙에 근대 서구의 산물이기 때문에 그 용어의 사용에 있어서도 시대적 · 사회적 환경의 제약이 따르게 마련이다.

따라서 지식인의 개념을 결정적으로 규정하기는 불가능하다. 그러나 대체로 지식인을 정의함에 있어서는 고려해야 할 두 개의 차원이 있는 것으로 본다. 사회구조적 차원과 역사적 차원이 그것이다. 구조적 차원에서는 첫째, 그들의 직업적 · 사회적 상황 둘째, 그들의 남다른 정서적 · 심리적 입장 셋째, 그들의 사고방식 등의 면에서 교육받은 다른 사람들과 비교하여 나타나는 특징적 모습을 밝혀야 한다. 역사적 차원에서는 지식인의 사회적 의미가 어떻게 지속 혹은 변화되었는가를

6) 여기에 번역해 놓은 표현들은 물론 다른 표현이 가능하다. 이들 용어들을 구별하는 것이 필자가 의도하는 바이다. 그리고 이들 용어는 각기 다른 의미가 있다고 본다.

7) 이러한 지적에 대해서는 김영모(1982: 133-134) 참조. 김 교수는 '인텔리겐치아'를 지식계급으로 번역 사용하였다. 필자는 이를 구별하고자 하는 입장이다.

살펴보아야 한다(Feuer, 1976: 48). 역사적 차원의 문제는 지식인 집단의 출현과 그 개념 변화의 문제로서 뒤로 미루어 다루게 될 것이다. 구조적 차원에서 밝혀야 할 사항들은 결국 지식인들의 사회적 기능과 대(對)사회적인 내적 자세를 의미한다. 대부분의 지식인들에 대한 정의들은 이 점을 감안하는 것으로 보인다.

1920년대에 Julien Benda는 정치 · 사회적 목적을 위해 봉사하는 것에 대하여 비난하면서 이해관계를 떠난 사랑과 진리 및 정의의 추구에 지식인 고유의 사명이 있다고 보았다(Gella, 1976: 19 참조). 나아가서 그는 '불멸의 지식인'의 특성으로서, 본질적으로 그 활동이 현실적 목적에 의해 좌우되지 않으며 물질적 이익이 아니라 예술과 과학의 연마나 형이상학적 사고에서 즐거움을 찾는다는 점을 들면서 "대중의 현실주의에 직접적으로 대립되는 철학자, 종교 창설자, 문인(men of letters), 예술가, 학자 그리고 과학자들"이 여기에 속한다고 보았다(Huszar, 1976: 81).[8)]

이러한 정의는 지식인들의 내면적 자세를 중심으로 한 것이다. 이런 유의 정의는 K. Mannheim에서도 발견된다. 그는 "의식적이든 무의식적이든 경쟁체계 속에서의 성공이라는 것 이상의 어떤 일에 관심을 갖는 소수의 사람들"을 사회학적으로 일단 지식인이라 부를 수 있을 것으로 보았다(Mannheim, 1936: 232). Shils의 지식인에 대한 다음의 정의도 같은 성격의 것이다.

> 지식인이란 그들 사회의 대부분의 사람들보다 비교적 높은 빈도로 인간 사회, 자연 및 우주에 관하여 보편적인 범위의 상징이나 추상적 준거의 상징에 관련하여 의사를 소통하고 표현하는 사람들의 집단이다(Shils, 1968: 399).

Shils는 이어서, 지식인들의 이와 같은 빈도 높은 상징에의 관여는 그들의 '주관적 성향' 때문이기도 하지만 그 '직업상의 역할'을 수행함에 있어서 상징의 사용을 수반하지 않으면 안 되기 때문이라고 봄으로써 지식인들에 대한 정의에서 사회적 기능 요소를 거론하고 있다.

---

8) Huszar는 지식인에 대한 모든 정의에 있어서 특징적인 주제들을 다음과 같이 들고 있다. 즉 지식과 진리의 표현에 대한 열정적 욕구, 혁신을 위한 대비, 창조적 작업에 대한 욕구, 영감과 직관, 저속한 정치적 열정에 대한 무관심, 어떤 이해관계로부터도 자유로운 정신적 목적에의 봉사, 퍼스낼리티의 독립성.

사회적 기능의 측면에서 지식인들을 정의하고 있음은 Weber에서도 일별된다. Weber는 지식인들에 대하여 "그들의 특성 때문에 '문화 가치'라고 고려된 어떤 성취에의 특별한 접근책을 가지고, 그렇기 때문에 문화공동체의 리더십을 획득한 사람들의 집단"(Gerth & Mills, 1958: 176)이라 하여 리더십 기능에 관련지어 지식인을 정의하고 있다. 그러나 정작 지식인들에 대한 정의에서 사회적 기능을 두드러지게 강조하고 있는 예는 Lipset의 경우에서 찾아볼 수 있다.

Lipset는 지식인을 "문화, 즉 예술, 과학, 종교를 포함하는 인간의 상징세계를 창조하고, 전달하고, 적용하는 모든 사람들"이라 정의하고 이를 구체적으로 두 개의 주요 수준과 하나의 주변집단으로 구분하고 있다(Lipset, 1981: 333).

두 개의 주요 수준은 문화의 창조자(학자, 예술가, 철학자, 작가, 일부 편집인과 언론인)와 그 전달자(연예인, 대부분의 교원과 기자)이고, 주변집단은 그들의 직업상의 역할로서 문화를 적용하는 사람들로 구성되는데, 의사, 법률가 등의 전문가들이 이에 해당된다. 그런데 Lipset는 유럽에서 '인텔리겐치아'라고 하면 이상 세 범주의 사람들을 모두 포함하여 말하는 데 대해서, 미국의 경우 지식인이란 주변집단, 즉 문화를 적용하는 사람들의 집단을 빼서 말하는 것이라고 한다. 이러한 Lipset의 정의는 구체적이고도 넓은 범위의 정의로서 여러 가지 면에서 실제적 이점을 갖고 있다. 즉 첫째, '인텔리겐치아'와 지식인 사이의 차이점의 하나를 제시해 주고 있다. 둘째, 지식인들의 활동영역을 분류함으로써 지식인들 집단의 이질성을 보여주고 있다. 셋째, 높은 교육수준을 거친 모든 사람들이 지식인이 되는 것이 아님을 암시해 준다. 그러나 그냥 지나쳐 버릴 수 없는 중대한 결함도 포함하고 있다. 이 결함은 Coser에 의해 적절히 지적되고 있다. 즉 "그 정의는 예술이나 과학, 종교에 종사하는 많은 사람들 가운데 발견되지 않는 속성을 가진, 수적으로는 적지만 질적으로는 중요한 상징조작자들의 특징적 성격을 모호하게 만든다"는 것이다(Coser, 1965: 서문, vii-viii). 말하자면 지식인들의 내면적 · 정신적 속성을 무시하고 있다는 것이다. 학문하는 모든 사람이 지식인일 수 없으며, 전문직에 종사한다고 하여 모두 지식인의 속성을 잃어버리는 것도 아니기 때문이다. 지식인의 가장 중요한 한 측면을 무시했다는 것이 된다. Feuer도 "지식인은 '지적'이라고 분류될 문화적 직업이나 전문직에 관여하는 사람에게 반드시 충분한 것이 아니다"라고 지적한다(Feuer, 1976: 47).

이러한 결함을 보충하면서 지식인들의 내적 속성과 사회적 기능을 포괄하는 정의는 Durkheim과 Coser에서 찾아볼 수 있다.

Durkheim에 따르면 지식인이란 지성을 수단이자 목적으로 삼는 사람들이고 "지성을 사용하여 새로운 지식, 생각 또는 감각을 충만하게 하려는 사람들로서, 지성으로 이루어지는 예술, 과학 등 전문분야에 자신을 바치는 사람을 아주 자연스럽게 지식인이라 부르게 되는 것은 그와 같은 특수성을 나타내기 위한 것"이라고 하였다(Durkheim, 1973: 4장, 주2). 이는 지식인들을 그 지성에 관련하는 내면적 측면과 전문분야에 종사한다는 기능적 측면에서 정의하려는 의도인 것으로 보인다.

Coser는 지식인(intellectual)이라는 용어의 핵심이라고 할 수 있는 지성(intellect)에 대하여 다음과 같이 풀이하고 지식인에 대한 정의를 보다 명백히 하고 있다.

> 지성(intellect)이란 예술과 과학에 필요한 지능(intelligence)과는 구별되는 것으로서 직접적 경험으로부터 자신을 떼어놓을 줄 아는 능력, 순간의 실용적 과업을 넘어서는 것, 천문적, 직업적 관여를 초월하는 포괄적인 가치에의 몰두 등을 가정하는 말이다. R. Hofstadter는 "지성(intellect)이란 인간 정신의 비판적, 창조적, 관조적 측면을 말한다. 지능(intelligence)이 이해, 조종, 조정, 적응을 추구하는 반면 지성은 탐구하고 숙고하고 경탄하며 이론화하고 비판하고 상상한다"고 서술하였다(Coser, 1965: 서문, viii).

그리하여 지식인은 사상(ideas)에 기식하는 존재라기보다 사상을 위해 생활하는 존재라고 한다. 그리고 지식인이란 이해갈등을 사상의 갈등으로 전환시킬 수 있다는 Mannheim의 말을 상기시키면서 Coser는 다음과 같이 말하고 있다.

> 지식인이란 사상의 문지기이면서 한편 이데올로기의 주장자이기도 하다.… 그들은 사람들에게 비판적 태도를 함양시켜 주고 그들의 시대와 상황이 용납하는 사상과 가정들을 파고 따지려 한다(Coser, 1965: 서문, viii-x).

이와 유사한 입장은 E. E. Bergel에서도 찾아볼 수 있다. Bergel은 지식인들은 "비물질적 절대가치, 즉 진 · 선 · 미에 관심을 집중한다. 행동하는 자라기보다 생각하는 자이다"라고 하고, 그들의 특성으로 부정주의(negativism), 반위선성(not hypocrisy), 비판주의(criticism), 반전통주의(anti traditionalism)를 들고 있다(Bergel, 1962: 284-285).

이상의 논의들을 종합해 보면, 우리는 지식인의 개념을 좁은 의미와 넓은 의미의 두 차원에서 파악할 수 있을 것 같다.

좁은 의미에 있어서의 지식인은, 구조·기능적 차원에서는 Lipset가 말하는 "두 개의 주요 수준"에 속하는 부류, 다시 말하면 '학자, 대학 교수, 연구자 및 그 밖에 지적 활동에 직접 관계하면서 지식 계발과 수수 전달에 전문적으로 종사하는 사람들'(차하순, 1975: 92)로서, 내면적·정신적인 면에서는 '지성'이 충일해서 자유로운 정신적 활동을 하는 사람들이다. 그들은 사상의 창도자요 구현자이다.

넓은 의미에 있어서의 지식인은, Lipset의 '주변집단'뿐 아니라 일정 수준 이상의 교육을 받고 전문직에 종사하는 사람까지를 포함하는 '인텔리겐치아'[9]에 포함되는 모든 사람들이라는 의미가 될 것이다. 그들은 현실에 참여하여 사상을 적용하는 지적 활동에 종사하는 사람을 포함한다. 지성적인 내면적 자세는 부수적이거나 고려되지 않을 수도 있다.[10]

이렇게 지식인의 개념을 규정한다 하더라도 그들의 수와 범위, 그 특성들은 시대와 사회에 따라서 다양한 것이어서 그들을 식별한다는 것은 쉬운 일이 아니다. 특히 지식인 특유의 속성으로 해서 그들의 사회계층상의 성격 또한 규정짓기가 매우 어려운 것으로 보인다. 현대 복합사회에 있어서는 더욱 그러하다.

---

9) '인텔리겐치아'라는 개념은 지식인의 개념과 매우 유사한 것으로 쓰이고 있으나 구별되는 용어이다. 이 글에서는 논제의 성격상 이에 대한 논의는 생략할 것이다. 일단 Zygmunt Komorowski의 다음과 같은 정의를 받아들이고 싶다. 즉 "인텔리겐치아라는 말은… 사회학에서는 지적인 작업과 직업적으로 관계를 맺고 있고 교육과 일반 문화에 의해서 형성된 마음 및 성격이라는 속성에 의해 특징지어지는 교육받은 사람들의 사회계급(계층)을 기술하기 위해서 사용되는 것이 용납되어 왔다.… 그 말은 때때로 '지적 전문가들', '지적 노동자들' 등과 같은 표현으로 대신되고 있다"(Komorowski, 1976: 202). 인텔리겐치아에 대한 포괄적인 논의에 대해서는 Gella의 글(1976)이 특히 참고가 될 것이다.

10) 우리의 이러한 개념규정은 Coser의 논의와 관련지어 볼 수 있다. Coser에 따르면 지식인이란 용어에 대한 견해를 둘로 나누어볼 수 있다. 하나는 '문화를 창조하고 분배하며 응용하는 사람들'이라고 하여 아주 광범한 층을 언급하는 경우(S. Lipset의 입장)와 '정신의 기술자'라는 (H. Hughes의 표현임) 수많은 전문가들을 포함하는 경우(R. Hofstadter의 입장)인데 이는 넓은 의미의 지식인을 의미하는 것이고, 둘은 '창조적'인 지식인이라는 가장 엄밀한 범주를 지칭하는 경우(C. Mills의 입장)와 '자유로이 사색하는 정신'의 소유자를 지칭하는 경우(R. Hughes의 입장)는 좁은 의미의 지식인을 지칭하는 것이다(Coser, 1965: 248 참조).
이 글은 넓은 의미의 지식인을 대상으로 한다. 그러나 지식인 고유의 모습은 좁은 의미의 지식인에서 찾아볼 수 있다고 필자는 생각한다.

2) 지식인 집단의 형성과정

지식인이라 할 수 있는 부류의 사람들은 오랜 옛날부터 존재하고 있었다. 근대 이전의 사회에 있어서 그 사회의 다른 성원보다 지적 수준이 높은 사람들이 존재하여 지식인으로서의 역할을 수행했음은 사실이다. 고대의 예언자나 주술사, 중세의 성직자 등은 이에 해당한다고 볼 수 있다. 그러나 그들은 수적으로 소수이고 특정의 사회집단을 형성하지도 못하였던 고립된 존재들이었다. 그들 사회구조에서의 위치와 그 영향의 면에서 근대 이후의 지식인과는 크게 차이가 있었다. 근대에 이르러 지식인 집단이 출현한 점에 대해서는 Coser가 다음과 같이 적절하게 지적해 주고 있다.

> 오직 근대의 사회만이 자아의식의 지식인 집단의 출현을 위한 제도적 조건을 마련해 주었다고 하고 싶다. 좀 더 구체적으로 그리고 고대에 있어서의 소피스트나 그 후예들이 근대 지식인의 먼 옛날의 조상이라 부를 수 있다 할지라도 자아의식 집단의 사람들로서의 지식인들은 17세기에 이르러 출현하였다고 나는 주장하는 바이다. 그들은 근대적 현상이고, 근대사의 시작과 더불어 그들 자신의 모습으로 등장하게 되었다(Coser, 1965: 서문, x-xi).

Bergel도 대체로 근대 르네상스 이후 유럽 등지에서 시작하여 지식인들은 사회구조에 영향을 미치는 집단으로 형성되기에 이르렀다고 보는데(Bergel, 1962: 278) 그것은 이 시기에 이르러 지식인 집단이 출현하는 데 유리한 조건이 갖추어져 있기 때문이라고 한다(Bergel, 1962: 279 참조).[11]

결국 근대 지식인들은 근대 르네상스기의 계몽사상의 산물로서 등장한 셈이 된다. 18세기까지 그들은 유력자 또는 전략가의 보좌역이나 대서사의 기능을 수행하고 있었다. 그러나 당시 지식인들의 도움을 필요로 하는 유력자들이 수적으로 많이 존재하고 있었기 때문에 지식인들은 그 유력자 선택에 있어서 보다 자유로운 입장에 있을 수 있었다. 더구나 유력자의 쇠락과 지적 생산물을 선호하는 보다 넓은 범위의 공중의 출현으로 드디어 17, 18세기에 지식인들은 활짝 피어날 수

---

11) Bergel은 지식인 집단 등장의 요건을 다음과 같이 들고 있다. 즉 높은 문명 수준에 이르렀을 것, 수적으로 충분한 지식인이 존재할 것, 지적 생활을 할 만큼의 경제조건이 존재할 것 등이다.

있었다(Coser, 1965: 서문, xi).

Sartre에 따르면, 당시 유력자들이란 부르주아들로서 이들은 교회의 이데올로기를 수용하면서도 소위 '수단의 전문가들'(experts of means)을 탄생시킨 것이다. 이들 전문가들(지식인들을 일컬음: 필자 주)은 하나의 계급도 엘리트도 아니었다. 이데올로기의 제공자나 수호자도 아니었다. 다만 상업자본주의가 유지되고 확대될 수 있는 방법을 제공해 주는 역할을 하는 데 불과하였다(Sartre, 1979: 18). 17세기 말엽 교회가 이데올로기 담당자의 자리에서 물러나면서 '철학자들'(지혜를 사랑하는 사람들)이 이를 대신하여 이데올로기를 구축하게 되었다. 이들은 부르주아의 입장을 지지 · 정당화해 주는 합리적 우주관을 창조해 내는 일을 하였다(Sartre, 1979: 19-20).[12)]

부르주아 내부에서 형성 · 양육된 '철학자들'은 그 이상에 있어서 부르주아와 모순이 없었으며 그들의 과학적 · 실용적 연구 활동은 신흥계급(부르주아)의 활동에 또한 일치하는 것이었다. 따라서 당시의 지식인들은 부르주아의 지원을 받고 자유를 구가할 수 있었다. 이렇게 하여 근대의 지식인들은 계몽사상의 풍토 속에서 부르주아의 입장을 수호해 주는 '수단의 전문가'와 이론가의 집단으로 등장한 것이다.

이렇게 등장한 계몽사상가의 후예들인 지식인들은 19세기에 이르러 그 세기말(1890년대) 소위 '드레퓌스'(Dreyfus)사건 이후 허위를 고발하고 진실을 추구하는 지식인 운동에 의해 그들의 특징적 성격의 중요한 면모가 무엇인가를 보여주었다. '드레퓌스'사건을 계기로 지식인 집단의 성격에 획기적인 전환이 있었다. 지배계급에 의하여 배출된 실용적 전문가들인 지식인들은 이제 그들 사회의 모순에 괴로워하게 되고 A. Weber의 표현으로 "자유부동(自由浮動)하는 인텔리겐치아(freischwebende Intelligenz)"(Mannheim, 1936: 138 참조)[13)]라는 지식인 집단이 형성된다.

이 집단은 "사회적으로 질서에 너무 견고하게 얽매이지 않는 것"을 특징으로 하여, Mannheim이 옹호하고 그 정당성을 밝히고자 하였던 사라져가는 "자유로운 입장의 사상가"(Hughes, 1979: 398-399)[14)]들의 집단이며, "진실을 밝히고 허위를 비

---

12) Sartre는 법률가인 몽테스키외, 문필가인 볼테르, 디드로, 루소, 수학자인 달랑베르 등을 '철학자들'의 예로 든다.

13) 이에 대한 논의는 이 글 3절(지식인 집단의 계층적 성격)을 참조.

판하는 정신…편견과 아집, 부조리와 부정의를 교정하려는 모든 계몽운동의 본질"(차하순, 1975: 93)을 지니고 있는 집단이다. 이것이 바로 지식인 고유의 특성을 지닌 좁은 의미의 지식인 집단이라 할 것이다. 결국 19세기 말에 이르러 종래의 부르주아계급의 '수단의 전문가들'은 '자유부동하는 인텔리겐치아'라는 지식인 집단이 된 것이다.15)

그러나 오늘날의 지식인 집단은 그 성격이 크게 변화되면서 복잡한 양상을 보이고 있다. 역시 지식인 집단의 경우에도 존재구속성이 작용하기 때문이다. 그리하여 근대적 지식인들은 이념적 · 비판적 소외의 경향에서 기능적 · 관료적 참여의 경향으로 그 성격 전환을 하게 된다. '예언자'로서의 자유 부동하는 불기속의 지식인(unattached free-floating intellectuals)은 '고문단'으로서의 지식인(intellectuals as advisor)에 의해 대치되기에 이르렀다. 특히 1960년대 대학의 팽창과 더불어 사회가 요구하는 자격자들이 양산되고 그 세력이 확대되었다(Feuer, 1976: 52). 대부분의 지식인은 조직과 제도에 얽매이게 되고 권위와 급료에 의해 구속을 받는 전문 · 기술직 및 화이트칼라가 된다(김영모, 1982: 139-140). Bell이 말하는바 교육받은 계급(knowledge class)이 확대되고 이들은 기술관료(technocrats)가 되어 사회의 지배적 위치에 서게 된다.16)

결국, 계몽주의자들의 후예는 의식적이든 무의식적이든 지식인의 혈통을 도외시하고 지배자의 이데올로기를 과학적 법칙인 양 지지하는 입장으로 변신하게 된다. 이들을 '지식인'(intellectuals)이라 부를 수 있을지는 문제가 된다. 그리하여 '지식 기사' 혹은 '지식 기술자' 등의 용어를 사용하여 전통적 지식인과 구별하려는 경우가 생기게 된다.17)

그러나 Lipset는 19세기 말에 지식인 집단의 전형으로 등장한 불기속의 지식인(unattached intellectuals)에 관하여 지식인들 자신이 내리는 정의에 대하여 그 문

14) Hughes는 만하임을 사라져 가는 마지막의 위대한 지식인으로 묘사하고 있다(Hughes, 1979: 400). 그러나 이러한 지식인들은 사라지지 않고 계속 존재하고 있다. Hughes의 이 이야기는 전형적 지식인 집단의 퇴조 현상을 지적하는 말로 중요한 의미가 있다고 본다.

15) Sartre는 부르주아에 의해 양성된 실용적 지식을 지닌 전문가가 지식인이 되는 상황을 잘 서술해 주고 있다(Sartre, 1979: 23-34 참조).

16) Bell은 후기 산업사회의 계급구조에 대해 논의하고 있다(Bell, 1973: 3장 참조).

17) 한완상(1980); 차하순(1975); Anderson(1974: 192) 참조. 특히 한완상 교수는 '지식 기사'라는 용어를 기술관료(technocrats)와 어용이론가(ideologue)를 포함하는 의미로 쓰고 있다.

제점을 지적하고 있다. 즉 지식인들은 "사회의 비판자이며 사회로부터 필히 분리되어 있다"는 자신들의 정의는 "현대사회에 있어서 지식인들의 위치에 관하여 가장 어려운 문제를 회피하는 것이다"라며 다음과 같이 말하고 있다.

> 만일 지식인이 정의상 소외된 것이라면, 그들이 조직 속의 다른 역할을 맡거나 직접 정치적 영역으로 참여하여 들어갈 때 일어나는 문제를 간단히 처리해 버리는 것이 된다(Lipset, 1981: 333).

이러한 Lipset의 견해는 정치참여 그 자체가 지식인들의 특성을 박탈하는 것이 아니라는 것, 그리고 지식인들이 조직 속에서 어떤 역할을 맡게 되는 현상이 두드러진 현대사회에 있어서는 지식인들에 대한 개념 규정이 달라져야 할 것이라는 견해인 것으로 보인다. 이러한 Lipset의 논리는 현대사회에 이르러 지식인들의 사회적 성격이 변해가고 있다는 현실 감각이다.

"지식(knowledge)을 계발하고 형성하는 데 공헌하는 그런 사람들"을 지식인으로 고려하려는 Merton의 입장도 같은 견해이다. Merton은 이어서 "지식인들의 활동은 직업적일 수도, 비직업적일 수도 있다.… 비록 그 역할이 다양한 직업적 역할과 중첩된다 하더라도 이것을 결부시킬 필요가 없다"(Merton, 1957: 207-224)고 함으로써 오늘날 지식인들은 그가 택한 직업이 무엇이냐가 아니라 그 활동의 성질에 의해 지식인 여부가 결정된다는 입장을 보이고 있다. 그리하여 Lipset는 "현존제도에 관여 · 지원하는 경우이든 그로부터 비판적으로 분리되는 경우이든 똑같이 가능하고 정당한" 지식인들의 지위로 보고 있다(Lipset, 1981: 334-335).

Merton은 지식인들을 관료제에 관련하여 두 개의 주요 유형으로 나눈다. 즉 관료제 속에서 고문적 · 기술적 기능을 발휘하는 '관료적 지식인'과 관료제에 결부되어 있지 않은 '불기속의 지식인'(unattached intellectual)이다.[18] '관료적 지식인'은 자신이 관계되는 조직 속의 정책결정자를 위해 직접 · 간접적으로 참모기능을 수행하는 지식인이고, '불기속의 지식인'은 관료제의 정책형성 및 실행의 기능을 수행하지 않는 지식인(예컨대 대학인)이다. 전자의 고객은 정책결정자이고 후자의

18) 이때의 무소속 지식인의 의미는 Mannheim이나 A. Weber의 경우와 다르게 쓰고 있다(Merton, 1957: 212, 주 7 참조).

고객은 공중이다. 그런데 불기속의 지식인이 사회적 위기에서 일시적으로 공공관료제에 들어가게 되는 경우 이것은 하나의 '중간적 유형'이 된다고 한다(Merton, 1957).

이상의 논의에서 우리는 오늘날의 지식인 집단을 크게 두 가지 입장의 부류로 나누어볼 수 있을 것 같다. 하나는 사회를 비판하고 그로부터 소외되어 존재하는 부류의 지식인 집단이고, 다른 하나는 사회체제 속에서 어떤 역할을 맡거나 정치적 현장에 직접 뛰어드는 참여자로 존재하는 부류의 지식인 집단이다. 전자는 자유계약적이어서 자유롭게 사고하고 행동할 수 있고, 후자는 제도구속적이어서, 즉 지도적이고 조직적인 권위의 예속에서 탈피하기 어렵다(김영모, 1982: 146-147).[19] 필자는 전자를 불기속의 지식인 집단, 후자를 지식관료로서의 지식인 집단으로 부르고자 한다.[20] 그런데 Merton의 '중간적 유형'을 고려하면 세 가지 부류의 지식인 집단으로 나누어볼 수도 있다. 다만 이 '중간적 유형'은 Merton 자신이 암시해 주고 있듯이 일시적인 성질을 갖는 것으로서 주변적 · 부가적 유형으로 볼 수 있다.

이제 이들 각 부류의 지식인 집단의 계층적 성격에 대하여 논의하기로 한다.

3. 지식인 집단의 계층적 성격

1) 지식인계층의 형성 문제

지식인계층 혹은 계급이 존재하는가? 다시 말하여 지식인 집단은 하나의 계급 혹은 계층을 형성하여 존재하는가? 먼저 계급(class) 형성의 문제부터 검토해 보자.

오늘날 지식인들의 사회적 상황은 하나의 계급을 형성할 여건을 갖추고 있지 않다. 물론 그들은 "비경제적 측면에서 계급의식을 발전시킬 유리한 위치에 있다. 하는 일의 유사성, 공동연구와 교우관계, 빈번한 접촉과 토론, 그리고 수많은 공통의 객관적 이해관계 등이 그것이다."(Anderson, 1974: 128) 뿐만 아니라 그들은 같

---

19) 김영모 교수는 자유계약적인 경우에 지식계급, 제도 구속적인 경우에 지식인이라 구분하고 있다. 재고해 볼 필요가 있을 것 같다.

20) 이러한 명명에 대해서는 논란의 여지가 충분하다. 그러나 필자는 지식인들을 사회구조적 차원에 관련지어 보려는 의도를 갖고 있다. 다른 많은 사람들은 지식인들을 분류(명명)할 때 그 기능을 중심으로 하고 있는 것으로 보인다. 이들 명명에 대해서는 Coser(1965) 및 김경동(1980: 300-321)에서 참고할 수 있을 것이다.

은 사회적 범주에 속하고 있음을 느끼고 있으며, 그들 자신들의 집단 내에서 결혼이 이루어지는 경향이 현저하고, 그들 자신들 층(層)의 다른 사람들을 동료로 인정하는 등 자신들의 가치체계를 가지고 있다.

그러나 어떤 부류의 사람들이 단일계급을 형성하기 위해서는 재산의 소유, 소득을 얻기 위한 기회 등 그 경제적 조건을 포함하여 동일한 계급상황에 놓여 있어야 한다. 특히 Marx에 있어서는 주관적으로 공통의 이해관계와 계급의식을 가질 때 계급의 참모습, 즉 대자적 계급(class-for-itself)이 되는 것이라 본다. A. Giddens는 계급의식이 가장 쉽게 발전하는 상황으로, (1) 적대계급의 가시성(可視性), (2) 동일계급 성향 속의 사람들의 많은 수적 존재, (3) 커뮤니케이션과 회합을 조직화하기 쉬운 경우, (4) 리더십이 마련되는 경우 등을 들고 있고(Giddens, 1971), Dahrendorf는 계급형태의 이익집단이 형성되기 위한 조직 조건들로 (1) 인원과 헌장 등의 기술적 조건, (2) 결합의 자유라는 정치적 조건, (3) 의사소통, 유형화된 충원 등 사회적 소선과 (4) 역할관계의 내면화라고 하는 심리적 조건을 들고 있다(Dahrendorf, 1959: 239).[21)]

현대 산업사회의 지식인 집단은 이들 요건을 갖추기 어려운 상황에 있음이 분명하다. 오히려 계급형성에 불리한 요건들이 많다. 생활영역의 확산과 관료화, 고도전문화에 따른 하위영역 전문인들 사이의 모임 등은 접촉의 제약을 가져오고 있으며 의사소통의 한계를 나타내 준다. 사회적 지위가 복잡하게 얽혀 있어서 동일수준의 지위를 갖지 않으며, 그들의 지위는 개인적인 것으로서 상속되지 않으며, 조직을 결여하고 있고, 지식인 고유의 성격상 상호 결합하는 것을 싫어하고 전체 계층구조상 그들 집단의 상대적 서열을 확실히 하는 것이 불가능하다. 그러므로 그들은 "모든 계급들 밖에 위치하는 특수집단으로, 그러나 일정 계급질서 내의 집단으로 생각하는 것이 가장 좋은 해결책"(Bergel, 1962: 283)이라고 볼 수도 있다.

그러면 지식인 집단을 계층(stratum)의 차원에서 검토해 보자. 지식인 집단을 하나의 지위집단으로 볼 때 그들 지위상의 공통적 배경은 공식교육이라 할 수 있다. 공식교육은 사회적 지위에 관련하여 특별한 중요성을 갖는다. 교육은 문화적 행위에 결정적 영향을 주기 때문이다. 특히 교육은 사회계층 구성에 있어서 중요

21) Turner는 이를 좀 더 알기 쉽게 풀이하고 있다(Turner, 1978).

한 조건이 되는 직업에 결정적으로 작용하는 요소가 된다. 이 직업은 사회적 위신과 명예의 조건으로서 Dahrendorf도 슈몰러를 인용하면서 계층의 형성 곧 등급의 불평등은 직업이 분화되었다는 사실에 바탕을 두고 있다고 보고 있다(Dahrendorf, 1982: 119). 그러므로 교육은 지위집단으로 구성되는 사회계층구조의 기초가 된다. A. Etzioni는 이 점을 더욱 분명하게 밝혀주고 있다. 즉 "계층의 기초로서 교육의 중요성은 경제적 요인의 중요성이 감소하는 데 대해서 증가"하고 있음을 지적하고, "높은 교육수준이 비록 사회이동의 유일한 주요 기초는 아니라 할지라도… 교육은 경제적 지위를 결정함에 있어서 그 의미가 점증하는 것으로 보인다. 역시 교육의 규범적 비중과 위신가치는 증가하여 왔다. 지위와 계층의 일반적 기초로서의 교육의 역할은 증대되었다"고 말하고 있다(Etzioni, 1968: 199-200).

Mannheim도 교육이 모든 지식인들 집단 사이에 통일적인 사회학적 결합 요인이라 지적하고 교육은 "현저한 방식으로 그들을 결합한다. 공통의 교육적 유산에의 참여는 출생, 신분, 직업 및 부의 차이를 점차 압도하는 경향이 있고 교육받은 개인들을 그들이 받았던 교육을 기초로 해서 단합시키는 경향이 있다"(Mannheim, 1936: 138)[22]고 진술한다. D. Bell도 사회변동의 분석틀로서, 사회의 발전단계를 전산업사회 → 산업사회 → 후기 산업사회로 나누고(Bell, 1973: 117) 오늘날 등장하는 후기 산업사회에 있어서는 교육받은 전문 · 기술자와 과학자 층이 지배적 역할을 한다고 보고 있다. 나아가서 Bell은 후기 산업사회는 지식사회(knowledge society)임이 분명하고 그것은 첫째, 혁신의 원천이 점차 연구 · 개발에서 파생되고 있고 둘째, 사회의 비중이 점차 지식 분야에 두어지기 때문이라고 본다(Bell, 1973: 212). 이때 "합리적인 판단 혹은 실험적 결과를 나타내는 일련의 사실 혹은 아이디어를 조직화한 진술"(Bell, 1973: 175)인 지식을 소유한 지식계급(knowledge class)은 교육받은 계급으로 그 지적 수준을 중심으로 하여 (1) 창조적 과학자 엘리트와 최고 전문 관리자, (2) 중간기술자 계급과 교수집단, (3) 기능적 프롤레타리아, 하급직원과 조교 등 세 개의 층으로 구분된다(Bell, 1973: 213).[23]

---

22) 그러나 교육은 지식인으로서의 필요조건은 될 수 있을지언정 지식인임을 증명해 주는 충분한 조건은 되지 못한다.

23) 이 분류에서 (3)항의 기능직이나 하급직원은 이 글의 지식인의 범위에 들어갈 수 없다. Bell의 구분은 지식인 집단 그 자체의 구분이 아니다.

지식인 집단이 하나의 분리된 사회계층을 형성하지 못하는 데 대한 보다 직접적인 언급은 A. Gella에서 찾아볼 수 있다. Gella는 "오늘날 세계의 어느 곳에서나 사람은 그의 지적 관심, 활동, 훈련과 성취라는 장점에 의해서 지식인이 되는 것이긴 하지만" 적어도 서구의 경우 "지식인은 인텔리겐치아에 사용되는 의미의 하나의 사회계층을 형성하지 않는다. 그들은 중간 혹은 상층계급에 부속된 사회적으로 복합적인 집단(socially complex group)으로서 항상 나타난다. 지식인이 되는 것은 그 계급 소속이나 계급의식을 변화시켜 주는 것을 의미하는 것은 결코 아니다"(Gella, 1976: 20)라고 주장한다.

이상의 논의에서 보면 지식인 집단은 비록 교육을 그 공통의 요소로 하는 집단이긴 하지만 그 몇 개의 하위집단들이 존재함으로 해서 단일계층을 형성하는 집단일 수가 없음을 알 수 있다. 따라서 지식인 집단은 몇 개의 범주로 '분리'된 복합집단으로 봄이 옳겠다. 그러나 만일 교육을 변수로 하여 계층화한다고 하면 Bell이 말하는바 교육받은 계급(knowledge class)구조는 있을 법하다.

그러면 구별되는 각 지식인 집단들이 계층구조상 어떤 성격을 가지고 있는지를 살펴보기로 한다.

2) 지식관료층으로서의 지식인

현대 산업사회에 있어서 조직운영의 합리성이나 산업생산의 효율성이 강조되면서 전문지식인의 참여가 필수적인 것이 되었음은 앞에서 언급한 바 있다. 전문기술직에 종사하는 이들 전문 지식인들은 '지식공장'의 지적 기술자로서 산업사회 생산 공장의 기계기술자의 지위에 해당한다고 할 수 있다. 이들은 순수한 의미의 지식인 집단은 아니라 할지라도 지식인으로서의 필요조건을 갖추고 있고 어느 땐가 지식인 본래의 모습으로 전환될 가능성을 전혀 배제하지 못한다. 여기에 참여하는 지식인들 집단인 전문가 집단, 즉 지식관료계층이 등장하고 사회계층의 일부를 이루게 된다.

Bell이 말하는바 후기 산업사회는 지식을 중심으로 하여 조직되는 사회로서 전문·기술직은 그 핵심적 계층이 된다(Bell, 1973: 12-18 참조). 종래 산업사회에 있어서 만능 목적 효용(all-purpose-utility)을 얻을 수 있는 것으로 강조되던 화폐에 대신해서 그 화폐를 손에 넣을 수 있는 지식과 교육을 강조하기에 이르렀기 때문이다(Gouldner, 1970). A. Gouldner는 현대 "복지국가는 국가기구와 교육받은 중간계층과의 연맹체"라고까지 지적한다(Gouldner, 1970: 87, 주 3).

이 지식관료계층은 대학이나 연구기관 등 비교적 고유의 지적 활동이 보장되는 지적 전문기관에 종사하는 지식인들의 경우를 제외하고 어떤 조직체의 관료질서에 얽매여 그 조직체 자체를 뒷받침해 주는 일에 고용되어 있는 지식전문가 계층이다. 이 계층은 각 조직에 있어서 중요한 위치를 차지하게 된다. 지식관료들은 국가와 기업을 위해서 학문적 작업과 고문으로서의 역할을 수행해야 하는 '지적 기사'들이라 할 수 있고 현실참여자들로서의 지식엘리트층을 이루고 있다. 이들은 주로 결정된 목표를 달성하는 수단을 연구하는 일에 종사하게 된다. "목표는 지배계급에 의해 결정되고 노동계급에 의해 실현되지만 목표를 달성하는 수단을 연구하는 일은 3차 산업이라 부르는 직종에 속하는 학자, 기사, 의사, 법률가, 법학자, 교수 등 일군의 기술자들에게 남겨지게 된다"(Sartre, 1979: 17)는 Sartre의 지적은 지식관료들에 관한 언급인 것이다. 지식관료들은 실용적 지식을 가진 전문가들로서 지식엘리트가 되어 통제엘리트와 하층노동자의 중간을 차지하게 되는 것이다. 이들은 관료로 전향한 이전 지식인들이고, 지배계급을 둘러싸고 지배계급의 위치와 상태 및 그 이익에 관하여 유리한 신화를 만들 뿐 아니라 정책을 형성하고 시행하는 데 매우 적극적인 역할을 맡는다고 한다(Anderson, 1974a: 232).[24]

권력을 잡은 집단을 '통제엘리트' 혹은 '권력엘리트'라고 했을 때 이 권력에 지식을 제공하는 지식인들은 '지식엘리트'라고 불러도 좋을 것이다. 오늘날 통제(control)와 지식(knowledge)은 매우 밀접한 관계에 있어서 상호 교호적이다. 통제엘리트는 지식엘리트를 양성하고 지식엘리트는 통제엘리트를 지원한다. 여기에서 지식엘리트란 '경험적 기능'을 수행하는 지식전문가들을 말하는 것으로 지식엘리트를 총괄하는 의미는 아니다(Etzioni, 1968: 172-190).[25] 이 전문직 지식엘리트들 가운데 소수는 '야성의 외침'[26]에 응하여 통제엘리트의 모순되는 견해를 시

---

24) Sartre도 유사한 견해를 보이고 있다(Sartre 저, 조영훈 역, pp. 23-25).

25) Etzioni는 '세 종류의 사회적 엘리트'로 정치적 기능을 맡은 '정치'엘리트, 비판적 기능을 맡은 '지적' 엘리트(intellectuals) 그리고 '경험적 기능'을 맡은 '전문가' 엘리트 등을 들고 있는데(Etzioni, 1968: 186) 정치엘리트란 통제 엘리트를 말하고, 지적 엘리트와 전문가 엘리트를 합하여 지식엘리트라 하면 좋을 것이다.

26) 1903년에 발표되고 오랫동안 베스트셀러가 되었었다는 J. London의 작품명(*The Call of the Wild*)으로 이때의 '야성'은 자기 본래의 바탕을 말한다.

정하고 때로는 대중의 복지를 위해 개혁의 아이디어를 제공하는 역할을 하는 경우가 있다. 이 경우 "조직과 통치책임을 맡은 정치엘리트와, 창조 및 쇄신의 사명을 수행해야 됨이 그 존재이유가 되는 지식엘리트 간에는 끊임없는 갈등과 마찰이 있기 마련"(이인호, 1981: 9)이지만, Etzioni(1968: 186-188)는 지식인들의 비판적 견해를 전문가들이 경험적으로 검토해서 정치엘리트의 결정이 이루어지는 세 종류의 엘리트──지적, 전문적, 정치적──들 사이의 관계를 사회적 노력이 유도되는 '삼중 여과 스크린'(three-filter-screen)으로 보는 것이 생산적이라 보고 있다.

지식 관료는 정부 관료조직에 관련하여 보면 Merton이 말하는바 '관료적 지식인'(bureaucratic intellectual)인 것이며 이들은 "관료제 내의 고문적 · 기술적 기능을 발휘하는 사람들"로서 조직 내의 정책결정자들을 고객으로 하여 참모기능을 수행하게 되는 것이다(Merton, 1957: 212). 그리고 그들은 "직업상 주어진 사회정책에 무관심하지만 그들의 감정과 가치관은 대체로 권력집단에 일치하며 정책결정자에 의해 규정된 어떤 정책이든지 단순히 시행하는 것을 그들의 역할로 생각한다. 정책결정자는 목표를 제공하고 전문기술자는 전문지식을 바탕으로 이 목표를 달성하기 위한 선택적 수단을 암시한다"(Merton, 1957: 213). 이것이 지식기사(technician)의 전형적 모습의 하나이다. 그러나 한편 이들은 비판적 지식인들(관료조직 밖에 위치하는 비판세력)의 견해를 고려하여 정치적 결정에 반영시켜 줄 수도 있는 세력으로서 정치적 엘리트와 지적 엘리트 사이의 완충적 위치를 차지한다. 그리하여 이들은 조직체에 관련하여 풍요한 전략적 위치를 차지하는 계층이 된다. J. K. Galbraith가 말하는바 '테크노스트럭처'(technostructure)──Galbraith는 '새로운 산업 국가'(New Industrial State)에 있어서의 대규모 성숙한 법인 조직체('새로운 산업국가'의 대표적 조직형태)를 이렇게 명명한다.──에 관련하여 보면, 지식관료인 전문직 · 기술직 층은 그 조직의 핵심인 최고경영자층에 접근되어서 그 조직에 밀착된 계층인 것이다(신행철, 1981: 105 참조).

경제질서를 바탕으로 하는 마르크스주의의 이분법적 계급논리에서 지식관료의 계급적 성격을 논의하는 경우에는 지식관료 계층을 지식산업의 노동계급(프롤레타리아)으로 규정하는 경우도 있으며, 자본주의사회의 지배계급인 부르주아계급의 한 분파로 보는 경우도 있다(Anderson, 1974b: 128; 1974a: 56-57; 1974a: 129

등 참조). 그리하여 Anderson은 서비스를 생산하는 전문직은 대체로 노동계급에 속한다고 보면서도 "일부 소수의 사람들은 자본가의 이익에 공헌하는 전임 고용상태에 있을 수 있다. 자주――그리고 결정적으로 자본가 엘리트의 최고 고문의 자리에 이른 고도의 교육을 받은 사람들 가운데 그런 사례가 보인다.――그들은 참다운 지식인이 전혀 아니고 지적 기술자(intellectual technicians)이다."(Anderson, 1974a: 129)[27]라고 하여 전문 · 기술직 층의 양면적 계급성을 암시해 주고 있다. 이러한 지식인층의 계급성격상의 양면성은 계급구조 분석상 특별한 문제를 야기한다. 여기에 다른 사무직 종사자를 포함하여 이들 지식인층을 중립적이고 구별되는 어떤 범주의 계층으로 분류함으로써 이러한 문제점을 해결하려는 노력이 신중간계급이론으로 나타난 것으로 보인다. Dahrendorf의 신중간계급(봉급생활자층)에 대한 논의는 그 대표적인 예라 할 수 있다. Dahrendorf에 따르면 종래 신중간계급이 지배계급의 성격을 띠느냐 노동계급의 성격을 띠느냐 하는 견해의 대립이 있었으나(Dahrendorf, 1959: 52-54) 이러한 논란은 어느 한쪽이 옳고 다른 쪽이 그르다는 성질의 것이 아니다. 그것은 한마디로 신중간계급이 그만큼 복합적 성격을 띤 계층이기 때문이다.[28] 그리하여 Dahrendorf는 이 대립되는 두 입장이 "평화적으로 공존할 수 있을 뿐 아니라 둘 모두 옳기까지도 하다"(Dahrendorf, 1959: 54)고 하고 신중간계급을 관료층과 화이트칼라 노동자로 나누어 전자에는 지배계급이론이, 후자에는 노동계급이론이 맞아 들어간다고 하고 있다. 말하자면 화이트칼라 노동자의 조건은 산업 노동자와 같아서 프롤레타리아계급에 해당시킬 수 있고 관료들은 권위의 행사에 참여하여 지배계급의 부분이 된다고 한다. 한편 화이트칼라 노동자의 경우는 산업노동자와는 다른 많은 특성을 가지고 있으며 관료들은 또한 지배계급과 상이하다고 한다(Dahrendorf, 1959: 55-56). 그리하여 전문가들은 그 계급상황이 "전체사회 속에서 지식인들이 처해 있는 상황처럼 불확정적인 것으로 보인다"고 하는 것이며, 그들은 지배자인 것도 복종자인 것도 아니고 그들의 지위는 권위구조를 초월하여 있다고 보면서도 그들이 의사결정에 참여할 경우

27) 근래에는 '일부 소수'라고 했던 '지적 기술자'들이 확대되는 경향을 보이고 있다.

28) Giddens는 중간계급의 분화현상을 논의하면서 이러한 복합적 성격과 그 계급구성의 복합성――전문직, 기술직, 사무직, 판매직 등――때문에 신중간계급을 하나의 계급으로 볼 수 있는지에 대해서 의구심을 나타내고 있다(Giddens, 1973: 186-188).

에 지배계급의 일부로 볼 수 있다(Dahrendorf, 1959: 255-256)고 하였다. 나아가서 Dahrendorf는 (산업)관료를 Renner의 예에 따라 '사무봉사계급'(service class)에 대등한 성격으로 보고 있는데 이 '사무봉사계급'은 법을 적용하고 집행할 뿐 아니라 권력을 가진 자를 돕고 자문함으로써 지배집단을 돕는 사람들인 것이고(Dahrendorf, 1968: 235) 지배자와 피지배자 사이를 연결시켜 준다고 본다.[29]

이상의 논의와 같이 지식관료인 전문지식인들의 사회계층적 성격은 복합성을 띠고 있음은 사실이나 대체로 이들 집단이 신중간계층의 일부를 형성한다고 보는 것이 좋겠다. 그러나 신중간층을 형성하는 다른 부류의 사람들, 즉 사무직 노동자와는 구별되어 신중간층의 상층부를 형성하면서 지배계층과 밀착되어 있고 지배층으로 이동할 가능성도 큰 계층이라 할 수 있다.[30] 다만 우리가 여기서 논의하는 지식관료들을 하나의 독립적 범주의 계층으로 볼 수 있는지의 문제는 논쟁점으로 남게 될 것이다. 그러나 이들 지식관료집단이 지배계층에 밀착되어 중간층의 상층부를 형성하고 있다고 보는 것은 무리가 없을 것이다.

3) 불기속(不羈束)의 지식인 집단: 자유부동(自由浮動)의 인텔리겐치아

'자유부동의 인텔리겐치아'(freischwebende Intelligenz), 즉 불기속의 지식인 집단(unattached intellectuals)은 지식인 집단의 원형이다. 이들은 조직이나 체제의 구속에서 떨어져 나와 지적 자유를 구가하고자 하는 사람들의 집단이며 '비교적 무계급적 성격의 집단'이다. 진실을 밝히고 허위를 고발하는 지식인 고유의 성격을 유지하면서 보편성을 추구하고 시대적 상황에 초연한 초이데올로기적 자세를 견지하려 한다. 결코 하나의 정당에 참여하려 하지 않았던 프랑스의 Romain Rolland이 1922년 "나의 임무는 다른 의견을 주장하는 사람으로 존재하는 것이고 우상숭배를 깨뜨리는 것"이라고 했던 것은 정당관료의 명령 때문에 자신의 정신적 독립을 희생하기를 거부하는 태도로서 지식인의 한 면모를 나타내준다(Feuer,

29) '사무봉사계급'(service class)의 계급성과 이에 대한 Dahrendorf의 견해는 Giddens에 의해 비판받고 있기도 하다(Giddens, 1973: 187).

30) 일찍이 Weber는 전문직을 두 개의 계층으로 분리되는 '영업계급'의 경우에는 유리한 계급에, 네 개의 하위계층으로 나누어지는 '사회계급'의 경우에는 특권을 얻은 계급의 다음 위치에 두고 있음은 여기서 참고할 만하다(Weber, 1968: 302-305).

1976: 56). 부르주아사회를 싫어하면서도 공산주의자와도 가깝지 않았던 사르트르의 비당파성은 또 하나의 보기이다.[31] 소련의 체제에 반대하여 망명길에 올랐으나 소련국민이기를 고집하는 A. Solzhenitsyn이나 1982년에 노벨문학상을 받은 콜롬비아 유랑의 작가 G. Merquez 등도 같은 부류의 지식인들이다. 이런 성격의 사람들, 자유기고가, 작가 등 조직에서 소외되어 있는 사람들은 그 수는 많지 않으나 어느 사회에나 존재한다.[32] 이들 지식인들의 정치에 대한 입장은 Huszar가 '학식있는 사람들'의 정치적 열정에 관련하여 논의하는 바에서 찾아볼 수 있다. Huszar는 정치에 대해 전혀 무관심하고 그에 얽매이지 않는 자유로운 정신활동을 추구하고 이런 존재방식의 우월성을 믿는 사람들이 있는 반면에 어떤 사람들은 도덕가의 관점에서 그 인간적 이기성의 갈등을 관찰하고 인간성과 정의를 위해 말하며 추상적 원리의 수용을 요구하면서도 정치적 열정에 반대하는 사람들도 있다고 지적한다(Huszar, 1976: 81). 그리고 Aron이 말하는 바의 비기술적 인텔리겐치아 또는 적어도 문학적 또는 인문학적 기능을 갖추고 있음과 동시에 커뮤니케이션 수단의 전문가들은 이 글에서 다루고 있는 불기속의 지식인으로 볼 수 있을 것이다. 이들은 매스미디어를 통하여 의견을 표명하고 "일반대중에게 상당한 영향력을 미치는 인텔리겐치아이다. 옳든 그르든 간에 갖가지 사상을 퍼뜨리고 인간이념의 모델을 만들고, 민중의 사고방식 형성에 이바지하는 것은 바로 그들인 것이다."(Aron, 1981: 352)

이들 지식인들은 지식인 고유의 성격을 유지하면서, 지도자와 그 추종자로 이루어지는 구조 밖에 위치해 있는 사람들이며 사회구조에 쉽사리 적응하지 못하고 다소 고독한 자유를 즐길 수 있는 피난처를 찾는 그런 부류의 사람들이다(Dahrendorf, 1968: 235). 그들은 (1) 그들이 속해 있던 집단과 일련의 결별을 경험하였다는 사회적 일대기를 가지고 있으며, (2) 통치자도, 피통치자도 아니며 물론 봉사자(servants)도 아닌 실제상의 위치를 차지하고 있다(Dahrendorf, 1968: 257).

Mannheim은 이 불기속의 지식인 집단에 대하여 다음과 같이 서술하였다.

---

31) Sartre의 입장에 대해서는 Aron(1982: 178-182) 참조.

32) 오늘날의 이런 부류 지식인들의 상황에 대해서는 Coser(1965), Ch. 20, "Unattached Intellectuals" 참조.

> 사회의 동태적 성질과 정체성에 대해 끊임없이 예민한 이러한 실험적 견지는 사회적 공간 속에서 그렇게 고정된 지위를 차지하지 못하는 비교적 계급성 없는 계층에 의해 이룩될 것이다.… 이 매어 있지 않고 비교적 계급성 없는 층은 A. Weber의 용어를 빌리면 '사회적으로 부동하는 인텔리겐치아'(freischwebende Intelligenz)이다(Mannheim, 1936: 131-138).[33]

Russell은 이들 지식인층을 명령하는 자도 복종하는 자도 아닌 '제3의 인간'으로 표현하면서 다음과 같이 진술하고 있다.

> 거만을 떨지 않고 복종을 거부할 만한 용기를 가진 사람이 있다. 그런 사람들은 쉽사리 사회구조에 적응하지 못한다. 그리고 이런 사람들은 여러 가지 방법으로 혼자 고독한 자유를 즐길 수 있는 피난처를 찾는다. 때때로 이런 기질의 인간은 역사적으로 중요성을 띠어왔다(Russell, 1975: 25-26).

이렇게 '매어 있지 않고'(unattached), '자유부동하는'(free-floating) 성질을 가지고 있는 불기속의 지식인 집단은 그 계층구조상에서도 구조 밖에 위치한다. 지배집단, 사무봉사계급, 피지배집단으로 구성되는 정치단위의 계층구조 밖에 위치하는 집단인 것이다. R. Dahl의 정치층(political stratum)의 개념에서 보면 비정치층이면서도 다른 부류의 사람들과는 달리 비추종적이라는 특성을 갖는다. 정치층에서 소외된 그야말로 '무소속'층인 것이다(신행철, 1981: 107). 그런데 이런 부류의 지식인 집단은 한 사회의 계층질서를 초월하여 위치하고 있어서 어떤 기존 계층에도 소속되지 않지만, 그렇다 하여 계층질서 밖에서 독립적인 하나의 계층이 될 수 있을 것 같지 않다. 동질적으로 한정되어 있지 않고 너무 분화되어 있어서 하나의 계급으로 고려될 수 없다고 하겠다.

현대 산업사회의 진전에 따라 이들 순수한 의미의 지식인층은 그 비중이 약화되고 그 세력이 또한 퇴색해 가는 것으로 보인다. 그들 자신들이 고전적 지식인으로서의 순수성을 지니고 있느냐 하는 것도 문제이며, 그럴 수 있는 사람들이 있다

33) 그런데 Lipset는 이러한 지식인 집단의 성격은 오늘날의 지식인들 모두에 대해서는 적절하지 못한 면이 있음을 지적한다.

할지라도 수적으로는 크게 감소되었을 것이다. 이런 면에서 보면 '불기속의 지식인'이라는 것은 관념적이고 역사적인 개념으로만 남게 될 것인지도 모른다. 그러나 이들 지식인 집단이 현실적으로 존재하고 있음을 우리는 무시하지 못하며 그들의 사회적 역할도 중요한 의미를 갖는다고 하겠다. 설사 전혀 그 존재를 무시한다 하더라도 그 역사적인 개념으로서도 충분한 의미를 갖는다는 점은 지나쳐 버릴 수 없을 것이다.

이상의 논의에서 우리는 주요 유형이라 할 수 있는 두 부류의 지식인 집단, 즉 '지식관료'와 '불기속의 지식인 집단'에 대하여 논의하였다. 그런데 주요 유형이라 하기는 어려우나 관심의 대상으로 삼아 논의해 볼 만한 주변적 지식인 집단이 있다. 이 집단을 '유동성의 중간적 지식인 집단'이라 부르고자 한다.[34]

4) 유동성의 중간적 지식인 집단

유동성의 중간적 지식인 집단은 Merton이 말하는 '중간적 유형'을 포함하는 '불기속의 지식인' 집단이다.[35] 이 집단은 내면적 속성에 있어서 '자유부동의 인텔리겐치아'에 가깝고 구조적 차원에서 보면 조직(행정 관료조직일 수도 있고 아닐 수도 있다)에 관련되어 있다는 점에서 '지식관료'에 가까운 성격을 갖는다. 다만 조직 속에서도 지식관료보다 덜 제도구속적이라는 데 그 특징이 있다. R. Aron의 표현을 빌리면 '참여하는 관찰자'라고 할 수 있을 것이다. 이들은 "역사의 관찰자로서 가능한 한 객관적으로 보려고 노력하고 동시에 진행 중인 역사에 대해서 완전히 초연한 입장을 취하지 않겠다는 생각"을 하며 "배우와 관객의 자세를 결합"하고자 하는 사람들이다(Aron, 1982: 318).[36]

정치적인 면에서는 어떤 정치인에 대해서도 똑같이 자유롭게 비판하면서 "권력가의 의견과 상관없이 자신의 의견을 말하는 양심 또는 자부심을 가진"(Aron, 1982: 319-320) 그런 사람들이다. Etzioni의 '불기속의 지식인들'(unattached intellectuals)이 그런 부류의 사람들이라 할 수 있다. Etzioni는 불기속의 지식인 집단의 비판적

34) 이 명칭은 그 사회구조적 위치가 '유동적'이고 그 성격이 두 개의 주요 유형의 중간에 걸쳐 있다는 의미를 갖는다.
35) Merton의 의미에 있어서의 '불기속 지식인'은 우리가 이 글에서 분류하는 바의 것과 다르다(주 18) 참조).
36) Aron은 이러한 입장을 '지식인으로서의 방향'으로 제시한다.

역할을 강조하면서 얽매이지 않은 자유 불기속의 상태에서 "다른 사람보다 더 비판적인 입장을 유지할 것으로 보인다"고 하였다. 그들은 어떤 엘리트에 대해서도 제도적 관여를 하지 않는 사람들로서 전문가들(experts)과는 다른 다음과 같은 속성을 갖는다고 본다. ① 전문가가 부분 지향적인데 대해서 상황 전반의 문제에 관심을 갖는다는 것, ② 전문가가 사실 입증적, 인지적 설명에 관심을 갖는 데 대해서 보다 더 평가적 설명을 다룬다는 것 등이 그것이다. 결국 불기속의 지식인은 전반적이고 평가적인 입장을 취한다는 것이다(Etzioni, 1968: 184).[37)]

이들 지식인 집단은 대학이나 연구기관 등 비교적 그들 고유의 지적 활동이 보장되는 전문기관에 종사하는 경우가 많다. 때로는 현존질서에 대한 이론적이고 이데올로기적인 합리화를 제공하는 책임을 부여받게 되는데 이 경우 물론 이를 거부하고 나서는 사람들도 있다. 그러나 대체로 의식적이든 무의식적이든 이를 받아들일 가능성은 크다. 여기에 1930년대 이후 미국의 예에서, 경제계획의 분위기 속에서 경제엘리트로 등장한 지식인 집단과 같이 고문단으로서의 지식인 집단, 즉 고문엘리트가 나타나게 되는데 이를 '제도적 지식인 집단'(institutional intellectuals)이라 하게 된다(Feuer, 1976: 51-52).

Merton은 불기속의 지식인 집단(unattached intellectuals)을 관료조직에 관련하는 개념으로 규정하여 "관료제에 부속되지 아니한 지식인들로서 관료제의 정책을 형성하거나 시행하는 것을 도와주는 참모기능을 수행하지 않는 지식인만을 일컫는다."고 한다(Merton, 1957: 212). 대체로 행정관료제 이외의 전문조직에 연관되어 있는 경우가 많은데 전쟁이나 불경기 등 사회적 위기 시에는 일시적으로 관료제 속에 들어가는 경우도 있다. Merton에 따르면 그들은 역사의 주변에서 관찰만 하는 위치에 있기보다는 "공공관료제 내의 중요한 결정을 내리는 실제적 위치에 보다 가까워질 수 있는 자리를 택함으로써 역사를 창조하는 데 도움을 준다"는 생각을 한다. 말하자면 정책 결정에 영향을 주고자 한다. 이러한 성향은 정책에 타협 · 순응하도록 하는 압력, 즉 그들을 관여하도록 이끄는 강력한 사회적 힘(유리하거나 불리한 물적, 정신적 보상의 제공 등)과 결부되어 일시적이나마 특별 관

37) Etzioni는 "심벌이나 지성에 관련된 일을 하는 사람 누구나가 지식인인 것은 아니다. 지식인은 지적 노동자(intellect-worker)라고 일컬어질 수가 없다"고 한다.

료로서 관료제 속에 소속되기도 한다(Merton, 1957: 213-214).[38] 이렇게 하여 관료조직에 들어간 정치성 있는 불기속의 지식인은 지식관료와는 다음과 같은 점에서 상이하다. ① 관료적 압력을 적게 받고, 사적 생활로 돌아갈 대안의 준비가 되어 있다는 점, ② Lipset가 말하는 바와 같이 (그들은 정치가 및 행정가가 된 문화의 창조자와 전파자로서) "아직 지식인의 원래의 자리를 원칙적으로 차지하고 있는 사람들과 계속 관계를 맺을 수가 있고 스스로 지적 활동을 계속할 수도 있으며 권력의 자리에 있으면서도 전체로서의 지식인들을 위해 정치동일시의 새로운 의미를 제공할 수도 있다"(Lipset, 1981: 333)는 점.

이 지식인 집단은 그 사회적 지위가 유동적이어서 어떤 사회계층상의 위치가 분명하지 않다. 계층구조상에서 볼 때 한계적 위치에 있다고 할 수 있다. 그러나 대체로 지식관료층과 더불어 오늘날 계층구조상 그 중요성이 더해 가고 있는, 중간계층의 상층부에 해당하는 전문 · 기술직의 한 부분을 형성하고 있다고 볼 수 있다. 이 경우 지식관료의 위치에 있는 경우도 있고 그 본래의 '불기속적' 위치를 그대로 지니고 있을 수도 있을 것이다. 한편, 계층구조 밖에 위치해서 특수층을 형성하고 있는 '자유부동하는 인텔리겐치아'의 성격에 유사한 집단으로 존재하는 경우도 있을 것이다. 여기에서 '유동성의 중간적 지식인층'이라는 말이 나오게 된 것이다.

그런데 이 유동성의 중간적 지식인들은 일단 행정 관료조직에 들어가게 되면 그 '불기속적' 특징이 관료질서에 봉사하는 과정에서 점차 쇠퇴하고 지식관료로 전환하게 될 것이다. 사람들의 견해나 입장은 대체로 사회적 위치의 산물이라고 보기 때문이다. 여기에 Merton이 말하는바 지식인 집단의 두 유형은 그 차이가 애매해지게 되고 지식인들에게 좌절과 갈등이 생기게 된다.[39] 그리하여 '참여하는 관찰자'로서의 지식인 집단은 행정 관료조직에 관여하는 경우에 결국 '참여하는 봉사자'로서 지식관료계층이 될 가능성이 매우 크다고 할 것이다.

---

38) Lipset는 "지식인의 영원한 소외를 가정하는 사람들은 그들을 관여하도록 끄는 강력한 사회적 힘을 보지 못한다."고 한다(Lpiset, 1981: 333). Etzioni도 정부가 지식인의 세계인 대학에 기금지원을 확대하면서 그 지적 비판에 압력이 가해지고 있다고 한다(Etzioni, 1968: 185). 정부의 기금지원뿐 아니라 연구기금 지원이 지식인들의 활동에 미치는 영향에 대해서는 Coser가 잘 설명해 준다(Coser, 1965: Ch. 21, 25 참고).

39) 이 점에 대해서는 Merton(1957: 214 이하) 참조.

4. 결론

지식인들은 그 사회구조적 위치와 내적 속성으로 보아서 그 성격을 달리하는 몇 개의 유형로 나누어볼 수 있다. 즉 우리의 논의에서는 '지식관료', '불기속의 지식인 집단' 및 '유동성의 중간적 집단'이 그것이다. 이들 각 유형들은 계층구조상 각각 다른 위치에 분산되어 위치한다. 말하자면 지식인들은 존재하지만 단일계층을 형성하고 있는 것은 아니다. '지식 관료'는 중간계급의 상층부에 위치하고, '불기속의 지식인 집단'은 계층구조 밖에 위치하는 소외의 집단이다. 그리고 '유동성의 중간적 지식인 집단'은 대체로 지식관료와 더불어 중간계급의 상층부를 형성하지만 지식관료와는 다른 주변적 성격을 가지며 서로 갈등을 일으킬 개연성도 있다. 이 지식인 집단은 관료조직에 제도적으로 속박되는 경향이 적으며 조직에서 이탈되어 나올 수 있는 가능성도 있다.

이러한 지식인 집단의 계층구조적 성격은 결국 관료조직에 얼마나 밀착되어 있느냐 하는 것과 지식인으로서의 본래의 성격을 유지하고 있는 정도에 따라 구별되는 것이다. '지식관료'는 관료조직에 강력하게 밀착되어 있으며 전통적인 지식인의 성격을 이탈하고 있는 집단으로 그 계층성이 강하고 '불기속의 지식인 집단'(자유부동의 인텔리겐치아)은 그 반대의 성격을 갖는 지식인 집단이다. 이 두 유형의 지식인 집단을 양극으로 하여, 그 어느 쪽에도 속하기 어렵고 그러면서도 양쪽에 걸쳐 존재하는 지식인 집단이 '유동성의 중간적 집단'인 것이다.

후기 산업사회의 진전과 더불어 교육기회가 확대되어 지적 기술자층이 크게 증대되었으며 그들의 사회적 · 직업적 위치도 한결같지가 않다. 교육이라는 공통요인이 있긴 하나 그 요인이 동일한 사회적 지위, 특히 직업상의 지위를 말해 주는 것은 아니며 현실적으로 교육받은 전문 지식인들은 각양각색의 사회적 지위를 차지하고 있다.

그리하여 전체로서의 지식인 집단은 결코 단일계층(혹은 계급)을 형성하지 못하고, 전체 계층구조상 뚜렷한 한정적 위치가 없는, 특수한 예외적 부류의 집단이다. 더구나 오늘날 지식인 고유성을 지니는 지식인 집단은 퇴조하였다고 보면, 개별 지식인들의 존재는 인정해야 한다고 할지라도 '지식계급' 혹은 '지식인 계층'이라는 용어는 그 의미가 재검토되어야 할 것이다.

다만 Bell이 말하는 바와 같이 후기 산업사회가 지식사회라고 했을 때 지식을 변수로 모든 사회구성원을 구분하여 이루어지는 지식계급구조는 존재할 수 있을 것이다. 그러나 이때 형성되는 것은 지식에 의해 등급화 내지 서열화되는 전체 계층체계인 것이고 하나의 계층이 형성된다는 것을 의미하는 것은 아니다. 후기 산업사회에 있어서 지식계급구조라는 아이디어는 지식사회에 있어서의 지식(지적 요인)이 산업사회에 있어서의 재산(경제적 요인)에 대치되는 상황을 전제하고 있는 것이다.

참 / 고 / 문 / 헌

김경동(1980), "지식인의 사회적 구실", 『현대사회와 인간의 미래』, 평민사.
김대환(1982), "지식인론 서설," 『최신덕교원회갑기념논문집』, 삼일당.
김영모(1982), 『현대사회계층론』, 한국사회복지정책연구소.
이인호(1981), "'Vekhi' 논쟁", 『인텔리겐치아와 혁명』, 이인호 · 최건 편역, 홍성사.
신행철(1981), "갈등이론에 있어서의 산업사회 계급형성에 관한 이론 검토," 『논문집』, 13집, 제주대학교.
차하순(1975), "지식인의 역할", 『현대사회론』, 서울대학교출판부.
한완상(1980), 『민중과 사회』, 종로서적.
Anderson, Charles H.(1974a), *The Political Economy of Social Class*, Englewood Cliffs, NJ: Prentice-Hall.
____________________(1974b), *Toward a New Sociology*, Homewood, IL: Dorsey Press.
Aron, Raymond(1981), 『산업사회의 미래』, 정기수 옮김, 을유문화사(원제 *Dix-huit Leçon sur la Société industrielle).*
_____________(1982), 『참여자와 방관자』, 이종호 옮김, 홍성사(원제 *Le Spectateur Engage).*
Bell, Daniel(1973), *The Coming of Post-Industrial Society: A Venture in Social Forecasting,* New York: Basic Books.
Bergel, Egon Ernest(1962), *Social Stratification*, New York: McGraw-Hill.
Coser, Lewis A.(1965), *Men of Ideas: A Sociologist's View,* New York: Free Press.
Dahrendorf, Ralf(1959), *Class and Class Conflict in Industrial Society*, Stanford: Stanford Univ. Press.
_______________(1968), "Recent Changes in the Class Structure of European Societies", F. Lindenfeld(ed.), *Reader in Political Sociology*, Funk & Wagnalls.
_______________(1982), "사회갈등과 사회 불평등", 박영신 옮김. 박영신(편저), 『갈등의 사회학』, 까치(원제 *On the Origin of Inquality among Men*).
Durkheim, Emile(1973), "Individualism and Intellectuals", Robert N. Bellah(ed.), *Emile Durkheim: On Morality and Society*, Chicago: Chicago Univ. Press.
Etzioni, A.(1968), *The Active Society*, New York: Free Press.
Feuer, Lewis S.(1976), "What is an Intellectual?", Aleksander Gella(ed.), *The Intelligentsia and the Intellectuals,* Beverly Hills: Sage Pub.
Gella, Aleksander(1976), "An Introduction to the Sociology of the Intelligentsia", Aleksander Gella(ed.), *The Intelligentsia and the Intellectuals,* Beverly Hills: Sage Pub.

Gerth, H. H., & C. Wright Mills(eds.)(1958), *From Max Weber: Essays in Sociology*, Oxford Univ. Press.

Giddens, Anthony(1971), *Capitalism and Modern Social Theory: An Analysis of the Writings of Marx, Durkheim and Max Weber,* Cambridge: Cambridge Univ. Press.

________________(1973), *The Class Structure of the Advanced Societies*, London: Hutchinson & Co.

Gouldner, Alvin W.(1970), *The Coming Crisis of Western Sociology*, New York: Basic Books.

Hughes, H. Stuart(1979), 『의식과 사회』, 황문수 옮김, 홍성사(원제 *Consciousness and Society).*

Huszar, Tibor(1976), "Changes in the Concept of Intellectuals", Aleksander Gella(ed.), *The Intelligentsia and the Intellectuals,* Beverly Hills: Sage Pub.

Komorowski, Z.(1976), "The Class of the Intelligentsia in Africa", in Aleksander Gella(ed.), *The Intelligentsia and the Intellectuals,* Beverly Hills: Sage Pub.

Lipset, Seymour M.(1981), *Political Man*, Baltimore: Johns Hopkins Univ. Press.

Mannheim, K.(1936), *Ideology and Utopia*, London: Routledge & Kegan Paul.

Merton, Robert K.(1957), "Role of the Intellectual in Public Bureaucracy", Robert K. Merton, *Social Theory and Social Structure*, New York: Free Press.

Russell, Bertrand(1975), 『권력론』, 이성규 옮김, 서문문고(원제 *Power: A New Social Analysis).*

Sartre, J. P.(1979), 『지식인을 위한 변명』, 조영훈 역, 한마당(원제 *Plaidoyer pour les intellectuels).*

Shils, Edward(1968), "Intellectuals," *International Encyclopedia of the Social Sciences,* Vol. 7, MacMillan & Free Press.

Turner, J. H.(1978), *The Structure of Sociological Theory*, Homewood, IL: The Dorsey Press.

Weber, Max.(1968), *Economy and Society*, ed. Guenther Roth & Claus Wittich, New York: Bedminster Press.

CHAPTER

04 서학에 대한 후기조선 지식인들의 대응

– 진산사건에 관련하여 –

1. 머리말

17, 18세기, 서구 제국주의 세력이 동양으로 몰려들 때, 일본은 성공적인 서구화를 이루어 이후 제국주의의 대열에 합류한 반면, 조선은 서구의 문물을 제대로 접해보지도 못하고 결국 일본의 식민지로 전락하게 되고, 결과적으로 지금의 분단 상황을 맞이하게 되었다. 조선사회는 왜 서구의 문물을 자체적으로 받아들이고 소화해 내지 못했는가?

이 문제에 대답하기 위해서는 우선 우리 사회가 서구의 문물을 접하게 된 그 최초의 시기에 있어서 외래의 문물에 대한 당시 지식인들의 반응 양상을 살펴봄이 좋을 것으로 생각한다. 이를 통해서 당시 한국 전통사회의 모습을 어림잡아 볼 수 있을 것이고 이러한 역사를 살펴봄으로써 현재 우리 사회가 경험하고 있는 세계화의 문제를 제대로 볼 수 있는 시각을 마련할 수도 있을 것이라고 생각한다.

조선 후기에 조선사회는 청나라를 통해서 서구의 문물을 접하게 된다. 서구의 문물로서의 서학[1]은 실제적으로 두 가지의 부분으로 구성되어 있는데, 하나는 천주교라는 서양의 종교이고 다른 하나는 서구의 과학과 기술이다. 이러한 서학에 당시 지식인들은 커다란 관심을 가졌었는데 그 대표적인 사람들이 실학자들[2]이었

1) "한국사에 있어서의 서학이란 선조 이래로 명 · 청으로부터 조선왕조로 도입 재래(齎來)되는 한역(漢譯)서구학술서와 서양과학기술문물 이기(利器)에 대한 학문적 연구를 뜻한다. … 서학이라는 어휘는 명 · 청시기에 활약하던 야소회사(耶蘇会士)들이 그들의 서구학술을 한역논저화(漢譯論著化)할 때 쓰여졌던 것. … 따라서 그 서학은 중세적 스콜라 철학에 입각한 가톨릭적 크리스트교 사상과 야소회사라는 특수신분을 지닌 인사들이 소화 수용한 서양 중세와 르네상스기의 서양과학기술문명을 포괄하는 서구문명의 학적 측면이라 할 것이다."(이원순, 1994: 3-4)

2) 이 글에서 논의하게 되는 실학자들은 주로 성호학파의 학자들이다. 왜냐하면 성호학파 학자들 중 일부가 진산사건에 연루되면서 문제의 중심에 있었기 때문이다. 서학을 수용하기 위한 새로운 사상적 기틀을 개척한 성호

다. 따라서 이 글에서 지식인들이란 주로 서학에 관심을 가졌던 실학자들을 지칭하는 것이다.[3] 이들은 서학을 나름대로 비판하면서 깊이 있게 연구하였으나 후에는 천주교 교리에 대한 연구에 치우치게 되었다. 그래서 실학자들 중에 천주교신자가 나오게 되었고, 그 세를 확장해 나가다가 진산사건이 일어나면서 대부분의 지도층이 천주교와의 관계를 끊게 되고 서학에 대한 연구도 중단되게 되며, 이후 천주교는 강력한 탄압을 받게 되었다. 결국 진산사건으로 인해서 조선사회는 근대사회로의 진입기회를 놓쳤다고 할 수 있으며, 이 글에서 그 사건을 다루는 이유도 그러한 역사적 중요성에서이다.

진산사건을 다룸에 있어서 이 글은 두 가지의 질문에 기초하고 있다. 첫째, 천주교 신자였던 당시의 지식인들(실학자들)은 왜 이 사건 이후 천주교를 버리게 되었는가? 둘째, 당시의 조정은 이전에는 천주교에 대해서 비교적 관용적인 정책을 펴다가 왜 이 사건에 와서 강력한 제재를 가하였는가? 이 글은 이 질문들에 답하려는 노력으로서, 진산사례를 분석하고, Durkheim과 Weber의 이론을 적용하여 이론적 논의를 하려 한다. Durkheim이 종교를 연구하면서 내놓은 이론과 베버가 중국의 종교를 연구하면서 제시한 정통과 이단에 대한 이론은 이 사건을 분석할 수 있는 훌륭한 틀을 제공해 준다고 생각한다.

2. 역사적 경험 사례로서의 진산사건에 대한 고찰

1) 진산사건의 개요와 의의

진산사건은 이른바 '신해진산지변'(국사편찬위원회, 1975: 155)으로서 정조 15년(1791) 전라도 진산 지방에서 일어난 사건이다. 윤지충이 모친상을 당하여 천주교의 지시에 따라 제사를 폐지하고 신주를 불사름으로써 유교식 '주자가례'(朱子家禮)를 어겼다는 죄목으로 처형된 사건이다.

이익을 스승으로 하는 성호학파의 경우 우파와 좌파로 나누어져, 우파는 서학을 탐구하면서도 전통적 가치관을 갖는 사람들로서 신후담, 안정복, 이기경, 채제공 등이 이에 속하고, 좌파는 서학 탐구의 입장을 취하면서도 개방적인 의식을 갖고 있는 학자들로서 권철신, 이벽, 정약전, 정약종, 정약용 등이 이에 속하는데 그중 일부 학자들이 서교를 신앙의 차원에서 수용하였다(강재언, 1990: 107; 이성춘, 1994: 322-323 참조).

3) 지식인들의 범위에는 이들 실학자들 외에도 진산사건에 연루된 후기 조선의 관료나 선비들도 포함된다.

1790년(정조 14년) 북경에 밀파된 천주교 신자 윤유일이 북경 교주 고베아(Gouvea)로부터 조상에 대한 제사의 금지를 지시받고 제사를 거부해야 된다는 천주교의 입장이 확인되자 "마음 약한 천주교인은 그것이 몹시 무서워 그날부터 천주교 신봉하는 것을 그쳤다"고 한다(Dallet, 1987: 330). 그러나 1791년(정조 15년, 신해년) 5월 전라도 진산의 천주교 신자 윤지충은 그의 모친(권씨)상을 당하여 북경 교주의 지시에 따라 모친의 제사를 폐지하고 신주를 불살랐으며 윤지충의 외종형인 권상연은 이에 동조함으로써 친척과 친구들로부터는 불효한 아들이라 불리게 되고, 동네 사람들로부터 배척받았으며, 국왕에게 반역자라 하여 고발당하게 되었다. 불효 불충의 죄를 저질렀다는 것이다. 이렇게 해서 진산사건이 일어난 것이다(한우근, 1981: 346; 류홍렬, 1976: 64-65).

당시 정조와 남인의 우두머리였던 좌의정 채제공은 주로 남인으로 구성된 천주교 신자들을 너그러이 보아주려고 하였다. 그러나 그해 11월부터 12월까지의 한 달 동안에, 무려 30여 통의 상소문이 올라오니, 채제공도 할 수 없이 윤지충과 권상열을 극형에 처하도록 아뢰어 정조가 이를 허락함으로써 사형이 집행되었다.

같은 해에 평택 현감 이승훈과 양근에 살던 권일신을 서학서적을 활자로 박아 내었다는 죄목으로 잡아 가두고, 같은 달에 이승훈의 벼슬을 뺏는 한편, 전국에 명령을 내리어 서양서적을 가진 자를 관에 자수하게 하고, 또 홍문관에 간수하여 두었던 서양서적을 모조리 불살라버리었다(류홍렬, 1976: 104). 이 진산사건을 계기로 이어진 천주교 박해사건을 '신해박해'라고 하는데 천주교 박해의 신기원이 되었다(한우근, 1981: 345).

이 사건을 계기로 조정은 전격적으로 강력한 천주교 탄압을 하기에 이르렀으며, 이후 당시 천주교 지도층을 형성하였던 대부분의 실학자들이 배교를 하게 되었던 것이니 이제 서학의 전래가 차단되는 상황에 이르렀던 것이다.

윤지충과 권상연은 일단 진산군에서 군수로부터 심문을 받은 후, 다시 전주로 압송되어 전라 감사로부터 심문을 받게 되는데 우리는 그 심문 내용과[4] 이때 지도적인 실학자로서 배교를 했던 정약용의 입장을 통하여 당시 지식인들의 지배문화로서의 유교적 전례문제에 대해서, 그리고 '효'에 대해서 어떻게 생각하고 있었는

4) 이하 심문내용은 Dallet(1979: 337-352)를 참조할 것.

지를 살펴보기로 한다. 이는 당시 천주교가 박해받았어야 했던 이유를, 더 나아가서 결국 당시 서학이 배척될 수밖에 없었던 이유를 밝혀보는 작업이 될 것이다.

2) 진산사건에 대한 심문 내용과 그 성격

진산 군수 신사원은 우선 제사를 지내지 않는 것에 대해 질책하면서, 공자의 말을 빌려 효를 실행함에 있어서 제사의 중요성을 다시금 강조하면서 윤지충 등에게 행실을 고칠 것을 간곡히 권고하였으나, 윤지충의 대답은 '천주교 책에는 그 모든 것이 쓰여 있지 않다'는 것이었다. 윤지충 등이 '효'를 부정하는 것은 아니다. 천주 교리에 따르자면 제사를 행하여야 효를 이룬다는 사실을 인정할 수 없다는 것이다. 신사원은 공자의 경서에 근거하여 말하고 행동하나, 윤지충 등은 천주 교리에 따라 말하고 행동하는 것이다. 여기서 신사원과 윤치충 등 간의 근본적인 사고의 차이를 알 수 있다.

윤지충 등이 '효'를 여전히 중시하고 있다는 사실은 다음 심문과 진술에서 드러난다.

> – 네가 부모에게서 받은 그 몸을 너는 어리석게도 형벌과 죽음을 당하게 하려느냐. 뿐만 아니라 너로 인하여 네 삼촌이 늘그막에 옥에 갇혔으니, 그것이 효도의 본분을 다하는 것이냐?
> – 형벌과 죽음에도 불구하고 도를 닦는 것이 효도를 어기는 것입니까. 제 삼촌이 옥에 갇히셨다는 소식을 듣자마자, 저는 밤에도 쉬지 않고 달려와 사또에게 자수하였습니다. 이것이 효도의 본분을 지키는 것이 아닙니까?
> (Dallet, 1987: 338)

전라도 관찰사 정민시 역시 제사를 행하지 않은 문제로 윤지충 등을 취조한다. 정민시는 그것에 더하여 신주를 어떻게 처리했는지의 문제를 집중적으로 거론하고 있다.

정민시는 이미 금령이 있는데도 계속하여 천주교를 신봉함으로써 왕의 명을 거역하는 불충을 저질렀다고 윤지충과 권상연을 꾸짖고 있다. 그런데 정민시는 이러한 왕에 대한 불충은 예를 갖추어 부모의 상을 치르지 않은 것에 비하면 비교적 '가벼운 죄'라고 말하고 있다. 관리의 입에서 이러한 말이 나왔다는 사실은 조선사회에서 효가 충보다 앞서는 덕목이었으며, 곧 효는 조선사회 최고의 가치였다는 것을 증명한다 하겠다.

이러한 정민시의 논고에 대해서 윤지충은 제사를 지내지 않은 것과 신주를 부수었다는 것은 인정하였지만, 그 외의 부모에 대한 장례는 예를 다하여 치렀다고 변론함으로써 나름대로 효를 지켰다는 사실을 주장하고 있다.

한편 정민시는 제사와 신주에 대해 커다란 의미를 부여하고 제사를 폐지하고 신주를 모시지 않는 문제를 계속하여 추궁한다.

이에 윤지충은 자신이 비록 제사를 지내지 않고, 신주를 모시지 않으나 나름대로 효를 행하고 있다고 조리 있게 주장하고 있다. 다시 말해서, 그는 천주교의 교리에 따라 제사와 신주가 조상과 부모를 공경하는 데 아무런 의미도 갖지 않는다고 생각하고 있다는 것이다. 특히 정민시는 신주에 대해서 극히 민감한 반응을 보이고 있다. 윤지충과 권상연도 신주의 중요성을 충분히 인지하고 있었고, 그래서 그들은 자신들이 신주를 불살랐다는 사실을 극구 부인해 왔으나, 마침내 자신들이 신주를 불살랐다는 것을 자백하기에 이른다.

> – 네가 참말 위패를 보존하였느냐? … 너는 신주를 그대로 묻었느냐? 혹은 불살라서 묻었느냐? 네가 그것을 불살랐는지 불사르지 않았는지에 따라 네 죄가 중하거나 덜 중하거나 할 것이다.
> – 불살라 묻었습니다.
> – 너는 죽은 부모의 신주를 불사른 바로 그것 때문에 판결을 받았다는 것을 인정하느냐?
> – 만일 제가 부모님이 거기 들어 있다고 생각하면서 어떤 신주를 불살랐다면, 형벌이 옳을 것입니다. 그러나 저는 거기에 제 부모의 아무것도 들어 있지 않다는 것을 분명히 알고서 그렇게 하였으니, 무슨 죄를 범할 수 있었겠습니까? (Dallet, 1987: 350-352)

위의 심문내용은 조선사회에 있어서 신주의 중요성을 극명하게 드러내는 자료라 할 수 있다. 신주를 묻었는가 불살랐는가에 따라 사람의 생명이 좌우되는 것이다. 위의 내용에 따르면 윤지충과 권상연은 결국 신주를 불사른 죄목으로 판결받게 됨을 알 수 있다. 이 신주를 불사른 행위는 유교 전통에서는 불효·불충 그 자체로 보는 것이지만 윤지충은 전혀 그렇지가 않다고 생각하였던 것이다. 이 점은 다음의 전주 감영에서 이어지는 마지막 심문내용에서 분명히 나타난다.

- 너는 부모도 모르고 임금도 모르는 놈이다.
- 저는 부모님도 임금님도 잘 알고 있습니다.

(Dallet, 1987: 352)

위에서 살펴본 심문내용을 통해서 알 수 있는 것은, 두말할 것 없이 진산사건은 제사문제에서 비롯된 것이고, 이는 곧 당시 유교의 최고 가치인 효를 위배하는 행위로 받아들이고 있었다는 점이다. 북경 주교 고베아가 윤유일에게 제사의 금지를 지시하고 이것이 조선에 알려진 직후의 상황에 대해서 Dallet는『한국천주교회사』에서 다음과 같이 적고 있다.

> 그때까지는 그들이 아는 천주교 규칙을 열심히 지키면서도 세상을 떠난 부모에게 드리는 미신적인 숭배를 여전히 계속하고 있었다. 무지와 선의로 인한 것이었으므로 그들은 용서받을 수 있었으나, 그때부터는 그와 같은 일, 즉 제사, 의식, 배례 등등에 참여하는 것은 일체 불가능하게 되었다. 교회는 북경 주교의 입을 통하여 조상숭배는 하느님 숭배에 반대되는 것임을 선언하는 것이었다. 공공연하게 선포된 이 선언은 조선 국민의 모든 계급의 눈동자를 찌른 셈이었다. 왜냐하면 조선에서는 유교 즉 조상숭배가 국교였던 까닭이다. 이 숭배를 조금이라도 어기는 것은 전국의 여론에 의하여 맹렬한 반발을 일으키며, 필요한 예절을 궐하는 것은 엄한 벌을 받게 되어 있다. 그 기원은 매우 오래되었고, 대대로 충실히 전하여 내려오는 이 전통적 관습은 모든 사람의 눈에 사회의 기초가 되고 국가의 기틀이 되며 모든 자연관계의 거점으로 비치는 것이다. 그러므로 그것을 감히 말로라도 공격하다가는 큰일난다. 이로 비추어볼 때, 머지않아 일어날 폭풍과 천주교인들의 적들이 그 싹트는 교회를 파괴하고 말살하기 위하여 신자들의 행동에서 끄집어낼 방침을 예측하기는 쉬운 일이었다(Dallet, 1987: 329-330).

천주교회가 조상에 대한 제사를 천주 공경에 위배되는 미신행위로 인을 찍는 행위는 숭조를 하나의 덕목으로 하는 유교원리를 정면으로 부정하는 것이었다. 윤지충의 행위는 가부장적 대가족주의의 거부이며 군주의 권위에 대한 도전이었던 셈이다.

그럼에도 불구하고 진산사건 이전에 정조와 채제공은 서학문제에 대해서 관대하게 대하였다. 그러나 진산사건을 계기로 해서 자의든 타의든 강력한 처벌을 내리게 된다. 전국에서 빗발쳤던 상소문과 통문들로 효의 문제가 이 당시 조선사회에서 매우 중대한 사안으로 제기되었기 때문이다. 심문내용을 분석해 보면 그 내용이 전적으로 효에 대한 문제로 이루어지고 있음을 알 수 있으며, 심문을 당했던 윤지충도 자신은 효를 지켰음을 조리 있게 극구 주장하고 있다. 그러나 효를 지켰는지 안 지켰는지의 여부는 철저히 제사를 지냈는지 안 지냈는지, 그리고 신주를 모셨는지 안 모셨는지의 여부로 결정되고 있다. 그리고 결국에 가서는 판결이 신주에 대한 문제로 귀착되고 있음을 보게 된다. 이러한 점을 볼 때, 당시 조선사회 최고의 가치였던 효는 그 내용적인 측면보다는 제사를 행하고 신주를 모시는 등의 형식적인 면에서 보다 더 중시되고 있다고 할 수 있다.

3) 다산 정약용의 입장

당시 대표적인 지식인이라 할 수 있는 정약용은 1784년부터 1791년까지 수년 동안은 서교에 몸담았으나 그 당시는 비록 신자라 하더라도 조상 제사를 폐지한다는 문제는 없었다. 그런데 1791년에 진산사건이 있은 후 서교와 결별하게 된다.

"다산의 천주교와 첫 만남은 그가 23세 때(1784년) … 이날 이벽으로부터 처음으로 천주교에 관한 이야기를 들었고 천주교 서적을 보았다"고 하는데 "이벽의 천주교리에 대한 설명은 다산에게 신선한 충격을 주었고, 다산은 새로운 세계와 서양학문에 접할 수 있게 되었다"(김상홍, 1990: 13-14)고 하는데 정약용은 그 상제관이나 인성론에 있어서 마테오 리치로 대표되는 예수회의 천주교리와 상통되는 부분이 많았을 뿐만 아니라 천주교의 시사를 받아서 자기의 경학(經學)세계를 더욱 풍부하게 확충했다고 볼 수 있다. 그러나 그는 결국 효론과 전례의 문제에 있어서 천주교와 상충하게 되고, 여기에 그의 배교문제가 발생하게 된다.

다산은 26세부터 4~5년간 천주교를 마음을 다해서 믿어오다가 진산사건이 일어나 국법으로 천주교를 엄금하게 되자 절의하였다. 그러나 국법의 엄금이 배교의 원인도 되겠으나, 윤지충이 조상의 신주를 불사르고 천주교 의식으로 장례를 지낸데 더 큰 충격을 받아 절연한 것으로 보인다. 그러한 사실은 정약용이 1797년 6월에 동부승지를 사직하는 글을 보면 알 수 있다(김상홍, 1990: 16).

> … 이것은 진실로 그때의 취미가 아니었다면 하물며 관리가 된 뒤에 더욱 어찌 이단의 설에 마음을 둘 수 있겠습니까? 여러 해 동안 다시는 염두에 두지 아니하고, 막연히 옛날의 티끌과 그림자같이 여겼는데, 어찌하여 한 번 지목을 당함에 사람들

이 사실을 명백히 구별하지 아니하고 미워하므로, 지금에 이르도록 벗어나지 못하고 있으니, 허명(虛名)을 사모하다가 실화(實禍)를 당한다는 것은 신을 두고 이르는 것입니다. 사학의 글 가운데 있는, 인륜을 해치고 도리를 거슬리는 말은 진실로 다시 헤아릴 것이 못 되며, 또한 감히 천청(天聽)을 더럽힐 수 없습니다. 제사를 폐한다는 말은 신이 예전에 본 글에서는 한 번도 보지 못한 것이며 … 진실로 일분만큼이라도 인륜이 모두 멸하지 아니하였다면, 어찌 마음이 아프고 뼈가 떨리어 난상(亂常)의 싹을 끊어 물리치지 않겠습니까? 신해년에 불행하게도 가까운 집안에서 나왔습니다. 신이 이 뒤로 분하고 원통하여 마음과 뜻에 맹세하길 원수같이 미워하고 역적같이 토죄하니, 양심이 이미 회복되고 이치를 봄에 스스로 밝아져서, 전날의 일찍이 기꺼이 사모하던 자를 돌이켜 생각함에 하나도 허황하고 괴망하지 않은 것이 없었습니다.… (이만채, 1984: 217-218)

전례문제, 조상의 제사를 지내지 않는 것은 다산에게 중대한 문제였다. 비록 그가 한때 천주교를 믿었으나, 그 당시에 본 천주 교리서에는 제사를 지내지 말라는 글은 결코 본 적이 없었다는 것이다. 다산의 배교는 다산 경학의 효론의 성격으로 보아 당연한 귀결인 것으로 보인다(김상홍, 1990: 17-18).

『천주실의』의 "효론"에 의하면 인간에는 천주(天主), 국군(國君), 가군(家君)이란 삼부(三父)가 있어서 그중 천주가 상부(上父)이고 가군은 하부(下父)이다. '천하유도(天下有道)'의 경우에는 상부를 섬기면 동시에 삼부에 효가 되지만 '천하무도(天下無道)'하여 하부에 따르는 것이 상부를 거역하게 될 때 어떻게 할 것인가에 대해, 마테오 리치는 서슴지 않고 "약종하자역기상자, 고대위불효자야(若從下者逆其上者, 固大爲不孝者也)"라고 단언하고 있다. 그에 의하면 효냐 불효냐 하는 문제는 내적인 마음의 문제이지 외적인 행위의 문제가 아니라고 한다. 특히 리치가 공부(公父)인 천주에 비하면 군신관계나 부자관계는 평등한 형제관계에 불과하다고 할 때, 이것은 충효를 근본으로 하는 유교적 윤리를 밑뿌리부터 부정하는 것이 된다. 그러나 정약용은 부자간의 효를 인륜의 가장 기본으로 본다. 그는 주자가 인(仁)을 "애지리, 심지덕(愛之理, 心之德)"이라고 매우 형이상학적으로 규정한 것을 비판하면서 부자간의 효, 형제간의 제, 군신 간의 충, 목민(牧民) 간의 혜(惠), 기타 부부 · 붕우 간의 여러 가지 덕목이 있는데 그중 효제야말로 가장 근본이 된다고 하였다(강재언, 1990: 219).

정약용은 일찍이『천주실의』등의 천주교 교리서를 보았고, 그렇다면『천주실의』에 나타난 효론에 대해서도 잘 알고 있었을 것이다. 그렇다면 정약용은 그의 효론이 천주교의 효론과 대립되는 면이 있다는 것을 느끼고 천주교를 멀리해야 했을 것이다. 그러나 그는 천주교를 처음 접한 몇 년간 진산사건이 터질 때까지 천주교를 독실히 믿고 있었다. 그렇다면 정약용의 효론이 진산사건이 일어난 시기쯤에 바뀌었다는 이야기인가? 정약용이 동부승지직을 사직하며 올린 상소에 의하면, 그는 서학을 서양과학에 대한 흥미에서 연구하였고, 천주 교리에 대해서는 주의 깊게 살피지 않았다고 한다. 그러나 그의 경학이『천주실의』등의 천주 교리서에서 상당한 영향을 받고 있다는 사실을 받아들인다면, 그의 이러한 말은 별로 설득력이 없어 보인다. 그렇다면 정약용의 입장에서 볼 때『천주실의』의 효론이 그의 효론과 양립할 수 없다는 사실이 그가 천주교와 절의하게 된 데 있어서 그다지 중대한 원인이 되지 못한다고 볼 수 있겠다. 그러므로 정약용은, 그가 명백히 밝히고 있듯이, 제사 폐지 문제에 부딪치게 됨으로써 결정적으로 천주교와의 관계를 끊었다고 결론적으로 판단할 수 있겠고, 여기서 정약용이 제사를 얼마나 중요하게 생각하고 있었는지도 알 수 있다. 그의 대표적 저서인『목민심서』에서 다산은 제사문제를 강조하고 있다. 그는 이 책에서 수령은 문묘의 제사를 몸소 행하되 경건하고 지성스럽게 목욕재계하여 많은 선비들의 선도가 되어야 한다는 것이다. 또한 서원과 사묘의 제수 공급과 증수도 수령의 책무라는 것이다(김상홍, 1990: 56).

앞서 살펴본 윤지충과 권상연에 대한 심문내용과 정약용의 입장을 살펴보면, 이 사건에 있어서 핵심이 되는 3가지 요소가 추출된다. 이는 내용적 측면으로서 효라는 가치와 제사와 신주라는 형식적 요소들이다. 제사와 신주는 효라는 가치와 밀접하게 결부된 형식들이다. 그런데 관리들은 심문에서 제사와 신주문제를 집중적으로 거론하고 있고, 정약용의 배교도 효론에서의 불일치점에서보다는 제사폐지 문제에서 기인하는 것으로 보인다.

이제 기본적으로 조선사회에 있어서의 유교와 효의 의미, 그리고 제사와 신주의 중요성에 대해서 살펴봄으로써 서학 배척의 이론적 근거를 제시해 보려 한다.

3. 서학 배척에 관한 이론적 논의: 조선 유교사회에 있어서의 효, 그리고 제사와 신주의 문제

19세기 후반 그 구조적 모순과 외세의 도전에 의하여 뒤흔들리기까지, 조선사회는 유교적 가치 또는 신념의 바탕 위에서 그 질서의 정당성을 지켜왔다. 이미 잘 알려진 대로, 조선사회의 구조적 단위, 제도, 구성원의 행동유형은 모두 유교적 신념 내용과 조화를 이루면서 모양지어져 존립하고 기능하였다. 백성을 깨우치고 가르치는 원리와 내용이 유교적 가치였으며 지배 엘리트인 양반 신분층의 이념뿐만 아니라 이들의 훈련과 계승의 내용과 형식이 유교적 가치와 떼어놓을 수 없는 것이었다(박영신, 1987: 249). 혈연적 가족 공동체는 국가공동체보다 더 기본적이며 자연적인 가치의 영역으로 인식되었으며, 따라서 효가 충을 포함한 다른 인륜적 의무보다 우선시되었다고 할 수 있다.

유교는 국민의 생활원리였으며 국가운영의 기본원리였다. 당시 조선에서는 종교가 개인의 일이 아니라 국가의 일이었던 것이다. 따라서 유교의 원리를 거부하는 천주교의 전래는 조선 국가체제에 대한 도전이었으며 유교와 천주교의 갈등은 종교적 차원에 머무를 수만은 없었던 것이다.[5] 새로운 종교의 전래는 종교의 사회통합의 기능을 고려해볼 때 기존사회의 기틀을 흔들어놓는 것으로 간주되는 것이다(국사편찬위원회, 1975: 155).

Bella(1981, 172-173)는 '종교가 진보를 방해하는 경우 두 가지'[6] 중 "종교적 상징의 세계와 현실 세계가 너무 밀접히 용해되어 있는 경우"를 그 하나로 들면서 "유교는 가족을 중심적인 숭배의 대상으로 삼음으로써 용해성의 경향을 가장 두드러지게 나타낸다."고 보았다.

당시의 조선사회는 벨라가 말하는 종교의 세 가지 경향성 중, 용해성의 특징을 보이고 있었다. 이 점에 관련하여 박영신은 다음과 같이 지적하고 있다.

> 높은 유교적 가치는 조선사회의 구조와 과정을 통하여 유지되어 왔고, 뒤바꾸어 그러한 가치에 의하여 사회의 여러 제도적 수준과 영역이 정당화되었다. 모든 사회

---

5) 천주교와 유교의 갈등이 구체적으로 극명하게 드러난 것이 진산사건이다.

6) 하나는 이 글에서 인용하는 용해성(fusion)이고 다른 하나는 지나치게 분리(disjunction)되어 있는 경우이다.

영역이 유교라는 종교적 정당성을 띠게 되고 그것이 더욱 철저하게 규정되어 오면서, 조선사회는 이른바 '종교적' 영역과 '세속적' 영역이 구별되기 어려울 만큼 구조적으로 상호 침투 · 용해되어 있었던 것이다. 즉 사회의 모든 영역과 제도가 유교적 가치에 따라 통제되고 규제될 뿐만 아니라 종교적인 정당성을 지니게 되어, 그것들 자체가 '신성시'되었던 것이다(박영신, 1987: 250).

Durkheim(1992, 81)은 종교를 "성스러운 사물들, 즉 구분되고 금지된 사물들과 관련된 믿음들과 의례들이 결합된 체계이다. 이러한 믿음들과 의례들은 교회라고 불리는 단일한 도덕적 공동체 안으로, 그것을 신봉하는 모든 사람들을 통합시킨다."라고 하고 있다.

그는 "모든 알려진 종교적 신앙들은, 그것이 단순하거나 복잡하거나 간에, 똑같은 공통적인 특성을 보여준다."고 하면서, "이러한 신앙들은 실제적이거나 이상적이거나, 인간이 생각하는 모든 사물들을 분류하는 것을 전제로 한다."고 주장한다(Durkheim, 1992: 67). 즉 종교적 신앙이란 '속된 것'과 '성스러운 것'이라는 두 부류로 분류하는 것을 전제로 한다는 것이다. 바위, 나무, 샘, 조약돌, 나무조각, 집 등 한마디로 어떤 사물이라도 성스럽게 될 수 있는 것이다.

인간에게 알려져 있고 또한 인간이 알 수 있는 모든 세계는 두 개의 부류로 양분된다는 것을 전제로 하는데, 이 두 부류 속에 존재하는 모든 것이 포함되지만, 어느 한 부류에 속한 것은 결코 다른 부류에 속할 수 없는 배타적인 성격을 띠고 있다. 성스러운 것들이란 금지조항들이 보호하고 분리해 놓은 것이다. 속된 것이란 이러한 금지조항들이 적용되는 것이며 성스러운 것들과 멀리 떨어져 있어야만 하는 사물들이다. 종교적 신앙체계란 성스러운 것들의 본질을 표현하고 성스러운 것들이 서로서로 맺는 관계 혹은 속된 것들과 맺는 관계를 표현하는 표상들인 것이다. 결국 의식들이란 인간이 성스러운 사물들에 대해 어떻게 처신해야 하는가를 규정해 놓은 행동규범들이라 할 수 있다(Durkheim, 1992: 72).

Durkheim에 있어서, 사회 결속의 심리적 연대와 사회도덕의 상징적 코드는 근본적인 사회구조이다. 사회의 중심에서 Durkheim은 집합적 도덕을 표상하는 상징인 신념체계를 발견했다(Alexander, 1988: 25). 이 상징체계는 상징을 '성스러운 것'과 '속된 것'이라는 대립적 유형으로 나눔으로써, 도덕을 강화시킨다. 애초에 '성스러운 것'과 '속된 것'의 구분은 종교에서 나타난다. 그러나 종교가 그 형태에 있어서 기본적으로 사회적인 것이라면, 사회적인 것 역시 기본적으로 종교적이라고 말할 수 있는 것이다.

이와 같은 성스러운 것과 속된 것과의 엄밀한 구별 현상이 나타날 때 신앙들의 총체와 그에 대응되는 儀式들의 총체가 하나의 종교를 구성하게 된다. 이와 같은 Durkheim의 이론에 따르면, 조선사회에 있어서 '효'와 이 가치와 연관되어 있는 '신주'는 성스러운 것이었고, 천주교는 이 '성스러운 것'을 범하였다고 할 수 있겠다.[7] Durkheim의 이러한 이분법적 견해는 베버에 있어서의 '정통과 이단'이라는 생각과 관련된다.

Weber(1993: 302-303)는 유교사회에 있어서 어떠한 종교가 이단시될 때 결정적인 요인이 되는 점들을 세 가지 들고, 그중에서 "이단자들은 그들의 집에 있는 조상의 신주를 없애버리고, 수도승 식의 또는 비고전적인 생활방식을 위해서 그들 부모의 가정에서 이탈하고 있다"는 비난이 '모든 비난 중에서 가장 결정적인 것'이라고 하였다. 베버에 따르면 "조상숭배의 거부는 효라고 하는 정치적인 근본 도덕을 위협하는 것인데, 관직 위계서열에서의 규율과 신하의 복종이라고 하는 것은 이 효라고 하는 정치적인 근본 도덕에 의존하고 있다. 왕권으로부터 또 효제관계라고 하는 영원한 질서로부터 이탈하려 하는 종교는 원칙적으로 참을 수 없는 것이다." 이러한 이유로 해서 천주교는 조정에 의해 유교라는 정통의 이름으로 이단시되어 탄압을 받게 된 것이다.

Weber(1993: 300)에 따르면 "결국 유교에서의 교의 및 실천상에 있어서 정통과 이단의 실질적인 차이는 두 원천에서 기인한다. 하나는 유교가 문헌중시의 교육을 받은 관료계급의 신분윤리라는 점이고, 다른 하나는 가산제의 정치적으로 불가결한 기초로서의 효와 특히 조상숭배가 고수되고 있다는 점이다. 이러한 신

---

7) Lukes는 '속된 것'이 잔여 범주로 다루어지고 있다고 보고 Durkheim의 이러한 이분법을 비판하고 있다 (Lukes, 1972: 26-27).
'the profane' is a residual category which in fact includes a number of quite disparate classifications: namely, 'commonness(work is "an eminent form of profane activity"): minor sacredness(the less sacred is "profane" in relation to the more sacred): non-sacredness(the two classes have "noting in common"): and anti-sacredness(profane things can "destroy" sacredness)'

분윤리 및 효도, 조상숭배 등을 지켜가고 싶은 관심이 위협받고 있다고 생각되기만 하면, 지도적 계층의 자기 보존의 본능은 이단의 낙인을 가지고서 반응"하는 것이고, "유교국가의 실제적인 관용의 가장 중요한 절대적인 한계도, 가산제적 신하의 심정의 기초인 조상숭배와 현세적인 효의 기초적인 중요성 속에 존재하였다."는 것이다.

이러한 시각에서 보면 왜 천주교가 조선사회에서 '정통'으로서의 유교의 이름으로 '이단'으로 박해받았는지를 알 수 있는 것이다. 효와 왕조적 권위라는 영속적 질서를 깨뜨리는 종교는 용서받을 수 없었던 것이다.

1) 제사의 문제

진산사건은 제사폐지 문제에서 비롯되었다. 이 제사는 바로 종교의 커다란 부분을 구성하는 매우 중요한 활동인 '의식'(rite, ritual)에 해당하는 것이다.

조선시대 당시에는 삼국시대 이전부터 내려오던 전통적인 토속 제사가 있는가 하면 유교가 도입된 이후에 들어온 수많은 유교식 제사도 있었고, 후에 불교와 도교가 전래되면서 그들이 가지고 있었던 각종 제사들이 함께 들어오기도 하였다. 유교사회에서 "천에 대한 제사는 천자의 고유한 제사 대상이고, 토지신과 곡물신인 사직(社稷)은 제후까지 제사드릴 수 있었다. 공자와 선현은 국가적으로 학교에서 제사되고, 지방단위의 선유는 그 지방의 사묘(祠廟)에서 제사 드려진다. 그중에 조상신은 모든 인간의 일반적인 제사 대상으로 가정마다 가묘(家廟)에서 제사된다."(금장태, 1991: 241)

이러한 제례들은 유교사회에 있어서 커다란 중요성을 지니고 있으며, 따라서 그 사회에서 제례 행위는 사회구성원들의 사회생활에 있어서 상당한 비중을 차지하고 있다. 특히 조선은 지배 이데올로기로 성리학을 채택하였고, 성리학의 중요 내용 가운데 하나가 바로 이 '예(禮)'이다. 특히 『주자가례』는 일반인의 생활 규범 전반에 걸쳐 실천 항목으로서 절대적인 역할을 하였고, 조상에 대한 제례가 가장 발달한 시기는 조선 후기였다.

Durkheim은 신이란 단지 성스러운 것의 표본일 뿐이라고 하면서, 더 중요한 것으로 어떠한 종교적 관념도 의식(rites) 혹은 숭배(cults) 없이는 존재하지 않는다고 주장한다. 그런데 의식은 정신적 에너지가 방출되고 강화되는 데 필수적인 모임의 원형이다. 성스러운 것은 이것이 모임의 감정에 의하여 주기적으로 재활성화되지 않는다면 그 힘을 잃을 것이다. 결국 의식은 창조와 재생의 기능을 하는 것이다(Alexander, 1982: 237). 그리고 Durkheim(1992: 102)에 의하면, 숭배는 "의식들, 축제들, 예식들의 한 체계인데, 그것들 모두는 주기적으로 돌아오는 특징을 지니고 있다. 이러한 숭배의식들은 규칙적인 시간적 간격을 두고 신자가 의지하고 있는 거룩한 존재들과 그 자신을 결합시켜 결속을 견고하게 하고 다시 확인하고자 하는 신도들의 욕구를 충족"시켜 준다.

Durkheim(1992: 484)에 따르면 의식의 효과 숭배의 효과는 그것이 실제적으로 인간이 의존하고 인간에 의존되는 도덕적 존재를 재창조한다는 사실이 입증되어야 하는데 그러한 존재가 바로 사회인 것이다. 인간의 종교적 행동이 갖는 사회적 의미에 대해서 Durkheim은 다음과 같이 주장한다.

> 사회가 작용하고 있다는 조건에서만 사회는 그 영향력을 느끼게 할 수 있으며, 사회를 구성하는 개인들이 한데 모이고 공통으로 행동해야만 사회가 작용할 수 있다. 사회는 공동행위에 의해서만 자신을 인식하며 그 위치를 현실화시킨다. 사회란 무엇보다도 활동적인 협동이다. 집합적인 관념과 감정은 우리가 밝힌 바와 같이 그것을 상징화하는 외적인 움직임에 의해서만 가능하다. 따라서 종교생활을 지배하는 것은 행동이다. 그것의 기원을 이루는 것이 바로 사회라고 하는 단순한 사실 때문에 그렇다(Durkheim, 1992: 575).

그렇다면 조선사회에 있어서 제사의 의미는 명백해 보인다. 제사는 종교 행위의 가장 중요한 부분이라고 할 수 있는 '의식'이며, 이 제사라는 의식에 의해서 조선이라는 사회가 유지된다고도 볼 수 있다. 특히 조선사회처럼 종교와 사회가 '용해'되어 있는 사회에 있어서는 의식의 의미가 더욱 클 것이다. 조선사회에서 제사가 그토록 중시되었던 이유는 바로 제사가 '효'라는 성스러운 가치를 계속하여 재활성화시키고, 집합감정을 고취시키며, 나아가서 그 유교에 기반한 사회를 유지시키도록 하는 '의식'이기 때문이다.

4. 신주의 문제

신주에 대한 문제는 Durkheim의 '토템'에 대한 분석에서 실마리를 찾을 수 있을 것 같다. Durkheim은(1992, 248)은 "사실상 사람들이 숭배하는 것은 동물이라는 토템 그 자체가 아니라 '토템적 상징, 토템의 이미지'"라 말하고 있다. 토템은 물질적인 형태에 불과하다는 것이다. 인간의 "상상력이 신이라는 비물질적인 실체를 토템이라는 물질적인 형태로 표현한다."(Durkheim, 1992: 273)는 것이다. 그러므로 "최고의 거룩함을 지니고 있는 것은 이러한 식물 혹은 동물의 상징적인 표상들이며, 온갖 종류의 토템적 표지들과 상징들이다. 따라서 종교성의 근원이 있는 곳은 상징들의 내부이며, 이러한 상징들이 표현하는 실제적인 대상들은 종교성의 반영만을 받아들이고 있을 뿐인 것이다"(Durkheim, 1992: 295).

토템이라는 구체적인 대상은 물론 토템 종교에서만 존재한다. 그러나 토템은 토템 종교에서만 의미를 갖는 것은 아니다. 모든 종교에서는 토템과 '같은 것'인 상싱들이 존재한다. Durkheim은 이 상징에 대해서 다음과 같이 설명한다.

> … 용적이 크고 여러 부분으로 이루어져 있고 복잡하게 배열된 사물은 생각으로 포착하기 어렵다. 왜냐하면 우리가 노력을 기울여야 하고 혼합된 형태로 표현할 수밖에 없는 추상적인 총체를, 우리가 느끼는 강한 감정들의 기원으로 여길 수는 없기 때문이다. 우리는 이러한 감정들을 그 실체를 생생하게 느끼는 구체적인 대상과 연결시켜야만 이해할 수 있다. 만약 어떤 사물 자체가 이러한 조건을 충족시키지 못한다면, 비록 그 사물이 감정들을 불러일으켰다 하더라도 느껴진 감정들의 부착점으로 사용될 수가 없다. 따라서 그 자리를 대신하기 위한 어떤 기호가 생겨나게 된다. … 하나의 군기가 적의 손아귀에 넘어가는가 그렇지 않은가 하는 것이 국가의 운명을 결정하지 못하는데도 불구하고, 병사는 군기를 다시 탈취하기 위해 목숨을 내어놓는다. 군기는 기호에 불과하고 그 자체로는 아무런 가치를 가지고 있지 않으며, 그것이 표현하는 현실을 환기시키는 작용만 할 뿐이라는 사실을 사람들은 잊고 있는 것이다. 사람들은 기호가 실체 그 자체인 것처럼 그것을 다루고 있다(Durkheim, 1992: 314).

Durkheim에 따르면 우상은 매우 신성한 대상이며 인간에 의해 인식된 가장 높은 가치인 신성함이다. 그러나 우상은 대개 그 자체로는 아무런 의미도 갖지 않는 돌조각이나 나무조각에 지나지 않는다(Durkheim, 1953: 86). 이어서 Durkheim

(1953: 94)은 "집합적 이상은 누구에게나 보여질 수 있고, 이해될 수 있고, 표상될 수 있는 물질적 대상에 구체적으로 실현됨으로써만 명시되고 스스로를 인식할 수 있다. 아무리 평범한 것일지라도 그 대상이 일단 선택되면 특별해진다"고 한다. 이 종교적 상징으로서의 우상이, 천주교 측의 입장에서 볼 때는 '아무런 의미도 갖지 않는 나무조각'일 뿐이지만 그 당시 조선사회에 있어서는 더없이 신성한 대상이었던, 바로 '신주'였다. 결국 신주는 효를 최고 가치로 하는 유교의 집합적 표상, 곧 조선사회의 집합적 표상으로써의 성스러운 상징이었던 것이다.

5. 결론

진산사건을 계기로 국가에서는 천주교를 엄금하고 서학서들을 모두 금지하게 된다. 당시에 서학을 연구했던 실학자들은 여전히 유교적 기반을 갖고 있었고, 따라서 그들은 스승인 이익의 뜻과는 달리 서학에서 종교와 학문의 구분을 명확히 하는 데 실패했다. 유학은 그 특성상 종교와 학문을 별도로 구분하지 않았고, 이러한 학문적 태도를 고스란히 가지고 있었던 당시 대다수의 학자들은 서학을 천주교 교리 중심으로 연구하고 비판하였다. 그래서 단지 '속된 것'으로 남아 조선사회 속에서 계속 존재하며 연구될 수 있었던 과학기술로서의 서학은, '성스러운것'을 침해한 누명을 천주교와 같이 덮어쓰게 되었던 것이다. 이로써 서학의 연구는 단지 종교의 수준에서 지하로 숨어들어 명맥을 유지하게 되었고, 천주교에 대한 강력한 탄압이 계속되게 된다. 정조시대에 크게 융성할 호기를 맞았었던 서학은 이렇게 해서 크게 위축되고 만 것이다.[8)]

그러면 왜 이런 식으로 서학의 전래에 대응하였을까? 그것은 전통적 조선사회의 유지를 위한 반응이었다고 할 수 있다.

조선사회에 있어서 유교는 분명히 종교의 형태를 띠고 효는 성스러운 것으로 확고히 자리 잡고 있었다. 그런데 조선사회는 종교로서의 유교가 전 사회체계 안

8) 이후 서학은 실학의 학문체계에 기여하면서 그 이후의 개화사상가들에게 영향을 미쳤고, 천주교는 종교로서 저변 계층에 널리 퍼졌다가 동학사상에 영향을 미치게 된다(금장태, 1991 참조). 조선사회는 1876년 2월에 강화도조약을 시작으로 제국주의 국가들의 침략에 무방비상태로 던져지게 되었고, 그제서야 개화사상가들의 목소리가 높아졌지만 일본의 식민지로 전락하는 것을 막기에는 이미 때가 늦었던 것이다.

에 철저히 용해되어 있는 상태였다. 따라서 사회체계 안에서의 성스러운 것은 유교에서의 성스러운 것인 효가 그대로 스며들어 자리 잡고 있었고, 그 형태는 더욱 더 철저했다고 볼 수 있겠다.

따라서 진산사건에서 비롯된 박해는 단순히 종교 갈등의 문제만도, 정치적 음모의 결과만도 아니다. 성스러운 것을 주기적으로 재활성화시키는 의식인 제사와 성스러운 것의 상징인 신주를 거부하는 윤지충과 권상연의 행동은 바로 조선이라는 한 사회를 유지시키는 중요한 맥(脈)을 거부하는 것이고, 이는 천주교가 확산될 경우 한 사회의 존속이 위협받을 수 있는 문제인 것이다. 천주교에 의해 '성스러운 것'인 효의 가치가 위협받는 것을 조선사회는 용납할 수 없었다. 이러한 사실 때문에 유교의 담지자였던 지배층들은 천주교를 멀리하게 되고, 천주교를 탄압할 수밖에 없었을 것이다.

당시의 조정이 천주교를 탄압할 수밖에 없었던 이유는 표면적으로 천주교가 제사를 폐지하고 신주를 부정하였기 때문이었지만, 제사와 신주는 이상에서 살펴보았듯이 유교사회에서 정치적 근본 질서를 형성하는 효라는 절대적인 가치를 유지시키는 데에 필수적인 의식과 상징이다. 따라서 이것들을 부정한다는 것은 곧 조선사회의 정치 질서를 위협한다는 의미이고, 이는 자연스럽게 조정이 유교라는 정통의 이름으로 천주교를 이단시하여 탄압하게 하였던 것이다.

당시의 천주교 지도층 실학자들을 포함하는 지식인들도 결국에는 그 사회의 지배계급이었다. 이들은 누구보다도 효라는 가치를 깊이 내면화시키고 있었으며, 따라서 이에 기반한 정치적 · 사회적 질서의 핵심인 제사와 신주의 중요성을 그 누구보다도 잘 인지하고 있었다고 할 수 있다. 비록 그들이 천주교를 신봉하고 있었지만, 제사라는 의식을 폐지하고 신주라는 상징을 불사르는 행위는 그들 내면에 극심한 문화갈등을 불러일으켰던 것이고 결국 그들은 천주교와의 관계를 끊는 선택을 하게 된 것이다. 이렇게 해서 결과적으로 조선사회는 성공적인 서학 수용에 실패하게 된 것이라고 생각한다.

결론적으로, 당시 실학자들을 포함하는 지식인들이 종교적 갈등을 극복하지 못했기 때문에 그들은 서구의 과학문명에 대한 그들의 관심을 능동적으로 추구할 수 없었고, 이로 인하여 조선사회의 근대화는 훨씬 지연된 것이라고 생각한다.

참 / 고 / 문 / 헌

강만길 외(1986), 『정다산과 그 시대』, 민음사.
강만길(1990), 『다산학의 탐구』, 민음사.
강재언(1990), 『조선의 서학사』, 민음사.
한국국사편찬위원회 편, 『한국사』, 15.
금장태(1991), 『유교사상의 문제들』, 여강출판사.
김상홍(1990), 『다산학 연구』, 계명문화사.
박영신(1987), 『역사와 사회변동』, 대영사.
방희교(1985), "서학사상에 대한 조선 후기 사회의 대응 양식", 한국정신문화연구원 부속대학원 석사학위논문.
류홍렬(1976), 『한국의 천주교』, 세종대왕기념사업회.
이만채 편, 김시준 옮김(1984), 『한국 천주교 박해사』, 벽위편, 삼경당.
이성춘(1994), "다산 정약용의 서학 사상", 『다산 실학사상 논문 선집』, 7권, 불함문화사.
이원순(1994), "조선후기 실학자의 서학인식", 『한국 실학사상 논문 선집』, 20권, 불함문화사.
최동희(1975), "신후담 · 안정복의 서학 비판에 관한 연구", 고려대학교 대학원 박사학위논문.
_____(1988), 『서학에 대한 한국 실학의 반응』, 고려대학교 민족문화연구소.
최석우(1975), "천주교의 유교사회에 대한 도전", 한국국사편찬위원회 편, 『한국사』, 15.
_____(1994), 『천주실의에 대한 한국 유학자의 견해』, 『한국실학사상 논문선집』, 20권, 불함문화사.
최소자(1987), 『동서 문화 교류사 연구: 명 · 청 시대 서학 수용』, 삼영사.
한우근(1981), 『조선 후기의 사회와 사상』, 을유문화사.
Alexander, Jeffrey C.(1982), *Theoretical Logic in Sociology,* Vol. 2, University of California Press.
_____________(1988), *Action and Its Environments: Toward a New Synthesis*, Columbia Univ. Press.
Bellah, Robert(1981), "근대 아시아에서의 종교와 사회 진보", 『사회변동의 상징구조』, 박영신 편역, 삼영사(원제 "epilogue", *Religion an Progress in Modern Asia*).
Bellah, Robert N.(1965), *Religion and Progress in Modern Asia,* The Free Press.
Dallet, C. Charles(1987), 『한국 천주교회사 상』, 안응렬 · 최석우 역주, 한국교회사연구소(원제 *HISTOIRE De L' ÉGLISE De COREE*).

Durkheim, Emile(1953), "Value Judgement and Judgement of Reality", *Sociology and Philosophy*, trans. D. F. Pocok, Glencoe.

_______________(1976), *The Elementary Forms of The Religious Life*, trans. Joseph Ward Swain, Allen & Unwin.

_______________(1992), 『종교생활의 원초적 형태』, 노치준 · 민혜숙 옮김, 민영사(원제 *Les formes élémentaires de la vie religieuse*).

Lukes, Steven(1972), *Emile Durkheim: His Life and Work*, Harper & Row.

Nisbet, Robert(1974), *The Sociology of Emile Durkheim*, Oxford Univ. Press.

Weber, Max(1993), 이상률 옮김, 『유교와 도교』, 문예출판사(원제 *The Religion of China*, trans. & ed. Hans H. Gerth).

CHAPTER 05

현대 산업사회 지식인의 야누스적 모습

1. 서론

현대 산업사회의 진전에 따라 사회적 분화가 더욱 촉진되고 조직은 대규모화하였다. 사회적 분화는 전문화를 촉진하면서 전문 기술자의 필요성을 증대시켰고 이는 과학적 연구에 의해 뒷받침되어야 했다. 조직의 거대화는 그 조직운영에 더욱 정교하고 세련된 지식의 필요성을 요청하게 되었다. 이러한 시대적 상황 속에서 지식인[1]은 그 중요성이 더욱 강조되고 무대의 배우처럼 각광받는 위치에 서게 되었다. 그러나 지식인들은 조직 속의 인간으로 통제받는 위치에 서게 되었다. 여기에 현대 지식인들은 이념적 · 비판적 경향에서 기능적 · 관료적 지식인으로 변질될 상황에 처하게 된 것이다.

물론 지식인이라는 존재가 오늘에 비롯되는 현상은 아니다. 어느 시대 어느 사회에서나 다른 성원보다 지적 수준이 높은 사람들은 존재하였다. 그들은 인간사회에 남달리 관심을 기울이고 시대상황에 민감하게 반응하면서 그들 사회의 유지 · 변화에 크게 작용하여 지식인으로서의 역할을 수행하였다. 고대의 예언자나 주술사, 중세의 성직자 등은 이에 해당한다. 이들을 Mannheim(1936: 232)에 따라 사회적으로 일단 지식인(intellectuals)으로 부를 수 있을 것이다.[2] 그러나 그들은 수적으로 소수이고 특정의 사회집단을 형성하지 못하였으며 그들 사회구조에 있어서의 위치와 그 영향의 면에서 근대 이후의 지식인과는 크게 차이가 있다고 하겠다.

---

1) 필자는 지식인의 개념에 대해서 이미 논의한 바 있다. 신행철(1983: 216-221) 참조. 이 글에서는 글이 의도하는 바에 따라 서론의 일부분으로 그 개념을 다시 보충 정리한다.

2) Mannheim은 "의식적이든 무의식적이든 경쟁체제 속에서 성공이라는 것 이상의 어떤 일에 관심을 갖는 소수의 사람들"을 사회학적으로 일단 지식인이라 부를 수 있을 것으로 보았다.

Coser(1965: 서문, x-xi)가 지적한 바 있듯이 지식인이라는 것은 근대적 현상의 그 나름대로의 고유의 특질을 발휘하기 시작하였다고 하겠다. 르네상스 이후 그 수가 많아지고 특정의 사회집단을 형성하여 그들 사회구조에 영향을 끼치게 되었던 것으로 보인다.

이들 지식인의 사회적 위치에 대해서는 종래 두 개의 입장이 있다(Coser, 1965: 248 참조). 하나는 광범한 사회층을 포괄하는 경우로서 '문화를 창조하고 분배하고 응용하는 사람들'을 가리키는 경우(S. Lipset)와 H. Hughes가 말하는 '정신의 기술자'라는 수많은 전문가들을 포함하여 일컫는 경우(R. Hofstadter)가 그 예에 해당한다. 다른 하나는 지식인을 가장 엄밀한 범주에 국한시키는 입장으로 '창조적인' 지식인이라든가(C. Mills), '자유롭게 사색하는 정신'의 소유자라는 입장(H. Hughes)이 그 예에 해당한다. 이러한 논의는 지식인의 개념을 좁은 의미와 넓은 의미의 두 차원에서 파악할 수 있다는 것이 된다. 좁은 의미의 지식인은 구조기능적 차원에서 문화를 창조, 전달하며 내면적 · 정신적 면에서는 지성(intellect)에 충일해서 자유로운 정신적 활동을 하는 사람들이다. 그들은 사상의 창도자요, 구현자이다. 한편, 넓은 의미의 지식인은 일정수준 이상의 교육을 받고 전문직에 종사하는 모든 사람들, 다시 말하면 현실에 참여하여 사상을 적용하는 지적 활동에 종사하는 사람들을 포함하게 된다. 이때의 지식인의 경우는 그 지성적인 내면적 자세는 부수적이거나 고려되지 않을 수도 있다.

이러한 지식인의 개념 규정에서 보면 지식인의 모습을 논의함에 있어서 고려해야 할 사항은 두 가지가 있을 것으로 보인다. 하나는 지식인이라는 사람들이 사회속에서 어떻게 위치하고 있는가에서 오는 기능적 차원이고, 다른 하나는 그들이 경험하는 정서, 심리상태, 사고방식 등 내면적 차원이다. 지식인들은 구조 · 기능적 차원과 내면적 차원에서 다른 사람들과 비교하여 어떤 특징적 모습을 지니고 있는가. 이것은 결국 지식인들의 사회적 기능과 대사회적인 내적 자세를 말한다. 여기에 더하여 지식인들이 등장하는 역사적 배경을 살펴보는 것도 지식인들의 모습을 알아보는 또 하나의 차원이 될 것이다.[3]

3) 지식인을 정의함에 있어서 고려해야할 차원에 관한 논의에 대해서는 Feuer(1976: 48) 참조.

이 글에서는 구조 · 기능적, 내면적, 역사적 등 세 차원에서 지식인들의 특징적 모습을 논의하려 한다. 다만 논의를 전개하기에 앞서 밝혀둘 것은 여기 논의의 대상이 되는 상황은 지식인의 참여가 크게 요청되고 지식인이 조직 속의 인간으로 존재하게 되는, 현대 산업사회의 상황이라는 점이다. 현대 산업사회에 있어서 지식인은 참여와 소외의 갈림길에서 딜레마에 빠져 있는 듯이 보인다. 참여의 지식인과 소외의 지식인, 전자는 사제(司祭)적 성격의 지식인이고 후자는 예언자적 성격의 지식인이라 할 것이다. Weber의 종교사회학적 입장[4]에서 보면 참여하는 지식인의 입장은, 상대적인 의미에서, 전통과 전통적 의례와 율법을 관리하는 사제적 태도에 관련된다. 소외의 지식인의 입장은, 상대적인 의미에서 기성의 의례와 율법에 항거하여, 이 세상의 이익보다는 비세속적인 구원을 지향하는 예언자적 태도에 관련된다. 전자는 보수적 이데올로기를, 후자는 혁신적 유토피아를 추구한다.

이 두 입장을 정치현실에 개입해야 할 것인지에 대한 찬반양론의 입장으로 환원했을 때 그 두 입장의 주장은 대강 이러할 것이다.[5]

① 참여하는 지식인의 주장

적절하게 훈련받은 지식인이 개입하지 않으면 학문적 업적이 잘못 사용될 것이라는 것, 현실 세계에 개입함으로써 보다 실제에 유관 적합한 연구를 할 수 있다는 것, 정책 결정자로 하여금 성급하게 정책을 결정하기 전에 연구의 필요성이 있음을 이해하도록 한다는 것, 나아가서 사회가 절실히 필요로 하는 경우에 지식인은 그들 사회를 위해 그들의 서비스를 제공해야 한다는 것이다.

② 참여를 반대하는 입장의 주장

지식인들은 여러 복잡한 문제에 관련하여 정책 결정자가 바라는 대로 즉각적인 해답을 제공하기 힘들다는 것, 정치적 논란의 한쪽 편에 가담하는 결과 그 과학적 객관성을 잃게 된다는 것, 정치가들은 가끔 학문하는 사람들의 개입을 악용하여

---

4) Weber에 있어서 사제(司祭)적 태도에 관련한 논의는 *The Religion of China*(1951)에서, 예언자(豫言者)적 태도에 관련한 논의는 *The Protestant Ethic and the Spirit of Capitalism*(1958)에서 찾아볼 수 있다. 이 글에서는 정재식(1982: 142-143)을 참고하였다.

5) Baldridge, *Sodology*(1975: 453)의 그림 13.1 "The great debate: Should sociologists help solve social problems?"를 원용하였다.

그들의 연구에는 진실로 귀를 기울이지 않고 자기들의 입장이 옳다는 것을 과학적으로 증명하도록 요구할 수 있다는 것, 나아가서 정치현실에 지나치게 개입하는 경우에는 단기적 · 정책적 연구에 몰두하게 됨으로써 장기간에 걸쳐 문제를 해결하도록 도울 수 있는 기초적 연구를 소홀히 취급하게 될지도 모른다는 것이다.

이러한 양면 가치의 어느 쪽도 택할 수 있는, 딜레마에 처한 지식인의 모습을 필자는 '야누스적 얼굴'이라는 말로 표현하고자 하는 것이다. 이러한 지식인의 모습을 지식인의 형성과정에서, 그 사회구조적 위치에서, 그리고 그 내면적 자세에서 살펴보고자 한다.

2. 역사적 배경에서 본 지식인의 두 모습

현대 산업사회의 지식인, 그 역사적 정체는 무엇인가? Coser(1965: 서문 참조)에 따르면 지식인은 성스러운 전통의 옹호에 전념했던 성직자의 후예이기도 하고 궁전이나 교회당과 같이 엄격히 제도화된 경건한 성소(聖所)에서 멀리 떨어진 거친 황야의 들판에서 인간과 하나님에 대한 교의를 설명하고 사악한 무리들을 저주하고 규탄하는 영감에 가득 찬 예언자의 후예이기도 하다. 전자에서 사제적 지식인의 모습을 후자에서 예언자적 지식인의 모습을 찾아볼 수 있다. 한편 그들은 고대의 소피스트나 그 후예들의 자손인가 하면 중세의 왕궁에서 왕을 즐겁게 해주던 곡예사의 후예이기도 하다. 그러고 보면 지식인들의 조상은 비물질적 · 정신적 가치에 관심을 집중한다는 데 그 공통점이 있다. 다른 사람들이 세속적인 일에 몰두할 때 지식인들의 조상은 정신세계 속에서의 '놀이'에서 기쁨을 맛보고, 놀이 그 자체를 즐겼다. 실로 지적 활동하고 있다는 희열 속에서 무한의 즐거움을 찾았다.

그러나 앞에서 언급했듯이 현대 지식인들은 근대 르네상스기에 계몽사상의 산물로 등장하였다. 이들 지식인들은 18세기까지 유력자 또는 전략가의 보좌역이나 대서사의 기능을 수행하고 있었다. 그런데 당시 지식인들은 그들의 도움을 필요로 하는 유력자들이 수적으로 많이 존재하고 있었기 때문에 유력자의 선택에 있어서, 보다 자유로운 입장에 있을 수 있었다. 더구나 유력자의 쇠퇴현상과 지적 생산물을 선호하는 보다 넓은 범위의 공중의 출현으로 드디어 17, 18세기에 지식인들은 활짝 피어날 수 있었다(Coser, 1965: xi 참조).

Sartre에 따르면, 당시 유력자들이란 부르주아들로서 이들에 의하여 지식인의 부류에 포괄되는 소위 '수단의 전문가들'(experts of means)이 탄생된 것이다. 그들은 오직 상업자본주의가 유지되고 확대될 수 있는 방법을 제공하는 역할을 하는 데 불과하였다(Sartre, 1979: 18). 여기서 우리들은 Weber(1958: 182)가 관료적 생활양식의 지배현상에 대해 의혹을 나타내면서 언급한 '정신 없는 전문가들'[6]의 모습을 본다. 이것은 현대 관료조직에 얽매인 지식관료의 모습이라 할 것이다. 한편 17세기 말엽, 철학자들은 중세의 교회가 그러했듯이 당시의 이데올로기를 구축하는 일을 담당하였다. 즉 당시의 부르주아의 입장을 정당화해 주는 합리적 우주관을 창조해 내는 일을 하였다(Sartre, 1979: 19-20).[7] 당시 철학자들의 활동은 그 이상에 있어서나 실제에 있어서 신흥 부르주아의 활동에 일치하는 것이었다. 따라서 당시의 지식인들은 부르주아의 비호를 받고 그 이익에 밀착되어 있었다. 이제 지식인은 그 사제(司祭)적 모습을 띤, 엘리트적 열망에 찬 이데올로기의 주창자가 된 것이다.

이와 같이 근대와 지식인들은 계몽사상의 풍토 속에서 부르주아의 입장을 수호해 주는 '수단의 전문가' 및 이론가의 모습을 띠고 등장하였다. 여기에서 우리는 참여의 지식인, 체제옹호의 지식인의 얼굴을 보게 된다. 이러한 얼굴은 1930년대 'Brain Trust'의 예에서 보는 바와 같이 '고문단으로서의 지식인'으로 재현되고 오늘날 제도적 지식엘리트로 이어지게 된다.

19세기에 이르러서 계몽사상가의 후예들인 지식인들은 소위 '드레퓌스(Dreyfus) 사건' 이후 허위를 고발하고 진실을 추구하는 지식인 운동에 의해 그들의 특징적 성격의 면모에 획기적인 전환이 일어났다. 지배계급에 의해 배출된 실용적 전문가들인 지식인들은 이제 그들 사회의 모순에 괴로워하게 되고, A. Weber가 말하는 바 '자유부동(自由浮動)의 인텔리겐치아'(freischwebende Intelligenz)(Mannheim, 1936: 138 참조)라는 지식인의 모습을 띠게 된다. 이들 지식인들은 사회적으로 질서에 너무 견고하게 얽매이지 않는 것을 그 특징으로 한다. 이들이 Hughes가 말하는바, Mannheim이 옹호하고 그 정당성을 밝히고자 하였던 사라져가는 '자유로운

---

6) 이 글에서는 Etzioni-Halevy(1981: 30) 참조.

7) Sartre는 법률가인 몽테스키외, 문필가인 볼테르, 디드로, 루소, 수학자인 달랑베르 등을 당시 '철학자들'의 예로 든다.

입장의 사상가'(Hughes, 1979: 398-399 참조)[8]들인 것이며 "진실을 밝히고 허위를 비판하는 정신 … 편견과 아집, 부조리와 불의를 교정하려는 모든 계몽운동의 본질"(차하순, 1975: 93)을 지니고 있는 집단인 것이다. 이것이 바로 지식인 고유의 특성을 지닌 엄격한 의미의 지식인 집단이라 할 것이다. 여기서 우리는 종래의 체제 수호적 '수단의 전문가들' 및 이론가들과는 그 성격을 달리하는 또 하나의 지식인의 모습을 보게 된다.

그러나 다른 사회현상들이 그러하듯이 지식인 현상도 역시 존재 구속적인 것이다. '드레퓌스 사건' 이래 한 세기가 미처 안 되어서 지식인들의 성격에 큰 변화가 일어나고 있다. 이념적 · 비판적 소외의 성격을 띠었던 근대의 지식인들은 오늘날 다시 기능적 · 관료적 참여의 경향을 띠게 되었다. '예언자'로서의 자유부동하는 불기속(不羈束)의 지식인(unattached free-floating intellectuals)은 '고문단'으로서의 지식인(intellectuals as advisor), 즉 사제적 지식인에 의해 압도당하기에 이르렀다. 과학과 기술혁명에 의해 초래되는 후기산업사회 (post-industrial society)는 이론적 지식과 지적 기술이 고도로 발전된 사회이기 때문에 자연히 Bell(1973: 3장 참조)이 말하는 바의 지식계급(Knowledge class)이 확대되고 이들은 기술관료가 되어 사회의 지배적 위치에 서게 된다. 현대 산업사회는 고도로 분업화됨으로써 그 통합 · 조정이 중요한 문제가 되고 결국 이 통합직을 맡은 사람들이 지배의 자리에 앉게 된다. "권력의 원천은 '생산수단'의 소유가 아니고 '통합수단'의 지배인 것이다."(Toffler, 1981: 84) 자본주의 사회이든 사회주의 사회이든 대체로 대규모의 생산조직과 거대한 행정기구가 생겨나서 통합기능을 맡은 자들이 그 조직의 핵심세력이 된다(Toffler, 1981: 84). "목표는 지배계급에 의해 결정되고 노동계급에 의해 실현되지만 그 수단을 연구하는 일은 3차산업이라 부르는 직종에 속하는 학자, 기사, 의사, 법률가, 법학자, 교수 등등 일군의 기술자들에게 남겨지게 된다."(Sartre, 1979: 17) 이들 실용적 지식 전문가들은 지식엘리트가 되어 통제엘리트와 하층 노동자의 중간을 차지하게 되는 것이다. 이런 부류의 지식인들은 조직과 제도에 얽매이게 되고 권위와 급료에 의해 구속을 받는 전문 · 기술직 화이트칼라가 된 것이다.

---

8) Hughes는 Mannheim을 사라져가는 마지막의 위대한 지식인으로 묘사하고 있나(Hughes: 400).

이렇게 하여 계몽사상가의 후예인 지식인은 의식적이든 무의식적이든 지배자의 이데올로기를 과학적 법칙인 양 지지하는 입장으로 변신하여 '지식기사' 혹은 '지식기술자'의 모습을 띠게 된다. 이 '지식기사를 지식인의 한 모습으로 볼 수 있는지에 대해서는 이를 부정적으로 보는 입장들[9]이 있으나 지식인들을 사회로부터 필히 분리되어 사회를 비판하는 위치로만 생각해 버리는 것은 현대사회에 있어서 지식인들이 참여하는 실상을 외면하는 처사요 사실의 문제를 회피하는 것이라고 보게 되면(Lipset, 1981: 333) 결국 '지식기사'도 지식인의 범주에 넣어 논의함이 타당하다 할 것이다.[10]

이상의 논의에서 우리는 서로 다른 얼굴을 가진 두 부류의 지식인들이 존재함을 알 수 있다. 하나는 사회를 비판하고 그로부터 소외되어 위치하는 부류의 지식인들이고, 다른 하나는 사회체제 속에서 어떤 역할을 맡거나 정치적 현장에 직접 뛰어드는 참여자로 존재하는 부류의 지식인들이다. 전자는 자유 계약적이어서 자유롭게 사고하고 행동할 수 있고, 후자는 제도 구속적이어서, 제도적이고 조직적인 권위의 예속에서 탈피하기 어렵다(김영모, 1982: 146-147 참조). 정치권력에 대한 관계에서 보면 전자는 비판자요 저항자이며, 후자는 권력에 대한 참여자이며 협력자라 할 것이다.[11] 전자는 불기속 지식인들의 비판 · 저항의 얼굴이며 후자는 지식관료들의 참여 · 협력의 얼굴이다. 이러한 지식인들의 야누스적 모습은 또한 사회계층구조에 관련지어 살펴볼 수 있다.

3. 사회계층구조상 지식인이 상반하는 두 위치

앞에서 우리는 두 부류의 지식인들의 모습을 일별하였다. 현실 참여의 모습과 현실 비판의 모습이 그것이다. 전자의 얼굴을 한 것이 지식기사 혹은 지식기술자

---

9) 한완상(1980); 차하순(1975); Anderson(1974a: 192) 참조. 한완상은 '지식기사'라는 용어를, 차하순은 '지식기술자'라는 용어를 쓰고 있는데, 한완상의 '지식기사'의 용어는 기술관료(technocrats)와 어용이론가(ideologue)를 포함하는 의미로 쓰고, 이를 지식인과 구별하고 있다.

10) 이에 대한 긍정적 논의는 Lipset(1981: 334-335) 및 Merton(1957: 207-224) 참조할 것.

11) 지식인의 정치에 관련한 두 부류의 입장에 대한 논의는 Brym(1980)을 참고할 것. Brym은 정치에 대한 지식인의 두 입장을 급진주의자와 온건주의자, 과두정치론자와 민주정치론자, 좌익과 우익으로 대비시켜 보고 있다.

들로서, 이들은 지식엘리트이며, 통치엘리트와 결합하는 집단이고 후자는 엄격한 의미의 지식인의 모습으로서 이런 지식인들은 현실의 모순을 비판하고 이상을 추구하는 집단이며 부동(浮動)의 계층을 이룬다.

지식인들이 공통으로 갖고 있는 지식이라는 요소는 현대 산업사회에 있어서 생산의 핵심적 요소가 되고 있음에도 불구하고, 자본주의 사회에 있어서 생산수단의 소유자들이 단일 자본가 계급을 형성했던 것과는 달리 하나의 계층 혹은 계급을 형성하고 있지 못하다.[12] 지식인 집단의 계층적 성격을 이분법적 논리에서 살펴보면, 지식인들은 재산을 소유하지 못하고 있다는 점에서 노동자 계급에 속할 수 있고, 높은 사회적 보상을 받는다는 점에서는 자본가 계급의 성격을 갖는다. 다시 말하면 생산관계의 면에서는 노동자의 성격을, 분배의 면에서는 자본가의 성격을 갖는다. 의식의 면에서 보면, 지배층과 자신들을 일치시키는가 하면 때로는 피지배층과 동일시하기도 한다. 이러한 의식 성향은 행동으로 나타나서 지배층의 이데올로기를 옹호하는가 하면 때로는 대중의 열렬한 대변자로 등장하기도 한다. Giddens에 따르면 "계급구조상의 인텔리겐치아의 위치는 상호 대립되는 힘에 의하여 영향을 받는다. 재산 없는 피고용자로서의 인텔리겐치아는 하급 화이트칼라 노동자나 육체노동자와 마찬가지로 재산 소유계급으로부터 분리된다. 그러나 이 집단의 성원들이 그 지배의 방향과 그 조종에 주요 역할을 하는 한 그리고 그들 스스로 프롤레타리아보다 오히려 지배계급과 관계를 맺고 있는 한 그들은 그 계급의 부속물로서 고려될 수 있다."(Giddens, 1973: 235-236) Dahrendorf에 따르면 "자본주의하에서 지식인은 대체로 유산계급 출신이고 그들 자신의 계급과 밀접히 연결되어 있다. 그들 가운데는 농민이나 노동계급에 밀접히 연결되어 있는 노동자 인텔리겐치아의 대표도 있다."(Dahrendorf, 1959: 80) 그리하여 지식인의 한 편의 얼굴은 지식관료의 입장에서 현실의 이데올로기를 지지하는 얼굴이고 다른 한편의 얼굴은 불기속의 지식인의 자세에서 유토피아적 진실을 찾는 모습이다.[13] 여기

12) 이 문제는 신행철(1983)에서 체계적으로 다루었다. 이하 지식인을 계층구조에 관련지어 논의하는 내용은 그 논문을 바탕으로 하고 있다.

13) 지식인들 가운데는 '유동성의 중간적 지식인 집단'에 속하는 지식인도 있을 수 있다(신행철, 1983: 236-238 참조). Merton이 말하는바 관료제에 기속(羈束)되지 않는 지식인이나 Aron의 '참여하는 관찰자'(Aron, 1982 참조)는 이에 해당한다. 그러나 이 부류의 지식인은 주변적 부가적 유형인 것이고 야누스적 모습의 복합이라 할 것이다.

서 우리는 지식인들의 계층구조상의 야누스적 모습을 보게 된다. 이제 두 모습을 각각 분리하여 살펴보기로 한다.

① 지식인계층의 소외의 모습

불기속의 지식인계층은 1890년대에 계몽사상의 후예로 등장한 자유부동(free-floating)의 지식인 집단으로서 조직이나 체제의 구속에서 떨어져 나와 지적 자유를 구가하고자 하는 사람들의 집단이다. 진실을 밝히고 허위를 고발하는 지식인 고유의 성격을 유지하면서 보편성을 추구하고 시대적 상황에서 초연한 초이데올로기적 자세를 견지하려 한다.

이 계층의 지식인들은 지배-복종의 정치권력구조의 밖에 위치해 있는 사람들이며, 사회구조에 쉽사리 적응하지 못하고 다소 고독한 자유를 즐길 수 있는 피난처를 찾는 그런 부류의 사람들이다(Dahrendorf, 1968: 235). 그들 계층은 Mannheim이 말하는바 "사회적 공간 속에서 그렇게 고정된 위치를 차지하지 못하는 비교적 계급성 없는 계층"이며 A. Weber의 용어를 빌려 '사회적으로 부동하는 인텔리겐치아'라고 이름했던 계층이다(Mannheim, 1936: 137-138).

이 '매어 있지 않고'(unattached), '자유부동하는'(free-floating) 성질을 가지고 있는 불기속의 지식인 집단은 계층구조상에서 그 구조 밖에 위치한다. R. Dahl의 정치층(political stratum)의 개념에서 보면 비정치층이면서도 다른 부류의 사람들과는 달리 비추종적이라는 특성을 갖는다. 정치층에서 소외된, '매어 있지 않은' 집단인 것이다(신행철, 1981: 107 참조).

현대 산업사회의 진전에 따라 이들 순수한 의미의 지식인계층의 모습은 퇴색되고 그 세력도 약화되어 가는 것으로 보인다. 비록 그들의 모습은 창백하고 무기력해 보이지만 그 진실을 추구하는 자세는 한 사회 · 문화의 진행에 중요한 의미를 갖는다.

② 지식인계층의 참여의 모습

사회계층구조에 관련지어 본 지식인들의 또 하나의 얼굴은 지식관료층에서 볼 수 있다. 이 계층은 대학이나 연구기관 등 비교적 고유의 지적 활동이 보장되는 지적 전문기관에 종사하는 지식인들의 경우를 제외하고 어떤 조직체의 관료질서에 얽매여 그 조직체 자체를 뒷받침해 주는 일에 고용되어 있는 지식전문가 계층이다. 지식관료들은 국가 혹은 기업을 위해서 학문적 작업과 고문으로서의 역할을 수행해야 하는 '지식기사'(intellectual technicians)라 할 수 있고, 현실 참여자들로서의 지식엘리트층을 이루고 있다. 이들은 주로 결정된 목표를 달성하는 수단을 연구하는 일에 종사하게 된다. 이들은 지식 엘리트가 되어 통제엘리트와 하층 노동자의 중간을 차지하게 되는 것이다. 이들은 관료로 전향한 지식인들이고 지배계급을 둘러싸고 지배계급의 위치와 이익에 관련하여 유리한 신화를 만들어낼 뿐 아니라 정책을 형성하고 시행하는 데 매우 적극적인 역할을 맡는다고 하겠다(Anderson, 1974: 232; Sartre, 1979: 23-25).

권력을 잡은 집단을 '통제엘리트' 혹은 '권력엘리트'라고 했을 때 이 권력에 지식을 제공하는 지식인들은 '지식엘리트'라 불러도 좋을 것이다. 다만 여기서 말하는 바의 '지식엘리트'란 전문적 기능을 맡는 전문가 엘리트로서 모든 지식엘리트를 포괄하는 의미가 아니다. '지식엘리트'에는 비판적 기능을 수행하는 부류의 지식인들도 포함할 수 있을 것이다(Etzioni, 1968: 8장 참조). 오늘날 통제(control) 지식(knowledge)은 매우 밀접한, 서로 교호적인 관계에 있다. 통제엘리트는 지식엘리트를 양성하고 지식엘리트는 통제엘리트를 지원한다.

지식관료층을 관료조직에 관련하여 보면 그들은 '관료적 지식인'(bureaucratic intellectual)집단인 것이며 조직 내의 정책 결정자들을 고객으로 하여 참모기능을 수행하게 된다(Merton, 1957: 212). 이 집단은 정책결정자에 의해 규정된 어떤 정책이든지 단순히 시행하는 것을 그들의 역할로 생각한다. 정책결정자는 목표를 정하고 지식관료는 그 목표를 달성하기 위한 선택적 수단을 제시한다(Merton, 1957: 213). 이 계층을 Galbraith가 말하는바 '테크노스트럭처'(technostructure)에 관련하여 보게 되면, 그 조직의 핵심인 최고 경영자층에 접근되어 있는 전문 · 기술직층으로서 그 조직에 밀착되어 있는 계층인 것이다.[14)]

이 계층은 지식산업의 노동계급으로 논의되기도 하고 자본주의 사회의 지배계급인 부르주아계급의 한 부류로 보는 경우도 있다(Anderson, 1974a: 56-57; 1974b: 128). 비소유층인 점에서 보게 되면 노동자계급에 가깝고, 상승이동을 포함하여

---

14) Galbraith는 그의 책(1973)에서 '테크노스트럭처'의 구조에 대한 논의를 하고 있는데 그 요점은 신행철 (1981: 105) 참조.

높은 사회적 보상을 받는다는 점에서는 지배계급에 가깝다. 지식관료의 이러한 양면적 성격은 지식인의 야누스적 성격을 더욱 복잡하게 만들고 있다. 그러나 대체로 이 지식인계층은 사무직 종사자와는 구별되어 신중간계급의 상층부를 형성하면서 지배층과 밀착되어 있다. 바로 여기에서 우리는 참여하는 지식인의 전형적인 모습을 보게 된다.

4. 지식인의 심리적 갈등의 모습

이상에서 우리는 서로 상반하는 모습을 지닌 두 개의 지식인 집단에 대하여 논의하였다. 여기서 우리는 지식인들이 인간사회의 진실과 지배층의 이데올로기의 대립 사이에서 그 심리적 갈등을 경험하게 될 개연성이 있음을 알 수 있다. Steinfels(1983: 368-374)는 지식인들로 구성되는 '새로운 계급'을 논의하면서 "이 '새로운 계급'은 그것이 지니는 자주적이고 자율적인 행동에 대한 취향과 기업체 또는 관료조직의 속박에 따라야 할 필요성 사이의 상당한 갈등을 경험"한다고 지적한다.[15)]

개별 지식인은 불기속의 전형적 지식인의 모습을 지닐 수도 있고, 지식기술자로서 제도구속적인 참여자의 얼굴을 가질 수도 있다. 그러므로 지식인은 흔히 양자택일적 딜레마의 상황을 경험한다. 이것은 지식인의 가능한 심리적 갈등의 상태이다. 참여와 소외라는 지식인의 선택적 양면가치 속에서 지식인이 겪는 심리적 갈등상태, 여기서 지식인의 이중적 속성을 가늠할 수 있게 된다.

현대 산업사회에 있어서 지식인은 과학의 이데올로기화라는 상황 속에서, 과학적, 전문적 사유의 보편성과 이데올로기의 자기중심성 사이에서 일어나는 갈등을 경험하게 된다. 이러한 갈등은 사회체제의 차원에서 보면 D. Bell이 말하는바 '자본주의의 문화적 모순'에 관련된다고 하겠다. 즉 경제영역에서의 능률성과 문화영역에서의 자아실현의 논리 사이에 괴리가 생기면서 참여하는 지식인의 입장과 소

---

15) Steinfels는 '새로운 계급'의 특징으로 첫째, 그 힘의 원천이 전문지식과 기술 및 그들이 차지한 거대한 복합조직상의 위치에 있다는 것, 둘째, 적어도 처음에는 고등교육과 이를 통해 얻은 자격증을 갖는다는 것을 들고 있다(Steinfels, 1983: 369).

외된 지식인의 입장에 모순이 일어나게 되는 것이다(Bell, 1980 참조). 반지성적 허무주의는 이래서 나타난다.

한편 오늘날의 지식인들은 경제적 욕구 충족과 정신적 여유의 향유 사이에서 심한 갈등을 느낀다. 지식인들은 고용자의 뜻과 지성적 신념 사이에서 모순을 발견하게 된다. 이때 신념을 포기하는 것은 도덕적 타락이라 할 것이며 고용자의 뜻과 모순되는 신념의 추구는 경제적 궁핍이라는 위협이 된다. 여기에 Feuer가 말하는바 'fellow-traveller'라는 지식인의 모습이 등장한다. 즉 지식인은 권력 지향적인 정치 관료가 하는 일을 정당화하기 위하여 보편적 가치를 동원하고 그 변명자로서 행동하면서도 그의 지적 독립성을 잃지 않았음을 가정하는 자가 된다(Feuer, 1976: 56). 이러한 지식인의 입장은 Scalapino가 근대화에 관련하여 제창하는 지식인의 개념 속에서도 살펴볼 수 있다. 그(Scalapino, 1965: 508-509)는 지식인이 근대화의 목표에 가장 잘 기여할 수 있도록 하기 위해서 지식인의 일반화된 비판과 전문적 충고의 기능이 유지되어야 한다고 하고 지식인의 비판의 독립성과 신분의 평등을 존속케 하여 주면서 정치적 엘리트와 상호 영향을 줄 수 있는 정책연구가로서의 지식인이라는 개념이 발전되어야 한다고 제창한다.[16] 그러나 현실적으로 이러한 입장을 오래 지속하기는 어렵게 된다. 왜냐하면 현실유지적 통치엘리트의 의도와 지식인 본래의 비판적 독립성은 조화를 이루어 결합되기가 어렵기 때문이다. 그리하여 고대 헤브라이 시대에 "한때 지혜와 예언 사이에 갈등이 있었던 것처럼, 오늘날 이념론자(ideologist)와 과학철학자들 사이에 분화가 생길지도 모른다." 이때 이념론자는 과학철학자를 지식인의 서열로부터 절연할 것이다(Feuer, 1976: 57). 혹은 그 반대로 후자가 전자를 지식인의 자격을 상실했다고 지식인 사회에서 몰아낼지도 모른다. 이념론자와 과학철학자, 그 어느 쪽이건 지식인에게 가능한 입장이고 그 양자가 서로 조화를 이루기 어려운 성격의 것이라는 점, 여기서 지식인의 심리적 갈등이 나타난다.

때로는 지식인의 신념에 대한 위협이 사회체제에 대항하게 되는 계기가 될 수도 있다. C. Brinton은 그의 책 *The Anatomy of Revolution*(1950)에서 어떤 체제의 정당성과 효율성에 문제가 있을 때 지식인은 그 체제에 대해 혁명을 촉발하게 된

16) 이 글에서는 홍승직(1972: 16)에서 재인용함.

다고 하였다. 지식인들이 정부를 저버릴 때 그들은 대중이 당분간 무의식적으로 느꼈던 어떤 것을 드러내어 폭로하기 때문이다(Parry & Seidler, 1973: 82 참조). 현존 질서에 대한 내면적 충성심의 와해는 외면적 행동으로 나타나서 혁명에 이르게 된다. 여기에 진노하는 지식인의 모습을 보게 된다. 그러나 현존 사회의 통제체제에 저항하는 또 하나의 방법은 노자(老子) 이래로 사용되는 방법이며 스토아학파에 의해 저항이론으로 체계화된 초연(detachment)의 방법이다. 이때 사회적 무대로부터 퇴장하여 자신이 만든 종교적, 지적, 또는 예술적 영역에 몰입한 지식인의 초연한 모습을 보게 된다. 진노의 모습이나 초연의 모습은 모두 저항의 모습이다. 한편 현존 통제체제에서 통제엘리트와 이해관계를 같이하는 지식엘리트는 그 전문지식을 배경으로 하여 사회체제의 합법적 수호자가 된다. 이때 우리는 권위적인 지식인의 모습을 보게 된다.

이들 지식인의 모습은 선택적인 것이다. 그 어떤 선택에도 불구하고 그 선택은 가능한 것이기 때문에 지식인은 심리적 갈등을 느낀다. 체제 내에 발을 들여놓은 지식인들은 한편으론 그 체제에 대한 비판의 가능성을 숨겨놓고 있다. 체제 밖에 은거하고 있는 지식인들은 한편으로 체제에 공헌할 수 있는 이념적 무기를 감추어 두고 있다. 이와 같이 지식인은 그 내부에 이율배반적 야누스의 모습을 지니고 있다. 이러한 개별지식인의 내부 모순은 지식인계층 자체의 이중적 속성과 관련된다. 지배체제와 관련지어 볼 때 "지배체제가 요구하는 이익을 실현하는 측면과, 진리와 사상의 자유에 대한 보편적인 담당자라고 하는 측면은 지식인 고유의 성격이다. 이 경우에 보편성의 요구는 때때로 체제에 대한 특수한 이익과 모순되는 것"이다(平田清明, 1982: 334). Shils(1958: 459)[17]가 말하는 것처럼 17세기 이래로 존속해 온 지식인들은 "이 지상의 세속적 정치권력과 하늘나라의 이상적인 절대권력 사이에서 항상 영원한 긴장을 맛보아야만 했다." 이러한 긴장이야말로 사실상 그들 지식인의 성격을 설명해 주는 가장 중요한 특징으로 지적할 수 있을 것이다.

---

17) 이 글에서는 Coser(1965) 참조.

5. 결론

현대 산업사회에 있어서 지식인들은 두 개의 얼굴을 동시에 지니고 있다. 사회를 비판하고 그로부터 소외되어 존재하는가 하면, 때로는 사회체제 속에서 어떤 역할을 맡거나 정치적 현장에 직접 뛰어드는 참여자로 존재하기도 한다. 참여의 지식인은 현실의 제약과 속박을 고려하게 되고 그리하여 체제 현실을 인정하는 입장에서, 참여로 인한 예속적 상태를 감수하지 않을 수 없다고 생각한다. 이에 반해서 소외의 관찰자는 체제섭리의 비밀을 꿰뚫어보고, 이를 만인의 도덕이라는 이름으로 고발하고 선언하여 양식 있는 사회의 건설을 호소한다.

여기에 지식인의 야누스적 두 모습을 본다. 하나는 이데올로기의 열렬한 지지자로 등장하는 모습이요, 다른 하나는 진실을 찾아 유토피아를 동경 · 추구하는 모습이다. 전자는 사제적 모습이요, 후자는 지식인 고유의 예언자적 모습이다. 개별 지식인에게 있어서는 이율배반적 갈림길에서 양자택일적 선택을 강요당하는, 고뇌의 모습을 본다. 오늘날 지식인들은 현실과 이상 사이에 갈등을 경험하고는 그 어느 쪽으로도 기울어질 수 있는 개연성을 지닌 이중적 속성의 존재라 할 것이다. 지식인들은 체제에 발을 들여놓고 그 체제의 이데올로기를 추구하면서도 그들의 '야성의 부름'[18]에 응하여 체제의 모순을 타파하고 민중의 복지를 위해 개혁의 선구적 역할을 할 수 있을 것으로 생각한다. 한편 체제 밖에서 은거하여 유토피아를 추구하면서도 현실적 체제의 청사진을 마련해 놓고 있다는 생각을 한다. Steinfels에 따르면 지식인은 세상의 방식에 대해 순진한 인간이 되기도 하고 마키아벨리와 같은 인간이 되기도 한다. 지식인은 의지 박약자인가 하면 광신자이기도 하다. 지식인은 냉담 · 살벌한가 하면 감상적이고 박애적이다. 그는 딱딱하기도 하고 부드럽기도 하다. 아무튼 지식인은 정치가 없고 변하기 쉽고 믿음성이 없다(Steinfels, 1983: 250).[19] 지식인의 비판은 진실을 담고 있되 비현실적인 데가 있다. 이렇게 지식인들이 서로 상반하는 두 개의 얼굴을 지니고 있다는 점은 지식인들을 비난하

---

18) 1903년 J. London에 의해 쓰이고 오랫동안 베스트셀러가 된 작품명(*The call of the wild*)에서 원용함.

19) Peter Steinfels: 김쾌상 역, 1983: 250. Steinfels는 대항지식인 (counter-intellectual)을 중심으로 지식인의 특성을 비판적으로 논의하고 있다(특히 Steinfels, 1983: 245-253 참조할 것).

거나 경멸하는 구실의 하나가 되고 있다.[20] 지식인은 지배계급으로부터도, 민중으로부터도 때때로 따돌림당하는 신세가 된다.

이러한 야누스적 딜레마를 극복하려는 지식인의 모습이 있다. Aron의 '참여하는 관찰자'의 모습이 곧 그것이라 할 수 있다(Aron, 1982 참조). 참여하되 권력에 맹종하지 않으며, 권력의 반대편에서 비판하되 파괴하지 않는다. 역사의 관찰자로서 가능한 한 객관적으로 보려고 노력하는 동시에 진행 중인 역사, 형성 중인 역사에 대해 완전히 초연한 입장을 취하지 않겠다는 입장이다. 이는 배우와 관객의 자세를 결합하려는 입장이다. 이것은 참여하되 예속되지 않으며 비판하되 부정하지 않는다는, 사회체제 참여에의 긍정적 모습이다. 이는 지식인의 상반하는 두 입장을 변증법적으로 종합한 모습인 것이요 야누스적 딜레마를 해결한 지식인의 이상적인 모습인 것으로 보인다. 그러나 이런 지식인은 '유동성의 중간적 지식인'이라 부를 수 있을 것이다(신행철, 1983: 236-238 참조). 일단 체제에 참여하는 지식인들은 그 체제의 질서에 봉사하는 과정에서 점차 그 자주성이 쇠퇴하게 되고 지식관료로 전환되어 버릴 것이다. 사람들의 견해나 입장은 대체로 그 사회적 위치의 산물이라 보기 때문이다. 여기에 지식인들의 좌절과 갈등과 고뇌는 남게 된다(Merton, 1957: 214 이하 참조).

지식인은 사회적으로 주변적 위치를 차지하는 주변인이다. 결국 지식인은 고독한 존재이다. 미래의 어느 때엔가 지배엘리트의 통제에 종속되어 버림으로써 지식소외를 경험하고는, 무력하고 창백해진 얼굴의 범인으로 전락해 버릴지도 모른다. 현대의 조직사회가 더욱 진전되는 날, Aldous L. Huxley의 소설『멋진 신세계』(*Brave New world*)의 주인공으로 등장하는 최후의 문명인 '세이비지'[21]의 신세가 되어 살아져갈 숙명적인 시대를 맞게 되는 것은 아닌지? 이 점은 '지식인의 미래'를 예측하는 또 다른 연구주제의 하나가 될 것이다.

---

20) 지식인들을 나타내는 용어인 'dreamy scientist', 'eggheads', 'long hairs', 'high-brows', 'crackpots' 등은 지식인들에 대한 비난 섞인 표현들이다. 일찍이 Edmund Burk는 프랑스혁명 초기에 프랑스의 계몽사상가들과 이들을 찬양하는 영국 지식인들에게 대해 다음과 같이 비난하였다고 한다. "문학패거리들과 음험한 철학자들… 정치적 신학자들과 신학적 정치인들", "별나고, 거만하고, 멀리 보지 못하는 철학의 멋쟁이들"; "냉담한 가슴과 흐리멍텅한 이해력"(Steinfels, 1983: 245).

21)『멋진 신세계』에서 그 주인공의 이름을 'Savage'라고 표현한 것은 매우 시사적이다.

참 / 고 / 문 / 헌

김영모(1982), 『현대사회계층론』, 한국사회복지정책연구소.

신행철(1981), "갈등이론에 있어서의 산업사회 계급형성에 관한 이론 검토," 『논문집』, 13집, 제주대학교.

_____(1983), "지식인 집단의 사회계층적 성격," 『한국사회의 전통과 변화』, 이만갑교수회갑기념논총, 범문사.

정재식(1982), 『종교와 사회변동』, 연세대학교출판부.

차하순(1975), "지식인의 역할", 『현대사회론』, 서울대학교출판부.

平田淸明 편저(1982), 『사회사상사』, 장하진 옮김, 한울.

한완상(1980), 『민중과 사회』, 종로서적.

홍승직(1972), 『지식인의 가치관 연구』, 삼영사.

Anderson, Charles H.(1974a), *The Political Economy of Social Class*, Englewood Cliffs, NJ: Prentice-Hall.

____________________(1974b), *Toward a New Sociology,* Homewood, IL: Dorsey Press.

Aron, Raymond(1982), 『참여자와 관찰자』, 이종호 옮김, 홍성사(원제 *Le Spectateur Engage*).

Baldridge, Victor(1975), *Sociology: A Critical Approach to Power, Conflict and Change*, Wiley & Sons.

Bell, Daniel(1973), *The Coming of Post-Industrial Society: A Venture in Social Forecasting,* New York: Basic Books.

Bell, Daniel(1980), 『자본주의의 문화적 모순』. 오세철 옮김, 전망사(원제 *The Cultural Contradictions of Capitalism*).

Brym, Robert J.(1980), *Intellectuals* and *Politics,* Allen & Unwin.

Coser, Lewis A.(1965), *Men of Ideas: A Sociologist's View,* New York: Free Press.

Dahrendorf, Ralf(1959), *Class and Class Conflict in Industrial Society,* Stanford: Stanford Univ. Pr.

_______________(1968), "Recent Changes in the Class Structure of European Societies", F. Lindenfeld(ed.), *Reader in Political Sociology,* Funk & Wagnalls.

Etzioni, A.(1968), *The Active Society*, New York: Free Press.

Etzioni-Halevy, Eva(1981), *Social Change,* Routledge & Kegan Paul.

Feuer, Lewis S.(1976), "What is an Intellectual?" Aleksander Gella(ed.), *The Intelligentsia and the Intellectuals*, Beverly Hills: Sage Publisher.

Galbraith, J. K.(1973), 『새로운 산업국가』, 이기욱 옮김, 장문각(원제 *The New Industrial State)*.

Giddens, Anthony(1973), *The Class Structure of the Advanced Societies,* London: Hutchinson.

Hughes, H. Stuart(1979), 『의식과 사회』, 황문수 옮김, 홍성사(원제 *Consciousness and Society)*.

Lipset, Seymour M.(1981), *Political Man,* Baltimore: Johns Hopkins Univ. Pr.

Mannheim, K.(1936), *Ideology and Utopia,* London: Routledge & Kegan.

Merton, Robert K.(1957), "Role of the Intellectual in Public Bureaucracy", *Social Theory and Social Structure,* Free Press.

Parry, John A., & Murray B. Seidler(1973), *Patterns of Contemporary Society*, Confield Pr.

Sartre, Jean P.(1979), 『지식인을 위한 변명』, 조영훈 옮김, 한마당(원제 *Plaidoyer Pour les intellectuels*).

Scalapino, Robert A.(1965), "Political Modernization and the Intellectuals", Report: International Conference on the Problems of Modernization in Asia.

Shi1s, Edward(1958), "Ideology and Civility", *The Sewanee Review* LXVI.

Steinfels, Peter(1983), 『현대미국지성사』, 김쾌상 옮김, 현대사상사(원제 *The Neoconservatives: The men who are changing America's politics*).

Toffler, Alvin(1981), 『제3의 물결』, 유재천 옮김, 문화서적(원제 *The Third Wave*).

Weber, Max(1951), *The Religion of China,* trans. & ed. Hans H. Gerth, Free Press.

Weber. M.(1958), *The Protestant Ethic and the Capitalism,* Charles Scribner's.

II 사회복지 · 지역사회개발

Chapter 06 역할 개념과 사회복지

Chapter 07 지방분권화 정책과 사회복지의 미래

Chapter 08 노인복지와 사회정책(*草稿)

Chapter 09 도벽성(盜癖性) 치료의 일 사례

Chapter 10 지역사회개발

Chapter 11 지역사회와 리더십

CHAPTER

06 역할 개념과 사회복지

- 사회복지 분야에 있어서의 역할 개념 적용을 위한 소론 -

이 세상은 온통 하나의 무대
모든 남녀는 모두가 한낱 배우
등장하는가 하면 퇴장이 있으며
그리고 사람은 그 생애에 여러 가지
배역을 맡아서 한다.[1)]

인간 세상은 무대이고 사람들은 인생이라는 드라마의 단순한 배우로서 그들의 대사를 말하고 배역을 수행한다. 이 비유는 전적으로 옳은 것은 아니라 할지라도 의미심장한 표현으로서 사회학자들은 개인과 사회의 관계를 말하면서 이 표현을 종종 사용하고 있다.

모든 사회 모든 시기에 있어서 사람들은 무대 위의 배우와 같이 일정의 배역을 맡고 저마다의 역할을 수행하지 않으면 안 된다. 달리 말하면 모든 사람은 자신들이 속해 있는 사회 속에서 저마다의 위치를 차지하고 있어서 그와 상호관계를 맺고 있는 사람들로부터 일정의 기본적 기능을 수행하도록 기대되어진다.

그러나 언제 어디서나 모두가 그 기대되는 역할을 훌륭히 수행해 낼 수 있는 것은 아니다. 어떤 경우에 그 역할수행이 불가능하거나 차질이 생길 수 있다. 이때 그 당사자는 문제의 상황에 처하게 되는 것이다. 여기에 자기 스스로 해결하기 곤란한 문제를 가진 개인 혹은 당사자가 나타나게 될 가능성이 존재한다. 이 문제의 당사자는 일탈적 성향을 띠고 사회통합에 부정적 요인으로 작용할 가능성을 지니게 된다.

---

1) Shakespeare의 "As you like it" 제2막 7장에 나오는 제이퀴즈의 독백.

이러한 문제의 당사자를 대상으로 하여 그 문제해결에 임하는 사회적 노력을 사회복지사업으로 볼 수 있을 것인데 특히 역할갈등의 문제를 안고 있는 개인을 고객(client)으로 하게 되면 개별사회사업(case work) 방식을 원용할 수 있을 것이다.

따라서 이 글은 개별사회사업에 있어서의 역할개념의 유용성을, 역할갈등을 중심으로 검토함으로써 역할이론 응용의 한 측면을 고찰하고자 한다.

1. 역할개념과 역할갈등

역할수행(role playing)이라는 개념을 개발한 최초의 사람 중 한 사람인 J. Moreno는 사회조직을, 행위를 제약하고 조장하는 역할의 짜임새(network of roles)로 보고 다음과 같이 역할의 상이한 유형들을 구분하였다(Turner, 1978: 3).

첫째는 정신, 신체상관 역할(psychosomatic role)이다. 이 역할에 있어서는 행위가 기본적 · 생물학적 욕구에 관련되며, 이 경우의 역할수행은 무의식적이다.

둘째는 심리극적 역할(psychosomatic role)이다. 이 경우 개인은 특수한 사회적 맥락의 특정의 기대에 따라 행동한다.

셋째는 사회적 역할(social role)인데, 이 역할에 있어서 개인은 다양한 인습적 사회범주(예컨대, 노동자, 기독교인, 부 · 모 등)의 보다 일반적인 기대에 따라 행동한다. 사회구조라는 것도 다양한 기대유형에 의해 규제되고 상호 관련된 역할수행의 조직화된 짜임새인 것이다.

한편 Linton은 사회조직을 개념화함에 있어서 지위 · 역할 · 개인을 각기 구별하여 다음과 같이 언급한 바 있다.

> 지위는 그것을 차지하는 개인으로부터 구별되는 것으로 단순히 권리와 의무의 집적이다. … 역할은 지위의 역동적 측면을 나타낸다. 개인은 어떤 지위에 지명되어서 다른 지위와의 관련 속에 그것을 점유한다. 사람이 그 지위를 이루고 있는 권리와 의무를 효과있게 해나갈 때 그는 하나의 역할을 수행하는 것이다(Lington, 1936: 113-114).

Turner는 사회체제의 가장 기본적인 부분은 지위, 역할 및 규범이라 하고 다음과 같이 언급하였다.

> 지위는 사람의 소재를 암시하는, 사회체제 내의 위치이다. 규범은 어떤 지위에 있는 개인에 대하여 적절한 행위를 지시하는 기대의 군 혹은 규칙이다. 역할은 규범에 순응하려는 사람들의 적응적 행위이다(Turner, 1972: 4).

Linton이나 Turner가 말하는 역할의 개념은 Moreno의 사회적 역할에 해당하는 것이라 하겠으며, 이 글에서 말하는 역할도 그와 같다. 결국 역할이란 어떤 사회적 위치를 차지한 결과로서 생기는 지위의 기능이며, 그 지위 위치를 차지한 개인이 수행해야 하는 행동방식이다.

좀 더 분석적으로 보면 역할개념에는 다음의 세 가지 요인이 함축되어 있다(오인환 외, 1974: 32 참조).

① 태도 또는 의도된 행동의 차원

② 누구에 의해 기대되느냐 하는 역할규정자의 차원

③ 누구에게 기대되느냐 하는 역할행위자의 차원

그리하여 "역할이란 추상적이거나 구체적인 실체에 의해, 모든 사람 혹은 특정인에게, 모든 상황에서나 또는 특정 상황에서 기대되는 태도나 행위라고 정의 내릴 수 있다"고 한다(오인환 외, 1974: 36).

Turner(1972: 4)에 따르면 역할이란 개념은 "사회와 개인 사이의 관절 점(point of articulation)"으로서 개인들이 지위를 차지해서 다양한 기대 유형에 적응하게 될 역할수행 능력을 포함하는 것이며, 그 강조되는 구성요소에 따라 다음과 같은 역할의 개념화가 가능한 것이다.

① 규정된 역할(prescribed roles): 여러 지위에 있는 개인들의 기대를 강조하는 개념으로, 비교적 명백한 사회규정에 알맞게 작용하는 개인들의 역할수행기술

② 주관적 역할(subjective roles): 모든 기대가 자아라는 프리즘을 통하여 전해지기 때문에 그 기대에 대한 개인의 해석과 인식을 강조하여 개인들의 주관적 평가와 그에 적응하는 개인적 스타일에 의존하는 개념

③ 수행된 역할(enacted roles): 개인이 행한 명백한 행위를 강조하여 (기대들과 이들 기대에 대한 주관적 평가는 버리고) 결과적으로 명백하게 수행된 역할

Turner에 의해 분류된 이러한 역할유형들은 역할개념의 분석적 요소들로서 서로 복합적인 인과관계를 갖고 실제의 역할을 이룬다고 하겠다.

이상의 논의에서 우리는 역할개념에 있어서 역할수행(role performance)과 역할기대(role expectation)의 요소가 동전의 양면과 같은 것임을 알 수 있다.

사회는 다양하게 서로 관련된 위치 내지 지위의 한 조직망이고 그 안에서 개인들의 역할수행이 이루어지는 것이다. 어떤 사람이 하나의 사회적 위치를 점유하게 될 때 그 사람의 주변에는 다른 위치들을 점유하는 많은 사람들이 있게 마련이며 그들은 그가 그의 위치에서 어떻게 행위하리라는 여러 종류의 기대를 갖게 되고 그 사람은 이에 따라 역할을 수행하게 된다. 사회조직이란 결국 지위와 역할기대들의 다양한 조직망으로 이루어진 것이라 할 수 있다. 지위는 형식(form)이고 기대는 역할수행의 전제가 되는 내용(content)이다.

이러한 역할기대들을 Turner(1978: 350-351)는 연극 연출에 비유하여 다음과 같이 셋으로 분류한 바 있다.

① '대본'에서 오는 기대(expectation from the 'script'): 이것은 많은 규범에 대하여 한 개인이 어떻게 바로 행동해야만 하는가를 특정짓는 규범에 따른 기대이다.

② 다른 '배우'들로부터 오는 기대(expectation from other 'players'): 상호작용 상황에서 다른 역할 수행자로부터 오는 요구이다.

③ '관객'으로부터 오는 기대(expectation from the 'audience'): 여기서 말하는 관객이란 실제적 집단이나 사회적 카테고리를 구성하며 성원자격 혹은 성원이 되고 싶다는 욕망을 포함한다. 그 관중들은 다양한 지위의 행위자들의 행위범위를 정하는 준거 틀 혹은 준거집단을 이룬다. 요컨대 우리가 일정한 지위에 속하고 있다는 것은 그 지위에 부과된 역할을 기대받는다는 것을 뜻한다. 역할은 그 자체가 무엇을 할 것인가의 기대를 함축하고 있는 것이다.

그런데 다양한 역할들은 교호적인 것이다. 즉 역할 수행의 의무는 어떤 상대방의 역할 수행의 의무를 전제로 한다. 예를 들면 부부 사이에 있어서 남편에게 부과된 부인에 대한 의무는 부인에게 남편에 대한 의무를 부과하고 있는 것이다. 이렇게 하여 둘 혹은 그 이상의 역할들이 함께 수행될 때 상호작용이 이루어지는 것이며 그 역할들은 통상 관습적인 것이어서 사람들의 행위를 평가하고 이해할 수 있게 된다.

사람들은 각자 그가 참여하고 있는 집단에 있어서의 위치만큼 상이한 역할에 관여하고 있다. 그리고 각 역할마다 상이한 행위를 필요로 하고 상이한 권리, 의무 및 금기사항을 지니고 있다.

Merton(1957: 369)은 어떤 특정의 지위를 차지한 결과로서 많은 상이한 역할을 갖는 조건을 역할군(役割群, role-set)이라 정의한 바 있다. 역할군은 사람들이 특정의 사회적 지위에서 갖는 역할들의 집합이다. 때로는 이 역할군 내의 역할들 사이에 모순이 나타나기도 한다. 예를 들연 어린애를 가진 결혼한 여 교사는 어머니, 아내, 딸, 동네 이웃, 혹은 어떤 여성단체의 회원 등으로서의 역할을 갖는 것이며 이들 역할 각각에 대하여 상대적으로 상이한 역할 기대들에 종속되어 있다. 그리하여 이 여성은 자녀 양육 때문에 남편에 대한 아내로서의 역할을 소홀히 할 때가 있을 것이며, 어떤 역할행위를 상황이 다른 장소에서 다른 역할행위에 대치시키는 경우가 생길지도 모른다. 예를 들면 아침 식사 때 남편에게, 학교에서 수업 중 사용하는 말버릇과 비슷한 어투로 이야기하는 경우가 그것이다. 이것은 역할군 내의 상호모순이 나타나는 현상의 하나이다.

이러한 문제에 대하여 Merton은 다음과 같이 언급하고 있다.

> 물론 역할군에 관련된 모든 사람들이 같은 가치와 같은 역할기대를 갖는 그러한 특수 상황에 있어서는 문제가 발생하지 않는다. 그러나 이것은 특수한 그리고 역사적으로 희귀한 상황이다. 보통은 특히 고도로 분화된 사회에 있어서는 역할 상대방들은 다양한 사회적 지위를 갖는 사람들이고 따라서 어느 정도 상이한 사회적 가치를 갖는다(Merton, 1957: 371).

결국 Merton도 역할군은 그 자체 내에 역할상의 문제를 내포하고 있음을 암시하고 있는 것이다. 여기에 역할갈등의 문제가 제기된다.

역할갈등이란 어떤 위치의 점유자가 모순되는, 서로 갈등하는 기대상황에 노출된 상태라고 정의되는데 이런 상태는 둘 이상의 지위를 점유하는 데서 오는 경우도 있고 단일 지위의 점유상황에서 오는 경우도 있다(Gross, et als., 1966: 288). 그리하여 역할갈등의 모습은 크게 두 가지로 나누어볼 수 있다. 하나는 한 사람이 둘 이상의 사회적 지위를 갖는 상황에서 나타나는 역할모순(role in incompatibility)인데 이는 좁은 의미의 역할갈등으로 볼 수 있다. 다른 하나는 두 가지 상반되는 역할이 하나의 사회적 지위에 동시에 요구되는 상황인데 이를 역할긴장(role strain) 혹은 역할 불일치(role inconsistency)라 한다(김경동, 1978: 275-277). 그러나 이외에도 명백한 기대가 결여된 상태, 즉 상대방에 대한 역할을 이해하지 못하는 아노미상태의 역할갈등이 존재하며, 부적절한 역할행위에 의하여 본래의 기대된 역할행위가 대체되는 경우인 역할단절(role discontinuity)(Prichard, 1973: 109)이라는 상황이 있을 수 있다.

사람들은 그들의 특정 지위에 있어서의 행위가 그들 주변의 지위에 있는 사람들의 기대에 일치하지 못할 때 역할갈등을 경험하게 된다.

2. 역할갈등과 사회복지

현대는 역할분화가 고도로 이루어지고 있는 시대이다. 사회구조는 복잡다양해지고 급속한 사회변동이 일어나고 있다.

현대인은 다양한 여러 상황 속에서 다른 사람들의 기대를 재빨리 간파하고 그 기대에 적합한 행동방식을 익히지 않으면 안 된다. 다시 말하면 현대인은 D. Riesman이 말하는 바와 같이 타자지향적이다. 역할이 분화될수록, 타자지향적일수록 역할갈등의 가능성은 더욱 커질 것임을 짐작할 수 있을 것이다. 그것은 역할기대가 역할행위자에게 주는 부담이 그만큼 커지기 때문이다. 그리하여 근래 역할갈등에서 초래되는 개인적 문제에 대하여 상당한 관심이 기울여져 왔다. 문제에 대한 과학적 인식과 이에 대한 전문적 기술을 필요로 하는 사회복지 분야에서도 이 역할갈등의 문제에 관하여 관심을 갖는 것이 매우 유익한 일이다.

Leonard(1974: 48-54)는 갈등이란 집단 내부의 어떤 상호작용의 경우에도 찾아볼 수 있는 정상적 측면이라고 하면서 J. Spiegel에 따라 역할갈등의 이유로 다음의 다섯 가지 사항을 들고 있다.

첫째, 인식의 상위(cognitive discrepancy): 이것은 청소년과 부모가 성장 과도기에 처한 청소년들의 역할기대가 무엇인지에 대하여 확실히 알지 못하고 있는 경우처럼, 역할을 규정하는 규범을 모르는 경우이다.

둘째, 목표의 상위(discrepancy of goals): 이것은 두 사람 이상의 가족성원이 잠재적으로 갈등하는 서로 다른 목표에 그들의 행동을 지향하는 경우에서 볼 수 있는데 예를 들면, 아동은 어떤 소원의 만족을 요구하고 어머니는 외계의 요구에 맞추어 아동을 만족시키는 것을 보류하는 경우가 그것이다.

셋째, 역할배분을 결정하는 문화적 규범에 의해 금지되고 있는 역할이 가족 내에서 취득될 경우인 분배의 상위(allocative discrepancy)가 있다.

넷째, 역할을 효과적으로 수행하기 위해 필요한 지식이나 기술이 결여된 경우로서 수단의 상위(instrumental discrepancy)를 들 수 있다.

다섯째, 갈등적 규범이 작용하고 있는 어떤 가족의 부모·자녀 간에서 볼 수 있는 바와 같이 각자의 역할을 각자가 다르게 규정하게 되는 서로 다른 문화적 가치(different cultural values)가 있다.

이외에 사회변동이나 역할왜곡을 더 들고 있다. 사회변동에서 오는 역할갈등은 근대화에 따라 대가족제도가 붕괴되면서 부부의 역할이 그전처럼 구별되지 않는 상황에서 찾아볼 수 있다. 예컨대 아버지가 어머니를 대신하여 자녀를 돌보는 역할을 담당하는 경우가 있고 이때 아버지는 어떤 갈등을 경험하게 될 것이다. 다음으로는 역할왜곡에서 오는 역할갈등인데 이는 한 사람이 서로 다른 규범에 의해 다스려지는 여러 역할을 수행할 때 나타난다. 정서적 가치는 거의 무시하고 직장에서 동료들이나 그 부하 직원들을 다루는 식으로 아들을 다루는 아버지의 예가 그것이다. 직장에서의 지위의 상실은 가정에서의 아버지의 역할에 손상을 줄 수 있으며 기계에 의해 압도당하고 있는 노동자는 솔선적인 역할행위를 결여할 수도 있다. 이것은 역할이 직업에 의해 왜곡될 수 있음을 말해준다.

이러한 여러 가지 이유로 나타나는 역할갈등의 양상은 다양하고 서로 중첩되는 것이지만 분석적으로 살펴보면 이미 언급했던 바대로 역할갈등은 역할모순, 역할

긴장(혹은 역할 불일치), 아노미상태의 역할갈등, 역할단절 등으로 그 양상을 나누어볼 수 있을 것이다.

그런데 역할갈등은 당사자에 의해 느껴지지 않고 있을 수도 있다. 갈등하는 역할기대의 엇갈리는 상황에 처해 있을 것으로 생각되는 많은 사람들은 ① 모순을 전혀 알지 못하거나 ② 안다 할지라도 그에 대하여 혼란이나 죄의식 혹은 다른 부정적 감정을 느끼지 못한다는 것이다. 이것은 역할갈등이 내면화되지 않는 경우로서 이때 사람들은 사실상 적응상의 어려움에도 불구하고 그것은 무의식 상태에 잠재된 것이다. 이 경우에는 명백한 역할갈등이 존재하지 않는 것으로 보아야 할 것이다. 대부분의 사람들에게 있어 대부분의 역할갈등은 이러한 잠재의식 혹은 유사의식(quasi-consciousness)적인 종류의 것이다.

역할갈등은 그것이 내면화되고 의식화하여 의도적으로 조정이 곤란할 때 심각한 문제로 등장하게 된다. 이러한 역할갈등은 어떠한 형태의 것이든 "정상적인 사회질서 구조에 예외적인 것을 나타내는 일탈적 상황으로 파악되고 있다"(Turner, 1978: 363)고 볼 수 있다.

Parsons(1951: 200)는 많은 역할을 갖는다는 사실 속에 역할갈등의 어떤 특유의 가능성이 내재해 있다고 하고, 이러한 "역할갈등에의 노출은 퍼스낼리티와 상호작용체제의 조화 있는 통합과 모순되는 상황을 낳는 명백한 긴장과 좌절의 원천"(Parsons, 1951: 282)이라고 보았다. 그리하여 결국 역할갈등은 노이로제 등 어떤 일탈행동의 형태로 표현되어 나타나게 되는 것이다.

역할갈등의 개념을 사회복지 영역에 도입함에 있어서 그 하나의 시도로서 우리는 개별사회사업에 관한 H. Perlman의 정의에 유의함이 좋을 듯하다.[2)]

Perlman은 "개별사회사업이란 사람들이 사회적 기능을 함에 있어서 저들의 문제를 보다 효과적으로 대처해 나가도록 개인을 도와주는 어떤 사회복지기관에서 쓰이는 한 과정이다"라고 하였다. 이 정의는 결국 문제를 안고 있는 당사자가 사회적 기능을 보다 잘 수행할 수 있도록 도와주는 사회복지기관의 과정이 개별사회사업이라는 것이다. 따라서 개별사회사업은 사회적 역할의 문제를 중심으로 전개될 수 있을 것으로 보이며, 여기에 역할갈등 개념은 하나의 도구로 사용될 수 있을 것이다.

2) 장인협(1975: 5)에서 재인용함.

Perlman은 개별사회사업의 장면을 구성하는 기본적 요소를 다음과 같이 4P의 개념으로 표현하였다. 즉 '문제(Problem)를 가진 사람(Person)에게 전문가가 주어진 과정(Process)에 의하여 도움을 주는 장소(Place)'가 그것이다.

이제 개별사회사업 장면의 기본 요소가 되는 4P에 역할갈등 개념이 어떻게 유용한 것인지를 살펴보자.

1) Person: 문제의 당사자(client)와 역할갈등 개념

여기서 'Person'이란 사회적 · 감정적 생활의 어떤 면에서 원조받을 필요를 자인하거나 혹은 원조받을 필요가 발견되는 사람들을 일컫는다. 왜 도움을 받으려는가? 그것은 문제를 지녔기 때문이다. 이 문제의 당사자인 client는 "일반적으로 중요한 역할 중의 어떤 것을 수행하는 데 곤란을 겪고 있는 사람"(Leonard, 1974: 35)이라고 할 수 있다. 역할수행상의 문제는 사람(Person)의 퍼스낼리티에 밀접하게 관련되어 있다.[3)]

따라서 우리는 역할수행과 퍼스낼리티를 관련지으면서 'Person'의 유형을 다음과 같이 분류해 볼 수 있다.

첫째의 유형은 어떤 사회적 지위에서 맡은 역할이 그의 퍼스낼리티에 부적절하기 때문에 나타난다. 즉 역할과 퍼스낼리티 사이의 갈등에서 나타나는 유형이다. 예를 들면 공격적이고 지배적인 퍼스낼리티를 가진 어떤 부인은 가정 속에서의 종속적 역할을 맡는 것에 곤란함을 느낄 것이며, 불안하고 온화한 성품을 지닌 어떤 남자는 가부장적 가정 내에서 결정자의 역할을 수행함에서 긴장을 경험하게 될 것이다.

둘째의 유형은 역할갈등이 퍼스낼리티에 중대한 영향을 줌으로써 나타나는 유형이다. 역할갈등을 경험하는 사람들이 그 갈등을 인식한다면, 즉 역할갈등을 내면화한다면 그 갈등은 당사자에게 심리적 문제를 야기할 것이며 그의 모든 행동의 측면에 관련될 것이다.

---

3) Parsons도 역할갈등이 퍼스낼리티가 상호작용체계와의 조화있는 통합을 이루지 못하는 상황으로 본 바 있다 (Parsons, 1951: 282 참조).

셋째는 사람들이 어떤 역할을 박탈당함으로써 나타나는 유형이다. 모든 역할은 행위를 조직화하는 것이지만 어떤 역할들은 퍼스낼리티의 통합에 족할 만큼 중요한 것이다. 역할들은 개인 자아개념의 요소가 된다. 사람들은 특별한 역할의 관점에서 세상을 바라보며, 그 역할이 퍼스낼리티의 통합에 중요한 요인으로 작용할 경우는 그 역할의 박탈로 안하여 퍼스낼리티의 분열을 초래할 것이라는 예상을 할 수 있다. 아마도 사람들은 역할기대와 퍼스낼리티의 부조화로 인하여 문제의 'Person'이 될 가능성이 충분히 있다고 하겠다.

2) Problem: '문제'와 역할갈등

'문제'는 어떤 욕구장애, 욕구불만 또는 부적응 등에서, 때로는 이러한 모든 것이 얽힌 상황에서 일어난다. 그리고 그것은 client가 갖는 문제로서 사회사업종사자와 client의 관계에서 해결코자 하는 문제이다.

역할개념의 차원에서 보면 어떤 사람이 문제를 갖게 되는 것은 역할갈등에 잘 대처할 수 없기 때문이라고 할 수 있다. Maas(1958: 52)는 "역할관계의 재조직 및 사회적 역할기능의 재배분이 있어야 할 때 이런 상황은 잠재적으로 긴장의 상황이다."라고 하면서 역할개념을 긴장의 상황을 논의함에 있어서 참고가 되는 개념 중의 하나로 들고 있다.[4] 결국 개별사회사업에 있어서의 '문제'의 상황은 역할갈등이란 측면에서 파악할 수 있는 것이다. 결론적인 입장은 아니지만 사회과학자들 가운데 정신적 질병, 범죄와 일탈 등이 역할갈등에서 초래될 수 있다고 보는 사람들이 있음은 유의할 만하다고 하겠다.

3) Place: client-worker 관계와 역할갈등 개념

'장소'(Place)는 전문가, 즉 사회사업 종사자가 client를 도와주는 개별사회사업기관을 말한다. 그것은 외형적으로 사회시설 혹은 사회복지기관이지만 내용적으로는 client-worker의 상호관계에서 이루어지는 역할과 역할기대의 조직망이라고 할 수 있다. 사회복지기관은 worker가 client를 돕는 역할을 수행하는 데 있어서 어떤 한계를 정해준다. 즉 기관은 worker에게 일정의 역할기대를 갖고 있다. 이것

4) Maas는 긴장상황에 관련된 개념으로 역할 개념 외에 ego와 적응방식 등 둘을 더 들고 있다.

은 client의 역할기대와 상충될 수도 있다. 그리하여 기관의 역할기대는 어떤 것이 실현될 가능성이 있고 없는지를 결정한다.

그러나 우리는 여기서 'Place'의 내용적 차원인 client-worker 관계에 중심을 두어 역할개념의 의의를 살펴보고자 한다.

client-worker 관계는 client의 역할기대와 worker의 역할수행의 만남을 기본으로 하는 관계이다. 이 관계는 client와 worker 양자가 특정의 사회체제에 적합한 목표와 규범 및 역할에 대한 일반적 범위 내에서 이루어지는 사회적 상호작용의 체제이다. client와 worker의 관계에 있어서 worker는 역할개념을 도입함으로써 client가 client로서의 지위를 받아들이는 데서 야기되는 문제들을 명백히 파악할 수 있는 것이다. 예를 들면 성인인 입원환자의 경우, 환자는 그의 사회적 위치 변화에 따라 역할갈등의 상황에 처하게 되리라는 것, worker의 도움은 환자의 의존적 역할을 더욱 분명히 해주는 것이기 때문에 worker에 대한 거부반응이 나올 가능성이 있다는 것 등을 역할개념을 도입함으로써 분명히 할 수 있다.

client에 대하여 그 역할을 명백히 해주는 일은 역할갈등에 의해서 client에게 나타나는 긴장을 줄이고 client의 환자로서의 역할을 떠맡는다면 참아야 하는 긴장을 확인시켜 주는 데 도움을 주게 될 것이다. 실로 개별사회사업의 원칙들은 client의 역할기대와 그에 따른 worker의 역할수행 방식들을 범주화한 것이라 할 것이다.

4) Process: 개별사회사업 '과정'과 역할개념

'과정'(Process)이란 worker가 client를 도와서 문제를 해결하는 일련의 문제해결 작업단계이다. 개별사회사업의 과정은 일반적으로 초기단계(intake), 진단단계(diagnosis), 치료단계(treatment) 등의 3단계로 나눈다(장인협, 1975: 58). 이들 단계별로 역할개념이 어떻게 도입될 것인지를 살펴보기로 하자.

초기단계에서 worker는 그가 속한 기관의 기능 범위 내에서 자신이 어떤 역할을 수행할 수 있을지를 판단해야 하고, client가 갖는 역할기대들을 그의 문화적·사회적 맥락 속에서 파악해야 할 것이며 client의 문제들을 역할갈등의 차원에서 식별해야 할 것이다.

다음은 진단의 단계인데, 진단이란 "문제의 성질과 그 원인에 지향된 사고과정"을 말한다(Hamilton, 1951: 214). 문제의 발생이 역할갈등의 내면화에 있다고 보면 진단과정에서 우리는 다음과 같은 질문에 대답해야 할 것이다. 즉 어떤 역할들 간에 갈등이 있는가? 그 갈등은 얼마나 심각한가? 갈등의 역동점은 무엇인가? 문제해결을 위한 client의 역할기대는 무엇인가? 등이다.[5)]

특히 역할개념은 가족진단의 중요한 개념 내용이다. 역할개념이 어떻게 가족진단에 도입될 것인지를 보기로 하자(장인협, 1975: 135-136).

가족의 각 구성원은 각자 주어진 역할을 맡고 있는데 그들이 그 역할을 잘 수행할 때 가족집단의 유지와 안녕이 이루어지게 된다. 가족의 기능은 그 가족을 하위체계로 분류하여 고찰할 수 있는데 그 각 하위체계는 역할수행과 역할기대의 짜임새(network)로 이루어져 있다. 이 역할 짜임새에 차질 내지 혼란이 발생할 때 그 가족 혹은 가족원은 문제의 상황에 처해질 것이다. 따라서 문제의 가족 혹은 개인을 진단함에 있어서는 가족 성원들의 역할수행과 기대가 잘 조화를 이루고 있는가를 관찰할 필요가 있는 것이다.

치료의 단계는 문제가 되는 역할갈등을 해결하는 과정이 된다. Spiegel은 역할갈등이 해결될 수 있는 세 가지 방법을 시사해 주고 있다(Leonard, 1936: 49-51).

첫째는 역할유도(role induction)인데 이 방법은 한쪽이 자신의 역할을 변경시키지 않은 채로 상대방으로 하여금 보완적 역할을 하도록 조종하는 것이다.

worker는 이 조종의 기술을 client에게 소개할 수 있을 것이다. 조종에 채택되는 수단으로서는 신체적 처벌이나 직접적 강제, 달래고 거짓말하고 비꼬는 것 등을 들 수 있겠다.

둘째는 역할전도(role reversal)의 방법이다. 이것은 다음 셋째의 역할수정의 첫 단계이다. 자신이 갈등 상대방의 역할을 상상으로 수행하는 입장이 되어보도록 함으로써 client의 갈등 내면화를 완화해 줄 수 있을 것이다.

셋째는 역할수정(role modification)인데 이것은 역할갈등의 당사자들이 새로운 기반 위에서 상호 보완적으로 그들의 역할을 변화시키는 것이다. 이 방법은 역할의 행위수정 가능성을 전제로 하는 것인데 사람들이 변화된 역할을 학습해서 내면화함으로써 가능하다. 여기서 내면화의 과정이 등장한다.

---

5) 장인협(1975: 102-103)에서 제기하는 질문들을 참고할 것.

역할내면화(role internalization)란 역할적응을 말하는데 Spiegel은 이 과정을 구분해 놓지 않은 것으로 보인다. 그러나 역할내면화는 역할수정과 구별되어야 할 것이다. 왜냐하면 역할내면화는 사람들의 지위, 위치의 이동에 따른 새로운 역할의 취득에 크게 관련되는 개념이라고 볼 수 있기 때문이다. 역할수정은 본래의 위치에 관련된 개념이고 역할내면화는 새로운 위치에 관련된 개념으로 보아야 옳은 것이다.

사람들은 역할수정이나 새로운 역할에 익숙해지는 경향이 있으나 익숙해질 때까지는 어떤 긴장상태를 경험할 수 있고 여기에 개별사회사업의 필요성이 있는 것이다.

3. 결론

사람들은 사회조직, 즉 역할과 역할기대의 교호적 조직망 속에서 살고 있다. 현대사회는 사회적 분업화, 지위 분화가 고도화된 사회로서 한 사람이 맡는 역할은 하나일 수가 없으며 독립적일 수도 없다. 따라서 사람들은 많은 역할을 수행하며 많은 역할기대를 지니고 생활하는 가운데 언제, 어떻게 역할갈등 상황에 처하게 될지 모른다.

그 역할갈등이 내면화될 때 문제의 상황은 심각해지는 것이며 이 상황에 적절하게 적응하지 못하면 정서적·사회적, 때로는 신체적 부적응의 상황에 이르게 되는 것이고, 이러한 문제의 상황에 처한 당사자를 도와주는 사회적 노력이 사회복지 방법의 하나인 개별사회사업인 것이다.

개별사회사업은 역할개념과 밀접히 관련되어 있는바 이를 우리는 개별사회사업의 기본 요소인 4P를 중심으로 논의하였다. 이제 우리는 "역할개념이 개별사회사업 방법을 사용하는 사회기관의 조직을 이해하고 이 기관 내에서의 개별사회사업 방법의 실천을 이해하도록 우리들을 도와준다."(Maas, 1958: 53)는 사실을 알게 되었다.

특히 역할개념은 문제가족의 진단 및 치료에 더욱 유력한 개념인 것으로 보인다. 왜냐하면 이제까지 사회학자들이 발전시킨 역할개념에 대한 분석은 대체적으로 소규모의 사회조직에 집중되어 왔으며(Turner, 1978: 351) 소규모 사회조직으로서 대표적인 것이 가족이기 때문이다.

참 / 고 / 문 / 헌

김경동(1978), 『현대의 사회학』, 박영사.

오인환 · George Won · 이상희(1974), "역할개념(Role Concept)에 관한 연구," 『한국사회학』, 9집, 한국사회학회.

장인협(1975), 『Casework의 이론과 실제』, 남산당.

Gross, Neal, Alexander W. McEachern, & Ward S. Mason(1966), "Role Conflict and Its Resolution", Bruce J. Biddle, & Edwin J. Thomas(eds.), *Role Theory*, Wiley.

Hamilton, Goldon(1951), *Social Casework,* 2nd ed., Columbia Univ. Pr.

Leonard, Peter(1974), 『사회사업과 사회학』, 장인협 · 김융일 옮김, 수문사(원제 *Sociology in Social Work*).

Lington, Ralph.(1936), *The Study of Man*, Applton-Century-Crofts, Inc.

Maas, Henry S.(1958), "Social Casework", Walter A. Friedlander(ed.), *Social Work*, Prentice-Hall.

Merton, Robert K.(1957), *Social Theory and Social Structure*, Free Press.

Parsons, Talcott(1951), *The Social System*, Free Press.

Prichard, Keith W.(1973), *Concepts and Theory in Sociology of Education*, Professional Educators Pub.

Turner, Jonathan H.(1972), *Patterns of Social Organization*, McGraw-Hill.

__________________(1978), *The Structure of Sociological Theory*, Homewood, IL: The Dorsey Press.

CHAPTER

지방분권화 정책과 사회복지의 미래 07

1. 서론

우리나라의 지방자치는 1949년「지방자치법」의 제정으로 1952년부터 9년간 실시되다가 중단된 후 다시 1988년「지방자치법」이 전면 개정, 그 효력이 발생하면서 1991년 지방의회가 구성되고 이어 1995년 지방자치단체의 장이 선출되어 전면적인 실시를 보게 되었다.

그러나 기본적으로는 중앙집권적 통치 질서 속에서 지방자치는 그 명분에도 불구하고 제한적인 수준에 머물고 있었다. 참여정부의 정부혁신지방분권위원회는 "중앙정부의 권한이 과다하고(2002년 기준 국가사무가 73%, 기관위임사무 3%, 지방사무 24%), 지방재정 구조가 과도하게 중앙정부 의존적이고(국세 대 지방세의 비율이 80:20이며, 전체 지방자치단체의 61%인 151개 자치단체가 지방세로 인건비 해결도 곤란한 상태), 따라서 지방자치제의 도입에도 불구하고 자치권의 신장은 미약하며, 지방정부의 자치역량과 권한의 부족으로 지역문제에 대한 대응능력이 빈약하다."(김종해, 2004: 18)고 평가하고 있다.

이제 참여정부가 들어서면서 지방분권이 그 주요 국정과제 중의 하나로 채택되어 지방화의 시대에 걸맞은 지방분권적 지방자치제의 강화를 기대해 볼 수 있게 되었다. "참여정부는 지방분권을 통해 지역사회를 혁신(주민의 자발적 참여와 연대)하고, 지방정부를 혁신(자치역량강화와 책임성의 확보)하고, 중앙정부는 전국적 과제 해결에 그 역량을 집중(중앙정부 혁신)한다"(김종해, 2004: 19)는 국가재구조화의 3대 혁신을 통한 분권형 선진국가의 비전을 제시하고 2007년까지 그 완성을 목표로 하고 있다.[1)]

---

1) 김용익(2004: 3-4) 참조.

이에 따라 "중앙정부의 권한 중 상당 부분이 지방정부로 이양될 것이며, 특히 사회복지서비스는 대부분 지방정부로 이양될 것으로 예상된다."(김종해, 2004: 19)

참여정부는 제1차 사회보장5개년계획(1999~2003)에 이은 제2차 사회보장발전5개년계획(2004~2008)을 수립, '참여복지5개년계획'으로 명명하고 있는데 그 계획은 우리나라 사회복지의 여건전망으로 '지방분권의 강화'를 들고 있다.[2] 부연하면 참여정부는 지방분권화를 강력히 추진하고 있으며, 지역별로 특성화된 복지대책의 수립과 시행이 요청될 것이라 하고 지방정부의 재량과 자율성을 보장하면서 중앙정부와 지방정부 간의 긴밀한 협조와 의견조정이 원활하게 이루어질 수 있는 복지전달체계의 구축이 필요하다고 밝히고 있다(참여복지기획단, 2004: 7).

나아가서 참여복지5개년계획은 국민의 복지정책과정 참여의 보장과 지방정부의 복지서비스 역할 강화 등을 전망하고 있다(윤찬영, 2004). 그리고 참여정부의 12대 국정과제 중 하나가 '지방분권과 국가 균형발전'이다.

이러한 배경 속에서 이 글은 앞으로 전개되는 지방분권화의 의미를 짚어보고 이 지방분권화정책의 불가피성을 오늘의 시대상황 변화에 결부해 보면서, 이런 추세가 사회복지에 어떻게 작용할 것인가에 초점을 맞추어 사회복지의 미래를 가늠해 보고자 한다.

2. 지방분권의 의미

참여정부가 제시하는 지방분권의 이유는 셋이다(남진열, 2004: 39).

첫째, 시민이 주인이 되는 공동체의 구축

둘째, 정보 왜곡현상 방지. 정보의 왜곡현상은 중앙집권적 권위조직일수록 더 심하게 나타난다는 것

셋째, 올바른 국가개혁의 달성. 하향식 개혁은 성공할 수 없고, 지방자치단체 스스로가 다른 지방자치단체와의 경쟁을 통해서 아이디어를 내고 개혁주체가 되어야 한다는 것

2) 그 외 여건전망으로 들고 있는 것을 보면 경제의 지속적 성장과 빈부격차의 확대, 인구고령화의 급속한 진전, 개인중시 가치관의 확산과 새로운 복지수요 증가, 세계화의 진전과 고용불안의 증대, 정보화의 가속과 정보격차의 심화 등이 있다.

지방분권의 논리에서 보면(이인재, 2004: 17) 중앙정부의 행 · 재정적 과부하의 해결과 동시에 지방의 주체적 역량강화를 지향하고 있다. 지방분권에 따른 복지분야 국고보조금제도의 변화는 사회복지 현장, 즉 지방주체의 적극적 대응을 요구하고 있다. 지역사회복지 전달체계에서도 사회복지사무소의 개설, 지역복지협의체 제도의 도입 등 앞으로 2년 내에 적지 않은 변화가 일어나게 될 것이다.

지방자치제 도입 이전의 지역복지는 중앙정부의 복지정책을 지역차원에서 적용하는 단순한 전달체계로서의 역할에 한정하였다. '선성장후분배'의 정책기조는 복지문제를 언제나 후순위로 고려했으며 이런 기조는 지역차원에서도 그대로 적용되었다. 더구나 지역주민들의 욕구를 고려하거나 주민들의 주체적 참여를 반영하는 경우가 거의 없었다.

그러던 것이 1990년대 중반 지방자치제도의 정착과 더불어 지방자치단체 차원의 사회복지계획안을 마련하는 사례가 늘어나고 있으며, 그 필요성에 대해 공감대가 확산되고 있다. 2001년부터 2002년까지 보건복지부에서는 '지역복지협의체 시범사업'을 통해 15개 시 · 군 · 구에서 지역사회복지계획을 수립하도록 한 바 있으며 2003년 6월 「사회복지사업법」 개정에 따라 2005년 9월부터는 지역사회복지협의체의 구성과 지역복지계획 수립이 법제화되었다. 여기에 더하여 2003년 참여정부는 정부혁신/지역분권위원회를 중심으로 지방분권화에 대한 로드맵을 발표하고 관련입법을 추진하는 등 실질적인 지방분권의 정책의지를 추진하고 있다. 지방분권화의 일환으로서 재정분권정책을 추진하고 있으며, 이로 인해 사회복지재정의 큰 특징 중 하나인 중앙의 국가보조금제도는 크게 변화하게 된다.

이러한 지방분권화 정책은 보조금 관리 정책의 정비, 지방정부의 재정에 대한 자율성 신장, 지역 현실에 맞는 사회복지계획의 수립, 그리고 지역주민 및 지역 NGO의 복지정책 수립과정에의 참여기회 확대 등의 긍정적 영향을 가져오게 될 것이다.

여기서 지방분권의 지역복지에 대한 영향에 대하여 살펴보면(김종해, 2004: 22-23) 서로 상반하는 두 관점이 존재한다. 우선 지방분권이 복지분권으로 이어지면서 지방정부의 재량권이 넓어진다는 점과 관련해서는, 긍정적인 관점으로 지방정부가 지역주민들의 실제적 욕구에 기반한 복지정책을 폄으로써 현장복지 실현에 도움을 준다는 주장이 있는가 하면 지방정부는 그 속성상 지역의 경제개발에 정책의 우선순위를 두기 때문에 복지정책은 상대적으로 소홀하게 된다는 부정적인 견해도 있다.

한편 지방정부의 의지에 따라 지방의 특수성에 부응하여 다양한 독자적 사회복지발전계획의 수립과 복지정책을 실시하게 된다는 긍정론이 있는가 하면 지방정부의 재정력의 차이는 지역 간 복지수준의 차이를 가져와 지역 간 복지불평등이라는 국가적 차원의 문제가 생길 수 있다는 주장도 있다.[3)]

지방자치와 지방정부의 복지예산에 관한 한 연구(김수완, 1998)는 지방정부의 재정력의 확보를 위한 경제성장 정책 때문에 지방정부의 복지지출 비율은 감소하였으며, 경제개발비중이 높아질수록 복지비중은 낮아지는 것으로 나타났다. 또한 국고보조금의 비율이 높으면 복지지출 비율이 높아지는 것으로 나타나서 결국 지방정부의 복지사업은 중앙정부의 국고보조금에 의존하고 있다는 점을 반영하는 것이다. 경제개발에의 욕구가 큰 지방자치단체에서는 더욱 지역경제개발에 비중을 두기 때문에 지역복지지출의 비중은 줄어드는 것으로 나타났다. 지역복지욕구나 지방자치의 정치적 요인이 지역복지 지출의 확대에 아무런 영향을 미치지 못한다는 연구도 있다(강윤호, 2000). 한편 지방자치제도 실시 후 지방정부가 부담하는 복지 예산의 비율과 사회복지시설의 변화라는 두 가지 차원에서 지역적 불평등이 심화되고 있다는 주장(조영훈, 2001)도 있다.

중요한 것은 지방분권이 사회복지에 미치는 영향이 긍 · 부정에도 불구하고 그것은 현재 시점에서는 불가피한 시대적 명제로 받아들여야 할 것이라는 점이다. 이 글도 그래서 의미가 있다고 생각한다.

3. 복지분권

복지분권은 복지의 지방분권이요 사회복지서비스의 분권화이다. 중앙지배적 복지질서가 지방분권적 복지질서로 바뀌는 것이다.

지방분권의 사회복지학적 의미는 복지분권이고, 복지분권은 사회복지 실천의 내실화와 효율화를 기하는 방향이며 복지국가의 위기를 극복하는 길이 되기도 한다는 데 있다.

3) 긍정적 견해에 대해서는 김연명(1995)을, 부정적 관점에 관련해서는 이인재(1996)를 참조할 것. 지역복지 감소론의 이론적 근거에 대해서는 김홍식(1994)을 참조할 것.

복지를 '현장복지'라 하여 복지실천의 현장성을 강조하게 되거니와 그것은 사회복지는 실천이요 그 실천이 효과적이기 위해서는 현장의 특수성을 감안하지 않으면 안 된다는 논리인 것이다.

복지분권을 통하여 중앙정부의 복지의 책임과 권한을 지방정부로 이양함으로써 복지국가의 위기의 국면을 해소하는 방법을 찾으려는 것인데 복지국가의 위기의 한 측면인 국가재정의 과부하로부터 탈피하고 중앙집권적, 위계적 복지전달체계의 관료제적 비효율성을 시정해 보려는 시도라고 생각한다. 물론 결과적으로 복지분권은 지역사회의 특수성을 감안함으로써 보다 나은 지역사회복지를 구현할 수 있다는 대전제인 것이다.

지역사회는 다른 지역사회와 차별되는 특징적 복지욕구를 가지고 있는 것이고 이런 복지욕구의 해결을 위해서는 그 지역사회의 차별화된 복지프로그램이 필요한 것이다. 지역사회가 부존하는 복지자원은 그 지역사회의 자발적인 주민참여를 통하여 최대한 동원할 가능성이 크고 이는 정부의 재정과부하를 보완적으로 해결해 주는 길이기도 하다.

복지전달체계의 중앙집권적 위계체계에서 오는 관료제적 비효율성의 문제도 지역사회단위의 수평적 파트너십의 복지전달체계를 구축함으로써 완화되고 복지국가 위기의 한 측면인 복지서비스의 비효율의 문제를 해결하는 실마리를 찾을 수 있을 것이다.

다만 이러한 복지분권의 이점을 살리기 위해서는 지역사회복지 주체들의 노력을 연계하고 조직화하는 지역사회복지체계를 복지거버넌스의 개념에 입각하여 구축하고 복지의 수요와 공급을 효율적으로 연결해 주는 지역사회복지정보센터 기능의 도입과 강화가 필요하며 주민이 복지 수요자로서 그리고 복지공급자로서 적극적으로 참여하는 것이 필요하다.

지역복지사무의 경우, 1994년에 개정된 「지방자치법」(9조 2항 2호 참조)에서 주민복지에 관한 사업, 사회복지시설의 설치·운영 및 관리, 생활곤궁자의 보호 및 지원, 노인·아동·심신장애자·청소년 및 부녀의 보호와 복지증진 등 10개의 '주민의 복지증진에 관한 사무'를 지방자치단체의 사무로 규정하고 있으나 대부분의 사회복지서비스는 개별법과 중앙정부의 사업지침, 보조금의 성격으로 인해 실제로는 위임사무처럼 운영되어 왔다(김종해, 2004: 20).

그러나 사회복지가 성격상 현장복지로서, 실천 중심의 복지라는 점을 감안하면 복지업무에 대한 권한과 권능의 지방 이양을 지방분권의 최우선 순위에 두어야할 것이다. 이를 복지분권의 실현이라고 할 수 있을 터이다. 복지가 그 실천 현장이 지방이라는 점에서 가장 '지방적'이고, 시대의 변화에 따라 복지 욕구가 점점 다양해지고 있으며, '복지국가의 위기'상황은 복지업무 비효율성과 복지재정의 과부하에서 온다는 점 등을 감안하면 복지분권은 피할 수 없는 시대정신이라 할 만하다.

복지분권의 내용으로는 크게 두 가지를 들 수 있을 것인즉, 하나는 복지재정의 지방이관이요 다른 하나는 복지서비스 전달체계의 지방화, 전문화이다.

복지재정의 지방이관은 국가보조사업 및 국가보조금의 합리적 이양[4]으로 지방복지재정의 확충과 복지서비스의 효과를 극대화하게 될 것이고, 복지서비스 전달체계의 이양은 현장 중심적 전달체계를 구축 · 정비함으로써[5] 현행 중앙중심 서비스 전달체계의 문제점을 시정하고 급변하는 복지수요에 대응하여 종래 전달체계의 비효율성과 비전문성을 탈피해 나가게 될 것이다.

복지전달체계에 관련해서 보면, 지금까지는 공공 · 민간 복지기관 간 정보 공유와 연계 · 협력체계가 구축되지 않아 개별적으로 대응함으로써 복지서비스의 중복 · 누락이 발생하고, 관련 부처의 분산에 따른 서비스 제공체계가 미비하고, 복지 최전선 현장의 사회복지공무원의 행정업무 과부담에 따라 복지서비스 수요자에 대한 전문적 서비스 제공이 곤란한 점이 있었다(김용익, 2004: 6).

이에 정부에서는 사회복지사무소 시범사업을 통하여 지역유형별로 다양한 모형의 사회복지사무소를 운영함으로써 지역 특성에 적합한 사무소 운영 모델을 제시하려 시도하고 있는데 이는 "기존의 공공부조 및 복지서비스를 보다 내실화하고, 민간의 연계 · 협력을 확대하여 지역사회복지의 중심이 되도록 하는 것이다."(김용익, 2004: 7)

시 · 군 · 구에 복지전담 행정조직인 '사회(보건)복지사무소'를 두고, 지역복지계획을 수립토록 하며(김용익, 2004: 7), 읍 · 면 · 동 단위의 '주민자치센터'를 주민의 일상생활 편의를 위한 서비스센터로 개편하는 안도 제시되고 있다.[6]

---

4) 이에 대한 논의는 김용익(2004: 4-5)을 참조할 것.
5) 이에 대한 논의는 김용익(2004: 6)을 참조할 것,
6) 변재관(2000)을 참조할 것. 이 글에서는 김용익(2004: 9)에서 재인용함.

복지재정분권에 관련해서 보면, 종래 국고보조금의 큰 비중과 특정 목적사업을 지정함으로써 중앙정부의 지방정부에 대한 통제 수단이 되어 지방재정의 자율성을 저해하였다(김용익, 2004: 4).

국고보조는 지방자치단체의 재정력의 차이를 조정할 목적보다는 특정사업의 장려를 목적으로 하고 있다. 여기서 국고보조금의 문제가 발생하는데 그것은 지역 간 재정력의 불균형을 조정하는 작용을 하는 것이 아니라는 점, 만일 보조금의 유무에 따라 지방행정의 우선도가 결정된다면 긴급한 사업이라 할지라도 보조가 없다는 이유 때문에 등한히 하는 경우가 발생할 수도 있다는 점, 국가보조는 지방자치단체의 재정부담을 경감시키는 효과는 있지만 그 반면에 재정상 중앙의 통제를 강화시킬 수도 있기 때문에 국고보조에 의한 재정조정의 규모는 가급적 작아야 할 것이다.

복지분권은 보건복지 보조금의 분권적 정비, 복지정책의 자율성 제고, 지역실정에 맞는 복지계획의 수립, 지역시민사회의 복지분야 참여 확대 등을 가져옴으로써 사회복지 서비스의 수준을 높일 수 있으나 중앙정부의 재분배정책의 개입여지가 축소될 가능성, 지방자치단체의 복지예산 확대 회피 기회 제공, 지역 간의 복지격차 및 불평등이 심화될 가능성 등이 존재한다(김용익, 2004: 11).

4. 복지분권의 문제점과 과제

복지분권(복지분야 지방분권화)은 가야 할 방향이긴 하나 적지 않은 문제점과 해결해야 할 과제들이 산적해 있다. 이제 선택적으로 그 몇 가지를 거론해 보려 한다.

우선 지방분권화 논의의 과정에 관련한 문제점이다(이인재, 2004: 18).

첫째, 주민주체의 측면에서 보면, 그 논의의 과정에 지방의 참여가 저조한 점, 같은 맥락에서 복지분야의 국고보조금 제도의 변화를 논의하면서 지방정부, 복지전문가 그리고 복지현장의 목소리를 별로 고려하지 않은 점은 문제이다. 실제적으로 지방분권을 실천할 다양한 주체들의 참여와 공개적인 논의가 보장되어야 한다.

둘째, 국가의 복지재정에 대한 책임성을 담보하지 못한 복지재정의 지방분권화의 논의는 중앙정부의 복지예산 확충에 대한 걸림돌이 될 가능성이 높다. 따라서 복지재정에 대한 중앙정부의 책임성을 보장할 수 있는 장치가 필요하다.

셋째, 지방정부를 비롯한 지역의 능력과 수준을 고려하지 않은 채 동시에 일괄적으로 진행되는 지방분권정책에 대한 우려가 있다. 지방분권의 핵심은 정책과 관련된 제 주체들의 참여에 의한 지역 거버넌스의 실천에 있다. 지방정부는 물론 지역시민단체, 지역복지조직체의 능력과 수준에 문제가 있을 경우 지방분권정책은 결코 성공할 수 없다. 특정 시점을 정해 두고 일괄적으로 사업을 수행하기보다는 시범사업을 거쳐 목표달성을 위한 일정한 경로와 모델의 설정이 반드시 선행되어야 할 것이다.

다음은 분권화의 결과에 대한 우려가 있다는 것이다(김용익, 2004: 9-10).

첫째, 지방의 역량이다. 조직 및 인력의 제한, 사업프로그램 구성의 역량 부족 등

둘째, 지방 간의 격차이다. 지역 간 복지 불평등의 확산 혹은 양산

셋째, 복지욕구와 복지자원 간의 불균형이다. 복지욕구의 지방성에 비해 그 자원의 지역 간 · 계층 간 · 집단 간 형평성의 유지와 재분배는 중앙성이 강하다는 점 때문이다.

넷째, 지방정부의 복지확충에 대한 의지부족이다. 경험적으로 지방정부는 지역경제 발전에 우선순위를 두는 경향이 있다. 지방정부가 지역경제 발전에 우선순위를 두는 경향이 있다는 점 때문에 확대된 지방재정과 자율화된 지방권력에 비례해서 지역복지가 확대될지는 미지수이다.

복지분권화와 관련하여, 복지현장에서 주체적으로 해결해야 할 과제들이 있는데 이는 다음과 같다.[7]

첫째, 사회복지 차원의 능동적 논리개발과 참여가 필요하다. 저출산, 고령화, 근로현장의 불안 등 사회경제적 차원의 변화에 대응하는 주체적인 전략의 마련도 필요하다. 사회복지계에서 능동적으로 여러 변화에 대응하는 제도 개선안을 주도적으로 마련하여야 할 것이다.

둘째, 지역사회차원에서 사회복지의 사회적 책임성을 고양해야 한다. 사회복지 실현을 위해 시민사회의 여러 영역과 연계 · 연대활동을 벌여나갈 필요가 있다. 지방분권의 흐름은 지역차원의 생활정치 차원을 한 단계 높일 것이며, 그런 의미에서 사회복지계는 지역사회의 공공영역 및 민간영역에 적극적으로 참여하고 주도적인 역할을 해야 할 것이다.

7) 이인재(2004: 18-19) 참조.

셋째, 정부의 정책결정이 일방적 관주도에서 정책의 이해 당사자는 물론이고 시민사회의 참여에 기반한 정책으로 방향전환이 이루어지고 있는데 이러한 방향에 맞추어 사회복지계의 참여가 요구되고 있다. 이러한 정책의 변화는 개별 사회복지 실천 현장의 목소리를 적극 반영하는 계기가 되는 것이다. 실천 현장의 정책결정과 집행과정에 복지서비스 이용자는 물론이고 일선에서 복지서비스 제공을 책임지고 있는 일선 복지실천가들의 주체적 참여가 보장되어야 할 것이다. 이것은 복지현장의 '당사주의'의 실천이며 이는 지방분권적 복지, 복지분권체계의 구현에 중요한 계기를 제공할 것이다.

다음으로 중요한 과제는 지역주민의 지역복지 참여를 조직화하고 활성화하는 문제이다. 이를 위해 다음과 같은 노력들이 있어야 할 것으로 지적되고 있다(김종해, 2004: 27-31).

첫째, 지역복지 거버넌스의 구축이다. 지역주민은 복지의 수요자요 공급자일 뿐만 아니라 정책결정의 주체로서 지역복지 정책의 방향이나 내용을 결정하는 데 참여함으로써 복지민주주의를 실현하게 된다. 이는 정책결정이 소수 권력자로부터 주민으로의 이동인 것이며 권력 재분배라는 의미도 갖는다. 그 방안으로 제시되는 것이 지역복지 거버넌스(Local Welfare Governance)이다. 지역복지 거버넌스는 지역복지에 관련하여 지방정부와 시장(기업)과 시민사회가 수평적 다차원적 관계 속에서 공동결정하고 협력적으로 정책을 수행해 나간다는 아이디어인 것이다. 그 예로 예산 편성 시 예산참여시민위원회를 구성하여 관여하는 '주민참여 예산제'(광주광역시 북구의 사례), 이해관계가 대립되는 민원에 대해 주민들이 참여하여 결정하는 '민원공개법정'(경남 남해군의 사례), 환경분야에서의 리우환경회의 '어젠다 21'을 지역차원에서 실현해 보려는 '지역 어젠다 21' 등을 들 수 있을 것이다.

「사회복지사업법」(제7조의 2)에 의해 사회복지 · 보건의료 관련 기관 · 단체가 제공하는 사회복지서비스 및 보건의료서비스의 연계 · 협력을 강화하기 위하여 시 · 군 · 구(자치구)에 두게 되어 있는 지역사회복지협의체의 구성은 이런 지역복지 거버넌스를 정립하는 계기가 될 것이다.

둘째, 지역사회복지조직의 활성화이다. 즉 지역복지 실천주체들의 조직화가 필요하다. 지역사회의 다양한 복지욕구와 그 욕구해결에 투입되는 복지자원에 대한 정보를 제공하고 문제 제기와 그 대안을 제시하여 이를 복지정책에 반영하기 위해서는 개별적 복지기관들의 노력뿐 아니라 이들 개별기관들의 복지서비스활동들을 연계 · 조직화하고 복지서비스 활동을 조정하고 대변할 수 있도록 지역사회차원의 사회복지 연합조직, 간집단 조직(Inter-Group)이 조직 · 활성화될 필요가 있다. 사회복지협의회, 지역사회복지관, 지역사회 공동모금회, 각 부문별 연합조직들은 그런 조직의 성격을 갖는다. 복지현장의 최일선에서 일하는 복지서비스 실무자들의 조직화도 필요하다. 사회복지사협회는 그 대표적인 예가 된다.

셋째, 지역사회운동의 조직화이다. 지역사회복지부문에의 주민참여와 지역복지 거버넌스를 구축하기 위해서 지역의 시민사회단체의 참여가 필요하다. 지역사회복지활동의 활성화를 위하여 필수적이다. 이는 그 활동의 정당성을 확보하는 길이기도 하다. 그러므로 복지운동은 시민단체와의 연대하에 전개할 필요도 있다.

넷째, 지역주민의 조직화와 참여이다. 복지분권은 지역주민의 참여를 통하여 그 목적을 달성할 수 있다. 이때 사회복지실천의 한 방법인 지역사회조직(Community Organization)은 유용한 기법이 된다. 지역사회의 복지욕구를 그 지역사회의 자원을 동원하여 충족시켜 주는 이 방법에 있어서 지역사회주민은 복지수요자인 동시에 복지자원 공급자가 되어 지역복지 구현에 참여할 뿐 아니라 조직화함으로써 정책결정과정 참여자로서 역할하게 되는 것이다. 참다운 복지분권은 지역주민의 참여를 전제로 한다. 주민참여를 위해서는 지역시민사회의 활성화가 필요하다.

복지분권화에 따른 주요 과제에는 이런 것들만 있는 것은 물론 아니다. 한 가지 예를 들면 지역사회복지정보센터의 운영, 활성화 같은 것은 중요한 과제이다. 지역사회복지의 효율적인 실천을 위해서는 지역주민의 복지욕구와 그 해결에 필요한 자원에 대한 정보의 데이터를 집적하여 관리하고 제공하는 역할을 담당할 기구가 필요하다. 지역사회복지정보센터는 그런 역할을 할 수 있어야 할 것이다. 그렇게 함으로써 복지분권 복지다원주의 시대에 부응하여 지역복지서비스를 극대화할 수 있게 되는 것이다.

5. 사회복지의 현장성과 복지분권

사회복지는 이론적 배경보다는 실천적 현장 경험을 바탕으로 하는 전문적 활동영역이다. 그 방법론적 성격도 연역적이기보다 귀납적이다. 말하자면 사회복지는 현장의 특수성이 강하고 추상적 · 보편적 논리가 아니라 구체적 · 특정적 논리가 적용되는 영역이다. 복지는 현장복지이며 현장의 문제 해결이 그 요채이다. 사회복지학의 교육과정에서 '실천론'이나 '실천기술론' 등 실천(방법 및 기법)이 강조되는 것은 이 때문이다.

오늘날 사회복지에 대한 욕구는 다양화되어 양적으로 증대되고 질적으로 심화되고 있다. 중앙집권적 복지시스템으로는 이런 추세에 대응하는 것에 한계가 있다. 국가의 재정적 과부하 때문에도 그렇거니와 현장복지의 문제 해결에 중앙의 획일적인 복지서비스는 더 이상 기여하기 어렵다. 복지다원주의는 그래서 설득력을 얻게 되는 것이고 여기에 지방분권화에 따른 복지분권의 의미는 자못 크다고 하겠다. 앞으로의 사회복지는 복지서비스 현장인 지방 곧 지역사회의 복지 주체가 중심이 되는 지역사회복지의 논리에 그 기반을 두게 될 것이다.

이것은 정부의 공공부조나 복지시설의 복지서비스에 대한 대안이 될 수 있다. 국가부문과 시장부문의 실패를 지역 시민사회부문이 보완하는 잔여적 성격을 갖는다.

지방분권화 시대의 복지분권의 문제를 지역사회복지의 논리에 기초하여 논의해 보려는 이유가 여기에 있다.

지역사회복지는 자립생활이 곤란한 개인이나 가족이 지역에서 자립생활을 할 수 있도록 네트워크를 만들고 필요한 서비스를 종합적으로 제공하는 것이다. 이를 위해 지역사회 자원의 활용, 지역사회복지제도의 확립, 지역사회 주민에 대한 복지교육의 전개 등 제반 노력을 통합적으로 시행함으로써 지역사회 복지 실천을 위한 물리적 · 정신적 환경조성이 필요하다.

지역사회는 국가 전체를 포괄하는 중앙정부와는 달리 지역주민이 욕구를 가까이에서 보다 정확하게 파악하고 민감하게 반응할 수 있는 장이다. 지역사회 단위는 지역주민의 욕구를 충족하기 위하여 민간자원을 개발하고 이러한 서비스를 적절하게 조정 연계하여 활용할 수 있는 단위가 된다. 여기에 사회복지실천 방법으로서의 지역사회조직(Community Organization)이 중요한 의미를 갖는다.

이때 호혜적 지역사회복지체계, LETS(Local Exchange Trading System)의 개념을 도입할 필요가 있다.[8)]

---

8) LETS에 관해서는 감정기(2002) 참고.

이것은 원래 일정 지역사회 내에서만 통용되는 화폐의 사용으로 회원들 사이에 각종 자원을 교환하는 제도이지만 화폐의 성격을 갖는 교환의 매체가 아니더라도 회원들 사이에 서로 필요자원을 교환할 수도 있는 것이다. (예: 우리나라의 품앗이) 이런 LETS개념을 도입하여 지역사회복지체계를 구축한다면 한정된 지역사회 자원을 보다 효율적으로 동원하여 보다 효과적인 지역사회복지서비스를 실천할 수 있을 것이다.

이것은 지역사회 단위로 민주적으로 조직된 비영리적 사업으로서 지역사회의 인적(서비스), 물적 자원을 보다 효율적으로 동원 활용함으로써 지역사회의 자생적인 문제해결의 방식으로 활용될 수 있는 것이다. 또한 지역사회 단위의 네트워크가 이루어져 공동체의 회복을 가져오는 의미도 있다.

지역사회복지 실천에 있어서 반드시 고려해야 할 사항을 정리해 보면 다음과 같다(박태영, 2000: 253-254).

첫째, 주민의 욕구에서 출발해야 한다. 지역사회복지가 획일적인 지침이나 규정에 따라 추진되는 것이 아니라 그 지역의 특성과 주민의 복지욕구에 적합하게 실천되어야 한다.

둘째, 주민의 참여가 반드시 수반되어야 한다. 지역사회주민은 사회복지의 수요자임과 동시에 공급자이다. 지역사회주민은 욕구표출이나 문제제기, 서비스의 이용 복지수요자로서 참여해야 하고 복지서비스 공급자로서 복지관련 위원회에의 참여, 자원봉사활동, 자원제공 등의 참여자가 되어야 한다.

셋째, 지역 내의 관계기관과 영역들 간의 연계 · 협력이 이루어져야 한다. 단위기관이나 한 영역만으로는 다양하고 전문적인 서비스를 요구하는 주민의 욕구를 충족시키는 데 한계가 있는 것이다. 그러므로 관련기관 및 영역 간의 연계, 즉 공적 영역(지방정부)과 민간영역(시민사회) 간의 연계, 이용시설과 생활시설 간의 연계, 공식적 조직과 비공식적 영역 간의 연계, 복지영역과 타 영역(보건, 의료, 교육, 노동, 법률, 문화 등) 간의 연계가 필요하다. 이런 연계를 통하여 복지서비스를 조정하고 제한된 복지자원을 효율적으로 활용할 수 있는 것이다. 이런 역할을 지역사회복지협의체에서 수행해야 할 것이다. 여기에 뉴 거버넌스(New Governance) 개념을 도입할 필요가 있는데 곧 사회복지 거버넌스(복지를 위한 협치)가 그것이다. 사회복지 거버넌스는 국가사회 구성의 세 영역인 정부, 시장, 시민사회 사이의 협력적 파트너십을 형성하여 지역사회가 갖는 복지문제를 보다 바람직스럽게 해결할 수 있다는 아이디어이다.

마지막으로(최일섭 · 류진석, 1997: 158) 지역사회를 있는 그대로 수용하고 그 특성을 개별화해야 한다. 모든 지역사회는 그 나름대로의 지리적 · 역사적 · 문화적 배경을 달리하고 있고 그에 따라 그 복지욕구나 그 욕구 해결방식도 다를 수 있는 것이다. 이런 점에서 지방분권의 의미가 복지분권에서 가장 잘 구현될 수 있는 것이고 여기서 현장복지, 복지실천의 참다운 면모를 찾아볼 수 있는 것이다.

지역사회복지 실천에 있어서 지역사회복지 조직체는 M. G. Ross가 말하는 대로(최일섭 · 류진석, 1997: 160-181) 지역사회 조건에 대한 현장의 불만족(discontent)에 관련하여 만들어져야 한다. 그 불만족은 집약되어 주민들에게 널리 알려질 필요가 있다. 복지 조직체는 주민들로부터 고도의 지지를 받기 위하여 그 목표와 운영방법 및 절차상의 융통성을 가져야 하고, 지역사회가 지니고 있는 현재적 · 잠재적 호의를 동원하여야 한다. 지역사회의 지도자들을 참여시켜야 하며, 지역사회로부터 신망을 얻고 있어야 한다. 또한 지역사회의 어려운 문제들을 해결할 수 있는 능력을 지니고 있어야 하고 안정적이어야 한다.

그동안 제한적으로나마 지역사회복지 실천에 주된 역할을 해온 복지기관으로서 지역사회복지협의회와 사회복지관은 보다 강화된 지역사회복지 네트워크를 구축하고 지역사회의 자립적 서비스 제공의 중심적 역할을 수행할 필요가 있을 것이다.

끝으로 지역사회복지정보센터를 설치 운영할 필요가 있다. 복지수요 측면의 지역사회의 다양한 복지욕구의 존재상황과 그 복지욕구를 충족시키기 위해 필요한 복지공급 측면의 지역사회의 부존자원을 파악하고 이들 정보를 데이터베이스로 구축하여 수요와 공급을 연계시킬 수 있어야 할 것이다. 지역사회복지협의체에서는 이런 노력을 강화해야 한다. 이는 개별화되고 분산된 복지서비스를 조직화하고 조정하는 기초가 되고 보다 발전적인 지역사회복지실천의 계기가 될 것이다.

이렇게 하여 지역사회의 "다양한 복지주체들의 역할과 활동을 점검하고 조직화하여 사회복지체계를 정부 공급자 중심의 중앙복지체계에서 현장 수요자 중심의 지역중심 복지체계로의 구축이 필요하다.

6. 결론: 사회복지의 미래

1970년대에 복지국가의 위기를 맞으며 등장한 복지다원주의가 다시 20세기 말 미국 주도의 신자유주의가 전 세계를 강타하면서 더욱 강화되고 있다. 지방화도 또 하나의 시대변화의 축을 이루고 있다. 이런 추세 속에서 사회복지의 살길은 아마도 복지분권이 아닌가 생각한다. 복지욕구는 다양화하고 질적으로 심화되고 양적으로 확대되고 있음에도 불구하고 정부의 복지재정은 과부화되어 사회가 필요로하는 복지서비스를 중앙집권적으로 실천해 나가는 것이 불가능하게 되었다. 완전고용과 보편적 복지프로그램 및 높은 조세재원을 필요로 하는 전통적 모습의 복지국가는 사라지게 된다.[9]

이런 시대적 배경 속에서 복지분권은 어쩌면 불가피한 선택일는지 모른다.

복지분권은 복지주체의 다양화이며 복지재원의 민간화이고 복지실천의 지방화이며 복지대상의 개별화이다.

복지주체의 면에서 국가를 대신해서 시민사회나 시장이, 중앙을 대신해서 지방이 나서게 된다.

복지재원의 면에서 강압적 조세에서 자발적 모금으로 그 비중이 옮아가게 된다.

복지실천은 사회정책적 차원보다 사회사업적 차원이 강조된다.

복지대상의 측면에서 사회문제 중심의 보편적 대상에서 사회욕구 중심의 개별화 · 차별화된 대상이 중시된다.

복지서비스는 시설 중심에서 복지수요자 중심으로 그 비중이 이동하고, 탈시설화하면서 지역사회보호가 확대된다.

사회복지는 노동복지와 더욱 밀접한 관련을 맺게 된다. 고용안정과 노동연계복지(workfare)는 사회복지의 목표를 달성하는 효과를 갖게 되므로 사회복지에 다름 아니다.

지방자치단체는 복지재정의 압력을 받게 되고 이를 민간재원의 확보를 통해 해결하려는 노력을 기울이게 될 것이다. 이때 기업복지 및 그 재단은 적지 않은 역할을 하게 될 것이다.

---

9) 세계화가 복지국가에 미칠 영향에 대해서는, Mishra(1999) 참조. 이 글에서는 김영모(2002: 433)에서 재인용.

지방자치단체에 복지전담 행정조직인 사회복지사무소가 설립됨으로써 사회복지의 전문화와 내실화를 기할 수 있게 되고 보건과 노동부문 간의 연계가 강화될 것이다.

복지영역에 시장의 논리가 도입될 것이다. 사회사업시설이 민영화되어 영리를 추구하게 되고 복지사업은 복지산업화하게 될 것이다. 경제적 능력이 있는 복지수요자들에게는 더 질 좋은 복지서비스를 제공하게 되고 이는 사회복지의 재정적 비용이 절감되는 효과를 갖는다.

사회복지의 불평등현상이 나타날 것이다. 지역 간 · 계층 간 복지실현 능력이나 의지의 차이 때문이다. 경제적 불평등이 심화, 양극화되면서 국가부문은 공적부조의 방식으로 최하 빈곤층에 대해서 국가최소수준(national minimum)을 공급하게 되지만 부유층은 민간 복지시장을 통하여 능력한계만큼의 복지서비스를 공급받게 될 것이다.

지역주민 참여의 복지서비스가 활성화될 것이다. 시민사회가 성숙하게 되면 사회봉사자의 복지활동이 활성화 · 강화되고 사회복지를 위한 시민운동이 지속적으로 전개될 것이다. 사회복지영역은 조직화되어 하나의 세력(power block)을 형성하여 지역사회 복지정책의 수립과 수행에 영향력을 행사하게 될 것이다.

「사회복지사업법」에 의한 지역사회복지협의체의 구성으로 사회복지 공공영역에 시민사회의 개입이 강화될 것이다. 지역사회단위의 사회복지 중간집단들, 예컨대 지역사회복지협의회, 공동모금회, 사회봉사교환소 등의 역할이 강화되어 사회복지서비스의 민간화와 효율화를 도모하게 될 것이다.

참 / 고 / 문 / 헌

감정기(2002), “호혜적 지역사회보호 네트워크 조성의 가능성 탐색을 위한 기초연구: 장애아동부모의 인식에 대한Q-방법론적 분석을 중심으로”, 『경남지역연구』, 경남대학교 경남지역문제연구원.

강윤호(2000), “지방자치의 실시가 지방정부의 사회복지지출에 미친 영향”, 한국행정학회 2000년 하계학술대회 논문집.

김교성 · 이재완(2000), “지방정부 사회복지비 지출 수준의 결정요인 분석”, 『한국사회복지학』, 4호, 한국사회복지학회.

김수완(1998), “한국지방자치제가 지방정부의 복지예산에 미친 영향에 관한 연구: 1990~1995년 기초자치단체를 중심으로”, 서울대 석사학위논문.

김연명(1995), “지방자치선거와 사회복지부문의 주요 쟁점”, 지식인연대 공개토론 자료집.

김영모(2002), 『지역사회복지학』, 고헌출판부.

김용익(2004), “참여정부의 분권화 정책과 사회복지서비스 정책의 미래”, 2004 한국사회복지학회 추계 학술대회 자료집.

김종해(2004), “지역복지와 주민참여 - 지방분권화의 과제”, 2004 한국사회복지학회 추계 학술대회 자료집.

김홍식(1994), “지방자치와 사회복지행정 체계”, 『사회보장연구』, 10-2, 한국사회보장학회.

남진열(2004), “지방분권화와 공공 · 민간 사회복지기관의 역할 모색”, 서귀포시 장애인종합복지관 개관 5주년 기념 세미나 “지방분권화시대 사회복지전망과 지역복지의 과제 모색” 발표 자료집.

박태영(2000), “지역복지 추진을 위한 사회복지협의회와 사회복지관의 역할,” 『사회복지개발연구』, 6-3.

윤찬영(2004), “참여복지, 너만의 색깔을 보여다오,” 『복지동향』, 67호, 참여연대 사회복지위원회.

이인재(1996), “지방자치시대 중앙정부와 지방정부의 사회복지재정에 관한 연구,” 『한신사회복지연구』, 4호, 한신대학교 사회복지정책연구소.

______(2004), “지방분권 논의와 사회복지 과제,” 『복지동향』, 68호, 참여연대 사회복지위원회.

조영훈(2001), “지방분권화와 복지수준의 지역간 격차: 지방자치제도 도입 이후 서울시와 4대 광역시를 중심으로,” 『사회보장연구』, 17-2, 한국사회보장학회.

참여복지기획단 · 한국보건사회연구원(2004), 『참여복지5개년계획-2004~2008-』.

최일섭 · 류진석(1997), 『지역사회복지론』, 서울대출판부.

Mishra, R.(1999), *Globalization and the Welfare State*, U.K.: Edward Elgar.

CHAPTER 08

노인복지와 사회정책(*草稿)

1. 인구 고령화[1] 추세와 국제적 관심

기원후 인구변동 추세를 보면 BC 1세기에 약 1억 명이던 것이 1500년경 4억 명에 이름으로써 3억 명이 늘어났는데 이렇게 되기까지 1500년이 걸렸던 것이나, 1500~1900년의 400년 동안에는 16억 명이, 그 후 2000년까지 100년 사이에는 40억 명이 늘이나시 61억 명이 되었다. 앞으로 100년 사이에는, 2070년경 90억 명을 피크로 인구 증가세가 둔화되어 2100년경에 84억 명으로 감소됨으로써 약 20억 명 정도의 증가에 그칠 것이라 한다. 대륙별 세계인구 대비 인구비율은 유럽의 경우 현재 10%에서 2100년 6%로 감소하는 반면 아프리카는 현재 13%에서 2100년 22%로 늘어날 것으로 추정하고 있다.[2]

한편 시간이 흐름에 따라 고령화현상이 두드러지게 나타나고 있어서 60세 이상 고령인구가 2000년 현재 5억 7,800만 명으로 전체 인구 대비 10%(유럽의 경우는 20%)에서 2050년 19억 명을 초과하여 전체 인구대비 21%에 이르고, 2100년 34%(유럽의 경우는 45%, 2050년에 35%)로 증가할 것이며, 대륙별로 보면 노인 인구의 53%는 아시아에, 유럽에는 25%, 2050년 세계 노인인구의 61%가 아시아에 거주하게 될 것이라 한다(박광준, 1999).

---

1) 고령화 사회 혹은 고령사회란 65세 이상 고령인구가 일정비율 이상인 상태가 안정적으로 지속되는 사회를 말하는데 그 비율이 14% 이상인 경우 고령사회(aged society)라 하고, 그에 이르는 과정에서 고령화가 진행 중인 사회를 고령화 사회(aging society)라 한다. 그러나 일반적으로는 이 수치에 꼭 구애받지 않고 고령자 인구의 비율이 상대적으로 높아서 사회적인 주목을 받는 단계에 이른 사회를 칭한다. 말하자면 인구의 양적 성장이 아니라 질적 문제를 내포하는 개념이다.

2) 오스트리아 '국제응용시스템연구소' 연구팀이 과학학술지 '네이처'에 발표. 조선일보, 2001년 8월 3일자, 10면.

한국의 경우를 보면, 사람들의 평균수명은 연장되고 있으며(〈표 8-1〉 참조) 인구고령화 추세는 가속화하고 있다(〈표 8-2〉 참조). 65세 이상의 노인인구 비중은 1960년 3.3%에서 1995년 5.9%, 2000년 7%를 넘어서고 있는 것으로 보아 고령화사회에 접어든 것이며, 2022년에는 그 비중이 14%에 이르러 고령사회에 접어들게 된다(〈그림 8-1〉 참조). 22년 만에 고령화사회에서 고령사회로 전환된다. 이는 1994년 고령사회에 이른 일본의 경우 24년, 서양의 경우는 그 기간이 45~100년이 걸렸음을 감안해 보면 그 속도가 빠른 것이다.

〈표 8-1〉 평균수명의 변화

구분 \ 연도별	1960	1970	1980	1990	1995	2000	2020
평균	52.4	63.2	65.8	71.6	73.5	74.9	78.1
남	51.1	59.8	62.7	67.7	69.6	71.0	74.5
여	53.7	66.7	69.1	75.7	77.4	78.6	81.7

자료: 통계청, 『장래인구추계』, 1996.12.

노인문제가 세계적으로 공식 거론된 계기는 1991년 UN총회이다. 여기에서 '노인을 위한 UN원칙'(UN Principles for Older Person)이 채택되었다. 그 제시되는 원칙은 자립(independence), 참여(Participation), 보호(care), 자아실현(self-fulfillment), 존엄성(dignity) 등이다. 이어 이듬해 1992년 UN총회에서는 1999년을 '세계노인의 해'로 정한 바 있다. 이러한 국제적 관심사는 세계 각국의 노인에 대한 사회복지대책을 다시 한 번 점검하는 자극제가 되었다.

이러한 관심 속에서 이 글은 제주지역의 노인문제를 짚어보고 이에 대비하는 사회복지의 정책적 방법으로서 사회복지정책이 어떤 의미를 갖는지를 고찰해 보고자 하는 것이다.

〈표 8-2〉 1960~2030까지의 장래인구 추이 (단위: 천 명, %)

연도	총인구	0~14세(%)	15~64(%)	65+(%)	80+(%)
1960	25,012	10,588(42.3)	14,258(57.0)	726 (2.9)	59(0.2)
1970	32,241	13,709(42.5)	17,540(54.4)	991 (3.1)	101(0.3)
1980	38,124	12,951(34.0)	23,717(62.2)	1,456 (3.8)	178(0.5)
1990	42,869	10,974(25.6)	29,701(69.2)	2,195 (5.1)	302(0.7)
1995	45,093	10,537(23.4)	31,900(70.7)	2,657 (5.9)	382(0.8)
2000	47,275	10,233(21.6)	33,671(71.2)	3,371 (7.1)	480(1.0)
2010	50,618	10,080(19.9)	35,506(70.1)	5,032 (9.9)	803(1.6)
2020	52,358	9,013(17.2)	36,446(69.6)	6,899(13.2)	1,335(2.5)
2030	52,744	8,448(16.0)	34,130(64.7)	10,165(19.3)	1,775(3.4)

자료: 통계청, 『장래인구추계』, 1996.12.

[그림 8-1] 연령별 인구구조의 변화 추이 (단위: %)

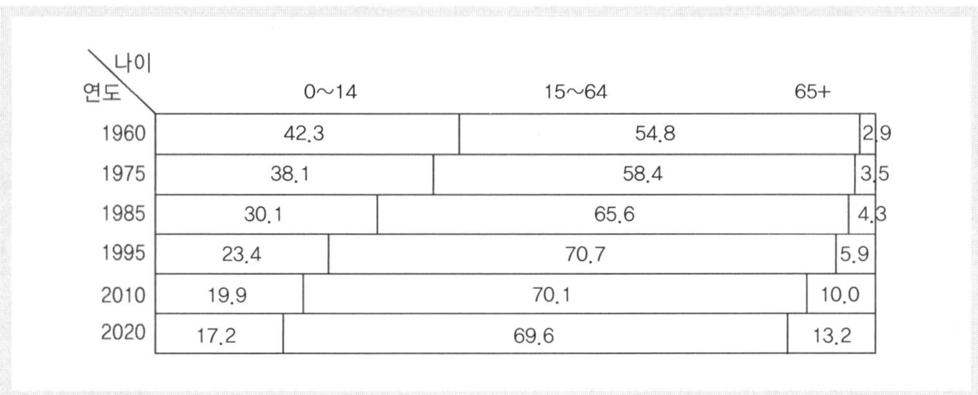

자료: 박광준, 1999, 〈그림1〉.

2. 노인문제의 성격과 함의

사회복지는 대체로 다음 〈그림 8-2〉와 같이 구성된다. 국가(정부)나 민간(단체) 등 복지주체가 자원을 동원하여 이를 복지대상에 연결(공급)하는 활동이다. 이때 중요한 것은 그 활동이 복지대상에 따라 다르게 이루어진다는 점이다.

[그림 8-2] 사회복지의 구성

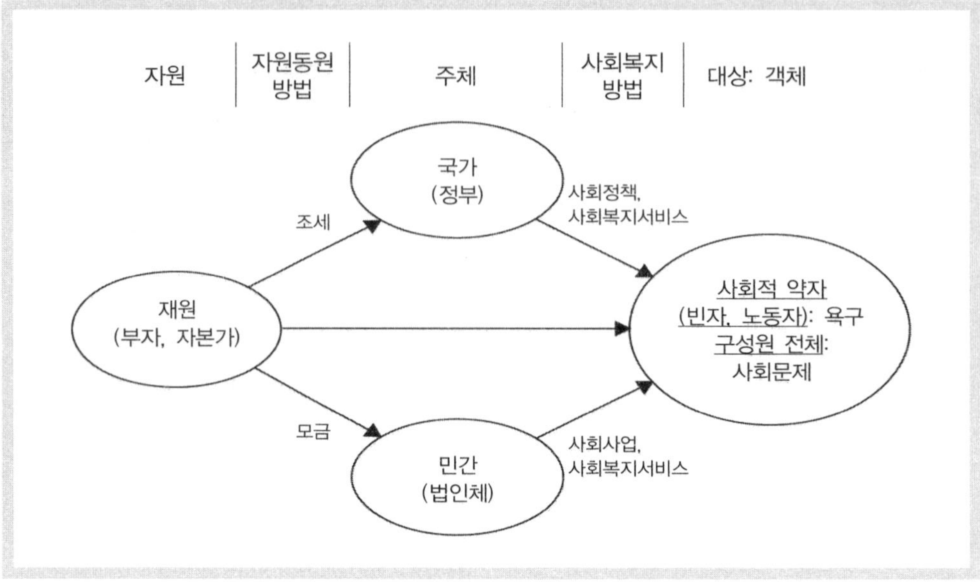

자료: 김영모, 『사회복지학』, 고헌출판부, 2001: 3(수정 · 보완함).

이 글의 주제인 노인복지는 복지의 대상이 노인이라는 점을 말하고 있는데 복지의 대상으로서의 노인문제에 대하여 이가옥은 그 성격을 〈그림 8-3〉에서 보는 바와 같이 정리해 주고 있다(이가옥, 1994: 387).

[그림 8-3] 복지 대상으로서 노인문제의 성격

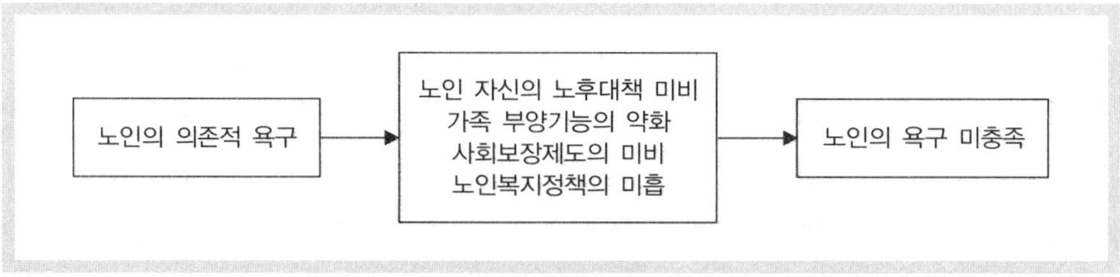

사회복지의 대상은 그 영역이 크게 둘로 나누어지는데 흔히 이슈 혹은 상황을 중심으로 하여 사회적 욕구와 사회문제가 그 하나이고, 사람을 기준으로 해서 욕구나 문제를 갖는 개인 그래서 사회적인 복지서비스를 필요로 하는 개인 혹은 집단이 또 하나의 복지대상 영역이다. 노인은 생물학적으로 혹은 사회적으로 타인의

존적 존재인데 만일 그 의존상태에 적절하게 대비하지 못할 경우 욕구 미충족상태의 노인집단이 발생하고 이 노인집단의 존재는 노인문제로서 사회문제가 되며 이는 노인복지에 대한 정책을 필요로 한다.

노인의 개인적 처지를 4고(苦), 즉 빈곤, 질병, 역할상실, 고독·소외로 표현하기도 하는데 빈곤은 경제문제를, 질병은 건강문제를, 역할상실은 사회적 지위문제를, 고독이나 소외는 심리적 문제를 각각 낳게 되는 근본이 된다.

만일 노인 자신이 노후대책을 잘 강구하였거나, 가족의 부양기능이 잘 유지된다고 하면 노인의 4고(苦)는 사회적인 문제가 되지 않을 수도 있을 것이다. 노인 스스로의 대책마련은 사회제도적인 요인과 밀접한 관련이 있을 것이므로 우리는 노인문제를 논의함에 있어서 우선 가족의 구조와 기능의 변화부터 살펴볼 필요가 있을 것이다.

한편 노인의 존재는 경제활동인구의 부양부담 증가를 의미한다. 2000년에 10인의 생산연령인구가 1인의 노인을, 2020년에는 5인의 생산연령인구가 1인의 노인을 부양해야 한다는 것이다(〈표 8-3〉 참조). 뿐만 아니라 경제제도, 사법제도, 교육제도, 도시계획, 행정시책 등 사회제도 전반에 걸친 변화를 필요로 한다. 자동차면허의 연령 상한선 문제, 가족제도 문제, 고령자의 범죄문제 및 그 처리, 재산권 행사(상속 등)의 문제, 경제력을 갖춘 고령자 소비패턴의 변화에 대응하는 문제(자동차를 이용한 대형할인 매점을 선호함에 따라 나타나는 동내 가게의 소멸은 고령자의 구매행위를 제한한다.), 고령자의 정치세력화를 통한 불만 표출, 고령자를 위한 교통시스템의 개발 등이 그것이다.

〈표 8-3〉 한국의 고령자 부양지수 (단위: %)

지수	내용	1985	1995	2000	2010	2020
고령화지수	$\frac{\text{노인인구}}{\text{총인구}} \times 100$	4.3	5.9	7.1	9.9	13.2
노인인구 부양지수	$\frac{\text{노인인구}}{\text{생산연령인구}} \times 100$	6.5	8.3	10.0	14.2	18.9
총부양지수	$\frac{\text{연소인구+노인인구}}{\text{생산연령인구}} \times 100$	52.5	41.4	40.4	42.6	43.7

자료: 박광준, 1999.

사회정책적인 면에서 연금제도, 의료제도, 노동력인구의 변화에 따른 노동정책 등이 필요한데, 연금제도는 세대 간 재분배의 형평성 문제를, 의료제도는 의료비의 사회적 과부하를 동반하게 된다.

3. 노인문제의 내용과 그 사회정책적 의미

노인문제는 다양한 관점에서 다양하게 거론되고 있지만 그 대표적인 것들을 선택적으로 살펴보면 다음과 같다.

1) 부양부담 증대의 문제

노인부양 부담의 증대는 생산성의 향상, 고령자의 경제활동 참가기회 부여(고령자 중 상대적으로 젊은 층. 청년 노인), 세계화의 추세 속에서 노동시장의 개방으로 인한 외국인 노동력 유입에 대처하는 문제 등을 야기한다.

2) 가족구조 변화의 문제

가족구조에서 보면 고령자를 위한 사회복지서비스 영역에 있어서 가족 및 친지의 활용 가능성이 줄어드는 양상을 보이고 있다(Blieszner, 1994: 50).[3] 즉 가족구성에 있어서 3세대 가족은 감소하고 있고 독거가족은 증가하고 있음은 노인가구가 증가하고 있음을 말해주는 것이다(〈표 8-4〉 참조).[4] 1995년 노인 단독가구는 13.7%, 노인의 약 30%가 노인부부 혹은 독신으로 살아가는 것이다. 한편 가족생활주기에서 보면(〈표 8-5〉 참조) 자녀 수의 감소와 평균수명의 연장으로 자녀결혼 완료 후의 생활은 점점 늘어나서 25년이 된다. 후기 노령자, 즉 초고령자의 수는 계속 증가하고 있는 것이다. 1960년 전체 노인에 대한 비율이 8.1%, 1980년 12.2%, 1990년 13.8%, 2000년 14.2%이고, 2010년 16.0%, 2020년 19.4%로 예상되고 있다.

---

3) 박광준, 1999에서 간접 인용함. 가족과의 동거는 노인의 신체적 · 정서적 및 경제적 보호가 가족에 의해 제공되고 있음을 나타낸다.

4) 1995년 노인 단독가구는 13.7%. 노인의 30%가 노인 부부 혹은 독신으로 살아감.

치매노인이나 기능장애노인도 1995년 현재 각 15만 명에 이르고 있다. 이는 15만 명은 전체 노인의 5.6%에 해당하는 수치이다(박광준, 1999).

이런 현상이 갖는 의미는 노인요양시설 등 노인복지시설과 사회적인 재가복지 서비스에 대한 필요가 증대되고 있음을 말해준다.

〈표 8-4〉 65세 이상 고령자 거주 가구별 분포 (단위: %)

	전체				남자				여자			
	계	65~69	70~79	80+	계	65~69	70~79	80+	계	65~69	70~79	80+
노인가구 거주비율	30.6	30.5	33.8	20.5	26.9	16.0	36.0	31.9	32.8	40.7	32.5	16.2
- 1인가구 거주비율	13.7	13.3	14.9	10.7	5.0	4.3	5.4	5.8	19.0	19.7	20.7	12.5
- 부부가구,[1)] 거주비율	16.4	16.7	18.5	8.6	21.7	11.4	30.3	25.7	13.2	20.5	11.2	2.3
- 기타[2)]	0.5	0.5	0.4	1.2	0.3	0.3	0.2	0.5	0.7	0.6	0.5	1.4
비노인가구,[3)] 거주비율	69.4	69.5	66.2	79.5	73.1	84.0	64.0	68.1	67.2	59.3	67.5	83.8

주: 1) 부부 중 두 사람 모두 65세 이상인 경우.
2) 부부관계 이외의 65세 이상 노인들만 사는 가구.
3) 노인가구 형태가 아닌 기타 다른 형태의 일반가구 노인이 사는 경우.
자료: 통계청, 1995 인구주택 총조사(박광준, 1999, 〈표9〉에서 재인용).

〈표 8-5〉 가족주기 각 단계의 시작 및 종결 당시 부인[1)]의 평균연령 (단위: 세)

결혼 코호트	초혼 연령	첫째아 출산	막내아 출산	자녀 결혼 시작	자녀 결혼 완료	남편 사망	본인 사망
~74	20.8	22.2	27.5	49.9	55.2	64.3	70.3
1975~84	22.7	24.0	27.3	51.7	53.0	65.7	74.3
1985~94	24.1	25.5[2)]	28.2	53.2	55.9	68.9	78.4
1995~97	24.7	25.5[2)]	26.7	53.2	54.4	69.9	79.4

주: 1) 15~49세 초혼 유배우 부인과 사별 부인만을 대상으로 분석함.
2) 1985~'94년 결혼 코호트는 25.46세, 1995년 이후 결혼 코호트는 25.50세임.
자료: 김승권, 「최근 출산행태 및 가족주기 변화에 따른 정책과제」, 『보건복지포럼』, 통권 제18호, 1998. 3(박광준, 1999: 〈표6〉에서 재인용).

3) 노동시장의 성격 변화

① 여성 고용 및 사회활동의 증가

여성의 경제활동 참가율은 매년 증가하여 왔는데 1995년 남성 대비 여성의 참가 비율은 63.1%이다(전통적으로 여성이 며느리나 딸로서 고령자에 대한 주 수발자로서 가족보호의 역할을 담당해 왔다는 점을 생각해 볼 것). 이것은 이를 대신할 수 있는 사회적 보호기능이 확대되어야 함을 의미한다.

② 노인 취업직종의 취약성

노인 취업직종을 보면, 농림어업 56.9%, 단순노무직 18.9%, 서비스 및 판매업 13.1%로 그 종사업종이 생활안정의 측면에서 취약하다.

4) 사회보장의 문제

노후의 생활보장이 문제이다. 거택보호, 시설보호, 자활보호 등의 문제 해결을 위해서는 사회보장비 지출의 과부하가 예상된다.

4고(苦)에 관련지어 생각해 보면, 빈곤에 관련하여 소득보장, 질병에 관련하여 의료보장, 역할상실에 관련하여 역할기회 창출(사회복지 대상으로서의 노인에서 사회적 역할 분담자로), 고독(소외)에 관련하여 사회복지 서비스가 필요하다.

노인층의 빈곤은 주로 소득 상실, 노후생활대책 마련의 미비에서 오는데 그에 대한 사회제도적 장치는 미흡하다.

그 해결책은 소득보장이다.

1994년의 경우(이가옥 등에 의한 조사) 1인 가구 최저생계비 206,000원, 노인 1인 가구는 181,000원으로 생계비의 약 88% 정도에 이른다. 약 44%의 노인이 주로 가족의 부양에 의존하며, 국민연금제도에 의한 급여가 시행되는 2008년 60세 이상 노인 인구의 약 9.6% 정도가 연금을 수급하며 1999년 현재는 1% 정도가 연금을 수급한다. 1998년도 국민연금의 복지예산에 대한 비중은 2%에 불과하며, 2030년에 이르러 그 비중이 50%에 도달하게 된다(일본의 경우 1999년에 이 수준에 이르렀음).

이는 빈곤 노인층의 생활보호를 위한 소득보장 지출의 사회적 부담의 증가를 뜻한다.

노인 질병은 신체적 · 정신적 기능의 저하로 인한 건강의 악화에서 오는 것인데 그 해결책은 의료보장이다.

노인은 비노인층에 비해 질병률이 높기 때문에 의료비 지출이 많다. 이는 후기 고령자(초고령자)층의 증가로 가중되고 있다. 1994년(한국보건사회연구원 조사) 노인인구의 85.9%가 만성질환자이고, 타인의 수발이 필요한 노인은 12.1%가 되며, 노인의 평균 의료비는 전체인구 평균의료비의 약 2배이다. 일본의 경우 일생 동안의 의료비 중 60%는 60세 이후(70세 이후에 46%)에 소요된다고 한다. 이는 고령인구의 증가로 인하여 국민의료비 부담이 증가한다는 것을 뜻한다.

4. 노인복지정책, 그 사회정책적 함의

왜 노인문제를 사회적으로 책임져야 하는가? 그 사회정책적 함의는 무엇인가?

노인문제는 개인의 문제가 아니라 사회적인 문제이기 때문이다. 즉 노인문제를 해결하는 것은 당사자에게는 수혜이기도 하지만 사회의 통합이나 사회정의를 구현함으로써 체제의 정당성을 확보할 수 있기 때문이다.

그러면 어떻게 책임을 질 것인가?

부양 및 장기요양보호, 노인노동력의 활용, 사회보장제도의 확충, 고령자부양 부담의 완화가 필요하고, 그 책임의 소재는 가족, 당사자, 국가 및 지방자치단체에 있다.

연금 급여(국민연금제도의 시행에 따른 혜택은 2008년부터)는 일반 국민의 노후 소득보장 장치이다.

사회복지정책은 국가가 주체가 되어 정책적으로 복지를 실현해 나가려는 노력으로서 사회정책의 한 요소이다. 그 속성은 첫째, 주체가 국가일 것 둘째, 동기가 비영리적일 것 셋째, 사회 구성원의 복지욕구, 적어도 국민 최저생활수준의 충족에 목적을 두어야 한다.

여기에는 시장규제적 방법이 있고 급여의 방법이 있다.

규제는 사회적 약자, 즉 사회적 위험에 노출되어 있는 사람들의 생활상의 일정 기준을 모든 사회적 활동 주체들이 침해하지 못하도록 통제하는 것이고(예: 노동시장의 규제), 급여는 사회적 약자에 대한 재화나 서비스의 제공을 말한다(예: 연금이나 수당의 지급). 고령자의 부양자에 대한 혜택도 있다(세금공제제도).

고령자에 대한 사회정책 분야는 〈표 8-6〉과 같다(박광준, 1999: 22).

〈표 8-6〉 고령자사회정책의 분야와 내용

대상문제 및 배경	고령자정책의 분야	정책의 내용
• 상시고용취업자의 증가 • 정년제도 • 가족주기의 변화	고용정책	• 노동시장의 규제(고령자 고용촉진 제도) • 정년의 연장
• 노인빈곤의 증가 • 공적 소득보장제도의 미비	소득보장정책	• 연금제도의 충실화 • 생활보호제도의 충실화 • 수당의 정비
• 국민의료비 증가 • 가족구조의 변화(기능약화)	의료정책	• 노인의료제도의 구축 • 서비스공급의 확보(노인병원, 치매센터 등의 확보)
• 주수발자의 고령화 • 여성의 사회참여 증가	가족정책	• 고령자부양가족에 대한 소득지원 • 포괄적인 가족휴가제도의 도입
• 주거공간의 불안정성 • 고령자 주택개발의 미비 • 사회복지시설의 부족	주거정책	• 주택개조에의 보조 • 고령자주택의 개발 • 다양한 노인주거(시설)의 확보
• 고령자세대의 증가 • 독거노인의 증가 • 사회복지시설의 부족 • 가족주기의 변화	• 재가복지서비스정책 • 여가정책	• 재가복지인력의 양성 • 서비스의 이용자부담 정책 • 사회복지시설의 확보 • 고령자 사회참가의 촉진 • 고령자 교육

1) 고용정책

노동조건의 규제와 함께 고용기회를 제공하고 여성이나 장애인 등 사회적 약자에 대한 노동시장에서의 보호정책인 점에서는 같으나 경험을 쌓은 인력을 사회적으로 활용한다는 점, 연금수급자의 증대를 억제한다는 점에 특징이 있다. 여기에 고령자의 재취업과 고령자 고용촉진이 중요한 의미를 갖는다. (1995년 노인복지종합대책을 발표하면서 능력 있는 고령자 취업대책을 마련하고 있는데 노인공동작업장, 고령자취업알선센터, 고령자인재은행 등은 그 제도적인 장치이다.)

정년의 연장도 또 하나의 고용정책일 수 있다. 서구의 경우 퇴직연령을 연금수급 연령과 일치시키는 경우가 많고 자발적 퇴직인 데 비해 우리는 비자발적 · 일률적인 퇴직 형태이다. 평균수명의 연장을 고려하면 퇴직연령 50~60세인 것은 문제가 있다(「노인복지법」상 노인은 65세, 국민연금 수급연령은 60세). 그러나 연공서열에 따른 임금체계와 인사배치의 관습, 퇴직금의 퇴직 전 3년간의 평균임금을 그 산정기준으로 하는 점 등이 정년퇴직 연령을 앞당기는 요인으로 작용하고 있다고 한다(박광준, 1999: 23).

그럼에도 불구하고 정년의 연장은 취업능력이 있는 고령인력의 활용이며 동시에 경제활동 인구의 노인에 대한 부양부담을 경감시킨다는 의미도 있으므로 정년 연장의 결정은 그 장점과 단점을 조정하는 과정을 거쳐야 할 것이다.

2) 소득보장정책

그 제도적 장치의 하나가 국민연금제도이다. 국민연금제도는 국민개보험의 사회보험이다. 이 제도는 1999년 4월 1일에 시행된 것으로 현재는 실질적인 노인 소득 보장의 역할을 못하고 있는 실정이다. 현재는 연금 수급연령 60세, 2013년부터 5년마다 1세씩 수급연령 연장, 2033년부터 65세로 연장된다.

3) 의료보장정책

의료보험제도가 그 하나이다.

한국에 있어서 의료보장의 문제는 노인 전문병원이 소수에 불과(10개 정도)하다는 점, 종합병원에 노인병동을 설치 운영하는 경우가 적다는 점, 의료기관이 시부에 집중되어 있어서 농어촌노인의 의료서비스의 혜택이 열악하다는 점 등이다. 노인의 의료기관 접근에 어려움이 있음도 해결해야 할 문제의 하나이다. 일본의 '노인보건제도' 같은 제도를 도입할 필요가 있다(박광준, 1999: 26).

4) 가족정책

가족의 노인생활 부양기능을 유지하도록 하는 방법으로 노인부양 가족에 대한 소득지원(예: 노령수당이나 노령 소득공제), 노인, 유아 환자 등에 대한 가족보호를 위한 가족휴가제도, 일시적 가족부양 불가능 시 노인에 대한 단기요양센터 보호, 수발자의 노인 수발을 위한 시간에 대한 임금의 국가보조가 있다. 한국의 경우

노인의 장기 요양보호는 대부분 가족주의적으로 해결하고 있다. 이 경우 가족의 해체와 같은 상황에서 노인은 위험에 처하게 된다.

5) 주거정책

노인시설보호를 위한 노인복지시설에 노인주거 개념을 도입할 필요가 있다.

노인주거는 노인이 처한 상황의 차이에 따라 다양한 종류를 개발할 필요가 있다. 예컨대 영국의 경우 노령자 거주형태는 통상의 일반 주택, 관리인이 상주하지 않는 고령자주택, 관리인이 상주하는 고령자주택, 양로원, 노인복지주거시설, 요양원, 노인병원 등 다양하다(박광준, 1999: 27).

노인복지시설의 확대공급, 노인 주거형 주택개발, 노인가구의 주택이나 노인주택에 대한 세제지원, 금융지원 등이 있다.

6) 재가복지서비스정책

한국의 경우 사회복지관 부설로 재가복지봉사센터를 설치 재가복지서비스를 제공하고 있다. 1993년「노인복지법」을 개정, 재가복지서비스를 제도화하여 가정봉사파견사업, 주간보호사업, 단기보호사업 등으로 확대되면서 재가복지사업은 노인복지의 핵심사업으로 발전하였다. 현재 재가노인복지시설로 가정봉사원 파견시설, 주간보호시설, 단기보호시설이 있으며, 생활보호대상자나 보건복지부장관이 정하는 일정소득 이하의 60세 이상의 노인이 대상이고, 실시 주체는 시 · 군 · 구이며 실행기관은 사회복지법인으로 위탁 운영한다. 가정봉사원은 40시간의 유급과정을 거쳐야 한다. 가정봉사원의 일을 자원봉사자로 대치하는 것은 건전한 고령화 사회의 정착을 위해 문제가 있다.

앞으로 모든 노인에 가정봉사파견 서비스를 확대할 필요가 있으며 경제능력이 있는 노인들의 경우는 수익자부담 원칙을 적용하면 된다.

7) 여가정책

인간생활의 구조기능적 세 측면(內海洋一, 1992: 237-238)으로 의식주를 중심으로 하는 기초생활(인간유기체의 유지와 발달에 관련된 생활), 경제적 안정이나 정신적 만족을 가져오는 역할생활(취업이나 가사 등 사회적 역할에 관련된 생활), 취미나 학습활동 등 자기개발을 위한 여가생활을 든다.

노인의 생활은 기초생활에서는 큰 변화가 없지만 역할생활은 크게 줄어들면서 여가생활이 증가하게 된다. 노인들의 여가생활의 의미는 역할생활기회의 축소이며 그 여가는 노동의 고통을 보상하고 노동력의 재창출로서의 의미를 갖는 것이 아니라 여가 그 자체일 뿐이며 어떻게 보면 즐거움이기 전에 고통을 수반하는 측면도 있다. 여가의 시간적 제약도 없다. 노동현장을 떠난 노인들은 여가의 시간적 제약을 받지 않으나 여가를 위한 경제적 능력이 취약하다. 따라서 시간은 많으나 그 시간을 보내는 경제적 기반이 없어서 발생하는 문제를 해결하는 프로그램 개발이나 시설과 환경을 조성하는 정책이 노인복지정책으로 중요한 의미를 갖는다.

그러한 여가정책의 내용은 여가 자체를 잘 보내면서 노년기의 고독·소외감을 해소해 주는 것이어야 할 것이다. 여가시설로 노인정, 노인복지회관, 노인교실, 노인대학 등이 확충되어야 할 것이나 여가생활을 잘 할 수 있도록 관리하는 여가생활 원조자(노인활동지도자)의 양성도 매우 필요하다. 노인들에게 여가시간을 이용한 자원봉사의 기회를 마련하여 그들의 사회활동을 조장하는 것도 필요하다.

노인의 사회복지정책은 한마디로 노인이 자신의 여생을 바람직하게 꾸려나갈 수 있도록 도와주는 정책으로 이는 크게 두 가지로 요약할 수 있다. 첫째는 역할생활을 창출해 내는 것이고, 둘째는 여가생활을 잘 관리하는 것이다.

5. 지방화시대, 지역노인복지의 과제는 무엇인가?

이제 우리는 국가중심적, 중앙중심적 복지체계에서 벗어나야 한다. 지역 나름대로의 특수성이 있을 것이기 때문이다. 지역적 문화의 편차가 있고 인구구조도 다르며 노인복지욕구도 다를 수 있다. 다양성을 추구하는 시대에 노인복지의 지역적 다양성을 추구하는 것은 너무나 당연하고 복지활동의 보다 나은 성과를 위해서도 바람직한 것이다. 이에 여기서는 그 출발선상의 몇 가지 과제를 지적해 두고자 한다(아래 첫째부터 셋째까지는 현외성, 1998: 36-37 참조).

첫째, 노인의 복지욕구를 체계적으로 조사하고 노인복지 관련 기본자료를 조직화하는 일

노인의 욕구와 문제는 지역에 따라 그 특수성이 있으며 사회적 상황 속에서 변한다. 따라서 정기적으로 복지수요를 조사하여 체계적으로 파악할 필요가 있고 그에 따른 적절한 정책과 프로그램을 개발하여 시행하여야 한다. 그리고 축적되어 있는 자료를 정비하여 데이터베이스를 구축하고 효과적으로 이용하는 노력이 필요하다.

둘째, 지역단위의 노인복지협의체와 사회복지협의체의 역할을 강화하는 일

현재 사회복지협의회는 복지영역별로 재조직화하여 노인복지 전문영역의 전문성을 강화해야 하고 노인복지에 관련된 제반 활동들은 유기적으로 조직화함으로써 그 활동의 효율성을 높여야 할 것이며 시 · 군별(특히 농촌과 도시) 복지서비스의 차별화를 모색할 필요가 있다. 전문가나 전문기관 간의 정보교환 네트워크를 구축하여 복지활동에 적절하게 연결하는 것도 필요하다.

셋째, 지역주민의 노인복지교육 및 인식을 제고시키는 일

지역노인복지의 발전은 지역주민들의 그에 대한 인식과 참여에 달려 있다. 따라서 노인복지 관련 기관이나 단체는 그에 대한 홍보와 교육 등의 활동을 강화해야 한다.

넷째, 복지행정담당 부서의 전문성을 제고해야 할 것이며 복지전달체계의 전문화도 모색해야 할 것이다. 법제적 문제가 있으나 복지행정은 현재의 내무행정체계에서 분리, 독립적이고 통일적인 체계로 재조직되는 것이 좋다. (예: 보건사회부(중앙)−사회복지청(시 · 도)−사회복지사무소(시 · 군 · 구)−사회복지출장소(읍 · 면 · 동)의 체계)

복지재정을 위하여 공동모금회의 활동을 전문화 · 활성화하는 것을 포함하여 지역사회조직 기법을 체계적으로 도입하는 것이 필요하다.

다섯째, 시민사회의 역할이 강화되고 있는 오늘날 노인복지 활성화를 위한 시민운동 프로그램 같은 것을 개발, 시민사회의 역량을 동원할 필요도 있을 것이다.

생활수준의 향상과 복지욕구의 다양화 및 증대로 복지국가의 재정위기를 맞으면서 신자유주의의 시장논리가 등장하고 '국가의 실패'가 거론되고 있기도 하다. 이제 민간부문 참여(예: 실버산업)를 유도하는 등 국가의 실패가 초래하는 위기를 극복하는 대안을 지역사회 수준에서 만들어보려는 시도를 해봄직한 시점에 있는 것으로 생각한다.

노인의 사회복지정책은 노인의 특성과 욕구의 다양성에 맞게 탄력적이어야 할 것이다. 노인의 계층적 · 연령적 특성에 따라 복지정책을 예시 · 요약해 보면 다음 〈표 8-7〉과 같다.

〈표 8-7〉 노인의 특성에 따른 복지정책의 예시

<table>
<tr><th>정책</th><td>취업기회의 제공</td><td>자원봉사활동에의
참여기회 제공</td><td>노령수당 지급,
공적 부조의 혜택</td><td>유료서비스의
확충과 다양화</td></tr>
<tr><th rowspan="2">노인의 특성</th><td>저소득층</td><td>중산층</td><td>저소득층</td><td>중산층</td></tr>
<tr><td colspan="2">건강한 노인
(전기노인, 60대)</td><td colspan="2">불건강한 노인
(후기노인, 70세 이상)</td></tr>
</table>

자료: 이가옥, 1994: 397.

한편 복지의 역할분담이나 목표도 노인의 욕구에 따라 달라야 할 것이다(〈표 8-8〉 참조).

〈표 8-8〉 노인의 욕구에 따른 복지정책의 예시

목표	최저생활 보장	다양한 욕구 충족
공급주체	공공부문	민간부문
공급주체의 성격	비영리사업	비영리사업, 영리실버산업
욕구	기초적 욕구	부가적 욕구
욕구의 내용	- 사회적 최저기준 이하의 욕구 - 전체노인을 위한 최소한의 예방적 · 보편적 욕구	사회적 최저기준 이상의 욕구

자료: 이가옥, 1994: 398.

참 / 고 / 문 / 헌

박광준(1999), "고령화사회와 사회정책", 『고령화 사회와 노인복지』, 4권 1호, 세종출판사.

이가옥(1994), "우리나라 노인복지의 현황과 정책과제", 『한국영양학회지』, Vol. 27, 한국영양학회.

현외성(1998), "지방화시대의 지역노인복지 발전과제", 『노인복지연구』, Vol. 1, 한국노인복지학회.

조선일보, 2001년 8월 3일자 기사.

內海洋一 편저(1992), 『高齡者福祉政策』, みねるわあ.

Blieszner, Rosemary, ed.(1994), *Aging and the Family*, Praeger.

CHAPTER 09

도벽성(盜癖性) 치료의 일 사례

1. 사례의 개요

1) 동기

1976년 5월 19일. 문제아동(client)이 반에서 일어나는 도난사건에 대하여 의심을 받고 있어 상담이 필요하다고 그의 친구 Y양이 의뢰하여 왔다.

2) 지도기간

1976. 5. 27.~9. 27.

3) Client의 인적 사항

성명: 김경아(가명)

학년(연령): 여고 2학년(17세)

출생 및 성장지: 서울

주소지: 경기도(서울 근교)

가족사항: 부 51세-전직 교사(대졸), 모 46세-가내 편물업(대졸), 언니 21세-학생(大在), 동생-3명(학생)

4) 문제의 개요

- 주 문제: 도벽성
- 문제의 내용(관계인의 진술과 본인의 자인에 의함)

① 1학년 때 옆자리 학생의 가방을 뒤져 돈을 꺼내다가 발각되었음

② 2학년에 올라와서 Client가 소속되어 있는 반에서 도난사고가 많이 발생하는데 이 사고는 교실을 비우는 시간에 일어났으며 그때마다 Client가 교실에서 늦게 나가거나 교실에 남아 있었다 함(반 학생들에 대한 상담희망조사에서 20여 명의 학생들이 Client에 대한 지도를 요망함).

③ 평소 같이 공부하던 1학년 학생 P와 문방구에서 '하드'를 사먹던 중 자기의 책가방과 나란히 놓인 P의 책가방 속에서 등록금 12,000원이 든 지갑을 도둑질하였다(이 연구의 직접적 계기).

2. Case 조사: 자료의 수집

1) 생활력(Client의 개인적 자료)

① 초등학교와 중학교 과정을 거치면서 어른스럽다는 말을 많이 들었다. 외모는 어린애 같아 보이나 이야기를 해보면 너무 조숙하다는 느낌이 드는데 본인 자신은 이 조숙하다는 이야기를 역겹다고 한다.

② 다감하고 붙임성이 있어 교우와 쉽게 친숙해지는 편이고 명랑하다. 그러나 화가 나면 그 표정에 매서운 면이 엿보이며 성미가 있어 보인다. 최근 교우들로부터 의심받게 되면서 그들과의 대화를 회피하는 경향이다.

③ 가정생활 면에서 보면 가사에 일체 무관심하고 개인주의적이라 한다.

④ 학적상의 자료에서 보면 일반지능검사(A형)에서 IQ 119로 높은 편이며 성적은 1학년 1학기 평균 78점에 석차 98/611이며 2학기에는 평균 76점에 석차 196/609, 2학년 1학기 중간성적은 평균 74점에 석차 155/427로서 하향적 경향을 나타내고 있다.

특활부서는 무예반으로 성실하게 참여한다. 혈액형은 O형이며 신체 건강하다. 출결상황은 1학년 때 개근이었으나 2학년에 진급하면서 결석이 많은 편이다(결석일수 5일).

2) 가족 배경

① 父는 모고교 교사로 재직 중 간장염으로 입원 거의 1년 만에 퇴원 후 실직하였다가 학원강사로 생활하던 중 교통사고로 장기입원 치료 후 퇴원, 실직상태이다.

② 母는 부의 병환·실직으로 생활이 어려워지자 가내 편물업으로 가계를 유지하고 있다.

③ 부는 가장으로서의 역할 및 역할기대 상실로 신경이 날카로워져 있어서 때때로 모의 편물업을 집어치우라고 소리치는 등 부부 사이에 갈등과 가정 불안이 조성되고 있는 듯하다.

④ 언니는 용모 단정한 대학생으로 모가 분주하기 때문에 가사를 도맡다시피 하고 있으며 모의 사업도 돕는 등 과중한 일과를 보내고 있다.

⑤ 동생 셋(여 2, 남 1)은 모두 학교 재학 중이다.

⑥ 모의 가내 편물업으로 경제적 생활에 지상은 없으나 부모의 사식에 대한 관심이 약하고 Client의 벗이 될 수 있었던 언니도 자기 일에 과중하여 Client에 소홀하다.

⑦ 이러한 가정 분위기 속에서 Client는 매일 학교에서 늦게(밤 10시경) 집에 돌아와 저녁을 먹고 가방 정리하면 잠자리에 들기 바쁘다. 따라서 가족과의 대화는 거의 없다.

3. 진단(Diagnosis)

① Client의 가정은 결손가정의 성격을 지니고 있다. 부부간의 갈등, 역할 및 역할기대의 혼란, 부모의 자식에 대한 관심 부족, 형제간 우애의 부족 등으로 가족원 사이의 인간관계가 원만하지 못한 듯하다. 특히 가족 결손의 역동성은 부(父)의 Ego 약화에 있는 것 같다.

② 이러한 결손된 가정환경은 Client로 하여금 정서적 안정감을 잃게 하였으며 사춘기적 반항의 심리는 그의 억압된 욕구를 다른 측면으로 발산하게 하는 경향으로 나타날 가능성이 있다.

③ Client의 가정 이탈적 경향은 가정 밖에서의 생활기회를 확대시킴으로써 용돈의 필요성과 이에 대한 애착심을 강화시켰다. 그러나 여의치 못한 가정형편은 이 욕구를 충족시켜 주지 못하여 구순기(口脣期)적 자존심이 손상되고 열등의식마저 조성된 것으로 판단된다.

④ 친구처럼 마음을 터놓고 이야기 나눌 수 있었던 언니가 과중한 가사 때문에 Client의 의논상대가 되어주지 못한 것이 Client로 하여금 가정적인 소외감을 갖게 한 것 같다.

⑤ 교우관계에 있어서의 명랑성은 Client의 가정적 결손을 대상(代償)하고자 하는 의식의 표현인 듯하다.

⑥ 도벽(盜癖)에 대한 교우들로부터의 비난이나 백안시는 Client로 하여금 사회적 일탈을 자극하는 요인이 될 수도 있을 것이다.

4. 치료(Therapy)의 방향, 전개

① 반성적 고찰(문제의 원인이 어디에 있는가를 깨달음)을 통하여 Client로 하여금 문제점을 깨닫게 하고

② 논리적 토의 · 조언 · 시인 · 격려 등 지지적(支持的) 방법으로 Client의 행동을 개선하게 하여 사회 적응도를 높이고

③ Client에 대한 학교 반 분위기를 개선하는 등 환경적 조정을 통하여 Client에게 안정감을 주도록 하고

④ Client가 미성년임을 감안하여 지시적 방법을 사용, Client에게 방향 제시를 해 줄 필요가 있을 것이며

⑤ 가족요법(family therapy)을 적용하여 부의 Ego를 강화시키고 가족 간의 바람직한 관계를 회복시켜야 할 것으로 생각한다. 문제아동의 역동점이 가정에 있는 경우가 많다.

5. 치료과정: 면접내용의 분석적 요약

① P양의 등록금 도난사고와 관련 3차례의 면접을 하였다. 이들 면접에서 Client의

진술을 통하여 도벽행위를 확인하였으며 도벽의 치료를 위한 전문적 관계 형성에 노력하여 Rapport(친화관계)를 형성하였다.

② Worker는 처음에 주 2회 정도, 나중에는 주 1회 정도의 면접을 계속하였다. (면접장소는 주로 상담실을 사용하였다.)

Client를 상담실로 불러 그 자신이 도벽행위를 시인하고 훔친 돈을 돌려준 행위가 매우 훌륭한 일이라 칭찬하면서 Client의 반응을 주시하였다. Worker는 Client에게서 어떤 기대와 후회의 참모습을 느끼면서 Rapport 강화에 힘썼다. 사람들은 누구나 실수할 수 있다는 것, 그 실수를 깨닫는 것이 인간다운 참모습이라는 것, Worker는 Client와 인간적 차원에서 생활상의 문제를 이야기해 보고 싶다고 하였다.

되도록 Client의 Worker에 대한 감정적 저항요인을 제거하기 위하여 Worker의 입장은 오직 Client를 잘 보살펴주려는 것임을 설명하고 Client의 감정적 표현을 강제하려 하지 않았다. Client에게 심정이 어떠한지, 무엇이 걱정스러운지를 물었으나 머뭇거리므로 반성문을 통해 이야기하는 것이 좋을 듯하다면서 반성문에 자신의 진심을 털어놓을 수 있을 것으로 믿는다고 지지해 주었다. 며칠 후에 써온 반성문의 요지는 다음과 같다.

'남의 것을 훔친다는 것이 가장 무서운 일임을 깊이 깨닫는다는 것, 진심으로 자기의 잘못을 뉘우치고 새로운 출발을 하겠다는 것'

Worker는 이 반성문의 내용이 진실임을 믿어 의심하지 않는다고 수용하였다. 이 반성문의 내용이 얼마나 신빙성이 있느냐는 별문제로 하고 적어도 자기를 객관화할 수 있는 계기가 되었으리라 생각했다.

Worker는 Client의 자기 인식도를 높이고 자아 강화를 위하여 Client에게 그 장점이 될 만한 것, 즉 높은 지능지수, 종전의 학업성적, 성격, 용모 등에 관하여 칭찬하여 깨우쳐주었다. Worker는 가족에 대한 부정적 태도를 지니고 있는 Client에게 자신의 태도가 어떤 긍정적 의미가 있는지 생각해 보는 것이 좋을 것이라고 하면서 가정에서 스스로 할 수 있는 일을 찾아서 하도록 권유하고 언니가 어머니에게 자신의 감정을 솔직히 이야기할 수 있어야 할 것이라고 격려해 주었다.

③ Client의 강력한 반대로 인하여 그 가족과의 면접이 지연되었다. 우선 Client의 양해에 따라 그의 언니를 만났다. (그녀를 통하여 가정의 많은 문제점이 파악되었다.)

언니의, 모와 같은 그리고 벗과 같은 역할이 Client의 문제 해결에 바람직스러운 것 같다고 말하고 부모의 태도에 어떤 수정이 필요하다는 점에 의견의 일치를 보았다. 그리고 Client에게는 부모의 정을 회복시켜 주어야 하기 때문에 부모를 만나는 것이 필요함을 역설하여 동의를 얻었다.

④ Client의 부모와 2~3차례 면접을 하였다. 처음에는 분노를 억누르지 못하는 듯하였으나 면접이 진척됨에 따라 안정을 되찾는 듯하였다.

Worker는 Client의 문제의 행동이 Client 자신에게 기인하는 것이라기보다 그 환경에서 오는 것 같다고 전제하고 사춘기적 증상──공포증, 강박관념, 환상, 우울증, 공격성, 적대감──에 대하여 이해를 촉구하고 그 지도방안으로 우선 깊은 애정으로써 대화를 나눌 수 있도록 분위기를 조성해 주고, 잘못에 대해 꾸중하는 것보다는 잘한 일에 대해 칭찬해 주는 것이 바람직하며, 이해 · 수용 · 신뢰 · 인정 등 긍정적 자세를 회복하도록 권유하였다. 그리고 부부 사이의 갈등이 자녀들에게 영향을 미치는 것 같다고 말하고 경제적으로 허락하는 한 적절한 용돈을 주는 것이 필요하다는 Worker의 의견을 진술하였다. 그리고 父로 하여금 그전의 자신과 지금의 자신을 비교하여 가정 속에서의 태도가 어떠하다고 생각하는지를 물음으로써 자신의 신경질이 가정에 많은 문제를 일으킬 가능성에 대하여 설명하였다. Worker는 Client의 문제성을 가정 결손과 결부하여 명확화하려고 시도한 것이다.

⑤ 담임과의 협조는 계속되었으며 반 학생들의 Client에 대한 부정적 분위기를 제거하려고 노력하였다. 그 노력의 하나로 담임 양해하에 그 반을 방문하여 대략 다음과 같은 요지의 이야기를 하였다. (Client와 담임이 상담 중인 기회를 이용하였다.)

반의 도난사고의 책임이 어느 한 학생의 책임만은 아닌 줄 안다고 하고 고등학교 2학년쯤 되었으면 어떻게 하는 것이 친구를 아끼는 길이며 인간적인 것이겠냐고 묻고, Client의 인간적인 측면과 장점을 발견해 보도록 권유하면서 “앞으로 김경아를 좋은 방향으로 인도하려는 자세와 그런 행동은 학교사회에서 교사와 학생들이 지녀야 할 인간적 의무이기도 한 것으로 생각한다. 잘 해보도록 하자”고 하였다.

그리고 종전에 Client와 친했던 벗들을 불러 배전(倍前)의 정성 어린 접근을 권유하였다.

⑥ Client에게 『효과적 학습방법』(문고판)을 빌려주고 그 내용을 요약게 함으로써 학과공부에 집착할 수 있는 계기로 삼도록 기대하였으며 매일 일기를 써서 자기반성에 게을리하지 말도록 당부하였다. (이때까지 지내온 Worker와 Client의 관계로 미루어 일기 내용이 가식이 아닐 것이라 확신하였다.)

6. 평가 · 분석

약 3개월(여름방학 제외)간의 Client와 Worker의 관계를 통하여 전반적으로 바람직한 성과를 보여주었다.

본 Worker와의 관계가 계속되는 동안 출석상황이 매우 좋아졌는데 이것으로 Client의 학교생활이 충실해졌음을 알 수 있으며 가정 이탈적 생활태도가 개선되어 가정의 일원으로서 생활하려는 태도가 엿보였다. Client는 일기에 다음과 같은 구절들을 쓰고 있다.

“일찍이 집에 돌아와 엄마, 언니를 도와주는 데 보람을 느끼게 되었다. … 아침에 성당에 다녀와서 엄마를 도왔다. 엄마는 꽤 흐뭇한 모양이다.”, “모든 것에는 시련이 있는 법, 이젠 공부를 하자. 남들이 1시간 할 때 난 2시간 하는 거다. 나를 믿는 모든 사람에게 실망을 주지 않도록 열심히 뛰어야겠다.”

“ㅇㅇ과 ㅇㅇ, 나 셋이서 유쾌하게 웃기도 하고 이야기도 많이 하였다. 내가 이렇게 벗들과 정상상태를 되찾을 수 있는 것이 너무 기쁘다”, “요새 마주치는 애마다의 환한 웃음, … 죽을 때까지 깨끗이 살아야지”, “먼 훗날 내가 이렇게 되었노라고 여러 사람 앞에 떳떳이 나설 수 있게 성장하여야 한다.”

부(父)와의 면접을 통하여 직감한 것이지만 부(父)의 태도가 개선되어 너그러워진 듯하였으며 이는 Client가 안정감을 갖게 하는 데 크게 도움을 준 것 같다. 즉 일기장의 글씨는 점점 정돈되어 가는 필체였으며 그 내용도 의욕적이고 희망에 찬 것이었다. 언니는 Client의 귀가시간이 빨라지고 가사에 협조적이라 진술하고 있다.

도난사건 이후 4개월이 지났으나 의심받을 만한 행위가 엿보이지 않는다. 이러한 성과를 바탕으로 Client의 인격 성장을 위한 노력과 관심은 계속되어야 할 것이다.

〈반성〉: 본 사례연구에서 반성할 점이 허다할 것이나 그 몇 가지를 지적함으로써 연구에 보충하고자 한다.

본 사례연구 기록 체제상 대화 내용을 생생하게 담지 못하였으며 치료의 발전 과정을 나타내지 못하였고 중간단계마다 평가 · 분석을 하지 못하였다.

Client phase에 대한 Worker의 성급한 판단과 그에 따른 진행이 없지 않을 것이다.

가족치료에 있어서 역동점(dynamic point)인 부(父)의 가장으로서의 문제에 대한 근본적인 해결(부의 직장 알선 등)은 본 사례의 문제점으로 남아 있다.

사회사업의 특징적 기술의 하나인 외부자원 동원이 극히 불충분하고 미숙했던 것을 시인하지 않을 수 없다.

CHAPTER

10 지역사회개발

지역사회개발(community development)에 대한 정의는 한결같지가 않다.[1] 그 대표적인 것으로는 유엔의 정의를 들 수 있다.

유엔은 1955년 "지역사회개발이란 지역사회의 적극적 참여와 주도성에 될 수 있는 한 많은 중점을 두고 전체 지역사회의 경제적 · 사회적 진보를 이룩하려는 과정"(United Nations, 1955: 6)이라 정의하였다. 그 뒤 1957년의 보고서에서 지역사회개발이라는 용어가 국제적으로 사용되기에 이르렀는데, 그 의미는 주민 자신의 노력과 정부당국의 노력을 결합시켜 지역사회의 경제적 · 사회적 · 문화적 상태를 개선하고 이를 전체 국민생활에 통합함으로써 "국가 발전에 공헌토록 하려는 과정"이라고 설명하였다(United Nations, 1957: 1).

이러한 유엔의 입장은 1960년대의 유엔보고서에서도 재확인할 수 있다. 1963년 세계 각국의 전문가들이 유엔에서 회합을 갖고 토의를 거쳐 집약한 보고서에서는 지역사회개발이란 지역사회의 경제적 · 사회적 · 문화적 제 조건을 개선하고, 지역사회를 국가활동에 통합시킴으로써 그 지역사회로 하여금 국가발전에 충분히 기여할 수 있도록 국민 스스로의 노력을 통일시키고 실천토록 하는 과정이라 하고, 그 기본적 요소로 ① 가능한 한 주민 스스로가 그들 자신의 창의력에 의하여 그들의 생활수준을 향상시키기 위해 적극 참여하는 것, ② 주민들이 그렇게 할 수 있도록 기술 및 용역을 지원하는 것을 들고 있다(UN Economic and Social Council, 1968: 5).

---

1) 한결같지 않은 여러 정의에 대해서는 정지웅 · 김지자(1975: 14-12); 문병집(1978: 19-22); 圓田恭一(1978: 103-104) 등을 참조할 것.

지역사회개발을 그 어의(語義)에서 풀어보면, 지역사회(community)란 일정 지역단위의 생활공동체인 것이고, 개발(development)은 의도적 · 계획적으로 보다 바람직스러운 상태를 이룩하려는 노력이라 할 것이다. 따라서 지역사회개발이란 결국 사람들이 일정 지역의 생활공동체에서 보다 바람직스러운 생활을 영위하려는 집단적 노력이라 할 수 있다.

1958년 우리나라에서 채택한 정의는 이에 걸맞다. 그해 대통령령 제1384호로 공포된 지역사회개발위원회 규정 제2조에는 지역사회개발사업이라 함은 일정 지역 내의 주민이 생활의 개선 · 향상을 위해 집단적 또는 개별적 계획을 수립하고 수행하는 사회개선사업을 말한다고 명시되어 있다.

그러나 지역사회개발은 '지역사회'와 '개발'이라는 두 개념을 단순히 종합한 것 이상의 의미를 갖는다. 그것은 연역적 · 논리적인 것이 아니라 귀납적 · 경험적인 것이다(Schlippe, 1972: 88).

샌더스(Sanders)는 지역사회개발이 지역사회조직과 경제개발의 결합에서 이루어진 것으로 간주하고 있다. 지역사회개발에서 지역행동(local action)과 지역자원의 사용을 강조하는 점은 지역사회조직의 측면이고, 자원의 신중한 배분, 정해진 목표를 향한 체계적 운동을 강조하는 점 등은 경제개발의 측면이라고 본다. 특히, 경제개발은 요청되는 목표에 이르기 위해 경제 및 사회가 거쳐야 할 단계, 즉 과정에 대한 생각을 제시해 준다고 본다(Sanders, 1970: 9).

원래 지역사회개발은 인간의 새로운 체험을 묘사하는 것이 아니다. 그것은 집단상태를 개선하기 위해 집단적으로 행동하려는 인류의 오랜 동안의 충동에 대하여 현시대에 맞추어진 특수한 형상(shape)을 부여한 것이다(Sanders, 1970: 10). 현대적 의미에 있어서의 지역사회개발은 제2차 세계대전 후의 국제정세 속에서 제기된 것으로 지역사회를 지역사회의 계획적 발전, 즉 지역사회개발의 전략적 수단으로 생각한다. 지역사회학의 연구계보에서 보면 지역사회개발론은 지역사회계획론의 영역에 해당한다.[2)]

松原活郎은 지역사회계획론의 두 유형으로 지역사회조직과 지역사회개발을 들고 있다. 지역사회조직은 선진국에 있어서 경제개발에서 일어나는 각종 사회문제 해결

2) 지역사회의 연구계보에 대해서는 松原活郎, 제1장을 참조할 것.

을 통한 사회복지의 달성을 지향하는 것으로 보고, 지역사회개발은 후진국에 있어서 교육수준, 국민의 생활의욕, 사회구조, 종교, 관습 등 제 영역의 개선을 포함하는 경제개발을 위한 조건의 성숙에 지향되어 있는 활동으로 본다(松原活郞, 1978: 15-16). 로스도 저개발 농업지역에 있어서 지역사회개발이 특히 역점을 두는 바는 그 지역사회의 기초적 생활조건 개선을 촉진하는 활동이라 하였다(Ross, 1967: 8).

지역사회개발은 프로그램으로 표현되는데 그 프로그램은 보통 지방지역사회 특히, 소규모 농촌지역사회에 적절하다. 왜냐하면 그 프로그램의 성공은 사람들이 감정적으로 그 프로그램에 동일시되는 것이 필요하기 때문이다. 이 동일시는 지역사회개발에 대하여 운동의 성격을 부여하게 된다. 그러나 소규모 지역단위의 지역사회개발이라 할지라도 그것은 국가적 운동 및 지역사회개발계획의 한 부분으로 통합된다(Schlippe, 1972: 88-90).

유엔경제사회이사회에 대한 행정조정위원회의 20차 보고서에 따르면 지역사회개발은 다음과 같은 세 가지 목적을 갖는다. ① 현존 지역사회의 경제적 · 사회적 · 문화적 조건의 개선, ② 그 지역사회를 국가의 생활에 통합하는 것, ③ 그 지역사회로 하여금 국가적 발전에 충분히 공헌할 수 있도록 하는 것(Ponsioen, 1962: 49)이 그것이다. 던햄은 신생개발도상국의 지역사회개발을 논의하면서 그것은 “그들 농촌지역사회의 생활조건을 개선하려는 것일 뿐만 아니라 각 지역사회가 창의적이고도 효과적으로 그 자신의 문제를 처리하도록 도와주려는 것”이라고 하면서 지역사회개발이 함축하는 바의 요소들로 ① 지역사회의 전체적 욕구에 초점을 두는 것, ② 전체 프로그램의 주춧돌인 자조의 장려, ③ 정부 혹은 자원적 조직으로부터의 인력, 장비, 물자 및 자금을 포함하는 기술적 지원, ④ 지역사회의 이익을 위한 다양한 전문분야의 통합, ⑤ 가능한 한 지역사회주민들이 절실하게 느끼는 욕구(felt needs)에 기초를 둔 프로그램의 다섯 가지를 들고 있다(Dunham, 1970: 143-145).

이상에서 논의한 지역사회개발의 성격에 대한 견해는 다양하다. 샌더스는 이들의 다양한 견해를 다음 네 가지로 나누어 지적하고 있다(Sanders, 1970: 18-27, 457-458).

① 하나의 과정(process)으로 보는 경우: 이 입장에서는 지역사회개발을 하나의 상태에서 다른 상태로 단계에 따라 움직이는 '변화의 진행'으로 본다. 이 경우 강조되는 것은 특히 사람들의 심리와 사회관계에서 나타나는 '변화'이다.

② 하나의 방법(method)으로 보는 경우: 이 입장에서는 지역사회개발을 '목표 달성을 위한 수단', 목표를 위한 '작업방식'으로 본다. 이 경우 강조되는 것은 '업적'이다.

③ 하나의 계획(program)으로 보는 경우: 이 입장에서는 지역사회개발을 계획에 설정된 활동내용, 일련의 절차로 본다. 이 경우 강조되는 것은 수량화될 수 있고, 보고될 수 있는 '활동수행' 내용이다.

④ 하나의 운동(movement)으로 보는 경우: 이 입장에서는 지역사회개발을 정서적 동일시에 바탕을 둔 이데올로기로 본다. 이 경우 지역사회개발은 그 주창자에 의해 설명된 아이디어를 강조 · 주장한다. 그리고 카리스마적인 지도자가 존재하고 그 지도자는 솔직한 표현으로 그 이념을 나타내는 능력을 갖는다. 이때 그 철학성이 강조된다.

이러한 입장들의 각각은 그 강조하는 바가 다를 뿐, 다른 입장들을 배제하는 것은 아니라고 보아도 좋을 것이다. 따라서 지역사회개발은 이들 여러 입장을 포괄하는 의미를 갖는 것이라 하겠다. 일정한 단계를 거쳐 추진되므로 그것은 과정인 것이고, 일정 목표를 달성하려는 노력이므로 그것은 수단이며, 지역사회주민의 심정에 호소해야 하므로 그것은 운동이며, 그 실천내용을 갖추고 있다는 점에서 그것은 프로그램인 것이다.

이제 던햄이 제시한 지역사회개발의 일반적 특성을 살펴보자(Dunham, 1970: 172-174).

① 어떤 한 집단이나 일부 정원보다는 지역사회 전체의 주민들에 관심을 갖는다.

② 어떠한 특수분야보다는 전체 지역사회생활 및 그 지역사회의 전체 욕구에 관심을 갖는다.

③ 항상 지역사회 내에 사회변동을 초래하는 데 관심을 갖는다.

④ 문제 해결에 관심을 갖는다.

⑤ 되도록 많은 지역사회주민들에 의한 참여와 자조의 철학에 기초한다.

⑥ 통상 외부로부터의 기술적 지원을 받는다.

⑦ 본질적으로 간학문분과(間學問分科)적이다.

⑧ 과업목표와 과정목표 양자에 모두에 관심을 갖는다.

⑨ 교육적 과정을 포함한다.

⑩ 실제상의 기간이 계속된다.

⑪ 그 프로그램은 지역사회 주민들의 '절실한 욕구'와 소망 및 포부에 기초를 두어야 한다.

⑫ 그 철학은 기본적으로 민주적이다.

⑬ 동의 혹은 일반적 합의에 기초한 결정을 강조한다.

⑭ 참여하고자 하는 모든 주민에게 실제상의 직접적인 참여가 개방된다.

이상의 관점을 수용한다고 하면 지역사회개발은 소규모 지역사회 및 도시의 근린집단이나 하위 지역단위에 그 적용이 제한되는 성격을 가졌다고 할 수 있다. 지역사회개발의 원리상 소규모 지역단위의 개발은 국가적 차원의 맥락에 통합되는 것임은 물론이다.

1. 지역사회행동과 지역사회개발: 지역사회의 개발모형

지역사회 주민들은 그들의 생활향상을 위해서 많은 자조적 노력을 기울여왔다. 이들 노력에 대해서는 사람에 따라 다르게 표현하고 논의하여 왔으나 그 모든 표현들을 포괄적으로 지역사회행동(community action) 혹은 지역사회사업(community work)이라 할 수 있을 것이다.

지역사회행동(혹은 지역사회사업)이란 지역사회의 문제해결 활동이다. 그것은 지역사회주민들의 욕구와 문제해결에 관심을 갖는 활동이라 할 수 있다(Sanders, 1975: 361-363). 그것은 어떤 목적을 달성하기 위해 사람들이 결속 · 협동하고 조정하는 사회적 상호교섭 영역을 말한다. 이때 지역사회 참여가 강조되며 지역사회는 사회활동의 공간적 단위가 된다.

어떤 행동이 지역사회행동이냐 하는 기준은 ① 그 행동이 관련되는 지역성(locality)의 정도, 즉 해결하고자 하는 문제가 지역문제인가 하는 것, ② 그 행동에 관여되고 영향을 받는 사람의 정도, 즉 그 활동이 비이기적 공중행동(public action)인가 하는 점, ③ 그 활동에 참여하는 사람의 범위, 즉 그 활동에 연관된 사람들이 지역주민인가 하는 점 등이다(Sanders, 1975: 367).

이 기준은, 환언하면 지역적 문제 혹은 목표의 달성, 주민의 자발적 참여 및 민주적 지향으로 요약할 수 있다(Poplin, 1972: 187).

지역사회복지 분야에 있어서의 지역사회행동의 형식은 다음에 논의되는 바와 같이 다양하게 분류할 수 있다. 분류되는 각각의 형식들은 지역사회개발 모형들인 셈이다.[3)]

(1) 로스는 지역사회사업이라는 용어를 사용하면서 그 중요한 구분으로 지역사회개발, 지역사회조직, 지역사회관계를 들고 있는데, 이러한 구분법은 ① 지역사회활동의 상이한 위치와 배경을 표현하는 것이며, ② 그 구분이 절대적인 것이라기보다는 그 정도의 차이를 나타내는 것이고, ③ 그 시도하는 바나 접근방법에 있어서 기본적으로 유사성이 존재한다고 보았다(Ross, 1967: 19).[4)]

(2) 밀슨은 경우에 따라 의미가 다를 수 있는, 의미상 중첩되고 갈등을 일으키는 다섯 가지의 표현들을 제시하고 있다. 지역사회사업, 지역사회조직, 지역사회개발, 지역사회교육, 지역사회관계가 그것이다. 밀슨은 지역사회개발을 지역사회사업의 하위개념으로 보지 않고 동일한 수준의 개념으로 보고 있다.[5)]

(3) 로스만은 세 가지 중요한 의도적 · 계획적인 지역사회 변화에의 지향 모델로 ① 지역개발, ② 사회계획, ③ 사회행동을 들고 있다(Rothman, 1970: 21).

이러한 로스만의 구분법은 피카드에 이어지고 있다. 그는 그러한 지역사회사업의 세 가지 모델들은 서로 중첩되어 있음을 안정하면서도 편의상 다음과 같이 각각 분리하여 논의하고 있다(Piccard, 1975: 95-101).

① 모델 A(지역개발): 그 원리는 로스에 있어서의 지역사회조직 및 지역사회개발과 같다. 이 모델은 지역사회 대부분의 참여를 통하여 사회변화를 일으킬 수 있다는 것을 가정한다. 이 경우 사업가는 가능하게 하는 자 혹은 중재자 혹은 교사의 성격을 띠게 된다.

---

3) 지역사회개발(CD)은 지역사회의 개발모형 전체를 대표하는 용어로 사용되는 경우도 있으나 대체로 그 모형들 중의 하나로 간주함이 좋겠다.

4) 이 장의 제1절은 '지역사회사업의 몇 가지 개념'에 대하여 논의하고 있다.

5) 밀슨은 '지역사회사업이 정치적으로 급진적 행등의 형식을 띨 때 이를 정확히 표현하여 지역사회행동이라 보고 있다(Milson, 1974: 16).

② 모델 B(사회계획): 사회개선을 위한 문제해결 방식의 노력을 지향한다. 지역사회의 보건, 주택, 고용, 오락 등은 고도의 계획을 필요로 하는 중요한 문제로서 그 규모와 복잡성 때문에 그 문제해결을 위해 지역의 민주적 과정을 기다릴 수 없는 문제들이다. 이때 사업가는 사회계획가이며 전문가로서의 역할을 수행하게 된다.

③ 모델 C(사회행동): 지역사회 내의 권력관계를 지배하고 재화와 용역을 필요한 사람들에게 제공하는 것이 문제가 된다. 사회행동주의자들의 입장에 따르면, 모든 문제는 많은 사람들에게 불리하게끔 권력이 소수의 손에 집중된 결과이며 이는 사회적 불평등, 사회적 부정의 및 사회적 박탈을 초래한다는 것이다. 그들은 모든 지역사회를 가진 자와 못 가진 자의 두 집단으로 나눈다. 그들이 생각하는 과업은 몇몇 영역에서라도 권력집단을 변화시키는 것이다. 이때 사업가는 행동주의자이며 선동자이다.

(4) 포플린은 지역사회를 계획적으로 변동시키는 방법을 "도시계획, 지역사회조직, 지역사회행동과 개발로 나누고 이들 용어는 종종 엇바뀌어 사용되기도 하지만 각각 상이한 유형의 문제에 대처하기 위해 사용되는 계획된 변동의 상위한 과정을 일컫는다"(Poplin, 1972: 220)고 하였다. 그의 입장을 좀 더 살펴보면(Poplin, 1972: 221-239) 도시계획은 도시권을 물적 실체로서 추구하고 재생시키는 과정, 즉 물적 차원의 개선으로서 사회사업의 범주를 넘어서는 것이고, 지역사회조직은 사회사업가와 그에 밀접하게 관련된 분야의 사람에 의해 수행되는 활동으로서 지역주민의 자발적 노력이라 일컬을 수 있는 지역사회행동 및 지역사회개발과 구별된다.

이와 같이 포플린은 지역사회행동과 지역사회개발을 같은 범주로 묶어놓고 그 접근방식에 따라 '권력권'(power bloc) 형성 방식, 지역사회행동 프로그램, 지역사회개발로 나누고 있다. 그리하여 지역사회행동과 지역사회개발은 본질적으로 같은 것이지만, 지역사회개발이라는 용어는 특히 저개발지역에 사는 사람들로 하여금 그들이 사는 조건을 개선토록 도와주기 위해 기울여지는 노력을 일컫는다고 한다.

이상의 여러 입장들은 그 용어의 표현이나 그 의미하는 바가 상이한 점들이 있다. 이를 지역사회개발의 개념 중심으로 살펴보면, 로스에 있어서는 지역사회개발이 지역사회조직, 지역사회관계와 더불어 지역사회사업의 하위개념이고, 로스만과 피카드에 있어서의 지역사회개발은 지역사회조직과 더불어 지역개발의 부분을 구성하고 있는데 이 지역개발은 사회행동 및 지역사회계획과 나란히 지역사회사업의 하위개념이 되고 있다. 밀슨은 지역사회개발을 지역사회사업과 동일한 수준의 개념으로 쓰고 있으며 지역사회행동은 지역사회사업의 하위영역으로 생각하고 있다. 포플린에 있어서는 지역사회개발과 지역사회행동을 하나의 범주로 묶어서 이를 지역사회조직이나 도시계획과 같이 의도적인 지역사회변동 방식의 하나로 보고 있다.

그러나 이러한 차이점에도 불구하고 편의상 유사한 용어끼리 묶어 분류해 보면 다음의 표와 같이 요약할 수 있다.

〈표 10-1〉 지역사회사업 관련 모형들

지역사회사업모형	로스	로스만과 피카드	밀슨	포플린
지역사회조직	O	O(지역개발)	O	O
지역사회개발	O	O(지역개발)	O	O
지역사회관계	O		O	
지역사회사업		O(사회행동)	O	O(지역사회행동)
지역사회교육			O	
기타		O(사회계획)	O	O(도시계획)

주: 1) O표는 해당되는 사항을 표시함.
2) 포플린에 있어서는 지역사회개발과 지역사회행동을 같은 범주로 묶어 다루고 있음.
3) 밀슨의 지역사회사업에는 지역사회행동이 포함되어 있음.

위의 표에서 도시계획이나 사회계획은 이미 언급한 대로 그 성격상 지역사회사업의 범주를 넘어서는 것이고, 지역사회행동(또는 사회행동)에는 '권력권'을 형성하는 방법이나 '빈곤퇴치'(war on poverty)[6]와 같은 행동 프로그램 전략도 있을

6) 미국의 Lyndon B. Johnson 대통령에 의한 "Massage to the Congress of the United State on the Economic Opportunity Act of 1964"(일명 "Message on Poverty")에 관련된 활동으로 누구에게나 교육과 직업훈련의 기회를 갖게 하며 인간으로서 품위를 갖추도록 하는 데 목적을 둔다. 이를 위해서 미국은 국가예산의 1%를 투자하여 직장조성, 지역사회행동, 자원봉사자 활용, 새로운 기회제공 등 5가지 기회를 제공하기 위한 대책을 마련하였으나 이러한 대책이 빈곤을 감소시키지 못하였다는 비판을 받고 있다.

수 있어서 이를 사회사업 영역에 넣기는 어렵다. 뿐만 아니라 지역사회행동은 앞에서도 언급한 것처럼 지역사회사업과 마찬가지로 다양한 하위모형들을 포괄하고 있는 것이기 때문에 하나의 지역사회개발모형으로 다루기가 어렵다.[7] 따라서 지역사회의 개발모형으로는 지역사회개발, 지역사회조직, 지역사회관계, 지역사회교육 등이 남게 되는데[8] 이들 중에서 지역사회개발과 지역사회조직은 지역사회사업의 가장 핵심적인 내용을 이루고 있으며 그 원리상 서로 밀접한 관계에 있다.[9]

이제 지역사회개발과 지역사회조직을 좀 더 구체적으로 비교 검토해 보기로 하자.

일찍이 던햄은 지역사회조직은 사회사업이 지역사회개발에 공헌하는 데 가장 밀접하게 관련된 과정이라 하고 "지역사회개발과 지역사회조직 양자는 건전하고 풍족한 생활을 할 수 없는 사람들에 대해 관심을 갖는다. 양자는 개인, 집단, 지역사회의 문제를 다룬다. 사회사업의 많은 지식과 기술 및 태도들은 지역사회개발에 직접적으로 적용할 수 있는 것"이라고 한 바 있다(Dunham, 1958: 255). 이와 같이 지역사회개발과 지역사회조직은 밀접하게 관련되어 있고 여러 가지 면에서 유사하지만 서로 다른 것이다.

셰라드(T. Sherrad)에 따르면 양자는 '지역사회 문제해결을 위한 동일한 일반적 접근법의 표현'으로 보고 그 양자 사이의 여러 가지 유사성을 지적하면서도 사회변동과의 관계에 있어서는 중요한 차이점을 제시한 바 있다(Sherrad, 1962: 9-10; Dunham, 1970: 175-176에서 재인용).

> "지역사회조직은… 원래 산업혁명과 그에 잇달아 얼어난 급속한 사회적 · 기술적 변화로부터 초래되는 문제를 다루기 위해 고안된 사회적 산물이다. 한편 지역사회개발은 사회변화를 유도하는 하나의 수단이다. 그것은 전통적인 사회와 이들 사회

---

7) 지역사회사업과 지역사회행동은 서로 양면적 관계에 있는 것으로 보인다. 즉 넓은 의미의 지역사회사업 속에 좁은 의미의 지역사회 행동을 포함시킬 수 있는가 하면 넓은 의미의 지역사회 행동 속에 좁은 의미의 지역사회사업을 넣을 수도 있다. 따라서 양자를 각각 넓은 의미로 보느냐 좁은 의미로 보느냐에 따라 그 범위는 달라진다. 양자 모두를 넓은 의미로 보았을 때 그 양자는 동일한 개념이 된다고 할 수 있다.

8) 물론 이것들이 지역사회 사업의 모형 전부라고는 할 수 없다. 특히 지역사회복지라는 업장에서 보면 그 종류는 더욱 다양해질 수 있다(이 점은 '지역사회복지론'이라는 제목의 책들에서 다루는 주제들이 잘 말해주고 있다).

9) 샌더스는 지역사회개발 항목에서 지역사회조직을 다루고 있고(Sanders, 1975: 445-461), 로스만과 피카드는 지역사회개발과 지역사회조직을 똑같이 지역개발에 포함시키고 있으며 밀슨은 지역사회개발과 지역사회조직을 근접한 용어로 보고 있다(Milson, 1974: 14).

의 보다 정체된 부분에서 작용하는데, 농촌주민들의 종래 속박되었던 잠재적 힘과 가능성을 자유롭게 하려는 시도에 관련된다."

지역사회개발과 지역사회조직의 차이점에 대해 보다 자세히 살펴보면 다음과 같다(Dunham, 1970: 177-179 요약).

① **주제의 면에서:** 지역사회개발은 지역사회의 전면적 생활영역을 다루고 지역사회조직은 지역사회의 생활 중 보건 및 복지 혹은 그 이웃 영역을 다룬다. 지역사회개발은 지역사회조직보다 기본적인 욕구와 경제생활의 측면을 자주 다룬다.

② **범위에 있어서:** 지역사회개발이 보통 다루는 문제의 범위는 지방 지역사회 전체이지만 지역사회조직은 그 범위를 넘어서기도 하고 범위 내의 특수집단을 다루기도 한다.

③ **사회변동과의 관계에 있어서:** 지역사회개발은 사회변동을 초래하는 데 관심을 두지만 지역사회조직은 사회변동에 관심을 갖는 한편 현존하는 사회적 장치를 개선하는 데 관심을 두기도 한다.

④ **철학에 있어서:** 지역사회개발은 원래 자조와 민주주의의 이상에 연루되어 있지만 지역사회조직은 항상 그렇지만은 않다.

⑤ **참여인력의 면에서:** 지역사회개발은 본래 여러 전문분야 간의 협동으로 이루어지지만 지역사회조직은 그렇지 않은 것이 보통이다. 전자는 박학다식한자(generalist)를 필요로 하지만 후자는 전문가(specialist)를 필요로 한다.

⑥ **방법과 기술의 면에서:** 지역사회개발은 지역사회조직보다 더 광범위한 방법과 기술을 포괄한다.

⑦ **프로그램의 기본에 있어서:** 지역사회개발에 있어서는 그 프로그램이 그 지역사회주민들의 절실한 욕구를 반영하는 것이 바람직한 것이지만 지역사회조직에 있어서는 반드시 그런 것만은 아니다.

⑧ **동의와 갈등의 면에서:** 지역사회개발은 동의를 대단히 강조하지만 지역사회조직은 동의와 병행하여 갈등현상도 민주주의에 있어서 자연적 요소인 것으로 수용한다.

⑨ **참여의 문제에 있어서**: 지역사회개발에 있어서는 참여를 바라는 모든 주민들에게 직접참여의 기회를 주어야 하는 것이지만, 지역사회조직에 있어서는 일반적으로 그렇지 않다.

그 이외의 차이점들도 많다. 몇 가지 사항만을 추가해서 들어보면 다음과 같다.

① 지역사회개발은 후진 저개발지역에서, 지역사회조직은 선진개발지역에서 강조된다.

② 지역사회개발은 지역사회성의 이용을 통한 지역사회 발전을, 지역사회조직은 지역사회의 통합 · 재편성, 지역사회성의 부활을 통한 지역사회 발전을 기하려 한다.

③ 지역사회개발은 자원의 증대에, 지역사회조직은 자원의 조정에 보다 큰 관심을 둔다.

2. 지역사회개발의 역사적 · 사회적 배경

1) 지역사회개발의 역사적 배경

일정 지역에서 공동생활을 하는 집단이 보다 바람직스러운 생활을 영위하기 위한 집단적 노력은 인간의 역사만큼이나 오랜 내력을 가졌다고 할 수 있다. 인간이 유목의 단계를 지나서 농경단계에 이르러 일정 지역에 정착하여 살아온 이래 어려운 환경에 부딪칠 때 나타나는 행동을 단순화시켜 보면 두 가지로 나누어볼 수 있다. 하나는 현실을 도피하여 문제의 지역을 떠나는 소극적 방식이고, 다른 하나는 집단적 행동을 통하여 어려움에 대처하는 적극적인 방식이다. 지역사회개발은 후자의 입장이다.

지역사회개발은 사회개선의 노력이고 사실상 인류의 역사는 공동생활의 개선을 위한 수많은 노력들로 점철되어 온 것이다. 이러한 노력들의 형태는 대체로 근대사회 성립 이전의 시기, 근대사회가 성립된 후 제2차 세계대전까지의 시기, 제2차 세계대전 이후의 시기 등 3단계의 변천과정을 거쳐왔다고 할 수 있다(문병집, 1977: 69-85).

근대화 사회 성립 이전 인간의 지역공동체는 생산력이 미약하였으므로 동류의식을 바탕으로 하는 지역사회 단위의 협동적 노력이 불가피하였다. 근대사회 성립 후에는 이익사회적 성격을 토대로 하는 상대적 약자를 중심으로 협동의 노력이 나타나게 되었고 특히, 제2차 세계대전 후, 이전의 노력들에 더하여 경제개발 개념이 도입되면서 합리적 계획 활동으로 지역사회개발이 등장하게 된 것이다.

샌더스는 사회개선을 위한 초기의 접근방식들로서 유토피아운동, 19세기 말경에 조직화된 자선활동, 제1차 세계대전을 계기로 한 지역사회조직 등을 들고 있다(Sanders, 1975: 10-13). 던햄은 신생 개발도상국가에 있어서 지역사회개발의 시작은 정부의 산만한 서비스, 선교사들의 활동, 인도에 있어서의 마을 개선을 위한 간디(Gandhi)식 운동 및 기타 개별적 계획이나 제도 등으로 거슬러 올라갈 수 있다고 본다(Dunham, 1958: 247; 1970: 145). 유엔의 보고는[10] 지역사회개발에 선행하는 여러 가지 시도로서 기초 혹은 대중교육, 농업개량 보급, 농촌보건 실천계획, 협동조합 및 소규모 기업, 지역사회센터, 공동개발(communal development) 등을 들고 있다(園田恭一, 1978: 101).

구체적인 사업을 중심으로 보면 인도에 있어서[11] 1914년 타고르(Tagore) 이래의 간디 등이 추진한 농촌재건운동, 1950~67년에 걸친 러시아에 있어서의 Zemstva, 1934년에 실시한 중앙아프리카 벨기에령 콩고의 Paysannats Indigenes, 네덜란드의 Polder, 이집트의 농촌해방운동 등이 지역사회개발의 원형이라고 지적되고 있으며, 미국의 TVA도 지역사회개발의 성격을 띤 것이라 보고 있다(三浦文夫, 1967: 67; 園田恭一, 1978: 102에서 재인용).

그러나 오늘날 우리가 다루는 바의 지역사회개발이라는 것은 대체로 1940년대 이후의 산물이다. 지역사회개발이라는 말이 국제적으로 사용되기에 이른 것은 1948년 영국에서 개최된 아프리카 식민지 행정에 관한 케임브리지회의[12]의 결과

10) U.N. 보고서(1957)를 말함.

11) 인도에 있어서의 지역사회개발 원형에 대한 보다 구체적인 논의는 松原活郎, 1978: 241-242)를 참조할 것. 특히, 인도의 제1차 5개년계획(1951-56) 기간의 지역사회개발 프로그램에 대해서는 Dunham(1958: 250 및 1970: 45-46)을 참조할 것.

12) 이 회의에 대한 보고서로는 Great Britain Colonial Office, Social Development in British Colonial Territories, *Reports of the Cambridge Conference of Social Development*(1954)가 있다. 지역사회개발을 "지역사회 전체의 생활개선을 추진하기 위하여 지역주민의 참여와 주도성을 가능한 한 최대로 발휘토록 하는 것"이라고 규정하였다.

이다. 이 회의는 아프리카 식민지에 관한 행정문제의 토의를 위해서 열린 회의로, 이때 종래 사용되던 대중교육이라는 말[13] 대신에 지역사회개발이라는 용어가 채택되었다(松原活郎, 1978: 242-243). 그 후 1949년에는 영국 식민성의 요청으로 영국대학교 교육연구원에 지역사회개발 정보교환소가 설치되어 국제적 서비스 기구가 되었다. 같은 해 미국의 트루먼(Truman) 대통령이 제안한 '포인트 포'(Point Four)계획이나 1951년의 MSA(Mutual Security Agency), 이 기관이 재명명된 AID 등도 지역사회개발의 아이디어를 담고 있다(Dunham, 1970: 145).

유엔은 1947년에 기술원조 프로그램(1951년에 유엔 확대기술원조 프로그램으로 개편)을 시작하였고, 1951년 유엔경제사회이사회는 '지역사회조직과 지역사회개발의 연구를 위한 결의안'을 채택하였다. 1952년에는 유엔사회문제국에 사회개발처, 지역 및 지역사회개발부가 설치되었다. 이러한 유엔의 지역사회개발조직은 지역사회개발에 관한 연구, 교육, 자문 및 원조를 위한 국제적인 센터의 구실을 해왔으며, 특히 유엔의 지역사회개발에 대한 저술활동에 따라 지역사회개발 문헌의 시금석이 되는 두 권의 책[14]이 발행되었다.

이와 같이 지역사회개발은 제2차 세계대전 후 국제적 차원에서 활발하게 전개되기에 이르렀는데 전후 경제부흥을 위해서는 지역주민들의 적극적이고 자발적인 참여와 이해 및 그 수용태세가 중요하다는 인식을 배경으로 하여 등장하였다. 오늘날 그 용어는[15] "지역사회의 경제 · 사회 · 문화적 조건을 개선하고 이들 지역사회를 국가생활에 통합하며 지역사회가 국가발전에 충분히 공헌할 수 있도록 주민들 자신의 노력을 정부당국의 노력과 결합하는 과정들의 복합체라는 의미로 국제적으로 사용"하기에 이르렀다(Schlippe, 1972: 88).

이상과 같은 역사적 배경에서, 지역사회개발은 실제적 필요에서 시작된 것이며 지역사회개발이론은 그러한 경험을 바탕으로 한 귀납적 논리인 것이다.

---

13) S. Milburn은 1925년에 간행된 "교육의 영역-영국령, 열대 아프리카에 있어서의 교육정책", 1935년에 간행된 "지역사회의 전진-아프리카 지역사회에 있어서의 교육에 관한 각서" 및 1943년의 "아프리카에 있어서의 대중교육"의 세 보고서를 지역사회개발에 선행하는 것으로 지적한다(園田泰一, 1978: 102).

14) U.N. 1955 및 1957을 말함.

15) 미국에서 'Community development'라는 용어가 나타난 것은 적어도 1915년으로 거슬러 올라간다고 한다. 즉 그해에 패링턴(Frank Farrington)이 『지역사회개발: 소규모 도읍을 보다 살기 좋은 장소로 그리고 사업하기에 보다 좋은 장소로 만드는 것』이라는 제목의 책을 펴낸 바 있다(Dunham, 1970: 158).

한편, 지역사회개발이론은 "후진지역의 문화적 배경이 선진지식이나 기술의 수용에 따르는 어려움과 변화에서 발생하는 긴장을 제거하기 위해서 지역사회개발의 실천현장의 안정성을 강조하는 인류학적 패러다임으로 등장하였다(Bernard, 1973: 165). 그러나 그 패러다임이 갖는 문제점 또한 적지 않다(Bernard, 1973: 167-175). 그 문제점은 ① 지역사회개발 단위의 문제: 그 단위가 소규모의 지역사회(village)인 점, 즉 소규모 지역단위의 정체성과 그 보유능력이 문제가 된다. 여기서 정부개입의 필요성이 발생한다. ② 지역사회개발 준거 틀의 문제: 그 준거 틀이 서구에서 개발된 것이라는 점. 따라서 그 이론의 타당성 검증이 필요하게 된다. ③ 문화지체(cultural lag)의 문제: 변화 조장의 결과 나타나는 여러 가지 문제점이 발생한다. 따라서 이에 대처하는 방안이 필요하다.[16]

그럼에도 불구하고 오늘날 지역사회개발의 상황을 보면 대체로 다음과 같이 지적할 수 있을 듯하다(Dunham, 1970: 181-183).

① 지역사회개발의 철학은 널리 수용되고 있다.

② 지역사회개발 프로그램은 전 세계의 많은 국가들에 확대되었다. 선진국도 예외는 아니다. 저개발지역이 역시 적지 않게 존재하기 때문이다.

③ 도시지역사회개발 프로그램이 등장하기에 이르렀다. 도시에 있어서는 그 낙후된 지구의 주민들이 지방정부와 협동하는 자조적 노력의 성격을 띤다. 이 경우 종종 지역사회개발은 지역사회조직과의 차이가 모호해진다.

④ 지역사회개발의 실질적인 성과는 많은 지역에서 나타나고 있으나 그 성과들의 체계적이고 포괄적인 종합된 모습은 없다.

⑤ 이용 가능한 실질적인 지식, 기술, 태도가 계속 발전되어 왔다.

⑥ 상당히 중요한 자료들이 있어서 지역사회개발 프로그램이나 기관을 지원해 줄 수 있게 되었다. 지역사회개발에 관한 국제 정기간행물로서 중요한 것으로는 영국에서 발행되는 'Community Development Journal', 로마에서 간행되는 'International Review of Community Development' 그리고 국제지역사회학회의 간행물 등이 있다.

---

16) 지역사회개발에 대한 비판적 입장이나 쟁점에 대한 논의를 더 알아보기 위해서는 園田恭一(1978: 109-120) 및 Dunham(1970: 184-185)를 볼 것.

⑦ 지역사회개발 관계 인사들의 조직들이 출현하였다. 미국의 경우를 보면 국제지역사회개발학회(뉴욕에 본부를 둠), 전국지역사회개발협회(워싱턴에 본부를 둠), 지역사회개발학회(미주리주의 컬럼비아에 본부를 둠) 등이 있다.

⑧ 상이한 나라들의 지역사회개발에 대한 적절한 해설적 문헌이 결핍되어 있다.

한편 지역사회개발의 방향을 조망해 보면 다음과 같다(Dunham, 1970: 185-192).

① 신생개발도상국에 있어서 그 목표를 달성하기 위해서는 지역사회개발은 전국적인 경제 · 사회개발, 토지개혁, 행정개혁, 인구통계 등과 같은 프로그램과 관련지어야 한다.

② 경제개발과 보다 더 효과적으로 관련되어야 한다.

③ 지역개발에 대해 보다 큰 강조를 해야 한다.

④ 지역사회개발의 개념과 원리에 대한 재평가가 있어야 한다.

⑤ 다른 몇몇 측면들의 프로그램(예컨대, 여성 프로그램)이나 조직들(예컨대, 농민조직)을 강조해야 한다.

⑥ 도시지역사회에 있어 지역사회개발은 중요한 공헌을 하게 될 것이다.

⑦ 가장 중요한 것은 지역사회의 기본적 가치를 보존하는 것과 이를 지역사회개발에서 그대로 살릴 뿐만 아니라 다른 프로그램에도 통합시키는 것이다.

2) 지역사회개발 전개의 사회적 배경

지역사회개발은 의도적인 사회변동의 방법으로서 오늘날 농촌 및 산업화 이전의 상황에서는 산업화 조장의 수단이 되고 도시 및 산업화된 상황에서는 그 결과에 대한 대처수단이 된다. 이와 같이 지역사회개발은 두 개의 역설적 상황에서 이루어진다. 와렌(Warren)은 개발된 상황에서의 지역사회개발과 저개발상황의 지역사회개발로 구분한다.

이 두 형태의 지역사회개발의 성격을 살펴보기로 하자.[17)]

17) 이하의 서술은 별도의 인용 표시가 있는 경우를 제외하고 대체로 Warren(1970)의 서술을 요약하는 것이다.

(1) 저개발상황의 지역사회개발

원래 지역사회개발은 저개발지역의 개발프로그램으로 등장한 것이었다. 상대적으로 변화가 적은 이런 상황에서는 변화가 조장될 필요가 있다. 물자 결핍에 시달리는 상황으로 생활에 기본이 되는 필수조건들이 마련되어야 한다. 물론 물자의 결핍만은 아니다. 교육수준, 주민의 생활의욕, 사회구조, 종교, 습관 등에 걸쳐 개선해야 할 많은 문제점들을 지니고 있다. 보건서비스도 결핍되어 있고 과잉인구의 상태에서 부양인구가 과다한 상태이다. 이 상황에서는 문자 해득력의 증대, 건전한 산업기반의 조성, 새로운 사회제도와 기술적 절차의 확산, 물자획득의 증대를 통해 궁핍상태에서의 해방이 시급하다. 전체 사회에 지역사회를 통합시킬 필요가 있고 이를 위해 참여의식의 조장과 외부자원의 도입, 즉 외부로부터의 부족자원의 충당과 변화의 자극이 필요하다. 물론, 사회적 · 심리적 욕구의 충족이 무시될 수는 없으나 본래의 목표는 물자의 흐름을 증대시키는 것이다.

그러나 한편 그러한 변화에 따라 일어나고 있거나 일어나리라고 예상되는 여러 문제에 대응하는 노력도 병행되어야 한다.

이러한 성격의 지역사회개발은 보다 작고, 보다 농촌적인 지역사회에서 필요로 하는 것으로 생각되었다. 사실상 지역사회개발에 있어서 지역사회라는 개념은 본질적으로 보다 작은 농촌지역사회라는 의미를 반영한다.[18)]

(2) 개발된 상황의 지역사회개발

보다 개발된 상황에 있어서는 수많은 종류의 직업과 고도의 분업화, 고도의 복합적 생산과 분배구조, 제도적 구조의 고도 개발, 수많은 교육 · 복지 · 보건기관의 설립 등으로 해서 최적의 조정과 이용을 위한 관리상의 문제가 발생한다. 즉 도심에서 교외로의 이주에 따르는 도심의 빈민가화, 시 당국의 서비스 활동의 부적절성, 중간 소득층 주택의 결핍, 고용기회상의 마찰 등이 그것이다. 개인적 · 사회적 수준의 문제로서 비고용의 문제, 무능력의 문제, 가정갈등, 청소년 비행, 약물 중독, 범죄 등이 흔히 발생한다.

---

18) 이런 입장에 대해서는 특히 Warren(1970: 36) 및 Schlippe(1972: 88-89)를 참조할 것.

이들 문제는 경제적 결핍의 문제가 아니라 사회적 모순의 문제이다. 그 해결책은 변화의 지속적 조장이 아니라 변화의 결과에 적절하게 대처하는 것이다. 오늘날 이 문제는 사회적인 대표 조직들, 즉 교육위원회, 복지 및 사회기관, 정부 당국 등 대규모 조직의 활동에 의해 대처하려는 노력이 기울여져 왔다. 그러나 이들 대표적 조직들은 그 활동에 한계가 있다. 즉 그 활동범위와 대상 인원에 한계가 있고 그들의 활동이 서로 상충되기도 한다.

여기에 다음과 같은 방식이 필요해지는 것이다.

① 근린지역 수준의 조직화를 통해 그 주민들을 민주적 과정에 참여케 함으로써 그들의 광범위한 문제점들을 발견, 제거토록 하는 노력. 특히 가난한 자들로 하여금 발언권을 강화하여 그들 지역사회 개선에 영향력을 행사토록 하는 방식

② 다양한 조직들의 노력을 조정하고 그 지역사회가 가지고 있는 자원을 그 지역사회의 욕구해결을 위해 동원·조정하려는 활동. 이는 곧 지역사회조직이 된다.

①항의 근린지역 수준에 있어서 공동체의 성격을 개발하고 이를 바탕으로 하여 근린지역 수준의 문제점들을 대부분의 주민 참여하에 보다 광범위하게 제거해 나아가는 노력은 발전된 지역상황, 예컨대 도시상황에서의 지역사회개발 원형으로 볼 수 있을 것이다.

로스의 다음과 같은 입장은 도시에서 이루어지는 지역사회개발 방식을 잘 나타내주고 있다. 다만 그는 이들 지역사회조직 분야로 취급하고 있음에 주의할 필요가 있다.

지역사회조직 분야에 있어서 주목되는 주요한 초점은 ① 개개 시민들이 구성원으로서 소속감을 가질 수 있고 그들의 환경을 지배할 수 있는 의미 깊은 기능적 공동체를 개발하려 시도하는 것이고, ② 대도시 지역에 있어서 시민협의회 또는 다른 형태의 인근조직의 창조를 통해서 이웃이라는 새로운 감각을 개발하려고 시도하는 것이다(Ross, 1967: 96; Piccard, 1975: 96에서 재인용).

슈리프(Pierre de Schlippe)는 급속한 비율로 성장하는 도시지역의 경우 지역사회개발의 적용가능성에 문제가 있음을 지적하고 있다. 도시는 주민 사이의 관계,

욕구 및 시설의 성질상의 차이가 "충분히 파악된 후에 도시지역에 대한 지역사회개발의 원리, 기술의 적용 가능성을 결론지어야 한다"고 신중한 입장을 취하면서도 분명한 것은 "그러한 차이는 … 우선순위와 절차상의 차이를 필요로 하고 정부지원활동도 상이한 방식으로 조정되어야 한다"고 하였다(Schlippe, 1972: 89).

유엔에서는 1957년 "세계의 사회적 상황에 대한 보고"를 통하여 도시화에 따른 문제에 관련하여 도시 지역사회개발에 대한 아이디어가 형성되기 시작하였다. 다만 이 지역사회개발 아이디어와 도시의 사회복지와의 관계는 불명확하다(Dunham, 1970: 184).

결론적으로 도시 지역사회개발은 하위지역 단위의 생활 개선과 공동체의 조성 등 두 차원에서 추진되어야 할 것으로 보인다. 다만 지역사회조직 등 다른 사회사업활동과 분명히 구분짓기에 곤란한 경우들이 있다고 하겠다.

3. 지역사회개발의 방법

지역사회개발은 상이한 지역에 있어서 그 지역 발전의 정도에 따라 다양한 방식으로 전개된다. 지역사회개발 프로그램도 그 형태와 명칭에 있어서 상당히 다양성을 보여주고 있다. 유엔의 한 보고서[19]에 따르면 다음과 같이 국가별로 다양한 프로그램들이 나타나고 있다(Dunham, 1958: 247).

- 그리스: 복지 · 고용프로그램, 국가기금에 의한 지방 공공사업의 조장
- 푸에르토리코: 땅 없는 무단 입주자와 설탕농장에서 일하는 농업노동자들을 위한 계획된 지역사회
- 이집트: 농촌복지센터, 농촌사회사업가, 의사, 보건 및 사회복지 간호사와 청년지도자로 조직된 자원조직
- 실론: 농촌개발조합
- 자메이카: '보다 좋은 마을 건설계획'
- 버마: 마을 재건의 다목적 프로그램을 갖춘 대중교육 및 개발팀
- 파키스탄: '마을농업 및 산업개발 프로그램'

---

19) U.N.의 보고서(1955)를 말함.

- **인도**: 전국적으로 조성된 지역사회개발의 자조 프로그램

지역사회개발 프로그램들을 대륙별로 살펴보면 다음과 같이 유형화할 수 있다고 한다(Ponsioen, 1962: 53-54).

- **북아메리카**: 생활조건을 개선하기보다는 사회생활, 즉 각 지역사회의 특성을 살린 공동생활을 개선해 나간다.
- **유럽**: 1950년까지는 상이한 계급에 속해 있는 개인들에 대한 기회 불평등을 제거하는 것이었으나 최근에는 지역을 기반으로 하는 사회 · 경제적 차이를 없애고자 시도한다. 왜냐하면 이것이 보다 개인적 기회에 영향을 주기 때문이다. 예를 들면, 산업 및 기초 용역의 지방 분산, 말하자면 원주민들이 근대화 및 산업화에 대처해 나갈 수 있도록 조장하는 프로그램들이 지역사회개발이라 일컬어졌다.
- **라틴어 사용 국가들**: 사회관계체제 및 경제의 구조적 변화를 목표로 하지 않고 농촌생활을 개선하려는 프로그램들로 구성된다. 이것은 유엔의 지역사회개발에 관한 정의 중 단 한 가지, 즉 지역사회의 사회적 · 경제적 · 문화적 수준에서의 개선만이 채택됨을 뜻한다.
- **아시아 · 아프리카**: 지방, 주로 농업지역의 경제가 발전하는 길을 터주려는 많은 프로그램으로 나타난다. 뿐만 아니라 사람들이 관심을 갖게 하는 심리적 차원의 방법을 포함한다.

한편, 문제지역의 성격이나 개발단계의 양상에 따라 지역사회개발은 또한 다양한 방식으로 실천된다(Ponsioen, 1962: 54-56).

- **현대적 행정 중심지의 경우**: 이 지역의 문제점은 공동체 생활의 결핍, 개인적 고립, 은폐된 갈등과 긴장들이다. 이들 문제에 대처하기 위해 서구형 사회사업학교의 프로그램들이 짜여진다. 따라서 지역사회개발 고유의 프로그램의 여지가 없다. 세련된 지역사회조직이나 지역사회센터의 필요성이 존재한다. 이런 곳에 있어서는 도시형 지역사회개발 프로그램이 개발될 필요가 있다. 왜냐하면 이곳에서는 사회생활이 보통 지역적 기초 위에 이루어진 것이 아니라 친구 클럽 등 자발적 조직에 의해 기능적으로 조직되어 있기 때문이다.

- **산업, 상업 및 광산 중심지의 경우**: 이 지역은 비교적 새로 형성되는 지역이며, 근로자들은 농촌 출신인 경우가 보통이고, 상이한 문화적 배경을 갖고 있으며, 그들이 일하는 지역은 생소한 지역이다. 도덕이나 문화에 영향을 주는 급속한 사회변화의 지역이다. 지역사회개발 프로그램은 상이한 문화배경을 가진 비단들의 융화, 균형있는 소비유형 개발, 잘 이해되고 정돈된 부부가족으로의 변화, 오락활동의 조직화, 성인교육과정, 잠정적 생활지역의 정화 및 정비와 같은 문제들을 포함한다. 이곳에서는 노동조합활동이 지역사회개발에 크게 공헌한다.
- **행정도시나 공업 중심지역 주변의 불규칙적인 판자촌**(shanty towns): 무작정 도시로 이주하는 사람들이 직업을 얻기 전에, 임시로 오두막을 짓고 살며, 어떤 일정한 수입을 못 얻고, 고용되기를 바라지만 사실상 직업을 얻으려는 노력을 거의 하지 않고 직업기회가 저절로 주어지기를 바라는 사람들이 사는 지역. 이런 지역이 가장 심각한 문제 지역이다. 이 지역의 문제 해결은 농업지역을 개선하거나 전략적으로 공업중심지역을 확대 · 창설하는 데 있다. 그리하여 사람들이 시골로 귀향하거나 공업지역에서 정규적인 직업을 얻도록 해주고 일시적으로는 서로의 생활을 보다 견딜 만하게 만들기 위해 협동하도록 하는 것이 필요하다. 주민들의 사회적 발언권 형성이 효과적일 수도 있다.
- **시골 · 농촌지역의 경우**: 이 지역은 관개계획, 농지확대, 보건활동, 국민학교나 직업학교 같은 개발활동 및 사회복지활동이 소개되어 그 주민들에 의해 받아들여진 지역. 현대적 생활방식이 침투되고 도시와 상호교환이 점증하는 지역. 이런 지역의 문제는 첫째, 변화가 너무 늦다는 것 둘째, 신 · 구간의 알력, 갈등 및 저항이 일어난다는 것 셋째, 종종 토지개혁 혹은 교통설비처럼 필요한 구조적 변화나 개발을 위한 강한 충동을 동반하지 못한다는 것이다. 더욱이 대부분의 성공적인 사람들은 도회지로 가는 경향이 있어서 지역사회개발 프로그램은 경제발전의 가속화를 목적으로 해야 한다. 그리하여 지역사회의 모든 계층 및 집단들이 관심을 갖게 하고 지역개발을 하며 무엇보다도 그 지역에 일련의 오락 및 문화시설을 갖추어주어야 한다.
- **오지(奧地)의 경우**: 이 지역은 무관심과 전통주의에 의해 특징지어지며 실질적으로 어떤 개발활동도 시작하지 않았거나 그 활동이 주들에 의해 이해되지

않은 지역이다. 저수준의 건강, 문맹은 빈곤의 악순환을 초래한다. 이 지역에서의 지역사회개발 프로그램은 주민들 사이의 밀착된 접촉과 외부로부터의 개발활동 사이의 협동을 이룩하고 활성화하는 방법으로써 생활조건의 개선을 직접 목표로 해야 한다.

이상의 논의를 통해서 보면, 지역사회개발 프로그램의 내용이나 성격상에는 많은 차이가 존재한다. 지역사회개발계획과 추진방식도 그 시기, 그 사회의 상황에 의해 크게 달라진다는 것도 짐작할 수 있다.

로스는 지역사회개발의 방법으로 다음과 같이 세 가지를 들고 있다(Ross, 1967: 21-34; 김영모, 1967: 118-119).

① **외부기관에 의해 주입되는 방식**: 외부기관이 개입하여 하나의 특수한 프로그램이나 기술을 주입하는 것. 이 경우 정부의 요청에 의할 수도 있고 그렇지 않을 수도 있지만 지역주민의 요청은 없는 경우이다. 따라서 그 사업이 지역주민의 의사와 관계없을 수도 있다. 이때 외부기관에 의해 계획이 수립되고 지역사회의 욕구가 진단되어 프로그램이 제시되며 이를 지역사회 주민들에게 제시, 설득하는 방식이 되는 것이다. 이 방식의 성패 여부는 외부기관이 주민들의 가장 절실한 욕구를 발견했느냐에 달려 있다.

② **복합적 접근방식**: 지역사회에 내재하는 여러 가지 문제점을 해결하기 위해 다방면의 전문가가 개입하는 방법. 이 방법은 다음과 같은 의미를 내포하고 있다. 첫째, 지역사회 문제의 비분리성이다. 즉 지역사회생활은 종합성을 띠고 있어서 몇 개의 부분으로 분해하기가 어렵다. 따라서 문제를 해결함에 있어서도 복합적 기능의 조정에 의해야 한다. 둘째, 문제해결 방법의 다면성이다. 기술변동의 사회적 결과로서의 문제는 기술적 방식에만 의존할 수 없고 그 지역사회의 여러 특질들을 고려해야 한다.

③ **내적 자원 접근방식**: 앞의 ①, ②는 외부의 자극에 의해 지역사회의 변화를 기하려는 것이고 이 방법은 지역사회행동을 통하여 지역사회를 변화시키려는 것이다. 지역사회 주민들이 자신들의 문제를 스스로 발견하고 협동적으로 해결하도록 하는 것이다. 그 기본 입장은 변화하는 지역사회가 그 변화에 대한 필요성을 깨달을 때 그리고 변화에의 의지와 능력이 발전할 때, 지

역사회개발은 이루어진다는 것이다. 문제점은 그 과정이 느리고, 외부 조종적이 될 수 있고, 그 사업내용이 보다 큰 사회, 예컨대 국가적 차원의 요구에 상치될 가능성도 없지 않다는 데 있다.

지역사회개발 프로그램 내용이나 그 추진방식의 다양성에도 불구하고 지역사회개발 프로그램이 실천되는 과정에서 보면 어떤 원리적인 모습을 찾을 수 있다.

우선 지역사회개발 프로그램은 다음과 같은 요건, 즉 행동의 단위가 지역공동체라는 것, 외부 원조와 지역사회 주민 자신의 결정과 노력을 결합한다는 것, 그리고 지역사회의 주도성과 리더십이 변화의 도구로서 자극되어야 한다는 것 등을 포함한다는 것이다(Ross, 1967: 8).

그 다음으로는 그 방법론의 원천이 사회사업의 방법과 현대행정의 방법에서 유래한다는 것이다. 사회사업에 있어서 개인과 집단에 적용하는 방법이 지역사회개발 방법으로 지역사회에 적용되는 것이다. 사회사업은 도움받는 사람들로 하여금 그들 자신의 힘으로 그들 자신의 문제를 해결할 수 있도록 하기 위하여 그들의 주도성과 사회성을 불러내고 조장하며 활성화하는 방법이다. 이런 방법이 지역사회개발에 적용된다(Ponsioen, 1962: 50-51). 던햄도 지역사회개발 전반에 걸쳐서 개별사회사업, 집단사회사업, 사회사업철학 등 사회사업의 모든 과정이 공헌한다고 보고 있다(Dunham, 1958: 256). 이러한 사회사업적 방법은 지역사회개발에 있어서 훌륭한 행정의 방법과 결합되어야 한다. 현대행정가들은 정부의 의향을 실천할 뿐만 아니라 주민들의 욕구와 수요를 고려하게 된다(Ponsioen, 1962: 51-52).

그리고 지역사회개발은 그 실천과정에 있어서도 유사한 일련의 과정을 거치게 된다. 이제 지역사회개발의 추진과정을 살펴보기로 하자.

영허즈밴드(Younghusband)는 지역사회개발에 있어서의 기본적인 사회적 과정으로 다음과 같은 11개의 요소를 든 바 있다. ① 지역사회와 친숙해지는 것 ② 지역사회에 대한 지식의 수집 ③ 지역사회 지도자의 식별 ④ 지역사회가 갖는 문제를 깨닫도록 지역사회를 자극하는 것 ⑤ 주민들을 도와서 그들의 문제에 관해 토론하도록 하는 것 ⑥ 주민들을 도와서 그들의 가장 절실한 문제를 식별토록 하는 것 ⑦ 자신감을 조성하는 것 ⑧ 행동 프로그램을 결정하는 것 ⑨ 장점과 약점의 인식 ⑩ 사람들을 도와서 그들의 문제를 해결하는 데 계속해서 노력하게 하는 것,

⑪ 사람들의 자조능력을 증진시키는 것(Dunham, 1970: 151-152).

이러한 여러 요소에도 불구하고 그 과정을 단순화시키면 결국 계획의 수립(plan), 계획의 실천(do), 그리고 평가(see)의 3단계로 구분해 볼 수 있을 것이다. 이들 3단계의 과정은 일개 사업의 면에서 보면 일회적일 수 있으나 지역사회 단위에서 보면 그것은 반복적 · 누적적인 성격을 띠게 된다. 이를 도해하면 다음 〈그림 10-1〉 및 〈그림 10-2〉와 같이 될 것이다.

[그림 10-1] 지역사회개발의 과정

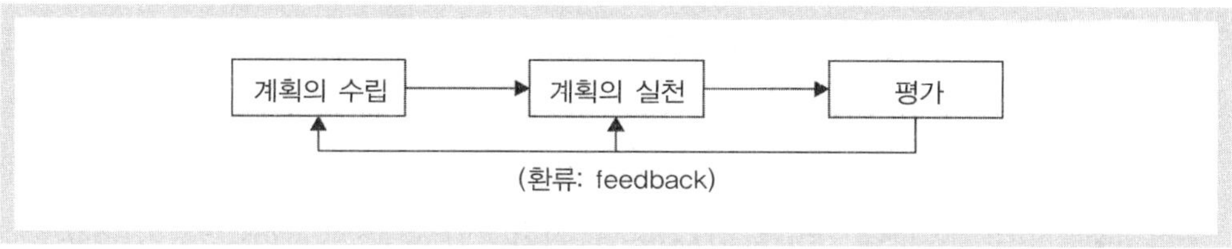

[그림 10-2] 지역사회개발의 누적적 과정

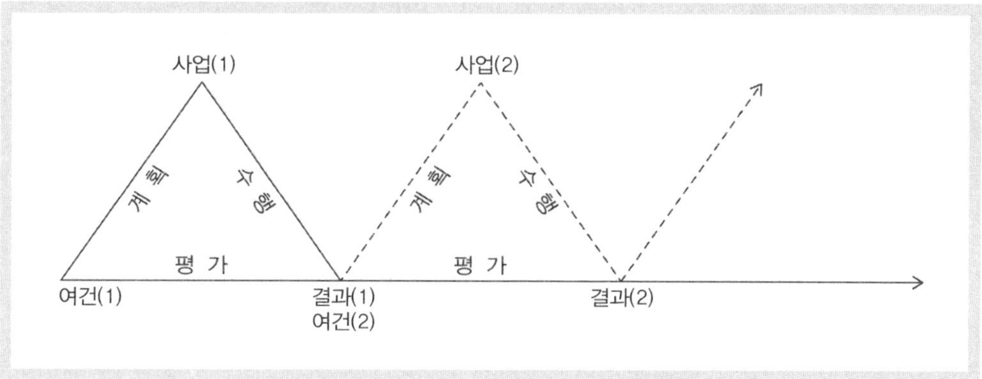

자료: C. W. Chang, Extension for Agricultural Development, UN-FAO Regional Office, 1963: 37.

위 〈그림 10-2〉의 '누적적 과정'을 자료에서는 '개발사업의 삼각형적 과정'이라 칭한다. 이제 이들 과정을 단계별로 나누어 그 대략을 살펴보기로 한다.[20)]

---

20) 보다 상세한 논의는 문병집(1977: 131-202); 정지웅 · 김지자(1975: 81-205), 기타 여러 책에서 지역사회개발의 '과정'이나 '방법'을 다룬 부분을 참조할 것.

① **계획수립의 단계**: 이 단계에서는 선정된 지역사회를 조사 진단하고 이를 바탕으로 하여 개발계획을 수립하게 된다.

지역사회의 조사 · 진단을 통하여 지역사회주민이 절실하게 느끼는 욕구, 부존자원의 상태, 개발의 정도 등에 대한 제반 정보를 수집하고, 그 수집된 정보의 의미와 중요성을 분석하게 된다. 이 단계에서 공통의 욕구와 지역사회의 문제에 대한 주민의 체계적 토론이 필요하게 된다. 지역사회개발은 다수 주민의 적극적이고 자발적인 참여를 필요로 하는 하나의 사회운동이기 때문이다. 그 다음의 개발계획수립의 단계는 지역사회주민들의 욕구에 따라 어떤 사업을 어떻게 할 것인가를 결정하는 단계이다. 목표를 설정하고, 프로그램을 짜고, 그 추진방법, 일정 등을 명백히 한다. 최종안의 선택을 위한 평가 · 검토가 필요하다.

② **계획실천의 단계**: 이 단계는 사실상 주민참여의 유도와 자원의 동원, 활용으로 이루어진다.

지역사회개발을 효과적으로 추진하기 위해서는 주민의 적극적인 참여를 유도해야 한다. 지역사회개발 프로그램의 성공은 주민들이 정서적으로 그 프로그램에 공감하는 것이 필요하기 때문이다. 여기에 지역사회개발은 하나의 운동으로서의 성격을 띠게 된다(Schlippe, 1972: 89). 주민참여의 유도에 있어서는 일정 지역사회의 당면문제 해결을 위한 지식과 기술의 전달과정이 필요하다. 이는 지역사회 교육에 관련되거니와 그 교육의 효과를 극대화하기 위해서는 지역주민이 프로그램에 흥미를 갖고 이를 스스로 행하도록 해야 한다. 민주적 행위의 방안들은 지역사회개발 프로그램 자체의 가장 중요한 측면 중 하나이다(Dunham, 1958: 253). 주민참여의 촉진을 위해서는 이론적 설득, 실험적 전시, 연설 등이 필요하고(문병집, 1977: 199-201), 방문이나 회합, 전시, 홍보활동 등이 요청된다(정지웅 · 김지자, 1975: 141-162). 던햄도 지역사회개발 프로그램 추진에 있어서 그 구체적 성취보다 더욱 중요한 것은 사람들에게 협동적인 노력을 통하여 보다 나은 생활수준을 달성하기 위한 그들 자신의 힘에 대해 어떤 느낌을 불러일으키는 것이라고 하였다(Dunham, 1958: 247).

주민참여의 유도와 더불어, 지역사회개발을 추진함에 있어서는 지역사회 내의 모든 가용자원을 최대한으로 동원하고 외부의 자원을 적절하게 도입 · 결합할 필요가 있다. 지역사회개발에 동원 · 활용되는 자원은 인적 자원, 물적 자원 및 제도, 조직으로 나누어진다. 인적 자원은 주민의 수와 질로서 물적 자원을 효율적으로 동원하고 활용할 수 있는 힘이 되는 것이다. 그것은 개발 대상이면서 동시에 개발 주체가 된다. 물적 자원은 이용 가능한 지역사회 내외의 부존자원으로 자연자원과 인공시설물로 구성된다. 제도와 조직은 지역사회개발 노력을 가능케 하는 사회적 자원으로 주민들의 생활 기틀이 되는 자원이다. 한편 지역사회개발 자원을 내부자원과 외부자원으로 나누어 볼 수 있는데 외부자원은 정부나 외부의 사회단체 및 인사에 의해 제공되는 기술적 봉사와 자금, 기본적 물자를 말한다. 특히 저개발지역에 있어서는 정부의 역할이 중요한 요인으로 작용한다.[21)]

③ **평가의 단계:** 지역사회개발의 마지막 단계이다. 이 단계는 목표와 성과 혹은 계획과 실시간의 격차, 즉 기준치와 실제치 사이의 간격을 발견하는 단계이다. 평가를 바탕으로 기존의 사업을 보완하거나 새로운 사업계획을 마련함으로써 그 성과를 극대화할 수 있다. 따라서 평가의 과정은 지역사회개발과정의 최종단계이면서 다음 과정으로 이어지는 계획 이전의 단계이다. 평가의 유형으로는 평가의 주체에 따라 개발 담당자에 의한 평가와 제3자에 의한 평가, 평가대상에 따라 개발결과에 대한 평가와 개발과정에 대한 평가, 평가시기에 따라 사전평가, 중간평가, 최종평가가 있다.

4. 지역사회개발과 새마을운동

1) 새마을운동 이전의 지역사회개발[22)]

한국에 있어서 지역사회 단위의 협동방식은 오래전으로 거슬러 올라가 찾아볼

21) 지역사회개발에 있어서 정부의 역할로는 ① 잘 고안된 정책에 따라 국가적 차원에서 프로그램을 계획하고 조직화하는 것, ② 지역사회나 자원적 조직의 차원을 넘어서는 기술적 봉사와 기본적 물자를 제공하는 것을 들고 있다(Schlippe, 1972: 89).

22) 문병집(1977: 323-333); 정지웅 · 김지자(1975: 285-320); 김신복(1982: 28-50) 등을 주로 참고하였음.

수 있다. 계(契), 두레, 품앗이, 향약(鄕約) 등이 그것이다. 이러한 전통적 방식은 오늘날의 지역사회개발 원리와 동일하지는 않다 할지라도 그 아이디어에 있어서나 원리에 있어서 지역사회개발의 전통적 모형이라 할 만하다.

일제시대에 있어서도 그 형태와 과정에서 보아 지역사회개발이라 할 만한 활동들이 있었다. 일제 당국에 의해 주도되었던 자력갱생 또는 농촌진흥운동과 금융조합, 산업조합 등의 협동조합운동 등을 지역사회개발활동의 한 형식으로 들 수 있을 것이다. 그러나 이것들은 '식민지 지배정책의 일환으로서 식민지에 대한 경제적 착취와 약탈수단의 성격을 띠고 있었으므로 그 형식은 지역사회개발과 유사하다 할지라도 진정한 의미의 지역사회개발은 아니었다. 한편 그 당시 민간 주도하의 여러 운동들, 예컨대 신농촌문화운동, 향토개발운동이나 민간 협동조합운동 등이 있었으나 이는 산발적으로 진행되었을 뿐만 아니라 그 성격에 있어서도 일제에 항거하기 위한 일종의 민족해방운동의 성격을 지니고 있었으며 사회 · 경제적 의의보다 정치적 의의가 더욱 컸다고 할 수 있다. 따라서 근대적 의미의 지역사회개발이 체계적으로 전개된 시기는 해방 이후의 일로 잡는 것이 타당할 것이다.

해방 후 특히 본격적으로 지역사회개발사업이 실시된 것은 1957년 6월 21일 한미합동경제위원회 내에 지역사회개발 합동실무반이 조직되면서부터이다. 이 실무반이 실시한 지역사회개발사업 실시 가능성에 대한 사회조사의 결론은 ① 한국의 농민들은 자력으로 부락을 개선할 수 있다는 것, ② 단 농촌개발사업을 능률적으로 추진하기 위해서는 외부에서 다소의 물질적 · 기술적인 지원과 지도가 필요하다는 것이었다(문병집, 1977: 327). 이에 따라 한국정부는 1958년 국무회의에서 지역사회개발 요강을 의결하고 같은 해 9월 2일 대통령령 제1384호로 지역사회개발에 대한 정의를 내리고 그 추진 조직체를 설립하게 되었다. 그 조직을 보면 부흥부 산하에 부흥부장관을 위원장으로 하는 지역사회개발중앙위원회가 설치되고, 도에는 도지사를 위원장으로 하는 도 지역사회개발위원회가, 군에는 군수를 지역사회개발위원장으로 하는 군 지역사회개발위원회가 설치되었는데 군위원회에는 전문지도위원 1명과 4명의 지도위원으로 구성된 지역사회개발 군지도반을 두어 지역사회개발 실무를 수행토록 했다. (그 뒤, 1959년 군지도위원제는 폐지되고 부락지도위원제가 채택되었다.) 이런 조직을 두고 선정된 시범부락에 대하여 지역사회개발사업을 실시하였는데 1958년에 5개 군 12개 부락에서 이 사업이 시작되었던 것이 1959년에는 20개군 121개 부락, 1961년에는 818개의 시범부락으로 확대되어 전국적 범위로 추진되었다. 5·16군사혁명이 일어난 후 기구가 개편되어 지역사회개발 업무는 건설부의 지역사회국으로, 나중에는 농림부의 지역사회국으로 이관되었다.

이는 지역사회개발사업이 정부의 공식적 관료조직으로 흡수된 것을 의미한다. 그 뒤 1962년 농촌진흥청이 설치되면서 지역사회개발업무는 농촌진흥청으로 이관(지도국, 사회지도과에서 관장)됨으로써 지역사회개발이 농촌지도사업의 일환으로 실시되게 되었고 주로 농업발전을 지원하는 사업으로 그 영역이 축소되었다. 시범지역은 보다 확대되었고 지역사회개발사업은 보조사업과 자조사업의 형태로 지도원의 지도하에 추진되었다.

농촌진흥청이 주도한 농촌 지역사회개발사업은 그 대상이 몇 개의 면(面)으로 조직된 것이고 점차 농촌교도사업(agriculture extension work)으로 전환되었다. 농촌교도사업은 그 개발단위가 농가이고 그 사업은 주로 농사개량이 중심이었다.

이러한 지역사회개발사업과는 별도로 추진되었던 재건국민운동, 신용협동조합운동, 4-H클럽운동 등은 그 성격상 지역사회개발사업과 매우 유사한 활동들이라 할 수 있다.

2) 새마을운동의 전개

새마을운동은 오늘날의 한국적 지역사회개발 모델로서 국가발전 전략의 하나로 고려되고 있다(문병집, 1977: 21). 말하자면 새마을운동은 지역사회개발 논리를 한국 지역사회에 적용하여 그 주민들의 생활향상을 기하고 이를 바탕으로 국가발전을 더욱 촉진시키고자 하는 것이다.

그 형식적 발단의 계기는 1970년 4월 22일, 지방장관회의의 유시를 통한 박정희 대통령의 지시[23]에 두고 있는데 당시 한국의 사회·경제적 상황은 어떤 지역사회개발 프로그램의 필요성이 절실하였던 것으로 생각된다.

1960년대의 제1·2차 경제개발5개년계획은 그 국가발전의 기조를 공업화에 의한 경제개발에 두었다. 이에 따라 고도의 경제성장을 가져왔으나 그 결과 물적

---

23) "농민, 관계기관, 지도자 간의 협조를 전제로 농촌 자조노력의 진작 방안을 연구하라"는 지시를 말함. 이 지시에 따라 같은 해 10월부터, 새마을가꾸기 사업으로 구체화되어 전국적으로 실시하기에 이르렀다.

풍요에 정신적 · 사회문화적 근대화가 뒤따르지 못하였으며 도시와 농촌 사이의 격차가 확대됨으로써 이것이 국가발전의 저해요인으로 작용할 가능성이 커지게 된 것이다. 공업화 위주의 불균형성장 모델은 필연코 새로운 차원의 국가발전 전략의 개발을 필요로 했던 것이며, 여기에 새마을운동이 대두하게 되는 상황적 요인이 있었다. 지역사회개발을 '산업화를 촉진하면서도 그 결과에 대처하려는 수단'이라고 하거니와(Warren, 1970: 32) 새마을운동도 이러한 성격을 가지고 있어서 그것은 근대화를 위한 것이면서도 근대화의 부정적 결과에 대척해 나아가기 위해 요청되는 것이다. 새마을운동의 이러한 양면성이 곧 균형적 국가발전에 공헌하는 것이고, 여기에 개발된 도시지역에서도 새마을운동이 필요한 까닭이 있는 것이다.

새마을운동의 전개과정은 대체로 태동단계, 기반조성단계, 자조발전단계, 자립구축단계, 복지정착단계 등의 5단계로 나누어볼 수 있다.[24)]

태동단계(1970~1971)는 대통령의 유시에 따라 새마을가꾸기 사업이 추진되던 단계이다. 1971년 내무부에 전담부서인 지역개발 담당관이 설치되었고, 새마을 정신으로 '근면 · 자조 · 협동'이 규정되었다.

기반조성단계(1972~1973)는 새마을운동이 대통령에 의해 국가시책의 최우선 사업으로 선언되고(1972년 10월), 이에 따라 환경개선에 국한되었던 새마을가꾸기 사업이 환경개선, 정신계발, 소득증대 등을 사업내용으로 하는 새마을운동으로 확대된 단계이다. 정부는 대통령령 제6,104호(1972.3.7)로 새마을운동의 추진협의체인 '새마을운동중앙협의회'를 정식 기구로 설치하고[25)] 새마을지도자 양성을 위한 새마을지도자 연수원을 개설하였다. 1973년에는 가장 성공적인 마을의 지도자들에게 대통령상과 훈장이 수여되고 전국의 모든 마을을 자립과 발전의 정도에 따라 ① 기초마을(미개발부락) 18,415개, ② 자조마을(개발도상부락) 13,943개, ③ 자립마을(개발부락) 2,307개를 선정 · 분류하였다(Brandt & Lee, 1977: 22). 이 시기에 각 시 · 도 · 군 · 구에 각기 새마을지도과가 신설되었고, 전국에 170개의 새마을공장도 설치 · 가동되었다.

---

24) 새마을운동의 전개단계를 나누는 방식은 입장에 따라 다소 다르고, 각 단계에 해당되는 연도도 서로 차이를 보이고 있다. 김신복(1982: 50-55); 문병집(1977: 341-343); 새마을운동중앙본부(1984: 64-68) 등을 참조할 것.

25) 중앙협의회의 하부조직으로 시 · 도에 시 · 도협의회, 시 · 군에 시 · 군협의회, 읍 · 면에 읍면추진위원회, 마을에는 리 · 동개발위원회가 각각 조직되어 새마을운동의 추진협조체계를 갖추게 되었다.

자조발전단계(1974~1976)에서 마을소득증대, 새마을교육, 도시새마을운동 등 3대 역점사업이 중점적으로 추진되었다. 특히 도시새마을운동은 지역뿐만 아니라 직장과 학교새마을운동으로 확대 추진되었다. 이제 새마을운동은 농촌과 도시를 망라하는 '범국민적 운동'이 된 것이다. 이 시기에 질서운동이 전개되었고, 반상회를 월 1회 개최토록 의무화하였다. 이 기간 중, 즉 1974년 농가소득은 1970년의 2배 이상으로 증가하였으며 그 후 4년간(1974~1977)은 농촌소득이 도시근로자 소득을 앞지르게 되었다.

자립구축단계(1977~1980)에서는 농촌건설의 촉진, 소득증대의 지속화, 도시새마을운동의 본격화, 공장새마을운동의 강화, 새마을정신의 생활화에 역점을 두었다. 1978년도에 농촌주택개량사업이 대대적으로 전개되었다. 자연보호운동이 본격화되었으며, 소비절약운동과 저축운동은 제2의 새마을운동으로 강력히 추진되었다. 공장새마을운동의 일환으로 기업주와 종업원 사이에 공존 · 공영하는 노사협의체제를 확립코자 하였던 것도 이 시기이다. 그러나 1979년 말 정치적 돌발사태(10 · 26사태)로 말미암아 정변과 혼란 속에서 새마을운동은 일시 주춤하였는데, 체제에 저항하던 세력과 일부 지식인층의 새마을운동에 대한 비판의 소리가 높았으며 관련 인사들은 좌절을 경험하기도 하였다.

복지정착단계(1980~), 즉 1980년 이후의 제5공화국에 새마을운동을 국민 스스로의 의지가 집결된 민간주도의 국민운동으로 추진하고 영속적인 국민운동으로 승화 · 발전시키려는 의도하에 1980년 12월 1일 그 중추적 선도체로서 새마을운동중앙본부가 발족되었다.[26] 이제 새마을운동은 국민정신개혁운동에로의 승화, 복지균형운동으로의 성숙, 민간주도운동의 정착, 국제화운동으로서의 확산에 그 기본 목표를 두고 있다(새마을운동중앙본부, 1984: 68).

이제 앞에서 논의한 새마을운동의 전개과정을 종합 · 요약하여 보기로 한다. 우선 그 초기 3개년(1971~1973) 동안의 성격은 다음과 같이 개관된다(김일철, 1978: 74).

첫째, 정부가 착수하고 주도하였다.

둘째, 환경개선사업 등 주로 외형적인 것이었다.

---

26) 중앙본부 산하에는 시 · 도에 지부조직이, 시 · 군 · 구에 지회조직이 있으며 중앙조직으로 각종 추진조직체, 교육기관, 연구기관이 설치되어 있다(새마을운동중앙본부, 1984: 103-105 참조). 1990년에 들어서서 1 고향가꾸기, 1면 1특화사업이 전개되었다.

셋째, 소수의 강요된 참여에 의해 이루어졌다.

넷째, 주민에 의한 수용이 피동적이었다.

다섯째, 정부의 역할은 지시적이었다.

여섯째, 정부주도형이었다.

일곱째, 농촌에 있어서의 마을단위 활동이었다.

그러나 새마을운동은 성격적으로 초기의 사업단계에서부터 후기 사회운동의 단계로 전환하였는데 그 내용은 〈표 10-2〉와 같다.

〈표 10-2〉 새마을운동의 변화

영역: 변화:	사업의 단계	→	사회운동의 단계
1. 착수	정부	→	국민
2. 목표	경제사업	→	가치관과 규범의 변화
3. 참여	강요된 소수	→	자발적 다수
4. 목표의 수용	일방적	→	보편화, 내면화
5. 정부의 역할	지시적	→	지원, 조정
6. 리더십	지명, 일방적	→	선정, 참여적
7. 활동범위	자연부락	→	부락 간 활동

자료: 김일철, 새마을운동의 전개과정과 그 사회적 성격의 전환, 『지역개발연구』, 14집, 전남대 지역개발연구소, 1978: 75.

이러한 새마을운동의 추세를 보다 단순화시켜 풀어보면 다음과 같다.

첫째, 추진 주체에 있어서 정부에서 민간으로 점차 바뀌어갔다.

둘째, 추진 대상지역에 있어서 농촌에서 도시로 확대해 갔다.

셋째, 추진단위에 있어서 농촌의 경우는 마을권에서 협동권으로, 도시의 경우는 지역단위에서 기능집단단위(직장이나 공장 및 학교)로 확대되었다.

넷째, 추진 사업내용에 있어서는 그 중점이 외형적 환경개선사업에서 생산 · 소득사업으로, 다시 정신개발사업으로 옮아갔다.[27)]

27) 필자는 새마을운동 10년을 결산하는 논문에서 추진 단위의 마을권, 협동권 문제와 사업내용의 성과를 다룬 바 있다. 신행철(1980) 참고할 것.

참 / 고 / 문 / 헌

김신복(1982), “지역사회개발운동의 전개,” 『지역사회개발론』, 서울대출판부.

김영모(1967), 『농촌지역사회조직론』, 민조사.

김일철(1978), “새마을운동의 전개과정과 그 사회적 성격의 전환,” 『지역개발연구』, 14집, 전남대 지역개발연구소.

문병집(1977), “지역사회개발학과 교과과정 연구,” 지역사회개발 전문교육세미나 발표자료, 중앙대 한국지역사회개발연구소.

______(1978), 『지역사회개발론』, 법문사.

새마을운동중앙본부(1984), 『새마을운동-기본교재-』.

신행철(1980), “새마을운동과 지역개발”, 『새마을운동 10주면 기념논문집』, 제주도.

정지웅 · 김지자(1975), 『지역사회개발-그 이론과 실제-』, 화신출판사.

三浦文夫(1967), “コミュニティ デベロプメントの概念と問題 - コミュニティ デベロプメントの發想よ內容を中心に ,” 季刊 『社會保障硏究』, 3 1.

松原活郎(1978), 『コミュニティの社會學』, 東京大出版會.

園田恭一(1978), 『コミュニティ論』, 東京大出版會.

Bernard(1973), *The Sociology of Community*, Scott, Fovesman and Co.

Brandt, Vincent, S. R., & Lee, Man-gap(1977), *Community Development Program in Korea,* Korean National Commission for UNESCO.

Dunham, A.(1958), *Community Welfare Organization*, NY: Thomas Y. Crowell.

__________(1970), *The New Community Organization*, NY: Thomas Y. Crowell.

Johnson, Lyndon B.(1964), “Message to the Congress of the United State on the Economic Opportunity Act of 1964”(일명 “Message on Poverty”).

Milson, F.(1974), *An Introduction to Community Work,* London: Routledge & Kegan Paul.

Piccard, B. J.(1975), *An Introduction to Social Work: A Primer,* Dorsey Press.

Ponsioen, J. A.(1962), “General Theory of Social Welfare Policy”, Ponsioen(ed.), *Social Welfare Policy,* Mouton & Co.

Poplin, D. E.(1972), *Communities: A Survey of Theories and Methods of Research,* NY: MacMillan Pub. Co.

Ross, M. G.(1967), 『지역사회조직 - 이론과 원리 -』, 지윤 옮김, 정신사.

Rothman, J.(1970), “Three Models of Community Organization Practice,” Cox, et al.(eds.), *Strategies of Community Organization*, Peacock.

Sanders, I. T.(1970), "The Concept of Community Development", Lee J. Cary(ed.), *Community Development as a Process,* Univ. of Missouri Press.

_____________(1975), *The Community*, 3rd ed., Ronald Press.

Schlippe, Pierre de(1972), "Theory of Community Development", Ponsioen J. A.(ed.), *Social Welfare Policy,* Mouton & Co.

Sherrard, T. D.(1962), "Community Development and Community Organization Common Elements and Major Differences," *Rural and Urban Community Development in the United States Committee of America,* International Conference of Social Work.

U.N. Economic and Social Council(1968), 『지역사회개발의 이론과 역사』, 문병집 옮김, 중앙대출판국(원제 *Community Development and National Development*).

United Nations(1955), *Social Progress through Community Development,* United Nations Bureau of Social Affairs.

_____________(1957), *Report on Concepts and Principles of Community Development and Recommendations on Further Practical Measures to be taken by International Organization.*

Warren, R. L.(1970), "The Context of Community Development", Lee J. Cary(ed.), *Community Development as a Process,* Univ. of Missouri Press.

CHAPTER

11 지역사회와 리더십

- 지역사회의 권력구조에 관한 이론체계 -

1. 서론

1) 문제의 성격

지역사회란 인간의 공동생활 영역(area of common life)으로서 사람들이 생활 유지를 위한 제반활동을 수행하는 사회단위이다.

인간의 사회는 그 속에서 사람들이 일정 사회관계를 맺고 살아가는 '사회적 관계의 조직망'(the web of social relationship)(MacIver, 1953: 5)으로 볼 수 있는데 하나의 사회단위인 지역사회의 경우도 예외일 수 없다.

Hillery(1955: 111)도 "지역사회는 지리적 한계 내에서 사회적 관계를 갖고 공동유대를 맺고 있는 개인들로 구성된다."고 하고 사회관계가 지역사회를 구성하는 주요 요소의 하나임을 명백히 하고 있다(Hillery, 1955: 118).

사회관계의 형태로는 여러 가지가 있지만[1] 특히 관계를 맺고 있는 사람들 혹은 집단들 사이에 사회적 세력의 차가 있는 경우 이들 양측 사이의 관계로서 리더십의 문제가 등장한다. 즉, 세력이 우세한 측은 다른 사람들에 대하여 어떤 영향력을 행사하게 되는 것이다.[2]

리더십이 무엇인가에 대해서는 한마디로 말하기 어렵지만 대체로 일정 인(人) 혹은 집단이 "업무수행을 목적으로 다른 사람들에게 영향을 미치는 과정"(Fiedler, 1968: 362)이라고 보아도 잘못이 없을 것이다.

---

1) 사회관계는 크게 협동(cooperation), 대립(opposition), 분화(differentiation) 등의 세 유형으로 나눌 수 있다. 이에 대한 논의는 변시민(1963: 185-236) 및 Mack & Pease(1973: 54-75) 참조.

2) 변시민은 이러한 사회관계를 지배와 복종을 내용으로 하는 상하지배의 관계로 보고 있다. 변시민(1963: 125) 참조.

이러한 리더십에 관한 논의는 두 가지 측면에서 이루어진다. 하나는 리더십 방식에 관한 것이고 그 둘은 리더십 구조의 문제이다.

리더십 방식에 관한 논의는 Lippitt와 White의 연구(Lippitt & White, 1947)에서 볼 수 있는 것처럼 리더가 집단을 이끌어가는 데서 보이는 지도방식이 그 집단의 과업성과와 어떤 관계에 있는가에 집중되어 있다(이는 이 글의 논외의 영역이다). 한편 리더십 구조에 관한 논의는 주로 지역사회 수준에서 이루어지는 것인데 리더십 기능이 어느 개인에게 귀속되는 것이 아니라 비교적 소수의 몇몇 사람에 의해 행사된다는 입장으로서, 지역사회에 있어서 영향력을 행사하는 사람들 혹은 집단을 대상으로 한다.

권력(power)이란 개념은 강압(coercion), 권위(authority) 및 조종(manipulation)이란 의미를 내포하고 있어서(Mills, 1963: 23) 리더십과는 상이한 관념으로 파악하는 견해가 있는바, Hall(1972: 244)은 리더십을 권력을 가진 자가 그 추종자로 하여금 자발적으로 복종하도록 하는 능력이라 보고 권력의 특수형태가 리더십이라고 한다.

그러나 지역사회에 있어서 영향력 행사의 외형적 구조를 파악코자 하는 권력구조에 관한 이론은 내면적 · 심리적 요인인 '자발성'을 불문에 붙임으로써, 권력을 다른 사람에게 영향력을 행사하여 그렇지 않았으면 하지 않았을 일을 다른 사람으로 하여금 하도록 하는 능력으로 보고(Dahl, 1957: 202-203) 리더십 곧 권력으로 파악하게 되는 것이다.

Hunter에 따르면 지역사회에 있어서 권력은 필요한 기능으로서 그것은 정책결정과 결정된 정책을 실행하는 기능을 함축하고 있다. 그리고 이 권력기능은 지역사회의 사회적 목표를 달성하기 위해 특정의 사람들에게 위임되어 있는데 권력이 효과적이기 위해서는 집단적, 제도적인 유형으로 구조화되어야 한다는 것이다(Hunter, 1953: 1-7). 여기에 지역사회의 권력구조에 관한 이론, 즉 지역사회 권력구조론이 등장하는 것이다.

대체로 어느 지역사회에 있어서나 다른 사람들에게 영향력을 행사하는 소수의 개인 혹은 집단이 존재한다고 말할 수 있으며 이들의 권력행사는 지역사회생활의 여러 측면에서 작용하게 되는 것이다(다만 그 권력이 항상 구조화될 것인지는 과제로 남는다). 그리하여 종래 지역사회의 리더십은 지역사회 권력구조를 지적하는 개념으로 사용되었으며(Bonjean & Olson, 1971: 163-173), 리더십 연구방법론에 있어서도 권력구조론은 지역사회 리더십 연구방법론으로서의 성격을 갖고 있다(南良郞 외, 1971(昭和45): 102). 이 글에 있어서도 지역사회 권력구조와 지역사회 리더십은 동일한 의미로 사용될 것이다. 덧붙여두고 싶은 것은 지역사회의 권력구조와 지역사회개발에 있어서의 리더십을 혼동해서 볼 수는 없다는 것이다.

2) 문제의 의의와 이 글의 입장

지역사회 권력구조론은 지역사회의 인간관계요인의 한 측면을 탐구코자 하는 것으로서 인간관계론적 성격을 띠고 있다. 사회가 존재하는 곳에 반드시 인간관계가 존재하는 것이고 인간관계가 성립하는 곳에 상호 간의 영향력이 작용한다고 하면 지역사회의 권력구조에 관한 이론은 사회단위에 대한 연구분야로서 중요한 자리를 차지한다고 할 것이다. 더구나 지역사회의 발전에 중심적 역할을 하는 것이 지도자 집단(Niehoff, 1966: 31)일진대 지역사회개발 전략을 위해서도 지역사회 권력구조론은 크게 공헌할 것으로 생각된다.

지역사회개발에 관련해서뿐 아니라 지역사회행동(community action)을 필요로 하는 모든 지역사회활동(community work)에 관해서 그러하다. 지역사회권력을 자원과 인원을 동원하는 능력에 의해 측정할 수 있는 '체제의 자산'(a system property)으로 보는 입장(Howley, 1963: 422-431)은 이를 뒷받침해 준다. (이에 대한 논의는 이 글 5. 2)에서 부연할 것이다.)

지역사회에 단일리더십 집단이 존재하는 경우라면 지역사회개발은 이들과의 협력에 의하는 것이 바람직한 것이고 이들의 이해관계에 상반하는 일을 추진하려면 그 타협점을 찾지 않으면 안 될 것이다. 복수리더십 집단이 존재하는 지역사회에 있어서는 이들 각 집단 사이의 의견조정을 위한 노력이 이루어져야 할 것이며 보다 대중적 차원의 토의가 필요할 것이다. 그 어느 경우든지 지역사회개발과정에서 지역사회의 리더십 집단을 동원하는 것은 중요한 일이다.

만일 리더십 집단이 존재하지 않는 상황에서는 지도자 내지 지도자 집단의 발굴이 필요하다. 지역사회개발은 어디까지나 지역사회 주민의 자조·협동적 노력을 바탕으로 해야 하기 때문이다.

여기에 지역사회 권력구조론의 또 하나의 중요한 의의가 있는 것이다. 그러나 이 글은 이러한 전략적 차원의 문제를 다루려는 것이 아니다.

이 글의 목적은 종래 부분적인 권력구조에 관한 논의들을 검토함으로써 지역사회의 권력구조에 관한 이론의 체계를 구성하려는 것이다. 이러한 목적하에 이 글은 첫째, 참고문헌은 주로 해설적 성격의 것을 택하였다. 원전을 접촉하기 어려웠기 때문이기도 하지만 선학들의 해설적 견해가 본 목적에 비추어 더 유용하다고 판단하였기 때문이다.

둘째, 통계 숫자의 나열은 배제하였다. 이것은 이론 전개의 불편을 덜기 위해서이기도 하지만 서술적 표현으로 본 목적을 달성할 수 있기 때문이다.

셋째, 한국에서 이루어진 연구업적들도 적지 않으나[3] 특히 필요한 몇 경우를 제외하고는 이를 고려하지 않았다. 이것은 지역사회의 권력구조에 관한 이론의 기본체계를 밝힘에 있어서는 한국적 상황을 고려할 필요성을 느끼지 못했기 때문이다.

2. 지역사회 권력구조론(community power structure)의 기본 입장과 구성

권력구조론이 지역사회의 리더십에 대한 이론으로 등장한 것은 1953년 Floyd Hunter가 『지역사회 권력구조론』(*Community Power Structure*)을 발표하면서부터이다.

Hunter는 미국 조지아주 애틀랜타시[Regional City]에 있어서의 의사결정은 비교적 소수의 사업 지도자(business leader)에 의해 크게 지배된다고 결론을 내렸다. 그에 의해 채택된 명망접근법(reputational approach)은 선택된 응답자들에게 그 지역사회의 지도자 혹은 영향력 있는 사람들의 이름을 대도록 요구하고 여기서 얻어진 정보에 의하여 지역사회의 리더십 집단을 식별하려는 방법인데 이렇게 해서 식별된 집단은 그 지역사회의 모든 중요결정에 참여하게 되고 사실상 그 지역사회를 지배하는 것으로 추정한다.

---

3) 최재석(1975); 김일철(1965); 유봉수(1975); 기타 최재석(1975: 537 주 4) 참조.

이러한 지역사회 권력구조의 일원론적 견해(monolithic view)에 대하여 1961년 Dahl은 지역사회 권력구조의 다원론적 견해(pluralistic view)를 제기하였다. 그는 New Haven의 정치적 지도자의 영향력에 관한 연구(Dahl, 1961)를 통하여 지역사회의 자원통제의 문제를 놓고 서로 경쟁하는 체제, 즉 다원적 체제(pluralist)가 엘리트체제(elitist)보다 유용하다고 주장하였던 것이다.

이상에서 언급한 Hunter와 Dahl의 견해는 지역사회 권력구조론의 기본적 두 입장이라 할 수 있는데 이 '양자의 기본 견해는 다음과 같다.[4)]

① 'Elitist'의 기본 견해

- 권력은 지역사회의 사회체제상의 역할에서 유래한다.
- 권력은 구조화된다.
- elite와 대중은 늘 구별된다.
- 이 구별은 근본적으로 지역사회의 경제적 자원에 대한 통제의 불공평한 배분에 의존한다.
- elite는 지역사회 내의 매우 적은 비율의 사람들이다.
- 정치체제의 최고위층에 괄목할 만한 권력의 집중이 나타난다.
- elite에 속한 개인들은 공통의 이해관계를 갖는다.
- elite층은 대중으로부터 그리 영향을 받지 않는다.

② Pluralist의 기본 견해

- 다른 사람들과 관계를 맺고 있는 개인들은 모두 어느 정도 권력을 소유한다.
- 권력관계는 시간이 경과함에 따라 발생 · 소멸 · 변화한다.
- elite와 대중 사이에 불변의 특징은 없다.
- 어떤 결정에 참여하는 자와 참여하지 않는 자 사이의 구별은 그 결정사항에 흥미를 갖는지의 여부에 의존한다.
- 리더십은 변하기 쉬운 것이다.
- 지역사회 내부에는 다수의 중심과 기반이 있다.

4) 여기 서술된 내용은 Dye(1977: 337-339)의 내용을 요약한 것이다.

그러나 이들 권력구조(지역사회 권력구조를 말함. 이하 이 글에서 같다.)에 관한 두 견해는 세 가지 측면에서 비판될 수 있을 것이다. 하나는 그 연구방법론을 채택함에 있어서 자기 충족적 결론에 이르기 위한 주관성이 바탕이 되어버렸다는 것이고, 둘은 특정 지역사회에 대한 연구성과를 다른 대부분의 지역사회에 적용하기 어렵다는 것이고, 그 셋은 지역사회의 권력구조를 'Elitist-Pluralist'라는 이분적 개념을 가지고는 분석하기 어렵다는 것이다.

첫 번째의 입장에서 권력구조론의 근접방법에 대한 논의가 이루어지고, 둘째의 입장에서 권력구조에 작용하는 요인에 대한 연구가 전개되는 것이며, 셋째의 입장에서 권력구조의 유형에 관한 이론이 전개되는 것이다. 따라서 권력구조에 관한 논의는 기본적으로 다음 세 측면으로 구성되어 있다고 하겠다.

첫째, 연구에 채택되는 접근방법의 측면
둘째, 관련변수 분석의 측면
셋째, 유형의 측면

이하 이들 세 측면을 중심으로 지역사회의 권력구조에 관한 이론을 고찰해 보고자 한다.

3. 지역사회 권력구조론의 접근방법

1) 정태적 접근방법

권력의 원천이 어디에 있는가, 즉 어떤 조직 속에서 다른 사람을 지배하는 권력은 무엇인가에 대한 기본적 견해는 두 가지로 나누어볼 수 있다.

하나는 권력의 원천이 특수한 지위에 있다는 것이고, 다른 하나는 그 원천이 개인적 능력에 있다는 것이다(Etzioni, 1964: 61-67).

전자의 입장에서 지역사회의 권력구조를 파악코자 할 때 지위접근법(positional approach)을, 후자의 입장에서 명망접근법(reputational approach)을 채택하게 되는 것이다.

이들 접근방식은 모두 어떤 지역사회의 지도적 위치에 있는 사람 혹은 집단이 그 지역사회의 전반적 문제에 관련하여 영향력을 행사하는 것으로 보게 된다.

그러나 복합적 측면을 내포하고 있는 지역사회에 있어서는 단일목적의 이익집단에서와는 달리 권력행사의 구조가 그렇게 단조로운 것이 아니고 각 문제의 영역별로 영향력을 행사하는 집단 혹은 개인이 다양하게 나타난다고 볼 수도 있는 것이다. 다시 말하면 주어진 상황의 차이는 상이한 리더 혹은 리더십 집단의 출현을 초래하는 것이라고 볼 수 있는 것이다. 리더십 이론에서의 집단상황이론은 이를 뒷받침해 주고 있다.[5] 이러한 입장에서 등장하는 접근방법이 결정접근법(decisional approach)이라는 것이다.

이제 이들 접근방법을 Bonjean과 Olson에 따라 요약해 보면 다음과 같다(Bonjean & Olson, 1971: 163-166).

① **지위접근법**(positional app.): 1953년 Hunter(1953)의 연구 이전에는 가장 널리 사용되었던 방법으로 가장 중요한 자리에 있는 사람들이 지역사회에 있어서의 핵심적 정책 결정자라고 간주하는 입장의 방법이다.

② **명망접근법**(reputational app.): 처음에 Hunter에 의해 지역사회 권력구조 분석에 사용되었던 것인데 근본적으로 피조사자들에게 그들의 지역사회에서의 리더들의 이름을 대고 서열짓도록 요구하는 식으로 행해지는 방법이다.

③ **결정접근법**(decisional app.): '사건분석'(event analysis) 혹은 '문제접근법'(issue app.)으로 알려진 이 방법은 Dahl 등 명망접근법을 비판하는 사람들의 대안이다.
이 방법은 어떤 특정문제의 맥락 속에서 결정이나 정책형성에 관련하여 리더들의 영향력을 관찰함으로써 이루어진다.

이들 접근방법들은 지역사회에 있어서 리더들을 식별하는 데 사용되는 서로 다른 접근방식으로서 표면상의 리더를 강조하는 경우 지위접근법이 적용될 것이고 배후 elite에 의해 영향력이 행해진다고 보는 입장에서는 명망접근법이 옳을 것이며 정책결정과정에서 다원적 영향력을 중시하는 경우에는 결정접근법이 유용한 분석도구가 될 것이다.

---

5) 이에 대해서는 Cartwright & Zander(1968) 제5부에 실린 여러 논문이 참고가 될 것이다.

이들 접근방법, 특히 명망접근법과 결정접근법은 주로 사회조사의 기술을 원용하게 된다. 그러하여 '사회학적 접근방법'이라는 견해가 나오고 있다(이병길 · 진덕규, 1972: 197).

이들 접근방법들은 지역사회의 권력구조를 일시점의 정지상태에서 분석하려는 것으로 이를 정태적 접근법이라 부를 수 있을 것이다.

2) 정태적 접근방법의 문제점과 동태적 접근법

앞에서 살펴본 정태적 접근방법은 다음과 같은 문제점을 안고 있다.

첫째, 설문상의 문제인데 지역사회 권력구조에 대한 사회조사에서 "당신은 이 마을을 다스리는 사람이 누구라고 생각하십니까?"라고 묻는 것은 다스리는 자와 그렇지 않는 자 사이의 구분이 명백하지 않을 때 그 질문의 타당성이 문제되지 않을 수 없다(이병길 · 진덕규, 1972: 197-198).

둘째, 어떤 접근방법을 택하느냐에 따라 권력구조의 상이한 양상을 발견하게 될 것이기 때문에 이들 제 접근방법은 객관적 타당성을 가졌다기보다는 자기충족적 결론에 이르는 수단이 되고 있다는 것이다(Duke, 1976: 186).

셋째, 정태적 방법 자체가 지니고 있는 문제이다. 과정(process)을 무시했다는 것이다. 여기에 권력구조의 동태적 측면을 파악하기 위한 접근방법의 필요성이 제기되는 것이다.

첫째와 둘째의 문제점에 대해서는 아직 뚜렷한 해결책이 나오지 않는 것 같고 세 번째 문제에 관련해서는 의사결정과정을 중심으로 한 접근방법이 등장하게 되었다. '구조기능적 접근법'(이병길 · 진덕규, 1972: 198-199)이 이에 해당한다.

이 방법은 정책결정 과정상의 단계별로 영향력을 행사하는 집단 혹은 개인의 역할 수행에 초점을 두어 권력구조를 분석하고자 하는 방법으로 Kaplan의 'Metro Toronto'모델(이 글의 다음 4. 1)에서 설명함)에서 찾아볼 수 있다. 이와 같이 권력구조를 과정 면에서 파악코자 하는 방법을 동태적 접근방법이라 불러도 좋을 것이다.

4. 지역사회 권력구조의 유형

1) 기존의 유형 분류

지역사회 권력구조의 유형은 권력구조논의의 기본적 두 경향인 'Elitist'와 'Pluralist'에 대응하여 엘리트형과 대중형으로 나눌 수 있다. 엘리트형은 지역사회의 권력이 소수 엘리트에 집중되어 있는 형태이고 대중형은 그 권력이 분산되어 있는 형태이다. 권력이 집중되는가 혹은 분산되는가 하는 것은 지역사회의 성격에 따라 다를 것이다(Dye, 1977: 156).

그러나 이러한 분류방식은 지나치게 단순화된 것이어서 그 개념 자체가 다의적 의미를 내포하지 않은 한 복합적인 지역사회의 권력구조를 설명하는 데 충분하지 못한 것이라 볼 수 있다. 그러하여 지역사회의 권력구조를 더 세분하려는 견해가 나타난다. 그 대표적인 예를 Agger 등의 연구(Agger, Goldrich & Swanson, 1964)에서 찾아볼 수 있다. 그들은 '리더들 이념 간의 갈등 정도'와 '정치권력의 주민들 사이에의 배분 정도'를 교차 분류하여 지역사회의 권력구조를 대중합의형(consensual mass), 엘리트합의형(consensual elite), 대중경쟁형(competitive mass) 및 엘리트경쟁형(competitive elite)으로 나누었다. 이들 각 유형에 대하여 요약 설명하면 다음과 같다(Poplin, 1972: 203-204).

① **엘리트합의형**: 지역사회 리더들의 이념이 수렴되고 주민들 사이의 권력 배분의 정도가 축소되어 있는 유형. 권력이론에 있어서의 '지배엘리트'(ruling elite) 혹은 '배후권력엘리트'(covert power elite) 지배형에 해당한다.

② **엘리트경쟁형**: 지역사회 리더들의 이념이 확산되고 주민들 사이의 권력배분 정도가 축소되어 있는 유형. 권력엘리트인 지도자가 둘 이상의 경쟁집단으로 분파되었을 때 존재하는 갈등형이다.

③ **대중합의형**: 지역사회 리더들의 이념이 수렴되고 주민들 사이의 권력배분의 정도가 확대되어 있는 유형. 권력이론에 있어서의 다원체제(pluralistic system)에 대응되는 형이다. 예컨대 상황이 다르면 각기 다른 리더 혹은 리더십 집단이 권력을 행사하는 경우가 그것이다.

④ **대중경쟁형**: 지역사회 리더들의 이념이 확산되고 주민들 사이의 권력 배분의 정도가 확산되어 있는 유형. 많은 주민들이 권력행사에 관여하면서도 서로 합의 없이 경쟁적으로 분파되어 있는 경우를 말한다.

Poplin(1972: 193)은 "어떤 상황에 있어서는 어떤 사람 혹은 집단이 리더십을 행사하고 다른 상황에 있어서는 다른 사람 혹은 집단이 리더십을 행사함으로써 리더십은 전 지역사회에 걸쳐 확대되는 경향이다"라고 하여 대중합의형이 지역사회 리더십 경향인 것으로 보고 있다.

지역사회 권력구조에 관한 보다 포괄적인 연구는 Walton에 의해 이루어졌다. 그는 55개의 지역사회를 다룬 약 33개의 연구논문을 분석한 논문(Walton, 1971: 139)에서 지역사회 권력구조 유형을 피라미드형(pyramidal type), 파벌형(factional type), 연립형(coalitional type) 및 무정형(amorphous type)으로 나누고 이들 각 유형에 대하여 다음과 같이 설명하고 있다.

① **피라미드형(pyramidal type)**: 단일체적 · 독점적 혹은 단일리더십 집단이 존재하여 다스리는 유형

② **연립형(coalitional type)**: 리더십이 문제의 성격에 따라 변화하고 관련인사와 집단이 유동적으로 연립하는 유형

③ **파벌형(factional type)**: 적어도 두 개의 영속적 파벌이 존재하여 우위를 다투는 유형

④ **무정형(amorphous type)**: 지역사회 수준에서 행사되는 리더십 혹은 권력의 어떤 영속적 유형이 없는 경우

Walton에 의한 이러한 분류는 Agger 등의 분류와 유사하다. 즉 피라미드형은 엘리트합의형, 파벌형은 엘리트경쟁형, 연립형은 대중합의형, 무정형은 대중경쟁형에 각각 맞먹는다.

그러나 이러한 권력구조유형 분류는 권력구조의 동태적 측면을 고려하지 못했다. 다시 말하면 지역사회에 있어서 어떤 사업이 결정되고 실천되는 과정에서 리더 혹은 리더십 집단의 영향력은 각 단계별로 상이할 수도 있음을 간과한 것이다. 이에 Kaplan의 정치과정에 초점을 맞춘 Metro Toronto시의 권력구조에 대한 동태

적 분석(Kaplan, 1967)이 중요한 의의를 갖는다.

그는 미국 도시사회 권력구조의 세 유형을 Business-Elite-Dominance, Broker Leadership System, 그리고 자신의 Metro Toronto체제로 나누고 이들 각 유형별로 정책 결정단계에 따라 리더십 활동이 어떻게 이루어지고 있는가를 설명하고 있다(〈표 11-1〉 참조).

〈표 11-1〉 지역사회 권력구조의 세 유형

정책결정활동	권력구조의 유형		
	Business Elite	Broker Leadership	Metro Toronto
정책안 제기	주로 기업가에 의함	주로 이익집단의 지도자, 가끔 행정관리	주로 행정관리
정책안에 대한 일반적 지지 형성	거의 나타나지 않음	주로 이익집단의 활동	주로 나타나지 않으나 가끔은 이익집단에 의함
이익의 연합	거의 나타나지 않음	주로 이익집단, 의원, 징딩 또는 헹징관리	주로 나타나지 않으나 의원과 이익집단에 의함
다수지지 형성	거의 나타나지 않음	시장, 의원, 이익집단	의회의원
정책통과의 전략	내면적인 기업가의 연대의식	협상, 결탁, 타협	정책의 결과에서 오는 이득에 대한 설득

자료: Kaplan(1967: 35)[6)]

표에서도 알 수 있는 것처럼 Kaplan의 유형모델은 어떤 사안에 대한 정책결정과정에서 영향력을 행사하는 리더십 집단 혹은 리더가 어떻게 달라지는가에 착안하고 있는 것이다.

2) 유형분류의 문제점과 유형분류의 방향 모색

Agger나 Walton의 유형분류는 권력구조의 이분적 경향에서 탈피하려는 의도에도 불구하고 결국은 이분적 경향의 범주에서 크게 벗어나지 못한 듯하다. '대중경쟁형'이나 '무정형'은 Pluralist모델에 유사한 것이고, '엘리트합의형'과 '파라미드형'은 Elitist모델에 유사한 것이며(Dye, 1977: 357 참조) '엘리트경쟁형'과 '파벌형'은 엘리트집단의 존재를 전제로 하는 것으로서 Elitist모델의 범주에 포함시킬 수 있는 것이

6) 이 글에서는 이병길 · 진덕규(1972: 199)에서 재인용.

다. 그리고 '대중합의형'이나 '연립형'은 Pluralist의 이상적 유형이라 볼 수 있다.

그런데 이러한 권력구조의 유형분류는 리더의 권위가 강력한 전통사회에 대해 무관심하였으며, 리더 내지 리더십 집단의 부재(不在)상황은 고려하면서도 그런 상황에서 대중적 차원의 합의가 이루어지는 경우는 간과하고 있다.

따라서 지역사회의 권력구조유형을 정태적 측면에서 다음과 같이 분류할 수 있을 것이다. 이 분류는 물론 가설로서의 성격을 갖는다. 즉 크게는 Elitist형과 Pluralist형으로 나눌 수 있고 좀 더 세분하여 지도자지배형, 엘리트집단지배형, 대중합의형 및 대중지배형으로 나누어볼 수 있을 것이다.

지도자지배형은 지도자가 강력한 리더십을 행사하는 유형이다.

엘리트집단지배형은 리더십 집단이 형성되어 있는 상황으로서 그 집단이 단수인가 복수인가에 따라 단일엘리트 집단지배형(엘리트합의형에 해당하는 유형)과 복수엘리트 집단지배형(엘리트경쟁형을 포함하는 유형)으로 나누어진다. 후자는 다시 Walton의 개념인 연립형과 파벌형으로 나눌 수 있을 것이다.

대중합의형은 집단의 의사가 대중적 차원에서 토의과정을 거쳐 결정되며 어떤 지도자 개인이나 리더십 집단의 우월한 영향력이 배제된 경우이다.

대중지배형은 대중이 각기 개인적 이해관계에 집착함으로써 지역사회가 그 자체의 문제를 해결할 능력이 상실된 상황이다. 이때 외부 지지자 혹은 종사자(worker)의 활동은 크게 증대된다.

그런데 대중합의형이나 대중지배형에 있어서는 사실상 리더십 집단의 부재(不在)상황으로 Walton의 무정형에 해당한다고 할 것이다. 그리고 권력구조론은 성격상 '엘리트집단지배형'에 관심이 집중된다.

이제 이 글이 제기하는 권력구조 유형을 도해하면 아래와 같다.

권력구조유형 분류

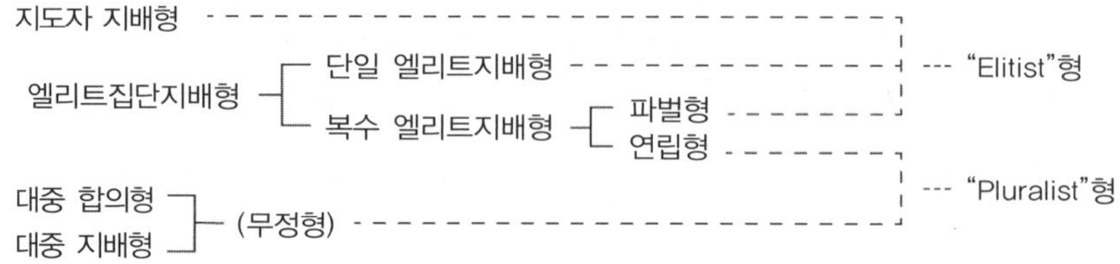

끝으로 종래의 권력구조론은 지역사회의 리더십을 구조적으로만 파악함으로써 리더 혹은 리더십 집단이 어떤 방식으로 영향력을 행사하고 있는가 하는, 즉 영향력 행사방식을 고려하지 않았음을 문제점으로 들 수 있다.

이 점에 대해서는 필자가 이미 지역사회 '개발' 리더십 유형을 제시하고 검토한 바 있다(신행철, 1978: 35 이하).

5. 지역사회 권력구조의 관련 요인과 영향

1) 지역사회 권력구조에 관련되는 요인

권력구조론은 주로 단일지역사회에 대한 사례연구적 성격을 띠고 있어서 그 연구성과를 대부분의 지역사회에 적용할 수 있을지가 문제가 되는 것이다.

즉 권력구조론은 보편성의 문제에 봉착하게 된다. 그러므로 지역사회의 성격에 따라 어떤 유형의 권력구조가 형성되는 것인가에 대한 문제, 즉 권력구조에 관련된 지역사회의 특성요인을 분석하는 문제가 등장하게 된다.

Bonjean과 Olson은 Jonassen과 Peres에 의해 분석된 88개의 변수들을 포괄하는 7개의 변수를 식별해 내고 이들 변수를 경험적으포 검토한 끝에 배후엘리트 유형에 가장 밀접하게 관련된 지역사회의 속성으로, 보다 적은 인구 유입, 보다 큰 빈곤 및 보다 적은 복합성 등을 들었다(Bonjean & Olson, 1971: 172).

Clark는 '언제', '어디서' 상이한 유형의 리더십이 발생하는 것인지를 탐구한 바 있다. 그리하여 "상이한 조건하의 상이한 지역사회에서 상이한 유형의 권력구조가 있을 수 있다고 하고 권력구조의 적절한 분석을 위해서는, 누가 지배하는가?(권력구조의 특성은 무엇인가?), 어디서?(지역사회의 종류), 언제?(어떤 조건하에서)라는 일련의 질문에 대답하지 않으면 안 된다"고 하였다(Clark, 1971: 176). 결국 Clark는 권력구조에 작용하는 변수가 무엇인가를 찾으려 하였던 것이다.

Clark는 지역사회가 갖는 네 기능, 즉 적응(adaptation), 목표달성(goal attainment), 통합(intergration), 잠재적 유형유지와 긴장관리(latent pattern-maintenance and tension-management)와 인구학적 기본변수 등 독립변수들의 범주를 다섯으로 나누고 각 범주별로 대체로 연속된 34개의 명제들을 제시하였다. 이들 명제 속에 나타난 변수들을 다섯 범주로 나누면 내략 다음과 같다(Clark, 1971: 177-187).

① 인구학적 기본변수: 인구의 크기, 인구의 이질성 ② 적응, 즉 경제적 변수: 경제구조의 다양성 ③ 목표달성, 즉 법적 · 정치적 변수: 행정관리에 대한 선거절차가 당파적인지 여부, 지역사회 내의 비선거적 전임관리의 수 ④ 통합, 즉 자발적 조직과 정당 수: 자발적 조직의 수와 다양성, 정당 및 파벌의 수와 다양성, 지역주민의 조직 및 정당에의 참여 정도 ⑤ 잠재적 유형유지와 긴장관리, 즉 문화 · 교육적 변수: 엘리트집단 및 주민의 가치체계, 주민들의 교육수준, 명성 높은 사회적 지위 점유자의 존재

Clark의 이러한 변수들은 경험적으로 규명되지 않은 것들을 포함하고 있는데 이들 변수들이 권력구조의 어떤 유형에 어떻게 작용하고 있는지를 밝히고자 하였다.

Clark에 앞서 Rogers는 한 논문(Rogers, 1962)에서 정치체계를 일원적(monolithic) 유형과 다원적(pluralistic) 유형의 범주로 나누고 다음과 같은 지역사회의 특성이 다원적 유형에 관련될 수 있을 것으로 가정한 바 있다. 즉 고도의 산업화, 많은 인구, 인구의 사회적 이질성, 친족이나 경제조직에서 분리된 정책, 광범위한 지방행정, 둘 이상의 정당, 노동계급집단의 연합화 혹은 정치 · 경제적 조직화 등이 그것이다(Walton, 1971: 190).

Walton은 부재(不在) 소유자의 유무, 경제적 자원이 풍부한지의 여부, 도시의 독립성 여부, 공직을 놓고 서로 다투는 정당의 수 등이 지역사회 권력구조에 관련한 중요하고 의미 있는 요인임을 발견하였다. 그리하여 그는 지역사회관계에 관한 R. Warren의 개념인 수평축(horizontal axis)과 수직축(vertical axis)의 개념을 대입함으로써 산업사회의 복합성 그 자체보다 그에 따른 지역사회 외부와의 수직축적 관계가 더 다원적인 권력구조에 관련된다고 보았다(Walton, 1971: 91).

이러한 Walton의 입장은 결국 수직축 유대가 많고 클수록 권력구조는 더욱 다원적이라는 입장이다(Warren, 1971: 198). 다시 말해서 가장 자치적인 지역사회는 권력구조상 가장 일원적이고, 자치적이 아닌 지역사회는 권력구조상 가장 다원적인 것이다(Warren, 1971: 200).

지역사회의 권력구조와 지역사회 특성요인 간의 상관성에 대한 보다 종합적이고 포괄적인 분석은 Meenagham의 연구에서 발견된다.

그는 지역사회에 대한 82개의 연구업적을 분석한 끝에 지역사회의 권력구조에 관련된 17개의 독립변수들을 찾아내고 이를 네 개의 범주로 나누어 그 유의성을

검토하여 그에 따른 가설을 제시하고 있다(Meenagham, 1976: 126-132).

그가 제시한 변수들과 권력구조의 관련성을 결합하면 〈표 11-2〉와 같다.

〈표 11-2〉 독립변수와 권력구조 유형 간의 관계

독립변수		권력구조관련성
인구학적 변수	연령	의미 없음
	크기	〃
	성장	〃
	민족 · 종족	〃
	지역	남부지방을 제외한 지역에서 비엘리트
경제적 변수	산업화	의미 없음
	다양성	〃
	부재 소유자 비율	그 비율이 높으면 비엘리트형
	경제적 집단 수	그 수가 많을 경우 비엘리트형
정치적 변수	정당의 수	의미 없음
	정치적 집단의 수	그 수가 많을 경우 비엘리트형
	경쟁, 갈등의 양	그 양이 클 경우 비엘리트형
	지역사회의 유형	의미 없음
문제의 유형	순환성인 경우	엘리트형
	공공성인 경우	〃
	문제의 범위	의미 없음

이상에서 살펴본 것처럼 종래에 주로 사례연구를 통하여 권력구조에 관련된 요인들이 발견되었으며 한편 기존 연구들을 결합 검토함으로써 좀 더 포괄적인 관련 변수들을 식별하려는 노력이 이루어졌다. 그러나 아직도 일반화할 수 있는 단계에는 이르지 못한 듯하다. 사례연구에서 발견된 사실들은 단편적이고 일반성을 결여하고 있을 뿐만 아니라 그 연구들이 연구자의 관심에 따라 다양하게 이루어졌기 때문에 그 발견사실들을 같은 수준에 놓고 검토 종합하기가 어려울 수밖에 없다.

따라서 기존 연구들을 비교 · 분석하여 유의미한 변수들을 찾으려는 노력도 어떤 한계점에서 벗어날 수 없는 것이고 "경험적 발견사실보다 오히려 검증되지 않은 이론적 제안"(Meenagham, 1976: 126)의 성격을 띠는 경우가 많은 것이다.

그럼에도 불구하고 종래 발견된 사실들을 대체적으로 묶어 어떤 가설적 명제를 제시하는 것은 이 분야의 발전적 연구를 위해 의의 있는 일이라고 본다.

다음의 가설들은 이러한 입장의 표현이다.[7)]

① 사회적 단층(cleavage)과 지역사회 갈등, 즉 지역사회의 이질성은 다원주의(pluralism)와 관련된다.

② 엘리트형 권력구조는 지도적 산업체가 여럿 있는 지역사회에서보다 단일산업체를 가진 지역사회에서 발견될 것이다.

③ 엘리트형 권력구조는 대도시 영역에 속해 있지 않은 독립된 지역사회에서 발견될 것이다.

④ 지역사회의 크기가 증가함에 따라 의사 결정은 더욱 전문화되고 다중심적 권력구조가 이루어질 것이다.

⑤ 오래된 지역사회는 새롭게 성장하는 지역사회보다 더욱 엘리트형 권력구조를 갖게 될 것이다.

⑥ 공업발전이 늦고 분리된 종족적 소수가 없는 지역사회에서는 다원적 권력구조의 발생이 저해된다.

⑦ 비당파적 선거, 사무시장제 행정형태 및 직업공무원제는 일원적 권력구조와 관련된다.

⑧ 지역사회의 국가경제에의 통합추세에 따라 지역사회권력은 덜 집중적이 된다. 부재(不在) 소유의 증가와 증가하는 도시화는 지역사회정치에 참여하는 분리 조직된 이익집단들의 수를 증가시킨다. 더구나 교육수준의 상승과 행정에 대한 대중적 참여를 강조하는 중간계급 가치의 확대는 지역사회에 단일 리더십 집단이 등장할 기회를 감소시킨다.

2) 지역사회 권력구조가 그 지역사회에 미치는 영향

권력구조가 지역사회에 대하여 미치는 영향력에 대한 논의는 저조한 수준에 머무르고 있는 듯하다. 따라서 권력구조의 영향력에 관한 체계적인 논의는 거의

7) 여기 가설들은 Dye(1977: 358-359)의 가설들을 다소 변형한 것이다.

불가능하다. 그러나 종래 발표된 몇몇 논술을 살펴봄으로써 이 분야의 관심 소재를 일별해 볼까 한다.

Walton(1971: 190)은 Howley(1963: 422-431)의 견해에 입각하여 다음과 같이 말하고 있다.

"집합행동에 있어서의 성공은 자원과 인원의 동원을 필요로 하는데 이 능력은 권력이 최고조로 집중된 경우에 가장 크다고 생각한다면 이는 지역사회에 있어서 권력의 집중이 크면 클수록 어떤 집합행동상의 성공 가능성은 더욱 크다는 것이 된다." 고쳐 말하면 보다 집중적인 권력구조는 지역사회의 합의된 행동에 도움이 된다는 것이다. 과연 그러한가는 좀 더 연구해 볼 필요성이 있지만 이러한 언급의 의의는 지역사회 권력구조의 형태가 지역사회행동에 관련된다는 점을 밝혀놓은 데 있다고 본다.

이러한 입장은 Butler와 Pope에 의해 계승되고 있다(Walton, 1971: 190). R. E. Dakin도 어떤 지역문제에 관련한 행동을 조직화하는 데 있어 권력구조의 효율성에 관해 논의한 바 있다(Bonjean & Olson, 1971: 172).

이렇게 본다면 권력구조의 영향력에 관한 논의는 주로 지역사회행동과의 관련하에 전개되어 왔다고 보겠다. 사실상 지역사회에 있어서 그 문제점을 해결하기 위해서는 주민들의 집합적 행동을 필요로 하는 것이고 이때 리더십 집단의 참여 내지 협조가 중요한 의의를 갖는다는 점은 주지의 사실이다. 여기에 지역사회에 관련하여 권력구조를 논하는 데 의의가 있음은 이미 이 글 서론에서 밝힌 바 있다.

6. 결론

지역사회 권력구조론(community power structure)이 등장하여 사반세기가 지나는 동안 수많은 연구들이 다양한 측면에서 진행되어 왔고 그 업적도 크게 축적되었다.

이들 연구들은 근본적으로 지역사회 리더십 집단의 존재상태를 파악하려는 것이다. 그리하여 Hunter와 Dahl에 의해 각기 단일 엘리트집단이 존재하는 엘리트형 권력구조와 다수 엘리트집단이 존재하는 다원적 권력구조가 파악되었다.

그러나 이 두 사람에 의해 발견된 권력구조의 유형은 자기 충족적 접근방법을 사용한 데다가 단일지역사회에 대한 사례분석적 연구들이기 때문에 다양하고 복합적인 지역사회 모두에 적용되기는 어렵다는 비판이 등장하고 권력구조의 유형이 세분되기에 이르렀다. 즉 대중합의형, 엘리트합의형, 엘리트경쟁형 및 대중경쟁형으로 분류한 것(Agger, Goldrich & Swanson)이나 연립형, 피라미드형, 파벌형 및 무정형으로 분류한 것(Walton)이 그것이다. 그러나 이들 세분화된 권력구조의 유형분류는 권력구조의 이분적 경향을 다소 수정한 것에 지나지 않는 것으로서 결국 지역사회 권력구조의 기본 유형은 'Elitist형'과 'Pluralist형'인 것으로 생각된다. 물론 이 두 유형을 기본으로 하여 하위유형의 분류는 있을 수 있는 것이다.

이러한 사정은 권력구조에 관련된 요인분석의 경우에 더욱 뚜렷해진다. 권력구조에 연관된 변수 분석은 상이한 지역사회에서는 상이한 권력구조가 형성되리라는 데서 발상된 것이다. 그런데 이런 성격의 연구들을 검토해 보면 지역사회의 특성요인을 독립변수로 하고 그에 관련된 종속변수인 지역사회 권력구조를 elitist적이냐 pluralist적이냐로 나누고 있는 것이다.

권력구조론에 있어서 관련변수 분석은 아직 보편화된 단계에 이르지 못한 것 같으며 특히 변수의 용어들이 미국적 · 도시적이어서 농촌(특히 한국)에 적용하는 데는 많은 문제가 있다고 하겠다. 그런대로 기존 연구들에서 발견된 사실을 종합해 보면 그 요인들을 크게 다섯 개의 범주로 나누어볼 수 있다.

① 인구학적 기본변수, ② 경제적 변수, ③ 정치적 · 사회적 조직변수, ④ 문화적 · 교유적 변수 그리고 ⑤ 지역사회 문제유형 변수

이러한 지역사회의 특성 변수에 따라 여러 가지 가설들이 형성되는데 이를 요약하면 다음과 같이 말할 수 있다. '어떤 지역사회의 구성요소들이 이질적 · 복합적이고 그 지역사회가 외부 의존적이며 덜 전통적 · 정체적이면 pluralist적 권력구조를 갖는다.'

권력구조와 관련된 독립변수를 찾는 노력은 활발하게 이루어지고 있는 데 반하여 권력구조의 어떤 유형이 지역사회에 어떤 결과를 초래할 것인지에 대한 관심은 저조하지만, 주로 지역사회행동에 관련하여 권력구조가 중요한 의의를 갖는다는 사실이 발견되었다. 이러한 발견사실은 권력구조의 지역사회 사업에 대한 전략적

가치를 부여해 준다. 이에 권력구조론은 지역사회개발에 관련하여 중요한 의의를 갖는 것이다.

한편 권력구조론의 접근방법으로는 지위접근법, 명망접근법, 결정접근법(이상 정태적 접근법)과 구조기능적 접근법(동태적 접근법)이 있는데 이들 접근법은 권력구조의 보편적 원리를 찾으려는 방법론이 아니라 이미 언급한 대로 연구자의 관심의 소재에 따라 자기 충족적 수단으로서 등장한 것이다.

따라서 동일 지역사회를 대상으로 하는 경우에도 어떤 접근방법을 채택하는가에 따라 서로 다른 결론에 이르게 되는 것이다.

즉 지위접근법에 따르면 배후리더십 집단을 파악할 수 없고, 명망접근법에 따르면 일원적 권력구조 유형이, 결정접근법에 따르면 권력구조의 다원성이 주장된다. 여기에 지역사회 권력구조론의 가장 큰 문제가 있고, 지역사회 리더십을 연구하는 데 있어서의 딜레마가 또한 여기에 있다고 할 것이다.

참 / 고 / 문 / 헌

김일철(1965), "농촌 주도세력의 분석", 『농촌사회연구』, 제1집, 숭실대 농촌사회연구회.

변시민(1963), 『사회학』, 박영사.

신행철(1978), "지역사회개발 리더십에 대한 유형론적 고찰", 중앙대 석사학위논문.

유봉수(1975), "지역사회개발과 권력구조간의 관계에 연구", 고려대 석사학위논문.

이병길 · 진덕규(1972), "한국농촌사회의 권력구조와 영향력에 관한 연구," 『한국문화연구원논총』, 19, 이화여대.

최재석(1975), "농촌의 권력구조," 『한국농촌사회연구』, 일지사.

南良郎 · 浜口晴彦 · 曾良中淸司(昭和45), 『現代社會學の展開』, 東京: 誠信書房.

Agger, Rebort E., Goldrich, Daniel, & Swanson, Bert E.(1964), *The Rulers and The Ruled: Political Power and Importence in American Communities,* John Wiley & Sons.

Bonjean, Charles M., & Olson, David M.(1971), "Community Leadership: Directions of Research", Bonjean, Clark, & Lineberry(eds.), *Community Politics,* Free Press.

Cartwright, D., & A. Zander(eds.)(1968), *Group Dynamics*, Hauper & Row.

Clark, Terry N.(1971), "Power and Community Structure: Who Governs, Where, and When?" Bonjean, Clark, & Lineberry(eds.), *Community Politics,* Free Press.

Dahl, Robert A.(1957), "The Concept of Power", *Behavioral Science,* 2, July.

______________(1961), *Who Governs?: Democracy and Power in an American City,* Yale Univ. Pr.

Duke, James T.(1976), *Conflict and Power in Social Life,* Brigham Young Univ. Pr.

Dye, Thomas R.(1977), *Politics in States and Communities,* Prentice-Hall.

Etzioni, Amitai.(1964), *Modern Organization,* Prentice-Hall.

Fiedler, Fred E.(1968), "Personality and Situational Determinants of Leadership Effectiveness", in Cartwright & Zander(eds.), *Group Dynamics,* Harper & Row.

Hall, Richard H.(1972), *Organization: Structure and Process,* Prentice-Hall.

Hillery, G. A. Jr.(1955), "Definitions of Community: Areas of Agreement", *Rural Sociology* 20, June.

Howley, Amos(1963), "Community Power and Urban Renewal Success", *American Journal of Sociology,* 68, Jan.

Hunter, Floyd(1953), *Community Power Structure,* The Univ. of North Carolina Pr.

Kaplan, Harold(1967), *Urban Political System: A Functional Analysis of Metro Toronto*, Columbia Univ. Pr.

Lippitt, R., & White, R. K.(1947), "An Experimental Study of Leadership of Group Life", The Society for The Psychological Study of Social Issues(ed.), *Readings in Social Psychology,* Henry Holt & Co.

MacIver, R. M., & Page, C. H.(1953), *Society: An Introductory Analysis,* London: MacMillan.

Mack, R. W., & Pease, J.(1973), *Sociology and Social Life,* D. Van Nostrand Co.

Meenagham, Thomas M.(1976), "Clues to Community Power Structure", *Social Work,* March.

Mills, C. Wright(1963), "The Structure of Power in American Society", Irving Louis Horowiz (ed.), *Power, Politics & People: The Collected Essays of C. Wright Mills,* Oxford Univ. Pr.

Niehoff, H.(ed.)(1966), *A Casebook of Social Change,* Aldine Pub. Co.

Poplin, Denis E.(1972), *Community: A Survey of Theories and Methods of Research,* NY: MacMillan Pub. Co.

Rogers, David(1962), "Community Political System: A Framework and Hypotheses for Comparative Studies", in Bert E. Swanson(ed.), *Current Trends in Comparative Community Studies,* Community Studies Inc.

Walton, John(1971), "The Vertical Axis of Community Organization and The Structure of Power", Bonjean, Clark, & Lineberry(eds.), *Community Politics,* Free Press.

Warren, Robert L.(1971), "A Note on Walton's Analysis of Power Structure and Vertical Ties", Bonjean, Clark, & Lineberry(eds.), *Community Politics,* Free Press.

III

국가와 사회변화의 여러 측면

Chapter 12 21세기, 후기산업사회 국가의 성격
Chapter 13 한국 정치사회의 변화와 교육 · 교육자의 역할(*草稿)
Chapter 14 미래사회의 특성과 교육의 과제(*草稿)
Chapter 15 대학의 연구기능과 사회발전
Chapter 16 일차적 사회의식의 변모

CHAPTER

21세기, 후기산업사회 국가의 성격

12

1. 서론: 논의의 성격과 입장

국민 국가는 "17세기의 절대 국가를 발판으로, 18세기 말의 프랑스 혁명을 전기로 하여 시민사회가 태동하게 됨에 따라 … 자본주의 생산양식에 입각한 부르주아의 계급적 지배가 중심적인 사회관계를 구성하는 통치의 조직체"로서의 특징, 말하자면 소위 부르주아 국가의 성격을 띠고 그 모습을 드러낸다(임현진, 1984: 54). 사실상 근대 국민 국가는 산업사회의 특유한 정치단위로서, 통합된 국민 경제와 결부되어 성립한 것이다. 중앙집권적으로 통합된 유일의 정치적 권위체로서의 국가는 통합된 단일의 국민 경제와 표리의 관계가 있는 것이다. 중세 봉건국가가 그러하듯이 "지역마다 자급자족적이며 상호 관련이 희박한 경제는 아무리 서로 모인다고 해도 국가가 될 수 없는 것이다. 설사 지역 경제의 잡다한 집적 위에 든든한 통일적 정치제도가 성립되었다 하더라도 그것은 근대 국민 국가가 아니다."(Toffler, 1981: 104) 국민 단위의 하나의 권력 중심을 형성할 수 없기 때문이다. 언어 · 문화적, 사회적으로 민족적 동질성을 갖고 있다 하더라도 이 민족 단위가 교통이나 에너지 공급 등의 테크놀로지나 전국적인 행정적 조직 메커니즘을 갖추어야 중앙집권적 통일국가는 가능한 것이다. 전국 단위의 실질적인 지배권이 국민 국가 형성에 필수적인 것이었다는 말이다. 이와 같이 국민 국가는 산업문명의 시대적 요청으로 성립되었다.

이 국가는 대외적으로는 부국강병의 정책을 내세워 식민지를 경영하는 식민 국가로서 세계체제를 주도해 나가는 한편, 대내적으로 자유방임적 성격의 국가로서

* 이 논문은 1998년도 제주대학교 국외 파견 연구 지원 계획에 의하여 연구되었다.

자본 축적의 논리가 지배하고 있었다. 대내적인 자유방임주의적 시장의 논리는 '최소 정부', '약한 국가'를 불가피하게 하였으나 자본주의 경제의 내적 모순구조로 인하여 자유방임주의 경제질서는 한계에 부딪히게 되고 드디어 1930년대에 세계경제 대공황, 시장의 실패에 즈음하여 국가는 '강한 국가'로서 시장에 적극적으로 개입하고 복지국가로 거듭나게 된다. 국가가 '복지국가'를 지향하면서 국가 권력은 확대된다. 이제 시민의 개념은 경제를 주도하던 고전적 의미의 '부르주아'가 아니라 피지배의 일반인의 의미를 내포하면서 시민사회의 성격도 달라진다. 70년대 이후 오늘날 복지국가의 위기를 맞으며 '국가의 실패'를 경험하게 되고 시민사회 부문에서는 시민(민간)단체가 국가 권력에 대한 비판세력으로 국가 운용에 관여하려는 입장을 강화하게 된다. 이러한 시민사회의 성숙으로 국가의 성격은 새로운 전환점에 이르렀다.

이와 같이 시대의 흐름 속에서 국가의 성격이나 역할은 특히 시민사회와의 관계 속에서 달라지는 것이나 그 다름에도 불구하고 절대국가에서 복지국가에 이르기까지 그 모든 국가의 형태는 공통적으로 중앙집권적 국민 국가로서, 크게 보면 산업혁명에 이어지는 18 · 19세기의 산업사회라는 시대적 특징과 틀 안에서의 변이에 불과한 것이다. 이제 시대는 바뀌어 후기산업사회, 세기의 전환기에 이르러 세계화와 지방화가 병행되면서 국가의 입지는 위축될 수밖에 없게 되었다. 범세계화의 논리는 국가와 국가 사이의 관계뿐 아니라 지방화의 논리에 결부되면서 국가 권력의 약화를 초래하였다. 소위 세방화(世方化, glocalization)의 흐름 속에서 '국가는 세계적인 문제를 다루기에는 너무 작고 지역의 욕구를 해결하기에는 무력한' 그런 존재가 되었다. '작은 정부'를 내세울 수밖에 없게 된 것이다. 시민사회와의 관계는 재정립될 필요가 있고 시민사회의 성격도 재규정되어야 할 것으로 생각한다. 산업사회의 중앙집권적 국민 국가에 있어서는 대의정치가 기술관료적 정부조직과 결부되면서 위계제적 통치가 이루어지고 국가(정부)는 강화되는 반면 시민사회 부문은 취약해진 소위 '강한 정부, 약한 시민사회'의 국가였다. 그러나 이제 후기산업사회에 이르면서 종래 국가 운영의 정치 메커니즘으로는 분출하는 국민적 욕구를 충족할 수 없는 지경에 이르고, 자유주의적 시장질서 또한 국리 민복을 실현하는 데 실패를 거듭하게 되었다. 국가 중심이냐 시장 중심이냐가 아니라 소위 제3의 길 혹은 민주주의와 시장경제의 병행이라는 중도적 형태의 정치 메커니즘도 변하는 사회질서의 문제를 해결하는 데는 역부족인 것으로 보인다. 세계 체제론자 이매뉴얼 월러스틴(Immanuel M. Wallerstein)은 1999년 1월, 유럽연합 11개국이 1999년 1월 단일화폐 유로를 출범시키기로 한 사건을 "세계 체제론적인 측면에서도 엄청난 변화"라고 하면서 이제 유럽에서는 국민 국가의 존재방식이 본질적인 변화를 겪게 될 것이라고 전망한 바 있지만[1] 이는 유럽에 국한하는 경제적 차원의 사건으로 끝나는 것이 아니다.

따라서 오늘날 국가의 성격을 논의함에 있어서는 세계화 추세 속의 대외관계와 국가 실패상황 속의 대내적인 관계를 종합적으로 살펴볼 필요가 있다고 생각한다. 더구나 시민사회의 성장과 근대 국가의 성격을 가늠해 주는 자본 축적의 시장논리는 이에 결부되어 논의되지 않으면 안 된다. 그러나 중요한 것은 시대의 흐름을 거시적으로 파악하여 볼 때 정보화의 추세가 국가 성격을 가늠하는 중요한 배경이 되고 있다는 점이다. '강한 시민사회, 약한 국가'의 틀이 논의되기도 하지만(Migdal, 1988 참조) 근본적인 문제는 오늘날 후기산업사회가 도래하면서 국민 국가가 안주해 오던 산업사회의 틀이 무너지고 있다는 것이다. 그리하여 이 글에서는 국가의 성격을 후기산업사회론에 결부하여 규명해 보고자 한다.

종래 국가에 관한 논의(김일영, 1994 참조) 과정에서 여러 가지 문제점들이 발생하였다.

첫째는 '자본주의국가', '주변부자본주의국가', '과대성장국가', '신식민지종속국가', '관료적 발전국가', '조합주의국가', '관료적 권위주의국가' 등 수많은 개념들이 등장하여 각축을 벌이면서 그들 간에 적절한 의사소통 없이 무질서한 국가 이론의 병립상태를 이루어 혼란을 야기하였다. 둘째는 위의 경우를 국가론의 내적 딜레마라고 한다면 그 외부적 부문과의 문제로서 최근 시민사회론의 부상이라는 상황에 처하여 국가는 사회과학의 주된 논의의 영역에서 벗어나고 있는 듯하다는 점이다. 셋째는 국가에 관한 논의들이 대체로 자본주의 혹은 산업사회를 배경으로 한 과거 혹은 현 단계 지향적이어서 급변하는 시대적 상황에 처하여 그에 부응하는 미래지향적 논의가 결핍되어 있다는 점이다.[2]

이 논문은 위의 두 번째와 세 번째 측면에 관련하여 국가론의 새로운 종합을

---

1) "21세기특별기획—새 천년 새 세기를 말한다", '유럽합중국의 탄생'(「인터넷한겨레」, 1998.6.24 특집) 볼 것.

2) 미래지향적 논의가 전혀 없는 것은 아니다. 그 최근의 것으로는 조영훈(2000)을 볼 것. 이 글에서 조영훈은 탈산업 사회론에 있어서의 복지국가의 미래에 대한 논의를 비교 평가하고 있다.

통하여 도래하는 시대인 후기산업사회의 국가에 관하여 논의하려 한다. 국가와 시민사회 관계의 삼분법을 기본 틀로 하고(임혁백, 1992: 381) 여기에다 국가 외적 요인인 국제체제를 감안하여 국가 개념을 검토하고 새로운 시대 변화에 부응하는 국가의 성격을 고찰하고자 하는 것이다.

2. 21세기 세계화의 진전과 후기산업사회

21세기 후기산업사회는 그 고유의 속성인 정보화가 세계화의 흐름에 서로 맞물려 진행되면서 커다란 변화의 국면을 맞고 있다.

후기산업사회는 산업사회에 있어서 인간의 산업활동의 결과인 자본이 그러하듯이 인간의 지적 활동의 결과인 정보가 인간생활을 지배하는 사회이다. 다니엘 벨이 제시하는 기본 틀에서 보면 이 사회의 기축 원리는 경제적 생산성이 아니라 이론적 지식의 부호화이며, 그 기술체계는 기계기술이 아니라 지적 기술이고 생산방식은 제조가 아니라 정보처리이다.[3)]

"구체적으로, 정보사회는 엄청나게 많은 양의 정보가 신속하게 처리되고 전달·공급되며, 대부분의 고용이 지식과 정보의 생산, 처리, 유통과 관련된 정보산업에 집중되는 사회를 가리킨다." 정보·통신 기술의 발달 특히, 디지털 기술의 발달은 새로운 시대를 여는 데 결정적인 공헌을 하였다(권태환, 2000: 17-18).

이러한 후기산업사회의 변화양상은 시장, 시민사회, 국가의 세 차원에서 산업사회와 대비하여 다음과 같이 요약할 수 있을 것이다.

	산업사회	후기산업사회
시장의 차원	제조업 중심의 반숙련 노동력의 비중이 큼	서비스산업의 팽창. 반숙련 노동력 수요 감소
가족(시민사회)의 차원	일인 소득자와 전업주부의 핵가족	여성의 노동시장 참여 증대. 핵가족 붕괴
국가의 차원	남성 소득자에 대한 소득보장 중심의 복지	복지의 탈가족화

자료: G. Esping Andersen(1999), *Social Foundations of Post-Industrial Economies,* Oxford: Oxford University Press, p. 4; 여기서는 김영범(2000: 219)에서 간접 인용.

3) Bell(1999: lxxxv), 표 1을 볼 것.

인간의 모든 생활세계가 그러하듯이 국민 국가 또한 이러한 변화의 국면에 의해 지대한 영향을 받고 있다. 이종구(2000)는 오늘날 탈냉전시대의 변화양상으로 세계화와 시장통합, 디지털 기술을 기초로 하는 정보화를 들고 세계화의 상황은 정보통신기술의 혁신이 가져오는 정보화와 상호 보완적으로 상승작용을 하고 있다고 지적한다. 정보통신의 발전이 세계화를 촉진하고 있다는 것이다. 세계화와 시장 통합에 관련해서 보면, 1989년 가을 베를린 장벽의 붕괴 이후 탈냉전시대에 이르러 자본주의 시장경제체제를 기반으로 한 세계 단위의 경제질서가 형성되기에 이르렀다. 시장의 개방은 개별 국가의 특수한 사정을 인정하지 않고 기본적으로 동일한 경제적 룰을 적용하기에 이르렀다. 1995년 설립되어 새로운 세계 무역질서를 관리하는 세계무역기구(WTO)는 자유무역을 기조로 하는 세계적인 시장통합을 지향하고 있다. "경제부문에서부터 국경의 벽이 낮아지고 주권이 미치는 범위가 줄어들며 초국적 기업의 영향력이 확대되는 결과가 초래된다." 이는 자본의 이동이 자유로워진다는 것이며 국경의 의미는 그만큼 상실된다는 의미가 된다(이종구, 2000: 87).

한편 국내적으로는 국가의 내부 통제가 느슨해지고 분권화의 경향이 뚜렷해지면서 지방이나 소수민족의 자기주장이 강화되었다. "세계화와 동시에 지방화, 문화적 다양화가 진행"되고 이른바 세방화(世方化, glocalization) 현상이 나타나게 된 것이다(이종구, 2000: 88). 세계화의 국제질서 속에서는 다국적 혹은 초국적 기업들도 국가와 같은 행위 주체가 되어 초국가적 성격을 띠게 된다. 이들은 전 세계적으로 그 기업조직 네트워크를 가지고 국경을 넘어서는 제도와 규칙을 일반화하고 있다. 이는 "근대사회 이후 일반화되어 왔던 국민 국가의 개념과 범위에 심각한 문제를 제기하고 있다."(이종구, 2000: 101)

개인이나 지방 단위의 주체는 "기존의 대중매체나 통신수단을 경유하지 않고 외국과 대량의 정보를 직접 교환할 수 있게 되었다. 시민이 국가에 얽매이지 않고 행동할 수 있는 여지가 넓어졌으며 자율적인 생활세계가 확대되었다."(이종구, 2000: 89) 세계화에 따른 개방화로 국민 국가의 경제조절기능이 더 이상 효율적이지 못하게 되었으며, 정보기술의 발전은 더 이상 중앙집중적 조절기능도 그 힘을 잃게 된 것이다(김영범, 2000: 228, 주22).

소위 '국경 없는'(borderless) 사회라는 말로 상징되는 세계화는 국내적인 지방화와 더불어 21세기의 시대적 성격을 잘 나타내주는 현상으로서 "일정 지역적 범위 내에서 … 물리적 폭력(force)의 합법적 사용의 독점적 요구를 성공적으로 지탱하여 그 존립과 질서를 보장하는 강압적 정치조직"(Weber, 1968: 54)이라는 베버의 고전적인 국민 국가의 개념을 위협하고 있다. 세계화의 진전은 신자유주의의 이데올로기적 배경과 세계 시장경제의 논리에 의해 가속화되고 있다. 세계적인 기업에 있어서 "'자연적 국경'은 우주의 끝, 보다 정확히 말해서 확대할 수 있는 능력의 한계선"이라는 주장도 있다(Hobsbawm, 1997: 49).

홉스봄은 1990년대로 넘어오면서 20세기의 황금기에 뒤이어 위기의 시대가 다가왔다고 하고, 그 '위기'의 징후로, 경제적으로는 대량 실업과 불황, 빈부의 격차 심화, 제한된 국가 수입과 무제한적인 국가 지출 사이의 격차(이것이 복지국가 위기의 한 요인이 되고 있다: 필자 주), 교란된 경제의 압박으로 인한 자유민주주의 정치체제의 토대 잠식, 기본적인 정치단위인 '국민 국가'의 위상 침해, 정신적으로는 합리주의와 휴머니즘의 위기를 들면서, 이 시대는 "대체로 국경들을 넘어서서 '초국가적'으로 기능하고 따라서 갈수록 국가이데올로기의 경계들도 넘어서 기능하는, 단일하고 갈수록 통합된 보편적인 세계경제를 역사상 처음으로 창출"하면서 도래했다고 한다(Hobsbawm, 1997: 24). "세계적 위기는 경제적 의미에서뿐만 아니라 정치에서도 전반적"이었는데(Hobsbawm, 1997: 25) "기본적인 정치단위들 자체, 즉 영토적 · 주권적 · 독립적인 '국민 국가들'이 초국가적인 경제의 힘과, 분리주의적인 지역 및 소수민족집단의 국가 내적인 힘에 의해 갈기갈기 찢겨졌다. … 20세기 말에 정치가 위기를 맞았다는 사실은 명백하다"(Hobsbawm, 1997: 25)고 지적하고 있다.

"세계화란 경제활동 및 사회활동의 범위가 일국적 단위를 넘어서 범세계적 단위로 전개되는 추세를 말한다. … 세계화와 지역 통합으로 대변되는 새로운 흐름 속에서 핵심적인 위치를 차지하고 있는 것이 바로 정보 · 통신 기술의 발달, 정보화이다. 정보화는 세계화의 물적 기초이면서 세계화 메커니즘의 중추신경이라고 할 수 있다."(김해식, 2000: 47) 이러한 세계화의 흐름은 후기산업사회(이 글에서 필자는 후기산업사회와 정보사회를 같은 의미로 쓰고 있다.)의 도래와 맞물리면서 빈곤을 세계화하고 개인의 민족 정체성을 훼손하고 빈부 격차를 세계화하며 무한

경쟁의 논리를 사회의 모든 영역으로 보편화하고 있다. "사회통합은 이제 국가의 주요 정책목표에서 밀려났으며 이에 따른 부작용이 국가 정당성 위기의 심화" 현상으로 나타나고 있다(오현철, 2000).

3. 후기산업사회에 있어서의 국가와 시민사회

1) 국가와 시민사회에 대한 관점의 변화

홉스와 루소 등 근대 계몽사상가들은 국가와 시민사회를 구분함이 없이 하나의 통합된 사회상태로서 자연상태에 대비되는 현상으로 보았다. 국가–시민사회 일원론의 입장을 취한 것이다(Seligman, 1992: 22-23). 헤겔과 마르크스에 이르러[4] 국가와 시민사회를 구분하는 이원론이 등장한 후 서양 정치사상에 있어서 국가와 시민사회는 구분되는 개념으로 사용되어 왔다(송희준, 1999: 7). 시민사회와의 관계 속에서 국가의 성격을 살펴보면, 국가라는 것은 다양한 이익집단들, 엘리트들, 또는 계급들의 상충하는 이해관계가 조종되고 갈등하는 장소로 파악되는데, 다원론자들은 경쟁적인 이익집단들이 게임의 규칙에 따라 운영되는 합법적 조직체로, 엘리트론자들은 소수 엘리트들이 공모해서 대중을 조작하고 지배하는 강제적 조직체로, 계급론자들은 지배계급의 이익을 확보하기 위한 지배도구로 파악한다(임현진, 1984: 56). 신마르크스주의자들이 논의하는바 사회 중심의 국가관에 입각한 '국가 자율성'의 차원에서 보면(Poulanzas, 1973) 국가권력은 기본적으로 자본가 계급의 이익을 대변하지만 모든 면에서 자본가 계급의 직접적인 통제하에 있는 것은 아니며 어느 정도의 자율성을 갖고 있는 것이다. 국가 중심의 국가관에서 보면(O'Connor, 1973) 국가는 특정 이익집단이나 엘리트 또는 계급의 이해관계를 넘어 기능적으로 정책을 관리한다. 국가는 자본의 축적논리에 따라 능률성을 추구함으로써 경제적 재원을 마련해야 하지만 한편 사회 전체의 복지서비스를 제공함으로써 정당성도 확보해야 하는 것이다. 따라서 국가는 위기관리의 메커니즘을 가지고 있으며 그 자체의 운영논리가 있어서 어떤 계급이나 집단의 이익에만 집착할

4) 그들에게는 권위에 입각하여 권력을 행사하는 국가와 국가 권력의 통치를 받는 시민사회의 분리는 근대성을 결정짓는 가장 중요한 정치적 특성이었다(Neocleous, 1996: 1).

수만은 없는 그런 성격의 정치조직체이며 국제 정치 · 경제의 기본적인 참여단위인 것이다(임현진, 1984: 58).

70년대 세계경제의 위기에 뒤이은 서구 복지국가의 실패와 80년대 동구 사회주의 국가의 붕괴를 배경으로 신자유주의가 등장하고 80 · 90년대에 "국가와 관료제의 대안으로 국가권력의 통제를 받지 않고 지역적 차원에서 의사결정을 하는 자발적 결사체, 교회 및 공동체에 관심을 둔" 시민사회론(Bell, 1989: 56)5)이 활발하게 전개되면서 국가와 시민사회의 관계에서 적어도 이론적으로는 상대적으로 국가중심적 사고가 퇴색되고 드디어는 최소 국가론이 설득력을 얻기에 이른다. 노직(Nozick, 1974: 153)은 국가가 개인의 기본적인 권리를 침해해서는 안 된다는 자유주의적 입장을 취하고 국가의 제한적 역할을 논증하면서 오직 최소의 국가만이 정당하다고 주장한다.6) "최소 국가는 최소 원리에 기초하고 있으면서, 어떤 비도덕적 책략도 포함하지 않는 '보이지 않는 손'의 과정을 통해서 등장하는 것이다."(Lebacgz, 1986: 119) 이러한 노직의 최소 국가는 국가 운영의 시장시스템을 기본 원리로 하는 국가이다.

시민사회와 국가의 관계 형태에 대한 견해들에 대해서는 송희준이 다음과 같이 잘 요약 설명하고 있다(송희준, 1999: 9). 그는 첫째, 푸코의 예에서 보는 것처럼 그 구분이 권력현상을 심층 분석하는 데 도움을 주지 못한다고 봄으로써 시민사회와 국가의 구분을 부정하는 견해 둘째, 그 구분을 주장하는 이분법적 견해(예: 전통적인 마르크시즘) 셋째, 국가(정치), 시장(경제)과 그 잔여 영역으로서의 시민사회를 구분하는 삼분법(예: Gramsci, 1971) 넷째, 시민사회를 다시 공공과 사적이라는 두 영역으로 나눔으로써 국가(정치적 하위체제), 시장(경제적 하위체제), 공공영역(담론의 장), 사적 영역(가족)의 사분법을 주장하는 견해(예: Habermass)7) 등을 제시하고, "삼분법이 주로 의존하고 있는 '시민사회의 담론'(discourse of civil

5) 송희준(1999: 7-8)에서 재인용.

6) Lebacgz(1986: 112)에서 재인용.

7) 하버마스는 근대 시민사회를 사적 영역(상품교환과 사회적 노동의 수급이 이루어지는 시민사회 부문)과 공공영역(초개인적으로 구조화된, 사회적 개인 간의 행위와 의사전달의 담론이 이루어지는 장인 시민사회부문)으로 구분하고, 한편 의사 전달의 유형을 체제(system)와 생활세계로 분류하여 다음 〈표〉와 같이 유형화하였다(Cohen and Arato(1992: 431) 볼 것).

society)은 사회의 법적, 결사체적, 공공적 기관들이 대체로 비계급적인 토대에 바탕을 둔 집단행동이다."라는 코헨과 아라토의 견해(Cohen & Arato, 1992: 2)를 인용하면서 삼분법이 90년대 이후 주류를 이루고 있다고 주장한다. 우리나라의 경우에도 삼분법이 주류를 이루고 있으면서도 조금씩 서로 다른 견해들이 있다.[8)]

2) 후기산업사회와 시민사회의 성격 변화

후기산업사회에 이르러 시민사회는 그 전통적 의미를 상실하고 그 실체 또한 불확실하게 되었으나 그에 대한 요구는 더욱 커지는 듯하다.[9)] 또한 정보화는 국가와 시민사회의 관계를 변화시키면서 시민사회에 중대한 영향을 미침으로써 시민사회에 대한 논의가 중요하다는 점을 상기시켜 주고 있다는 주장이 나오게 되었다(Sandra, 1994: 86).

돌이켜 생각해 보면 근대 국민 국가에 있어서 시민사회는 늘 국가의 카운터파트였다. 국가의 입장에서 시민사회는 통치의 대상으로서 정당성을 확보해야 하는 영역이었으며 시민사회의 입장에서 국가는 통치의 수임자이며 시민은 권리의 주체로서 국가권력에 대한 저항세력이었다. 역사적으로 시민사회의 출현은 시민들이 강력한 국가권력을 견제하여 자유민주주의를 진전시킬 수 있는 힘으로 작용하였다. 90년대에 이르러 시민사회는 동구의 경우 시민운동단체의 활동 및 국가권력의 축소현상에서, 서구의 경우 시민사회를 통한 실용적인 사회복지정책과 후기산업사회의 본질에 대한 접근의 필요성에 따라 그 의미가 새롭게 조명되었다(송희

〈표〉

의사전달유형 \ 시민사회 구분	사적 영역	공공 영역
체제	시장(경제적 하위체계)	국가(정치적 하위체계)
생활세계	사적 영역(가족)	공공영역(담론)

8) 송희준(1999: 9)은 다음 글들을 그 예로 들고 있다.
신광영, "시민사회 개념과 시민사회 형성," 유팔무 · 김호기 엮음, 『시민사회와 시민운동』(한울, 1995).
유팔무, "한국의 시민사회론과 시민사회 분석을 위한 개념틀의 모색," 유팔무 · 김호기 엮음, 『시민사회와 시민운동』(한울, 1995).
이효선, 『현대 한국의 시민운동』, 아산재단연구총서 제36집(집문당, 1997).
임혁백, "민주화시대의 국가-시민사회 관계의 틀 모색: 국가, 시장 민주주의," 한국사회학회 · 한국정치학회 엮음, 『한국의 국가와 시민사회』(한울, 1992).

9) Hobsbawm(1997: 27)은 20세기에 그 "요구는 길을 잃고 표류하는 세대들의 목소리였다. … 그 단어들이 전통적인 의미를 잃어버려 김빠진 말이 된 시대에 그런 목소리가 들렸다"고 말한다.

준, 1999: 8). 어느 경우든 시민사회의 논의에 있어서 시민은 권리의 주체로 강조되고 그 의무의 측면은 소홀히 다루어져 왔다고 할 수 있다. 그러나 이제 시민사회는 개인주의 이념의 부정적 효과를 다소 완화시켜 공동체의 목표를 추진하는 정치적 함의를 갖는다. 그러니까 시민사회는 공공선 추구의 의미를 담고 있다는 것이다.[10] 한편 박형준(1997: 29)에 따르면 산업사회에서 집단화 · 표준화가 강조되던 노동과정이나 조직이 후기산업사회에 이르러서는 지식기반의 상징과 기호에 의존하는 노동 개별화가 강조됨에 따라 시민사회의 성찰적인 성격이 일층 강화되었다는 것이다. 그리하여 시민 혹은 시민사회는 국가 운영에 관련하여 주체적 역할을 담당하려는 움직임을 보이게 된다. 특히 90년대 이후 시민사회는 정부의 실패와 시장의 실패를 보완할 수 있는 제3의 대안으로 논의되고 있기도 하다. 시민사회는 "자발적, 연대적 공동체를 기본적으로 포함하며 여기에 사회 내의 제 이익들의 조직화된 협력체로서의 조합주의적 결사체를 포함할 수 있는 광범한 개념"으로서, "가격에 의해 작동하는 시장과 계층제에 의해 작동되는 정부 관료제가 적용되지 않는, 또는 두 원리의 실패에 대한 대안으로서 제시되는 조직 및 운영 원리"라는 것이다(송희준, 1999: 29).

특히 시민사회의 공동체 이념이 80년대의 신자유주의에 대한 반발로서, 그리고 90년대의 복잡한 후기산업사회에 대한 새로운 형태의 지배구조를 모색하는 과정에서 등장하게 되었다. 토니 블레어가 "공동노력, 공동결속, 상호협력, 동료의식이 흐르는 사회에 대한 믿음에 바탕을 둔 '사회-주의(social-ism)'"를 제창하면서 내세운 것도 '상호 부조와 상호 개선을 강조하는 공동체적 시민사회'인 것이다(Blair, 1996: 67-68).[11]

이상의 논의들은 시민사회와 국가를 대립항으로 전제하고 있다. 그러나 후기산업사회에 있어서는 경제활동이 가정으로 이동하고, 극소 전자혁명으로 서비스 산업과 여가활동, 사회복지, 미디어와 교육 등 제 영역에 있어서 새로운 사회세력들의 등장이 '시민사회'와 '국가'라는 오래된 영역을 파괴함에 따라 시민사회, 경제,

10) 국가와의 관계 속에서 시민의 의무를 강조하면서 시민사회의 공동체적 측면을 분명히 하는 아이디어가 공동체주의(communitarianism)이다(Etzioni, 1995: 59).

11) 황주홍(1998)에서 재인용. 토니 블레어의 '신 노동당'의 개혁정책('제3의 길 복지정책')에 대해서는 강욱모(2000)를 볼 것.

국가 간의 명료한 구분을 더욱더 쓸모없게 한다는 주장이 있다(Frankel, 1997: 233). 프랑켈은 "국가 기구가 실제 행하는 역할이 무엇인가를 살펴보면, 우리는 국가를 시민사회와 구분하는 인위적 경계가 오래전에 무너져버렸다는 것을 발견하게 된다"고 주장한다(Frankel, 1997: 236). 이런 주장은 결국 시민사회 부문의 제반활동들이 종래의 국가의 기능들을 대치하게 되었음을 말하는 것으로 볼 수 있을 것이다.

후기산업사회에서 권력구조를 지배하는 것은 시민사회의 계급이 아니며 갈등과 의사결정은 상호작용하는 다원적으로 조직된 압력집단의 총합의 결과로서의 비계급적 사회집단에 의해 이루어진다. 토플러는 그의 스승 번햄(James Burnham)이 이미 수십 년 전 주장했던 '경영혁명'을 거론하면서 "많은 나라에서 소유자가 아니라 경영자들이 투자와 사업정책의 방향을 결정하고 있다는 것은 분명하다"고 하고 사유 재산의 소유보다 경영적 통제의 중요성을 강조한다(Toffler, 1989: 119-120). 이는 후기산업사회에 이르러 자본가 계급은 그 지배적 위치를 상실하고 있음을 지적하는 것이다. 노동계급 또한 총체적 사회체제 속에 통합되어 더 이상 변혁적이지 않고, 마르쿠제가 지적하듯이 "실업자, 취업 불가능자, 빈곤계층, 그리고 차별의 피해자 등과 같은 국외자와 버림받은 자들에게서 체제에 반대"하는 잠재력을 찾을 수 있을 것이다. 이들이 국가 권력에 대항하는 중추세력이 되는 것이다(Frankel, 1997: 239).

산업사회의 정규 유급 노동자들인 전통적 노동계급은 소수집단으로 남게 되고, 계급적 정체성을 결여하고 있으며 새로운 기술에 따라 끊임없이 소멸하거나 변하는 임시직, 계약직, 시간제 직종과 주변화된 실업자들로 구성되는 '신프롤레타리아라는 탈산업적 비계급'이 노동인구의 다수가 된다(Gorz, 1982: 6장).[12] 노동계급은 '계급차원의 노선에서 민중주의 노선'으로 변신한다(Bahro, 1984).[13] 이제 국가권력에 대한 대항전략은 계급전략이 아닌 민중전략, 더 나가서 시민전략으로 바뀌게 된다. 1980년대에 영향력을 미치기 시작한 신사회운동(new social movement)에서 볼 수 있는 것처럼 이제 계급이론이 아니라 환경론이나 페미니즘, 반핵운동, 평화

12) Frankel(1997: 240-241)에서 재인용.
13) Frankel(1997: 220)에서 재인용.

운동과 같은 비계급적 전망들, 그리고 인종운동, 장애인 및 노인운동 등 사회복지 정책의 중심적인 과제들이 새로운 사회운동의 중심에 서게 되었음은 후기산업사회로 넘어오는 과정에서 나타나는 중요한 변화의 증후들인 것이다.

이러한 새로운 사회운동이나 시민연대운동은 새로운 정치적 세력으로서 '생활세계의 식민화' 또는 시민생활의 모든 측면에서의 국가의 기술관료적 간섭에 대한 반발로 간주된다. 좁은 의미에서 국가를 그 정치적 운영기구인 정부라고 간주하면, 사회운동과 전통적인 정치과정 간의 투쟁은 '국가에 대한 시민사회'의 투쟁으로 될 수도 있을 것이다. 그러나 후기산업사회의 사회운동조직들은 산업사회의 순수한 계급과 같지 않다. 새로운 사회운동의 구성원들은 오페(C. Offe)가 말한 '탈상품화된' 집단 곧, 노동시장에 관여하지 않는 학생, 퇴직자, 중산층 주부, 그리고 실업자나 주변화된 사람들 또는 교사, 사회사업가처럼 '새로운 계급'이라고 지칭하는 다수의 공공부문 종사자로부터 충원된다(Frankel, 1997: 270). 그 참여 성원들의 다양한 계급적 배경이나 신념 때문에 후기산업사회의 사회운동은 비응집적일 수밖에 없으며 사회운동조직들은 더 이상 귀속적인 정체성을 지닌 결속체가 아니라고 할 수 있을 것이다. 사회운동 혹은 사회운동조직에 참여하는 개인들은 조직에 적극적으로 참여하기도 하지만 항의시위나 생활상의 실천에서 보는 것처럼 특정조직이나 운동이 제기하는 요구의 전부 혹은 일부를 지지하는 수준에 머무르게 된다(Frankel, 1997: 267). 그러기 때문에 사회운동과 국가권력의 관계는 산업사회의 계급권력과 국가권력의 관계에서 보는 바와 같은 결정적인 성격을 띠는 것이 아니다.

의원 대표제라는 국가정치제도도 산업사회에서는 지도자에 관계없이 타당한 것이었으나 그것은 이제 후기산업사회에 이르러 종국적인 위기를 피할 수 없다고 보는 것이다. 대의제 정당정치는 정당의 이해관심 속에서 정략적으로 움직여지기 때문에 대표를 선출하는 지역주민들의 이익을 국정에 반영하지 못하며 시민집단의 다양한 욕구를 충족시켜 주지 못하기 때문이다. 오늘날 국민 국가의 중앙정부는 전국단위의 균일화되고 획일적인 정책을 수행함으로써 특정의 지역 혹은 사회집단의 사회·문화적 특수성에 기반하여 일어나는 다양한 욕구를 충족하지 못하고 있는 것으로 보이며 그리하여 사회의 탈획일화 경향은 더욱 강력해지는 것 같아 보인다. 시민사회의 세력화가 그래서 설득력을 갖게 되고 국가-시민사회 관계에 있어서 소위 '약한 국가, 강한 시민사회'라는 주장(Migdal, 1988)이 설득력을 얻게 된다.

4. 세계화시대의 국제체제와 국가

1) 세계화 · 지방화와 국가

산업사회의 주요 정치적 단위였던 국민 국가는 후기산업사회에 이르면서 내적으로나 외적으로 중대한 변화의 위협을 받고 있다. 내적으로는 지방화 혹은 지역화의 추세가, 외적으로는 세계화의 추세가 가속화되고 있으며 이 양자의 움직임은 서로 잘 어우러져 종래의 잘 통합되고 유일한 권력의 주체이던 국가를 해체, 보다 소규모이고 정치력이 약한 단위로 분해하고 그 통치주체로서의 위상이 약화되는 방향으로 나가고 있다고 지적되고 있다(Toffler, 1981: 337).

아래로부터의 압력은 국가의 하위지역권의 분리 움직임으로부터 시민사회적 도전인 자율운동에 이르기까지 지난 세기 동안, 특히 1970년대 이후 다양한 형태로 나타나고 있다. 우선 토플러를 따라 하위지역권의 분리운동현상을 열거해 보면 다음과 같다(Toffler, 1981: 343-345).

전통적으로 섬 주민을 경시하고 섬의 경제발전에 무관심했던 데서 기인하는 프랑스로부터의 코르시카섬 분리운동, 영국에 있어서 오랫동안 남부의 잉글랜드와 웨일스의 경제발전에 치중한 결과 상대적으로 홀대를 받아왔다고 주장하고 나선 스코틀랜드의 자립 · 자치요구, 웨일스 지방의 분리주의자 운동, 캐나다에서 프랑스어 사용 국민과 영어 사용 국민 간의 갈등과 관련되는 퀘벡주 분리 움직임과 서부 석유산지인 앨버타주에서 나타나고 있는 분리 · 자치요구, 오스트레일리아에서는 오스트레일리아 정부가 동부에 비해 자신들이 정치적으로 부당한 대우를 받고 있다는 주장을 하면서 내건 '서부오스트레일리아주 분리운동', 뉴질랜드의 주민이 북아일랜드 중심의 산업정책에 불만을 표시하고 나오는 남아일랜드섬의 독립선언 움직임 등 많은 사례를 들 수 있을 것이다. 미국 내에서도 캐나다에 있어서 퀘벡에 해당하는 이른바 치카노(Chicano: 멕시코 양친을 가진 미국인)문제가 있고, "원래 역사상 어느 시기에는 하나의 정치체제를 이루고 있었다"는 텍사스와 멕시코가 하나가 되어 강력한 석유 산출국, 텍사코(Texaco)의 형성 가능성을 논의하는 신문 · 잡지 독자란의 제언이 나온 바 있다. 아메라칸 인디언들의 주권을 인정하라는 요구, 푸에르토리코나 알래스카의 잠재적인 분리독립운동 등도 거론되고 있다. 에너지 문제를 중심으로 하여 일어나는, '경제적 남북전쟁'이라 일컫기도 하는 미국 내의 산업이 발달한 동북부 및 중서부 여러 주와 햇빛이 풍부한 남부 및 남서부 여러 주 사이에서 일어나는 분쟁도 있다. 1991년의 소비에트사회주의공화국연방이 각 하위 공화국 단위로 분리 해체되었음은 주지의 사실이거니와 그루지아공화국 내에서도 소수민족인 아브하자인의 독립요구도 있었다.

이러한 움직임에 대하여 토플러는 '에너지위기에서 발달된 것'이라 하고 그 의미를 다음과 같이 말하고 있다.

> 제2의 물결 에너지 체계에서 제3의 물결 에너지 체계로 이행하는 과정에서 필연적으로 발생하고 있기도 하다. 그 밖에 구김살의 대부분은 산업기반이 제2의 물결 체계에서 제3의 물결체계로 이행할 때 생기는 갖가지 알력에서 그 원인을 찾을 수 있을 것이다. … 옛날 같으면 국가경제에 비할 만한 크기와 복잡한 구조를 갖춘, 그리고 뚜렷한 특색을 가진 경제가 오늘날에는 한 나라의 한 지방에서 성립되고 있다. 이와 같은 현상이 경제적 측면에서 분리주의나 자치를 요구하는 움직임에 자극을 주고 있는 것이다(Toffler, 1981: 345).

이러한 움직임들은 반드시 분리독립의 의미를 지니는 것은 아니고 지역주의, 지방자치주의 혹은 지방분권주의 같은 형태를 취하는 경우도 있을 것이지만, 적어도 중앙집권적 국민 국가의 약화를 뜻하고 있는 것은 사실이라고 하겠다.

한편 국민 국가의 힘을 약화시키는 국가 외적 요인들도 강화되고 있다. 단일 국민 국가의 힘을 넘어서는, 국경을 초월하는 문제들이 양적 · 질적으로 많아지고 있으며 그에 관련해서 국가의 힘은 너무 무력한 것이다. 환경문제가 그러하고 국경을 넘나드는 경제의 흐름, 세계경제질서가 그러하며 정보화의 촉진으로 나타나는 세계적 규모의 커뮤니케이션 체제가 그러하다. 특히 정보화는 세계적 규모에서 사태를 파악하고 대처할 필요를 낳게 되고 그에 따라 국민 국가의 주권적 지위는 약화되었다. 뿐만 아니라 다국적 기업은 세계 무대에서 국민 국가에 맞먹는 행위 주체가 되어 국민 국가의 경제적 자율권을 제약하고 있다. 다국적 기업은 국제기업으로서 "때로는 본거지를 둔 모국의 이해와는 상반되는 자기 회사만의 독자적인 손익계산으로 행동하는 경우도 있고, 그 반대로 모국의 이해와는 일치해도 그 외의 나라와는 모순되는 행동을 취하는 경우도 있다"고 지적된다(Toffler, 1981: 351). 기업의 전문가들은 준외교관의 성격을 갖게 되었으며 국제기업의 정보력은 국민국가의 그것을 능가하는 수준이다.

이러한 세계적 질서의 변화 속에서 종래 세계무대의 유일한 행위주체였던 국민국가는 그 고유의 지배력이 현저히 쇠퇴하고 있는 것이다. 국가뿐만 아니라 기업, 노동조합, 정치적 · 민족적 · 문화적 여러 집단, 국가 간 조직, 초국가 기관들이 등장하여, 국민 국가는 이제 다양한 행위주체의 하나일 뿐이다. 국경을 넘어 조직되는 여러 국제조직 또한 그 수는 날로 증가하고 있으며 그 위력과 영향력이 대단한 수준에 이르고 있다. 세계적 문제에 대한 더 많은 결정권이 국가의 범위를 넘어서는 조직으로 옮아가면서 국가의 결정권은 제한을 받고 있다. 이데올로기적으로는 전 지구적으로 사태를 생각하는 세계주의(globalism)가 국가이익을 대변하는 민족주의에 대신하여 등장하고 있다. 그리하여 토플러는 "유엔은 옛날의 '국가 간의 동업조직'의 지위에 머물러 있을 것인가, 그렇지 않으면 국가 이외의 구성단위, 예를 들면 지역, 종교, 기업, 소수민족 그룹 같은 집단의 대표가 참가하는 조직으로 개편되어야 할 것인가라는 문제가 제기되고 있다"고 주장한다(Toffler, 1981: 358). 다음과 같은 또 다른 경향이 지적되기도 한다. 즉

> 80년대 이후 많은 개발도상국가에서 권위주의 정부의 통치에 저항하거나, 각종 복지 서비스의 활동 등에서 국가의 기능과 역할을 대체하는 경향을 보인 각종 비정부기구(NGO)들이 90년대의 세계화 추세와 더불어 그 외연을 인권, 환경, 평화, 핵문제 등 인류공동선으로 확대하는 국제적 연대로 확장하고 있다. 이에 따라 시민사회에 토대를 둔 시민운동은 국가의 정책결정은 물론, 국제적 의제 형성까지 중요한 영향을 미치고 있다(Hulme & Edwards, 1997: 3).[14)]

뿐만 아니라 오늘날 국경을 넘어 다양한 행위주체들 사이에 그물처럼 얽혀 있는 세계에서는 국가가 주권을 바탕으로 독자적인 결정을 내리는 것은 불가능하다. 국가 주권의 절대성은 산업사회의 신화로만 살아 있다고 할 수 있을 것이다. 예컨대 프랑스의 카프 드 라 하그(Cap de la Hague)의 원자로는 영국의 윈도우 스케일의

---

14) 송희준(1999: 6)에서 재인용.

원자로보다 런던에 더 가까이 있어서 원자로 사고 시에 프랑스 것이 영국 것보다 영국 국민들에게는 더 심각한 위협이 되고 있다(Toffler, 1981: 441). 멕시코만의 원유 유출은 5백 마일이나 떨어진 텍사스 해안을 오염시키고 중국 대륙의 황사는 한반도의 공기를 오염시킨다. 이들 문제는 피해 당사국의 주권적 해결의 차원을 넘어선 것들이다.

초국가적인 세계 체제론적 시각에서 국가의 성격을 살펴보면서 임현진은 국가는 그 자체의 존재가치를 갖고 있는 것이긴 하지만 "자본주의 세계경제 안에서 차지하는 구조적 위치에 따라 … 그 기능을 수행하는 단위일 뿐으로 궁극적으로는 국제시장에서 이윤을 극대화하려는 지배계급의 수단에 불과한 것으로 파악된다"고 하고 그리하여 국경을 초월하는 지배계급의 결속은 국가의 독자적인 이해관계에 우선하게 되며 국가의 자율성을 침해한다고 지적한다(임현진, 1984: 55).

최근 기든스가 그의 저서『제3의 길』에서 피력하는 견해에서도 세계화의 추세가 어떻게 국민 국가의 성격을 변화시키는지를 살펴볼 수 있다. 기든스(2001: 204)는 세계화는 국제화와는 다른 개념이라 하고 "범세계화의 영향과 더불어 양극화시대의 종언이 국가주권의 성격을 근본적으로 바꾸어놓았다. … (범세계화의 추세는: 필자 주) 민족의 경계를 넘어서는 범세계적 시민사회의 등장과 같은 과정에도 관련된다"고 주장하면서 헬드(David Held)를 따라 다음과 같이 지적하고 있다.

> 시장의 유동성과 기술혁신의 추동력하에서 범세계적으로 활동하는 수많은 협동조직들의 수가 크게 증가하였다. 예를 들어 금세기 초에 약 20개의 국제적 정부조직들과 180개의 초국가적 비정부기구들(NGOs)이 있었다. 오늘날 전자는 300여 개, 후자는 5,000여 개가 있다. 이미 범세계적 관할이 이루어지고 있으며 범세계적 시민사회가 존재한다. … 범세계적 과정들은 권력을 국가로부터 탈정치화된 범세계적 영역으로 이전시켰다(Giddens, 1999: 208).[15)]

세계화는 신자유주의 논리를 동반하고 있는데 이 신자유주의적 논리에 따라 범세계적 시장은 자유경쟁의 원리에 지배된다. 한국이 IMF 관리체제에서 경험했던 것처럼 자본시장에 있어서 위기에 직면한 국가들은 자본의 회귀를 확보하기 위해 이자율을 높이고 국내 재산을 매각하게 된다. 기든스의 지적처럼 "수천억 달

---

15) 초국가적 시민단체 활동의 예는 그린피스, 국제사면위원회 같은 인류 전체의 목표를 추구하는 활동에서 볼 수 있다.

러의 핫머니가 하나의 시장 혹은 국가쯤은 하루아침에 황폐화시킬 수도 있다." (Giddens, 1999: 220) 국가는 신자유주의 세계질서하에서 너무나 무력한 존재로 전락한다. 또 하나의 '국가의 실패'[16]를 경험하게 되는 것이다. 시민사회와 지방의 주도적 역할은 이러한 국가의 실패에 대한 대안일 수 있다.

5. 결론

이제 후기산업사회에 이르러 산업사회의 주요 정치적 단위였던 국민 국가는 대내 · 외적으로 중대한 변화의 기로에 서 있다. 대내적으로는 지방분권화와 시민사회의 힘이 국가의 중앙집권적 권력을 위협하고 있고 대외적으로는 세계화의 추세가 국가주권의 행사를 초월하는 세계적 문제를 야기하고 있다.

국민 국가의 정치질서인 대의제마저 그 효용성이 떨어지고 있으며 국민 국가의 정치단위로서의 의미 또한 독점적인 것이 아니게 되었다. 민주주의 또한 산업사회의 대중 민주주의의 성격을 고수하는 데는 문제가 있어 보인다. 후기산업사회가 되면서 사회의 다양성이 크게 증대되고 따라서 정치적 욕구가 다양화되기 때문이다. 대중 민주주의에 있어서의 대의제는 지역적 · 사회적으로 다양한 이해관계를 대변하기에는 역부족이기 때문이다.

세계화의 차원에서 신자유주의의 논리에 따른 시장 근본주의, 범세계적 자유방임주의는 국민 국가의 주권 주체로서의 입지를 약화시키고 있다. 세계 시민 연대에서 보는 것처럼 세계 민주주의의 확장은 무모한 시장 근본주의를 견제하고, 범세계적 경제 불평등을 해소하며, 생태적 위험성을 통제하는 데 기여할 것이나 한편 정치적 관할권을 지방단위로 확산시키는 작용도 하게 될 것이다.

국민 국가는 종래의 확실치 않은 '변경(frontiers)' 대신에 분명한 '국경(borders)'이 발전되면서 형성되었던 것으로, 국경은 한 나라의 영토를 나타내며, 이를 침범하는 것은 그 국가의 주권에 대한 도전으로 간주된다. 그러나 국가는 다시 국경보다는 변경을 갖게 되는 것 같아 보인다. 오늘날의 국가 국경의 의미는 다른 지역들

16) '국가의 실패'는 보통 대내적 차원에서의 실패, 국가의 시장 개입에 따른 재정적 · 조직적 과부하에서 오는 복지국가의 위기를 지적하는 것이나 세계화에 따라 나타나는 독립 주권국가의 대외적 무력함은 대외적인 측면에서의 '국가의 실패'라고 할 수 있을 것이다.

과의 유대와 모든 종류의 초국가적 집단들의 관여로 인해 변경되고 있다. 유럽연합이 그 전형적인 예이지만 다른 지역에서도 이런 경계의 유연화가 일어나고 있다고 기든스는 지적한다(Giddens, 1999: 195-196). 지식과 경쟁력이 자연자원보다 중요한 정보화시대에 영토는 과거의 국민 국가에서처럼 그렇게 중요한 것이 아니며, 주권은 점점 모호해지거나 다중적인 의미를 갖게 되고 있다.

그러면 후기산업사회에서 앞으로도 국민 국가는 생존력이 있을 것인가. 베버의 개념대로 '일정 지역 범위 내에서 물리적 폭력의 합법적 사용을 성공적으로 독점하는 강압적 정치조직'으로서 여전히 그 권위를 유지하게 될 것인가. 그 대답은 일단 긍정적일 것으로 생각한다. 프랑켈이 지적하는 바와 같이 "한 공동체가 다른 공동체와 평화롭게 협동하기 위해 필수적인 조정과 중재제도가 자리할 수 있는 제도적 공간"(Frankel, 1997: 263)으로서 국가는 필요하고, 탈중심화되고 다양한 지방 공동체들로 구성된 새로운 민주적인 공공영역에서 물질적 · 문화적 자원이 부족한 지방 시민을 지원하며, 어떤 사회 구성체에서도 발견되는 논란과 갈등을 진정시키기 위해서도 국가조직은 필요하다. 한편 세계적 수준에서 보면 기든스가 지적하는 대로 세계 수준의 제도들은 여전히 정부 간에 존재한다. 그것은 국가 간의 협약에 따라 가능한 것이며 특히 유엔은 국가 간의 결사이다(Giddens, 1999: 209). 이렇게 세계 수준의 조직이나 제도들이 대개 정부 간에 존재하는 것임을 감안해 보면 국가는 시대상황의 변화에도 불구하고 역시 중요한 정치조직의 단위로 남는다.

그러나 21세기 후기산업사회에서는 계급지배적이며 관료화된 산업사회적 국가기구가 사회운동조직의 활성화와 탈중앙집중적 정치기제에 의해 대치되지는 않는다 하더라도, 사회운동조직은 시민사회의 사적 영역의 논리를 대체하고 탈중앙집중적 정치기제는 국가의 정치적 역할을 축소시키게 될 것이다. 국가의 성격을 정부, 시장, 시민사회, 이 세 영역 사이의 상호관계 속에서 규명해 볼 때, 시장의 실패, 정부의 실패를 보완하는 제3의 대안으로서 시민사회운동이 활성화되고 정보화와 신자유주의적 시장 논리, 그리고 범세계적인 세계시민운동 등 세계주의가 강화되는 상황 속에서 국민 국가는 그 역할이 축소되고 상대적으로 왜소해진 '약한 국가'로 자리 잡게 될 것으로 생각한다. 뿐만 아니라 지난 9월 11일 이슬람 테러집단의 미국 영토 공격과 그 이후에 전개되고 있는 양상에서 보듯이 전쟁의 주체가 반드시 국가인 것만은 아니다. 이는 전통적인 전쟁 주체로서의 국가 개념을 수정하게 될지도 모른다.[17] 이제 베버가 지적했던 바와 같이 국가만이 '폭력의 사용을 독점'하는 전쟁의 주체가 아닐 수 있다는 증후가 나타나고 있으며, 이에 따라 '폭력'의 사용에 결부되는 전쟁주체로서의 국가 개념이 퇴색하게 될지도 모른다.

17) 전쟁은 국가 간의 합법적 폭력의 대결이며, 국가의 존재 이유 중 하나는 어떻게 보면 대외적인 폭력의 합법적 사용, 즉 전쟁의 주체라는 데 있다고 생각한다. 미국의 헌팅턴 교수는 그의 저서 『문명의 충돌』(1997)에서, 도래하는 시대에 국가 대 국가가 아닌 문명 대 문명 대결형태의 전쟁상황을 가상한 바 있지만 9월 17일 독일 주간지 '디 차이트'와 가진 인터뷰에서 "이번 전쟁은 문명의 충돌이 아니며, 문명이 충돌해서도 안 된다"는 입장을 밝히기도 했다(조선일보, 2001.9.18, 10면 기사 볼 것). 국민 국가가 성립한 이래 국가 이외의 어떠한 조직단위도 대외적인 전쟁 주체기 된 적이 없었다.

참 / 고 / 문 / 헌

강욱모(2000), "영국 신 노동당의 '제3의 길' 복지 정책: 좌 · 우파 복지 모델과의 단절인가", 『현상과 인식』, 24권 4호, 겨울호.

권태환(2000), "정보사회의 개관," 권태환 외 엮음, 『정보사회의 이해』, 미래M&B.

김영범(2000), "복지국가에 대한 비교사회학적 접근: 에스핑 안데르센을 중심으로," 『비교사회』, 3호.

김일영(1994), "국가이론과 한국국가연구의 동향과 전망," 성균관대 사회과학연구소 엮음, 『사회과학의 동향과 전망』, 한울.

김해식(2000), "정보화와 현대사회," 권태환 외 엮음, 『정보사회의 이해』, 미래M&B.

박형준(1997), "민주화 권력의 재구조화, 그리고 성찰적 시민사회," 『경제와 사회』, 34호, 여름, 한울.

송희준(1999), "국가와 시민사회의 관계 - 이론적 개관과 실천적 전망 -," 『한국행정연구』, 8권 1호, 봄호.

신광영(1995), "시민사회 개념과 시민사회 형성," 유팔무 · 김호기 엮음, 『시민사회와 시민운동』, 한울.

오현철(2000), "세계화와 국민국가의 미래: 사회통합매체로 지속될 것," 교수신문, 3월 17일자.

유팔무(1995), "한국의 시민사회론과 시민사회 분석을 위한 개념틀의 모색," 유팔무 · 김호기 엮음, 『시민사회와 시민운동』, 한울.

이종구(2000), "세계사회의 형성", 권태환 외 엮음, 『정보사회의 이해』, 미래M&B.

이효선(1997), 『현대 한국의 시민운동』, 아산재단연구총서, 36집, 집문당.

임혁백(1992), "민주화시대의 국가-시민사회 관계의 틀 모색: 국가, 시장 민주주의," 한국사회학회 · 한국정치학회 엮음, 『한국의 국가와 시민사회』, 한울.

임현진(1984), "자본주의 사회에서의 국가의 성격," 김홍명 외, 『현대의 인문사회과학 논쟁 -'현대'의 이론적 인식을 위한 모색들-』, 한울.

조영훈(2000), "탈산업화 시대의 복지 국가: 탈물질주의, 포스트모더니즘, 포스트포드주의 복지 국가 쇠퇴론 평가," 『현상과 인식』, 24권 4호, 겨울호.

황주홍(1998), 『토니 블레어, 영국개혁 이렇게 한다』, 중앙M&B.

Bahro, R.(1984), *From Red to Green,* London: Verso.

Bell, Daniel(1989), "American Exceptionalism Revisited: The Role of Civil Society", *The Public Interest,* 95.

__________(1999), "The Axial Age of Technology Foreword: 1999", *The Coming of Post-Industrial Society: A Venture in Social Forecasting,* New York: Basic Books.

Blair, T.(1996), *New Britain: My Vision of a Young Country,* London: Fourth Estate.

Cohen, Jean L., and Andrew Arato(1992), *Civil Society and Political Theory,* Cambridge, Mass: MIT Press.

Etzioni, Amitai(1995), "Down with Rights", *The Economist,* Vol. 334, Mar. 18.

Frankel, Boris(보리스 프랑켈)(1997), 『탈산업사회의 이상과 현실』, 김용규 · 박선권 옮김, 일신사(원제 *The Post Industrial Utopian,* Cambridge: Polity Press, 1987).

Giddens, A.(2001), 『제3의 길』, 한상진 외 옮김, 생각의나무.

Gorz, A.(1982), *Farewell to the Working Class,* London: Pluto Press.

Gramsci, A.(1971), *Selections from Notebooks*, International Publishers.

Hobsbawm, Eric(에릭 홉스봄)(1997), 『극단의 시대: 20세기의 역사』, 이용우 옮김, 까치(원제 *Age of Extremes: The Short Twentieth Century, 1914-1991*).

Hulme, David, & Michael Edwards(1997), *NGOs, States and Donors: Too Close for Comfort?* New York: St. Martin's Press.

Huntington, Samuel P.(사무엘 헌팅턴)(1997), 『문명의 충돌』, 이희재 옮김, 김영사(원제 *The Clash of Civilizations and the Remaking of World Order*).

Lebacgz, Karen(카렌 레바크)(2001), 『정의에 관한 6가지 이론』, 이유선 옮김, 크레파스(원제 *Six Theories of Justice*).

Migdal, Joel S.(1988), *Strong Societies and Weak States: State-Society Relations and State Capacities in the Third World,* Princeton, New Jersey: Princeton University Press.

Neocleous, Mark(1996), *Administering Civil Society: Toward a Theory of State Power,* New York: MacMillan Press.

Nozick, Robert(1974), *Anarchy, State, and Utopia,* New York: Basic Books.

O'Connor, J.(1973), *The Fiscal Crisis of the State*, New York: St. Martin's Press.

Poulanzas, N.(1973), *Political Power and Social Classes,* London: New Left Books.

Sandra, B.(1994), "Entering Chaos-Designing the State in the Information Age", Slavko Splichal, et al.(eds.), *Information Society and Civil Society,* West Laffayette, Indiana: Purdue Univ. Pr.

Seligman, Adam B.(1992), *The Idea of Civil Society,* New York: Free Press.

Toffler, Alvin(앨빈 토플러)(1981), 『제3의 물결』, 유재천 옮김, 문화서적(원제 *The Third Wave*).

__________________(1989), 『예견과 전제』, 이계행 옮김, 한국경제신문사(원제 *Previews and Premise*).

Weber, M.(1968), *Economy and Society*, Guenther Roth & Claus Wittich(ed.), New York: Bedminster Press.

인터넷한겨레, 특집 “21세기특별기획—새 천년 새 세기를 말한다”, ‘유럽합중국의 탄생’, 1998.6.24.

조선일보, Huntington이 9월 17일 독일 주간지 ‘디 차이트’와 가진 인터뷰 기사, 2001.9.18.

CHAPTER

한국 정치사회의 변화와 교육 · 교육자의 역할(*草稿) 13

1. 정치사회의 의미와 그 구조

1) 정치사회의 의미

정치사회란 국가와 사회 부문이 매개되는 사회구성체의 구조로서 국가의 지배를 재생산하는 체제이다. 정치사회는 사회에 대한 국가의 지배를 유지시켜 주는 영역이기도 하지만, 국가에 대항하는 사회세력을 정치적으로 조직화하는 저항의 리더십을 만들어내는 공간이기도 하다.

정치사회의 변화는 이 국가와 사회 간의 대칭관계 속에서 찾게 된다. 그러므로 정치사회는 우리가 역사를 만들어가는 하나의 열린 공간이 되는 것이다.

2) 정치사회의 구조: 논의의 틀

다음은 정치사회 변화를 측정해 보기 위한 논의의 틀이다. 정치사회의 변화는 아래 네 가지 정치사회구조의 틀 각각에서 나타나는 변화의 역사적 양상을 말한다.

(1) 국가-시민사회의 2분법 · 3분법

① 2분법

② 3분법

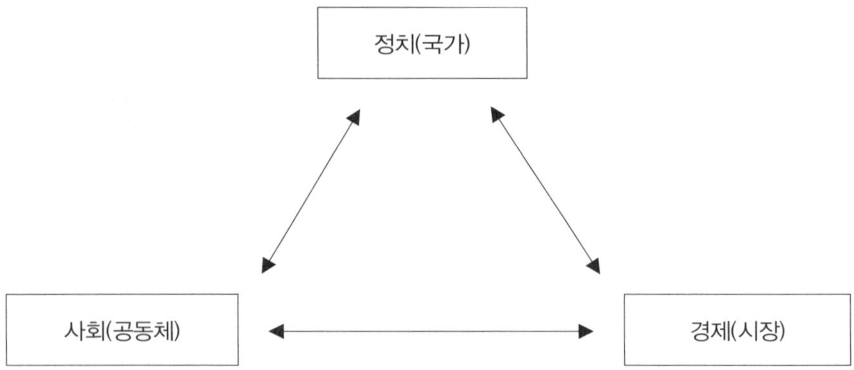

위에서 정치영역은 국가로서 그 주체는 행정관료체계의 정부이며 국민의 복지 증진을 추구하는 관료주의적 영역이고, 사회영역은 좁은 의미의 시민사회, 일상생활의 세계로서 시민단체(조합주의적 결사체)가 주체가 되는 공공선 추구의 공적 측면과 가족이 주체가 되는 사적 행복 추구의 사적 측면을 포함하는 민주주의적 영역이다. 경제영역은 시장으로서 그 주체는 기업이며 이윤을 추구하는 부르주아적, 시장주의적인 사적 영역이다.

사회(공동체)는 구성원이 상호 의존적 관계에서 규범을 공유하고 공동으로 만족할 수 있는 '연대적 재화'(solidaristic goods)를 생산한다. 시장은 구성원들이 경쟁적 관계 속에서 개별적으로 자신들의 효용을 최대화하고 이익을 극대화하려 한다. 국가는 구성원들이 국가의 위계제적 조정에 따라 행동한다.

이들 세 부문의 합리성의 기준은 공동체의 경우 소속감의 충족(정체성의 확인)에, 시장은 구성원 선호의 극대화에, 국가는 위험부담의 극소화와 예측가능성의 극대화에 있다.

(2) 시민사회와 정치계층

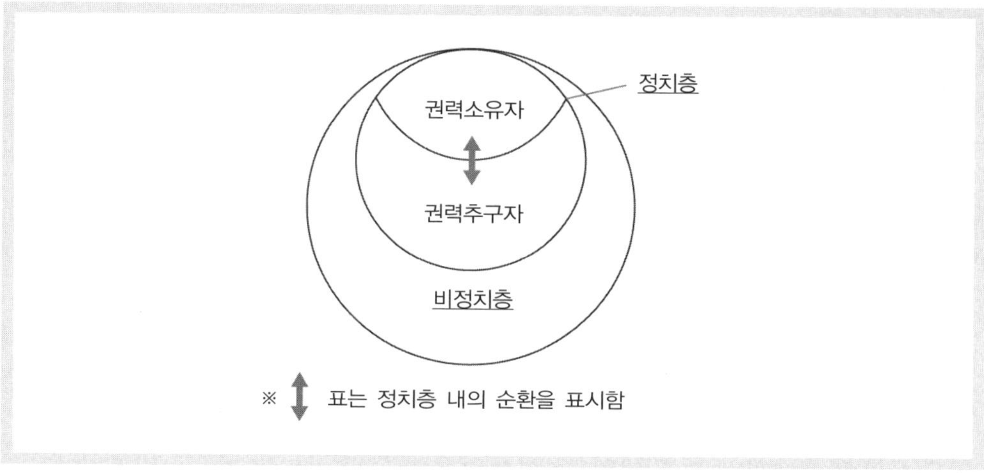

위의 정치계층에서 정치사회의 주류는 정치층이고 비주류는 비정치층이다. 그러나 주류/비주류의 문제는 정치사회영역에 국한되는 것이 아니다. 정치사회의 변화되는 모습을 볼 때 정치층의 전면적인 교체인가, 부분적인 교체인가, 비정치층과 정치층 사이의 교체가 이루어지는가 아닌가, 그리고 그 교체가 급격하게 일시에 이루어지면 혁명적인 변화이고 부분적으로 서서히 이루어지면 점진적인 변화가 된다.

(3) 리더십 유형의 척도도식

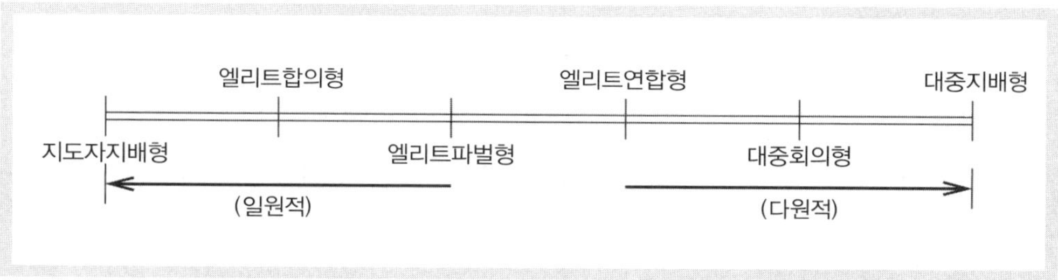

위 척도도식에서 극단적인 두 유형인 '지도자지배형'(일인지배형)과 '대중지배형'(무정부상태)은 분석적 개념으로 민주정치사회의 현실 속에는 존재하지 않는다. 권력자 일인이 제왕적으로 권력을 휘두르는 통치형태는 지도자지배형에, 권력자가 대중을 동원하는 포퓰리즘적 정치행태는 의사(擬似)대중지배형에 해당한다고 할 것이다. 현실적으로 정치사회의 지배형태는 이들 두 유형 사이에 놓이게 될 것인데 권력구조가 일원적일수록 국가우위의 정치사회구조가, 다원적일수록 시민사회우위의 정치사회구조가 될 것이다.

(4) 보수–진보의 이데올로기

정치사회를 이데올로기적 측면에서 살펴볼 때 시장주의적 자유를 강조하고 자본주의적 성장을 추구하려는 보수세력과 사회주의적 평등을 강조하고 복지의 확대를 통한 시민사회의 통합을 추구하는 진보세력의 대결의 장으로 설명할 수 있을 것이다. 이때 보수는 때로는 우파적이고 진보는 좌파적이다. 흔히 정권교체나 창출을 논의할 때 우파정권, 좌파정권하는 것은 정치사회의 이데올로기적 경향을 말하는 것이다.

여기서 민주주의의 두 이념인 자유와 평등의 차원을 보면 자유주의 이념은 시장의 논리, 개인우위, 개인주의의 지배, 최소국가를 추구하고, 평등주의 이념은 복지의 논리, 공동체우위, 공동체 추구, 최대국가를 지향한다.

2. 정치사회의 변화

한국 정치사회의 변화모습을 대체로 다음과 같이 요약할 수 있을 것이다.

큰 틀에서 보아, 제1기 한국국가 형성기~군사정부 통치기, 제2기 시민사회 형성기~민주정부 정착기, 제3기 2008 현재의 '선진일류국가' 시도기

제1기는 반공이데올로기, 남북분단의 통치와 산업화의 시기로 냉전과 사회주의의 위협을 강조하며 국가를 유지한 '1948년 체제'에서 군사 쿠데타로 등장한 개발독재체제로서의 '63년 체제'의 종식에 이르는 시기이자 산업화의 시기이기도 하다.

이 글의 논의에서는 제2기와 제3기에 관련하여 다루고자 한다.

1) 제2기: 시민사회의 형성과 민주정부의 정착기

제2기는 시민사회를 연 민주화체제로서의 '87년 6월 민주항쟁을 계기로 등장하는 '87년 체제'에서 문민정부(김영삼)–국민의 정부(김대중)–참여정부(노무현)의 퇴진까지의 시기로 민주화의 시기이다.

1987년 6월 민주항쟁으로 한국에는 드디어 근대적 시민사회가 등장하게 된다. 이어서 중단되었던 국민직선의 대통령선거가 치러지게 되었으나 당분간 군사정권이 국민선거의 정당성을 갖고 합헌적으로 재집권(1987 대선)한다. 3당 합당으로 등장한 김영삼 문민정부는 그 '문민'이라는 언어적 표현대로 군사정권의 종식이었으나 그 등장 시 군부세력이 포함되는 3당 합당에 근거하였고 형식적으로도 군사지배 여당의 계승이었으므로 민주화에로 이행되는 과도기적 성격을 갖는다.

김대중 정부에 이르러 야당이 집권하는 민주적 정권교체가 이루어지게 된다. 이 정권교체는 민주정치의 징표가 된다. 그래서 혹자는 이때 한국에는 비로소 진정한 민주정치가 정착했다고 본다.

2002년 노무현 참여정부의 등장과정에서 한국정치사회는 큰 변화를 보이게 된다. 시민사회의 국가부문에 대한 지배력이 강화되는 모습이 그것이다. 노 대통령에 대한 탄핵사태에서 우리는 그 모습을 확인할 수 있었다. 국가권력의 탄핵소추가 시민사회의 집단적 저항에 부딪히게 되고 노 대통령은 찬란하게(?) 복귀한다. 정치사회가 '강한 국가–약한 시민사회'의 구조에서 역으로 '약한 국가–강한 시민사회'의 구조로 변화된 것이다.

'강한 국가'시대의 주류(보수진영)가 후퇴하고 이제 비주류가 국가권력의 핵심을 이루게 된다. 386의 젊은 세대, 국가권력에 저항하던 시민세력, 학벌파괴의 신지식인들이 주도하는 시대를 맞게 된다. 경제성장을 통한 국부의 창출보다 분배를 통한 복지의 확대를 우선하는 평등지향적 정책이 주류를 이루게 된다. 자유의 가치보다 평등의 가치가 더 존중되는 좌파적 정권의 모습이다.

노무현 정권의 등장으로 나타나는 정치사회의 변화를 17대 총선의 양상을 통하여 살펴보면 다음과 같다.

① 열린우리당의 1당 도약
② 민주노동당의 대약진. 계급정당의 최초의 의회 진출
③ 기존 정당의 쇠퇴. 새천년민주당의 몰락과 한나라당의 기대 이상의 선전이라고 평가되지만 그 세력의 약화
④ 3김정치의 종식

결과적으로 국회구성에서 볼 수 있는 것처럼 정치사회의 진보성향화가 뚜렷하고 진보와 보수가 4년 만에 소수파와 다수파의 자리바꿈을 하게 된다.

권위주의 시대의 일원적 권력구조에서 참여정치시대에 다원적 권력구조로 이동된다. 그런데 '참여'는 좋으나 권위주의 시대의 일인 독재를 경계해야 하듯이 참여정치의 시대 대중영합주의(포퓰리즘)도 경계할 필요가 있다는 지적이 나오기도 했다.

민주주의를 지탱해 온 제도적 기구를 통한 참여가 줄어든 대신 비제도적 참여는 증가하였다. NGO의 성장은 사회적 이해관계의 다원화를 반영한 것이기도 하지만 또 한편으로는 기존 민주제도에서 정당과 같은 정치적 요구의 투입창구가 제대로 작동하고 있지 않다는 것을 반증해 주는 것이기도 하다. 기존 정치권에 대한 불만이 커지면서 NGO의 영향력은 점차 커지고 있다. 그러나 선거라는 경쟁의 장을 통해 정치적 책임과 공과를 심판받아야 하는 정당에 비해 그런 제도적 심판과 평가의 기제를 갖지 못한 NGO의 지나친 영향력 확대는 건강한 민주주의를 위해 반드시 바람직한 일만은 아니다.

사이버 공론장에서의 네티즌들의 자율적인 참여를 21세기형 직접민주주의형태로 보면서 이를 대의민주주의의 단점을 해결할 수 있는 대안으로서 평가할 수 있는지가 학계의 관심을 모았다. 전자민주주의시대의 수평적 네트워크형 의사소통방식의 확대를 인정하면서도 동시에 의사소통 참여자들의 익명성과 무책임성을 우려하는 목소리도 높았다.

문제는 인터넷 공간에서 행해지는 정치적 의사소통이 합리성과 이성에 기초한 책임 있는 대화와 토론으로 이어지지 못하고 설익은 감정의 분출·배설에 그치는 경향이 강하다는 점이다. 이 때문에 인터넷 커뮤니케이션이 효과적인 정치참여의 수단이면서도 동시에 감정을 자극하는 선동의 공간으로 이용될 수 있고 그 결과 새로운 형태의 포퓰리즘을 불러올 수 있다는 우려도 제기되고 있다. 어떤 경우라도 제도적 견제와 균형의 장치가 마련되지 않은 정치 참여와 의사표현의 폭발은 민주주의를 불안정하게 만들 수 있다.

민주주의에 대한 위협은 '세계화'의 압력 속에서 더욱 커지고 있다. 초강대국의 이해가 중심이 된 세계화는 한 국가 내의 민주적 의사결정능력을 크게 축소시켰다. 세계화의 진전에 따라 초국가기구들의 결정을 주권국가가 내부적 의사결정과정과 무관하게 사실상 그대로 수용해야 하는 상황이 생겼기 때문이다. 예컨대 WTO체제하에서 국내시장 개방을 국민 대다수가 반대하는 상황이더라도 어느 국가든 이를 일방적으로 거부하기란 어렵게 되었다. 초국가기구의 결정을 무조건 수용해야 하는 상황은 '민주성의 결핍(democratic deficit)'으로 불리게 됐다.

민주주의에 대한 위협은 이처럼 사회 내부로부터 그리고 국가 외부로부터 다가오고 있다. 그 위협은 이전 권위주의 시대와는 달리 물리적 강압의 형태도 아니고 눈에 잘 띄는 것도 아니나 그만큼 그 위협은 더욱 치명적일 수 있다.

시민사회의 성숙으로 이제 정부는 시민사회의 행위체들을 동반자자로 고려하지 않을 수밖에 없으며 정부주체와 시민사회주제 사이의 파트너십의 형성이 강조되기에 이른다.

2) 제3기: '선진일류국가' 시도기

제3기는 2008년 보수정치세력이 집권하면서 이제 막 등장하여 진행 중인, 선진사회를 지향하는 신보수체제로서의 '08년 체제'이다. 제2기 말 참여정부에서는 그 정치사회 구조가 시민사회영역이 강화된, '강 시민사회-약 국가'의 성격을 갖는다. 시장의 공공성이 강조되고, 정부의 사회적 정당성을 확보하였다.

이제 제3기, 17대 이명박 대통령의 국가비전은 '선진 일류국가'. 국가경영의 기조는 선진, 창조, 실용. 5대 국정지표를 섬기는 정부, 활기찬 시장경제, 능동적 복지, 인재대국, 성숙한 세계국가로 정하고, '활기찬 시장경제를 적극적으로 펼치고 이를 바탕으로 사회적 낙오자가 없는 능동적 복지를 실현할 것이라 하고, "활력에 넘치는 경제로 우리 사회가 한 단계 도약하며 국제적으로 책임 있는 국가로서의 역할을 하겠다"는 다짐을 한다.

이제 한국정치사회의 제3기 국면에 이르러서 정부가 친시장적인 성격을 띠면서 시장의 사익성이 강조되고, 정부의 경제적 능률성을 확보함으로써 그 정당성을 확보하려 한다. 민주화와 산업화의 결합을 통한 선진국가 진입이 목표인 것이다.

그 출신배경과 정책노선에서 보면 기업친화적(Business Friendly)이며 경제성장을 강조한다. 이를 위해 정부개입을 최소화하며(최소정부), '강한 시장(시장주의), 약한 정부'를 지향한다. 국제체제 속의 강한 한국, 세계화시대의 국가외적 환경에의 적응(예: 영어 공용화 정책)을 강조하고 국제공조를 강조하려 한다.

이제 한국정치사회의 변화 방향은 '강한 시장-약한 정부', 시장원리가 지배하는 시민사회의 형성, 복지보다 성장, 평등보다 자유의 가치를 더 존중하는 보수우파정권이 들어선 것이다.

일방적 친북노선을 탈피, 민족공조보다 국제공조 강조를 중시한다. 그러나 출범 초기의 정부를 보고 그 정치사회적 성격을 결론지을 수는 없다. 예측되는 그 방향성만을 논의하는 것으로 만족할 수밖에 없다.

3. 정치사회의 변화대응전략으로서의 교육, 교육자

1) 한국정치사회의 변화와 교육

(1) 제1 · 2기의 교육

정치환경의 변화와 교육은 밀접한 관련을 갖는데 정치사회의 변동에 따라 학교교육에서 행해지는 교육의 내용이 변한다. '교육은 정치의 산물'로서 시대적 특수성을 갖는 동시에 정치체제의 안정과 변화에 중요한 공헌을 하고 있다.

교육은 정치체제 유지적인 측면과 시민교육적 측면으로 나누어볼 수 있다. 시민교육적 측면에서의 정치에 관련해서 보면 교육이란 정치에 관한 연구이고 정치과정의 참여에 필수적인 지식과 기술 · 태도 등을 획득토록 하는 것이다. 정치적 지식을 바탕으로 한 바람직한 민주시민을 양성하기 위한 과정이라고 할 수 있을 것이다.

한국정치사회의 변화 제1기는 산업화 시기로서 대중교육, 기술교육, 노동인력을 위한 교육이 이루어진 시기였다. 교사는 교육기능인으로 간주되고 교육의 목적가치보다 그 수단적 가치를 우선시하였다.

제2기는 민주화 시기로서 시민교육, 엘리트교육, 민주시민을 배출하는 교육이 필요한 시기였다. 깨어 있는 시민공동체의 발전에 필요한 자질과 태도를 갖추고 개혁적이고 능동적 사고를 가진, 민주주의의 기본가치를 추구하는 시민, 유권자(voter)로서의 시민, 소비자(consumer)로서의 시민, 납세자(taxpayer)로서의 시민을 양성하는 것이 교육자의 시대적 사명이기도 하였다. 교육은 노동사회, 노동을 위한 교육이 아니라 활동사회, 자아실현을 위한 교육으로 거듭나게 되었다. 이 시기의 교육자는 시민적 실천전문가로서 상아탑 속의 관찰자적 선비가 아니라 현실참여자로서 나서도록 요구되기도 하였다('행동하는 지성'은 그 표현이다). 교사는 단순히 교과내용만을 전수해서는 안 되며 학생들로 하여금 스스로 터득하도록 조장하는 안내자여야 하고 그런 역량을 필요로 한다.

(2) 제3기의 교육, 교육자

제3기는 국가선진화 시기로서 물적 기반보다 지적 기반이 국부의 원천이 된다. 선진화의 꿈은 인재를 통해서 실현되고 인재는 교육으로 확보된다. 교육이 강조되는 이유이다.

어떤 교육이 필요한가?

• 선진의식과의 친시장적 태도의 형성

사람들의 마음과 생각이 행동을 결정하고 행동이 역사를 만들어간다. 배타의식, 소아적 사고를 타기하고 열린 마음 · 큰 생각, 틀에 박힌 작은 생각이 아닌 창조적이고 대담한 생각을 하는 그런 인재를 키우는 교육이 필요하다.

반기업적 정서를 깨고 시장의 원리를 터득, 시장원리를 존중하는 자세를 갖도록 하는 교육이 필요하다. 자유로운 경쟁을 억압하는 반(反)시장주의, 전문가를 인정하지 않는 반엘리트주의로는 선진일류국가의 미래를 열 수 없다.

• 혁신교육

인적 혁신을 도모하는 교육이 필요하다. 혁신교육은 인적 자원(human resources)이 부(富)를 창출하도록 새로운 능력을 부여하는 활동이다.

• 세계인 교육

세계화의 열린 시대에 국가는 권력을 배타적으로 독점하는, 더 이상 고립적 영역이 아니다. 국경 없는 세계사회(global society)가 형성되고 있는 것이다. 선진일류국가로 가기 위해서는 개방적인 심성을 가진 세계인을 양성하는 교육이 필요하다.

• 탈산업사회의 다양성교육

탈산업사회는 '소품종 소량생산'의 시대를 열어간다. 다양한 소비자들의 다양한 욕구를 충족시켜 주지 않으면 안 된다. 학교는 다양성을 존중하고 맞춤형 교과운영을 할 필요가 있다. 교육은 학생들의 차이를 인정하는 교육소비자 중심으로 이루어져야 하기 때문이다. 학생 스스로 적성에 맞는 교과과정을 짜고 원하는 교사를 찾아 수업받는 시대가 도래한다. 다름은 틀림이 아니고, 차이는 존중될지언정 차별의 근거가 되어서는 안 된다.

이 시대 교육자는 연구전문가로서, 자기 성찰적 노력을 통하여 사고의 영역을 넓히고 전문성을 보강해야 한다. 자신의 가르침에 대하여 적극적으로 연구하고 교과과정에 대한 어떤 정치적 결정이 내려진다 하더라도 그 방향성을 잘 파악하고 그 방향에 대한 비판적 판단도 내릴 수 있어야 한다.

2) 변함없는 교육자의 참모습

이상의 논의에도 불구하고, 정치사회의 어떤 변화에도 교육은 정치를 초월하는 후세 양성의 그 기본 철학을 벗어나서는 안 된다. 국가의 백년대계는 교육에서 찾아야 하기 때문이다.

교육이 해야 할 가장 중요한 역할은 각 개인이나 집단이 지니는 잠재력을 개발하고 키워서 풍부하게 해주고 개선시켜 주는 일이라고 할 수 있다.

"배우고 때때로 익히면 이 또한 기쁘지 아니한가?"(學而時習之不亦說乎?) 『논어』를 펴보면 첫 페이지부터 '배움의 기쁨'에 대하여 이렇게 언급하고 있다. 유가는 '교육'을 지극히 중시한다. 유가의 우두머리라 할 수 있는 공자는 교육분야의 선구자였다. 그는 말년에 교육과 저술에 전념해 3,000명의 제자를 길러냄으로써 동양 최초의 '스승'이 된다. 그의 가르침을 이은 맹자 역시 교육을 중시했다. 사실 '교육'이란 말은 그로부터 비롯되었다. 그는 군자가 지니는 세 가지 즐거움을 들었는데 그중 마지막이 '천하의 영재를 얻어 교육하는 즐거움'(得天下之英才而敎育之)이라고 했다.

이처럼 유가의 가장 큰 특징은 교육을 중시한다는 점이다. 사람은 배울수록 깨우치며 많이 배워야 군자가 되고 나아가서 성인의 경지에 이를 수 있다고 본다. 그들이 중시했던 '수신제가치국평천하'(修身齊家治國平天下)도 사실은 교육의 뒷받침이 없이는 불가능하다. 교육에 있어서는 단지 배우는 것이 아닌 '익힌다'는 것도 강조한다. 배우고 익히는 것이 병행되어야 한다. 여기서 배운다는 것은 스승으로부터 가르침을 받는 것이고, 익힌다는 것은 자기 스스로 복습하는 것, 나아가서 그것을 실천하는 것까지도 포함하는 넓은 의미이다. 이는 초기 유교의 의례를 그 예로 들 수 있는데, 그것은 반복해서 복습하지 않으면 몸에 배지 않았다.

교육자는 궁극적으로 교원으로서 사회에서 존경받을 만한 사표(師表)가 되는 것이 중요하다. 교육자는 단순히 지식전달자일 뿐만 아니라 미래의 주인이 될 젊은이들이 닮고 배우고 싶어 하는 인간적 표본이어야 한다. 존경받는 훌륭한 교육자는 고매한 인품의 소유자들이다. 학생들은 교실에서 강의를 듣고 배우지만 교실 밖에서 얻는 것이 적지 않게 중요하다. 수업내용이 아닌 본받을 만한 대상, 스승, 동료, 학내 분위기 등을 통하여 학교문화를 내면화하게 된다. 그래서 사표가 될 만한 스승의 몫은 매우 크다. 참다운 스승의 모습을 강조하는 이유이다.

참다운 스승의 모습은 헨리 반 다이크의 시, 「무명교사 예찬」(1921)에서 가늠해 볼 수 있을 것이다.

「무명교사 예찬」(헨리 반 다이크, 1921)

나는 무명교사를 예찬하는 노래를 부르노라.
전투를 이기는 것은 위대한 장군이로되
전쟁에 승리를 가져오는 것은 무명의 병사로다
새로운 교육제도를 만드는 것은 이름 높은 교육자이로되
젊은이를 올바르게 이끄는 것은 무명의 교사로다

그대가 사는 곳은 어두운 그늘, 가난을 당하되 달게 받도다
그를 위하여 부는 나팔 없고
그대를 태우고자 기다리는 황금마차 없으며
금빛 찬란한 훈장이 그 가슴을 장식하지도 않는도다.
묵묵히 어둠의 전선을 지키는 그 무지와 우매의 참호를 향하여 돌진하는 그이어니
날마다 날마다 쉴 줄도 모르고 아이들의 적인 거짓을 정복하고자 싸우며
잠자고 있는 영혼을 일깨우고 있다

게으른 자에게 생기를 불어 넣어주고
하고자 하는 자를 고무하며 방황하는 자에게 안정을 주는도다
그는 스스로 학문하는 즐거움을 아이들에게 전해주며
너무나도 값진 정신적 보물을 아이들과 더불어 나누도다.

그가 켜는 수많은 촛불
그 빛은 훗날 그대에게 되돌아와 그를 기쁘게 하노니
이것이야말로 그가 받는 제일의 보상이로다.
지식은 책에서 배울 수 있으되
지식을 사랑하는 마음은 오직
따뜻한 인간적 접촉으로만 얻을 수 있으니
온 나라를 두루 살피되
무명의 교사보다
예찬을 받아 마땅한 사람이 어디 있으랴
민주사회 귀족적 반열에 오를 자
그대 이외에 누구일 것인고.
'자신의 임금이요
인류의 머슴인저!'

참 / 고 / 문 / 헌

강원택(2004), “정보화 혁명이 가져온 ‘축복’과 ‘재앙’의 두 얼굴, 위협받는 민주주의,” 조선일보, 2004.08.25.

강창언(1990), “정보화 사회와 교육,” 제주지역 정보화 촉진을 위한 전기통신 발전 방향에 관한 학술발표, 제주대학교 통신공학과.

기든스 앤소니(2001), 『제3의 길』, 한상진 외 옮김, 생각의나무.

김문조(1993), “정보사회가 도래하면 한국사회는 어떻게 될까,” 한승조 외 공저, 『21세기의 도전과 한국의 대응』, 형설출판사.

네이스비트, 존(1985), 『탈산업사회의 새조류』, 박제두 옮김, 범문사.

드러커, 피터(1989), 『새로운 현실』, 김용국 옮김, 시사영어사.

__________(1973), 『단절의 시대』, 서남원 옮김, 장문각.

벨, 다니엘(1992), 『2000년대의 신세계질서』, 서규환 옮김, 디자인하우스.

_________(1991), 『제3의 기술혁명』, 한국전기통신공사 출판부 편역, 한국통신기업문화진흥회.

손호철(1993), “14대 대선과 민중민주운동 - 평가와 전망,” 『이론』, 4호.

송희준(1999), “국가와 시민사회의 관계 - 이론적 개관과 실천적 전망 -,” 한국행정연구원, 『한국행정연구』, 8권 1호, 봄호.

신행철(1991), “사회변화 속의 청소년상과 그들의 지향해야 할 미래사회의 가치”, 청소년 건전 육성을 위한 범도민 대토론회 기조강연, 제주도.

_____(1994), “미래사회의 특성과 교육의 과제,” 『미래를 열어갈 학교장연찬회 연수교재』 (탐교연수, 94-03), 탐라교육원.

_____(2002), “21세기 후기산업사회 국가의 성격,” 『현상과 인식』, 25권 3호, 2001년 가을호, 한국인문사회과학회.

유팔무(1995), “한국의 시민사회론과 시민사회 분석을 위한 개념틀의 모색,” 유팔무 · 김호기 편, 『시민사회와 시민운동』, 한울.

이순형(1993), “21세기가 요구하는 인간상,” 『교육연구』, Vol. 31, No. 4.

임혁백(1995), “시장 권위주의에서 결사체 민주주의로 -한국 민주주의 공고화를 위한 산업관계모델 모색-,” 『국가전략』, 1-2, 세종연구소.

조희연(1994), “한국에서의 민주주의 이행에 관한 정치사회학적 연구: 국가, 정치사회, 시민사회이 분화에 터하여,” 『동향과 전망』, 21.

최창집(1996), “국민국가의 형성과 근대화의 문제, 1945-1961,” 『한국민족주의의 조건과 전망』, 나남(pp. 47-48에서 정치사회의 의미 논의됨).

토플러, 앨빈(1981), 『제3의 물결』, 유재천 옮김, 문화서적.

__________(1990), 『미래를 위한 학습: 미래에 있어서의 교육의 역할』, 이상주 옮김, 배영사.

__________(1993), 『미래 쇼크』, 이규행 옮김, 한국경제신문사.

허영수(2003), "한국 사회, 주류 교체 진행 중인가 - 참여정부 장관들로 본 우리 시대 주류론," 교수신문, 2003.3.24.

Bell, Daniel(1973), *The Comming of Post-Industrial Society: A Venture in Social Forecasting,* New York: Basic Books.

Streek, Wolfgang and Philippe Schmitter(1985), "Community, Market, State and Association? The Prospective Contribution of Interest Governance to Social Order", *Private Interest Government: Beyond Market and State*, Beverly Hills: Sage.

교수신문, 297호, 2003.12.22.

조선일보, 창간특집: [창간 88주년 캠페인] 한국 업그레이드, "크게 생각해야 멀리 뛴다", 2008.3. 연재기사.

http://blog.daum.net/operry/2487966/. "전문가로서의 교사 및 교육자의 역할과 자질", 2008/02/22.

http://mybox.happycampus.com/by0111/679014/. "진정한 교육자의 역할 - 공자왈 맹자왈", 2006/02/28.

CHAPTER

미래사회의 특성과 교육의 과제(*草稿) 14

1. 미래의 성격: 미래는 던져진 것인가(결정론), 던질 수 있는 것인가(자유의지론)

피터 F. 드러커는 그의 책『단절의 시대』에서 미래란 '게릴라전 지역'과도 같다고 지적한바 있다. 이 말은 언제 어떤 요인이 작용하여 어떠한 상황이 벌어질지 예측하기 어렵다는 의미이다. 이는 미래에 대한 불가지론적 입장이라 할 수 있을 것이다. 사실상 미래에 작용할, 우리가 예측할 수 없는 요소들과 우연의 요소들이 너무 많은 것이다.

그리하여 미래에 대한 절대적인 지식을 내세울 수는 없다. 미래에 대한 모든 서술들은 '만일', '아마도' 등의 한정사를 앞세워서 이루어진다. 그러나 미래를 정확하게 말할 수 없다고 하는 것이 침묵의 구실은 될 수 없다. 우리는 미래에 대비하기 위하여 미래를 생각하고 이야기하여야 한다. 미래를 다루는 데 있어서 중요한 것은 확신보다는 상상력과 통찰력을 발휘하는 것이다. 변하는 현실을 이론은 따라잡지 못한다. 미래에 대한 논의가 진실과 거리가 먼 것일 수도 있다. 그럼에도 불구하고 미래에 대해 논의하는 것은 어설픈 이론도 도움이 되기 때문이다. 중세의 지도는 형편없이 부정확한 것이었지만 그런 지도가 위대한 탐험가들의 신대륙을 발견하는 데 기여하였음을 우리는 인식할 필요가 있다. 그리고 그 당시 지도 제작자들이 입수 가능한 제한된 정보를 가지고 한번도 가보지 못한 세계의 모습을 대담하게 그려놓지 않았다면 오늘날과 같은 우수하고 정확한 지도는 만들지 못했을 것이라고 한다.

미래를 논의하는 것은 내일을 예언하려는 것이기보다 오늘을 통찰하려는 데 보다 큰 의미가 있다. 따라서 내일은 어떻게 될 것인가를 묻는 것이 아니고 내일을 만들기 위하여 오늘과 어떻게 씨름해야 되는가를 묻는 것이다. 미래는 인간의 의지에 따라 달라질 수 있는 가능성의 영역으로 보기 때문이다. 미래는 주어지는 것이면서 창조할 수 있는 것이다. 그것은 불확정적이기 때문에 선택 가능한 영역인 것이기도 하다.

앨빈 토플러는 미래에 대한 논의의 초점을, 있을 수 있는 미래, 즉 가능성의(possible) 미래, 있음직한 미래, 즉 개연성의(probable) 미래, 그리고 바람직한(desirable) 미래 등의 셋으로 나눈 바 있다(『미래주의자들』). 가능성의 미래에 초점을 맞출 때 직관에 입각한 열정적인 예술적 상상력의 미래주의가 되며 가능성의 진단을 통하여 직관적 · 합리적 비전, 꿈, 예언을 제시하게 된다. 이 입장에 서게 되면 자유롭게 미래의 상황을 추측해 보게 될 것이다. 이를 위해서는 새로운 생각들을, 비록 틀린 생각일 수도 있겠으나, 마음 놓고 자유롭게 표현할 수 있는 환경이 필요하다. 한편 개연성의 측면에서는 과학적 미래주의가 되며 현재의 상황을 전제로 그 사태가 초래할 추세를 연구하게 된다. 이때 '델파이'기법이라 하여 여러 전문가들이 직관적 추측들을 체계적 · 논리적으로 엮음으로써 미래를 예측하게 된다. 상황은 늘 가변적일 것이기 때문에 예측하는 바대로 사태가 움직이지 않을 수도 있다. 그러나 미래를 개략적으로나마 아는 것은 미래에 대비하기 위하여 필요한 것이다.

미래에 대비함에 있어서는 어떤 가능성(미래주의적 사고)을 개연성(미래주의적 과학)으로 전환시켜 가면서 바람직스러운 미래에 대한 합의(미래주의적 정치)를 추구해 나가야 할 것이다.

산업혁명의 낙관적 진보의 추세는 19세기 말에 이르러, 인간 이성의 힘이 쇠퇴하고 그 기계문명의 부정적 측면이 부각되면서 인류의 미래에 대한 디스토피아적 견해들이 제기되기에 이르렀고 여기에 인류적 각성이 필요하게 되었다. 인류에게 물질적 풍요를 가져다준 기계, 그 기계에 의해 인간이 지배당하는 상황은 인간을 파멸로 이끌게 될 것이기 때문에 그에 대한 인간적 대응이 있어야 한다는 것이다. 여기에 우리가 미래를 예견해 보고 그 사회의 특성을 가늠해 보면서 그에 대응하는 준비를 갖추어야 하는 까닭이 있는 것이다. 그런 노력으로서 교육은 막중한 임무를 띠고 있는 것이다.

2. 미래사회는 어떤 모습으로 다가설 것인가?: 후기산업사회(정보사회)의 도래

도래하는 시대, 그 미래사회에 대해서는 어떤 측면을 강조하느냐에 따라 여러 표현들이 있다. 지식사회, 전자기술사회, 고도기술사회, 신근대사회, 초산업사회, 후기문명사회, 탈비즈니스사회, 후기산업사회, 새로운 산업사회, 정보사회 등이 그것이다. 그러나 이 글에서는 다니엘 벨에 따라 후기산업사회라는 용어를 사용하기로 한다. 그러나 다니엘 벨은 정보사회를 후기산업사회에의 변화 국면의 일부이며 '그런 변화의 핵심 국면'으로 보고 있다. 따라서 후기산업사회의 특성은 곧 정보사회로 환원하여 살펴보게 되는 것이고 경우에 따라서는 그 두 용어를 바꾸어가면서 사용해도 무방한 것으로 볼 수 있다는 것이 이 글의 입장이다.

'정보사회'의 정보(information)는 '특정의 목적을 위해 조직된 자료의 집합'이고 체계적으로 정돈된 형태의 정보가 곧 지식이라고 할 수 있을 것이다. 지식 중에서도 이론적 지식은 경험을 조직화하는 사고방식으로서 상식이나 시행착오적인 사고방식과는 큰 차이가 있다. 그것은 축적한 경험의 관념적인 체계이며 보편화라 할 수 있다. 지식기술은 이론적인 지식 응용의 차원으로서 혁신의 근원이 된다.

오늘날 세계사의 시대적 전개의 맥락은 벨에 의해, 대체로 공업화와 관료적 조직원리를 축으로 하여 볼 때 '농업사회(전기前期산업사회) → 산업(공업)사회 →정보사회(후기後期산업사회)'라는 방향에서 파악해 볼 수 있을 것이다. 농업사회에서 사람들은 자연에 맞서서 경합하였고, 공업사회에서는 사람이 만든 자연(물적 환경)을 상대로 경합하였는데 이에 비해 후기산업사회에서는 인간과 경합하게 된다. 인간의 전형적 생산형태를 보면 농업시대의 자연을 배경으로 하는 채취행위에서 공업시대의 인조공간의 공장에서의 제조행위를 거쳐 이제 후기산업사회에 이르러 인간을 상대로 하는 서비스 행위가 사회의 중심을 이루게 된다. 토플러는 농업사회의 등장을 제1의 물결에, 산업혁명에 따라 등장한 산업사회를 제2의 물결에 비유하고, 그 뒤 이어지는 정보사회의 도래를 제3의 물결에 비유하고 있다. 이 도식에 따르면 우리가 맞이하게 될 21세기 그 미래는 인류문명의 발전에 일대의 획을 긋는 제3의 물결이 몰아치는 시대이고 이는 정보사회(후기산업사회)의 도래인 것이다.

그러면 후기산업사회(정보사회)는 어떤 사회인가?

후기사업사회의 도래는 기술의 혁신·발전, 특히 전자통신혁명을 그 기본조건으로 하고 있다. 벨은 산업사회가 등장한 후 적어도 세 번의 기술혁명이 일어났다고 하는데 그 첫 번째 혁명은 200여 년 전 제임스 와트의 증기기관의 발명에 의한 것이고, 100여 년 전의 전기와 화학분야의 혁신이 제2의 기술혁명이며, 제3의 혁명은 전자기술혁명이다. 후기산업사회는 이 제3의 기술혁명을 그 기초로 하고 있다. 제3의 기술혁명은 ① 기계 전기시스템의 전자시스템으로의 전환(컴퓨터) ② 전도장치나 전기파 변환장치의 소형화(칩: 약 100만 개의 회로부품 포용 가능) ③ 디지털방식(정보표현방식의 숫자화) ④ 각종 소프트웨어의 개발(개인이나 가정, 작은 기업에서도 쉽게 컴퓨터를 사용할 수 있게 함) 등으로 정리될 수 있다.

전자기술혁명에 의해 도래하는 후기산업사회의 주요한 특성은 벨(Bell, 1973)에 따라 그 이전의 사회들과 비교해 보면 다음과 같다.

〈표 14-1〉 사회변동의 일반도식

구분	공업 이전 사회	공업사회	후기공업사회
지역	아시아, 아프리카, 라틴아메리카	서구, 소련, 일본	미국
경제부문	1차산업 (농·임·어·광업)	1차산업 (제조업, 가공업)	3차산업(운수업, 공익사업), 4차산업(무역, 금융, 보험, 부동산업), 5차산업(보건, 교육, 연구, 정부기관, 레크리에이션)
주요 직업	농부, 어부, 광부, 임업종사자	반숙련노동자, 엔지니어	전문직, 전문기술직 종사자, 과학자
테크놀로지	원료	에너지	정보
설계	자연과의 경쟁	제조물과의 경쟁	인간 간의 경쟁
방법론	상식적 경험	경험주의, 실험	추상적 이론 모델, 시뮬레이션*, 의사결정이론, 시스템분석
시간의 관점	과거 지향(특별한 반응)	특별한 적응(투사投射)	미래지향(예측)
중추원리	전통주의: 토지·자원의 제한	경제성장: 국가 또는 민간에 의한 투자결정의 통제	이론적 지식의 구심성 및 성문화

주: * 시뮬레이션(simulation)이란 컴퓨터 등을 사용하여 현상을 모형화함으로써 실제의 상황을 모형적으로 실현시켜 보는 작업을 말한다.

자료: Bell(1973: 117).

무엇보다도 후기산업사회는 서비스사회로 특징지어진다. 경제활동의 중심이 물질적 생산에서 서비스(특히 지식 정보관련 서비스) 생산으로 이동하게 된다. 첨단과학이나 기술을 이용한 정보의 창출이나 개발이 일반 기계 및 자연 에너지를 이용한 재화나 서비스의 산출보다 그 부가가치나 인력분포에서 큰 비중을 차지하는 사회이다. 말하자면 산업은 자본·노동력 집중의 산업에서 지식, 정보 집약적 산업으로 그 중심이 이동하는 것이다.

계층구조(직업의 분포)상 전문·기술직, 관리직, 사무직 등 정신노동자층이 전통적 산업사회의 상징인 육체노동자층을 넘어서서 사회적 중심계층으로 부상하게 된다. 후기산업사회에 이르러 주요한 비중을 차지하게 될 서비스부문은 소위 5차 산업이라고 하는 교육, 연구, 보건, 정부기관의 서비스, 오락서비스, 사회사업·사회복지 등 인간과 직접 관련되는 부문(이를 벨은 후기산업부문이라고 하였다)과 분석, 기획, 디자인, 프로그래밍 등 전문성이 요구되는 부문이다. 후기산업 사회가 가시화되면 고등교육이 확대되고 추상적 이론과 기술, 기계 언어를 다루는 기능 숙련의 필요성이 증대한다고 주장한다. 1990년 현재 미국은 노동력의 30%가 후기 산업 부문에 종사하고 있고 공업사회에서 큰 비중을 차지하던 공장 노동자는 17%이나 그 비중은 10년 내에 10%로 축소될 것이라고 본다.

과학적·이론적 지식(정보)가 사회혁신과 정책 결정의 원천이 되고, 지적 기술이 공업사회에서의 기계기술을 대신해서 사회의 중심적 기술이 된다. 이에 따라 미래에 대한 설계를 담당하게 될 대학 및 연구소 등을 거점으로 한 지식산업이 융성하게 된다. 대학은 산업사회에서의 생산공장을 대체하여 그 사회적 기능을 수행하게 된다.

이 단계에서는 첨단산업의 발달로 산업구조, 취업구조뿐만 아니라 생활양식도 크게 바뀌게 된다. 전반적인 국민생활 수준의 향상은 도시와 농촌 간, 그리고 사회계층 간의 격차를 감소시키고 중산층의 확대를 초래하게 된다.

권력은 본질적으로 군사력이나 자본보다는 지식과 정보에 기초하게 된다. 권력은 총구로부터 나오는 것이 아니라, 정보력에서 온다. 사회조직의 기본원리는 하향식에서 상향식으로, 피라미드 조직에서 네트워크형 조직으로 전환된다(관료조직의 비효율성).

산업사회에서의 노동가치설은 지식가치설로 대치된다. 즉 노동이 사회적 가치를 창출한다기보다는 그에 우선하여 지식이 가치를 창출하게 되는 것이다.

그리고 세계를 거의 동일한 시간대로 묶어주는, 교통 · 통신 및 새로운 과학산업이 등장하고, 인적 · 물적 대외교류가 확대되면서 국제화 · 개방화의 추세는 더욱 가속화될 것으로 전망된다. 사람들의 다양한 문화 향수의 욕구가 증대하고 소그룹 활동, 소규모 생산이 활기를 띠게 된다. 지역단위의 문화활동은 활성화된다. 소위 '작은 것이 아름답다'는 것이다.

우리나라 한국개발연구원의 한 연구보고서는 2000년에 예기되는 우리 사회의 모습을 '고도산업 및 정보화사회', '평준화와 다양화가 병행하는 사회', '국제화된 사회'로 특징짓고 있다. 그러니까 2000년에는 공업사회적 요소와 후기공업사회의 요소가 병존하는 사회가 된다는 진단이다. 1990년 방송제도 연구위원회의 한 연구보고서는 한국은 1990년대 중반부터는 본격적인 정보사회에 들어설 것이고 지금은 그 문턱에 서 있다고 진단함으로써 2000년에 이르기 전에 우리나라가 제3의 물결, 즉 후기산업사회에 들어선다는 진단이다. 그 판별기준은 ① 노동인구의 50% 이상이 정보산업에 종사 ② 적령 인구 50% 이상이 대학생 ③ 개인국민소득 4,000불 이상 ④ 정보비의 비중이 수입의 35% 이상 등이다.

정보사회의 징표를 들어보면 다음과 같다.

첫째, 정보기술의 발전을 들 수 있는데 그 3대 기술은 반도체 직접회로(컴퓨터) 기술, 광섬유(전류 대신 빛을 통한 정보 송신)기술, 위성통신과 종합정보통신망(ISDN) 기술이다.

둘째, 노동세계의 변화를 들 수 있는데 정보산업 종사자의 비중이 획기적으로 증가할 뿐 아니라 주부, 노인, 신체장애자 등의 취업기회가 확대된다. (육체적 · 사회적으로 불리한 조건을 정보기술이 해결해 주기 때문이다.)

셋째, 생활양상 및 의식상의 변화가 일어난다. 가사업무는 자동화되고 재택근무(在宅勤務)현상이 나타나며, 여가와 소비활동이 확대되고, 개인생활의 세계가 분화 · 다양화되며, 유선방송(CATV) 매체가 등장한다.

그리고 국가의 목표는 국민총생산(GNP)의 증대에서 국민총만족(GNS: grossnational satisfaction)으로 옮아가게 된다. 빈곤의 의미는 물적 소유에 있지 않고 정보의 빈곤, 다양한 주관적 욕구의 불충족상황에 있게 된다.

산업사회에서 후기산업사회에 이르면서, 표준화에서 다양화로, 획일화에서 유연화로, 집중화에서 분산화로, 대중화에서 개별화로 그 특징적 양상들이 변한다.

후기산업사회의 도래에 따른 문제는 그 저변을 흐르는 테크놀로지 그 자체에 있지 않고, 그 결과 나타나는 사회학적 문제에 있다. 후기산업사회에서의 근본 문제는 관료주의의 경직성이다. 이에 따라 관료제에 대한 저항이 일어나고 대항문화가 창출된다고 본다. 그리고 '너는 누구인가?'라는 질문에 대한 대답은 '나는 나의 아버지의 아들이다'라는 종전의 대답에서 '나는 나다'라는 식으로 바뀜으로써 세대 간의 단절이 심화된다.

그리고 체제가 감당하기 어려울 만큼 사회 각계각층의 다양한 시민적 기대와 욕구가 분출됨으로써, 국가에 대한 사회적 압력이 가중되고 소위 과부하(過負荷: Richard Rose) 혹은 정당성의 위기(Jurgen Habermas)가 나타난다. 국가단위보다 지방단위가 강조된다.

문제는 여기에 머물지 않는다. 사회적 파편화 현상이 나타나게 되는데, 소수집단의식의 부활과 이익집단들의 정책결정에의 보다 직접적인 참여요구가 심각해진다. 전문가집단, 노동조합, 경제단체, 관청 사이에서 국가정책이나 예산 배정을 둘러싸고 현저한 계급적 투쟁이 일어난다. 교육받은 인텔리겐치아의 실업이 증대되고 공공지출이 증가하는 것, 개인생활에 대한 적은 간섭의 요구도 문제가 된다. 이는 정보사회적 성격에서 나타나는 문제로서 특히 사생활의 침해, 비인간화 등이 나타난다.

그런데 후기산업사회 혹은 정보사회의 논리는 기술 · 경제 결정론적인 논의로서 문화적 · 정치적 변수는 도외시하고 있다는 비판을 면키 어렵다. 문화의 변화는 경제와 기술의 변화와는 다른 길을 간다. 기술은 그 변화의 원칙이 단선적, 선형적이다. 보다 저렴하게, 보다 낮게, 보다 효율적으로, 보다 생산적으로 변화해 왔다. 그러나 사회의 총체적 모습은 인간의 선택적 노력을 고려하지 않으면 안 될 것이다. 기술 그 자체는 하나의 도구이며, 그 개발과 이용 및 적용은 문화의 몫이다. 어떤 기술을 어떻게 사용할 것인지는 그 사회의 문화와 정치, 그 기술을 사용하는 사람들과 정치적 선택에 달려 있다. 한마디로 기술적 도구를 어떻게 사용하느냐 하는 것은 한 사회의 문화와 그 속에 사는 사람들의 몫인 것이다.

이러한 문제의식 속에서 미래에 대한 당위론적 입장의 논의가 나타나게 되는

데, 예를 들면 1990년 7월 내한한 벨은 정보사회가 고도화되더라도 오늘날 인류가 갖고 있는 기본적 덕목이나 철학, 인권존중, 민주주의 원칙 등은 변할 수 없다고 하고, 따라서 디스토피아적 견해들에서 보는 것처럼 우려하는 만큼의 인간 억압적 사회는 되지 않을 것이라고 한다.

이 도래하는 정보사회의 또 다른 특징은 엄청난 속도로 사회가 변한다는 것이다. 변화의 '속도' 자체가 변화의 성격이 된다. 이 급격한 사회의 변화양상은 문제의 심각성을 더해준다. 빠른 속도로 변하는 환경에 사람들이 적절하게 대응하지 못하는 데서 소위 '문화충격'현상이 나타난다. 빠른 속도의 변화에 성공적으로 대응해 나아가기 위해서는 역사를 통해 현재를 보려 하듯이 미래를 통해 현재를 보려는 시도가 필요한 것이다. 미래가 현재 속에 어떻게 작용하는지에 대해 민감한 인식을 가지는 것이 필요하다. 과거의 경험을 가지고 현재를 설계할 것이 아니라 미래에 대한 통찰력을 가지고 현재를 다루어야 한다.

변화의 속도가 빠를수록 그에 적응하면서 살아가기 위해서는 갖추어야 할 지식이나 기술 등의 정보의 양도 많아질 뿐 아니라 그 가용성의 수명도 짧아진다. 어제의 정보가 오늘은 무용지물로 용도폐기가 된다. 늘 달라지는 새로운 사태에 신속하게 대처할 수 있는 새로운 정보가 필요해지는 것이다. 따라서 후기산업사회에 있어서의 근본적인 문제의 하나는 시간을 관리하는 문제이다. 시간의 관리란 흐르는 시간을 묶어두고 시간이 필요한 바로 그 시간에 시간을 이용하는 문제이다(예: 녹화 방영, 현금 자동출납기). 교육현장에 관련해서 생각해 보면 학습해야 할 정보의 양이 급격히 늘어나는 것이며 따라서 많은 양의 학습량을 신속하고도 적절하게 소화할 수 있도록 하는 학습방법 내지는 수단이 개발되지 않으면 안 된다는 의미를 갖는다.

3. 미래사회 대응 전략으로서의 교육: 미래시제형 교육

1) 후기산업사회의 교육

다시 말하지만 미래는 불확정적이다. 그러나 그렇기 때문에 가능성의 미래인 것이다. 이 가능성을 전제로 하여 바람직한 미래를 창출하는 데 있어서 교육은 막중한 책임을 안고 있는 것이다.

교육이 해야 할 가장 중요한 역할의 하나는 각 개인이나 집단이 지니는 미래의 이미지를 키워서 풍부하게 해주고 개선시켜 주는 일이라고 한다(토플러, 1990).

우주 공간으로 인간을 쏘아 올릴 때 우주선의 좁은 공간에 인간 생존조건을 마련해 주어야 하듯이 미래의 시간으로 인간을 내보낼 때 우리는 그 변화의 충격에 견딜 수 있는 보호조치를 하지 않으면 안 된다. 엄청난 속도로 변하는 환경은 개인의 적응범위를 넘어섬으로써 사람들은 미래 충격에 걸리게 될 것이기 때문에 그 미래 충격을 완화하는 조치나 미래의 과잉 자극에 대한 효과적인 대응전략을 마련하지 않으면 안 된다.

그 역할을 교육이 맡아야 하는 것이다.

앞으로 미래에 대비하는 교육은 청소년들에게 미래에 투시된 긍정적, 적극적인 역할상, 즉 '미래에 초점을 맞춘 역할 이미지'를 잘 키워주어야 할 것이다. 그러기 위해서는 학생들에게 미래에 관해 공상적일지라도 자유롭게 이야기하도록 권장할 필요가 있다. 학생들에게 자신의 '미래자서전' 같은 것을 써보도록 하고 그것을 학급토의에 부쳐 검토케 할 필요가 있다. 역사과목에 대응하는 미래교과목이 있어야 한다. 학생들이 살아갈 시대는 미래임을 늘 염두에 두어야 하고 미래에 대한 새로운 감수성을 창조하는 것이 중요하기 때문이다.

이제 교육은 미래 시제로 옮겨져야 한다. 토플러의 '미래시제형 교육'이 그것이다.

또한 미래 충격을 완화하거나 피하기 위해서는 탈산업주의 교육제도를 만들어내지 않으면 안 된다. 과거보다는 미래 속에서 우리의 교육목표와 방법을 모색해야 할 것이다. 이러한 교육은 미래에 대응하는 전략산업으로서의 가치를 갖는 것이며, 그 성공은 미래사회의 특성에 대한 이해를 바탕으로 해서 가능한 것이다.

다가오는 탈산업사회에서는 권위에 대해 기계적으로 복종하는 사람을 요구하지 않는다. 비판적 판단을 내릴 수 있고 새로운 변화 환경을 헤쳐나갈 수 있는 사람을 요구하며 미래상을 간직하고 있는 사람을 원한다. 따라서 교육의 목표는 미래의 격심한 변화에 대응할 수 있는 '대응능력'을 증대시키는 데 두어야 한다. 변화의 방향과 속도를 예상할 수 있도록 가르쳐야 하고 미래에 대한 반복적 · 개연적 · 장기적 가설들을 설정할 수 있도록 해야 한다. 20~50년 내에 필요해질 직업, 전문직종은 무엇인가, 가족형태와 인간관계는 어떻게 될 것인가, 어떤 윤리 · 도덕의 문제가 발생할 것인가, 기술 및 조직구조는 어떻게 될 것인가, 한마디로 미래지향성이 강조되는 교육이어야 한다.

학교의 교육독점상황에서 탈피하는, 교육제도의 구조적 변혁이 이루어져야 하고 교과목이 개편되고(논리학, 미학, 컴퓨터 프로그래밍, 해저공동체생활 교과, 우주 경이성 교과) 학습 방식도 혁신되어야 한다(대량적 · 일방적 강의식 탈피). 학습이 아니라 학습방법이 중요하다. 학생 자신의 가치관이 존중되어야 하고 정보의 양보다 예측해 보는 습관을 기르는 것이 더 중요하다. 책의 몇 페이지보다 책 전체의 체제를 파악하는 것이 더 필요하다.

산업사회에 있어서의 학교는 대량생산체제의 산업현장에 필요한 기능 인력을 공급하는 것이 그 중요한 역할 중 하나였다. 같은 논리로 정보사회에서는 급변하는 사회변화에 대응하는 다량의 정보를 생산 · 처리 · 보급하는 전문가를 배출하는 것이 학교의 중요한 임무가 되어야 할 것이다. 정보사회에 있어서 종합정보통신망의 확충과 컴퓨터 네트워크의 등장으로 교육은 컴퓨터를 이용한 사회교육체제로 변모해 갈 것이다. 이때 교과학습활동은 학교라는 장소에서만 이루어지는 것이 아니라 컴퓨터를 통해 가정에서도 가능해지게 된다. 학교의 틀을 벗어나서 다양한 교육매체의 개발로 개인의 선택적인 접근에 의해 학습이 이루어지게 되므로 학교의 교육기관으로서의 독점적 지위는 크게 약화될 것이다. 이제 정보매체의 발달로 학교의 학습장적 성격의 전유시대는 지나가고 있는 것이다.

미래지향적인 교육은 변화에 유연하게 대응할 수 있어야 하고 연령 제한 없이 이루어져야 하며 장소에 얽매이지 않고 이루어질 필요가 있다. 여기에 사회교육, 비제도권 교육이 필요하고 학교와 가정 그리고 지역사회가 더불어 교육프로그램을 개발할 필요가 있게 되는 것이다. 교육은 적령기의 학교교육보다는 평생교육, 사회교육이라는 개념으로 변해갈 것이고 직업 재교육이 강화될 것이다. 사회변화에 따라 그에 상응하는 직업활동이 이루어져야 하기 때문이다. 학교를 다니면서 터득한 지식이나 기능은 급변하는 시대에 더 이상 알맞지 않게 될 것이기 때문이기도 하다.

학교는 미래사회를 살아갈 학생들에게 미래사회에 걸맞은 자질을 배양해 주어야 할 것이다. 미래사회는 정보가 지배하는 사회이기 때문에 교육은 학생들의 정보역량을 강화하는 교육이어야 할 것이다. 정보사회에 있어서는 정보를 어떻게 창조하고 그것을 활용 배포할 것인가 하는 것이 중요한 가치를 지니게 될 것이다. 이는 정보를 수집 · 저장 · 분석 · 편집을 용이하게 하는 컴퓨터의 이용을 촉진시키게 된다. 따라서 컴퓨터 교육은 필수적으로 실시해야 할 것이지만, 그 교육내용은 첨단정보기술의 습득뿐 아니라 정보화가 사회의 다방면에 미치는 영향을 고려하는 정보마인드를 길러주는 내용을 포함해야 할 것이다.

정보사회에 있어서 교육의 변화될 모습을 스케치해 보면 다음과 같다.

첫째, 교육의 목표에 있어서, 어떤 지식을 단순하게 암기나 하고 명령이나 지시만을 받는 수동적인 인간상이 아니라 변화하는 상황에 적극적으로 대처하면서 현명하게 판단을 내릴 수 있는 인간이 형성되도록 하는 교육이어야 한다. 학습의 내용 이상으로 학습하는 방법을 가르치는 것이 바람직한 것이다.

둘째, 교육의 형태에 있어서, 지금과 같은 집단적 교육형태, 즉 강의와 시험으로 이루어지는 교육형태에서 개인적인 다양한 욕구수준에 알맞은 자기학습 또는 가정학습의 형태로 바뀌게 되고 개인이 직접 참가하는 교육형태, 즉 개인별 사례연구, 현장실습 또는 세미나의 형태가 바람직할 것이다. 컴퓨터를 학습수단으로 사용하는 수업방식(CAI: Computer Assisted Instruction)의 도입으로 개인적 관심이나 적성에 따라 융통성 있게 학습이 이루어질 수 있을 것이다. 학생은 교육 전문가가 개발한 컴퓨터 교육프로그램을 통하여 개인교사와 함께 공부하듯이 자신의 능력 배양에 따라서 자신의 진도에 맞게 개별학습을 할 수 있게 된다.

셋째, 교수방법에 있어서 인공위성을 포함하는 종합통신망체제와 컴퓨터는 물론이고 TV, 오디오, 비디오 등 새로운 정보매체를 이용한 교수방법이 등장하게 될 것이다. 이러한 교수방식은 학생들과 교사 간의 인간적 접촉기회를 박탈하기 때문에 인간교육에 크게 훼손을 가져온다는 것이 문제이다.

넷째, 학교경영에 있어서 컴퓨터에 의해 관리하는 방식(CMI: Computer Managed Instruction)이 등장함으로써 교육경영에 혁신을 이룩하게 될 것이다(컴퓨터를 활용한 상담활동, 컴퓨터에 의한 교육과정의 운영 등).

2) 미래시제형 교육

이제 후기산업사회를 맞으면서 미래지향적, '미래시제형의 교육'정책, 탈산업주의 교육정책을 서둘러야 할 때라고 생각한다.

오늘의 교육은 과거사나 현 실태에 대해서는 상당히 중시하여 가르치면서도 도래하는 미래상에 대해서는 대체로 도외시하거나 경시해 왔다고 할 수 있을 것 같다. 코넬대학의 심리학자 존 콘드라이 교수의 실험에 따르면 학생들의 머릿속에 과거는 풍부하게 담겨 있었으나 미래는 텅 비어 있었다고 한다. 그리하여 앞으로 미래에 대비하는 교육은 청소년들에게 '미래에 초점을 맞춘 역할 이미지'를 잘 키워주어야 할 필요가 있다고 보는 것이다.

시대는 비판적 판단을 내릴 수 있고 새로운 변화환경을 헤쳐나갈 수 있는 사람을 요구하며 미래상을 간직하고 있는 사람을 원한다. 따라서 교육의 목표는 미래의 격심한 변화에 대응할 수 있는 '대응능력'을 증대시키는 데 두어야 한다. 미래에 대한 개연성 있는 장기적인 가설들을 설정할 수 있도록 해야 한다. 토플러가 말하는 바와 같이 '미래시제형 교육'이어야 한다. 과거보다는 미래 속에서 우리의 교육목표와 방법을 모색해야 할 것이다. 이러한 교육은 미래에 대응하는 전략산업으로서의 가치를 갖는 것이며, 그 성공은 미래사회의 특성에 대한 이해를 바탕으로 해서 가능한 것이다.

미래시제형 교육을 위해 21세기 교육을 위한 특별과업 수행팀을 구성하거나 미래교육협의회 같은 조직을 구상할 필요가 있을 것이다. 이들 기구에서는 정보사회의 도래와 더불어 나타나게 될 예기치 못한 변화상황에 대응하여, 가상적 미래에 대한 예측을 바탕으로 교육적 대안들을 만들어 활발한 공개토론에 부치고 그 결과를 바탕으로 교육프로그램을 만들 수 있을 것이다.

참 / 고 / 문 / 헌

강창언(1990), "정보화 사회와 교육," 제주지역 정보화 촉진을 위한 전기통신 발전 방향에 관한 학술발표, 제주대학교 통신공학과.

김문조(1993), "정보사회가 도래하면 한국사회는 어떻게 될까," 한승조 외, 21세기의 도전과 한국의 대응, 형설출판사.

네이스비트, 존(1985), 『탈산업사회의 새 조류』, 박제두 옮김, 범문사.

드러커, 피터 F.(1989), 『새로운 현실』, 김용국 옮김, 시사영어사.

_______________(1973), 『단절의 시대』, 서남원 옮김, 장문각.

벨, 다니엘(1991), 『제3의 기술혁명』, 한국전기통신공사출판부 편역, 한국통신기업문화진흥회.

__________(1992), 『2000년대의 신세계질서』, 서규환 옮김, 디자인하우스.

송상순(1992), "제주, 제주인의 미래상: 교육을 위한 시설," 제주국제협의회 편, 『전환기의 제주』, 신라출판사.

신행철(1985), "인류사회의 디스토피아적 미래," 『제대학보』, 25집.

______(1991), "사회변화 속의 청소년상과 그들의 지향해야 할 미래사회의 가치," 청소년 건전 육성을 위한 범도민 대토론회, 기조강연, 제주도.

이순형(1993), "21세기가 요구하는 인간상," 『교육연구』, Vol. 31, No. 4.

토플러, 앨빈(1981), 『제3의 물결』, 유재천 옮김, 문화서적.

____________(1982), 『미래학이란 무엇인가?』, 김배산 옮김, 종로서적.

____________(1990), 『미래를 위한 학습: 미래에 있어서의 교육의 역할』, 이상주 옮김, 배영사.

____________(1993), 『미래 쇼크』, 이규행 옮김, 한국경제신문사.

Bell, Danieil(1973), *The Comming of Post-Industrial Society: A Venture in Social Forecasting,* New York: Basic Books.

CHAPTER

15 대학의 연구기능과 사회발전

1. 논제의 성격

사회는 대학에 대하여 교육, 연구, 봉사의 세 기능 전반에 걸쳐 사회발전에 기여하기를 기대한다. 교육을 통해서는 사회가 필요로 하는 각종의 인력을 공급하게 되고, 연구를 통해서는 사회가 필요로 하는 여러 수준의 지식을 창출하게 되며, 봉사의 측면에서는 기업체, 사회단체, 정부기관 등에 위원, 자문, 강사 등의 자격으로 사회참여를 하게 된다. 이런 기능을 수행하는 주체인 대학교수들을 지식인이라는 개념으로 파악했을 때 대학의 기능은 곧 지식인의 성격을 나타내준다. 즉 지식을 창조하고 전달하며 이를 실천적으로 적용하는 그런 성격을 갖는다.

그러나 지식을 전달하는 교육이나 지식을 적용하는 봉사의 측면은 대학교수들이 아니라도 광범한 영역에서 다른 부류의 사람들에 의해 담당되고 있다. 기업체나 정부기관의 전문가 등이 여기에 해당한다. 이에 비하면 연구의 기능은 대학교수의 독특한 본질적 측면으로 볼 수 있을 것이다. 물론 산업체나 정부에도 부설연구소들이 있고 개인 설립의 연구소들이 있어 연구활동이 이루어지고는 있으나 이들 연구소들은 통상적으로 일정 분야에 국한된 응용적인 성격의 연구를 전담한다는 점에서 대학의 연구활동과는 다른 성격을 갖는다. 대학에서는 비교적 기초적인 연구를 수행하는 경향이 있으며 그 연구인력의 다양성으로 인하여 다방면에 걸친 연구들이 동시에 이루어지고 있다. 그리고 그 연구의 관심이 현실적 이해타산을 초월하여 사물의 진실을 밝히고자 하는 데 있기 때문에 학문적 순수성을 견지할 수 있다.

돌이켜 생각해 보면 "오늘과 같은 형태의 대학은 13, 14세기 유럽에서 법률가, 의사, 성직자 등 전문 직업인을 길러내는 기관으로 출발하였다. 따라서 이때의 대학은 직업교육이 주였으며 … 연구기능에 대한 관심은 거의 없었다. 특히 대학에서 연구가 중심기능으로 등장한 것은 그로부터 수백 년 후 훔볼트의 영도하에 혁신된 19세기 초 독일 대학에서였다"(Chung, 1989: 8). 이때부터 소위 학문의 자유, 대학의 자유라는 기치가 드높아지게 되었다.

어느 사회에 있어서나, 그 발전의 가치를 어디에 두건 간에 즉 발전을 경제발전으로 정의하건 정치발전 혹은 문화발전으로 정의하건 그 발전이란 근본적으로 지식의 집적을 그 바탕으로 하여 이루어진다. 농업사회에 있어서 농경에 관한 지식의 집적이 그 사회의 발전을 가져왔으며 산업사회에 있어서 과학적 지식이 기술에 연계되어 그 사회의 발전을 가져왔다. 그런데 그 지식의 집적도는 오늘날 후기산업사회(정보사회)에 이르러 그 이전의 사회들, 즉 농업사회나 산업사회에서 보다 훨씬 높아졌다. 뒤집어 말하면 지식의 집적도가 높아졌을 때 산업사회에서 벗어나 '제3의 물결'로 비유되는 정보사회에 이르게 된다는 것이다. 산업사회에서 정보사회로 전환되는 데 있어서 가장 중요한 요인이 되는 것은 컴퓨터, 통신위성, 커뮤니케이션 케이블 등의 고도기술이고 이 기술이란 것이 과학적 연구의 활용영역이고 보면 과학적 연구는 사회발전에 매우 밀접한 관련을 갖게 되는 것이다.

한편 대학에서의 연구활동에 있어서 특히 사회과학 영역의 여러 학문분과들은 사회발전 자체를 연구하면서 사회발전의 원인과 결과 각 발전단계마다의 사회성격 등을 규명하여 줌으로써 사람들로 하여금 그들이 살고 있는 사회계의 의미를 터득하도록 하는 역할을 하게 된다. 여기서 우리는 대학의 연구기능과 사회발전 사이의 관계를 다음과 같이 요약해 볼 수 있을 것이다.

① 대학의 연구기능 강화는 사회발전에 기여한다.
② 사회발전은 대학 연구기능의 성격과 방향에 영향을 준다.

그러하여 이 글은 대학의 연구기능이 사회발전과 어떤 관계가 있는가를 따져보면서 특히 다가오는 정보사회에 있어서의 연구활동이 갖는 중요성을 살펴보고, 대학 연구기능의 강화방안을 사회과학을 중심으로 논의하고, 결론적으로 우리의 논의를 요약 정리해 보고자 한다.

2. 사회발전과 대학 연구기능의 관계

사회발전은 흔히 산업화를 중심으로 하여 전산업사회(농업사회)-산업사회(공업사회)-후산업사회(정보사회)의 맥락에서 파악된다. 전(前)산업사회에 있어서는 자연과의 고된 투쟁 속에서 경험적으로 영농기술을 축적하고 삶의 지혜를 터득하였다. 대학의 존재 여지는 없었다. 물론 농업사회 후기에 지적 추구를 위한 대학이 존재하였다고는 하나 그 연구기능은 극히 저조하였다. 그러던 것이 산업혁명을 거쳐서 나타난 산업사회에 이르러 대학의 연구기능이 중요시되었고 대학의 연구가 산업발전에 크게 기여하게 되었다. 후기산업사회에 있어서는 지식정보의 가치가 더욱 절실해지고 대학의 연구는 국가적 역점사항이 되었다.

대학은 사회가 필요로 하는 전문기술인력을 양성함으로써 사회발전에 기여하기도 하지만 과학적 연구를 통하여 기술개발에 기여함으로써 사회발전에 관여하게 된다. 물론 대학의 본질이 사회의 요구를 수행하는 것이 아니긴 하지만 대학이 사회에 대한 어떤 책임도 피해버리고 상아탑적인 성격만을 고집한다면 대학은 그 후원자를 잃어버리고 말 것이다(Ashby, 1980: 130). 여기에 대학이 사회발전에 초연할 수 없는 이유의 하나가 있거니와 대학의 연구기능이 강조되는 것은 그것이 사회발전에 중요한 의미를 갖고 있기 때문이다.

W. von Humbolt는 '연구를 통한 교육'을 강조한 바 있지만 사회가 필요로 하는 고급인력의 양성을 위한 높은 질의 교육은 충실한 연구활동을 통해서만 가능한 것이다. 만일 연구활동이 지속적으로 이루어지지 못하면 교육내용은 고작 상식에 불과한 낡은 지식을 되풀이하거나 교조적인 관념만을 담은 허구적 의례로 전락해 버리고 만다(홍승직, 1986: 8). 대학교수의 활동 중에서 연구하는 일이 기본이어야 하는 이유가 여기에 있다. 더구나 현대사회의 경제발전은 기술에, 기술은 과학의 발전에 의존하며 과학의 발전은 인간 지성에 기초한 연구에 그 기본을 두고 있다. 오늘날 급변하는 정보사회가 필요로 하는 고도의 전문지식은 연구의 강화를 통해서만 창출된다. 급변하는 시대에 있어서는 오늘의 해답을 가지고 내일의 질문에 대답할 수 없음이 명백하다. 더구나 지식이란 것이 고정 불변의 최후의 것일 수 없으며 기껏해야 잠정적 진리인 것으로서 모든 지식은 아마도 영원히 재탐구의 대상이 되어야 한다. 이 점은 20세기 초 Weber에 의하여 다음과 같이 적절하게 지적된 바 있다.

> 학문적 업적은 … 10년, 20년, 혹은 50년 내에 낡은 것이 되어버릴 것이다. … 모든 과학적 업적은 새로운 질문들을 야기하게 되는 것이며 다른 업적물에 의해 능가당하고 낡은 것이 되어버릴 그런 운명을 갖고 있다(Weber, 1958: 138).

과학적 업적은 늘 새롭게 태어나지 않으면 안 되는 것이며 이는 지속적인 연구를 통해 가능한 것이라고 할 때 학문공동체인 대학에 있어서의 연구기능은 그 공동체의 생명력과도 같은 것이다.

그런데 오늘날 대학에서 기초적 연구보다 체제의 존속 · 유지에 기여하는 기술에 기울어지는 현세 지향적인 경향은 사회의 보수화와 권위주의화를 강화하여 혁신과 사회발전에 기여하지 못하고 오히려 저해요인으로 작용할 수 있다. 특히 대학 밖의 산업체나 정부기관에서 일하는 지식인의 기술적 지식은 자신의 영역 안에서는 철저한 합리주의의 도구로서 보수주의적으로 되고 사회개혁의 측면에서는 '훈련된 무능력자'로 전락하고 마는 사회적 생리를 가지고 있는 것으로 보인다(송복, 1986: 80-84 참조). 이에 비해 사회의 물결에 휩쓸리지 않고 넓은 안목을 가지고 생각하고 말할 수 있는 비판적 · 창조적 지식인이야말로 진정 사회발전의 초석으로서의 역할을 하게 된다고 하겠다. 이러한 창조적 지식인은 바로 대학 안에서 연구활동에 몰두하는 지식인이다.

기본적으로 대학은 이념 · 사상, 기초학문 연구를 통해서 사회에 기여하는 것이 그 주된 사명이며(김형석, 1976: 36), 단지 사회의 수요와 요구에 응답하는 인력의 양성소이거나 실용을 위한 기술을 개발하는 장소는 아니다. 결국 대학은 이질성을 더해가며 급격하게 변해가는 사회 속에서 그에 상응하는 새로운 가치를 발견 · 창조함으로써 사회발전을 선도해 나갈 수 있는 것이다.

이제 기업과 대학의 연구기능에 관련하여 살펴보는 것은 중요한 의미를 갖는 것으로 생각한다. 왜냐하면 산업사회의 발전은 보통 기업의 성장 · 발전을 기준으로 하여 가늠해 볼 수 있을 것이기 때문이다.

기업은 보통 연구성과를 상업화하고 대학은 보통 기초연구를 담당한다. "'기초연구'는 과학적 지식을 실제적으로 적용한다는 특별한 목적을 가지지 않고, 단순히 과학적 지식의 발전을 위한 원리적 탐구"라고 정의되고, "'응용연구'는 실제적인 문제를 해결하고자 하는 과학적 탐구"라고 할 수 있을 것인데(Rogers, 1986: 285), 기업적 상업화에 직접적으로 적용되는 응용연구는 기초연구를 바탕으로 하여 이루어진다. 보통 R&D라고 할 때 R(research)은 주로 대학에서, D(development)는 주로 기업에서 수행된다고 할 수 있고 D는 R을 기반으로 한다. 그러므로 최근 미국의 경우에서 보는 것처럼 대학 내에 사기업으로부터 재정지원을 받는 협동연구센터, 즉 대학-산업공동연구센터(R&D센터)가 출현하게 되는 현상은 우연이 아니다.[1)]

기업이 대학에 재정지원을 하게 되는 것은 그렇게 함으로써 대학의 고급인력과 연구업적을 얻을 수 있기 때문이다. 그런데 대학-산업협동센터의 운영에 있어서 재정지원이 특정 분야, 특정 주제에 치중되고 있다는 것은 대학이라는 학문공동체 내에서 어떤 문제를 야기하게 된다. 연구비를 받지 못하는 학과와 교수들은 상대적 박탈감을 느끼게 된다는 점, 기술에 대한 지나친 강조는 그 대가로 예술과 인문분야를 위축시킬 가능성이 많다는 점, 응용영역에 치중한 나머지 기초분야 연구를 위축시키고, 단기적 이용 연구만을 촉진시킬 수 있다는 점, 더 나아가서 연구비가 "학문적 무산자가 아니라 학문적 유산자에게 흘러간다"는 점(Rogers, 1986: 294), 그리하여 대학교수들 간의 불평등체계를 형성하게 된다는 점 등이다.

행정기관의 연구용역에 있어서도 너무 적은 비용으로 단기간에 그것도 너무 구체적인 결과를 요구하는 데 문제가 있다. 한편 대학교수들이 사회적 수요에 응하여 정부나 민간기업에 대한 자문역할에 너무 많은 시간을 할애하는 것도 문제가 된다.[2)] 이것은 교수들이 대학에서 해야 할 책무보다는 다른 일에 시간을 소비했다는 것도 되기 때문이다.

대학이 그 본래의 모습을 지키면서 자신과 사회의 발전에 기여하는 길은 기초연구를 튼튼히 함으로써 학문적 업적을 축적해 나가는 것이다. 기업은 그러한 기초연구를 바탕으로 해서 그것을 응용함으로써 새로운 산업발전에 기여할 수 있을 것이다. 그리하여 기업과 대학 간의 협동은 기존의 대학-산업 공동연구센터 방식의 문제점을 해결 · 보완하는 방식으로 이루어질 필요가 있을 것이다. 여기서 생각

---

1) 현재 미국에는 약 25개의 마이크로전자공학 분야의 대학-산업연구센터가 설립되어 있다고 하는데 이는 지방정부와 사기업의 공동 재정지원하에 이루어진 것으로 그 예를 몇 개 들면 다음과 같다(Rogers, 1986: 287-289 참조). Austin Texas대에 설치된 마이크로전자공학 컴퓨터센터(MCC); Stanford대학의 통합체계센터(CIS); MIT에 있는 마이크로체계 산업그룹; 노스캐롤라이나 삼각연구지대에 있는 마이크로전자공학센터(MCNC).

2) 그러하여 미국의 Harvard대학은 교수들이 시간의 80%를 대학에 바치기를 요구한다. 이 수치는 오늘날 많은 대학에서 교수들의 수익을 위한 행위에 대해 공통적으로 설정한 '한계선' 또는 ⅕규칙'이다.

하지 않으면 안 될 것은 대학의 연구성과가 그 사회의 산업발전에 기여하기까지는 상당한 정도의 시간이 지체된다는 점이다. 그리고 고도기술산업이 발전하기 위해서는 대학의 연구 이외에도 높은 수준의 생활 정도, 기업가 정신, 과감한 자본의 투자 등이 필요할 것임은 물론이다. 경제발전에 따른 국민소득의 증대는 대학의 연구기능을 강화하는 잠재력이 된다. 사회발전의 맥락에서 보면 산업사회 단계에서의 부의 축적이 정보사회에서 그 중요기관인 대학으로 이전되어 대학의 연구기능이 강화된다고 볼 수 있다.

3. 정보사회에 있어서의 대학의 연구기능

미국, 일본을 비롯한 몇몇 서구 국가들은 산업사회 이후 단계인 후기산업사회, 즉 정보사회로의 역사적 전환을 경험하고 있다고 한다. 마이크로컴퓨터의 보급, 마이크로 전자공학 및 컴퓨터 기술회사의 건설, 정보공항(Teleport)의 설립, 첨단기술공단의 건설 등은 정보사회의 증후들인데 특히 미국의 경우 첨단기술공단은 연구대학을 중심으로 건설되고 있다(Rogers, 1986: 278).

그러면 어떤 사회가 정보사회인가?

Bell(1973)이 후기산업사회로 표현했던 정보사회는 이론적 지식이 사회의 중요한 축이 되는 사회로서 이 사회에서 중요한 것은 원시적 완력이거나 에너지가 아니라 정보이다. 이때 정보의 요체는 과학적 지식으로서 산업사회에서 에너지가 그러했던 것처럼 주된 생산력의 원천이 된다(Giddens, 1978: 195). A. Touraine에 따르면 후기산업사회에서는 연구와 개발이 중요한 사회 혁신의 요인이 되고, 이론적 지식에 의존하는 서비스경제가 경제생활의 중심을 이룬다. 산업사회가 상품 생산의 주된 원천으로 공장에 초점을 둔 사회라면, 후기산업사회는 이론적 지식의 주된 원천인 대학에 중심이 두어지는 사회라고 할 수 있다(Etzioni-Halevy, 1981: 46). 인구 면에서 보았을 때 특히 정보산업분야, 즉 정보를 생산하고 전환하며 분배하는 직업에 종사하는 사람들의 비중이 급증하게 된다(〈그림 15-1〉 참조).

후기산업사회를 '서비스에 근거하고 있는 사회'로 보고 있지만 대략 3차산업 취업인구가 전체 취업인구의 절반을 넘어서는 시점을 기준으로 본다면 한국도 1980년대 중반에 정보사회로 들어선 셈이다(Chung, 1989: 6). 그리하여 현재 우리 한국사회의 구성을 보면 산업사회와 정보사회의 성격이 뒤섞여 있는 특성을 나타내고 있다고 볼 수 있을 것이다(Benjamin, 1983: 279-306 참조). 따라서 우리나라의 대학도 산업사회에서 기업이 주역을 담당했던 것처럼 정보사회에서 이론적 지식의 주된 공급원으로서의 역할을 다할 준비를 갖추지 않으면 안 될 것이다.

[그림 15-1] 미국 노동력 구성의 변화

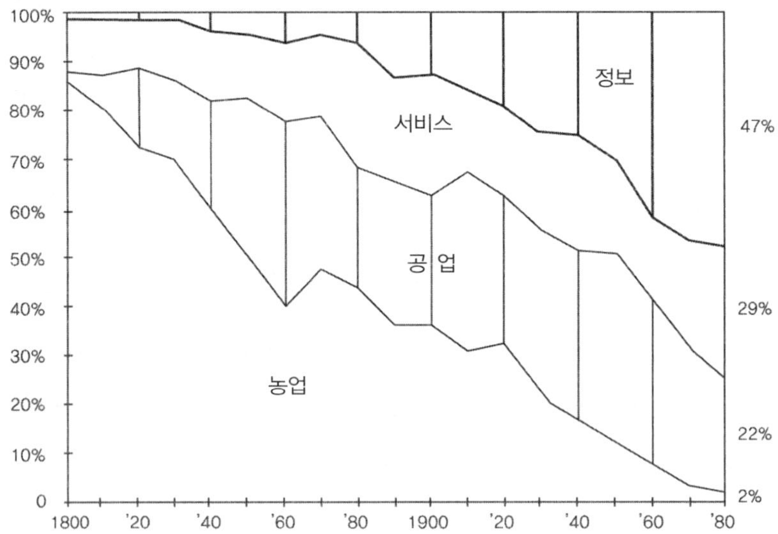

자료: James R. Beniger, *The Control Revolution*, Harvard University Press, 1986; Morgan(1989: 4)에서 재인용.

이제 정보사회에 있어서의 대학의 역할을 그 연구기능에 관련지어 좀 더 구체적으로 살펴보기로 한다.

정보사회에 있어서는 정보를 생산하고 분배하는 지식산업이 출현해서 그 사회의 성장 · 발전을 이끌어간다. 지식산업의 핵심적 기구는 대학이다. 왜냐하면 그곳에서는 연구, 특히 기초 연구를 통해서 정보를 생산하고 연구능력을 가진 정보생산자(대학원 졸업자를 말함)를 배출하기 때문이다. 결국 대학은 그 연구기능을 통해서, 공장들이 산업사회에서 상품생산을 통하여 수행한 바 있는 그런 역할을 수행하게 되는 것이다. 그리하여 대학의 연구기능은 정보사회의 성장·발전의 방향과 성격을 결정하게 된다.

미국의 경우를 보면 모든 주요 고도기술산업지대의 형성에 있어서 그 중심적 위치를 차지하고 있는 것이 연구대학이다. 예컨대 California Silicon Valley의 Stanford 대학, Route 128의 MIT, 노스캐롤라이나주 연구 삼각지대의 3개 주요 대학, 즉 Duke대학, 노스캐롤라이나주립대학, 노스캐롤라이나대학이 그러하다(Rogers, 1986: 285). 미국과 같은 선진사회가 정보사회의 성격을 띠고 그 발전이 가속화되는 것은 고도기술산업분야인 마이크로 전자공학기술 때문이고 이 기술혁신에 있어서 대학의 연구기능이 중요한 요인이 되고 있는 것인데, 미국의 과학이 지속적으로 우월한 지위를 향유할 수 있는 것은 대학의 연구기능과 회사의 기술개발 사이의 유대관계가 잘 이루어지기 때문으로 보고 있다.

그런데 여기에 문제점이 나타난다. 고도기술산업이 성숙단계에 접어들면서 대학연구의 고도기술에 대한 독립변수적 기능이 감소되고 있다는 점이 그 하나이다. 맥도날드는 "대학과 그 주위의 산업 간 정보의 유통은 존재하지만 대부분의 경우 산업으로부터 대학으로의 유통이지, 그 반대의 경우는 아니다"라고 지적하고 있다(Rogers, 1986: 286). 정보사회가 더욱 진전되는 그런 단계에 이르면 대학의 연구에 의한 정보의 창출이 일반 산업계의 기술혁신을 쫓아가지 못하는 현상이 나타나게 되는데 우리나라의 경우 정보사회의 문턱에서 대학의 연구가 일반산업계의 기술혁신에 공헌하지 못하는 것은 아닌지 생각해 볼 일이다.

또 다른 차원에서 대학의 연구와 기업적 요구 사이의 잠재적 갈등형태가 문제점으로 지적되기도 한다(Rogers, 1986: 295). 그 갈등형태란 다음과 같은 것이다. ① 기업의 연구 결과 공개에 대한 규제와 자유로운 발표라는 학문적 욕망 사이의 갈등 ② 기업의 상대적 단기 지향성과 대학 연구의 장기 지향성 사이의 갈등 ③ 기업의 상업적 효과를 강조하는 연구주제 희망과 대학의 연구주제 설정에 대한 의견 사이의 갈등

이러한 갈등의 문제는 대학의 연구와 정부의 정책 사이에도 찾아볼 수 있는 것으로 이제 대학은 기업 혹은 정부와의 새로운 관계를 모색하는 방향으로 나아가지 않으면 안 될 것이다.

4. 정보사회와 사회과학의 연구기능

한 사회가 정보시대로 들어감으로써 그 전통과 사회 경제적 구조는 많은 영향을 받게 될 것임은 명백하다. 이들 영향들 가운데 어떤 것은 예측 가능하고 어떤 것은 그렇지 못한 것도 있다. 학문공동체의 성원들로서의 교수들은 이 임박한 변화의 성질에 관심을 갖기 시작해야 하고 변화의 문제들에 앞서 그에 알맞게 대응하기 위한 독특한 방식들을 고려하고 있어야 한다. 다가오는 정보시대의 급변하는 사회현상은 저만치 앞서가고 있는데 대학의 사회과학적 연구가 그에 대응하지 못하는 점은 없는지 반성해 볼 일이다. 예컨대 한국적 특수상황은 급격히 변해가고 있음에도 불구하고 대학의 연구들은 서구적 패러다임 속에서 안주하고 있다면 이는 사회발전에 공헌해야 할 현실과학으로서의 사회과학이 크게 반성할 점이다. 늘 푸른 삶의 세계를 회색빛 이론을 가지고 설명할 수는 없는 노릇이다.

비교적 자유로운 환경 속에서 탐구하는 대학교수들, 특히 사회과학자들은 새로운 테크놀로지로부터 초래되는 사회구조적 변동을 검토하고 그 미래의 영향에 대한 예측을 시도하는 노력을 기울여야 한다. 정보사회의 중추적 기관인 대학은 이런 노력을 하기에 알맞은 처지에 있다. 그 풍부한 지적 자원과 업계나 정부권으로부터 초연해질 수 있는 그런 위치에 있기 때문이다. 그리고 내일의 세계에 대해 생각하면서 이루고자 하는 여러 실천적 계획들은 과거와 현재에 대한 주의 깊은 분석, 즉 판별할 수 있는 여러 가지 경향과 운동에 대한 세심한 분석에 기초해야 할 것이다.

사회과학적 연구들은 예견을 위한 노력들이라 할 수 있을 것이다. 이런 점에서 '사회학'이라는 용어를 맨 처음 사용하기 시작한 A. Comte가 "예견하기 위해서 본다"라는 말을 한 것은 적절한 표현이다. 그에 의하면 과학으로부터 예견이, 예견으로부터 행동이 나오는 것이다. 왜냐하면 현상의 법칙을 알고 그것들을 예견할 수 있게 되어야 비로소 우리는 그것들을 우리에게 유익하도록 하나하나 변경시켜 나갈 수 있기 때문이다.

로버트 Morgan(1989: 24-31)은 오늘날 대학이 공헌할 수 있어야 할 영역으로 다음의 네 개를 들고 있다. ① 사회구조적 전환의 역사를 분석하고 그 현재의 전환의 범위와 영향을 예측하는 것 ② 대학수준의 교육을 위한 다양하고 확대되는 기회의 필요와 그 수단을 고찰하는 것 ③ 대학이 그 자신들의 효율성을 증진시키기 위하여 정보기술을 보다 효과적으로 사용할 수 있는 방식을 예측하는 것 ④ 정보기술에 대한 보다 앞선 연구를 실시하는 것

우선 사회과학은 정보사회의 사회구조적 영향에 대하여 연구해야 한다. 여기에 주제로 제기될 만한 사회적 측면의 하나는 노동부문에 관한 것이다. 정보사회가 진전되면서 노동의 개념은 어떻게 달라질 것인가? 전통적 사회계급 구조상에는 어떤 결과가 나타날 것인가? 만일 고도의 기술혁신에 따라 사회가 필요로 하는 재화와 용역을 생산하기 위해 노동자가 필요치 않다면 그래서 어떤 일자리도 얻기 어렵다면 그 결과는 어떻게 될까? 그럴 경우 어떻게 여가시간이 소비되고 소득은 어떻게 배분될 것인가? John M. Keynes가 예측한 바와 같이 테크놀로지가 대부분의 노동력을 노동의 필요성으로부터 자유롭게 한다면 그것은 괄목할 만한 사회적 소용돌이와 소란을 동반하게 되리라는 점을 예측할 수 있다. 분명한 것은 이런 사태가 일어난다면 수세기 동안 지녀온 옛 인간가치의 주요 질서가 재편성되리라는 점이다. 고대 아테네 시민들은 그들의 노예에 의해 노동으로부터 해방되어 보다 점잖고 보다 지적이며 심미적인 일을 추구할 수 있었다. 오늘날 정보사회에서 컴퓨터와 정보 테크놀로지는 21세기 인간의 노예일 수 있을 것이라면 노동으로부터 해방된 사람들은 무엇을 할 것인가? 이에 대한 대답을 얻지 못하여 사회가 절망적이 되기 전에 대학의 사회과학자들은 그 해답을 추구하는 연구를 시작해야 한다.

다음으로 대학의 사회과학자들은 정보산업시대의 이른바 '학습사회'에 대비하는 연구를 해야 한다. 학습사회에서는 교육과 학습에 대한 관심이 사람들의 전 생애를 통하여 사람들을 사로잡게 될 것이므로 그 확대되는 교육기회에 대비하는 것이 필요하다. 한편 물질적 가치보다 정신적 가치가 우세하고, 경제가 물질의 소비와 생산의 증대에 의해 특징지어지던 시대가 종말에 이르고 그 제공하는 용역의 면에서 평가되어야 할 새로운 시대가 도래한다고 할 때 대학은 어떻게 그에 대비할 것인가? 이 점 또한 사회과학적 연구과제이다.

셋째로 대학은 그 연구 효율성을 높이기 위하여 정보 테크놀로지를 보다 효과적으로 사용하는 방법을 강구해야 할 것이다. 예컨대 컴퓨터 부가적인 연구는 상당한 정도로 교수들의 연구력을 증진시키게 될 것이다. 정보사회에 있어서의 연구는 잘 개발된 정보 미디어와 더불어 다양하고 깊이 있게 수행할 수 있음을 기억할 필요가 있다.

정보과학적인 연구는 사회과학적 연구의 범위를 넘어서는 것이므로 여기서는 그 논의를 생략하지만 마이크로전자공학의 연구가 급속하게 그리고 심각하게 서구사회의 근본적인 변형을 야기하고 있는바 그 사회구조적 영향의 함축성에 대한 연구는 또한 사회과학의 연구영역이 될 수 있을 것이다.

정보사회에 있어서 사회과학의 연구가 갖는 함축성은 광범위한 것이다. 60·70년대에 서구와 일본, 미국 등지에서 격렬하게 일어났던 학생운동들은 고도기술산업사회가 지닌 기술지향적이고 비인격적인 능률성, 효율성, 획일성에 대한 저항으로 풀이되기도 하는데 사회발전에 결부되어 나타나는 이러한 사회적 현상은 사회과학의 연구를 통하여 규명될 수 있을 것이고 그렇게 함으로써 사회발전에 기여하게 될 것이다.

후기산업사회에 있어서 대학의 사회과학적 연구는 정치, 사회에 대한 비판적 성찰을 통해 그 정당성을 확보할 수 있다. 따라서 사회과학자들은 사회발전에 상응하여 변화하는 사회적 현상을 올바르게 안식하는 능력을 보유하고 있어야 한다. 사회과학에 있어서 '인식과 관심'의 문제는 중요한 의미를 지니는 것인데, 연구자의 현실에 대한 인식과 학문적 관심은 연구활동의 힘과 방향을 정해준다. 따라서 사회발전의 쟁점에 대한 사회과학적 관심은 연구활동을 자극하고 그 연구결과는 사회발전에 기여하게 된다. 훌륭한 인식능력은 훌륭한 질문을 낳고, 훌륭한 질문은 훌륭한 해답을 얻게 될 것임은 정한 이치이다. 여기에 대학의 사회과학적 연구기능을 강화해야 할 이유의 하나가 있다.

5. 대학 연구기능의 재조명

앞에서 우리는 대학의 연구가 사회발전에 어떻게 관련되고 있는지를 살펴보았다. 여기서 우리의 논의는 대학 연구가능의 강화가 사회발전에 기여할 것임을 전제로 하는 것인데, 대학 연구기능의 여러 문제점들을 찾아 그 해결책을 모색해 보는 것은 대학 발전을 위해서도 바람직한 일임에 틀림없다.

오늘날 우리 시대의 두드러진 현상의 하나가 지식의 폭발이라고 하지만 이로 인해 대학 연구의 중점은 What(내용)으로부터 How(방법)로 바뀌어야 한다는 것은 필연이며 명백한 사실이다(Chandi, 1986: 77). 이런 변화는 정보 및 지식의 양적 증대에 대한 대처방식이 된다. 인간 두뇌의 용량은 더 이상 오늘날 세계에 산적해 있는 다량의 정보를 보유할 수 없으며 또한 지식정보의 폭발적 증대에 보조를 맞출 수 없음은 명백하다. 따라서 구체적 지식내용보다 원리적 지식이 중요시되며, 방법론 분야의 연구가 강조되어야 한다. 비유컨대 한 마리의 고기를 잡는다면 한 끼를 때울 수 있지만 고기 잡는 방법을 터득한다면 평생을 먹고 살 수 있는 것이다.

대학은 다양한 학문영역이 모여 이루어진 학문공동체이다. 현재의 조건하에서 보면 각자의 개인적 관심을 추구하는 고도로 세분화된 학문영역들 사이의 의사교환, 상호이해 혹은 협동이 부족한 것 같다. 또한 동료 학자들이 하고 있는 연구에 대해서도 무관심한 듯하다. 이 점이 바로 모든 분야의 연구자들이 당면하고 있는 근본적 문제의 하나로서 미래를 위해 대학이 지녀야 할 최상의 정신 혹은 이념에 도전하고 있는 실로 우리를 당황케 하는 심각한 문제이다. 대학의 관심이 지식에 있고 대학(university)이라는 단어가 통일(unity)이라는 의미에 통한다고 보면 다음과 같은 질문은 매우 적절한 것이다(Pusey, 1986: 35). 현재의 광범하고 복잡한 지식체계와 다양한 관심, 분산되어 있는 연구분야 및 상충되는 관심 속에서 어떻게 통일을 발견할 수 있을 것인가?

생각해 보면 사회과학의 대상인 사회현상은 매우 복합적이고 상호 의존적 질서체계이다. 그러므로 사회과학적 연구가 사회현상의 진실을 탐구하고자 할 때 여러 학문영역의 상호 협동적인 연구가 절실히 필요한 것이다. 분과 학문의 장벽을 넘어서는, 학과 단위의 연구를 넘어서는 협동 분위기의 조성이 필요한 이유가 여기에 있다. Clifford Geertz는 인문학과 사회과학의 통합 경향을 지적하면서 'blurred genre'라는 용어를 사용하고 있다(Geertz,1980: 165-179). 이 용어는 문학비평, 사회학, 경제학, 인류학, 정치학 등 학문분과 간의 경계선이 불분명해지면서 통합되어 가는 경향을 지적하는 용어이지만 협동연구의 경향은 학문연구의 강화를 위해 의미 있는 현상이라고 할 것이다. 더 나아가서 인문·사회과학과 자연과학 사이의 연계성이 강조되기도 한다. '인지과학'(cognitive science)[3]이 그것인데 요즈음에는

---

3) 1970년대에 이르러 인지심리학, 인공지능학, 언어학, 철학, 신경과학, 인류학 등의 연계로 발전된, 컴퓨터와 두뇌와 마음을 연결시켜 주는 새로운 종합과학. 마음의 문제를 앎의 문제를 중심으로 접근, 컴퓨터 유추를 기초로 한 정보처리 패러다임에 입각 분석, 기술, 설명하려는 입장(이정모, 1989: 13-14).

학문의 대단위 종합화가 이루어지기 시작하는 것 같다. 인간의 삶 자체가 자연과 더불어 이루어지는 것이고 보면 과학과 철학은 별개의 영역이 아니며 '철학 아는 과학, 과학 아는 철학'이 필요한 것이다(정근모, 1989). 대학과 대학의 연구소는 이러한 학문의 공동연구를 가능케 하는 가장 적당한 장소라고 볼 수 있다. 대학은 다양한 학문분과들이 모여 있는 학문공동체로서 연구소의 활동을 통해서 여러 전공영역의 학자들이 한자리에 모여 공통의 관심사를 논의할 수 있는 여건이 구비되어 있는 곳이다.

여러 개발도상국가들은 경제발전의 절박성 때문에 인문 · 사회과학을 경시하면서 과학과 기술 분야를 지나치게 중시하는 경향이 있다. 우리나라의 경우도 예외는 아니어서 1960 · 70년대에 이른바 '개발의 연대'를 맞으면서 국가발전 곧 경제발전이란 발전 이데올로기 속에서 사회의 모든 영역은 경제발전에 수단적 기여를 하도록 요구되었다. 정치 지도자들은 고도 산업국가를 이룩하기 위해 주로 과학기술에 치중한 지원을 강조한 나머지 경제학이나 체제 이데올로기 분야의 학문영역을 제외한 인문 · 사회과학 연구에 심각한 장해를 입혔다고 하겠다. 정부 혹은 정부 관여 학술재단의 재정지원이 대체로 과학계통의 학문영역에 집중 투자되고 있는 것은 그 단적인 예이다. 쓸모 있는(useful) 학문영역을 중시하는 가운데 바른(right) 것을 추구하는 학문영역은 상대적으로 소홀하게 취급되지 않을 수 없었다. 그 결과 '물질적 풍요 속에 정신적 빈곤'의 현상이 만연되고 이는 오늘날 우리 사회의 심각한 도덕성의 위기를 초래한 원인 중의 하나로 생각된다. 따라서 연구에 대한 재정적 · 제도적 지원은 물질적 이익에 직결되는 그런 분야에만 치중되어서는 안 될 것이다.

뿐만 아니라 대체로 모든 학문영역에서 기초과학에 대한 장기 투자는 외면한 채 당장 쓰임새가 좋은 응용과학 쪽으로 온갖 관심이 집중되는 현상도 문제이다. 원리적 지식의 축적이 빈약해지면 기술 개발에도 큰 지장을 주기 때문이다. 첨단 응용과학도 그것을 뒷받침하는 바탕이 허술할 때 발전의 한계에 부딪힐 것임을 인식할 필요가 있다. 학문의 세계를 건축에 비하면 기초과학의 육성을 외면한 학문 연구는 토대가 튼튼하지 못한 부실공사에 비유될 수 있다. 부실한 공사가 부실한 건축물을 만들게 되듯이 기초과학의 육성 없는 학문연구는 교육으로 이어져

자칫 부실한 인간, 부실한 사회를 만들게 된다. 따라서 응용과학의 연구와 전문 직업교육의 중요성을 무시하는 것은 아니지만 사회적 관심과 투자의 주요 부분이 보다 기초적인 학문 육성과 기초이론 개발에 두어질 때 대학, 나아가서 사회의 장래가 보다 밝아질 것이다(이우주, 1986: 108).

이제 정보사회의 문턱에 서서 우리의 학문 연구를 생각하면 그 시간지향이 달라져야 할 것이다. 산업사회로부터 정보사회로의 재편성은 농업사회로부터 산업사회로의 변천과 마찬가지로 심각한 구조적 변화를 일으킬 것이 분명하다. 그런데 그 재편성·변천하는 기간이 크게 단축된다는 데 문제의 심각성이 있다. 변화의 속도가 너무 빠르기 때문에 이에 대처해 나갈 시간적 여유가 없다. 농경시대에는 과거지향적이었다. 농부들이 파종하고 수확하고, 저장하는 방법을 과거로부터 배웠다. 산업사회의 시간지향은 현재이다. 그러나 이제 정보사회에 있어서는 미래로부터 배우지 않으면 안 된다. 새 정보사회를 맞으며 이제 우리는 현재로부터 어떻게 미래를 예견할 것인가를 배우지 않으면 안 된다(Naisbitt, 1985: 18-19). 대학의 연구도 그러하다. 현재 속에서 의미 있는 자료들을 수집하여 미래를 예견하는 연구를 하지 않으면 시대의 흐름에 뒤지고 말 것이다.

6. 대학 연구기능의 강화를 위한 몇 가지 제언

앞("5. 대학 연구기능의 재조명")에서도 대학 연구기능의 강화에 관련된 논의를 한 것이지만 그에 이어서 이제 우리는 대학의 연구기능을 강화하는 방안으로서 일반적으로 거론되고 있는 몇 가지 항목들을 선택적으로 들어 그 실태와 문제점을 지적하고 개선방향을 지적해 보고자 한다.

1) 대학부설 연구소의 활성화

대학의 연구소는 대학이 보유하고 있는 고급 두뇌인력을 집중시키고 적절히 조화시킴으로써 사회·문화 발전에 큰 역할을 기대할 수 있는 기구이다. 하지만 우리가 겪고 있는 연구소의 실태는 기대에 못 미치는 명목상의 연구소 활동만을 유지하고 있을 뿐이다.

〈표 15-1〉 기관별 · 분야별 연구소 현황('85년)

분야 \ 기관	국립			사립			교육대	계(%)
	종합 대학교	단과 대학	전문대	종합 대학교	단과 대학	전문대		
인문	26	10	–	100	38	3	3	180(19.5)
사회	54	28	8	168	67	19	12	356(38.6)
이학	25	6	–	34	9	1	11	86 (9.3)
공학	14	2	2	35	14	5	–	72 (7.8)
의 · 약학	19	–	–	23	13	1	–	56 (6.1)
농 · 수 · 해	16	2	5	10	3	–	–	36 (3.9)
예 · 체능	9	4	–	20	1	4	1	39 (4.2)
종합	17	11	3	39	20	3	4	97(10.6)
계 (%)	180 (19.5)	63 (6.8)	18 (2.0)	429 (46.5)	165 (17.9)	36 (3.9)	31 (3.4)	922(100)

자료: 한국학술진흥재단, 『대학부설연구소 총람』, 1985; 윤능선(1987: 166)에서 재인용.

연구소 현황을 보면(〈표 15-1〉 참조), 인문 · 사회계 연구소가 과반수 이상(58.1%)을 차지하고 있다. 이는 각 대학의 전통과 이념에 부합하고 나름의 특성을 살릴 수 있는 연구소를 육성하기보다 새마을연구소, 학생지도연구소 등 운영이 용이하거나 정책적인 목적으로 설립된 연구소들이 난립하는 데서 오는 불균형 현상으로 풀이된다. 또한 연구소의 많고 적음이 대학 권위의 상징인 양 연구시설, 장비 등에 대한 투자재원 조달방안이나 운영에 대한 사전의 뚜렷한 방침도 없이 체면에 급급하여 연구소 설립을 서두른 결과로서 외형과 달리 운영의 부실을 초래해 온 것이 사실이다(윤능선, 1987: 164-170). 한편 연구소의 재정적 측면을 살펴보면, 연구소 자체가 일정액의 기금을 마련하고 있는 경우는 손꼽을 정도이고, 외국 또는 국내에서 고정적으로 넉넉한 재정지원을 받고 있는 연구소는 극히 적다. 또한 정부의 대학연구소 지원은 그 액수는 고사하더라도 특정 대학 또는 특정 연구소에 편중되어 있어 도서 판매나 용역사업에 의한 수입마저 없는 연구소들은 극심한 재정난을 겪고 있는 실정이다. 더욱이 우리나라 대학연구소의 대부분은 학생들의 교육을 담당하는 교수들이 연구소 연구원을 겸임하고 있어(〈그림 15-2〉 참조) 연구소 자체가 어느 정도 독립적으로 자율성을 유지하면서 연구활동에 전념하기는 어려운 형편이다. 이러한 연구소의 사정은 우리나라 대학이 얼마나 연구활동을 소홀히 해왔는지를 말해주는 한 본보기이다.

[그림 15-2] 분야별 연구원 현황('85년)

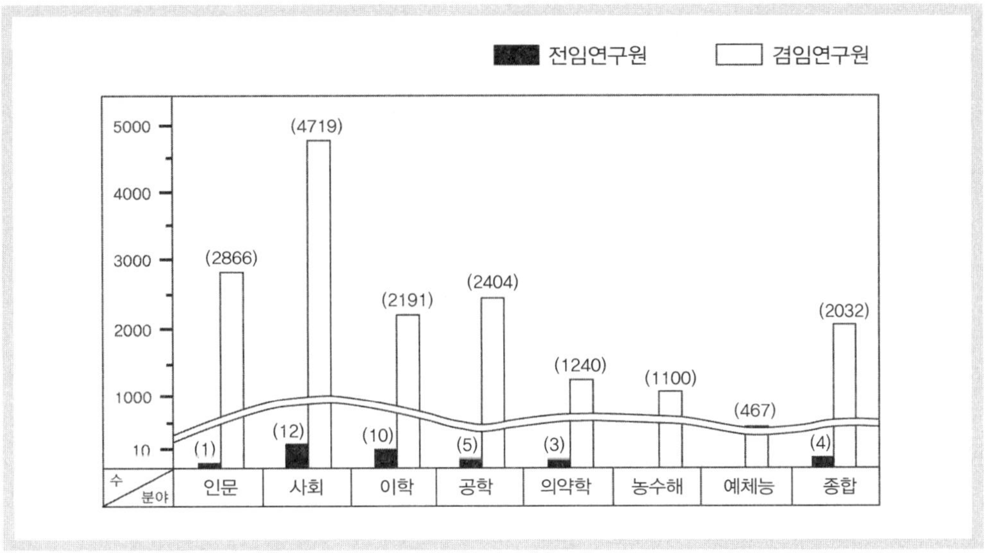

자료: 한국학술진흥재단, 『대학부설연구소 총람』, 1985; 윤능선(1987: 167)에서 재인용.

대학이 사회의 선도적 역할을 담당하고, 대학은 연구활동을 중심으로 기능조정이 이루어져야 한다는 당연한 명제를 감안해 본다면, 대학연구소의 활성화는 반드시 해결해 나가야 할 근본과제라고 할 수 있다. 이러한 전제하에 몇 가지 개선방향을 제시하면 다음과 같다.

① 대학 부설연구소는 응용만을 중요시하는 일반연구소와는 달리 보다 초연한 자세에서 기초적이며, 장기적인 연구를 권장 · 지원해야겠다(홍승직, 1986: 10).

② 전임 연구원제의 도입을 통하여 연구소의 독립성을 유지하고 전문화를 기할 필요성이 있다.

③ 대학연구소는 용역에 의해 존립이 좌우되지 않도록 최소한의 운영비에 해당하는 재정지원이 요청된다.

④ 인력, 재원을 집중시킬 수 있도록 유사한 연구소를 통합 정리한다.

⑤ 교내와 국내외 연구기관들과의 교류를 강화하여 연구활동이 장려될 수 있는 여건을 마련해야 할 것이다.

⑥ 우수 연구집단을 형성하고 그 집단이 하나의 연구팀으로서 대학 내의 연구 단위로 활동하도록 한다. 이 연구팀을 중심으로 연구소가 운영된다면 연구 활동은 보다 효율적으로 이루어질 것이다.

2) 학문 연구활동을 종용하는 분위기 조성

여기에는 학문 연구인력의 확보, 연구시설의 구비, 연구실의 조건, 학문 연구를 위한 재정적 지원, 연구시간 등이 포함된다.

학문 연구는 고급 두뇌에 의해 이루어진다. 고급 두뇌라 할 수 있는 학문 연구 인력은 대체로 석·박사학위 소지자 현황을 살펴봄으로써 그 양적·질적 변화의 측면을 파악해 볼 수 있다.

〈표 15-2〉에서 보는 바와 같이 20년에 걸쳐 증가비율이 높은 것은 박사학위 이수자로서 석사학위 이수자들의 배에 가까운 비율로 증가하고 있다. 아마도 이와 같은 증가상황은 세계에서 그 유례를 찾기 어려울 것이다. 이러한 현상만 보더라도 현재 한국 대학의 학문 연구인력의 확보는 적어도 양적인 측면에서는 낙관하여도 좋을 것이다(김종서, 1987). 한편 학문 연구를 위하여 지원하는 경비의 많고 적음은 학문 연구의 발전과 밀접한 관련을 맺고 있다고 볼 수 있는데, 이에 관해서는 학문 연구인력의 확보처럼 낙관적이지 못하다.

〈표 15-2〉 석·박사학위 이수자 증가추이

연도	계	석사	박사
1965	893 (1.0)	858 (1.0)	35 (1.0)
1970	2,150 (2.4)	1,978 (2.3)	172 (4.9)
1975	3,466 (3.9)	3,090 (3.6)	376(10.7)
1980	5,552 (6.2)	5,028 (5.9)	524(15.0)
1985	18,037(20.2)	16,690(19.5)	1,347(38.5)

주: ( )은 증가지수(%)임.
자료: 문교부, 『문교통계연보』, 각 해당연도.

[그림 15-3] 주요국의 연구개발비 비교도

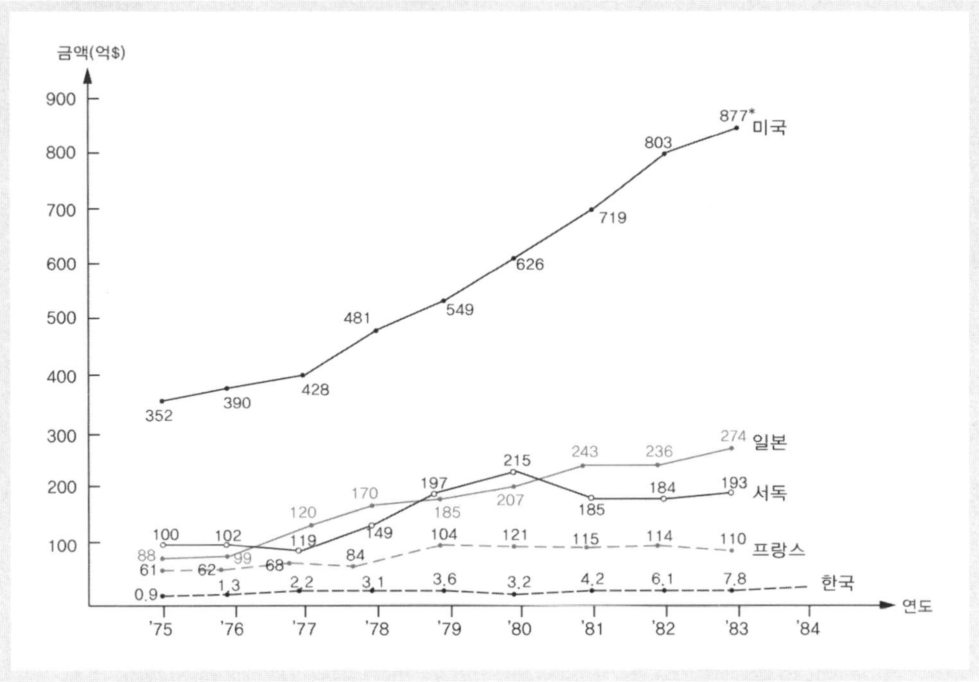

주: *표는 추정치임.
자료: 과학기술처. 『'85 과학기술 연구개발활동조사』, 1985.

〈그림 15-3〉에서 보면 우리나라 연구비가 얼마나 영세성을 면치 못하는지를 알 수 있다. 미국의 1/112, 일본의 1/35, 서독의 1/25, 프랑스의 1/14에 불과하다. 이것을 국민 총생산 및 국민소득에 대한 비율로 보아도 〈표 15-3〉에서 보는 바처럼 매우 빈약한 실정이다.

〈표 15-3〉 주요국의 연구비 비율 (단위: %)

구분 \ 국명	미국	영국	일본	프랑스	서독	한국
국민 총생산에 대한 연구비의 비율	2.65	2.42**	2.58	2.05*	2.79*	1.06
국민소득에 대한 연구비의 비율	2.96*	2.76**	3.25	2.32*	3.18*	1.38

주: *1982년도 통계, **1981년도 통계임.
자료: 일본 총무청 통계국, 과학기술연구조사보고(1984).
일본 과학기술청, 『과학기술백서』(1984).

3) 연구 중심의 대학원 강화

종래의 대학교육 대중화에 대한 비판과 반성의 과정을 통해 오늘의 대학들은 연구 중심의 대학원 교육의 필요성을 통감하고 이의 발전을 모색하는 경향이 짙다. 이미 미국, 독일 등 선진 제국에서는 교육에 중점을 두는 대학제도를 개선하여 연구 중심의 대학원 제도를 채택하고 있다. 사실 연구능력과 연구 · 업적이 대학 위세의 지표가 되고 높은 질의 교육을 보장해 준다는 점을 감안한다면, 대학원 중심으로 연구에 깊은 정열과 성의를 지닌 학생들을 선발하여 연구활동을 장려하는 방안은 반드시 달성해야 할 과제라고 할 수 있다. 특히 대학원 중심 대학은 '학문적 생산자체제'의 구축이라는 의미에서도 깊은 의미를 내포하고 있다(한기연, 1987: 8-105). 그간에 우리는 정치적 자립이나 경제적 자립에 대해서는 너무도 당연한 일이라 하여 힘써왔던 터이다. 그렇건만 유독 학문적 생산체제의 자립문제에 대해서는 심각하게 받아들이지 않는 흠이 있는 것 같다. 한 나라의 운명이 바로 학문적 생산체제의 자립 여하에 있음을 우리는 깨달아야 할 것이다.

4) 대학 간 교류 · 협동의 확대

대학 상호 간의 협동은 대학의 인적 · 물적 자원 부족을 극복하고 교육과 연구에 필요한 자료와 정보의 상호 활용을 가능하게 하며 운영경비나 업무를 줄일 수 있다. 또한 대학 간의 교류는 대학이 사회 선도적 기능을 수행함에 있어서 경계해야 할 개별 대학의 지나친 폐쇄성이나 독단을 배제할 수 있을 뿐만 아니라 대학교육에 대한 외부의 압력이나 위협도 공동으로 대처해 나갈 수 있는 이점이 있다(구병림, 1987: 146-151).

대학 간의 학문 교류 · 협동에서 더 나아가 생각해 볼 수 있는 것은 국제적 공동연구와 협력에 적극 참여하는 것이다. 그러하여 국제적 감각을 기르는 것, 즉 연구의 국제성을 확보하는 것이 필요하다 오늘날 특히 정보기술 분야의 경쟁은 국제간 협력을 동반하는 경쟁이기 때문이다(정근모, 1989). 여기에 해외 파견 · 교류 교수제가 더욱 확대 운영돼야 할 당위성이 존재한다.

7. 결언

사회가 산업사회에서 정보사회로 발전되면서 대학의 연구기능은 더욱더 중요한 의미를 갖게 될 것임을 살펴보았다. 대학의 연구기능과 사회발전 사이의 관계는 대체로 다음과 같이 요약될 수 있을 것이다.

① 대학의 강도 높은 연구활동은 대학교육의 질을 향상시켜 외국으로의 고급두뇌 유출을 방지하고 사회가 필요로 하는 고급인재를 양성함으로써 사회발전에 기여하게 된다.

② 학문의 기초분야에 대한 연구활동의 강화는 대학 내외의 응용연구를 자극하고, 이를 토대로 하여 산업발전에 기여하게 된다.

③ 대학의 연구는 예리한 문제의식과 비판적 성찰의 과정을 통하여 진정으로 사회가 요구하는 가치 합의를 도출해 내고 사회의 각종 문제점에 깊이 있게 접근하여 그 문제점의 핵심을 탐구함으로써 진실한 의미에서의 사회발전이 이룩되는 데 이바지할 것이다.

④ 한편 사회발전은 학문 연구를 자극 촉진하기도 한다. 사회발전은 그에 수반하는 여러 현상에 대한 학문적 관심을 유발할 것이며 사회발전에 따라 축적된 경제적 여력은 학문 연구에 필요한 재정적 지원기반이 될 것이다.

오늘날 우리나라는 정보사회의 문턱에 서 있는 것으로 파악된다. 하루가 다르게 급변하는 사회적 상황에 처하여 우리는 대학의 연구기능을 강화함으로써 사회변화에서 오는 부작용을 해소하고 보다 나은 내일의 사회를 맞는 데 공헌할 수 있을 것으로 생각한다. 이때 사회과학적 연구는 더욱 중요한 역할을 하게 될 것으로 생각한다. 왜냐하면 사회과학영역의 연구는 산업사회 이래의 경제발전에 따른 물질적 풍요 속에 나타나는 사회구조적 문제점을 따져볼 수 있는 학문적 성격을 지니고 있기 때문이다.

그런데 대학은 사회발전의 중심무대 위에서 정치나 경제를 직접 운용하는 실천가가 아니라 그것을 지켜보고 연구하는 관찰자로서의 위치에 있다. 그러기 때문에 대학은 우선 실천가가 갖게 되는 것과 같은 여러 가지 직접적인 이해관계로부터 초연할 수 있어서 보다 객관적인 입장을 취할 수가 있다. 이러한 대학의 관찰자로서의 위치는 실천가들이 흔히 빠지기 쉬운 단기 승부에서 벗어나 좀 더 장기적인 안목으로 사회발전의 지평을 가늠해 볼 수 있는 성격을 가지고 있다. 이에 대학은 앞으로의 사회발전에 대한 관찰자로서 위기 관리자로서의 역할을 다하기 위해 그 사회과학적 연구기능을 강화하지 않으면 안 될 것이다.

참 / 고 / 문 / 헌

구병림(1987), “대학 간의 협동, 어떻게 이루어지나”, 『민족지성』, 1987년 3월.

김종서(1987), “대학의 학문 연구, 어디까지 왔나,” 『민족지성』, 1987년 3월.

김형석(1976), “대학의 자유와 학문의 자유,” 연세대학교 교양학부 편, 『대학의 이해』, 연세대학교출판부.

송 복(1986), “사회발전과 기술적 지식인,” 『민족지성』, 1986년 5월

윤능선(1987), “대학부설연구소의 살상과 기대,” 『민족지성』, 1987년 3월.

이우주(1986), “미래 세계에 있어서의 대학 -특히 한국대학의 미래,” 연세대학교 국제학술회의위원회 편, 『미래 세계의 대학』, 연세대학교출판부.

이정모(1989), “인지과학 서설”, 이정모 외 공저, 『인지과학』, 대우학술총서, 민음사.

정근모(1989), ‘조선 인터뷰’ 기사, 조선일보, 1989.5.26(금).

한기언(1987), “한국대학의 역사적 소명’, 『민족지성』, 1987년 3월.

홍승직(1986), “대학부설연구소의 현황과 문제점”, 『대학교육』, 1986년 11월.

Ashby, Eric(1980), 『과학기술의 혁명과 대학』, 이철주 옮김, 연세대학교출판부.

Bell, Daniel(1973), *The Coming of Post-Industrial Society: A Venture in Social Forecasting,* New York: Basic Books, Inc.

Benjamin, Roger(1983), “From Growth to Change: The Role of the University in Postindustrial Society”, *The Universities in Mass Society,* Seoul National University Press.

Chandi, P. T.(1986), “미래 세계의 대학,” 연세대학교 국제학술회의 위원회 편, 『미래 세계의 대학』, 연세대학교출판부.

Chung, Bom Mo(1989), “National Development and High Education”, Semi-centennial International Symposium on ‘The Role of the Future University’, Hanyang Univ.

Etzioni-Halevy, Eva(1981), *Social Change,* Routledge & Kegan Paul.

Geertz, Clifford(1980), “Blurred Genres: The Refiguration of Social Thought,” *The American Scholars,* Vol. 49, No. 2(Spring 1980).

Giddens, Anthony(1978), *The Class Structure of the Advanced Societies,* London: Hutchinson & Co.

Morgan, Robert M.(1989), “An Information Society and the University,” Semi-centennial International Symposium on ‘The Role of The Future University’, Hanyang Univ.

Naisbitt, John(1985), 『탈산업사회의 새 조류 -우리 생활을 변천시키는 10대 사회 동향』, 박재두 옮김, 법문사.

Pusey, N. M.(1986), “미래 세계의 대학”, 연세대학교 국제학술회의 위원회 편,『미래 세계의 대학』, 연세대학교출판부.

Rogers, E. M.(1986), “정보 사회에서의 연구종합대학의 역할,” 연세대학교 국제학술회의 위원회 편,『미래 세계의 대학』, 연세대학교출판부.

Weber, Max(1958), “Science as a Vocation”, trans. & eds. H. H. Gerth and C. Wright Mills, *From Max Weber: Essays in Sociology*, New York: Oxford University Press, Inc.

CHAPTER

16

일차적 사회의식의 변모

– 여고생의 의식구조 –

1. 서언

사람들은 사회생활을 함에 있어서 그 사회 구성원들과 일정한 관계를 맺고 있다. 그 인간관계는 크게 두 유형으로 분류되는데, 하나는 애정 중심의 초타산적(超打算的) 본능의지에 의한 관계이고, 다른 하나는 목적이나 이익 중심의 타산적 선택의지에 의한 관계이다. 흔히 전자를 1차적 인간관계라 하고 후자를 2차적 인간관계라 한다. 이 글에서 1차적 사회(집단)란 1차적 인간관계가 이루어지는 사회를 가리키는데, 그 대표적인 것으로 친구집단과 가족집단을 들 수 있을 것이며, 따라서 필자는 이들 1차집단의 생활 내지 그 성원에 대한 가치관이나 태도를 '1차적 사회의식'이라고 하였다.

현대 산업사회에 있어서 조직화 현상이 두드러지게 나타남으로써 1차적 집단의 구실이 약화되고 기능중심의 2차 집단이 보다 중요한 작용을 하게 되었고 이에 따라 인간관계도 1차적 관계에서 2차적 관계로 변모해 가고 있다. 그리하여 부부, 부모 · 자식, 친구 등 인간의 가장 원초적이고 인격적인 인간관계도 크게 변질되어 가는 것 같다.

이와 같은 현상은 청소년들에게 더욱 두드러지게 나타날 가능성이 짙다. 왜냐하면 청소년들(특히 도시의 청소년들)은 비교적 산업화의 영향을 많이 받고 비전통적 · 서구적 사회풍토 속에서 생활하여 왔다고 보기 때문이다.

특히 여고생은 무엇을 생각하고 있는가? 자신과 학교, 가정과 부모 및 사회에 대한 생각은 어떠한가? 등 그들의 의식을 이해하는 것이 곧 올바른 교육의 바탕이 된다고 믿고, 사회조사를 실시하였는데 그 통계분석 결과를 자료로 하여 이 글을 쓴다. 본 조사는 홍익여고생을 대상으로 하였으며 조사의 내용범위는 크게 네 부분, 즉 첫째, 자기 자신에 관한 의식은 어떠한가? 둘째, 자신의 주변 생활에 관련된 의식은 어떠한가?(친구관, 부모관, 결혼관) 셋째, 학교생활 및 대학 진학에 대한 생각은 어떠한가? 넷째, 사회 및 국가, 윤리의식은 어떤가? 등으로 나누었다.

질문지는 52개 항목으로 구성하였고, 이 조사대상 전 학년 30반 1,794명 중 무작위 추출에 의하여 1학년 3개 반 180명, 2학년 4개 반 241명(인문계 3반, 자연계 1반), 3학년 3개 반 175명(인문계, 자연계, 사회반 각 1반), 합계 596명을 대상으로 하였다. 이 조사가 조사자의 사전준비 미숙으로 인하여 그 학술적 가치를 갖는 데는 미치지 못함을 자인한다. 다만 여고생의 의식세계에 대한 하나의 문제 제기 내지는 사실 발견의 계기가 될 수 있을 것으로 생각한다.

이 글에서는 조사자료의 둘째 부분인 '자신의 주변 생활에 관한 의식을 친구, 부모, 결혼의 순으로 실어 그에 대한 홍익여고생 의식구조의 한 단면을 고찰하고자 한다. 자료는 홍익여고생에 대한 조사자료에 의거했으며, 전국 학생에 대한 조사 자료는 1973년 중앙청소년보호대책위원회에서 실시한 청소년 의식조사(중앙청소년보호대책위원회 편, 1973; 이하 청소년 의식 전국조사)에 의거하였는데 몇 개의 항목에 있어서는 두 자료를 비교함으로써, 홍익여고생의 특징적 차이점을 발견해 보고자 하였다.

2. 친구에 관한 의식

청소년기는 자아형성의 시기이기 때문에 청소년기의 친구는 보다 중요한 의미를 갖는다. 여기서는 친구가 있는가 없는가, 그리고 친구와 얼마나 친숙한가, 친구에 대한 태도는 어떠한가 등에 관하여 살펴보고자 한다.

'마음을 터놓고 의논할 수 있는 절친한 친구'를 가지고 있는 비율은 학년이 높을수록 교내외를 막론하고 높게 나타나고 있다. 이것을 보면 학년이 높을수록 친구를 사귀는 기회 혹은 그 범위가 넓어지는 것 같다(〈표 16-1〉 참조).

〈표 16-1〉 마음을 터놓고 의논할 수 있는 친구가 있나? (단위: %)

항목 \ 학년	1	2	3	평 균
① 있다	36.9	46.6	56.1	46.5
② 없다	42.8	42.0	26.7	37.2
③ 무답	20.3	11.4	17.2	16.3

'내가 사귀고 있는 친구를 좋아하는' 이유에 대해서 '성격이 맞으므로'라고 하는 학생이 전 학년을 통하여 과반수를 차지하고 있으며 '짝이었거나 짝이므로'라고 한 학생이 그 다음으로 비율이 높다.

〈표 16-2〉 무엇 때문에 현재 사귀는 친구를 좋아하나? (단위: %)

항목 \ 학년	1	2	3	평 균
① 짝이므로	19.0	15.4	12.4	15.6
② 성격이 맞으므로	52.2	59.6	67.0	59.6
③ 공부를 잘하므로	14.4	12.1	10.6	12.4
④ 부유하므로	9.6	5.5	1.8	5.6
⑤ 가정이 좋으므로	4.0	3.9	2.2	3.2
⑥ 기타	1.2	3.5	6.0	3.6

성격이 맞으니까 친구가 될 수 있는 것은 너무나 당연한 것이지만 짝이란 요인이 크게 작용하고 있음은 인간관계에서 접촉의 기간, 거리 및 빈도가 크게 작용한다는 명제가 성립할 것 같다. '부유하므로'라는 요인은 학년이 낮을수록 보다 크게 작용하는 것 같다(〈표 16-2〉 참조).

친구 간 대화의 내용을 보면 '일상생활'에 대한 사항이 전 학년 공히 가장 큰 비중을 차지하며 다음이 '공부에 대해서'이고, 그 다음으로 2 · 3학년은 '인생에 대해서', 1학년은 '선생님에 대해서'로 나타나고 있어 비교적 1학년의 경우가 학교생활과 관련한 이야기를 많이 하고 있는 것으로 생각된다. 이성에 대한 대화도 적지 않다(〈표 16-3〉 참조).

〈표 16-3〉 친한 친구와의 대화 중 빈도수가 가장 높은 것은? (단위: %)

항목 \ 학년	1	2	3	평 균
① 선생님에 대해서	14.4	11.0	14.1	13.2
② 공부	18.3	22.8	16.5	19.2
③ 인생	9.4	15.0	15.3	12.2
④ 일상생활	40.6	37.9	38.2	38.9
⑤ 연예계통	3.3	1.3	3.7	2.8
⑥ 이성	10.6	10.8	10.2	10.5
⑦ 취미	1.1	2.1	1.0	1.4
⑧ 기타	3.3	1.2	1.0	1.8

'친구가 왜 필요한지'를 알아보면 '서로 의견교환을 통하여 도움을 주고받기 위하여', '인생행로의 진실한 대화의 상대자로서' 순으로, 이들 두 항목이 대부분(70 · 80%)을 차지하고 있는데 이 설문에 대한 답항의 성격을 크게 둘로 묶어보면 〈표 16-4〉, 답항란의 ②③④를 이해 관념에 따라 교우가 필요하다는 항목으로, ①⑤를 이해를 초월한 정과 정의 만남으로 교우가 필요하다는 항목으로 이해하고 보면 이해를 고려한 교우관계가 약 52%로, 이해를 초월한 교우관계 약 44%보다 높은 경향을 보이고 있음을 알 수 있다(〈표 16-4〉 참조).

〈표 16-4〉 친구는 왜 필요한가? (단위: %)

항목 \ 학년	1	2	3	평 균
① 인생행로의 진실한 대화자로서	40.6	39.6	35.9	37.7
② 서로 의견을 교환하며 도움을 주고받기 위해서	42.4	44.0	47.0	44.1
③ 실질적인 도움을 주고받기 위해서	1.1	2.5	2.9	2.1
④ 어려운 점을 하소연하고 충고를 듣기 위해서	5.6	6.7	7.6	5.5
⑤ 생각해 본 적이 없다.	7.0	7.1	4.7	5.9
⑥ 무답	3.3	0.1	7.1	4.5

'누구에게 자기 자신에 대한 솔직한 이야기를 가장 많이 하는가?'를 조사한 결과는 전 학년 공히 '친구'가 가장 많고(2 · 3학년 58%, 1학년 48%), 그 다음으로 '엄마', '언니', '오빠' 순이고 '아빠'나 '담임'을 택한 학생은 적은 수에 불과한데 특히 담임을 택한 경우를 보면 3학년에서는 전무하고, 1학년은 전 학년에 비하여 다소 많이 나타나고 있다(〈표 16-5〉 참조).

〈표 16-5〉 누구에게 자기에 대한 솔직한 이야기를 가장 많이 하는가? (단위: %)

항목 \ 학년	1	2	3	평 균
① 친구	48.2	58.3	58.9	55.1
② 엄마	24.7	17.9	13.0	18.5
③ 아빠	3.7	0.4	2.4	2.2
④ 언니, 오빠	12.2	14.6	19.4	15.4
⑤ 담임	2.7	0.8	0.3	1.7
⑥ 기타	4.6	4.2	3.0	3.9
⑦ 무답	3.9	3.8	4.0	3.9

이 결과와 청소년의식 전국조사 결과(〈표 16-6〉 참조)를 비교해 보면 홍익여고생은 전국 학생 수준보다 더 친구지향적이라 할 수 있을 것 같다.

여기서 필자는 다음 두 가지 사실을 지적해 두고 싶다. 하나는 이러한 학생들의 의식구조 속에서는 담임의 상담 역할의 중요성은 크게 감소되리라는 것이고, 그 둘은 우리나라 가정에 있어서 아빠는 자식들의 이야기 상대를 하지 않는 경향이 있다는 것이다. 후자의 경우에 관하여 부언하면, 이것은 한국 가정에 있어서 청소년들의 이야기 상대는 육아활동의 일부로서 엄마의 역할로 되어 있는 한국 가족구조의 한 단면이라 할 것이며(중앙청소년보호대책위원회 편, 1973: 94, 〈표 5-25〉), 한국 아빠의 모습은 한 아이의 부(父)이기 전에 한 집안의 가장으로서 지존의 존재로 생각해 온 전통적 가치관의 잔재가 아닌가 싶다(최재석, 1971: 24).

〈표 16-6〉 가장 친한 친구와는 형제간 이상으로 마음이 통합니까? (단위: %)

항목	전국	성별		학년별			지역별		
		남	여	1	2	3	대도시	도시	읍면
그 이상으로 통한다	39.6	39.9	39.3	37.9	39.2	41.8	42.7	39.2	37.3
같은 정도이다	33.4	34.1	32.6	31.6	35.4	32.8	29.2	35.0	35.3
그렇지 않다	25.6	25.6	27.7	30.1	25.1	24.8	27.6	25.4	27.0
무답	0.4	0.4	0.4	0.4	0.3	0.6	0.5	0.4	0.4

자료: 이영호(1977: 130-131).

친구의 수 혹은 범위에 관하여 살펴보면 '많을수록 좋다'는 학생이 '2~3명이면 된다'는 학생보다 전 학년을 걸쳐 많은 경향을 보이고 있다. 여기서 벗을 사귀되 좁고 깊게 사귀려는 경향보다 넓고 얕게 사귀려는 경향을 볼 수 있을 것 같다. 학년적인 차이를 보면 2·3학년은 비밀 이야기까지 할 수 있는 친구가 정말 친구라는 데 대하여 1학년은 '내 주위에 가까이 있는 사람은 전부 친구'라고 하는 경향이 엿보인다(〈표 16-7〉 참조).

〈표 16-7〉 친구는? (단위: %)

항목 \ 학년	1	2	3	평 균
① 많은 것이 좋다	33.3	34.6	29.4	32.4
② 2~3명이면 된다	30.0	32.5	26.5	29.6
③ 내 주위의 사람은 전부 친구다	20.3	11.3	21.8	17.9
④ 비밀 이야기까지 할 수 있는 사람	11.1	15.0	18.9	15.0
⑤ 무답	5.3	6.6	3.4	5.1

이성 친구에 대하여 부모님들은 대체로 이성교제를 찬성하되 절제를 원한다고 학생들은 생각하고 있다.

3. 부모에 대한 의식

학생들은 절대 다수가 부모의 간섭을 필요로 하고는 있으나 지나친 간섭은 싫어하는 경향이 지배적이다.

특기할 점은 간섭이 '불필요하다'는 항목을 택한 학생 수는 저학년으로 갈수록 많다는 점이다. 이것은 저학년일수록 사춘기적 반항심리가 크게 작용하는 것을 뜻하는 것으로 보인다(〈표 16-8〉 참조).

〈표 16-8〉 부모님의 간섭은? (단위: %)

항목 \ 학 년	1	2	3	평 균
① 절대 필요하다	25.3	25.0	25.9	25.4
② 필요할 때만 필요하다	66.7	68.9	72.4	69.0
③ 불필요하다	5.1	3.9	1.1	3.7
④ 기타	2.9	2.2	0.6	1.9

부모가 자신에게 어떻게 대한다고 느끼는지를 살펴보면 부모들이 깊은 대화의 상대역이 되어주지 못한다고 느끼는 학생이 가장 많다. 특히 1학년에서 22.8%의 학생이 부모가 자기를 '의무감만 가지고 대하는 것 같다'고 응답하고 있는 점이 주목된다. 이것은 아마 학생들의 사춘기적 심리요인의 작용인 듯하다. 그렇지 않다면 우리나라 가족제도상 자효(慈孝)의 논리가 크게 변질되었거나 변질될 가능성이 있음을 시사해 주는 것으로 볼 수 있다(〈표 16-9〉 참조).

부모님에 대한 자신의 감정을 물어본 결과 '깊은 애정을 느낀다'고 하는 학생이 전 학년 공히 50%를 초과하고 있으나 '환멸을 느낀다'고 하는 학생이 1학년 2.2%, 2학년 1.7%, 3학년 1.8%가 된다는 데 문제점이 있다.

〈표 16-9〉 부모님은 나에게 어떻게 대해주시나? (단위: %)

항목 \ 학 년	1	2	3	평 균
① 깊은 애정 속에 상담자가 되신다	21.1	25.0	24.9	23.7
② 생활에 바빠 대화를 나누지 못한다	48.0	54.2	52.4	51.5
③ 의무감만 갖고 대하신다	22.8	16.2	15.0	18.0
④ 무관심하신 것 같다	2.0	3.3	4.1	3.1
⑤ 무답	6.1	3.3	3.6	4.3

'부모님에게 불만을 느낀다면 그 이유 중 가장 큰 것은?'이란 설문에 대하여 전 학년 공히 '우리를 이해해 주지 않는다'가 가장 많고 '성격상 안 맞는다'는 학생도 꽤 많이 나오고 있다. 이것은 세대 간의 단절현상이 가족 내에도 존재한다는 것을 나타내주는 것으로 볼 수 있다(〈표 16-10〉 참조).

〈표 16-10〉 부모님께 불만을 느끼는 가장 큰 이유는? (단위: %)

항목 \ 학년	1	2	3	평 균
① 사회적 지위가 낮다	7.8	5.4	3.5	4.5
② 학력이 부족	1.7	2.1	0.6	1.5
③ 가난하기 때문	3.3	3.3	5.9	4.1
④ 성격상 안 맞는다	8.0	–	9.4	9.4
⑤ 우리를 이해해 주지 않는다	35.0	35.9	27.6	32.8
⑥ 아버지가 술을 많이 하신다	8.0	5.8	4.7	6.1
⑦ 우리에게 무관심하다	2.2	3.3	2.4	2.9

이 항목을 가정에 대한 고민으로 연결하여 생각하는 데는 문제가 없지 않으나 참고로 청소년의식 전국조사 결과로서 가정에 대한 고민의 내용이 무엇인가를 분석해 놓은 것을 소개하면 다음과 같다(〈표 16-11〉 참조).

결국 전국적인 수준에 있어서는 학생들의 가정에 대한 고민으로 '부모의 이해성 부족'을 가장 많이 들고 있다.

〈표 16-11〉 가정에 대한 고민 분석 (단위: %)

답항목	(전국) 여학생	답항목	(전국) 여학생
수입이 적다	16.6	집의 협소	3.9
직업이 싫다	3.4	형제간 의리	4.9
가정불화	12.5	집 주위 환경	7.1
부모의 애정	5.4	그저 무언가 싫다	20.5
부모의 이해성	21.2	기타	1.7
무답	2.8		

자료: 중앙청소년보호대책위원회 편, 1973: 89, 〈표 5-18〉.

결혼 후 시부모를 모시려는지에 대한 태도를 보면 '잘 모시고 싶다'는 학생이 전체 응답자의 약 60%로 상당히 큰 비중을 차지하고 있으나 '되도록이면 모시고 싶지 않다'는 학생도 상당수에 달하고, 소수이긴 하지만 '절대 모시지 않겠다'는 학생들도 3% 있다(〈표 16-12〉 참조).

〈표 16-12〉 결혼 후 시부모는? (단위: %)

항목 \ 학 년	1	2	3	평 균
① 잘 모시고 싶다	63.3	57.9	64.1	61.7
② 되도록이면 모시고 싶지 않다	29.7	27.9	21.2	26.4
③ 절대 모시지 않겠다	4.4	3.3	1.1	2.9
④ 무답	2.6	10.9	13.6	9.0

'되도록이면 모시고 싶지 않다'는 태도를 부정적인 태도로 간주하고 보면 홍익여고생들 가운데 시부모 모시는 것을 기피하려는 경향도 적다고 할 수 없지만, 청소년의식 전국조사와 비교해 보면 홍익여고생들은 시부모를 모시는 데 더욱 적극적인 생각을 가진 학생이 많음을 알 수 있다(〈표 16-13〉 참조).

〈표 16-13〉 부모 부양관 (단위: %)

항목	전국	성별		학년별			대도시
		남	여	1	2	3	
어떤 일을 해서라도 부양해야 한다	24.6	29.1	20.2	19.0	25.7	29.1	31.9
생활능력에 따라 부양해야 한다	56.4	52.3	60.4	60.5	56.2	52.4	53.7
부모들 스스로 생활해야 한다	13.2	12.6	13.7	13.3	12.4	13.9	11.0
무답	5.8	6.0	5.7	7.2	5.7	4.6	3.4

자료: 중앙청소년보호대책위원회 편, 1973: 86, 〈표 5-12〉.

이러한 경향은 대가족적 전통의식이 아직 강하게 남아 있으면서도 핵가족에의 소망 또한 작용하는 소리라 볼 수 있는바, 이것은 우리 가족제도가 근대화되어 가는 과도기적 현상으로 풀이된다.

학생들의 부모에 대한 소원을 살펴보면 '우리 일은 우리에게 맡겨달라'는 학생 수가 전 학년 공히 가장 많은데 이것은 부모로부터 독립하고자 하는 심리적 이유 때문으로 보인다. 그리고 '좀 더 관심을 가져달라'는 소원이 '용돈을 많이 달라'는 소원보다 현저히 많은 것은 가정생활에 있어서 학생들이 물질적 만족보다 정신적 만족을 더 많이 바라고 있음을 나타내주는 것이다(〈표 16-14〉 참조).

〈표 16-14〉 부모님께 바라는 큰 소원은? (단위: %)

항목 \ 학년	1	2	3	평 균
① 용돈을 많이 달라	11.1	9.2	6.5	8.9
② 우리 일은 자신에게 맡겨달라	45.6	36.3	25.3	35.7
③ 좀 더 관심을 가져달라	24.4	31.3	24.1	29.9
④ 기타	15.0	18.8	14.7	16.3
⑤ 무답	3.9	4.4	19.4	9.2

이런 경향은 전국 수준에 있어서도 마찬가지이다(〈표 16-15〉 참조).

〈표 16-15〉 가정생활에 있어서의 애정과 경제의 비중 (단위: %)

항목	(전국)	지역별		
		대도시	도시	읍·면
경제적으로 풍요로운 것을 원하는 경우	13.0	9.8	15.2	20.4
애정이 풍부한 것을 원하는 경우	81.6	82.4	79.2	73.7
모르겠다	5.4	7.8	5.6	5.9

자료: 중앙청소년보호대책위원회 편, 1973: 92, 〈표 5-22〉.

4. 결혼에 관한 의식

여기서 필자는 학생들의 결혼에 관련한 의식구조와 가정생활을 할 때의 남녀차별의식에 관하여 살펴보고자 한다.

'결혼을 한다면 배우자를 선택하는 중요한 기준을 무엇이라 생각하나?'라는 설문의 항목을 순서 없이 셋씩 들게 했더니 〈표 16-16〉과 같은 결과가 나타났다. 이를 살펴보면 1학년은 애정, 성격, 건강, 학벌, 재산, 외모의 순이고, 2학년은 애정, 성격, 건강, 학벌, 외모, 재산의 순이며, 3학년은 건강, 애정, 성격, 학벌, 재산, 외모의 순으로 나타났다. 이것을 보면 애정, 성격, 건강 등 내면적, 인격적 속성을 중시하고 학벌, 재산, 외모 등 외면적·물질적인 속성을 덜 중시하는 경향임을 알 수 있다. 그리고 전통적 의식 속에서는 큰 비중을 차지했던 '가문'은 배우자 선택 기준으로는 최하위의 요소로 나타난 것을 보면 전통적 가치의 일면이 붕괴되고 있음을 알 수 있다(〈표 16-16〉 참조).

학생들이 '결혼한다면' 어떤 결혼을 하겠느냐는 질문에 연애결혼을 하겠다는 학생(57.0%)이 중매결혼을 하겠다는 학생(28.5%)보다 훨씬 많다. 이것은 물론 예측되는 바이지만 고학년일수록 '중매결혼'의 비중이 저학년에 비하여 높아지고 저학년일수록 '연애결혼'의 비중이 높아지고 있음이 주목된다(〈표 16-17〉 참조).

〈표 16-16〉 배우자 선택의 중요한 기준으로 셋을 들면? (단위: %)

항목 \ 학년	1	2	3	평 균
① 학벌	33.8	22.5	36.4	30.9
② 가문	1.1	6.3	4.1	3.8
③ 애정	68.3	49.6	54.7	57.5
④ 건강	45.0	29.6	58.2	44.3
⑤ 성격	53.3	44.6	50.6	49.5
⑥ 외모	11.7	14.2	4.7	10.2
⑦ 재산	15.0	13.3	14.1	14.1
⑧ 기타	0.3	0.8	1.2	0.8

〈표 16-17〉 결혼을 한다면? (단위: %)

항목 \ 학년	1	2	3	평 균
① 연애결혼	61.1	59.2	50.6	57.0
② 중매결혼	28.3	25.6	31.6	28.5
③ 독신	10.0	11.8	15.0	12.3
④ 무답	0.6	3.4	2.8	2.2

그런데 필자는 학생들이 원하는 중매결혼이 종래 부모의 의사에 의하여 결정되는 전통적 결혼이 아닐 것이며, 또한 학생들이 생각하는 연애결혼이 모두 서구식 자유분방한 자유결혼이 아닐 것으로 믿기 때문에 중매결혼의 형태는 부모 결정 후 자식 동의 형식의 결혼이고, 연애결혼의 형태는 자식 결정 후 부모 동의라는 형식의 결혼이 대부분일 것으로 생각하고자 한다.

"우리의 관찰에 의하면 오로지 부모의 의사에 의한 결혼에서 사진 교환에 의한 결혼으로 이행하였고, 다음 단계는 양부모의 임석하에 소위 맞선에 의한 결혼으로 변천하였다. … 다음 단계는 맞선 후 교제의 단계이고 그 다음 단계의 결혼의 형태는 자식 결정 후 부모 동의 또는 전적으로 자식의 자유로운 의사에 의한 결혼이다."(최재석, 1975: 441-442)

청소년의식 전국조사에 따르면 '결혼 상대자를 누가 선택할 것인가'라는 질문에 '부모와 당사자'라고 한 사람은 55.5%로 과반수이고 다음이 '당사자' 36.0%, '부모' 2.9%로 나타났다(중앙청소년보호대책위원회 편, 1973: 82). 여기서 '부모와 당사자'라고 한 경우를 연애와 중매의 중간적 공통요인으로 보면, 홍익여고생은 전국학생 수준에 비하여 중매지향적 경향이 높다고 볼 수 있다.

배우자의 연령차에 대한 태도는 전 학년 공히 3~5살이 가장 많다. 학생들이 장차 원하는 자녀 수는, 전 학년 공히 '1남 1녀'를 원하는 학생이 제일 많고 다음이 '2남 1녀', '아들 · 딸 구별 없이 1명'의 순으로 나타나 있다. 한편 '딸만 두고 싶다'는 학생이 '아들만 두고 싶다'는 학생보다 다소 많다 할지라도 '2남 1녀'를 두고 싶다는 학생이 '1남 2녀'를 원한다는 학생보다 월등히 많은 것을 보면 학생들의 남아선호 경향을 엿볼 수 있다(〈표 16-18〉 참조).

이것은 남아에 의하여 대를 이어야 한다는 한국인의 전통적인 남아선호관이 여학생들 자신의 의식 속에 남아 있는 것으로 판단하여도 좋을 것 같다. 이러한 논리는 다음과 같은 설문분석에서도 나타나고 있다.

결혼 후 가정생활에서 남녀의 비중은 어떻게 두어야 할 것인가에 대하여 '남녀 구별 없이 협동해야 한다'는 학생이 전 학년 공히 절대 다수인데, 이것을 가정생활 전반에 걸쳐 역할상 남녀 구별의식의 약화로 받아들인다면, 이는 종래 한국가족의 역할구조에 있어서 일대 혁신적 현상이라 할 것이다(〈표 16-19〉 참조).

왜냐하면 아직까지 한국 가족의 역할구조에 있어서는 성별 분업현상이 뚜렷하였기 때문이다(최재석, 1971).

〈표 16-18〉 자녀를 둔다면? (단위: %)

항목 \ 학년	1	2	3	평 균
① 아들 · 딸 구별 없이 1명	9.4	14.2	10.0	11.2
② 1남 1녀	48.9	38.3	35.3	40.8
③ 2남 1녀	18.3	16.3	21.8	18.8
④ 2남 2녀	4.4	4.2	7.6	5.4
⑤ 1남 2녀	2.8	2.5	1.8	2.4
⑥ 자녀 수에 상관 없다	6.1	6.3	5.3	5.8

⑦ 낳지 않는다	6.1	5.0	5.2	2.3
⑧ 아들만 낳는다	0.6	4.0	2.4	3.4
⑨ 딸만 낳는다	2.8	6.0	2.4	2.4
⑩ 무답	0.6	3.2	8.2	4.0

〈표 16-19〉 결혼 후 가정생활에서 남녀의 비중은? (단위: %)

학년 / 항목	1	2	3	평균
① 남자의 의견이 절대 존중되어야 한다	3.9	9.6	7.1	6.9
② 남자의 의견을 되도록 존중한다	6.2	10.0	17.5	11.3
③ 여자에게 모든 것을 일임해야 한다	0.6	1.3	1.8	1.2
④ 가정 일은 여자의 의견이 존중되어야 한다	4.4	4.6	2.7	3.9
⑤ 남녀 구별 없이 협동해야 한다	81.7	70.0	67.1	72.9
⑥ 잘 모르겠다	3.2	4.5	3.8	3.8

그러나 이 조항을 빼버리고 보면 역시 남자 의견을 존중해야 한다는 쪽(〈표 16-19〉의 답항 ①②)이, 여자에게 모든 것을 맡겨야 한다는 쪽(〈표 16-19〉의 답항 ③④)보다 비중이 높게 나타나고 있는 것은 아직도 남녀 차별의식이 잔존한 것으로 보인다. 결국 학생들의 남녀 차별의식은 점차 사라지는 듯하지만 아직도 그 경향은 남아 있는 것으로 판단된다.

5. 결어

이제까지 필자는 홍익여고생의 일차적 사회의식에 관하여 제한된 항목으로 나누어 고찰하였다. 대체로 홍익여고생은 의식구조상 전통성에서 완전히 탈피하지 못하였고 근대화의 과정에 있는 것으로 판단된다. 그리고 전국 학생수준과 몇 항목에 한하여 비교해 본 결과 다음과 같은 현상을 발견하였다. 즉 동적이라기보다 정적인 성격이며, 부모보다 친구지향적이고, 결혼 후 시부모 모시는 데 보다 적극적이며, 결혼형태에 관해서는 자유결혼적인 면보다 전통적인 면, 즉 자기 결정보다 부모 결정 쪽이 전국수준에 비하여 높은 것으로 나타나고 있다. 이런 경향에서 우리는 좀 더 다각적으로 분석해 보아야 하겠으나 홍익여고 교풍에 관하여 다음과 같은 가설적 명제를 제시할 수 있지 않을 것이다.

'홍익여고는 다른 도시 여학생에 비하여 자유주의적 성향이 적고 순종적이며 비교적 전통적인 성향을 띠고 있다.'

젊은이들의 반항, 소외, 좌절 및 비행은 그들만의 고만거리가 아니다. 현대사회가 안고 있는 병독의 발로이며, 산업화가 빚어내는 부작용인 것이다. 현대사회의 구조 속에서 젊은이들은 그들의 독자적 생활양식과 사고방식을 찾아서 몸부림치고 있는 것이다(한완상, 1973: 11). 그렇다고 하면 이 글의 대상인 홍익여고생도 예외는 아닐 것이다.

홍익여고생은 홍익여고라는 풍토에서 생활하면서 그 어떤 특징적인 젊은이의 모습을 갖게 될 것이며, 이것은 홍익여고의 전통이 될 것이다. 이 글에서는 이러한 모습의 일부나마 그 의식구조를 통하여 살펴본 것이다.

불충분한 조사자료와 논구방식의 미숙으로 소기의 성과를 거두지는 못하였다 할 것이나, 다만 앞으로 이 문제에 대하여 관심을 환기시키는 계기로 삼는 것으로 만족하고자 한다.

참 / 고 / 문 / 헌

이영호(1977), 『한국인의 가치관』, 일지사.

중앙청소년보호대책위원회 편(1973), 『청소년백서』, 서울청소년회관출판부.

최재석(1971), "한국 도시가족의 역할구조," 『아시아연구』, 14-1, 고대 민족문화연구소.

______(1975), 『가족연구』, 민중서관.

한완상(1973), 『현대사회와 청년문화』, 법문사.

IV

제주사회

Chapter 17 제주사회의 갈등과 도민통합
Chapter 18 제주 사회 · 문화 연구 개관

CHAPTER 17

제주사회의 갈등과 도민통합

- 미래 제주를 위한 제언 -

1. 갈등과 통합, 도민통합 논의의 의의

대체로 통합이 없음은 갈등이 있음이다. 원론적으로 말하면 어느 시대 어느 사회를 막론하고 갈등은 편재한다. 완벽하게 통합이 이루어진 사회는 없는 것이고 통합된 사회가 꼭 좋은 것만은 아니다. 완고한 사회통합은 오히려 사회발전을 저해하기 때문이다. 갈등을 그렇게 부정적으로 볼 것만도 아니라는 말이다.

"사회갈등을 무조건적으로 부정적으로만 인식하고, 사회통합을 그 대척점에 서 있는 긍정적인 것으로 인식하는 경향은 경계해야 한다. 사회통합은 집단적 정체성과 강한 결속력을 토대로 하고 있어서 끊임없이 다른 집단을 배제하는 위험성을 안고 있으며, 강한 사회통합은 사회적 배제의 위험을 동반하고 있는 것"(노대명 · 강신욱 · 김호기 · 이동원 · 유진영, 2010: 26)이기 때문이다.

사회갈등은 다양한 이해집단 간 소통의 한 방식이며, 사회의 운영방식과 발전방향을 잡아가는 과정에서 나타나는 대립으로 이해해야 할 것이고, 사회를 보다 건강하게 만드는 역할도 한다고 보아야 할 것이다. 서로 상대방의 존재와 가치를 인정한다면, 갈등은 사회발전에 중요한 밑거름이 된다. 말하자면 갈등이 있어야 이를 통하여 사회가 발전한다고 보는 것이다. 이것이 갈등의 순기능이다.

하지만 이러한 갈등을 해결하지 못하고 그 상황이 장기화되거나, 주민들의 욕구와 무관한 방향으로 진행되는 것은 문제가 아닐 수 없다. 갈등은 극복되어야 할 것이지 방치되어서는 안 된다. 방치하면 질서는 해체되고 사회의 존립 근거가 상실되기 때문이다. 문제는 그런 갈등을 어떻게 관리 · 조정하고 해결해 나가는가에 있다. 더욱 바람직한 것은 갈등이 발생하지 않도록 예방하는 것이다.

여기서 말하는 사회통합은 다른 견해 혹은 입장을 하나로 묶어 획일화하는 것이 아니며 갈등이 불식되어 동화가 이루어진 상태를 말하는 것이 아니다. 그것은 상태(State)인 동시에 과정(Process)이다. 부연하면 사회통합은 갈등을 최소화하는 사회적 균형상태인 동시에 그에 도달하기 위하여 다양한 입장의 사람(집단)들이 이루어내는 합의과정이기도 하다. 그리고 소수자(약자)의 배제(exclusion)가 아닌 포용(inclusion)을 포함하는 개념이다.

사회통합은 다음 세 측면에서 그 의미를 찾아볼 수 있을 것이다(노대명 외, 2010: 23).

① 사회자본의 측면에서 보면 사회통합은 사회구성원 간의 가치공유, 신뢰를 토대로 결속력이 유지되고 있는 상태이고,
② 사회구조적 차원에서 보면 그것은 사회적 포용으로서 사회구성원 간의 불평등과 사회적 배제가 최소화된 상태이며,
③ 사회제도적 차원에서 보면 그것은 정치적 정통성과 민주적 합의절차에 따라 사회갈등이 통제되는 상태이다.

사회통합은 어떤 계기 · 상황에서 다시 갈등의 상태로 변하기도 하면서 갈등과 통합은 순환적으로 나타난다(〈그림 17-1〉 참조). 여기에 갈등을 합리적으로 조정할 수 있는 제도적 장치를 항구적으로 구축할 필요가 있는 것이고 그런 장치가 성격상 거버넌스(governance, 협치協治) 시스템인 것이다. 갈등은 갈등 당사자와 거리를 두고 중립적인 관점에서 공정하게 접근함으로써 조정할 수 있을 것이기 때문이다. 제주의 경우 그 구체적인 기구로 '사회협약위원회'가 도지사 소속으로 설치되어 있다.

한편 사회갈등은 합리적 조정을 통한 사후적인 해결로 접근하게 되는 것이기도 하지만 사전 예방적인 사회환경을 조성함으로써 갈등의 발생을 차단하는 것도 중요하다. 사전 예방적인 사회환경으로는 신뢰와 포용, 상이한 가치와 이해관계의 다양성 인정, 격차와 차별의 최소화 등을 들 수 있는데 이것은 결국 사회자본으로서 사회갈등을 관리 · 조정, 해결할 수 있는 사회역량(social capacity)인 것이다(노대명 외, 2010: 25).

[그림 17-1] 갈등과 통합의 순환도

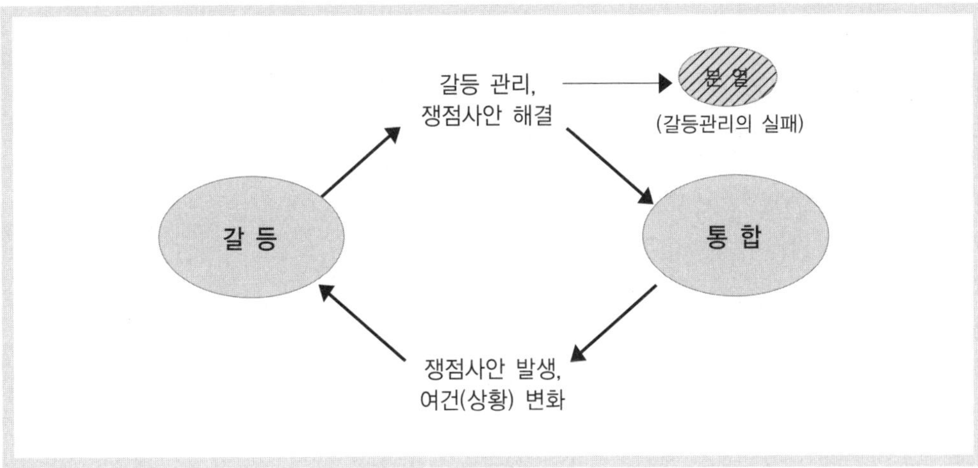

2006년 7월 1일, 제주도는 특별자치도로서 출범했다. 도민통합은 제주특별자치도의 미래를 가늠하는 바탕이 된다. 도민통합의 역량은 도민사회의 갈등을 조정하고 관리하는 능력이고, 그에 걸맞은 도민의식도 그 내용의 하나이다.

제주특별자치도의 사업추진과정에서 나타나는 갈등들을 관리 · 조정, 해소하는 데 실패하고, 도민통합을 이루어내지 못하고서는 제주사회가 지향하는바 특별자치도로서 국제자유도시, 세계환경수도로 거듭나기 위한 근본적 과제를 해결하기가 어렵고 발전은 저해되며 제주사회는 정체된다. 도민통합을 강조하는 이유가 여기에 있다.

이 글은 주제를 현장의 자료, 사실들을 전문적으로 분석하면서 실증적, 체계적으로 다루는 것이 아니라 기존의 몇몇 논의를 바탕으로 제주사회에 있어서, 사회통합의 의미와 그 저해요인으로서의 사회갈등에 대해 살펴보고 이를 어떻게 극복하여 사회통합을 이루어낼 것인가를 제시하는 데 그 목적이 있다.

2. 갈등의 부문(영역) · 주체와 그 종류(유형)

1) 사회갈등의 부문(영역)과 주체

사람들이 살아가는 삶의 전 체계(사회체제 전체)는 대체로 삼분법을 택하여 세

부문으로 나누어볼 수 있는데,[1] 국가부문 곧 정부와 시장부문(기업 등 경제활동의 영역) 그리고 사람들이 일상생활을 영위하는 시민(주민)사회, 곧 사회생활공동체 부문이 그것이다. 국가부문은 정치영역으로 권력이, 시장부문은 경제영역으로 화폐가, 시민사회부문은 사회영역으로 사회적 유대가 그 활동의 매체가 된다. 한편 시장과 시민사회를 시민사회부문의 하나로 묶어 국가–시민사회 이분법으로 나누기도 한다(민–관 이분법이 그러하다).

우리나라 정치사회학계에서는 대체로 삼분법을 택하고 있는 것으로 보이는데(송희준, 1999), 이런 세 종류의 사회 하위부문을 기준으로 갈등의 유형을 구분해 보면, 정부 내, 시민사회 내, 시장 내 등 '부문 내 갈등'과 정부와 시민사회, 시장과 정부, 시민사회와 시장 등 '부문 간의 갈등'으로 나누어볼 수 있다(〈그림 17-2〉 참조). 모든 갈등 주체들은 이 삼분되는 세 영역 중 어디엔가 속하게 된다.

[그림 17-2] 갈등발생의 세 부문(영역): 사회구성체의 3부문

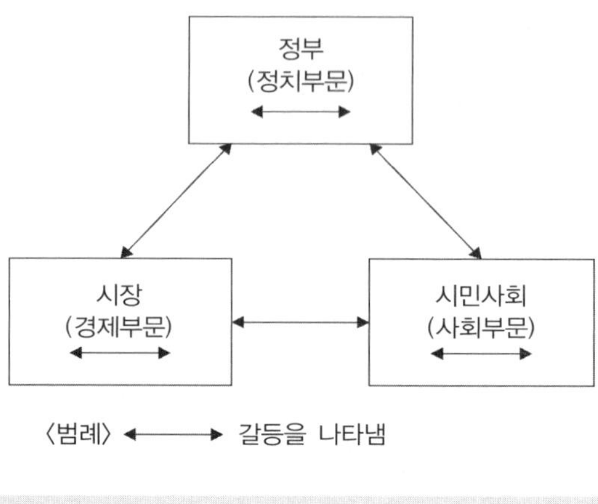

사회통합이나 갈등관리의 책임주체에 관련하여서 보면 사회통합을 위해 중심적인 역할을 해야 할 제1순위 기관으로 정부, 의회(정당), 시민단체, 기업, 개인,

1) '정치사회(국가)–시민사회–경제'의 삼분법은 그람시(Gramsci, 1971)에 근거하고 있다. 하버마스(Jügen Habermas)는 시민사회 영역을 공공 영역과 사적 영역으로 나눔으로써 4분법을 제시하기도 한다(Cohen & Arato, 1992: 430–431).

종교단체, 노동조합 등을 들 수 있을 것이고[2] 지방자치단체의 경우 상공인, 일반 주민, 시민 · 사회단체, 지방자치단체, 외부의 개발투자자, 중앙정부, 언론기관, 지식인 등을 들기도 한다.[3]

한국사회에 있어서 사회통합이나 갈등이 공공기관에 대한 신뢰도와 밀접한 관련이 있는데 정부나 의회(정당)의 경우 그 신뢰도가 매우 낮은 수준으로 나타나고 있어서 공공기관의 사회통합의 주체로서의 역할은 크게 기대하기 어렵다. 그럼에도 불구하고 사람들이 공공기관을 사회통합의 주체로 지목하는 것은 통합의 주체이길 바라는 당위론적 선택이라 할 수 있을 것이다. 한편 시민사회의 단체나 개인 그리고 기업을 그 주체로 지목하는 것은 오늘날 사회통합이 공공기관만으로는 불가능하다는 인식을 나타내고 있는 것이다(노대명, 2010: 50-55).

이렇게 갈등의 주체는 경우에 따라 다양하게 거론할 수 있을 것이나 사회부문(영역)별로 중요하다고 생각되는 주체들을 나열해 보면, 국가(정부)부문에서는 행정부 · 의회(정당) · 사법기관을, 시민사회부문에서는 종교단체 · 언론 · 각종 시민단체(NGO와 각종 사회단체)와 개별적 시민(이해당사자)을, 시장부문에서는 기업 · 노동조합 · 상공인/농민조직 등을 들 수 있을 것이다.

2) 갈등의 종류(유형)

갈등의 근원이 어떤 요인이건 갈등이 표출되는 계기는 언제나 특정의 쟁점을 중심으로 일어나며 갈등의 주체(당사자, 행위자)가 존재한다. 그래서 갈등의 유형은 쟁점사안과 갈등의 주체를 기준으로 파악할 수 있다.

갈등의 쟁점사안은 갈등의 내용, 즉 무엇을 둘러싼 갈등인가 하는 것인데 이는 공공정책갈등이나 개발에 따르는 환경갈등을 포함하여 다양한 쟁점사안별로 구별해 볼 수 있겠으나 그 성격상 크게 이익갈등과 가치갈등으로 나누어볼 수 있다. 사회갈등은 다양한 가치와 이해관계의 충돌에서 일어나므로 사회통합은 이를 조

2) 노대명(2010: 56)은 '사회통합을 위해 중심적인 역할을 해야 할 제1순위 기관'으로 정부(66.5%), 의회(정당, 9.0%), 시민단체(9.1%), 기업(4.3%), 개인(8.7%), 종교단체(1.9%), 노동조합(0.3%) 등을 지목하고 있다고 한다.

3) 한석지 · 고승한 · 정진현 · 고경민(2009: 188)은 '공공갈등'의 책임 주체로 적시하고 있으나 공공갈등이 아닌 일반 갈등의 경우도 마찬가지일 것으로 생각한다.

정 · 타협을 통하여 해결함으로써 이루어지는 것이다. 어떤 갈등이 현실적 이익을 놓고 다투는 것인가 아니면 이념적 가치를 놓고 다투는 것인가 하는 것은 판별하기가 쉽지 않다. 왜냐하면 모든 갈등 당사자들은 쟁점사안에 관련한 자신들의 주장에 대의명분을 내세우고 포장하기 때문이다. 그래서 대부분의 갈등은 복합갈등의 성격을 띠게 된다.

한편 갈등행위자, 그 당사자가 누구인가 하는 문제가 존재하는데, 이는 두 개의 차원으로 나누어볼 수 있다. 하나는 갈등주체(집단)의 속성에 따라 계층갈등, 이념갈등, 지역갈등, 세대 · 성(性) · 다문화갈등 등으로 나누는 것인데, 이 중에 종래 주요 갈등으로 다루어져 오는 것이 계층, 이념, 지역이고 세대 · 성 · 문화 등은 앞으로 핵심적 갈등으로 등장할 가능성이 있다.[4)]

다른 한 차원은 갈등이 일어나는 부문(영역)과 관련되는데 이 경우, 정부가 갈등의 주체인 경우도 있고 비정부부문(시장과 시민사회) 행위자들이 주체인 경우도 있다. 갈등이 일어나는 사회부문(영역) 차원에서 보면, 부문(영역) 내의 갈등인가 부문(영역) 사이의 갈등인가를 따져볼 수 있을 것이다. 이러한 갈등주체와 갈등부문을 중심으로 한 갈등의 유형에 대해서는 앞에서 언급한 바와 같다(〈그림 17-2〉 참조).

3. 갈등의 관리(조정 · 해결)방식

1) 사회갈등 관리(조정 · 해결)방법

모든 종류의 갈등은 어떤 형태로든지 끝난다. 그 종결에 걸리는 시간과 형태는 문제가 되고 있는 쟁점과 갈등 당사자들, 그리고 갈등의 환경에 따라 다를 수 있지만 갈등이 종결되는 것은 갈등 당사자가 달성하고자 하는 목표를 달성했거나 쟁점 자체에 대한 인식의 변화가 있기 때문이다. 시간이 흐르면 갈등을 계속할 수 있는 물리적 힘이 쇠퇴하거나 갈등상태의 계속은 상당한 부담이 되며, 이익갈등의 경우

4) 2010년 3월, 한국사회학회의 심포시엄 발표자료 「한국의 사회 갈등과 통합방안」에서는 그 발표 세션을, 계층갈등, 세대갈등, 남녀갈등, 다문화갈등으로 나누어 다룬 바 있고, 대통령직속 사회통합위원회는 그 주요한 업무영역별로 4개 분과, '계층분과, 이념분과, 지역분과, 세대 · 성(性) · 인종 · 다문화분과'를 두고 있는데 이들 각 분과는 갈등의 종류(유형)를 나타내고 있다.

예상되는 보상의 상대적 가치가 떨어지게 되기도 한다. 한편 갈등이 진행됨에 따라 상대방에 대한 인식과 갈등의 상대방이나 쟁점 자체에 대한 인식이 바뀜으로써 갈등이 종결될 수도 있다. 그러나 일반적으로 갈등이 진행되면서 갈등의 종결을 위한 노력이 있게 마련이고 또 그런 노력은 당연한 것이다. 그 종결 노력이 곧 갈등 해결의 방법이다.

사회갈등 해결에 있어서 여러 해결방법을 비교하는 한 연구(김두환, 2005)에서는 갈등해결의 접근방식으로 물리적 투쟁에서부터 언어적 타협(협상)에 이르기까지 다양한 방식들을 제시하고 있다. 보다 세분해서 관료적 해결, 정치적 결단, 사법적 방법, 대안적 분쟁해결(협상, 조정, 중재 등), 숙의적(熟議的, deliberate) 시민참여 등의 방법을 제시하고 있다.

관료적 해결방식은 권위주의적, 억압적 방식으로 사회갈등을 정상적인 사회에서는 없거나 적을 것으로, 따라서 치유해야 할 질병으로 간주한다. 정부–민간 사이의 갈등의 경우 공익 수호자로서 정부의 우선권을 전제로 하고, 비정부 행위자들 간의 갈등인 경우도 역시 공익의 관점에서 정부가 조정, 중재하는 것이 가능하고 바람직한 것으로 본다. 갈등 당사자들 간의 대화는 필요 없거나 제한적으로만 의미 있는 것이다. 정책과정에서 사적 개인을 참여시키는 것은 최선의 정책대안을 왜곡할 우려가 있다고 보기 때문이다. 그러나 한국의 상황에서 보면, 1987체제에 들어서면서 시민사회가 성숙한 1990년대 이후 민주화와 지방화가 진행됨에 따라 이 방식은 바람직한 방식으로 생각되지 않는다. 관료적 접근에서는 가치를 중심으로 하는 갈등이나 정부가 갈등 당사자가 되는 경우의 갈등을 다루기에는 역부족이다.

정치적 결단의 방식은 권위를 가지고 있는 정치적 지도자 혹은 기관의 결심으로 갈등 상대방의 주장을 수용하도록 하는 방식이다. 항상 최고 권력자 혹은 기관에 호소하고 그의 결단으로 갈등을 해결한다. 사법적 갈등 해결방식은 특히 정부가 갈등 당사자가 되는 경우에 활용할 수 있는 방식으로 최근 제주 행정구조 개편이나 해군기지 건설에 관련하여 사법적 판단을 구했던 예가 그것이다. 이 방식에 있어서는 법 해석적 경직성으로 인해 갈등 해결의 조정 등 유연한 대응이 어렵다.

대안적 분쟁 해결의 방식은 갈등 당사자들 사이의 협상, 조정, 중재 등 대화를 통한 갈등 해결방식이다. 협상은 갈등 당사자 간 대화이며, 조정은 제3자로서 조정자가 개입하여 대화의 장을 만드는 것이고 중재는 준사법적 권위를 갖는 제3자의 개입에 의한 대화방식이다. 분쟁조정위원회는 제3자의 역할을 하려는 기구이다.

대안적 분쟁 해결방식의 장점은 합의과정을 통하여 갈등 당사자들 간에 감정적 대립을 해소하고 신뢰관계를 구축할 기회를 갖는다는 점이다. 그러나 이 방식은 정부가 갈등 당사자인 경우는 적절치 못하다. 왜냐하면 정부가 분쟁 당사자인 경우 정부는 민간에 비해 우월적 지위를 갖기 때문이다. 또한 집단 간 이익갈등의 경우는 성공적일 수 있지만 가치갈등의 경우는 적절하지 않다. 가치갈등은 조정이 어렵고 특히 환경파괴의 경우 그 파괴가 진행된 후에 조정이 시작되기 때문이다.

마지막으로 숙의적 시민참여 방식이 있다. 이 방식은 합의회의 등을 통하여 더 나은 문제 해결 역량을 만들어가는 과정으로서의 성격을 갖기도 한다. 이는 참여(직접)민주주의제도의 구체적인 모습이다. 그 특징은 갈등 쟁점사안으로부터 영향을 받는 일반시민이 의제설정과정 초기부터 중심적으로 참여하고, 토론과 학습을 통하여 문제설정과 해결방안을 협력적으로 모색해 나간다는 점에 있다. 이 방식은 그 과정이 상대적으로 장기간에 걸쳐 지속되나 사회역량을 형성하는 데 탁월한 효과를 갖는다. 문제는 그 최종 결정력이 약하다는 데 있다. 제도적으로 결정권한이 부여되지 않기 때문이다. 그리하여 이 방식은 결정권한을 갖는 기관에 대한 일종의 정책제언으로서 정치적 의사결정에 보조적 역할을 하는 데 그치는 경우가 많다. 그러나 갈등을 사전에 예방하는 효과가 뛰어나고 갈등 사안들에 대해 사전적 논의를 촉발함으로써 비제도화된 파괴적 갈등을 제도화하는 구실을 한다. 특히 가치갈등, 당사자가 불분명한 문제, 정부가 갈등 당사자인 문제를 다룸에 있어서는 이 방법이 적실성이 높다. 제도적 결정권자의 이 방식에 대한 긍정적 자세가 따른다면 매우 유익한 방법이다.

각 갈등관리 방식의 해결능력을 비교해 보면 〈표 17-1〉과 같다.

〈표 17-1〉 갈등해결 접근방식의 해결능력(효과성, 적실성) 비교

해결능력 \ 접근방식		관료적 접근	정치적 결단	사법적 판단	대안적 협상	숙의적 협의
효과성	갈등해결 결정력	◎, △	◎	◎	○, △	△
	역량 형성*	×	△, ×	×	◎, ○, △	◎, ○
적실성	사실관계의 갈등	△	×	◎	◎, ○	○
	이익갈등	○, △	△	◎	◎	△
	가치갈등		△	△	△	◎
	당사자가 불분명한 쟁점사안	○	○	×	△	◎
	당사자가 정부인 쟁점사안	△, ×	△	○	△, ×	◎

〈범례〉 1. ◎: 매우 강함, ○: 강함, △: 약함, ×: 매우 약함
2. * 역량 형성: 문제의 틀 변경 능력 + 신뢰회복 능력 + 갈등 사전예방 능력
자료: 김두환(2005: 156), 〈표 3〉 참조.

위에서 거론한 관리(조정 · 해결)방식들을 간추려서 크게 구분해 보면 억압적 방식, 개방적 방식, 시민참여적 방식으로 나누어볼 수 있을 것이다(김병조, 2010: 96-98).

〈표 17-1〉에서 '관료적 접근', '정치적 결단', '사법적 판단'은 억압적 방식에, '대안적 협상'은 '개방적 방식'에, '숙의적 협의'는 '시민참여적 방식'에 해당한다고 볼 수 있다.

억압적 방식은 '갈등 자체를 비정상적인 상황으로 규정하고' 갈등을 권위주의적으로 억제하려는 방식이다. 국가(정부)가 갈등관리의 주체인 경우 흔히 이 방식을 쓰게 된다. 이 방식의 경우는 갈등 표출 빈도는 적지만 일단 갈등이 발생했을 때 그 강도는 강하게 나타난다. 갈등 당사자의 태도의 전환에 의해서가 아니라 강압으로 갈등이 종결되는 경우 여건이 성숙되면 다시 갈등이 표면화할 수 있다.

개방적 관리방식은 국가가 '갈등 분출을 인정하고' 이를 용인하면서 그 관리를 시장에 맡기는 방식이다. 이 경우 갈등 당사자 사이에 상호 의존적, 협력적으로 갈등이 관리된다. 기업 등 시장부문 내에서 일어나는 갈등의 경우에는 해당되지만 그 부문을 넘어서 다른 부문(정부 혹은 시민사회)과의 갈등에는 적용하기가 어렵

다. 이 방식에 있어서 갈등관리 주체는 시장(기업, 생산자와 소비자)이 된다. 이 방식은 갈등 표출 빈도가 높고 그 강도는 중간 정도이다.

시민참여적 방식은 '국가-시장-시민사회 협력체'가 그 주체가 되는 것으로, 이 경우 갈등 표출 빈도가 낮고, 그 강도도 약하다. 이 방식이 채택되기 위해서는 첫째, 국가-시장-시민사회 간의 신뢰관계를 구축하는 것이 필요하고, 정책 결정과정에 대한 시민참여의 보장이라는 조건이 필요하다. 예방적 갈등관리를 시도해야 할 경우 이 방식은 더욱 유용한 것으로 보인다.

갈등해결에 어떤 접근방식이 타당한 것인가는 갈등사안의 성격이나 환경에 따라 달라질 것이다. 민주화와 지방화가 진행된 오늘의 한국 상황 속에서 말하면 대체로 대화적 방식인 대안적 분쟁해결방식과 숙의적 시민참여방식, 특히 후자의 방식이 권장된다.

앞에서 살펴본 것처럼 이 방식은 갈등 표출 빈도가 낮고 그 강도도 약할 뿐 아니라 효과 면에서 그 결정력은 약하나 신뢰회복이나 갈등의 사전예방 등 사회역량이 형성되는 데 기여하는 방식이기 때문이다. 그러므로 사회갈등의 원만한 해결을 위해서는 시민참여를 활성화하여 "계획 입안단계에서부터 주민참여가 보장되는 구조를 만들 필요가 있다."(박태순, 2007: 6)는 주장은 타당하다고 할 것이다.

오늘날 관료적 접근으로는 다양한 사회갈등을 해결하지 못하게 되면서 정치적 결단과 사법적 방법을 통해 갈등을 해결하고자 하는 시도가 증가하고 있지만 이는 모두 억압적 방식으로서 갈등 당사자들 간의 신뢰회복, 사회역량의 성숙, 나아가 갈등예방 효과를 기대할 수 없다.

대안적 협상방식과 숙의적 시민참여방식은 이러한 기존 접근의 한계를 극복하고자 하는 노력의 일환이다. 대안적 협상방식은 갈등 당사자들 간의 합의로써 갈등이 종결되는데 당사자들 간 신뢰회복에 유리하다는 장점이 있다. 이 방법은 이해 당사자들이 누구인가가 명확한 갈등이나 경제적 이익을 둘러싼 갈등 해결에 적절하다. 그러나 시민사회부문에 관련한 갈등의 경우 '앞으로 지향해야 할' 바람직한 갈등관리방식이라고 할 수 있는 것은 시민참여적 방식인 숙의적 협의방식이라 할 수 있을 것이다.

결론적으로 갈등해소에 가장 바람직한 것은 갈등하는 주체들 간의 타협에 의한 방법이다. 타협은 자신들의 주장을 논리적으로 펴고 상대방을 설득하는 가운데 자신의 뜻을 관철시키는 것을 말한다. 타협에 의한 갈등의 종결은 과정의 정당성을 확보하게 되므로 보다 강한 규범적인 구속력을 갖는다. 다만 대부분의 갈등의 종결형태에 있어서 타협이 바람직하지만 타협이 성립하는 어떤 갈등에도 100% 승리는 있을 수 없음을 인식할 필요가 있다. 갈등 지속에 따르는 더 큰 손실을 막으려고 할 때 당사자가 각각 조금씩 양보함으로써 타협은 이루어질 것이기 때문이다.

그런데 오랫동안의 권위주의 체제하에서 살아온 우리는 타협의 자세가 대체로 부족한 것으로 보인다. 권위주의적 색채가 우리 사회에서 타협의 정신을 가로막고 있다는 것이다. 자신들만의 입장이 옳다고 고집하는 경우 자율적인 갈등해소는 이루어질 수 없고 타율적인 방법이 동원될 수밖에 없다. 여기에 갈등관리 시스템 구축이 필요한 이유가 있다.

2) 사회갈등 관리 시스템의 구축

사회통합과 갈등의 종결을 위해서는 그 과정에서 어떤 형태로든지 합의에 바탕을 두는 것이 좋다. 그 과정의 메커니즘에 관련해서는 다렌도르프(Ralf Dahrendorf, 1959: 64-66)의 '갈등의 제도화'(institutionalization of conflict)라는 개념이 유익하다. 이 개념은 갈등을 제도화된 절차에 따라 해결하려는 메커니즘의 도입을 말한다. 갈등의 제도화는 갈등집단의 조직화 정도에 의존한다. 갈등 당사자들의 각 집단이 조직화됨으로써 종결협상의 담당자가 분명해진다. 조직화된 갈등의 당사자들 사이에 협의기구를 구성하고 대화의 파트너십 체제 곧 갈등관리의 시스템을 마련하는 것이다(예컨대 우리나라의 노사정위원회). 큰 틀에서 보면 결국 사회갈등 시스템은 정부, 시민사회, 시장의 각 영역에서 혹은 영역 간에 만들어지는 사회적 대타협의 틀인 것이다.

그런데 합의 · 타협을 통한 갈등조정, 통합과정을 단시간에 압축하려는 압축적 제도화(compressed institutionalization)는 사회구성원들의 제도에 대한 신뢰를 구축하는 데 실패할 가능성이 있다. 또한 제도적인 틀 내에서 해결되지 못하는 문제들의 범위가 점차 확대되고 문제해결의 장으로서의 제도가 하는 역할 자체에 대한 회의가 증가한다면 그 제도의 위상 자체가 추락하는 결과를 낳게 된다(한양대 제3섹터연구소, 2008: 117-118). 따라서 갈등관리 시스템을 만들어놓는다 할지라도 그 운용에 있어서는 갈등의 해결에 시간의 흐름도 작용한다는 점을 감안하고 (사안에 따라 다르긴 할 터이지만) 너무 조급하지 말아야 한다. '빠른 갈등 종결'이라는 효과에 치중할 때 적절하지 못한 방법을 채택하는 문제가 자주 발생하기 때문이다.

바람직한 방식으로 제안되는 숙의적 시민참여의 방식을 기본으로 하는 경우라 할지라도 그 결정력의 한계를 보완하기 위해 대안적 협상방식이나 정치적 결단을 결합하여 종합적으로 접근하는 것이 바람직한 것이다. 이때 필요한 제도적 장치가 신거버넌스(New Governance, 새로운 협치, 민주적 거버넌스) 시스템인 것이다.

신거버넌스(민주적 거버넌스)는 "자원과 권한에 있어서 상호의존적인 다양한 행위자들 간의 협력적 상호작용을 촉진함으로써 정책수행에 효율성을 제고하려는 거버넌스 양식으로서(방점 필자) … 행위자 간 상호의존적 관계에서 나오는 유대감과 이타주의, 신뢰와 호혜성을 주요 조정기제로 활용"한다(한양대 제3섹터연구소, 2008: 80). 상향식 거버넌스이며 네트워크형 거버넌스이다.

민주적 거버넌스를 구성하는 기본요소[5]를 고려해 보면 그것은 직접민주주의의 정신을 살릴 수 있는 제도로서 '권능강화형 참여 거버넌스'(Empowered Participatory Governance: EPG)라고도 할 수 있다. "평범한 시민들이 합리적으로 토의하며 현명한 정책을 내리는 개입과 능력에 의존한다는 점에서 참여적(participatory)이고, 행위를 토론과 연계시키려 한다는 점에서 권능을 강화(empowered)시킨다."(한양대 제3섹터연구소, 2008: 96) EPG는 책무성(accountability)의 요소도 포함하고 있는데 이는 업무수행의 권위를 위임받아 EPG에 참여하는 자가 업무수행에 관련하여 책임을 지는 것을 말한다. 특히 수평적 책무성은 민주적 절차와 과정의 투명성을 강조한다(한양대 제3섹터연구소, 2008: 97).

민주적 거버넌스 시스템은 사회구성체의 세 부문, 즉 국가, 시장, 시민사회 각 부문의 대표로 구성되는 조합주의적 결사체의 성격을 갖는다. 그 결사체는 세 부문에 걸쳐 일어나는 갈등들을 관리하는 협동적 갈등관리 조직이다. 이 글의 앞에

5) '참여(participant), 책무성(accountability), 권능강화(empowerment)'를 민주적 거버넌스를 구성하는 기본요소로 들고 있는데 이들 요소는 '민주적 거버넌스의 과정과 결과를 파악할 수 있는 주요 개념'이기도 하다(한양대 제3섹터연구소, 2008: 109).

서 언급했던 '시민 참여적 방식'의 주체가 되는 '국가–시장–시민사회 협력체'가 바로 이렇게 구성되는 것이다. 이런 조직이 중립성을 띠고 활동할 수 있을 때 비로소 합리적이고 바람직한 갈등관리가 가능한 것이다. 〈그림 17-3〉은 이런 민주적 거버넌스 시스템을 보여주고 있다.

[그림 17–3] 국가, 시장, 시민사회의 상호관계의 틀[6]

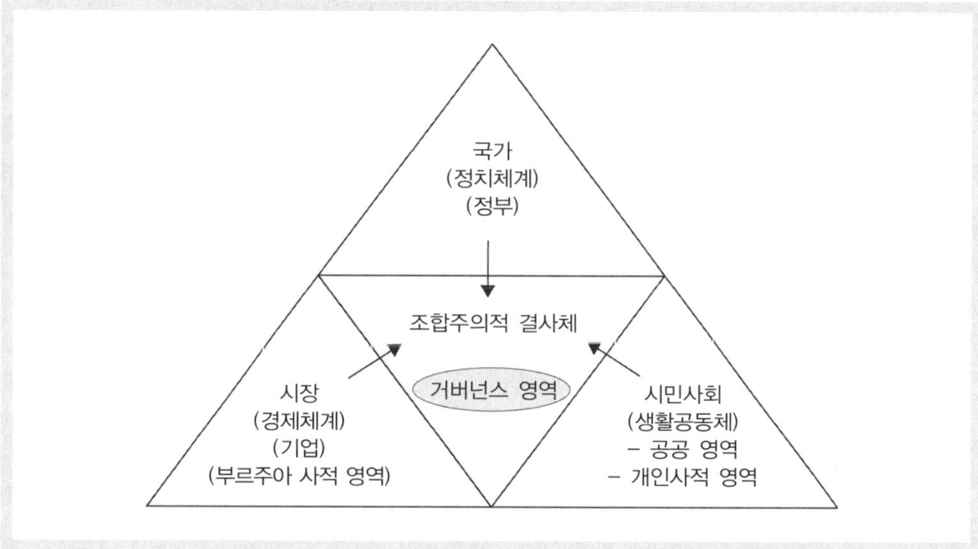

정부부문이나 기업부문에서 채택되는 권위주의적, 억압적 방식인 관료적 방식은 '수직형 효율화 모델'인 데 대해서 이 신거버넌스(민주적 거버넌스) 시스템은 '수평형 네트워크 모델'이다. 전자가 위계적 관료시스템(Bureaucracy)인가 하면 후자는 탈위계적 애드호크라시(Adhocracy)[7]로서 이는 어떤 작업상황에 따라 일시적으로 특별히 구성되는 팀조직으로 프로젝트에 따라 관계자들이 팀을 구성해 상황에 맞게 문제를 해결해 가는 태스크포스(task force)와 같은 팀제 운영조직이다. 임무를 완수하고 나면 해산하였다가 새로운 임무가 부여되면 재구성되어 활동하는 특징을 갖는다.

---

6) 송희준(1999: 12), "〈그림 1〉 국가, 시장, 시민사회의 상호관계"를 참조.

7) '프로젝트' 또는 '태스크포스' 관리방식으로서 전통적 관료조직에 대비되는, 특수한 임시적 문제해결기구를 말한다(Toffler, 1993: 131–155).

4. 제주사회의 갈등과 통합

제주사회의 통합수준, 말하자면 '제주사회는 어느 정도 통합을 이루고 있는가?'

이에 답하는 연구는 찾아보기 어려워 단정적으로 말할 수는 없으나 미루어 짐작할 수 있는 자료가 있다. 한국사회보건연구원 연구팀의 연구(노대명 외, 2010: 1-2 및 53)가 그것이다. 이 연구는 사회통합에 영향을 미치는 결정적 요인이 사회통합의식(사회통합의 주관적 측면)이고 사회통합을 위한 최소조건은 기회균등의 보장이라고 보고 그에 대한 의식을 살펴보고 있다.

기회균등 보장에 대한 의식에서 제주는 다른 지역에 비해 열악하다. 5점 만점 기준으로 2.57로써 광주 · 전남(각 2.31), 대전 · 충남(각 2.50) 다음으로 열악하다(노대명, 2010: 31, 〈그림 11〉 참조). 제주사회에서는 사회통합을 위한 전제조건 중 하나인 기회균등이 위협받고 있음을 의미한다. 기회가 균등하게 보장되는 정도가 낮으므로 갈등도 그만큼 커질 개연성이 있는 것이다.

또 다른 조사자료는 우리나라 국민권익위원회가 발표한 2012년 공공기관 청렴도 평가 결과이다. 보도(한라일보, 2012년 11월 28일자 기사)에 따르면 제주특별자치도는 6.29점으로 5등급을 받았는데 이는 4등급의 서울, 부산, 전남, 경남에 이어 16개 시 · 도 가운데 최하위의 성적이라 한다. 일반적으로 신뢰도는 정치사회적 투명성과 상관관계가 있고 이 투명성은 청렴도와 관계된다. 청렴하면 투명해지고 투명하면 신뢰가 싸인다. 이런 면에서 보면 제주 공공기관의 낮은 청렴도는 투명성의 결여를 초래하고 이어서 신뢰 상실로 이어진다고 볼 수 있다. 이런 점에서 제주의 사회통합 여건은 취약하고 사회갈등은 빈발할 가능성이 크다고 볼 수 있다.

최근의 한 연구자료(김진영, 2012)에서는 제주사회에서 가장 심각하다고 인식되는 갈등유형으로 공공갈등, 환경갈등, 지역갈등, 선거관련 갈등 등을 들고 있다. 제주에 있어서 사회갈등이 대규모적, 체계적, 지속적으로 발생한 것은 1980년대 후반부터였고 대체로 지역개발을 둘러싼 환경갈등이나 지역갈등이었다. 1988년부터 시작된 탑동매립 갈등, 1988년 송악산 군사기지설치 갈등, 1991년 제주개발특별법 제정 갈등 등이 그 예가 된다.

제주지역에서는 2000년대 들어서서 갈등구도가 심화되었다고 보고 있는데 2000년대에 들어서면서 일대 변혁의 시대를 맞고 있기 때문이다. 2000년에 4 · 3문제의 실마리를 푸는 4 · 3특별법이 제정되고 2003년 진상조사보고서 채택에 이은 대통령의 대도민사과, 4 · 3평화공원의 건설과 재단의 설치, 2001년 제주 세계평화 포럼을 계기로 한 '평화의 섬 선언'의 채택, 제주특별자치도의 설치와 국제자유도시 조성을 위한 특별법의 제정에 이은 국제자유도시 제주특별자치도 출범(2006년), 최근 들어 '유네스코 트리플 크라운(세계자연유산, 세계생물권보전지역, 세계지질공원)'의 획득에 이은 2012년 '세계7대자연경관' 등재, 세계환경수도에의 도전 등이 제주 대변혁의 시대적 징표가 된다.

제주발전연구원의 연구팀은 제주도의 「갈등사례분석과 갈등관리 방안」에 대한 연구에서 2000년부터 2009년까지 10년 사이의 '제주지역 공공갈등의 사례(2000~2009)'를 분석하고 있다. 그 사례들로 '① 행정구조개편, ② 민군복합형관광미항(제주해군기지) 건설, ③ 쇼핑아울렛 개발, ④ 풍력발전단지 개발, ⑤ 개방형 의료법인병원'을 들고 있다(한석지 외, 2009: 170-172).

이들 공공갈등들은 정책갈등으로서 '다양한 이해관계와 상호 양립하기 어려운 가치들이 서로 맞물리면서' 일어난 갈등들이다(한석지 외, 2009: 1). 말하자면 제주사회의 공공갈등(정책갈등)은 가치갈등과 이익갈등의 복합된 복합갈등이라고 할 수 있는 것이다. 제주 지역뿐 아니라 모든 갈등은 대체로 복합갈등의 성격을 띠게 된다.

제주 지역에서 발생하는 공공갈등(정책갈등) 중에는 전국화되는 경향도 보이는데 특히 '민군복합형 관광미항(제주해군기지) 건설', '투자개방형 의료법인(영리의료법인) 병원 허용'에 따른 갈등의 경우가 그러하다. 제주사회의 갈등이 전국단위의 부문 간 갈등으로 확산되는 모습인 것이다. 4 · 3사건 관련 사업추진에 관련해서도 그런 경향이 보인다. 이렇게 제주사회의 갈등이 전국단위 갈등의 도화선으로 작용하고 있기 때문에 국가 차원에서 그 대비책을 세워야 한다는 주장이 나오게 되는 것이다.

지역갈등에 관련해서 보면, 특히 행정지역단위 혹은 하위지역단위 간의 갈등이 있다. 이는 어느 특정 지역단위에 권력과 경제적 부, 사회 · 문화적 기회가 집중되기 때문에 일어난다. 그리고 쓰레기소각장과 같은 혐오시설의 입지와 관련된 갈등, 행정구역 변경 등과 관련된 갈등, 도시(재)개발과 같은 토지이용의 결정과정에서 나타나는 갈등 등이 이에 해당한다. 자기 지역에 이익이 되는 시설을 유치,

그 관할권을 차지하려 하거나, 혐오시설을 거부하는 지역이기주의에서 오는 갈등이다.

그런데 지역이기주의는 부정적으로만 볼 일은 아니다. 자신들의 지역의 이익을 침해당하지 않으려는 태도는 어떻게 보면 너무나도 당연한 것이다. 문제는 지역적 피해를 어떻게 보상할 것인가에 있다. 그래서 지역갈등은 이익갈등의 성격을 갖는다.

다음으로 사회구조적 측면에서 제주의 중요한 갈등현상을 보면, 우선 계급 혹은 계층 갈등이 있다. 노동운동에서 보는 바와 같은 노 · 사 갈등이 그 한 예이다. 기업 혹은 학교나 병원 운영과 관련하여 사용자와 노동자 사이에 일어나는 갈등도 그것인데 이는 이익이 상충되기 때문이다.

혈연, 지연, 학연 중심의 연줄망 갈등은 제주사회의 전통적 기반인 '궨당문화'에 기인하는 갈등현상이라 할 수 있고, 기성세대와 새로운 세대 사이에서 일어나는 세대 간의 갈등, 보수와 혁신세력 간의 이데올로기적 갈등들도 제주사회에 잠재해 있음을 간과할 수 없을 것이다.

제주 미래의 중요 갈등으로 등장할 것으로 보이는, 문화갈등에 있어서 보면 지역별(16개 광역시 · 도별) 인식을 5점 만점으로 했을 때, 제주도민들의 문화갈등 인식 점수는 전북과 함께 3.24점으로, 울산(3.44), 대전(3.28)에 이어 비교적 높게 나타나고 있다.[8] 이는 제주사회에 문화갈등이 적지 않게 존재할 수 있다는 의미가 될 것인데, 외지인들의 이입이 늘어나고 있다는 외적 측면과 제주 문화의 고유성이 비교적 견고하다는 내적 측면이 작용하는 결과일 것이다.

선거 등 정치과정에서 시작하여 그 결과 나타나는 파당적 갈등이 존재하는데 2000년대 들어서면서 도지사선거의 후유증으로 나타난 도지사 후보 두 진영 간의 갈등은 제주사회의 인간관계에 금을 그어놓는 심각한 갈등이다. 공무원사회의 인사권과 관련하여 더욱 그러한 것으로 보인다. 선거과정에서의 공무원 '줄 서기' 혹은 '줄 세우기'는 그 갈등의 원죄인 듯하다.

제주사회의 갈등을 사회구성체의 부문(영역)에 관련해서 보면, 부문 내 갈등보다 부문 간 갈등이 현저하고 그중에서도 정부와 시민사회의 갈등이 현저한 것으로 보이며 시민사회와 시장 간의 갈등보다 시장과 정부의 갈등은 희소하다. 시장

8) 서울은 3.18, 충북은 3.18이다(노대명, 2010: 48, "〈그림 35〉 문화갈등의 지역별 인식" 참조).

과 정부 간 갈등이 희소한 것은 정경유착의 문화가 갖는 왜곡된 현상이 아닌가 생각한다.

공공정책 갈등만을 떼어내어 사회부문 주체 측면에서 살펴보면, 대체로 행정구조 개편은 정부 내의 정-정 갈등, 해군기지건설은 지방정부-중앙정부 혹은 정부-시민사회 갈등, 쇼핑아울렛은 정부-시장의 갈등, 풍력발전단지는 시장-시민사회의 갈등, 개방형의료법인은 시장-시민사회의 갈등으로 규정할 수 있을 것이다.

환경갈등이나 정책(공공)갈등들은 대체로 시민사회와 정부 간 갈등이며, 시민사회와 시장 간의 갈등의 사례들은 대개 골프장 건설에서 보듯이 자본(기업)의 영리 추구에 대한 주민의 저항으로 나타나고 있다. 특히 최근 몇 년에 걸쳐 진행되고 있는 제주해군기지 건설에 따른 갈등은 중앙정부와 제주사회 사이에서 일어나는 부문 간 갈등의 대표적인 예이다.

부문 내 갈등에 있어서는 시장 내 갈등(예컨대 노 · 사 갈등)이 빈도수가 많고 치열한 것 같으며 시민사회 내 갈등(예컨대 4 · 3갈등, 성씨 간의 갈등)은 많지 않으나 그 갈등의 골은 깊어 보인다. 정부 내 갈등들은 하위정부 간 갈등보다 상 · 하위정부(도와 시 · 군) 간에 나타나는 경향이 있고 정부 내 조직 간 업무(권한)영역을 놓고 나타나는 것이 보통인 것 같다(예컨대 도 집행부와 의회 사이의 갈등).

일반도민들은 '주민과 자치단체 간 갈등'이 다른 갈등유형에 비해 가장 심각한 것으로 인식하고 있고(조사 대상자의 68.3%가 그렇게 인식함) '주민과 중앙정부간 갈등과 지방자치단체와 중앙정부 간 갈등이 심각한 것으로 인식하는 비율이 각각 46.5%와 45.9%로 높게 나타나고 있다(한석지 외, 2009: 183). 이를 갈등주체 부문에 관련시켜 보면 정부(특히 지방정부)부문과 시민사회 부문 사이의 갈등을 제주도민들은 가장 심각한 갈등으로 보고 있다는 것이 된다. 지방사회(제주도)와 외부사회(중앙) 사이의 갈등 또한 만만치 않아 보인다.

5. 제주사회 갈등의 원인과 해결방법

갈등의 원인으로는 과정상에서 나타나는 것으로 "① 정부의 일방적인 사업진행과 주민 · 시민의 참여 배제, ② 이해당사자 간 불신과 대결 지향적 태도, ③ 관련 정보의 비공개와 집행과정의 불투명성, ④ 갈등관리 시스템의 부재, ⑤ 합리적인 보상시스템의 부재"(하승우, 2007: 137-156; 한양대 제3섹터연구소, 2008: 93에서 재인용) 등이 있다고 지적된다. 이와 함께 갈등에 영향을 미치는 사회구조적인 조건으로 급속한 산업발전전략과 신개발주의, 환경정의 등이 거론되고 있고 문화적 요인으로 비용편익으로는 조정되지 않는 근본적 문화의 차이, 이해관계자들이 가진 선호의 다양성, 이익의 기원 설명 등도 지적되고 있다(한양대 제3섹터연구소, 2008: 93).

지방자치단체에서 일어나는 사회갈등의 원인은 갈등 사례에 따라 다양하게 지적할 수 있겠으나 종합적으로 요약하면 다음과 같다(박태순, 2007: 5-6).

① 민주화의 진전과 지방자치의 실시. 민주화의 진행으로 권위주의적 국가통제시스템이 더 이상 작동하기 어렵게 되었고, 지방자치제의 실시로 지방주민의 발언권이 강화되었다. 여기에 더하여 정보화의 진전으로 인터넷이나 SNS 등을 통한 정보교환 · 공유가 활발해졌다.

② 정부에 대한 주민의 불신과 정부의 갈등관리 능력 부족. 정치에 대한 불신은 지방정부에 대한 불신으로 이어지고 있는 데다 지방정부는 종래의 행정권위주의적, 행정편의주의적 관행을 그대로 유지하는 경우가 많고, 갈등을 객관적이고 합리적으로 관리할 수 있는 인적 · 지적 인프라를 갖추지 못하였다.

③ 지자체의 개발욕구와 주민의 삶의 질 간의 충돌. 지방정부의 지역발전 목표 달성을 위한 욕구가 주민들의 삶의 질을 향상코자 하는 욕구와 상충되는 경우가 많다.

④ 갈등 예방 및 해결 역량의 부재. 갈등 해결에 대한 인식 부족과 그에 대한 과학적 분석이나 해결기제가 제대로 갖추어지지 못했다.

제주사회에서 보면 정책갈등의 경우 도민들은 그 이유를 '제주도민의 광범위한 의견수렴의 부족'(응답자의 26.0%) → '일방적인 정책과 사업계획의 수립 및 추진'(25.2%) → '지역특성을 고려하지 않은 정책사업'(17.3%) 순으로 인식하고 있다(한석지 외, 2009: 193). 종합하자면 '주민참여가 보장되지 않은 사업의 일방적 추진'이 제주사회의 모든 정책 갈등에 영향을 미치는 가장 중요한 요인으로 보고 있는 것이다.

제주도에는 도지사 소속으로 사회협약위원회가 구성되어 갈등관리에 나서고 있지만 제주도민들은 '거버넌스 역량 강화'가 필요하고 "제도의 도입이나 개선뿐 아니라 그 제도를 운영해 나가는 주체들의 인식 전환 역시 중요"(한석지 외, 2009: 271)하다고 지적하고 있다.

주민 참여적 방법의 의사결정 수단으로는 주민 투표나 여론조사 외에도 합의회의, 시민배심원, 시나리오워크숍, 규제협상, 공론조사 등이 있는데(지속가능발전위원회, 2005: 299) 이런 수단은 갈등관리 시스템으로서의 사회협약위원회가 필요에 따라 활용할 수 있을 것이다.

6. 도민통합의 길: 미래 제주를 위한 제언

1) 사회통합 · 갈등의 주체와 시스템에 관련하여

제주사회의 갈등을 해소하고 도민통합을 이루기 위하여서는 우선 사회구성체의 여러 주체들이 해야 할 역할을 제대로 수행해야 한다.

우선은 기본적으로 갈등주체들이 타협 자세를 갖는 것이 중요하다. 이 자세는 대화를 통한 민주적 갈등해소의 길을 택하고자 할 때 더욱 그러하다. 그러나 많은 갈등주체들(이익집단)의 경우 국가가 정한 법률과 제도를 통하여 그들의 행위범주가 정해지고 있기 때문에 원천적으로 그들의 갈등은 국가와의 관계 속에서 생긴다. 이는 갈등이 국가와의 관계에서 법률과 제도의 정비를 통해서 해결되지 않으면 안 된다는 의미이다. 이러한 경우는 당사자들 사이의 타협은 큰 의미가 없고 국가의 올바른 입법을 요구하는 입법운동이 그 해결책이다.

둘째, 언론기관의 역할이 있다. 언론기관은 사회 내의 여러 갈등현상에 대하여 그 원인과 내용을 국민들에게 알려 여론을 환기시키고 제3자의 입장에 서서 바람직한 해결책을 제시하는 역할을 한다. 갈등주체들의 주장이나 입장을 있는 그대로 전달하여 여론을 환기시키되, 필요한 경우 언론기관의 명백한 의사를 밝히는 것도 중요하다. 양비(兩非) 혹은 양시(兩是)론적 관점이 아니라 객관적 입장에서 정도가 무엇인지를 밝히고 그에 따른 해결책을 촉구해야 한다. 언론기관들이 갈등주체의 입장을 객관적으로 공정하게 다루지 않고 편협한 시각을 전달하는 경우 갈등 해소는커녕 오히려 갈등을 조장하는 결과를 낳는다. 언론기관의 상업주의적 사고는 갈등을 조장하고 주민을 분열시키기도 한다.

셋째, 시민단체의 역할이 있다. 최근 우리 사회에서 여러 갈등현상에 대한 대표적인 중재자의 역할을 자처하는 것이 시민단체들이다. 국가권력이 각종 이익집단들에게 끌려 다니고 정치권은 선거를 의식하여 어느 이익집단도 소홀히 할 수 없는 상황에서 대부분 땜질식 또는 임기응변식의 처방으로 끝나는 경우들이 있다. 시민단체들의 공정한 비판과 중재가 필요한 이유가 여기에 있다.

그러나 시민단체들의 노력이 잘 통하는 영역과 그렇지 않은 영역이 있다. 이미 나름대로의 세력화가 이루어진 노사관계의 경우나 지역감정과 같은 근본적 지역갈등의 경우 시민단체의 노력은 한계를 보일 것 같고, 이익집단들 간의 갈등에서 그 역할은 크게 작용할 것 같다. 각종 이익집단들의 주장과 국민 다수의 이해관계가 걸린 문제들(예: 의약분쟁이나 국민건강보험재정의 악화문제)의 경우 시민단체들의 중재가 필수적인 것으로 보인다. 소지역주의에 의한 갈등현상과 국가의 개발정책에 반대하는 지역주민들의 운동에 있어서 시민단체들의 중재역할 또한 매우 크다고 생각한다.

항간에 거론되고 있는 정치영역의 갈등, 특히 도지사 선거와 관련하여 나타나는 정치세력 간의 갈등은 정치영역 내에서 그 갈등 해소방안을 찾기보다 정치영역에서 초월해 있는 공익적 시민사회(시민단체)의 조정역할이 필요하다. 기본적으로는 각 진영의 지도급 인사 당사자들의 처절한 자기반성이 있어야 할 것이다.

넷째, 사법기관의 역할이 있다. 정치권의 극단적 분열과 양보, 타협정신의 부재로 사회통합의 책무를 충실히 이행하지 못하고, 정치권의 영향을 받는 행정부의 경우 소신을 가지고 제 역할을 수행하지 못하며, 이익집단과의 밀착현상으로 인하여 올바른 정책이 입안되고 집행되는 것을 기대하기 어려운 경우 법원이나 헌법재판소의 판결과 결정이 매우 중요하다. 근래 제주(강정)해군기지 건설과 관련하여 사법적 판단을 요구했던 예가 그것이다. 이는 법치주의하에서 사법적 판단이 갈등해소의 궁극적인 방법이 된다는 인식이 싹트고 있음을 의미한다. 법 특히 헌법은 갈등해소와 사회통합의 가치지표가 된다. 그러나 사법적 판단은 그 법적 정당성에도 불구하고 억압적 성격을 띠고 있기 때문에 갈등을 봉합하는 차원에 머무를 수 있다.

'어른집단'(사회지도층 인사)의 역할도 중요하다. 제주사회에 어른집단이 존재한다면 제주사회의 크고 작은 갈등 사안들의 해결에 중요한 구실을 할 수 있을 것이다. 그러기 위해서는 평소에 '사회지도층'이 '노블리스 오블리주'(noblesse oblige: 귀한 신분에 무거운 책무)의 자세를 견지함으로써 신뢰를 얻고 있어야 할 것이다.

사회지도층에 관련해서 보면 응답자의 81%가 사회지도층의 '노블리스 오블리주'가 사회통합에 도움이 될 것이라 응답하고 있고 사회지도층도 "솔선수범하여 사회에 부를 환원하고 자원봉사 등을 통해 결속력을 강화하는 것은 소득불균형을 해소하는 동시에 저소득층의 상대적 박탈감을 감소시켜 사회통합을 촉진하는 역할을 하게 될 것이라는 인식"(노대명, 2010: 54-55)을 하고 있는 것으로 나타나고 있다.

제주도에서 보면 갈등이슈의 본질적인 문제보다 더 중요한 갈등의 원인으로 작용한 것은 '갈등관리의 프로세스상의 문제점'이라 지적하고 있다.[9] 말하자면 제주사회에서 발생하는 갈등들은 이를 체계적으로 관리하지 못하여 일어난다는 것이다. 따라서 제주사회의 갈등을 예방하거나 조정, 해결하는 길은 합리적인 갈등관리 시스템을 정착시키는 일일 것이다. 정책결정과정에서 주민의 요구가 수렴되도록 하는 정치적 타협방식을 제도화해야 한다는 말이다. 다시 말하면 제주사회의 갈등을 조정, 해소하고 사회통합을 이루기 위해서는 신거버넌스체제를 도입할 필요가 있다는 점을 지적하고 싶다. 이는 중립적 협의체로서, 문제의 사안에 따라 구체적인 구성주체가 달라질 것이지만 그 주요 주체는 크게 정부, 정당, 기업, 시민단체, 주민대표, 전문가집단 등이 될 것이다. 앞에서 논의한 바 있는 사회협약위원회가 바로 그것이다.

2) 사회통합 · 갈등 관리시스템으로서의 사회협약위원회

제주도에는 2007년에 제정된 조례(제299호)에 따라 사회통합 갈등관리를 위한 공적 기구로 사회협약위원회가 조직, 운영되고 있다. 사회협약위원회는 정책협의 공동체의 성격을 가지고 갈등해소를 위해 사회적 합의를 이루어내는 역할을 하게 된다. 이를 통해 주민참여의 확대와 목표달성의 실효성을 제고할 수 있다.

---

9) 그 프로세스상의 문제점으로 정부주도적 정책결정 및 추진, 공공정책 및 사업관련 정보 공개의 미흡, 이해당사자 및 도민들과의 양방향적 의사소통의 결여와 이에 따른 신뢰의 저하, 적극적인 갈등의 조정 및 중재기구의 부재 및 노력 미흡 등을 들고 있다(한석지 외, 2009: 172).

민주적 거버넌스 체제로서의 사회협약위원회의 구성은 대체로 정치부문 주체, 시민단체, 일반시민(주민), 전문가 집단으로 이루어져야 하는데, 정치부문(정부와 정당)은 공공성을, 시민단체는 개혁성을 시민 혹은 주민대표는 민주성을, 전문가는 전문성을 가지고 사회갈등 조정에 개입함으로써 정당성을 갖게 된다. 이러한 정당성은 사회갈등의 당사자들로부터 인정을 얻어내는 기반이 된다. 어떤 정당성 요인이 더 설득력이 있을 것인가는 갈등사안의 성격에 따라 달라질 것이며 사회협약위원회를 구성하는 각 주체의 역할도 다르게 나타날 것이다.

사회협약위원회 조직의 존속기간은 일시적일 수도 있고 상시적일 수도 있으나 그 구성주체 간의 협력구조가 안정적일수록, 그 조정기제가 사회적으로 제도화될수록 사회적 신뢰도는 제고된다.

그러나 제주발전연구원의 연구보고(2009년 10월)에 따르면 전문가들은 '사회협약위원회의 권한과 기능 강화를 통한 독립적인 갈등조정기구로의 전환'이 필요하다고 보고 있으며 도민들은 기존의 공공갈등관리 시스템의 개선을 요구하고 있다(한석지 외, 2009: 233). 이는 갈등관리를 담당하는 기구로 출발한 사회협약위원회가 본래의 역할을 수행할 수 있도록 하는 방안이 마련되어야 한다는 것을 의미한다. 물론 근래 제3기 위원회에서는 전향적으로 그 운영의 묘를 살리려는 노력을 기울이고 있는 것으로 보이지만 그 제도적인 한계를 벗어나기 어렵다고 본다.[10] 사회협약위원회가 그 구실을 제대로 하기 위해서는 시스템을 제도적으로 바꾸어야 할 것이다.

이 글에서는 그 제도적인 장치로 신거버넌스(민주적 거버넌스) 시스템을 제안하고 있는 것이다. 사회협약위원회가 신거버넌스의 성격을 갖추어야 그 중립성과 공정성, 정당성을 확보하고 사회통합 · 갈등관리 기구로서의 제 구실을 할 수 있을 것이고 바람직하게 정착할 수 있을 것이다.

그래서 위원회는 〈그림 17-3〉에서 보는 것처럼 사회구성체 세 부문의 대표적인 주체의 상호의존적 네트워크형 조직으로 제3의 영역(거버넌스 영역)에 조합주의적 결사체의 성격을 갖고 구성되는 것이 옳다고 보는 것이다. 다시 말하면, 사회협

---

10) 사회협약위원회의 한 위원은 사회협약위원회가 그 현실적 · 제도적인 구조적 제약으로 인한 기능과 역할 수행의 한계로 갈등 예방 및 조정 · 관리기구로서의 기능을 발휘하기에 역부족하다고 스스로 지적한다(김진영, 2012).

약위원회는 정부, 시민사회단체, 이해 당사자(주민)가 모두 그 구성(참여) 주체가 되고 이들의 상호 파트너십과 네트워크를 기반으로 하여 운영되어야 한다. 다만 이 시스템은 공공갈등이 발생할 때마다 중앙정부와 제주사회가 직접 또는 간접적으로 충돌하는 양상을 보여왔다는 점을 고려하여 사안에 따라 중앙정부의 참여도 고려하는 것이 좋을 것이다. 현재처럼 관료제의 영역에 도지사 자문기구로 설치할 것이 아니라 사회구성체의 중립영역에 설치해야 정치중립성과 공정성을 확보할 수 있다.

사회협약위원회는 우선 위원회(committee)조직이 아니라 회의(council)체로 조직되어 독자성을 갖는 것이 좋다. 도지사에 부속된 보조기관, 자문기구로서 위계제 속의 심의기관이 아니라 도지사로부터 적어도 업무상으로 독립되어 자기 결정권을 갖는 합의제 의결기관으로서의 위상을 가져야 하는 것이다. 그 운영의 원리도 위계적이 아닌 팀제로 운영하는 것이 좋다. 팀제는 구성원들 사이에서 위계적이 아니라 수평적 관계로 운영된다. 사안에 대한 결정도 상호 토론과 협의로 이루어지는 체제이다.

그 활동에 독자성을 갖지만, 물론 결정된 사항을 도 집행부에 통보하고 도 집행부는 그 사안을 처리함에 있어서 위원회의 뜻을 존중해야 할 것이다. 그 운영에 대해서는 제주도에 설치 운영되고 있는 감사위원회의 모델이 참고가 될 것이다.

내부조직에서 보면 본회의와 소위원회를 상설로 구성하지만, 업무수행에 있어서는 특별 사안에 따라 태스크포스팀으로 별도 분과팀을 만들어 애드호크(adhoc)조직으로 구성 운영하는 것이 좋을 것이다. 이 팀조직은 특별 임시위원회 조직으로서 여기에는 갈등사안에 따라 이해 당사 주체를 반드시 포함시켜야 할 것이다. 시민사회부문의 개인(사적) 영역에 관한 갈등사안이라면 더욱 그러하다. 그래야 위원회의 결정에 당사자들이 승복할 수 있을 것이기 때문이다. 상설 본회의 위원으로 구성되는 소위원회는 애드호크형 조직의 분과위원회가 있는 한 옥상옥의 기구가 될지도 모른다. 다만 상임위원회는 갈등사안을 논의하는 과정에서 일정 역할을 할 수 있을 것인데 갈등유형별로 나누어 조직하는 것이 좋을 것이다.[11]

11) 대통령소속 사회통합위원회는 '계층', '이념', '지역', '세대'라는 명칭으로 그 분과위원회를 두고 있다(사회통합위원회의 홈페이지(http://www.harmonykorea.go.kr) 참조).

업무처리 절차에 있어서는 사안에 따라 조직되는 특별위원회에서 논의 합의되는 방안은 소위원회를 거쳐 본회의에 부의해 인준하고 그 결정내용을 도 집행부에 통보해서 그 처리를 요구하는 방식이다. 이 점은 사회협약위원회가 관료제가 아니라 애드호크라시(adhocracy)의 성격을 갖고 운영되는 데 있어서 매우 중요하다.

3) 사회자본 형성과 도민의 자세

사회통합을 위해서는 표면화된 갈등에 초점을 맞추고 이를 조정 · 해결하려는 것은 당연한 일이지만, 갈등이 야기된 원인을 찾아 예방하는 것이 보다 근본적인 사회통합대책이다(노대명 외, 2010: 31). 이를 위해서는 사회역량인 사회자본의 형성이 중요하다. 갈등이 자주 발생하는 것은 사회통합을 이룰 사회역량이 빈약한 때문이라 할 수 있는데 사회통합을 이루는 데 필요한 사회역량의 지표가 되는 것이 사회자본(social capital)이다.

사회자본에 대한 정의는 시대의 흐름에 따라 그리고 관점에 따라 다양할 수 있지만, 정서적 측면과 사회적 측면을 포괄하는 개념으로 파악하기도 하고(최종렬, 2003), 태도의 측면과 인프라의 측면을 포괄하는 개념으로 파악하기도 한다(OECD, 2000). 포괄적으로 종합해 보면 사회적 자본이란 사회발전을 촉진하고 안정화시키는 데 기여하는 중요한 무형의 사회적 자원으로서, 정서적 측면에서는 신뢰와 호혜성을, 사회적 측면에서는 유대의 정도를, 태도의 측면에서는 가치 · 이해 · 사회규범을, 인프라의 측면에서는 네트워크 등의 사회구조를 아우르는 개념으로 정의할 수 있을 것이다(강철희, 2010: 141).

사회자본 요인들로는 '경제사회적 격차와 박탈', '귀속감과 공공기관 및 타인에 대한 신뢰도', '준법의식과 법집행의 공정성', '사회참여와 헌신', 특히 '사회통합의식과 연대감' 등을 지적할 수 있다(노대명, 2010: 49).

한편 "국민들은 사회통합의 전제조건으로 경제적 약자 배려(30.7%) → 기회균등(22.1%) → 시민의식의 제고(21.3%) → 법치주의 정립(18.5%) 순으로 응답하고 있다."(노대명, 2010: 57-58) 사회 불평등의 심화와 사회적 신뢰도는 반비례의 관계에 있어서 사회적 불평등은 신뢰도를 떨어뜨리고 사회통합에 부정적인 영향을 미치게 되는 것이다.[12)]

법치주의와 준법의식은 같은 맥락의 요인인데, 준법의식에 관련해서 보면 한국 국민들이 법을 잘 지킨다고 보는 사람들(32.7%)보다 잘 지키지 않는다고 보는 사람들(33.5%)이 많다. 법집행의 공정성에 대해서도 공정하지 않다는 인식이 높게 나타나고 있다(공정하다 24.2%, 불공정하다 40.4%. 2005년 '국민의식조사'). 세계은행의 '세계가치관 조사'(1996~2006)에서는 법지배의 수준과 신뢰도 사이의 관계는 정비례의 관계에 있음을 보여주고 있다(노대명, 2010: 53).

사회자본 중에서도 신뢰도는 가장 중요한 자산인 것으로 보인다. 따라서 사회통합을 위해서는 사회적 자본인 신뢰성의 제고를 위한 노력이 필요하다. "사회지도층의 부정적 이미지가 강할수록 신뢰수준은 더 낮은 수준이라는 것"을 확인한 한 연구(강철희, 2010: 165)는 "사회지도층이 기존에 축적되어 있는 부정적 이미지에 대해 변화 노력을 행하지 않고는 신뢰는 요원한 주제"일 것이라고 주장한다.

우리나라에서 보면 사회지도층에 대한 부정적 이미지에 더하여 타인에 대한 신뢰도도 매우 낮다. '대부분의 사람을 믿을 수 있는가?'라는 실문에 30.2%만이 그렇다고 응답하고 있는데 이는 이탈리아(29.2)와 비슷한 수준으로 스웨덴(68.0%) 등 대부분의 선진국은 물론 중국(52.3%)보다 낮은 수준이다. 특히 처음 만난 사람은 10명 중 1.3명만이 신뢰한다고 응답했다(노대명, 2010: 52). 일반적으로 신뢰도는 정치사회적 투명성과 상관관계를 나타내고 있다고 하는데 우리나라에 있어서 정치사회적 투명도는 그리 높지 않은 것으로 나타나고 있다(이재열, 2009; 노대명, 2010: 60. "〈그림 45〉 일반 신뢰도와 투명성의 상관관계"에서 재인용).

신뢰도가 중요한 사회자본으로서 사회 갈등의 해소와 사회통합의 지속에 긍정적 영향을 미친다는 점을 감안하면 우리나라의 낮은 신뢰도는 사회통합이나 사회갈등 해소에 부정적 영향을 미치는 것이다. 따라서 우리나라의 사회통합이 취약하고 사회갈등은 빈발할 가능성이 크다고 볼 수 있다. 무엇보다도 정책 당국은 계획수립단계에서부터 정보를 공개하고 주민참여의 공론의 장을 마련해야 한다. 정보의 공개는 투명성의 전제이고 투명성은 신뢰의 기반이 될 것이기 때문이다.

제주도의 경우 앞에서 지적했듯이 제주 공공기관의 낮은 청렴도는 투명성의 결여를 초래하고 이어서 신뢰 상실로 이어진다고 볼 수 있는데 이런 점에서 제

12) 사회적 신뢰도와 소득 불평등의 관계는 노대명(2010: 58), 〈그림 42〉 참조.

주도는 그 공공기관의 청렴도를 제고함으로써 신뢰의 기반을 공고히 할 필요가 있다.

신뢰도에 더하여 도민통합에 중요한 것 중 하나는 일반시민들의 의식이요 태도이다. 이것은 사회자본의 하나이기도 한데, 모든 갈등형태, 그 갈등을 해결하고 사회통합을 이루는 사회 · 문화적 기반이 된다. 상반되는 서로 다른 견해가 때로는 사회 전체를 위하여 기능적일 수 있다고 보고 이를 용납하는 사회에서는 분쟁 시에 상대방과의 협상에 의한 타협이 일어날 가능성이 높다. 또한 일반적으로 사회 전체가 규범 및 중요 가치에 대해 합의가 이루어질수록 사회통제 메커니즘은 갈등 해결에 효과적으로 작용한다.

따라서 우리는 사회갈등이 사회통합을 저해하고 집단 · 지역 간 혹은 집단 · 지역 내의 분열을 초래한다는 인식에서 벗어나서, 긍정적이고 적극적인 입장을 취할 필요가 있다. 갈등의 해결을 위해서 무엇보다도 이해 당사자 간의 타협에 의한 합의가 필요하며 이를 위해 이해 당사자들은 배제가 아니라 포용의 미덕을 지닐 필요가 있다. 갈등의 사안을 사회적 협상과정 속에서 다루고, 장기간에 걸친 설득과 타협, 이를 통한 주민의 동의를 바탕으로 문제를 해결하려 할진대, 스티븐 코비(Covey, 2003)가 '성공하는 사람들의 습관'의 하나로 꼽은 바 있지만 나와 다른 의견을 '경청하는 태도'가 필요하다.

7. 결론

사회통합은 '융이이불일'(融二而不一)이다. '융이이불일'은 원효대사의 화쟁사상(和諍思想)의 토대인데 모든 분쟁을 조화시키는 통합의 원리를 말한다. 상반되어 보이는 두 가지를 융합하되 하나로 획일화하지 않는 것이며 다양성의 조화이다. 양자택일이 아니며 다름을 하나로 묶어 획일화하는 것은 더구나 아니다.

국제자유도시, 평화의 섬, 세계환경수도를 지향하는 제주특별자치도가 성공적이기 위해서는 제주사회의 갈등을 해소하고 '융이이불일'의 도민 대통합을 이룩해야 한다는 것은 두말할 필요가 없다.

이를 위해 다음 두 가지 측면에서 도민통합 · 갈등관리의 길을 간추려볼 수 있을 것이다.

하나는 갈등 제도화의 길이고 다른 하나는 도민의식의 전환을 포함하는 도민사회 역량의 강화이다.

갈등의 제도화는 도민통합을 위한 갈등관리의 제도적 장치를 마련하는 것이다. 정부 · 시장 · 시민사회 3부문의 주체들이 참여하는 회의체로서 신거버넌스(민주적 거버넌스)체제를 구축하여 잘 운용할 필요가 있다. 이는 주민들의 활력을 체계적으로 도입 활용하는 방안이기도 하다. 따라서 이미 설치 운영되고 있는 제주특별자치도사회협약위원회를 신거버넌스 개념에 접목하여 그 구성과 운영을 전향적으로 새롭게 할 필요가 있다.

이를 통하여 정책 입안단계에서부터 주민 의견을 수렴하고 주민에게 개관적이고 정확한 정보를 제공함으로써 상호 이해와 협력을 도모할 수 있게 될 것이다. 사회협약위원회는 이해 당사자와 전문가, 시민단체 혹은 대표 등이 참여하는 중립적 협의체로서 정책 결사체의 성격을 갖게 된다면 갈등해결을 위해 사회적 합의를 이루어가는 역할을 보다 효과적으로 하게 될 것이다.

지역갈등을 해소하는 근본적인 대책은 지역주민의 자율성을 사회자본으로 제고하는 것이다. 독일의 사회학자 하버마스(Habermas, 1981: 356-373)는 근대화에 따라 일상생활이 체제에 의해 식민화되는 현상('생활세계의 식민화')을 우려하면서 생활의 장에 묻혀 있는 주체들 간의 대화, 즉 공적 담론의 활성화를 제안한다. 일상생활이 영위되는 지역사회의 주민들이 합리적이고 이성적인 언로의 활성화를 통해서 행정(정치)이나 경제의 지배체제가 가하는 생활상의 억압을 극복해나가는 노력(소위 '장소의 정치')이 필요하다는 것이다. 정부부문의 주체는 억압체제에 대한 생활세계의 저항이 당연하다고 생각하는 의식전환이 필요하다.

일반적으로 공익과 사익의 충돌인 공공정책 갈등은 사업을 집행하는 당국의 비민주적 행정편의주의가 당해 지역주민들과의 사전적 논의의 과정을 무시해 버리는 데서 오는 경우가 많다. 지방자치시대를 맞으며 주민들의 민주주의적 의식이 높아지는 조건과 생활환경에 대한 관심이 고조되는 조건이 맞물려 나타나는 현상이다. 갈등의 사안을 기술합리적 정책결정으로만 다루지 말고 정치적 타협까지 포함하는 사회적 협상과정으로 다룰 일이다. 장기간에 걸친 설득과 타협, 이를 통한 주민의 동의를 바탕으로 문제를 해결해야 할 것이다. 무엇보다도 정책 당국은 계획 수립 단계에서부터 정보를 공개하고 주민참여를 위한 공론의 장을 마련해야 한다는 것이다.

특히 국책사업의 경우 국가(중앙정부)는 제주특별자치도의 지역적 '특별'함을 확실히 인식하고 제주지역사회에 접근해야 할 것이다. 다시 말하여 정책결정과정에서 제주도민의 요구가 수렴되도록 하는 정치적 타협방식을 제도화해야 할 것이다.

제주도민들의 의식의 전환도 필요하다. 열린 마음, 열린 자세로 상대주의적 가치관을 가지고 사회문화의 다양성을 수용하는 자세를 갖추어야 한다. 화이부동(和而不同), 다름을 인정하면서 이루어지는 통합이 통합의 진면목이다. 이제 도민들은 다름에 대한 사고의 유연성을 가져야 한다. 열린 시대 강한 사회의 형성을 위하여 내면의 태도, 의식에서부터 달라져야 한다. 의식은 행동의 뿌리이기 때문이다.

중요한 것은 이분법적 사고를 극복하는 일이다. 이분법적 사고 속에서는 토론과 타협을 통한 절충이 불가능하고 사회적 합의가 이루어지기 어렵기 때문이다. 이분법적 사고는 아군 아니면 적군으로 규정함으로써 의견의 다양성을 거부한다. 이런 경직된 사고는 민주주의의 적이요 급변하는 시대에 유연하게 적응하는 데도 해롭다는 것은 두말할 필요가 없다. 다양성이 존중되는 시대에 우리는 다양성에 익숙해지지 않으면 안 된다. 국제자유도시로서의 제주특별자치도의 성공적인 정착을 위해서 이 점은 매우 중요하다. 의식전환을 위한 학교교육이 중요하고 평생교육의 시대에 갈등관련 시민교육 프로그램을 개발할 필요도 있을 것이다.

국제자유도시로의 제주특별자치도의 출범과 평화의 섬, 세계환경수도로의 도약은 어쩌면 제주사회 천년을 기획하는 대프로젝트이다. 이 대전환기를 맞으며 생각해야 할 문제는 우리의 역량이요 준비태세이다. 이를 위해 제주는 열린 공간으로 새 시대를 맞이하여 다양성을 포용하는 강한 체질을 구축해 나아가야 할 것이고 사회협약위원회는 신거버넌스체제의 민 · 관 파트너십을 유연하게 유지 운영하여 갈등을 현명하게 풀어가는 제도적인 장치가 되도록 개선되어야 할 것이다.

갈등의 없음이 아니라, 갈등을 잘 관리 · 조정하여 극복함으로써 만들어지는 통합이 진실로 사회통합이 갖는 진면목이다. 이것이 건강한 사회의 모습인 것이다. 그러니까 갈등을 두려워할 일은 아니다. 갈등을 해결해 나가는 시스템과 그런 역량이 없음을 탓해야 할 것이다.

참 / 고 / 문 / 헌

강철희(2010), "사회지도층에 대한 태도 및 이미지와 사회적 자본의 관계에 관한 연구: 계층갈등 완화를 위한 사회적 책임 강화 방안 모색," 한국의 사회 갈등과 통합방안, 한국사회학회 심포지엄 발표자료.

김두환(2005), "사회갈등해결에서 숙의적(熟議的, deliberate) 시민사회참여와 대안적 분쟁해결 접근 비교 -전력정책 합의회의와 한탄강 댐 조정소위를 사례로-", 『시민사회와 NGO』, Vol. 3, No. 1, 한양대학교 제3섹터연구소.

김병조(2010), "한국 계층갈등의 특성과 계층갈등 완화 방안," 『한국의 사회갈등과 통합방안』, 학술심포지엄 자료 한국사회학회.

김진영(2012), "제주특별자치도의 사회통합 정책과 향후 과제 - 제주특별자치도 사회협약위원회 활동, 한계 그리고 과제", 대통령 소속 사회통합위원회 전국지역협의회의장단 워크숍, 제주그랜드호텔 발표자료, 2012.9.24.

노대명(2010), "한국의 사회통합의식과 국민의식: 사회통합위원회국민의식조사 분석 결과를 중심으로," 『한국의 사회 갈등과 통합방안』, 한국사회학회의 심포지엄 발표자료.

노대명 · 강신욱 · 김호기 · 이동원 · 유진영(2010), "한국사회통합의식에 관한 연구", 사회통합위원회 보고서, 2010-1, 대통령소속 사회통합위원회.

송희준(1999), "국가와 시민사회의 관계 - 이론적 개관과 실천적 전망 -," 한국행정연구원, 『한국행정연구』, 8권 1호, 봄호.

원효(元曉)대사 술(述), 『금강삼매경론(金剛三昧經論)』, 서(序).

이재열(2009), "무너진 신뢰, 지체된 투명성," 정진성 · 이재열 · 박경숙 · 정재기 · 남은영, 『한국사회의 트렌드를 읽는다』, 서울대학교 사회발전연구총서 26, 서울대학교출판부.

지속가능발전위원회(2005), 『공공갈등관리를 위한 이론과 기법』, 상권, 논형.

최종렬(2004), "신뢰와 호혜성의 통합의 관점에서 바라본 사회자본," 『한국사회학』, 38집, 6호.

하승우(2007), "공공갈등과 지역시민사회: 직접민주주의적인 해소방안에 대한 이론적 고찰", 중점연구 2차 과제 워크숍 자료집, 한양대 제3섹터연구소.

한석지 · 고승한 · 정진현 · 고경민(2009), 『제주특별자치도의 갈등사례분석과 갈등관리 방안 연구-제발연 현안연구 2009-14』, 제주발전연구소.

한양대 제3섹터연구소(2008), 『민주적 거버넌스와 국가-시민사회 파트너십』, 학술진흥재단 중점연구소 3단계 결과보고서.

Cohen, Jean L., & Andrew Arato(1992), *Civil Society and Political Theory*, Cambridge, Mass: MIT Press.

Covey, Stephen R.(스티븐 코비)(2003), 『성공하는 사람들의 7가지 습관』, 김경섭 옮김, 김영사(원제 *7 Habits of Highly Effective People*).

Dahrendorf, Ralf(1959), *Class and Class Conflict in Industrial Society*, Stanford: Stanford Univ. Pr.

Gramsci, A.(1971), *Selections from the Prison Notebooks*, International Publishers.

Habermas, Jügen(1981), *The Theory of Communicative Action, Vol. 2: Lifeworld and System: A Critique of Functionalist Reason,* tans. Thomas McMarthy, Beacon Pr.

OECD(2000), *Human and Social Capital and Sustained Growth and Development, Reconciling New Economies and Societies: The Role of Human and Social Capital,* Paris: OECD.

Toffler, Alvin(앨빈 토플러)(1993), 『미래쇼크』, 이규행 옮김, 한국경제신문사.

대통령소속 사회통합위원회 홈페이지(http://www.harmonykorea.go.kr), 2012.11.18.

박태순(2007), "지자체 갈등의 유형과 특징", 풀뿌리자치연구소 '이음'(http://grassroot.or.kr), 풀뿌리아카이브, 2012.11.18.

한라일보, 2012년 11월 28일자 기사.

CHAPTER

18 제주 사회 · 문화 연구 개관

– 사회학 · 인류학적 연구의 실적과 과제 –

1. 제주 사회 · 문화 연구의 필요성과 이 글의 성격

제주 사회는 그 지리적 조건과 역사 · 문화적 특성 등 육지부 사회에 비하여 다음과 같은 특유의 성격을 갖는다고 하겠다.

① 도서로서의 성격은 지리적 협소성과 외부세계와의 단절성을 초래한다. 이는 다음의 ②, ③에 관련된다.

② 한국문화권의 주변사회로서 변화의 속도가 느리고 그 폭도 좁다.

③ 자원부족의 상황 속에서 자기 충족적 생활권을 형성한다.

④ 공업입지조건이 불리하여 육지부 사회와는 다른 사회구조, 즉 보다 동질적인 사회의 성격을 띠고 있다.

⑤ 외부세력에 의한 피억압적 수탈의 역사적 경험을 갖고 있다.

이러한 특수성 속에서 살아온 제주인은 육지부 사회와 구별되는 성격을 가진 오늘날의 제주사회를 이룩해 놓았다. 그리하여 제주사회는 사람들의 호기심을 끌기에 충분하고 이 호기심이 학문하는 이들에게 있어 제주사회 연구에 대한 열의로 나타나고, 제주사회 연구의 필요성과 가치를 강조하게 된다.

장주근 교수는 그의 논문 "지역연구의 표본사회로서의 제주도"(『제주도연구』, 1집, 1984)에서 제주도가 가진 '지역연구의 표본사회'로서의 학술적 가치를 강조하면서 "제주도가 가지는 학술적 가치는 인문, 사회, 자연과학의 전 분야에 걸친다"고 주장하고, 같은 책의 "연구 노우트"에서는 "학술자원의 개발이 여타 자원들을 참답게 개발하는 기본 지식이나 방침을 제시해 주는 경우들이 많다"고 본다.

특히 근래에 이르러 제주도가 관광지로 각광받게 되면서 제주 고유의 모습이 크게 변모할 것으로 봤을 때, 유입되는 외래문화가 어떻게 제주의 토착적 요소와 결합될 것인가는 흥밋거리가 아닐 수 없다.

이 점은 이부영 교수의 글 "제주도민속의 정신의학적 연구 전망"(『제주도연구』 1집, 1984)에서 적절히 지적되고 있다. 즉 "관광문화와 상업주의 문화가 제주도 문화를 어떻게 변모시켜 가며 제주도인의 심성에 어떻게 영향을 주게 될 것인가. 이런 문화 수입과 지형, 습속의 문화 적응상의 문제가 바야흐로 제주도 문화연구의 화급한 과제이기도 하다"고 본다.

조혜정 교수는 그의 글 "제주도 연구의 필요성-문화인류학적 관점에서-"(『제주도연구』, 1집, "연구 노우트", 1984)에서 "제주도는 우리나라 문화와 민족성을 연구하는 데 꼭 필요한 비교적 관점을 제공할 것"이라 하고 "육지문화에서 절대적이라고 믿어오던 많은 가치와 관습들이 어떻게 제주에서는 변형 수용되거나 거부되었는지, 왜 그런지에 대한 과학적 분석을 통하여 우리는 구태여 외국에 나가지 않고도 많은 새로운 사실들을 알게 될 것이며 스스로의 위치를 더 잘 이해하게 될 것"이라고 주장한다. 이광규 교수도 제주대학교 탐라문화연구소에서 주최한 제2회 탐라문화학술회의에서 '제주연구의 현황과 전망'이라는 주제하에 발표한 "사회학적 측면"(『탐라문화』, 제3호, 1984)의 결론부분에서 "제주도의 사회구조는 … 한국의 문화나 사회의 보다 원초적인 형태를 보존하고 있다는 생각을 갖게 하며 이 방면의 연구가 더욱 진행되어야 할 것으로 생각한다. 말하자면 한국이 보다 유교화되기 이전의 문화 유형과 사회구조를 알 수 있는 것은 제주도의 것을 탐구함으로써 밝혀질 것"이라고 주장한다.

그럼에도 불구하고 제주 사회 · 문화에 대한 연구는 상대적으로 저조한 상황이었다. 이 점에 대해서는 『제주도지』(1982년 간행)가 '학술'란에서 "사회분야는 다른 분야에 비하여 그 실적이 별로 두드러지지 못하다"고 지적하고 있다.

사회학 및 인류학적 연구도 여기에 해당되는데 그 업적물들이 많지 않은 것은 사실이지만 근래에 제주도 연구의 필요성이 강조되면서, 그리고 제주대학에 사회학과가 설치되고 사회학자와 인류학자가 부임하면서 그 연구물들이 속속 발표되고 있다. '탐라문화연구소'와 '제주도연구회'의 제주연구 및 그 분위기 조성을 위한 노력도 높이 평가할 만하다.

이 글은 그 연구물들을 중심으로 연구 동향을 살펴보려 하는데, 다만 그 내용을 검토, 평가하려는 의도는 없고 논지의 제목을 관련분야별로 묶으면서 개관하려 한다. 그리고 종래 이 분야에서 일어났던 논쟁의 내용을 소개하고 앞으로의 제주사회 연구의 과제 및 전망을 제시해 보고자 한다.

2. 연구실적의 개관

해방 후 제주 사회 · 문화에 대한 연구의 본격적인 접근은 그 전문성의 관점에서 보면 1959년 7월 당시 '제주도 종합학술 조사단'의 한 부서로 편성되어 내도한 '사회학반'에 의하여 이루어졌다고 하겠다(이에 대한 내용은 한상복, "제주도 종합학술조사(1959) 개요", 『제주도연구』, 1집, 1984. 특히 '사회학반'의 활동에 대해서는 p. 315를 참조할 것)

그러나 거슬러 올라가면, 국문학에서 사회학으로 그 전공을 바꾸었다고 하는 泉靖一의 글이 있다. 즉 경성제국대학교 학사논문인 "제주도: 사회 인류학적 연구"(1938)를 비롯하여 "제주도와 떨어진 반도의 지리와 풍속"(『족과 전설』, 11-2, 1938), "동경에 있어서의 제주도인"(『일본민족학 연구』, 16-1, 1951), "제주도의 친족조직"(명치대학, 『정경논총』, 20, 1951)이 있다. 이들 글은 그 후 泉靖一이 1965년 다시 내도하여 쓴 글 "제주도에 있어서의 30년"과 묶어서 『제주도』(동경대학출판회, 1966)라는 단행본을 엮어내었다.

이 책에 대한 서평은 우리나라에서 최재석에 의해 이루어졌지만("서평: 泉靖一 저, 『제주도』, 동경대출판회, 1966", 『문화인류학』 7집, 한국문화인류학회, 1975. 최교수의 논평에 대해서는 이 글의 다음 절에서 다루었다.) 그보다 먼저 일본인 宮原兎一은 이 책이 제주도의 "기초적 문헌으로서, 또한 다른 지역과의 비교연구의 자료로서 큰 가치를 갖고 있다"고 찬양한 바 있다(宮原兎一, "서평: 泉靖一 저, 『제주도』", 『조선학보』, 44집, 조선학회, 1967).

이 책의 1부와 3부는(이 책의 내용은 제1부 제주도 민족지, 제2부 동경에 있어서의 제주도인, 제3부 제주도에 있어서의 30년으로 엮어져 있다) 제주도 현지조사에 의거한 것인데, 현지조사지는 북제주군 조천면의 교래리, 대흘리, 북촌리, 와산리, 신촌리와 제주읍의 화북리 등 6개 마을과 우도(?)라고 한다.

泉靖一의 글 이외에 1950년대 이전에 제주사회의 사회학 · 인류학적 주제를 다룬 글로는 비전공자의 것이 있다. 즉 석주명의 『제주도의 생명조사서: 제주도 인구론』(1949)과 최학선의 "제주도 민요에 나타난 해녀의 생태"(『현대문학』, 4-12, 1958)가 있다. 석주명의 『제주도 수필』은 1968년에 발간된 것이긴 하지만 1940년대의 제주에 관한 기록으로 중요한 문헌이 되고 있는데 특히 이 책의 III편 중 '사회' 및 '인구 · 특수부락'이라는 항목은 사회학 및 인류학적인 자료를 제공해 준다.

이상에서 언급한 바와 같이 제주 사회 · 문화 연구는 1950년대까지 극히 저조한 상황에 머물러 있었다. 그러다가 1960년대에 이르면서 다소간 연구물들이 나오게 되는데 이하 이 글에서는 그 연구물들을 관련분야별로 나누어 개관해 보려 한다. 연구업적물들은 다음과 같은 7개 분야로 나눌 수 있을 것이다. 즉 ① 가족 · 친족 ② 지역사회 ③ 문화 ④ 사회심리 · 의식 ⑤ 인구 ⑥ 종합적 보고서류 및 기타

이 분류는 합의된 학문적 분류가 아니고 서술상의 편의에 따른 것인데 ②의 '지역사회'분야에는 농 · 어촌마을에 대한 사례연구에서부터 제주도 전체를 포괄하는 사회학 및 인류학적 주제의 연구, 그리고 도시에 대한 연구가 포함된다. 지역사회개발에 대한 연구물도 이에 포함시키려 한다(⑥의 '보고서류 및 기타'의 서술은 생략한다).

1) 가족 · 친족 분야

가족 · 친족 분야의 연구는 泉靖一의 저술 『제주도』(동경대출판회, 1966) 이래 가장 활발히 이루어졌다. 특히 연구에 대한 비판이 활발하게 이루어진 점은 특기할 만하다.

이 분야의 연구실적을 보면 1960년대에는 泉의 것 이외에 별다른 것이 없으나 1970년대에 비교적 많은 연구가 나왔다. 특히 최재석의 업적은 두드러진 바 있다. 최 교수는 1975년부터 1978년 사이에, 남제주군 삼달리를 대상으로 현지조사를 행하여, "제주도 잠수가족의 권력구조"(『동양학』, 5집, 단국대 동양학연구소, 1975) 등 11편의 논문을 계속 발표하였고, 1979년 다른 논문 두 편, 즉 "가족의 역할구조"와 "장례와 친족조직"을 더하여 『제주도의 친족조직』(일지사, 1979)을 출간하였다.

그 외에 현용준 교수의 "Family and Religion in South Korea, Chiefly Based on Cheju Island"(*The Symposium on Family and Religion in East Asia Countries*, Vol. XL, No. 1-04, 1972), 일본인인 佐藤信行의 "제주도의 가족"(中根千枝 편, 『한국 농촌의 가족과 제의』, 동경대출판회, 1973)이 있다. 사회학이나 인류학 전공자는 아니지만 가정학 쪽에서 발표된 글이 있는데 김양순의 "제주도의 가족생활 실태 일부에 관한 연구"(『대한가정학회지』, 15권 1호, 1977)와 김혜숙의 석사논문 "제주도 가정에서의 부부관계"(성신여대 대학원 석사논문, 1977)이 그것이다. 1979년 제주도의 지원을 받아 제주대학 탐라연구소가 개최한 '탐라정신 탐구' 세미나에서 현용준은 "민속을 통해서 본 탐라정신"을 발표한 바 있는데 이 발표에서 제주도 가족구조의 문제가 부분적으로 다루어지고 있다.

1980년대에 들어서면 최재석 교수의 저서 『제주도의 친족조직』에 대한 논쟁이 김한구 교수(당시 제주대학 사회학과 교수)에서 시작된다.("3. 연구의 논평과 논쟁" 참조) 그 외에 본격적인 연구라 할 수는 없지만 이창기 교수가 쓴 "제주도의 가족관계"(뿌리깊은나무사 편, 『한국의 발견-제주도편-』, 1983)가 발표되었고, 이광규 교수가 탐라문화연구소에서 주최한 '제주연구의 현황과 전망'이라는 주제하의 학술회의에서 제주의 가족 · 친족관계의 내용을 다루고 있다(이광규, 1984).

2) 지역사회 분야

이 분야의 1960년대 연구물로는 1968년 아시아재단의 지원에 의해 이루어진 현용준 교수의 "제주도의 해촌생활 조사연구"가 있는데 이는 민족지적인 글로서 1970년대 이후 민족지적 현지조사의 시발점이 된 것으로 보인다. 현 교수는 다시 1970년대 『논문집』(2집, 제주대)에 "제주도 해촌생활의 조사연구(1)"을 발표하였다. 1960년대 제주도의 농촌사회에 대한 본격적인 연구로는 노창섭, 강우철, 김종서 등 세 교수의 공동연구인 "제주도개발 농촌지역의 연구—신효리 부락의 사회, 경제 및 교육적 분석과 평가—"(이화여대 80주년기념 논문집, 사회과학편, 1966)가 돋보인다. 그 이후로는 1970년 후반까지 별다른 연구물이 없는 가운데 조혜정 교수의 연구가 두드러진다. 조 교수는 제주도의 해녀마을 우도를 대상으로 하여 박사논문 "An Ethnographic Study of a Female Diver's Village in Korea"(캘리포니아

대학 박사학위논문, 1979)를 썼으며 이를 바탕으로 "Neither Dominance: A Study of a Female Diver's Village in Korea"(*Korea Journal*, 19-16, 유네스코 한국위원회, 1979)를 발표하였다. 그 외에는 필자의 석사논문 "지역사회개발 리더십에 대한 유형론적 고찰: 제주도 농촌지역 사회의 조사 · 분석"이 있는 정도이다.

그러다가 1980년대에 들어서서 제주대학에 사회학과가 정식 인가되고 사회학 전공자 및 인류학 전공자들이 부임하면서 이 분야의 연구가 활기를 띠기 시작한다. 신행철 · 김태보의 "새마을운동과 지역개발"(『새마을운동 10주년 기념논문집』, 제주도, 1980)은 '80년대 초기의 연구가 된다. 1981년 이후 필자는 농촌마을 단위에 있어서의 권력구조에 관심을 갖고 제주도 전체를 모집단으로 하여 표집된 마을 현지조사를 거듭 실시하면서 이를 바탕으로 4편의 논문을 발표하였다. "한국농촌 지역사회의 권력구조에 대한 연구: 제주도의 행정단위 부락을 중심으로"(『논문집』, 12집, 제주대, 1981), "한국 농촌개발엘리트 집단의 구조와 성격: 제주도 행정리 '이개발위원회'에 대한 지역사회 권력구조론적 고찰"(『논문집』, 16집, 제주대, 1983), "한국농촌 지역사회의 특성과 그 권력구조 유형간의 관련성에 관한 연구: 제주도 행정리를 대상으로"(『논문집』, 18집, 제주대, 1984), "제주농촌 마을의 권력구조와 제주도의 하위지역권"(제주지역 세계평화교수협의회 제4회 학술세미나에서 발표, 1985년 10월)이 그것인데 이들 논문 중 1981년의 것은 1982년 대한민국 학술원에서 '우수논문'으로, 1984년의 것은 1985년 한국학술진흥재단에서 '최우수 논문'으로 각각 선정된 바 있다. (후에 학술원의 학술논문 평가기능이 학술진흥재단으로 이관되었다.)

정대연은 1984년 "제주시의 생태학적 구조분석"(『탐라문화』, 제3호, 제주대 탐라문화연구소, 1984)을 발표하였는데 이는 도시기능들의 적정분포를 알아보려는 것으로 제주도에서는 도시를 대상으로 하는 최초의 연구에 해당한다고 보겠다. 한편 조혜정은 "제주도 해녀사회연구: 성별분업에 근거한 남녀평등에 관하여"(한상복 편, 『한국인과 한국문화』, 심설당, 1982)를, 전경수는 "생물가스 이용에 관한 사례연구: 제주도 송당리를 중심으로"(『제주도연구』, 제1집, 제주도연구회, 1984)를 각각 발표했으며, 석사논문으로 김준희의 "감귤재배에 따른 농촌의 경제적 변화: 제주도 위미리의 사례"(서울대 석사논문, 1983)가 있다. 그리고 김석준은 제주도 중산간의 세 개의 마을을 대상으로 현지조사하여 "제주도 중산간 부락민의 계 집단 참여와 사회적 유대"(제주신문창간 40주년 기념 심포지엄 및 제주도연구회 제1차 전국학술대회, "제주도의 보존과 개발", 1985년 11월)를 발표하였는데, 이는 제주도의 지원으로 부만근 외 3인과 공동으로 연구하는 "중산간 유휴지의 개발 활용 방안"(제주대학 사회발전연구소, 1985)의 자료에 의거한 것이다.

3) 문화 분야

이 분야는 주로 인류학 전공자들에 의해 독점적으로 연구되어 왔다고 보는데 이는 그 전공의 성격으로 보아 당연한 것이라 하겠다.

민속분야를 제외하고 보면 제주문화에 대한 연구는 1960년대에는 전무한 상태이고 1970년대에 들어와서는 1975년 현용준의 "제주도의 기층문화"(『문화인류학』, 7집, 1975)가 고작이다. 다만 비전공자의 글로서 양상익의 "제주도 전통문화에 미친 외국인의 영향"(『논문집』, 5집, 제주대, 1973)이 있다.

그러다가 1980년대에 들어서면서 이 분야의 연구가 활기를 띠기 시작한다. 1984년도에 제주도연구회의『제주도연구』, 제1집에 유철인이 "일상생활과 도서성: 제주도문화에 대한 인지인류학적 접근"을, 이기욱이 "도서와 도서민 마라도"를 각각 발표하였는데 이 교수는 그의 석사논문으로 "도서문화의 생태학적 연구: 제주도 인근 K도를 중심으로"(서울대 석사논문, 1984)를 쓴 바 있다. 미국의 미시간대학에서 박사과정을 마친 김성례는 제주도에서 현지조사를 하여 박사학위논문을 쓰려는 과정에서 "Healing Rite of Cheju Simbang in Korea: A Preliminary Analysis"(『제주도연구』, 제1집, 1984)를 발표하였다.

1985년에 들어서서는 유철인이 제주지역 세계평화교수협의회 제3회 학술세미나에서 "제주도와 육지부 간의 사회접합: 제주사회구조와 문화적 정체성"을 발표하고 이어서 제17회 한국문화인류학 전국대회(1985년 10월 한양대학교에서 개최)에서는 "제주도와 육지간의 사회접합과 문화적 정체감"이란 제목으로 발표한 바 있으며, 조혜정도 같은 대회에서 비슷한 시각의 논문 "근대화에 따른 성 역할구조의 변화: 제주도 사례를 중심으로"를 발표하였다.

한편, 제주신문 창간 40주년기념 제주도연구회 학술 심포지엄(1985년 11월 로얄호텔에서 개최)에서는 "제주도 민속문화의 보존과 개발 방향"(현용준), "제주도의 관광개발과 지역문화 보전을 위한 제언: 관광인류학적 입장"(전경수), "제주도

선주민문화에 대한 일고찰: 고고학 측면에서"(이청규) 등이 발표되었다. 사회학, 인류학전공자의 글은 아니지만, 송성대의 "제주문화의 재조명: 삼무문화의 기원"(제주지역 평화교수협의회 제2회 학술세미나에서 발표)과 고창훈의 "제주문화의 사회과학적 이해에 관한 연구"(『제주도연구』, 제1집) 등도 보인다.

4) 사회심리 · 의식 분야

제주인의 의식에 관한 연구로는 박재환이 성곡학술문화재단의 연구보조비에 의해 연구한 "인간상호작용에 관한 제주도민의 사회의식: 민속자료를 중심으로"(『논문집』, 9집, 제주대, 1977)가 적어도 사회학 전공자의 것으로는 처음의 것이 아닌가 생각한다.

그 뒤 제주대학 통일안보연구소 교수팀이 제주도의 재정지원으로 "제주도민의 의식구조 조사 · 연구"(1978)를 행한 바 있고, 역시 제주도의 재정지원에 의해 제주대학 탐라연구소가 주최한 '탐라정신탐구' 세미나에서 도민의식을 다루었는데 이는 현평효 외 7인의 명의로 『논문집』(11집, 제주대)에 게재되었다.

1980년에는 필자가 앞에서 언급한 통일안보연구소의 조사자료를 재조직하여 "제주도민의 사회 · 문화의식상의 전통성"(『논문집』, 11집, 제주대, 1980)을 발표하였고, 1985년에 역시 필자가 김진영 공동으로, 한국방송공사 제주방송국의 요청으로 "제주인의 의식구조"(제주대학교 사회발전연구소, 1985, 조사연구보고서 등사본)를 내놓은 바 있다.

5) 인구 분야

이 분야의 연구는 강상배, 이창기 두 교수에 의하여 독점되고 있다.

1970년대에는 강상배에 의해 "제주도내 인구에 대한 연구"(『논문집』, 5집, 제주교육대, 1975), "제주시 인구에 대한 연구"(『논문집』, 7집, 제주교육대, 1977), "제주도의 지역별 인구증감에 관한 지리학적 연구"(『논문집』, 8집, 제주교육대, 1978) 등 세 편의 인구분야 연구가 있다. 1980년대에 들어서서 다시 강상배는 "제주도 인구의 성비변화에 대한 연구"(『논문집』, 12집, 제주교육대, 1982)를 발표하였다. 이창기는 1982년 두 편의 인구 분야 논문을 발표하였는데, "제주도의 성별 · 연령별 인구구성"(『인구보건논집』, 2-2, 1982)과 "제주도의 인구성장"(『탐라문화』, 창간호, 제주대 탐라문화연구소, 1982)이 그것이다. 이창기는 1985년에 다시 인구 분야 논문을 발표하였는데 "제주도의 인구이동: 1965-1980"(제주신문 창간 40주년기념 제주도연구회 학술 심포지엄, "제주도의 보존과 개발"에서 발표, 1985.11)이 그것이다.

이상의 각 분류영역에 들어가지 않는, 해외동포에 대한 연구물도 있다. 필자와 고성준 교수가 집필한 "재일동포와 통일문제"(제주신문사 통일문제연구소, 1979)와 필자의 "재일제주교포: 그 소수집단으로서의 성격과 계층구조"(『탐라문화』, 창간호, 제주대 탐라문화연구소, 1982)가 그것이다.

그리고 사회학 및 인류학적 전문성이 결여되어 있긴 하지만 제주도를 다루는 각종 보고서나 출판물은 대개 제주도의 '사회', '가족' 등 사회학 및 인류학적 주제를 포함하고 있어서 제주사회 연구에 적지 않은 도움이 되고 있다.

3. 연구의 논평과 논쟁

제주 사회 · 문화의 연구 실적을 개관하는 과정에서 특히 흥미를 끄는 것은 연구물에 대한 논평이 활발한, 그리하여 때로는 논쟁에까지 이르는 분야가 있다는 점이다. 학문은 비판이요, 비판의 여지가 없는 학문은 발전의 여지가 없는 것이라고 할 수 있으므로 연구영역에 논평, 논쟁이 있다는 것은 그 영역의 발전을 위해 중요한 의미를 갖는다고 할 것이다. 더구나 종래 비판부재의 학문풍토 속에서 비판이 건전하게 이루어진다면 이는 커다란 학문적 공헌이 되는 것이다.

이에 필자는 여기 소개하는 논쟁의 가치를 크게 사고자 한다. 그러나 이 글은 그의 단순한 소개에 그치고 스스로 그 논평이나 논쟁에 평자가 되려 하지 않는다.

제주 사회 · 문화의 연구에 관련한 논평이나 논쟁은 가족 · 친족 분야에서 집중적으로 일어났는데 그 내용은 ① 泉靖一에 대한 최재석의 논평 ② 김한구가 최 재석에 대한 논평에서 이어지는 두 사람 사이의 논쟁 ③ 전경수의 최 교수에 대한 논평 ④ 이광규의 '논쟁'에 대한 중재(?)로 나누어볼 수 있다.

① 泉靖一의 『제주도』에 대한 최 교수의 논평은 한국문화인류학회지인 『한국문화인류학』, 7집(1975)에 "서평"으로 실렸다. 그 의심스럽거나 잘못된 것으로 지적

하는 내용을 소개하면 다음과 같다. (최 교수는 "필자의 감상을 적어보고자 한다"고 하였다.)

첫째, 구체적이고도 충분한 자료의 제시 없이 때로는 들은 이야기에 의지하여 일반화를 시도한 점

둘째, 말자(末子) 상속적인 가족제도를 갖는다든가 처가는 현저하며 모계적이라는 점

셋째, 해촌 가족에서는 여자가 지배하고 농촌 · 산촌에서는 남자가 독재적으로 지배한다는 점

넷째, 농 · 산촌에서는 경제적 이유에서 남편이 출가하는 데 대하여 해촌의 남자는 처가 지배하는 집이 싫어서 정신적 이유에서 출가한다는 점

다섯째, "결혼 첫날밤 신부가 신랑의 옷을 벗긴다"는 일반화

여섯째, 여자는 토지를 소유할 수 없기 때문에 주부가 될 수 없는 성인여자는 토지가 없어 살아가기 어렵기 때문에 제주도에는 첩이 많다고 한 점

이러한 비판적 시각은 최 교수가 후일『제주도의 친족조직』을 집필하는 동기의 하나가 되었다고 한다.

② 최재석과 김한구 사이의 논쟁은 김한구가 1979년 2학기 제주대학에 객원교수로 부임하면서 최 교수의 저서인『제주도의 친족조직』을 비판하는 서평 논문("최재석 저,『제주도의 친족조직』",『한국학보』, 19집, 1980)을 발표하면서 비롯된다.

최 교수의『제주도의 친족조직』(일지사, 1979)은 1975년부터 1978년 사이에 남제주군 성산면 삼달리를 대상으로 현지조사를 한 자료를 중심으로 쓴 가족과 친족에 대한 논문 12편을 모아놓은 책이다.

이에 대한 김 교수의 논평은 신랄한 것이었다. 그 논평의 내용은 요약건대, ① 인류학적이라고 자처하면서도 어떤 인류학적 학설이나 그 논법을 연구에 적용하지 않았으며 방법론상에도 문제가 있다. 그리하여 인류학적 amateurism을 professionalism으로 행사해 보려 하였다. 그러나 역부족이었다. ② 가족유형에 있어서 부부가족 혹은 핵가족제도를 영위한다고 보는 것은 잘못이고 오히려 혈연가족

및 직계가족이라고 불러야 옳다. ③ 제주도의 철저한 분가 관행의 요인으로 최 교수가 유교적 부모중심 가치체계의 약화, 경제적 빈곤, 근면하지 않으면 생활할 수 없는 특수한 환경을 드는 것은 dogmatic(전단적)하다고 비판하고 부모들의 노령에서 오는 활동력의 감퇴가 그 요인이라고 지적한다. ④ 대상이 되는 S마을에 있어서 최 교수가 주장하는 동일부락 내혼이 결코 대표적인 것이 못 되고 부락 내혼이 결코 문중조직을 약화시키는 것이 못 된다고 하고 결론적으로 ⑤ 건전치 못한 사이비 사회학이나 인류학의 추구를 지양할 것을 촉구한다.

이에 최 교수는 1980년 가을 제주도연구회의 한 발표에서 "제주도 친족구조 연구의 문제점"을 다루고 『한국학보』 20집에 김 교수의 논평을 반박하는, "사회과학의 기초소양, 『제주도의 친족조직』에 대한 김한구 씨의 서평의 경우"를 발표하였다. 여기서 최 교수는 김 교수의 논평을 "학문의 기초적 소양을 의심케 하는 글"이라고 우선 서평의 태도를 준열히 논박하면서, 가족유형의 문제, 제주도 농촌마을의 빈곤 여부, 핵가족이 발생하는 요인, 부락 내혼의 문제, 부계친과 모계친 구별의 문제, 접근방법 등에 걸쳐 김 교수를 재반박한다. 이에 김 교수는 다시 "전통문화에 관한 사회인류학적 고찰"(『현상과 인식』, 5집 2호, 1981년 여름)이라는 글에서 문제 마을(S 마을)의 부락구조, 가족제도 등을 다루면서 최 교수의 입장을 논박하였다. 이 두 사람의 논쟁은 감정 대립의 차원이 엿보이는 정도의 것이었다.

여기에 이광규가 관여하였다. 이 교수는 1983년 제주대학교 탐라문화연구소가 주최한, '제주연구의 현황과 전망'이라는 주제하의 제2회 탐라문화학술회의에서 "사회학적 측면"을 발표하면서 문제의 '논쟁'을 거론하였는데 그 요지는 다음과 같다.

논쟁의 주된 내용을 '가족에 관한 것', '부락 내혼에 관한 것' 그리고 '방법론에 관한 것'으로 나누고, ① 가족에 관련하여, 가족형태의 분류에 있어서는 김 교수의 분류기준이 혼돈되어 있고, 제주도의 가족형태로서 핵가족이 존재한다고 하였다. ② 부락 내혼의 문제에 있어서는 부락 내혼제와 부계 친족조직의 약화 사이에는 직접적인 관계가 없다고 하여 김 교수를 지지하였다. ③ 연구방법에 있어서는 김 교수가 최 교수에 대하여 인류학자의 이론을 모르고 인용하였다고 공박한 것은 온당하지 못하다고 언급하였다. 그리고는 이 논쟁을 최재석과 김한구의 논쟁이 비록 이론의 대립이 아니었다 하더라도 평면적 · 서술적 연구에 종지부를 찍고 입체적이고 이론적인 연구로의 전환기를 맞이하려는 것으로 평가하고 있다.

③ 이 교수가 최 · 김 논쟁에 끼어들던 같은 해(1983년) 전경수는 다시 최 교수의 저서『제주도의 친족조직』에 대해 논평을 가하였다. "〈서평〉,『제주도의 친족조직』(최재석, 1979, 서울: 일지사)"(『진단학보』, 제55호, 1983)이 그것이다. 그 요지는 ① 이론 및 방법론 사이에 문제를 야기할 소지가 있다. ② 자료와 그 처리에 몇 가지 문제가 있다. ③ 용어 및 문장 기술상에 문제점이 있다는 비판과 그 책의 공헌하는 바와 앞으로 남는 과제를 언급하고 있다.

④ 이광규는 그의 "제주연구의 현황과 전망"(1984)이라는 주제하의 발표에서 조혜정의 해녀사회에 대한 연구에 대하여 약간의 논평이 있었다. 즉 해녀를 중심으로 남성과 여성의 사회관계를 설명하고 이들 관계의 심리적 갈등과 가치관의 대비 등을 설명하는 것은 바람직한 것으로 평가하면서도 조 교수가 남자들이 한가하고 주변적인 역할 때문에 심리적인 갈등이 있는 것으로 설명하는 것은 더 검토되어야 할 것으로 보면서, 제주도 문화의 양분성 원리는 역할이론으로서는 파악키 어려운 세계를 갖고 있을 것으로 보고 있다.

4. 연구 경향과 과제

이제 이상에서 논의한 바의 대강을 요약해 보고 그 연구경향을 지적함으로써 앞으로의 과제와 전망을 살펴보려 한다.

해방 후 1960년대까지는 제주 사회 · 문화에 대한 연구가 주로 민속학 중심의 민족지적 연구들이 주류를 이루었고 사회학, 인류학적 연구실적은 극히 저조한 상태였다. 이 시기에 일본인 泉靖一의 저서『제주도』는 돋보이는 업적으로 꼽을 만한 것이다. 1970년대 후반에 이르러 제주연구에 대한 관심이 고조되고, 제주대학에 사회학 관련학과가 설치되면서 사회학 전공자의 글들이 나타나기 시작한다. 이 시기에 최재석 교수의『제주도의 친족조직』은 이 분야의 기념비적 업적으로서 특히 이 저서를 계기로 전개된 논쟁과 논평은 가히 제주사회 연구의 활성화에 크게 기여하였다. 조혜정 교수의 박사학위논문인 "An Ethnographic Study of a Female Diver's Village in Korea"는 또 하나의 인류학적 연구의 성과로 꼽을 만하다. 1980년대에 들어서면서는 제주대학에 사회학과가 정식 인가 · 설치되어 사회학, 인류학 전공자들이 속속 부임하였을 뿐 아니라, 탐라문화연구소가 법정연구소로 확대 개편되고, 전국적인 제주도 연구조직인 '제주도연구회'가 활성화되면서 사회학 및 인류학적 연구물들이 적지 않게 나오게 된다. 특히 1980년 김한구 교수와 최재석 교수 사이의 가족 · 친족 연구를 둘러싼 논쟁은 그 후 계속 사회학 · 인류학계의 관심거리가 되어왔다. 1980년대에는 사회학 · 인류학적 연구의 관심영역도 확대 다양화되면서 제주 사회 · 문화에 대한 연구의 분위기는 보다 활기를 띠게 되었다.

이러한 제주 사회 · 문화에 대한 최근의 연구경향을 간추려보면 다음과 같다.

첫째, 연구주제가 다양해지고 있다. 종래 거의 가족 · 친족에 국한되어 있던 것이 도시를 포함한 지역사회의 제 현상, 도민의식, 기층문화, 해외교포의 문제에까지 다양한 연구들이 나오고 있다.

둘째, 민족지적 연구에서 이론을 가미한 인류학 · 사회학적 연구로 탈바꿈하고 있다.

셋째, 제주연구에 대한 논쟁의 여지는 계속되고 있다. 가족 · 친족의 연구에 있어서는 물론이고 제주도 기층문화에 대한 견해의 차이, 사회구조에 대한 견해의 차이도 서서히 노정되고 있다.

넷째, 제주도의 사회 · 문화에 대한 연구영역의 학문 간 경계선이 모호해지고 있다.

이러한 연구경향에 따라 나타나는 학문적 문제는 필경 제주 사회 · 문화의 연구에 있어서 해결해야 할 과제로 남는다. 이제 그 과제를 선택적으로 나열하면 다음과 같다고 생각한다.

첫째, 근래 연구의 주제가 다양해지고 있지만, 아직도 상당히 많은 영역이 관심밖에 그대로 남아 있다. 한국 사회학계의 연구업적의 분야로 보면 이 글에서 연구업적의 분야로 지적한 가족 · 친족, 지역사회, 문화, 사회의식 · 사회심리, 인구영역 이외에 발전 · 근대화, 계층, 대중사회 · 매스컴, 산업사회, 사회조직, 일탈 · 사회문제, 정치 · 사회운동, 종교, 직업, 사회복지, 여성, 청소년 · 노인, 사회 변동, 문학 · 예술 등 그 연구 분야가 대단히 다양하다. 이러한 제 분야의 연구는 제주 연구에 관심을 갖는 전공자의 저변 확대에 의해서만 가능한 것임은 물론이다. 제한된 연구자의 수를 감안한다면 제주사회의 특수성에 관련하여 볼 때 필수적이고, 그 학문적 소재의 가치가 큰 분야를 집중적으로 연구할 필요가 있을 것이다. 필자의 생각으로는 그런 분야로서 관광, 가족 · 친족, 지역(마을)사회, 사회복지, 종교현상 등의 영역을 들 수 있을 것으로 본다.

둘째, 건전한 논쟁의 풍토가 조성되고 다방면의 논평, 논쟁이 지속적으로 일어나야 할 것이다. 가족 · 친족분야의 연구를 중심으로 한 논쟁이 있어왔지만 그 외에도 제주의 기층문화, 사회구조 등에 대한 논쟁이 발전적으로 전개되어야 할 것이다. 특히 이광규 교수와 조혜정 교수가 지적하는 제주사회 · 문화의 양분성 원리 혹은 이원적 원리에 대한 논의는 활발히 이루어질 것으로 기대된다.

셋째, 한국이 보다 유교화하기 이전의 문화유형과 사회구조를 탐구한다는 입장에서 제주도의 사회 · 문화를 연구하는 것도 중요한 연구의 측면이 될 것이다.

넷째, 종래의 평면적 · 서술적 연구에서 입체적이고 이론적인 수준의 연구로 그 연구의 비중을 옮겨야 할 것이다. 여기에 제주 사회 · 문화연구에 사회학과 인류학의 협동연구의 필요성이 증대되는 소이가 있다.

다섯째, 제주 사회 · 문화에 대한 연구는 다른 학문영역의 다른 주제의 연구에 관련되어 연구하는 것이 바람직할 것이다. 말하자면 다중학문 간 협동연구가 필요하다는 것이다. 이를 위해 제주도에 대한 다학문 참여의 종합학술조사를 실시할 필요가 있다.

여섯째, 지금까지의 제주연구가 이론부재였던 것과 마찬가지로 방법론부재의 상황이었던 것을 감안하면 앞으로 제주사회에 대한 연구는 학문적 방법론에 입각해야 할 것이다. 특히 역사비교법의 원용이 있어야 할 것이다.

그리하여 앞으로 제주연구의 학문적 목표를 '제주도학'의 정립을 모색하는 데 두고, 자료의 수집을 계속하면서도 그동안 쌓아놓은 연구업적을 바탕으로 다각적인 이론적 연구가 계속되고 학문 간 협동연구가 적절히 조직화 · 장려되어야 할 것으로 생각한다.

참 / 고 / 문 / 헌

김한구(1980), “최재석 저, 『제주도의 친족조직』”, 『한국학보』, 19집.

______(1981), “전통문화에 관한 사회인류학적 고찰”, 『현상과 인식』, 5집 2호, 1981년 여름.

석주명(1968), 『제주도 수필』, 보진재인쇄소.

이광규(1984), “제주연구의 현황과 전망 ‘사회학적 측면’,” 『탐라문화』, 3호.

이부영(1984), “제주도민속의 정신의학적 연구 전망,” 『제주도연구』, 1집.

장주근(1984), “지역연구의 표본사회로서의 제주도,” 『제주도연구』, 1집.

전경수(1983), “〈서평〉 ‘『제주도의 친족조직』(최재석, 1979, 서울: 일지사)’”, 『진단학보』, 55호.

제주도지편찬위원회(1982), “학술”(제5편 제4장), 『제주도지(하)』, 제주도.

조혜정(1984), “제주도 연구의 필요성 -문화 인류학적 관점에서-”, 『제주도연구』, 1집.

宮原兎 ·(1967), “서평: 泉靖一 저, 『제주도』”, 『조선학보』, 44집, 조선학회.

泉靖一(1966), 『제주도』, 동경대출판회.

최재석(1975), “서평: 泉靖一 저, 『제주도』, 동경대출판회, 1966”, 『한국문화인류학』, 7집, 한국문화인류학회.

______(1979), 『제주도의 친족조직』, 일지사.

______(1981), “사회과학의 기초소양, 『제주도의 친족조직』에 대한 김한구씨의 서평의 경우”, 『한국학보』, 20집.

한상복(1984), “제주도 종합학술조사(1959) 개요”, 『제주도연구』, 1집.

靑南齋 사회학論集 學問餘滴

부록

조사보고서

Chapter 01 제주도개발에 대한 주민의식구조(1989)

Chapter 02 제주도민의 개발에 대한 의식조사(1992)

Chapter 03 제주도 사회복지(1993)

Chapter 04 북제주군의 사회복지(2000)

Chapter 05 제주의 사회과학 학술활동(1993)

CHAPTER

제주도개발에 대한 주민의식구조 01

1989. 『제주도종합개발계획의 재검토』, 한국개발연구원, pp. 124-178

1. 개발에 대한 의식조사

1) 조사의 의의 · 성격

제주의 발전이나 개발을 도민의식과 관련지어 살펴보는 것은 발전 혹은 개발이 인간의 의식과 깊은 관련이 있기 때문임. 지역 주민들이 어떤 의식을 가졌느냐 하는 것은 그 지역의 발전 · 개발에 크게 영향을 주게 되는 것이고, 역으로 지역의 발전 · 개발은 그 지역주민들에게 영향을 주게 됨.

지역사회의 발전은 그 지역사회주민의 건전한 의식을 바탕으로 하여 가능한 것이며 그러한 건전한 의식의 형성은 주민이 그 발전의 수혜자일 때 지니게 됨. 지역개발의 성격은 개발에 참여하는 사람들의 의도에 따라 결정되는 것이며 개발의 성과는 그 결실의 수혜자가 그것을 어떻게 보는가에 따라 평가됨.

개발은 바람직스러운 방향에로의 사회변화를 시도하는 것이고 이때 바람직스럽다는 것은 개발현상을 보는 사람들의 가치평가임. 개발 그 자체가 아니라 인간의 의식 속에 개발의 긍정적 가치가 존재함. 개발의 가치는 저기 어디엔가 존재하는 것이 아니라 그것이 개발지 주민들 사이에 그렇다고 서로 합의된 것으로 인정하는 데 있음.

본 조사는 개발현실에 대한 도민들의 의견을 분석하고 도민의식을 통해서 제주개발의 문제점을 파악함으로써 다가오는 시대의 제주개발을 보다 바람직스러운 방향으로 모색하고자 하는 목적으로 20세 이상의 제주도민을 대상으로 하여 현지 면접조사를 실시하였음.

2) 조사대상의 표집과 특성

(1) 조사대상의 표집

제주시, 서귀포시, 북제주군, 남제주군 등 4개 행정구역별로 그 가구 수에 비례하여 표집할당을 하였음.

각 행정구역에 있어서는 현재 진행 중인 제주도종합개발계획상의 개발계획지구(3개 단지, 26개 지구)에 해당하는 지역 중에서 몇 개의 지역을 목적표집하였는데 시구역에서는 2개씩의 지역(동)을, 군구역에서는 4개씩의 지역(리)을 택하여 조사대상지로 삼았는데 3개 단지는 모두 포함되도록 배려하였음.

표집된 각 지역(리 · 동)에 있어서의 피면접자는 각 행정구역별 할당표집에 대한 해당 지역(리 · 동)의 가구 수 비례로 정했는데 표집된 면접지역과 그 표본 수는 다음과 같음.

제주시: 일도 2동 122(24.3%), 용담 2동 100(19.9%)

서귀포시: 정방동 43(8.5%), 중문동 46(9.1%)

북제주군: 함덕리 47(9.3%), 동김녕리 21(4.2%), 고산 1리 29(5.8%), 협재리 13(2.6%)

남제주군: 성산리 14(2.8%), 남원 1리 21(4.2%), 표선리 27(5.4%), 사계리 20(4.0%)

계: 4개 동, 8개 리 503(100.0%)

(2) 설문지의 구성

구조화된 설문 30문항과 비구조화된 설문 6문항, 모두 36문항으로 구성되었으며 제주개발 문제에 대한 도민의 견해를 중심으로 다음과 같이 네 부분으로 나누었음.

- 제주사회의 인상에 관한 사항
- 제주개발에 대한 의견을 묻는 사항
- 제주사회의 미래에 대한 의견을 묻는 사항
- 피면접응답자의 배경에 관한 사항

(3) 피면접자의 특성

503명의 응답자들은 제주도 내에 거주하는 20세 이상의 관광개발지구 주민들로서 그 인구학적, 사회경제적 특성은 다음과 같음.

- 성별: 남 298명(59,2%), 여 204명(40.6%), 1명(0.2%)은 불분명
- 연령: 20대 182명(36.2%), 30대 135명(26.8%), 40대 107명(21.3%), 50대 이상 78명(15.5%), 1명(0.2%)은 불분명
- 학력: 중학교 이하 139명(27.6%), 고등학교 226명(44.9%), 대학교 이상 136명(27.0%), 2명(0.4%)은 불분명
- 소득(평균 월수입): 39만 원 이하 123명(24.5%), 40~69만 원 247명(49.1%), 70만 원 이상 127명(25.2%), 6명(1.2%)은 불분명
- 종교: 기독교 69명(13.7%), 불교 237명(47.1%), 무종교 187명(37.2%), 기타 종교 10명(1.6%), 2명(0.4%)은 불분명
- 직업: 농 · 수산업 등 1차산업 103명(20.5%), 기업 및 상업 95명(18.9%), 회사원 · 공무원 · 교원 · 전문직 종사자 등 화이트칼라 78명(15.5%), 판매 · 서비스직, 육체노동자 등 블루칼라 46명(9.1%), 학생 및 기타 직업 47명(9.3%), 무직(주부 포함) 124(24.7%), 불분명 10명(2.0%)
- 계층인식(주관적 계층평가): 중상층 이상 140명(27.8%), 중하층 276명(54.9%), 하층 및 극빈층 78명(15.5%), 9명(1.8%)은 불분명

2. 개발현실에 대한 인식

1) 개발계획 내용의 인지

현재 진행 중인 특정지역 제주도 종합개발계획에 대한 인지도에서 내용을 '안다'는 사람들이 대부분이긴 하지만 안다 하더라도 '약간 안다'는 수준에 머무르는 경우가 대부분(44.8%)이고 잘 아는 사람들은 극히 적으며(2.8%), '모른다'는 사람들이 33.3%에 이르고 있음.

성별로 보면 남 · 녀 모두 '약간 안다'는 응답자가 제일 많지만 상대적으로 보아 남자가 여자보다 '안다'는 응답자의 비중이 더 높음. 이는 남자가 여자보다 제주개발계획에 대해 더 관심을 갖고 있음을 나타내는 것임.

〈표 1-1〉 제주도 종합개발계획 내용의 인지도

	자세히 안다	대체로 안다	약간 안다	별로 모른다	전혀 모른다	계
남	12(4.0)	74(24.8)	135(45.3)	51(17.1)	26 (8.7)	298(100.0)
여	2(1.0)	22(10.8)	90(44.1)	65(31.9)	25(12.3)	204(100.0)
계	14(2.8)	96(19.1)	225(44.8)	116(23.1)	51(10.2)	502(100.0)

$\chi^2 = 29.45$ df = 4 P 〈 0.001 Missing Case 1

연령별로는 대체로 보아 20 · 30대, 특히 30대가 40 · 50대보다 '안다'는 사람들의 비중이 더 높음. 이는 청년층이 노년층보다 제주개발에 대해 더 관심을 갖고 있음을 나타내는 것이라고 할 수 있음.

〈표 1-2〉 제주도 종합개발계획 내용의 인지도(연령별)

	자세히 안다	대체로 안다	약간 안다	별로 모른다	전혀 모른다	계
20대	6(3.3)	35(19.2)	83(45.6)	44(24.2)	14 (7.7)	182(100.0)
30대	3(2.2)	30(22.2)	70(51.9)	27(20.0)	5 (3.7)	135(100.0)
40대	2(2.8)	16(15.0)	46(43.0)	24(22.4)	18(16.8)	107(100.0)
50대 이상	2(2.6)	15(19.2)	27(34.6)	21(26.9)	13(16.7)	78(100.0)
계	14(2.8)	96(19.1)	226(45.0)	116(23.1)	50(10.0)	502(100.0)

$\chi^2 = 21.38$ df = 12 P 〈 0.05 Missing Case 1

학력별로는 학력이 높을수록 '안다'는 응답자의 비중이 더 높음.

〈표 1-3〉 제주도 종합개발계획 내용의 인지도(학력별)

	자세히 안다	대체로 안다	약간 안다	별로 모른다	전혀 모른다	계
중졸 이하	3(2.2)	17(12.2)	55(39.6)	39(28.1)	25(18.0)	139(100.0)
고졸	1(0.4)	48(21.2)	113(50.0)	48(21.2)	16 (7.1)	226(100.0)
전문대 이상	10(7.4)	31(22.8)	57(41.9)	28(20.6)	10 (7.4)	136(100.0)
계	14(2.8)	96(19.2)	225(44.9)	115(23.0)	51(10.2)	501(100.0)

$\chi^2 = 35.90$ df = 8 P 〈 0.001 Missing Case 2

소득계층별로 보면 월 70만 원 이상 고소득층의 사람들은 다른 소득층의 사람들에 비해 '안다'는 사람들의 비중이 더 높음.

〈표 1-4〉 제주도 종합개발계획 내용의 인지도(소득계층별)

	자세히 안다	대체로 안다	약간 안다	별로 모른다	전혀 모른다	계
39만 원 이하	1(0.8)	25(20.3)	52(42.3)	28(22.8)	17(13.8)	123(100.0)
40~69만 원	5(2.0)	40(16.2)	118(47.8)	57(23.1)	27(10.9)	247(100.0)
70만 원 이상	8(6.3)	31(24.4)	53(41.7)	28(22.0)	7 (5.5)	127(100.0)
계	14(2.8)	96(19.3)	223(44.9)	113(22.7)	51(10.3)	497(100.0)

$\chi^2 = 16.17$ df = 8 P 〈 0.05 Missing Case 6

직업별로 보면 주부를 포함하는 무직의 경우가 제주개발계획에 대해 '안다'고 응답한 사례의 비중이 낮고, 화이트칼라층과 판매 · 서비스직을 포함하는 블루칼라층 특히 후자의 경우 '안다'고 응답한 사례의 비중이 높음.

〈표 1-5〉 제주도 종합개발계획 내용의 인지도(직업별)

	안다	약간 안다	모른다	계
농 · 수산업	21(20.4)	50(48.5)	32(31.1)	103(100.0)
사업(상업 포함)	21(22.1)	40(42.1)	34(35.8)	95(100.0)
화이트칼라	23(29.5)	35(44.9)	20(25.6)	78(100.0)
블루칼라	14(30.4)	23(50.0)	9(19.6)	46(100.0)
학생 · 기타	9(19.1)	23(48.9)	15(31.9)	47(100.0)
무직(주부 포함)	18(14.5)	50(40.3)	56(45.2)	124(100.0)
계	106	221(44.8)	166	493(100.0)

$\chi^2 = 18.8$ df = 10 P 〈 0.05 Missing Case 10

계층의식과 관련하여 높은 계층의식을 갖는 경우일수록 '안다'는 사람들의 비중이 상대적으로 높게 나타나고 있음.

〈표 1-6〉 제주도 종합개발계획 내용의 인지도(계층의식별)

	자세히 안다	대체로 안다	약간 안다	별로 모른다	전혀 모른다	계
중상 이상	7(5.0)	33(23.6)	63(45.0)	29(20.7)	8 (5.7)	140(100.0)
중하	7(2.5)	54(19.6)	125(45.3)	63(22.8)	27 (9.8)	276(100.0)
하 및 극빈		8(10.3)	32(41.0)	22(28.2)	16(20.5)	78(100.0)
계	14(2.8)	95(19.2)	220(44.5)	114(23.1)	51(10.3)	494(100.0)

$\chi^2 = 21.56$ df = 8 P 〈 0.01 Missing Case 9

개발계획에 관한 일은 텔레비전(39.8%), 라디오(4.0%) 등 전파매체를 통해서 알게 되는 경우가 지방일간지(24.9%), 중앙일간지(12.9%) 등 활자매체의 경우보다 많고, 정부기관의 홍보자료를 포함하는 기타의 경우는 18.3%임. 정부기관의 홍보자료를 통하여 알게 되는 경우는 매우 적음(4.0%). 따라서 개발계획을 이해시키는데 중요한 매체는 텔레비전이나 지방일간지임을 알 수 있고, 정부기관의 홍보활동을 확대할 필요성 있음.

〈표 1-7〉 제주도 종합개발계획 내용의 인지도(성별)

	전파매체	중앙일간지	지방일간지	정부홍보물 등 기타	계
남	80(36.4)	3(16.8)	64(29.1)	39(17.7)	220(100.0)
여	66(58.4)	6 (5.3)	19(16.8)	22(19.5)	113(100.0)
계	146(43.8)	43(12.9)	83(24.9)	61(18.3)	333(100.0)

$\chi^2 = 20.57$ df = 3 P 〈 0.001 Missing Case 170

학력별로 보면 모든 학력층에서 전자매체가 가장 많이 이용하는 인지매체이긴 하지만 학력이 낮을수록 그런 경향이 더욱 짙음. 즉 학력이 높을수록 활자매체를 보다 많이 이용하고 있는 것을 알 수 있음.

정부홍보물이나 기타 매체의 이용은 전문대 이상의 높은 학력층에서 더 많은 것으로 나타나고 있음.

〈표 1-8〉 제주도 종합개발계획 내용의 인지도(학력별)

	전파매체	중앙일간지	지방일간지	정부홍보물 등 기타	계
중졸 이하	45(60.0)	6 (8.0)	12(16.0)	12(16.0)	75(100.0)
고졸	72(44.7)	21(13.0)	43(26.7)	25(15.5)	161(100.0)
전문대 이상	29(29.9)	16(16.5)	28(28.9)	24(24.7)	97(100.0)
계	146(43.8)	43(12.9)	83(24.9)	61(18.3)	333(100.0)

$\chi^2 = 17.46$ df = 6 P 〈 0.01 Missing Case 170

2) 개발부문에 대한 성과의 평가

지금까지 제주도개발에 있어서 가장 성과를 거두었다고 지적되는 부문을 보면 관광개발분야가 79.2%로 제일 높고 그 다음으로 기반시설(14.6%)이며 농 · 축 · 수산개발은 4.4%에 불과하여 제주도는 관광개발에 치중한 개발로 인하여 농 · 축 · 수산분야의 개발이 상대적으로 열세에 놓이게 되었다는 제주개발의 현실을 엿볼 수 있음.

〈표 1-9〉 가장 성과를 거둔 개발부문

	관광개발	기반시설 조성	1 · 2차산업 개발	계
남	215(72.9)	56(19.0)	24(8.1)	295(100.0)
여	180(88.2)	17 (8.3)	7(3.4)	204(100.0)
계	395(79.2)	73(14.6)	31(6.2)	499(100.0)

$\chi^2 = 17.24$ df = 2 P 〈 0.001 Missing Case 4

직업별로 보면 모든 직업층에서 관광개발이 가장 크게 성과를 거둔 부문으로 생각하는 사람들이 많으나, 구체적으로 살펴보면 사업경영(84.2%), 학생 및 기타 직업(85.1%), 주부 포함 무직(87.1%) 등 세 직업층에서는 다른 직업층, 즉 농 · 축 · 수산업(70.3%), 화이트칼라(70.5%), 블루칼라(76.1%) 등 세 직업층에서보다 관광개발의 성과를 더 높게 평가하는 경향을 보이고 있음.

〈표 1-10〉 가장 성과를 거둔 개발부문(직업별)

	관광개발	기반시설 조성	1·2차산업 개발	계
농·수산업	71(70.3)	17(16.8)	13(12.9)	101(100.0)
사업(상업 포함)	80(84.2)	11(11.6)	4 (4.2)	95(100.0)
화이트칼라	55(70.5)	21(26.9)	2 (2.6)	78(100.0)
블루칼라	35(76.1)	6(13.0)	5(10.9)	46(100.0)
학생·기타	40(85.1)	4 (8.5)	3 (6.4)	47(100.0)
무직(주부 포함)	108(87.1)	12 (9.7)	4 (3.2)	124(100.0)
계	389(79.2)	71(14.5)	31 (6.3)	491(100.0)

$\chi^2 = 28.45$ df = 10 P 〈 0.01 Missing Case 12

농·축·수산업층과 화이트칼라층의 성향이 비슷하게 나타나고 있는 것은 이 두 직업층에서 상대적으로 관광개발의 성과를 비판적으로 보는 사람들이 더 많다는 것을 시사해 주는 것으로 볼 수 있음.

제주개발에 있어서 큰 성과를 거둔 부문으로 기반시설 조성을 상대적으로 많이 지적하고 있는 직업층은 화이트칼라층이며 농·축·수산업층이 그 뒤를 따르고 있음. 한편 1·2차산업 개발부문에서 가장 크게 성과를 거둔 부문이라고 지적하는 경향은 농·축·수산업층에서 상대적으로 많이 나타나고 있음.

3) 도민 의견반영 여부에 대한 견해

현재 실시 중에 있는 제주도종합개발계획의 경우 도민의 의견을 반영하고 있지 않다고 보는 사람들이 과반수(53.1%)에 이르고 있으며, 반영하고 있다고 보는 사람들은 15.4%에 불과함(31.5%의 사람들은 중립적 태도를 보이고 있음).

학력별로는 학력이 낮을수록 개발계획에 도민의 의견이 많이 반영되고 있다고 보는 경향이 있음. 그러나 모든 학력층에서 도민의견이 반영되고 있지 않다고 보는 경향이 높은데 특히 전문대 이상의 높은 학력층에서는 그 비중이 67%에 이르고 있음.

〈표 1-11〉 가장 성과를 거둔 개발부문(학력별)

	반영하고 있다	그저 그렇다	반영치 않고 있다	계
중졸 이하	34(24.5)	46(33.1)	59(42.4)	139(100.0)
고졸	34(15.0)	76(33.6)	116(51.3)	226(100.0)
전문대 이상	9 (6.6)	36(26.5)	91(66.9)	136(100.0)
계	77(15.4)	158(31.5)	266(53.1)	501(100.0)

$\chi^2 = 23.79$ df = 4 P 〈 0.001 Missing Case 2

종교별로 보면 무종교층이 가장 부정적이어서 64.2%의 사람들이 도민의견을 반영하지 않고 있다고 대답하고 있으며 기독교의 경우는 53.6%, 불교의 경우는 44.3%로서 불교도가 기독교도보다 덜 부정적인 경향을 보이고 있음.

〈표 1-12〉 도민의견의 계발계획에 대한 반영여부(종교별)

	반영하고 있다	그저 그렇다	반영치 않고 있다	계
기독교	11(15.9)	21(30.4)	37(53.6)	69(100.0)
불교	49(20.7)	83(35.0)	105(44.3)	237(100.0)
무종교	15 (8.0)	52(27.8)	120(64.2)	187(100.0)
계	75(15.2)	156(31.6)	262(53.1)	493(100.0)

$\chi^2 = 20.55$ df = 4 P 〈 0.001 Missing Case 10

계층의식에 있어서는 중상 이상의 계층의식을 갖는 경우 덜 부정적인 것으로 나타나고 있음. 가장 부정적인 견해를 갖는 사람들이 많은 비중을 차지하고 있는 층은 하 및 극빈의 계층의식을 갖는 층임.

〈표 1-13〉 도민의견의 개발계획에 대한 반영여부(계층의식별)

	반영하고 있다	그저 그렇다	반영치 않고 있다	計
중상 이상	30(21.4)	50(35.7)	60(42.9)	140(100.0)
중하	32(11.6)	86(31.2)	158(57.2)	276(100.0)
하 및 극빈	13(16.7)	20(25.6)	45(57.7)	78(100.0)
계	75(15.2)	156(31.6)	263(53.2)	493(100.0)

$\chi^2 = 11.65$ df = 4 P 〈 0.05 Missing Case 9

4) 개발 결과에 대한 견해

지역개발의 결과로 제주지역은 육지부에 비해 살기 좋아졌다고 보는 사람들의 비중(43.6%)이 그렇지 않다고 보는 사람들의 비중(25.8%)보다 훨씬 큼.

연령층별로 보면 20대 연령층만 생활형편이 좋아졌다는 데 대하여 다소 부정적이고 그 이외의 모든 연령층에서는 긍정적인 태도를 가장 많이 나타내고 있음. 이런 긍정적인 태도는 연령층이 높을수록 더 많이 나타냄을 알 수 있는데 이는 과거 그들의 생활경험의 차이 때문인 것으로 생각됨. 한편 중립적 태도나 부정적 태도는 다 같이 연령층이 낮을수록 많은 비중을 차지하고 있음.

〈표 1-14〉 육지부에 비해 살기 좋아졌는가에 대한 인식(연령별)

	그렇지 않다	중립	그렇다	계
20대	66(36.3)	59(32.4)	57(31.3)	182(100.0)
30대	36(26.9)	42(31.3)	46(41.8)	134(100.0)
40대	17(15.9)	32(29.9)	58(54.2)	107(100.0)
50대 이상	10(13.0)	20(26.0)	47(61.0)	77(100.0)
계	129(25.8)	153(30.6)	218(43.6)	500(100.0)

$\chi^2 = 32.06$ df = 6 P 〈 0.001 Missing Case 3

학력별로 보면 고등학교 이하의 학력층에서는 개발의 결과로 육지부에 비해 살기가 좋아졌다는 데 대해 긍정적 태도를, 전문(초급)대 이상의 학력층에서는 그렇지 않다는 부정적 태도를 갖는 경향이 높게 나타나고 있음. 대체로 학력이 낮은 계층일수록 긍정적 태도를 갖는 사람들의 비중이 높은 것으로 나타나고 있음.

〈표 1-15〉 육지부에 비해 살기 좋아졌는가에 대한 인식(학력별)

	그렇지 않다	중립	그렇다	계
중졸 이하	13 (9.4)	39(28.3)	86(62.3)	138(100.0)
고졸	61(27.1)	70(31.1)	94(41.8)	225(100.0)
전문대 이상	54(39.7)	45(33.1)	37(27.2)	136(100.0)
계	128(25.7)	154(30.9)	217(43.5)	499(100.0)

$\chi^2 = 45.05$ df = 4 P 〈 0.001 Missing Case 4

소득수준별로 보면 40~69만 원의 중간소득층과 39만 원 이하의 낮은 소득층 특히 중간소득층에서 긍정적 태도를, 70만 원 이상의 높은 소득층에서 중립적 태도를 많이 나타내고 있음. 부정적 태도는 소득수준이 낮은 층일수록 상대적으로 더 많이 나타내고 있는 점은 기대하는 바와 같음.

〈표 1-16〉 육지부에 비해 살기 좋아졌는가에 대한 인식(소득계층별)

	그렇지 않다	중립	그렇다	계
39만 원 이하	37(30.3)	42(34.4)	43(35.2)	122(100.0)
40~69만 원	60(24.3)	62(25.1)	125(50.6)	247(100.0)
70만 원 이상	30(23.8)	49(38.9)	47(37.3)	126(100.0)
계	127(25.7)	153(30.9)	215(43.4)	495(100.0)

$\chi^2 = 13.06$ df = 4 P 〈 0.05 Missing Case 8

직업별로 보면 농 · 축 · 수산업, 사업경영, 블루칼라와 주부 포함 무직의 경우는 긍정적 태도를, 화이트칼라층과 학생 포함 기타 직업의 경우는 중립적 태도를 많이 나타내고 있는데 그중에서도 긍정적 태도는 주부 포함 무직의 경우 현저히 많은 비중을 차지하고 있음. 중립적 태도와 부정적 태도가 상대적으로 많이 나타나고 있는 직업층은 화이트칼라와 학생 포함 기타 직업의 경우임.

〈표 1-17〉 육지부에 비해 살기 좋아졌는가에 대한 인식(직업별)

	그렇지 않다	중립	그렇다	계
농 · 수산업	18(17.6)	34(33.3)	50(49.0)	102(100.0)
사업(상업 포함)	24(25.3)	27(28.4)	44(46.3)	95(100.0)
화이트칼라	27(34.6)	30(38.5)	21(26.9)	78(100.0)
블루칼라	12(26.1)	13(28.3)	21(45.7)	46(100.0)
학생 · 기타	16(34.0)	20(42.6)	11(23.4)	47(100.0)
무직(주부 포함)	27(22.0)	27(22.6)	69(56.1)	123(100.0)
계	124(25.3)	151(30.8)	216(44.0)	491(100.0)

$\chi^2 = 28.76$ df = 10 P 〈 0.01 Missing Case 12

5) 관광지 주민으로서의 자의식

- 제주의 관광지 주민들은 관광객을 보았을 때 자신들이 못살고 있다는 생각을 14.3%에 해당하는 사람들만이 갖고 있고 대부분의 사람들(72.4%)은 그런 생각이 들지 않는다고 대답하고 있음. 이는 제주도민들의 경우 관광행태를 접하는 데서 올지도 모르는 상대적 박탈감을 갖는 사례가 적다는 것을 시사해 주는 것으로 볼 수 있음.

설문: "제주에 온 관광객들을 보면 왠지 우리들만 못산다는 생각이 든다는 데 대해 어떻게 생각하십니까?"
그렇지 않다 364명(72.4%), 그렇다 72명(14.3%), 중립적 태도 65명(12.9%), 무응답 2명(0.4%)

- 제주도가 관광지라는 점에서 자부심을 느끼지 못하는 사람들의 비중이 과반수를 훨씬 넘고 있음(68.5%).

연령별로 보면 연령이 많은 층일수록 자부심을 갖는 사람들이 더 적은 것으로 나타나고 있음. 20대 연령층에서는 20%의 사람들이 관광지라는 점에 자부심을 느끼는 데 반하여 50대 이상의 경우는 6.4%에 해당하는 사람들만이 자부심을 느끼고 있음.

30대와 40대에서 자부심을 느끼는 비중은 약 12% 정도임.

〈표 1-18〉 관광지라는 점에서 자부심을 느낀다(연령별)

	그렇지 않다	중립	그렇다	계
20대	106(58.9)	38(21.1)	36(20.0)	180(100.0)
30대	99(74.4)	17(12.8)	17(12.8)	133(100.0)
40대	75(70.1)	19(17.8)	13(12.1)	107(100.0)
50대 이상	61(78.2)	12(15.4)	5 (6.4)	78(100.0)
計	341(68.5)	86(17.3)	71(14.3)	498(100.0)

$\chi^2 = 15.56$ df = 6 P 〈 0.01 Missing Case 5

학력별로 보면 학력이 높을수록 관광지라는 점에 보다 비판적 시각을 갖고 있는 것으로 나타남. 즉 학력이 고등학교 수준 이하의 계층에서는 70% 이상의 사람들이 자부심을 갖지 못하는 데 반하여 전문(초급)대 이상의 학력층에서는 그런 자부심을 갖지 못하는 사람이 53%에 그치고 있음.

〈표 1-19〉 관광지라는 점에서 자부심을 느낀다(학력별)

	그렇지 않다	중립	그렇다	계
중졸 이하	109(78.4)	19(13.7)	11 (7.9)	139(100.0)
고졸	160(72.1)	33(14.9)	29(13.1)	222(100.0)
전문대 이상	72(52.9)	33(24.3)	31(22.8)	136(100.0)
계	341(68.6)	85(17.1)	71(14.3)	497(100.0)

$\chi^2 = 23.96$ df = 4 P 〈 0.001 Missing Case 6

3. 제주개발의 현안문제

1) 개발에 따라 나타나는 제 문제

제주도개발과정에서 나타나는 가장 심각하다고 생각하는 문제들을 보면, 사회·문화적 측면에서는 첫째, 청소년 비행이나 각종 범죄가 증가하는 것 둘째, 전통적 풍습이 사라지는 것 셋째, 돈이면 최고라는 생각 넷째, 도·농(都·農) 간 생활여건상의 격차 다섯째, 상대적 피해의식 여섯째, 자연환경의 훼손 등임.

연령별로 보면 모든 연령층에서 청소년의 비행 등 각종 범죄문제를 가장 심각한 문제로 지적하고 있는데 특히 40대 이상의 연령층에서 그런 경향이 더욱 높게 나타나고 있음. 50대 이상의 연령층에서는 전통적 풍습이 사라지는 것을 지적하는 사람들이 많고 자연환경의 훼손을 지적하는 사람은 상대적으로 적음. 황금만능의 사고를 문제로 지적하는 경향은 30대 연령층에서 비교적 높게, 40대 연령층에서 비교적 낮게 나타나고 있음. 도·농 간의 격차를 문제로 지적하는 경향은 30대 연령층에서, 피해의식은 20대와 40대 연령층에서 비교적 높게 지적되고 있음. 육지인(또는 관광객)과의 마찰을 심각한 문제로 지적하는 사람들은 20·30대에서 비교적 많이 나타나고 있음.

〈표 1-20〉 개발과정에서 발생하는 사회 · 문화적 문제점(연령별)

	각종 범죄의 증가	전통 풍습의 소멸	황금 만능 사고	자연 환경 훼손	도 · 농 생활 격차	피해 의식	외래인과의 마찰 등 기타	계
20대	62 (34.3)	27 (14.9)	27 (14.9)	15 (8.3)	17 (9.4)	23 (12.7)	10 (5.5)	181 (100.0)
30대	43 (32.1)	18 (13.4)	25 (18.7)	11 (8.2)	21 (15.7)	9 (6.7)	7 (5.2)	134 (100.0)
40대	44 (41.1)	16 (15.0)	10 (9.3)	10 (9.3)	13 (12.1)	12 (11.2)	2 (1.9)	107 (100.0)
50대 이상	32 (41.0)	22 (28.2)	10 (12.8)	3 (3.8)	7 (9.0)	3 (3.8)	1 (1.3)	78 (100.0)
계	181 (36.2)	83 (16.6)	72 (14.4)	39 (7.8)	58 (11.6)	47 (9.4)	20 (4.0)	500 (100.0)

$\chi^2 = 29.83$ df = 18 $P < 0.05$ Missing Case 3

학력별로 보면 모든 학력층에서 청소년 비행 등 각종 범죄문제를 가장 심각한 것으로 지적하고 있으며 대체로 학력이 낮을수록 그 비중이 높게 나타나고 있음. 전통적 풍습의 소멸을 문제로 지적하는 경향이 특히 중학교 이하 저학력층에서 보다 높게 나타나는 것이 특이하며, 도 · 농 간 격차의 문제를 심각한 문제로 지적하는 경향은 고등학교 학력층에서 상대적으로 높은 비중을 보이고 있고, 피해의식은 전문대 이상의 높은 학력층에서 비교적 많이 지적되고 있음. 황금만능의 사고, 자연환경의 훼손, 피해의식, 외래인과의 마찰 등 기타를 문제로 드는 경향은 고학력층으로 갈수록 비교적 높게 나타나고 있음.

〈표 1-21〉 개발과정에서 발생하는 사회 · 문화적 문제점(학력별)

	각종 범죄의 증가	전통 풍습이 소멸	황금 만능 사고	자연 환경 훼손	도 · 농 생활 격차	피해 의식	외래인과의 마찰 등 기타	계
중졸 이하	60 (43.2)	31 (22.3)	15 (10.8)	9 (6.5)	11 (7.9)	9 (6.5)	4 (2.9)	139 (100.0)
고졸	84 (37.7)	30 (13.5)	32 (14.3)	15 (6.7)	37 (16.6)	16 (7.2)	9 (4.0)	223 (100.0)

전문대 이상	36 (26.5)	22 (16.2)	25 (18.4)	14 (10.3)	10 (7.4)	22 (16.2)	7 (5.1)	136 (100.0)
계	181 (36.1)	83 (16.7)	72 (14.5)	38 (7.6)	58 (11.6)	47 (9.4)	20 (4.0)	498 (100.0)

$\chi^2 = 32.53$　df = 12　P 〈 0.01　Missing Case 5

경제적 측면에서 나타나는 가장 심각한 문제로 들고 있는 것은 첫째, 육지인들이 토지를 많이 소유하고 있다는 점 둘째, 개발이익의 도외 유출 셋째, 빈부의 격차가 커지는 점 넷째, 관광산업에 비해 농·축산업 등 다른 산업의 발전이 낙후되고 있다는 점을 들고 있음.

〈표 1-22〉 개발과정에서 나타나는 경제적 문제점(성별)

	1·2차 산업 발전의 낙후	빈부의 격차 확대	육지인의 토지 과다 소유	개발 이익의 도외 유출	계
남	41(13.9)	56(19.0)	128(43.4)	70(23.7)	295(100.0)
여	25(12.3)	34(16.7)	119(58.6)	25(12.3)	203(100.0)
계	66(13.3)	90(18.1)	247(49.6)	95(19.1)	498(100.0)

$\chi^2 = 14.40$　df = 3　P 〈 0.01　Missing Case 5

학력별로 보면 모든 학력층에서 육지인들의 토지 과다소유를 가장 심각한 문제로 지적하고 있는데 학력이 낮을수록 그런 경향이 높게 나타나고 있음. 빈부의 차가 심화된 점은 낮은 학력층일수록, 개발이익의 도외 유출은 높은 학력층일수록 심각한 개발과정상의 문제로 지적하고 있음.

〈표 1-23〉 개발과정에서 나타나는 경제적 문제점(학력별)

	1·2차 산업 발전의 낙후	빈부의 격차 확대	육지인의 토지 과다 소유	개발 이익의 도외 유출	계
중졸 이하	16(11.5)	29(20.9)	79(56.8)	15(10.8)	139(100.0)
고졸	33(14.8)	40(17.9)	107(48.0)	43(19.3)	223(100.0)
전문대 이상	17(12.6)	20(14.8)	61(45.2)	37(27.4)	135(100.0)
계	66(13.3)	89(17.9)	247(49.7)	95(19.1)	497(100.0)

$\chi^2 = 14.17$　df = 6　P 〈 0.05　Missing Case 6

2) 개발의 추진속도 문제

제주도개발의 추진속도에 대하여는 많은 사람들이 너무 조급하게 추진되고 있다고 생각하고 있음.

〈표 1-24〉 개발의 추진속도에 대한 견해(성별)

	빠르다	중립	빠르지 않다	계
남	112(38.0)	75(25.4)	108(36.6)	295(100.0)
여	73(36.0)	77(37.9)	53(26.1)	203(100.0)
계	185(37.1)	152(30.5)	161(32.3)	498(100.0)

$\chi^2 = 10.40$ df = 2 P 〈 0.01 Missing Case 5

학력별로는 학력이 높은 층일수록 개발이 조급하게 추진되고 있다고 평가하고 있음. 현재의 개발속도를 긍정적으로 보는 경향은 중간 정도의 학력층에서, 중립적 태도는 중학교 이하의 학력층에서 많이 나타나고 있음. 즉 학력이 높은 지식인층이 현재의 개발속도가 빠르다는 비판적 입장을 취하고 있다고 볼 수 있음.

〈표 1-25〉 개발의 추진속도에 대한 견해(학력별)

	빠르다	중립	빠르지 않다	계
중졸 이하	46(33.1)	49(35.3)	44(31.7)	139(100.0)
고졸	70(31.4)	73(32.7)	80(35.9)	223(100.0)
전문대 이상	69(51.1)	29(21.5)	37(27.4)	135(100.0)
계	185(37.2)	151(30.4)	161(32.4)	497(100.0)

$\chi^2 = 16.58$ df = 4 P 〈 0.01 Missing Case 6

직업별로 보면 농·수산업 등 1차산업층과 사업경영층의 경우는 개발추진속도가 조급하지 않다는 태도를, 화이트칼라층 및 블루칼라층 등 임금생활계층과 학생 포함 기타 직업계층의 경우는 조급히 서둔다는 태도를, 주부 포함 무직의 경우는 중립적 태도를 가장 많이 나타내고 있음.

〈표 1-26〉 개발의 추진속도에 대한 견해(직업별)

	빠르다	중립	빠르지 않다	계
농 · 수산업	31(30.7)	30(29.7)	40(39.6)	101(100.0)
사업(상업 포함)	24(25.3)	31(32.6)	40(42.1)	95(100.0)
화이트칼라	35(44.9)	18(23.1)	25(32.1)	78(100.0)
블루칼라	22(48.9)	14(31.1)	9(20.0)	45(100.0)
학생 · 기타	23(48.9)	11(23.4)	13(27.7)	47(100.0)
무직(주부 포함)	44(35.8)	47(38.2)	32(26.0)	123(100.0)
계	179(36.6)	151(30.9)	159(32.5)	489(100.0)

$\chi^2 = 22.62$ df = 10 P 〈 0.05 Missing Case 14

개발이익의 분배에 대하여 대부분의 도민들은 현재의 개발이익의 배분상황에 대해 상당히 불만인 것으로 나타나고 있음. 설문 분석에서 볼 수 있는 것처럼 “지역개발의 결과로 얻어진 이익이 지역주민들에게 적절하게 분배되고 있다”에 대하여 “그렇다”고 보는 사람들은 오직 3.8%에 불과함.

설문. “지역개발의 결과로 얻어진 이익이 지역주민들에게 적절하게 분배되고 있다에 대하여 어떻게 생각하십니까?”
그렇지 않다 450명(89.5%), 중립적 태도 32명(6.4%), 그렇다 19명(3.8%), 무응답 2명(0.4%)

4. 개발방향에 대한 견해

1) 중요 개발부문과 해결과제

제주개발에 있어서 가장 중요한 부문으로 가장 많이 지적되고 있는 것은 관광개발이며 그 다음으로 농 · 축 · 수산 개발, 도로 · 상하수도 · 통신망 등 기반시설 조성 순이며 공장건설을 지적하는 사람들은 극히 적음.

직업별로 보면 관광개발을 가장 중요한 부문으로 보고 있는 점은 모든 직업에서 같으나 사업경영을 하는 사람들과 판매 · 서비스직을 포함한 블루칼라에 해당하는 직업을 가진 사람들의 경우 그런 경향이 높은 것으로 나타나고 있으며, 그 다음으로 주부 포함 무직, 학생을 포함하는 기타 직업, 화이트칼라층의 순이고, 1 차산업층에서는 그런 경향이 낮은 수준에 머물고 있음.

상대적인 면에서 보아 1차산업에 종사하는 계층에서 농·축·수산을 가장 중요한 개발부문으로 꼽고 있는 것은 당연한 일이겠으며, 학생 포함 기타 직업층이 1차산업계층보다 그런 경향이 더 높게 나타나 특이해 보이는데 이 기타 직업(학생 포함)층에서는 관광개발과 같은 비중으로 1차산업부문의 개발을 강조하고 있음. 1차산업계층에 이어 화이트칼라층과 주부 포함 무직의 경우 1차산업을 중요 개발부문으로 지적하는 경향이 높은 것으로 나타나고 있음.

공장건설 등 기타 부문을 가장 중요한 개발부문으로 보는 경향은 무직(주부 포함)의 경우 상대적으로 높고, 그 다음이 1차산업층의 경우이며 그 이외의 직업층에 있어서는 5~6% 수준에 머무르고 있음.

기반시설 조성을 가장 중요한 개발부문으로 보는 경향은 상대적인 면에서 화이트칼라와 블루칼라 등 임금생활자층의 경우 비교적 높으며, 그 다음 사업경영층이고, 1차산업층, 무직, 특히 학생 포함 기타 직업의 경우 그런 경향이 낮음. 한편 기반시설 조성을 1차산업보다 더 많이 지적하는 집단은 사업자층, 블루칼라, 화이트칼라층이고, (다만 화이트칼라층의 경우는 그런 경향이 비교적 낮음) 그 반대인 경우, 즉 1차산업을 기반시설 조성보다 더 많이 지적하는 직업층은 1차산업층, 학생 포함 기타 직업층, 주부 포함 무직의 경우인데 기타 직업층이 더욱 그러함.

〈표 1-27〉 제주개발에 있어서 가장 중요한 개발부문(직업별)

	관광개발	1차산업 개발	기반시설 조성	공장건설 등 기타	계
농·수산업	38(37.3)	36(35.3)	18(17.6)	10 (9.8)	102(100.0)
사업(상업 포함)	51(53.7)	14(14.7)	25(26.3)	5 (5.3)	95(100.0)
화이트칼라	32(41.6)	18(23.4)	22(28.6)	5 (6.5)	77(100.0)
블루칼라	24(52.2)	6(13.0)	13(28.3)	3 (6.5)	46(100.0)
학생·기타	20(42.6)	20(42.6)	4 (8.5)	3 (6.4)	47(100.0)
무직(주부 포함)	57(46.0)	27(21.8)	22(17.7)	18(14.5)	124(100.0)
계	222(45.2)	121(24.6)	104(21.2)	44 (9.0)	491(100.0)

$\chi^2 = 37.41$ df = 15 P 〈 0.01 Missing Case 12

계층의식에서 보면 높은 계층소속의식을 가질수록 관광개발이나 기반시설 조성을 더 많이 지적하고 있으며 낮은 계층소속의식을 가질수록 농·축·수산 등 1차산업을 더 많이 지적하는 것으로 나타나고 있음. 특히 낮은 계층의식층의 경우는 공장건설 등 기타 부문의 개발을 상대적으로 더 많이 지적하고 있음.

〈표 1-28〉 제주개발에 있어서 가장 중요한 개발부문(계층의식별)

	관광개발	1차산업 개발	기반시설 조성	공장건설 등 기타	계
중상 이상	70(50.4)	28(20.1)	31(22.3)	10 (7.2)	139(100.0)
중하	129(46.9)	68(24.7)	58(21.1)	20 (7.3)	275(100.0)
하 및 극빈	27(34.6)	23(29.5)	14(17.9)	14(17.9)	78(100.0)
계	226(45.9)	119(24.2)	103(20.9)	44 (8.9)	492(100.0)

$\chi^2 = 13.57$ df = 6 P 〈 0.05 Missing Case 11

제주지역발전을 위하여 가장 시급한 과제는 자신들이 살고 있는 마을을 중심으로 하여 생각할 때 토지투기를 방지하는 것을 지적하는 사람들이 53.6%로 제일 큰 비중을 차지하고 있고, 개발과정에의 참여와 취업기회의 확대 등 도민 참여를 지적하는 사람들이 15.7%, 각종 범죄 등 사회문제의 예방을 드는 사람들이 15.9% 등으로 나타나고 있음.

지역발전을 위해서는 개발과정에서 나타나는 토지투기현상을 방지하도록 해야 하고 도민의 참여방안도 강구되어야 할 것임. 그리고 퇴폐분위기와 그에 따른 각종 범죄의 예방이라든가 자연환경의 보존에도 관심을 가져야 한다는 의견들이 나오고 있음.

〈표 1-29〉 제주 발전을 위한 해결과제

	토지투기 방지	도민 참여	교육·문화 시설 확충·육성	인문·자연 환경 보존	건전한 사회·문화 분위기 유지	계
남	171(58.2)	50(17.0)	15 (5.1)	22(7.5)	36(12.2)	294(100.0)
여	95(47.0)	28(13.9)	22(10.9)	14(6.9)	43(21.3)	202(100.0)
계	266(53.6)	78(15.7)	37 (7.5)	36(7.3)	79(15.9)	496(100.0)

$\chi^2 = 15.10$ df = 4 P 〈 0.01 Missing Case 7

2) 개발의 추진주체

조사자료를 분석해 보면 제주개발은 제주도민들 자신이 주체가 되어 추진하는 것이 좋다는 태도를 보이고 있음. 즉 개발사업추진의 주체로서 가장 선호하는 형태는 제주도민들로 구성된 단체이고 그 다음 선호하는 것은 지방행정기관이나 지방기업체, 중앙정부, 육지부의 대기업을 개발사업주체로 선호하는 경향은 극히 적음.

설문: "앞으로 제주도의 개발사업은 누가 중심이 되어 추진하는 것이 좋다고 생각하십니까?" (둘 이상 지적해도 좋음. 인원 수는 연인원임)
제주도민들로 구성된 단체 330명(52.0%), 지방행정기관(도 · 시 · 군) 214명(33.7%), 지방기업체 55명(8.7%), 중앙정부 33명(5.2%), 육지의 대기업 2명(0.3%), 기타 1명(0.2%)

3) 제주도개발의 성공요건

제주도의 성공적인 개발을 위해 가장 필요한 것으로 지적하는 경향을 보면 주민의 의사 수렴과 반영을 가장 많이 지적하고 있고 다음이 지역주민의 개발의지, 정부의 정책적 지원 등의 순으로 나타나고 있음.

도민자본의 최대한 활용이나 외부자본의 적극적 유치 등 자본동원부문이 가장 필요한 요건이라는 지적은 극히 적음. 여기서 우리는 자본보다 개발의지가, 정부의 정책적 지원보다 주민의견의 효율적 수렴이 더 중요시되고 있음을 알 수 있음.

연령별로 보면 정부의 정책적인 지원을 지적하는 사례는 50대 이상의 연령층에서 많고 연령층이 낮아짐에 따라 그런 경향은 점점 적어지고 있음. 주민의견의 수렴 · 반영을 꼽는 경향은 20대에서 특히 두드러지게 나타나고 있으며 연령층이 높아지면서 그런 경향은 점점 낮아지고 있음. 자본의 유치 · 활용의 경우는 30대 연령층에서 비교적 많이, 주민 개발의지의 경우는 50대 이상의 연령층에서 특히 적게 지적되고 있음.

〈표 1-30〉 제주도개발의 성공적 요건(연령별)

	주민의 개발 의지	자본의 유치 · 활용	정책적 지원	주민의견의 수렴 · 반영	계
20대	57(31.3)	21(11.5)	28(15.4)	76(41.8)	182(100.0)
30대	43(32.3)	20(15.0)	31(23.3)	39(29.3)	133(100.0)
40대	31(29.5)	12(11.4)	33(31.4)	29(27.6)	105(100.0)
50대 이상	15(19.2)	7 (9.0)	37(47.4)	19(24.4)	78(100.0)
계	146(29.3)	60(12.0)	129(25.9)	163(32.7)	498(100.0)

$\chi^2 = 35.87$ df = 9 P 〈 0.001 Missing Case 5

학력층별로 보면 높은 학력층에서는 주민의견의 수렴 · 반영을, 중간학력층에서는 주민의 개발의지를, 낮은 학력층에서는 정부의 정책적인 지원을 가장 많이 지적하고 있음. 학력이 높을수록 주민의견의 수렴을 더욱 강조하는 경향이 있고 정부의 정책적 지원은 학력이 낮을수록 더욱 강조하는 경향이 있음.

〈표 1-31〉 제주도개발의 성공적 요건(학력별)

	주민의 개발 의지	자본의 유치 · 활용	정책적 지원	주민의견의 수렴 · 반영	계
중졸 이하	24(17.4)	14(10.1)	65(47.1)	35(25.4)	138(100.0)
고졸	79(35.3)	23(10.3)	48(21.4)	74(33.0)	224(100.0)
전문대 이상	43(31.9)	23(17.0)	16(11.9)	53(39.3)	135(100.0)
계	146(29.4)	60(12.1)	129(26.0)	162(32.6)	497(100.0)

$\chi^2 = 53.42$ df = 6 P 〈 0.001 Missing Case 6

직업별로 보면 농 · 수산업과 블루칼라의 경우는 주민의 개발의지가, 사업경영과 학생 포함 기타직의 경우는 주민의 의견수렴 · 반영이, 화이트칼라의 경우는 개발의지와 의견수렴 두 항목이, 주부 포함 무직은 정부의 정책지원이 가장 많이 지적되고 있는 항목임. 상대적인 면에서 보아 자본의 유치활용은 특히 화이트칼라층에서 비교적 많이 지적되고 있는 사항이며, 학생 포함 기타 직업의 경우, 정부의 정책적 지원을 지적하는 사례가 특히 적고 주민의견의 수렴 · 반영을 지적하는 경향이 높음.

〈표 1-32〉 제주도개발의 성공적 요건(직업별)

	주민의 개발 의지	자본의 유치 · 활용	정책적 지원	주민의견의 수렴 · 반영	계
농 · 수산업	36(35.3)	13(12.7)	27(26.5)	26(25.5)	102(100.0)
사업(상업 포함)	24(25.8)	6 (6.5)	24(25.8)	39(41.9)	93(100.0)
화이트칼라	22(28.2)	16(20.5)	18(23.1)	22(28.2)	78(100.0)
블루칼라	15(32.6)	6(13.0)	11(23.9)	14(30.4)	46(100.0)
학생 · 기타	10(21.3)	3 (6.4)	6(12.8)	28(59.6)	47(100.0)
무직(주부 포함)	36(29.3)	15(12.2)	40(32.5)	32(26.0)	123(100.0)
계	143(29.2)	59(12.1)	126(25.8)	161(32.9)	489(100.0)

$\chi^2 = 33.36$ df = 15 P 〈 0.01 Missing Case 14

4) 국제자유지역 조성에 대한 의견

국제자유지역 조성에 대해서는 찬성하는 사람들이 반대하는 사람들보다 훨씬 큰 비중을 차지하고 있고 사업내용에 따라 찬 · 반이 달라질 것이라는 유보적 태도를 보이는 사람들도 응답자의 3분지 1을 다소 상회하는 비중을 차지하고 있음.

〈표 1-33〉 국제자유지역 조성에 대한 의견(성별)

	찬성	반대	사업 내용에 따라 다름	계
남	138(48.4)	57(20.0)	90(31.6)	285(100.0)
여	59(31.6)	43(23.0)	85(45.5)	187(100.0)
계	197(41.7)	100(21.2)	175(37.1)	472(100.0)

$\chi^2 = 14.04$ df = 2 P 〈 0.001 Missing Case 31

연령별로 보면 20대와 30대 연령층에서는 사업내용에 따라 생각이 달라질 것이라는 유보적 태도를 보이는 경향이 높은 반면, 40대 이상의 연령층 특히 50대 이상의 경우 찬성하는 태도를 보다 많이 보이고 있음. 찬성하는 경향은 높은 연령층일수록 더욱 높게 나타나고 있고 반대하는 경향은 20대 연층에서 높게 나타나고 있음.

〈표 1-34〉 국제자유지역 조성에 대한 의견(연령별)

	찬성	반대	사업 내용에 따라 다름	계
20대	54(30.7)	51(29.0)	71(40.3)	176(100.0)
30대	53(40.2)	18(13.6)	61(46.2)	132(100.0)
40대	48(49.5)	18(18.6)	31(32.0)	97(100.0)
50대 이상	42(63.6)	12(18.2)	12(18.2)	66(100.0)
계	197(41.8)	99(21.0)	175(37.2)	471(100.0)

$\chi^2 = 33.93$ df = 6 P 〈 0.001 Missing Case 32

학력별로 보면 학력이 낮을수록 찬성하는 경향이 높으며 학력이 높을수록 유보적 태도를 보이는 경향이 높음. 반대하는 경향도 높은 학력층에서 많이 나타나고 있음.

〈표 1-35〉 국제자유지역 조성에 대한 의견(학력별)

	찬성	반대	사업 내용에 따라 다름	계
중졸 이하	66(55.5)	18(15.1)	35(29.4)	119(100.0)
고졸	99(45.8)	36(16.7)	81(37.5)	216(100.0)
전문대 이상	32(23.5)	46(33.8)	58(42.6)	136(100.0)
계	197(41.8)	100(21.2)	174(36.9)	471(100.0)

$\chi^2 = 34.41$ df = 4 P 〈 0.001 Missing Case 32

직업별로는 농·수산업, 사업경영, 블루칼라 등의 직업층에서는 찬성하는 비율이 제일 높고 화이트칼라층과 무직의 경우는 유보적 태도를, 학생 포함 기타 직업의 경우는 반대하는 태도를 나타내는 사람의 비중이 제일 높게 나타나고 있음.

〈표 1-36〉 국제자유지역 조성에 대한 의견(직업별)

	찬성	반대	사업 내용에 따라 다름	계
농 · 수산업	51(56.7)	14(15.6)	25(27.8)	90(100.0)
사업(상업 포함)	45(49.5)	15(16.5)	31(34.1)	91(100.0)
화이트칼라	22(28.2)	20(25.6)	36(46.2)	78(100.0)
블루칼라	21(48.8)	4 (9.3)	18(41.9)	43(100.0)
학생 · 기타	11(23.9)	22(47.8)	13(28.3)	46(100.0)
무직(주부 포함)	44(38.3)	22(19.1)	49(42.6)	115(100.0)
계	194(41.9)	97(21.0)	172(37.1)	463(100.0)

$\chi^2 = 41.81$ df = 10 P 〈 0.001 Missing Case 40

5. 도민 참여의 문제

1) 참여가 어려운 이유

제주도개발사업에 도민들이 참여하기 어려운 이유로 가장 많이 들고 있는 것은 투자자본이 없다는 점이고, 그에 못지않게 주민의 의사를 대표하는 단체가 없다는 점을 많이 꼽고 있음. 그 외에 참여기회가 박탈되고 있다는 점을 드는 응답자가 다소 있고, 투자전망이나 경영능력이 없다는 점을 드는 사람들이 있음.

〈표 1-37〉 도민의 참여가 어려운 이유(성별)

	투자자본이 없다	경영능력이 없다	참가기회 주지 않음	투자전망 불투명 등 기타	주민대표 기구가 없다	계
남	114(38.4)	10 (3.4)	47(15.8)	16(5.4)	110(37.0)	297(100.0)
여	65(32.3)	20(10.0)	36(17.9)	14(7.0)	66(32.8)	201(100.0)
계	179(35.9)	30 (6.0)	83(16.7)	30(6.0)	176(35.3)	498(100.0)

$\chi^2 = 11.25$ df = 4 P 〈 0.05 Missing Case 5

연령별로 보면 20대층은 주민대표기구가 없다는 점을, 30대 이상의 모든 연령층에서는 '투자할 자본이 없다'는 점을 가장 많이 지적하고 있음. 대체로 보아 높은 연령층일수록 투자자본의 문제를 참여가 어려운 이유로 내세우는 경향이 많으며 주민대표기구가 없는 것을 그 이유로 드는 경향은 적음. '경영능력이 없다'는 40 · 50대 이상의 연령층에서, '참여기회를 주지 않는다'는 20 · 30대 연령층에서 투자전망의 불투명 등 기타는 30 · 40대 연령층에서 다른 연령층에 비하여 많이 지적되고 있음.

〈표 1-38〉 도민의 참여가 어려운 이유(연령별)

	투자자본이 없다	경영능력이 없다	참가기회 주지 않음	투자전망 불투명 등 기타	주민대표 기구가 없다	계
20대	44(24.4)	9(5.0)	38(21.1)	9(5.0)	80(44.4)	180(100.0)
30대	49(36.3)	8(5.9)	26(19.3)	11(8.1)	41(30.4)	135(100.0)
40대	48(45.7)	8(7.6)	9 (8.6)	8(7.6)	32(30.5)	105(100.0)
50대 이상	38(48.1)	6(7.6)	10(12.7)	2(2.5)	23(29.1)	79(100.0)
계	179(35.9)	31(6.2)	83(16.6)	30(6.0)	176(35.3)	499(100.0)

$\chi^2 = 31.41$ df = 12 P 〈 0.01 Missing Case 4

학력별로 보면 중학교 이하의 낮은 학력층에서는 투자자본이 없다는 점을, 고등학교 학력층 이상의 경우는 주민대표기구가 없다는 점을 참여가 어려운 이유로 가장 많이 들고 있음. 대체로 학력수준을 상 · 중 · 하로 나누어보았을 때 하에 해당하는 층은 투자자본, 경영능력을, 중 이상의 학력층은 주민대표기구, 참여기회의 박탈을 보다 많이 지적하고 있음.

〈표 1-39〉 도민의 참여가 어려운 이유(학력별)

	투자자본이 없다	경영능력이 없다	참가기회 주지 않음	투자전망 불투명 등 기타	주민대표 기구가 없다	계
중졸 이하	61(44.2)	15(10.9)	13 (9.4)	9(6.5)	40(29.0)	138(100.0)
고졸	72(32.1)	11 (4.9)	43(19.2)	12(5.4)	86(38.4)	224(100.0)
전문대 이상	46(34.1)	4 (3.0)	27(20.0)	9(6.7)	49(36.3)	135(100.0)
계	179(36.0)	30 (6.0)	83(16.7)	30(6.0)	175(35.2)	497(100.0)

$\chi^2 = 20.18$ df = 8 P 〈 0.01 Missing Case 6

2) 투자의사

투자할 자본과 기회가 주어진다면 관광사업에 투자하겠다는 사람들이 그런 의사가 없다는 사람들보다 훨씬 많음.

계층의식별로 보면 계층의식에 관계없이 투자의사를 갖는 사람들이 그렇지 않은 사람들보다 더 큰 비중을 차지하고 있으나 상위계층 소속의식을 가질수록 투자의사를 더 많이 나타내고 있음. 그런데 각 계층 소속의식집단 사이에 약 10% 정도의 투자의사를 갖는 사람들의 비중의 차이가 나타나고 있음.

〈표 1-40〉 관광사업에 투자 여부(계층의식별)

	예	아니오	계
중상 이상	112(80.6)	27(19.4)	139(100.0)
중하	190(68.8)	86(31.2)	276(100.0)
하 및 극빈	46(59.0)	32(41.0)	78(100.0)
계	348(70.6)	145(29.4)	493(100.0)

$\chi^2 = 12.15$ df = 2 P 〈 0.01 Missing Case 10

투자할 의사를 가진 사람들이 어떤 사업에 투자하겠는지를 보면 관광스포츠나 문화시설에 투자하겠다는 사람들이 가장 많고 그 다음 관광농원, 숙박시설, 토산품점 등의 순이며 유흥·음식시설을 들고 있는 사람들은 얼마 되지 않음.

〈표 1-41〉 희망하는 관광투자사업 유형(성별)

	토산품점	관광농원	관광스포츠 ·문화시설	숙박시설	음식·유흥 시설 기타	계
남	17 (7.8)	70(32.3)	81(37.3)	34(15.7)	15 (6.9)	217(100.0)
여	24(17.8)	35(25.9)	43(31.9)	19(14.1)	14(10.4)	135(100.0)
계	41(11.6)	105(29.8)	124(35.2)	53(15.1)	29 (8.2)	352(100.0)

$\chi^2 = 10.24$ df = 2 P 〈 0.01 Missing Case 151

- 연령별로는 30대 이하의 연령층에서는 관광스포츠나 문화시설을, 40대 이상의 연령층에서는 관광농원을 가장 선호하고 있는데 특히 50대 이상의 연령층

에서는 관광농원을 택하는 경향이 현저하게 높게 나타나고 있고, 관광스포츠 시설이나 문화시설사업을 선호하는 경향은 낮은 연령층일수록 더 많이 나타나고 있음. 그리고 토산품점은 40대 연령층에서, 숙박시설과 음식·유흥시설의 경우는 30대층에서 비교적 높은 선호경향을 보이고 있음.

〈표 1-42〉 희망하는 관광투자사업 유형(연령별)

	토산품점	관광농원	관광스포츠·문화시설	숙박시설	음식·유흥 시설 기타	계
20대	12 (9.4)	37(28.9)	60(46.9)	10 (7.8)	9 (7.0)	218(100.0)
30대	7 (7.1)	16(16.2)	40(40.4)	24(24.0)	12(12.1)	99(100.0)
40대	16(23.5)	23(33.8)	14(20.6)	10(14.7)	5 (7.4)	68(100.0)
50대 이상	6(10.3)	29(50.0)	10(17.2)	10(17.2)	3 (5.2)	58(100.0)
계	41(11.6)	105(29.7)	124(35.1)	53(15.3)	29 (8.2)	353(100.0)

$\chi^2 = 53.24$ df = 12 P 〈 0.001 Missing Case 150

학력층별로 보면 중학교 이하의 학력층에서는 관광농원을, 고등학교 이상 특히 대학수준의 높은 학력층에서는 관광스포츠나 문화시설을 가장 많이 선호하는 것으로 나타나고 있음.

상대적으로 보아 토산품점은 중학교 이하의 학력층에서, 숙박시설은 고등학교 학력층에서 비교적 많이 선호하고 있음.

〈표 1-43〉 희망하는 관광투자사업의 유형(학력별)

	토산품점	관광농원	관광스포츠·문화시설	숙박시설	음식·유흥 시설 기타	계
중졸 이하	22(23.4)	37(39.4)	13(13.8)	13(13.8)	9(9.6)	94(100.0)
고졸	10 (6.0)	51(30.7)	59(35.5)	32(19.3)	14(8.4)	166(100.0)
전문대 이상	9 (9.8)	17(18.5)	52(56.5)	8 (8.7)	6(6.5)	92(100.0)
계	41(11.6)	105(29.8)	124(35.2)	53(15.1)	29(8.2)	353(100.0)

$\chi^2 = 51.95$ df = 8 P 〈 0.001 Missing Case 151

자본과 기회가 주어지더라도 관광사업에 투자하지 않겠다는 사람들(145명)의 경우 밭이나 과수원을 사겠다는 사람들이 제일 많아서 68명(46.9%)이고, 주택이나 빌딩을 사겠다는 사람들도 많아서 대부분의 사람들이 부동산에 투자할 의사를 나타내고 있음.

3) 개발자금 조성에 대한 입장

관광개발 등 제주지역개발을 위한 영세자금을 모으는 경우 그런 일에 참여할 의사가 있는 사람들의 비중은 75.7%로서 매우 높게 나타나고 있는바 제주도민들의 대부분은 개발자금 조성에 참여하겠다는 태도를 갖고 있는 것으로 생각됨.

성별로 보면 남자의 경우가 여자의 경우보다 자금조성에 참여할 의사를 더 많이 나타내고 있음.

〈표 1-44〉 개발자금 조성 시 참여 여부(성별)

	예	아니오	계
남	239(80.2)	59(19.8)	298(100.0)
여	142(69.6)	62(30.4)	204(100.0)
계	381(75.9)	121(24.1)	502(100.0)

$\chi^2 = 6.86$ df = 1 P 〈 0.01 Missing Case 1

소득계층별로 보면 중간수준의 소득층, 즉 40~69만 원층인 경우 다른 두 소득계층의 경우보다 참여의사를 가진 사람들이 더 많은 비중을 차지하고 있는 것으로 나타나고 있음.

〈표 1-45〉 개발자금 조성 시 참여 여부(소득계층별)

	예	아니오	계
39만 원 이하	86(69.9)	37(30.1)	123(100.0)
40~69만 원	202(81.8)	45(18.2)	247(100.0)
70만 원 이상	88(69.8)	38(30.2)	126(100.0)
계	376(75.8)	120(24.2)	496(100.0)

$\chi^2 = 9.58$ df = 2 P 〈 0.01 Missing Case 7

직업별로 보면 블루칼라층에서 자금 조성에 참여할 의사를 가진 사람들의 비중이 가장 높게 나타나고 있으며 그 다음으로 학생 포함 기타 직업과 1차산업계층에서 서로 비슷한 비중으로 그런 의사를 많이 나타내고 있는 반면에 화이트칼라층의 경우 그런 의사를 가진 사람들이 상대적으로 적어서 66.7% 정도이고, 사업경영계층의 경우는 70.5%, 무직(주부 포함)의 경우는 74.2%로 나타나고 있음.

〈표 1-46〉 개발자금 조성 시 참여 여부(직업별)

	예	아니오	계
농 · 수산업	84(81.6)	19(18.4)	103(100.0)
사업(상업 포함)	67(70.5)	28(29.5)	95(100.0)
화이트칼라	52(66.7)	26(33.3)	78(100.0)
블루칼라	40(87.0)	6(13.0)	46(100.0)
학생 기타	39(83.0)	8(17.0)	47(100.0)
무직(주부 포함)	92(74.2)	32(25.8)	124(100.0)
計	374(75.9)	119(24.1)	493(100.0)

$\chi^2 = 11.48$ df = 5 P 〈 0.05 Missing Case 10

계층소속의식에 관련하여 살펴보면 높은 계층소속의식을 가진 계층일수록 자금조성에 참여하려는 의사를 나타내는 사람들의 비중이 높음.

〈표 1-47〉 개발자금 조성 시 참여 여부(계층의식별)

	예	아니오	계
중상 이상	118(84.9)	21(15.1)	139(100.0)
중하	208(75.4)	68(24.6)	276(100.0)
하 및 극빈	49(62.8)	29(37.2)	78(100.0)
계	375(76.1)	118(23.9)	493(100.0)

$\chi^2 = 13.54$ df = 2 P 〈 0.01 Missing Case 10

개발자금 조성에 참여할 의사를 갖고 있지 않는 사람들의 경우 그 이유는 여유자금이 없는 것이 33.9%이고, 자금조성주체의 성격 불분명을 지적하는 사람들이 25.6%, 구체적 사업내용을 모르기 때문이라는 사람들이 18.2%, 공동이 아니라 개인적으로 사업투자를 하고 싶기 때문은 8.3%, 투자전망이 불투명하기 때문이라는 사람은 5.8%에 불과함.

따라서 자금조성 주체 자체가 믿을 만하고 사업내용이 명백하여 전망이 있는 경우에는 공동자금 조성에 참여할 사람은 더욱 많을 것으로 보임.

4) 권익침해에 대한 대응방식

제주도민들은 정부의 결정에 묵묵히 따르는 사람들은 아닌 것으로 보임. 본 조사자료에 의하면 자신의 권익이 부당하게 침해당하는 경우 그 철회를 요구하는 지역활동을 하겠다는 사람들이 과반수나 됨. 묵묵히 따르겠다는 사람들은 5.2%에 불과하고, 법적 · 행정적 절차에 따라 해결한다는 사람들은 37.2%임. 이렇게 보면 제주도민의 이익을 침해하는 정부차원의 결정은 상당한 정도로 주민저항에 부딪칠 것으로 예상됨.

이를 응답자의 연령별로 분석해 보면 모든 연령층에서 집단적 의사표시 방식을 가장 많이 택하겠다고 하는데, 그런 경향은 특히 20대 연령층에서 높고 30 · 40대 연령층에서는 비교적 낮게 나타나고 있음. 상대적인 면에서는 30 · 40대층에서는 법적 해결을, 50대 이상의 연령층에서는 추종적인 방식을 택하는 경향이 다른 연령층에 비해 상대적으로 높게 나타나고 있음.

〈표 1-48〉 권익침해에 대한 대응방식(연령별)

	집단의사표시	법적 해결	순종 등 기타	계
20대	109(60.2)	63(34.8)	9 (5.0)	181(100.0)
30대	62(45.9)	55(40.7)	18(13.3)	135(100.0)
40대	48(45.3)	46(43.4)	12(11.3)	106(100.0)
50대 이상	40(51.3)	23(29.5)	15(19.2)	78(100.0)
계	259(51.8)	187(37.4)	54(10.8)	500(100.0)

$\chi^2 = 18.94$ df = 6 P 〈 0.01 Missing Case 3

6. 관광자원의 현황과 보전에 대한 주민의식

1) 환경적 영향의 인지

관광개발이 지역주민에게 미친 환경적 영향을 파악하기 위하여 10개 사항을 설문화하여 조사한 결과는 다음과 같음.

- 상하수도, 도로, 전화 등의 생활환경이 개선되었다는 데 대해서는 매우 그렇다가 23.5%, 약간 그렇다가 49.5%로써 주민의 73.1%가 긍정적으로 평가.
- 교통편이 많아져서 이용하기 쉬워졌다는 데 대해서는 매우 그렇다가 20.7%, 약간 그렇다가 36.1%로 주민의 56.8%가 긍정적으로 느끼고 있음.
- 지역주민들이 놀고 쉴 장소가 많아졌다는 데 대해서는 17.8%의 주민이 그렇다고 하였으나 매우 그렇지 않다가 32.7%, 그렇지 않다가 26.0%로 주민의 58.7%가 부정적으로 지각하고 있음.
- 관광개발로 인해 도시나 농촌경관이 더 아름다워졌다는 데 대해서 그렇다고 한 주민이 24.5%이고, 매우 그렇지 않다가 23.6%, 그렇지 않다가 23.1%로 주민의 46.7%가 부정적으로 지각.
- 바다오염 여부에 대해서는 주민의 77.4%가 관광개발 때문에 바다가 오염되고 있다고 생각하고 있으며 주민의 66.8%가 해안경관이 파괴된 것으로 느끼고 있음.
- 관광객 때문에 쓰레기 문제가 발생하고 있다는 데 대해서는 매우 그렇다가 45.2%, 그렇다가 41.1%로 주민의 86.3%가 부정적으로 생각하고 있고 그렇지 않다고 생각하는 주민은 6.7%임.
- 한라산의 자연생태계 파괴현상에 대해서는 매우 그렇다가 54.8%, 그렇다가 29.3%로 나타남으로써 주민의 84.1가 생태계가 파괴되고 있다고 느끼고 있고 그렇지 않다고 느끼는 주민은 5.8%에 불과함.
- 교통혼잡에 대해서는 매우 그렇다가 35.6%, 그렇다가 40.4%로 주민의 76.0%가 관광객 증가 때문에 교통혼잡이 발생한다고 생각하고 있음.
- 해안생태계 변화는 매우 그렇다가 34.1%, 그렇다가 40.1%로 주민의 74.2%가 해안의 자연생태계가 관광개발로 인해 파괴되고 있다고 지각.

[그림 1-1] 관광의 환경적 영향에 대한 주민 지각 정도

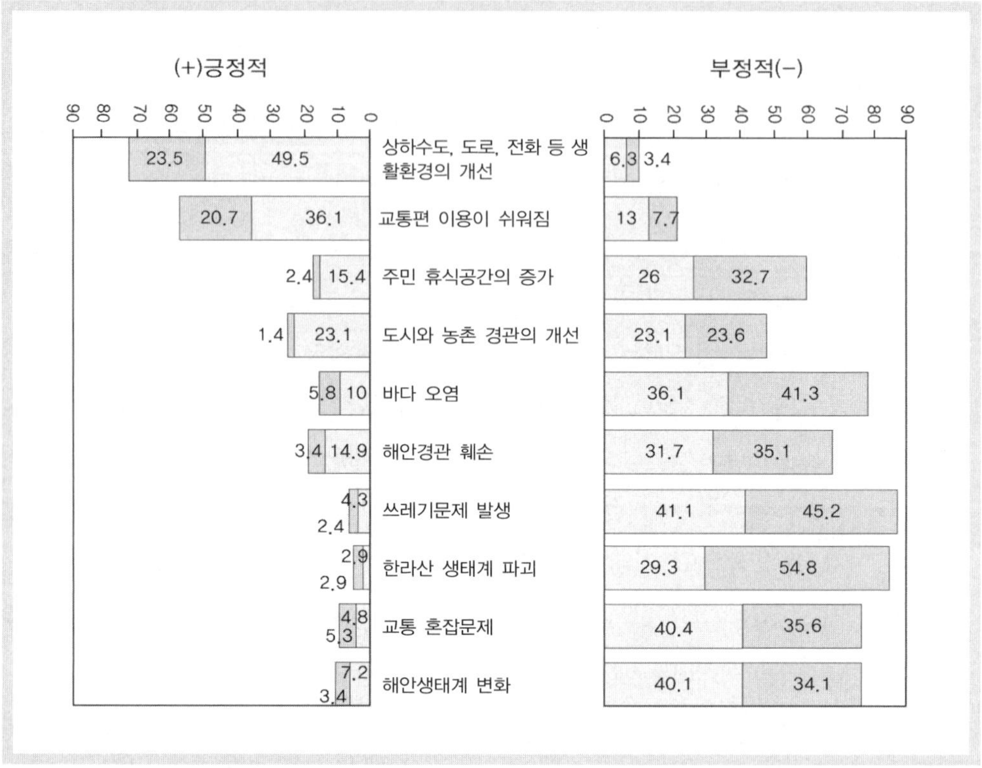

2) 관광개발에 대한 의식

관광개발에 대한 주민태도에 관한 조사 결과 다음과 같은 특성을 보임.

- 관광자원의 보호를 위해서 관광객들의 방문숫자를 제한해야 한다는 데 대하여 전체의 54.2%가 찬성하고 있으며 반대는 44.6%에 이르고 있음. 선행 연구결과에서 보면 관광산업 관련 여부, 원주민 여부, 교육·직업 등에 따라서 이러한 태도 차이가 발생한다고 되어 있음.

그러나 주민의 54.2%가 관광객들의 방문숫자를 제한해야 한다고 느끼고 있다는 사실은 관광수용능력을 높이기 위한 여러 대책이 시급하다는 것을 시사하고 있음.

[그림 1-2] 관광객 제한

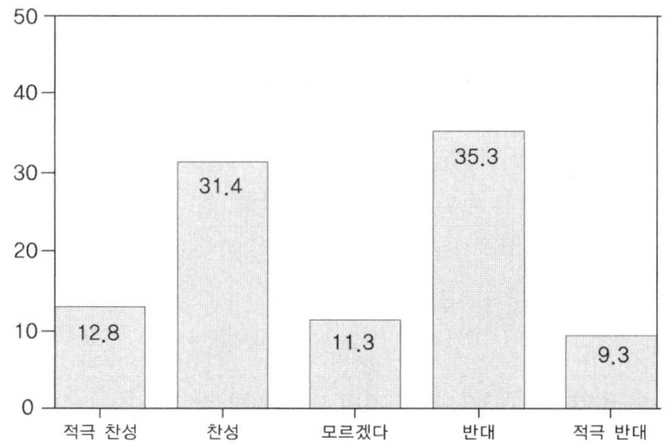

• 관광개발에 의한 자연환경훼손에 대한 주민태도 조사결과는 〈그림 1-3〉과 같음. 관광개발이 가져오는 경제적 혜택을 얻기 위해서는 어느 정도의 자연환경의 훼손은 불가피하다고 생각하는 데 대해서 적극 찬성이 2.4%, 찬성이 31.4%로 주민의 33.5%가 찬성한 반면, 적극 반대가 15.0%로 반대하는 주민이 59.7%나 되어 개발에 따른 자연환경훼손에 대해서는 반대하는 경향이 높다는 것을 알 수 있음.

[그림 1-3] 환경 파괴의 불가피성

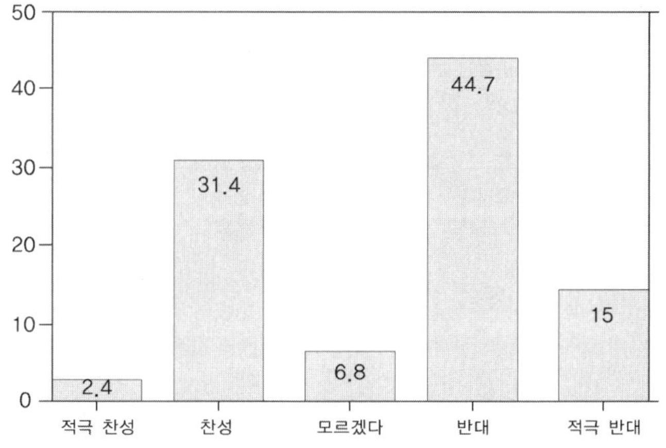

제주도의 바람직한 미래상에 대한 조사결과를 보면 바람직한 제주도의 미래상이 대규모 호텔, 대단위 쇼핑센터, 스포츠 및 위락시설을 갖춘 근대적인 관광지로 생각하는 주민이 15.5%, 고급 휴양 별장지로 생각하는 주민이 11.2%, 자연이나 농촌경관이 그대로 남아 있는 소박한 이미지의 섬으로 생각하는 주민이 64.6%였음.

조사대상자를 직업별 집단, 즉 학생, 공무원, 관광사업자 그리고 그 이외의 직업을 가진 일반 주민 등으로 구분하여 태도조사를 한 결과 〈그림 1-4〉에서 제시되었는데, 이러한 결과는 관광개발과정에서 제주도의 이미지(원풍경)를 유지하는 것이 중요하다는 것을 보여주고 있음.

[그림 1-4] 제주도의 바람직한 미래상(전체 주민 및 직업별 집단)

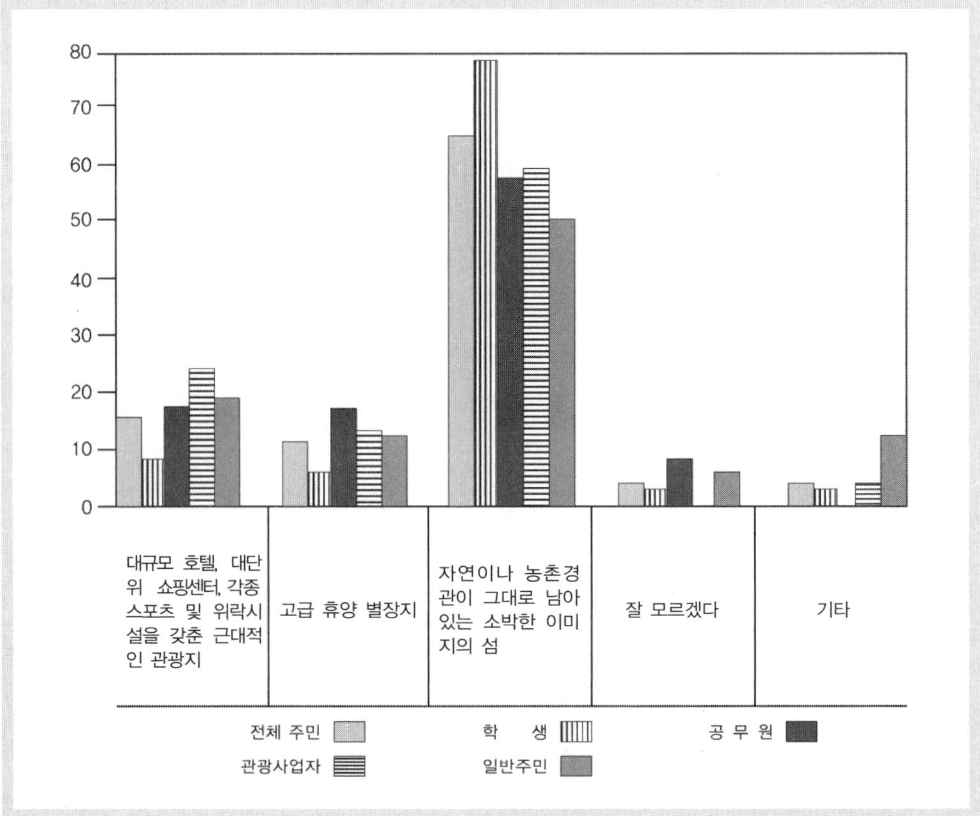

7. 요약 및 제언

1) 요약

(1) 개발현실의 인식

- 현재 진행 중인 특정지역제주도종합개발계획의 내용을 잘 아는 사람이 많지 않음. 그 내용을 알게 되는 것은 텔레비전에 의한 경우가 가장 많고 그 다음으로 지방 일간지에 의해서임.
- 지금까지의 제주도개발에 있어서 가장 큰 성과를 거두었다고 평가되는 부문은 관광개발인 경우가 대부분이고(응답자의 78.7%) 농 · 축 · 수산개발을 지적하는 경우는 극히 적음(4.4%).
- 현재 실시되고 있는 제주도개발계획의 경우 도민의 의견을 반영하고 있다고 보는 사람들은 15.3%에 불과함.
- 그럼에 불구하고 지역개발의 결과로 제주지역은 육지부에 비해 살기 좋아졌다고 보는 사람들이 그렇지 않다고 보는 사람보다 훨씬 큰 비중을 차지하고 있음. 그리고 제주도가 관광지라는 점에서 자부심을 느끼는 사람들이 과반수를 훨씬 넘고 있음.

(2) 개발의 몇 가지 현안문제

- 제주도의 개발과정에서 발생하는 가장 심각한 문제로 들고 있는 것은 다음과 같음.
  - 사회 · 문화적 측면에서는 청소년비행이나 각종 범죄가 증가하는 것을 드는 사람들이 가장 많고, 전통적 풍습이 사라지는 것, 황금만능의 사고, 생활여건상의 도농(都農) 격차, 상대적 피해의식, 자연환경 훼손 등의 순으로 지적되고 있음.
  - 경제적 측면에서는 육지인들이 토지를 많이 소유하고 있는 점을 가장 많이 들고 있고(49. 1%), 그 다음으로 개발이익의 도외유출(18.9%), 빈부의 격차가 커지는 점(17.9%), 관광산업에 비해 농 · 축산 등 다른 산업발전이 낙후된 점(13.3%) 등으로 나타나고 있음.

- 현재 제주도의 지역개발은 너무 조급하게 추진되고 있다는 사람들이 그렇지 않다는 사람들보다 많음.
- 지역개발의 결과로 얻어진 이익이 지역주민들에게 적절하게 분배되고 있다는 것에 대하여 절대다수의 사람들(89.5%)은 그렇지 않다고 생각하고 있음.
- 개발의 지역 간 불균형이 나타나고 있음.

(3) 개발의 방향에 대한 견해

- 제주도개발에 있어서 가장 중요한 사항으로 지적되고 있는 부문을 보면 그 첫째가 관광개발이고 다음으로 농·축·수산개발, 기반시설 조성 순이다. 공장건설 등 2차산업의 개발은 지적된 사례가 매우 적음.
- 거주지 마을을 중심으로 보았을 때 해당 지역발전을 위해 가장 시급하다고 생각하는 사항을 보면 토지투기 방지가 53.1%를 차지하고 있어서 제일 많고 그 다음으로는 개발과정에의 참여와 취업기회 확대 등 도민의 참여, 각종 범죄 등 사회문제예방, 퇴폐적 분위기의 시정, 자연환경의 보존, 문화시설 확충, 교육기관의 육성, 전통문화의 보존 등의 순으로 지적되고 있음.
- 개발과정에서 자신들의 의견이 반영되고 있지 않다고 생각하는 제주도민들은 제주도개발업이 자신들이 중심이 되어 추진되어야 한다는 견해를 보이고 있음. 즉 개발사업 추진주체로서 가장 바람직한 형태는 도민으로 구성된 단체로서 과반수의 사람들이 이를 선호하고 있고 그 다음이 지방행정기관, 지방기업체, 중앙정부 등의 순임.
- 제주도의 성공적인 개발을 위해서 가장 필요한 것으로는 주민의사의 수렴, 반영이고 그 다음이 주민의 개발의지, 정부의 정책적 지원 순으로 나타나고 있음. 여기서 우리는 자본보다 개발의사가, 정부의 정책적 지원보다 주민의사의 효율적 수렴, 반영이 더 중요시되고 있음을 알 수 있음.
- 국제자유지역이 조성되는 데 대하여 찬성하는 사람들이 반대하는 사람들보다 훨씬 많은데, 그 사업내용으로 가장 바람직하다고 생각하는 사항을 보면 수출자유지역이 제일 많아서 60.4%에 이르고, 다음으로 문화·예술활동센터(41.6%), 국제대학 등 교육센터(26.4%), 면세쇼핑센터(22.3%), 국제회의센터(18.3%), 금융자유지역(16.2%) 등인 것으로 나타나고 있음.

(4) 도민참여의 문제

- 제주도개발사업에 도민들이 참여하기 어려운 이유로는 투자할 자본이 없다(35.6%), 주민의사를 대표하는 단체가 없다(35.0%)는 점을 많이 들고 있음.
- 그런데 투자할 자본과 기회가 주어진다면 관광사업에 투자할 의사가 있다는 사람들이 대부분(70.2%)인데, 투자하고자 하는 부문을 살펴보면 관광스포츠나 문화시설이 가장 많고 다음이 관광농원이며 그 다음 숙박시설, 토산품점, 음식 · 유흥시설 순으로 나타나고 있음.
- 관광개발 등 제주지역개발을 위해 영세자금을 모으는 경우, 대부분(75.7%)의 사람들은 그에 참여할 의향이 있는 것으로 나타나고 있음.
- 정부의 결정으로 자신의 권익이 부당하게 침해당하는 경우에는 집단적으로 그 철회를 요구하겠다는 사람들이 과반수(51.7%)에 이르고 있어서 제도적 절차에 따라 해결하겠다는 사람들(37.2%)보다 많음.

(5) 환경에 관한 문제

관광개발에 의해 야기된 제주도의 환경변화에 대해서 주민들은 도시생활환경이나 교통상황의 변화는 긍정적으로 지각하고 있음. 그러나 경관이나 생태계의 변화 그리고 환경오염문제에 대해서는 매우 부정적으로 느끼고 있음. 특히 한라산의 자연생태계 훼손이나 관광지에서의 쓰레기 문제를 매우 심각하게 생각하고 있음.

또한 주민들은 관광개발이 가져오는 경제적 혜택 때문에 제주도의 고유한 이미지나 관광자원의 기반이 되는 자연환경이 파괴되어서는 안 된다는 태도를 갖고 있음.

2) 제언

(1) 개발방향에 대한 제언

- 주민의 협조를 위해 계획담당부서는 개발계획에 대한 적극적인 홍보가 필요함. 이 경우 효과적인 홍보매체는 텔레비전과 지방일간지이고, 정부기관 자체의 홍보물 제작도 확대할 필요가 있음.

- 제주도개발은 관광개발을 중심으로 하되 그에 따라 발생하는 사회·문화적, 경제적인 부정적 결과를 보완하는 개발계획과 추진이 필요함.
  지금까지 개발과정에서 소외되었던 농·축·수산개발에 관심을 두어야 할 것임.
- 지역발전을 위해서는 토지투기현상을 방지해야 하고, 도민참여의 방안도 강구되어야 할 것이며 퇴폐적 분위기와 그에 따른 각종 범죄를 예방하는 차원에서 향락사업의 확산을 억제해야 하며 자연환경 보존에도 관심을 기울여야 할 것임.
  - 개발은 너무 조급하게 서두르지 말고 장기적 안목에서 계획·추진되어야 하며, 개발이익은 도민에게 적절하게 분배될 수 있어야 함.
  - 개발을 추진함에 있어서는 주민들로 구성된 단체가 중심이 되고, 도민의 의견을 잘 수렴·반영하는 것이 필요함.
  - 투자자금을 마련하기 위하여 도민들의 영세자금을 모으는 사업을 시도해 볼 만할 것임.
  - 결론적으로 제주개발은 관광개발을 중심으로 하여 계속 추진되어야 할 것이나 그 방법은 신중히 생각하여 선택해야 할 것인즉 도민 중심으로 도민의 참여와 이익을 배려하는 방향에서 모색되어야 할 것임.

(2) 환경보전에 관한 제언

- 제주도의 자연환경을 바람직한 상태로 유지하거나 유도하기 위해서는 각종 환경보전 교육프로그램이 필요함.
- 자연환경보전조례 및 경관조례를 제정하여 환경보전 대상이 되는 각종 보전지역 및 보호구를 설정하여 자연환경에 큰 영향을 줄 수 있는 대규모 사업에 대한 규제를 강화하도록 함.
  - 관광개발이 환경에 미치는 영향을 평가하기 위하여 관련 학계 전문가로 이루어진 '자연환경보전심의회'를 구성하여 운영하도록 함.
- 합리적인 자연환경관리를 위해서는 환경정보가 필요하며 이를 위해 종합적인 자연환경보전조사를 적극적으로 실시하고 이 정보를 언제든지 각종 개발

계획이나 관리계획에 이용할 수 있도록 도 · 시 · 군에 제공할 수 있는 시스템을 확보할 필요가 있음.

- 과도 이용이나 난개발에 의해 생태계 균형이 교란되어 급속히 황폐해지는 지역에는 생태계 복원공사를 시행하여 현재 진행되고 있는 황폐화 과정을 저지하거나 지연시키면서 가능한 한 원상으로 회복시키는 일이 시급함.
- 관광개발중점지구에 대한 '관광자원관리계획'을 수립하고 장기적인 안목에서는 관광지관광자원관리계획 외에 제주도 전체를 대상으로 하여 여러 가지 환경조건을 이상적인 상태로 유지하기 위한 환경관리계획을 수립하도록 함.

CHAPTER 02

제주도민의 개발에 대한 의식조사

1992.11. 『제주도종합개발계획』(제주도, 1994)을 위한 보고서

1. 의식조사의 목적 · 방법 · 대상

• 이 조사는 제주개발에 대한 도민의식을 분석함으로써 개발 현실의 문제점을 파악하고 개발과제를 발견하여 제2단계 제주종합개발계획의 기초자료를 제공하는 데 목적이 있다. 이는 제주지역 종합개발계획에서 개발의 방향을 설정할 때 지역 주민들의 의견을 수렴해야 한다는 당위성을 내포하고 있다고 볼 수 있다.

• 20세 이상의 제주도 주민을 모집단으로 하여 설문조사요원의 현지면접 조사를 실시하였는데 그 표집방식은 다음과 같다.

- 제주시, 서귀포시, 북제주군, 남제주군 등 4개 행정 구역별로 그 인구 수에 비례하여 표집할당을 했다.
- 각 행정구역에서는 각각 4개 동 혹은 이(里)를 표집하였는데 시에서는 무작위로, 군에서는 각각 동부와 서부별로 해안마을과 중산간 마을을 1개씩 표집하였다.
- 표집된 각 지역(이 · 동)에 있어서의 피면접자의 수는 각 행정구역별 할당 표집에 대한 해당지역(이 · 동)의 인구 수 비례로 정하고 각 이 · 동에 있어서는 체계표집방식에 의해 해당 가구를 표집하여 가구주 혹은 그 가구의 성인 구성원을 대상으로 면접하였다.
- 표집된 면접지역과 그 표본 수는 아래와 같다.

  제주시: 삼도2동 44, 건입동 40, 노형동 26, 일도2동 74

  서귀포시: 정방동 16, 동홍동 20, 대천동 13, 중문동 19

북제주군: 덕천리(동부 중산간) 4, 함덕리(동부 해안) 58, 신양리(서부 중산간) 8, 수원리(서부 해안) 14

남제주군: 덕수리(서부 중산간) 8, 하모2리(서부 해안) 19, 의귀리(동부 중산간) 10, 표선리(동부 해안) 27

계: 8개 동 8개 이(里) 400명

• 설문지는 비구조화된 질문(자유응답형 질문) 4개 항을 뺀 모든 문항을 구조화된 질문으로 하고, 다음과 같이 5개 부분으로 구분하여 구성하였다.

- 제주도의 인상에 관한 사항
- 제주개발의 인식에 대한 사항
- 제주개발의 과제에 대한 사항
- 개발방식에 관한 사항
- 응답자의 사회 · 경제적 배경에 관한 사항

• 조사 실시 기간 및 자료 분석방법은 다음과 같다.

- 조사는 1992년 8월 28일부터 9월 9일까지 실시하였다.
- 조사에서 수집된 자료는 사전 부호화와 편집 부호화 등의 작업과정을 거쳐 SPSS PC 프로그램으로 전산처리하였다.
- 교차 분석과 평균 비교를 함에 있어서는 유의도 수준이 $p<0.001$ 수준 이하의 것만을 분석에 포함하였다.
- 조사 결과의 허용 오차(표집오차)는 95%의 신뢰도 수준에서 4.98%이다.

• 응답자의 사회 · 경제적 특성

성별: 남 223명(55.8%), 여 177명(44.2%)

연령: 20대 153명(38.3%), 30대 108명(27.0%)
40대 66명(16.5%), 50대 이상 73명(18.3%)

학력: 중졸 이하 97명(24.2%), 고등학교 154명(38.5%)
초급대 이상 149명(37.3%)

소득(월평균): 59만 원 이하 60명(15.4%)
60~99만 원 94명(24.1%)
100~149만 원 131명(33.6%)
150만 원 이상 105명(26.9%)

직업: 기업 및 상업 62명(15.5%), 1차산업 85명(21.3%)
회사원, 공무원, 전문직 종사자 등 화이트칼라 82명(20.5%)
판매, 서비스직, 육체노동자 등 블루칼라 33명(8.3%)
학생 및 기타 직업 51명(12.8%), 주부와 무직자 85명(21.3%)

계층의식(주관적 계층 · 자기평가 계층)
상층(중상층 이상) 130명(32.6%), 중하층 203명(50.9%)
하층(극빈층 포함) 66명(16.5%)

출생 · 성장지역: 제주에서 출생했거나 성장한 자 55명(13.8%)
제주에서 출생하고 성장한 자 302명(75.5%)
제주에서 출생하지도, 성장하지도 않았으나
현재 거주하고 있는 자 43명(10.8%)

제주를 자신의 고향으로 생각하는지 여부
고향으로 생각하는 자 374명(93.5%)
고향으로 생각하지 않는 자 26명(6.5%)

2. 제주 개발의 현실에 대한 견해

• 현재 진행 중인 '특정지역 제주도 종합개발계획'의 내용을 안다는 사람들이 68.5%로 모른다는 사람들(31.6%)보다 훨씬 많기는 하지만, 39.6%의 사람들은 '약간' 아는 정도에 머무르고 있다. 이전의 조사(1990년, KID조사)와 비교해 보면 그 때보다 어느 정도 안다는 사람들이 늘어났다. 모른다는 사람이 1990년(KDI 조사) 33.2%, 1992년 현재 31.6%이다.

• 개발성과에 대한 만족도를 보면 만족한다는 사람들(18.3%)보다 불만인 사람들이 35.6%로 훨씬 많다. 불만인 사람들이 들고 있는 불만의 이유로는 ① 지역주민 의사 무시(23.3%) ② 개발이익이 도민에게 잘 분배되지 못하고 있는 점(17.1%)

③ 향락적 환경조성 및 자연환경 훼손(17.1%) ④ 특정분야, 특정지역 위주의 개발(16.4%) ⑤ 개발로 파생된 문제점에 대한 방안 모색이 없는 점(16.4%) 등이다.

• 그리하여 현재까지 실시되어 온 제주도 종합개발계획에는 제주도민의 의견이 반영되고 있지 않다고 보는 사람들이 57.2%에 달하고 있다(도민의견이 반영되고 있다고 보는 사람들은 14.8%에 불과하다). 그렇기 때문에 관광개발의 필요성에 대해서는 '관광개발은 필요하지만 그 방법이 적절해야 한다'고 지적하는 사람들이 대부분이다(81.5%). 또한 현재의 개발방식에 대해 알고 있다는 사람들(44.5%)보다는 모른다는 사람(55.5%)이 많으며 현재의 지구지정방식의 관광지 개발 운영이 잘못 운영되고 있어서(50.5%) 불만이다(40%)고 토로하는 사람들이 많다.

• 제주개발 부문별로 그 개발의 성과가 어떠했다고 보는지를 살펴보면 아래 표와 같다(숫자는 %).

부문 \ 성과여부	성과 있었다	그저 그렇다	성과 없었다
관광개발	47.2(60.0)	44.7(32.3)	8.1 (7.7)
농·축·수산개발	11.6 (7.9)	39.9(39.2)	48.5(52.9)
사회간접자본조성	51.3(48.9)	31.9(37.5)	16.9(13.6)
제조업개발	4.3 (5.7)	29.6(35.0)	66.0(59.3)
사회개발	13.8	41.5	44.8

* ( )안의 수치는 1991년 국토개발연구원 조사 결과임.

위의 표에서 볼 수 있는 것처럼 관광개발이나 사회간접기반시설 조성에 있어서는 성과가 있었다는 평가를 하고 있는 반면 1차·2차 산업부문, 사회복지·문화시설 등 사회개발 부문에 있어서는 성과가 없었다는 평가를 하고 있다. 이 점은 1991년 국토개발연구원의 조사와 다름이 없다. 이를 앞의 개발성과에 대한 만족도에 관련지어 생각해 보면 개발의 성과가 있다 하더라도 그 내용이나 방법이 잘못되었다는 것이며 1차·2차 산업이 상대적으로 그 개발이 소홀히 되고 있다는 점에서 불만인 것으로 볼 수 있다.

• 개발의 투자속도에 관해서도 제주도민들은 '너무 빠르다'는 사람들이 47.3%로서 '느리다'는 사람들(14.6%)보다 훨씬 큰 비중을 차지하고 있다. 여기서 종전의 조사(1990년 KDI조사)보다 개발속도가 빠르다는 견해가 더욱 확대되고 있음을 알 수 있다(종전의 KDI조사의 경우 너무 빠르다는 사람들은 37.0%).

• 개발 이익의 분배가 어떻게 되고 있는지에 대해서는 잘 분배되고 있다는 사람들은 불과 3.8%에 불과하고 대부분의 사람들(68.9%)은 분배가 잘못되고 있다고 보고 있다. 종전의 경우와 비교해 보면 분배에 대한 긍정적인 평가의 비중이 더 커지고 있다. (분배가 잘못되고 있다는 견해의 비중은 1990년 KDI조사 90%, 1991년 국토개발연구원 조사, 71%)

• 그럼에도 불구하고 지역개발의 결과 제주지역은 육지부에 비해 살기가 나빠졌다(10.8%)고 평가하는 사람들보다 살기가 좋아졌다고 평가하는 사람들의 비율(48.2%)이 훨씬 높게 나타나고 있다(중립적 태도는 41.0%). 여기서 살기 좋아졌다는 비율은 1991년 국토개발연구원 조사의 40.2%보다 증가한 것이다. 그리하여 제주도가 관광개발이라는 점에서 자부심을 느낀다는 사람들이 64.8%로서 그렇지 않다는 사람들(11%)보다 훨씬 많다. 관광객으로부터 박탈감을 갖는 사람들(8.7%)보다 그렇지 않는 사람들이 훨씬 많은 비중을 차지하고 있는 것으로 나타나고 있다(61.8%). 이를 종전의 조사결과와 비교해 보면 관광지 주민으로서 자부심을 느끼는 사람들의 비중은 낮아졌으나 박탈감을 느끼는 사람들의 비중 또한 낮아졌다. (1990년 KDI조사, 관광지 자부심 68.0%, 박탈감 14.3%)

3. 제주 개발의 현안문제와 과제, 방향

• 제주도 개발에서 가장 중점을 두어야 할 과제로 생각하고 있는 사항은 ① 주민 소득의 증대(28.3%) ② 수자원 등 자연자원의 보존(20.3%) ③ 개발 이익의 지역 환원(19.5%) 순으로 높은 비율을 기록하고 있으며, 이 밖에 전통 문화의 보존, 사회복지사업의 확대, 사회문제 예방, 생활편의시설 확충 등이 포함되고 있다. 여기서 우리는 경제적인 과제가 사회문화적인 과제보다 더 중시되고 있음을 알 수 있다.

• 제주도 개발에 있어서 가장 중시해야 할 산업분야는 ① 농·축·수산업(38.0%) ② 관광산업(35.0%) ③ 사회간접기반시설(18.0%) ④ 정보산업(5.8%) 등으로 나타나고 있다. 여기서 우리는 1차산업과 관광산업을 거의 같은 비중으로 중시해야 한다는 도민의 의견을 엿볼 수 있다.

• 전국 평균소득을 고려하여 볼 때 제주도의 개발방향을 어떻게 잡을 것인가에 대해서는 '자연경관, 환경보존을 우선으로 하면서 제한된 개발을 추진한다'(전국

소득수준 80% 유지)는 입장을 취하는 사람들이 과반수(58.1%)에 이르고 있다. 다음으로 도민 소득증대를 어느 정도 추구하면서 (전국 소득수준의 90% 유지) 약간의 자연경관 환경훼손을 감수한다(20.6%), 도민 소득증대를 가장 큰 목표로 삼는다(전국 소득수준 유지)(16.6%)로 나타나고 있다. 따라서 제주도민들은 소득수준 향상에만 눈이 어두워 자연경관 등 생활환경을 훼손하는 것을 원치 않는다고 볼 수 있다. 말하자면 소득도 소득이지만 환경보존도 중요하다는 생각인 것이다. 그러나 환경 우선적인 개발을 하면서도 도민의 소득수준을 전국수준으로 올리려는 방안이 최선의 방안임은 물론이다.

• 그렇다면 보존에서 가장 중시해야 할 지대 및 자연자원은 무엇인가? 먼저 제주도민들은 보존해야 할 가장 중요한 지대로 ① 한라산(45.3%) ② 해안선(바닷가) 지대(20.5%) ③ 중산간(200~600미터) 지대(17.0%) 등을 꼽고 있으며, 다음으로 중시해야 할 자연자원으로는 ① 경관자원(41.5%) ② 수자원(26.8%) ③ 산림자원(15.5%) ④ 농지(14.3%) 순으로 꼽고 있다. 여기에서 제주도민들은 수자원보다 경관자원을, 중산간지대보다 해안지대를 더욱 중시하고 있으며 야생적인 중산간지대의 보존보다는 농촌 및 해안 경관을 제주의 보존해야 할 특징적인 경관으로 보는 것이 아닌가 생각한다(아래 표 참조).

〈표 2-1〉 제주도민들이 보는 제주도 경관의 특징을 이루는 요소

경관요소	빈 도
돌담	136
과수원(감귤밭)	134
초가집	77
푸른 바다	76
유채밭	72
돌하르방	62
해안의 절벽 및 바위	58
야생초지	29
오름	27
화산 분화구	22
목장	13
산림	13
계곡 및 하천	12

* 전체 응답자 400명이 경관요소 두 개씩 선택한 것을 단일 경관요소별로 빈도수가 많은 것부터 정리한 것임.

〈표 2-1〉을 종합적으로 보면 도민들은 그들의 삶의 세계에 밀접하게 관련되어 있는 농촌의 경관과 해안경관, 돌하르방 등을 제주 경관의 요소로 보고 있다고 할 수 있다. 참고로 우리의 조사에서 나열된 경관요소들로는 화산분화구, 오름, 야생초지, 목장, 산림 등 중산간지대의 특징적 경관들을 지적하는 사람들이 상대적으로 적고, 동굴(10명), 섬(10명), 가로수(5명), 방풍림(3명), 모래사장(2명), 항 · 포구(1명) 등을 지적하는 사람은 1~10명 정도에 불과한 것으로 나타났다.

• 중산간지대의 이용에 관련해서 살펴보면 그 바람직한 이용방향은 자연 중심의 농 · 축 · 임업적 이용이고(61.0%), 현재의 자연경관을 그대로 유지한다는 생각은 비교적 적은 편이며(32.8%), 골프장, 호텔 등 관광시설이나 기타 이용을 한다는 데 대해서는 6.3%의 사람들만이 찬성하고 있다. 골프장이나 관광호텔 등으로 이용될 때 ① 지하수 오염(40.0%) ② 자연경관, 환경 등의 파괴(28.8%), ③ 토지 투기(19.3%) ④ 농 · 축산을 위한 토지공간 축소(9.0%) 등의 문제가 야기된다고 보고 있다.

• 개발에 따라 나타나는 가장 큰 문제에 관련한 도민의식을 보면 경제적 측면의 문제는 개발이익이 지역에 잘 환원되지 않고 도외로 유출된다는 점(50.3%)을 필두로 육지 사람들이 토지를 많이 소유하게 된다(31.5%), 빈부의 격차가 커진다(8.3%), 농 · 축 · 수산업의 발전이 뒤처지고 있다(3.8%)는 점이 큰 문제점으로 지적되고 있으며, 사회 · 문화적, 환경적 측면에서는 자연환경이 파괴되고 있다(30.5%), 사회퇴폐풍조 속에 전통문화가 소실된다(22.5%), 청소년비행 등 각종 범죄가 증가하고 있다(14.8%), 황금만능의 사고(17.4%) 등을 큰 문제점으로 들고 있다.

개발에 따른 문제점에 관련하여 종전 조사 기록과 비교하여 보면 경제적 측면에서는 개발 이익이 지역에 잘 환원되지 않고 도외로 빠져나가고 있다거나 육지 사람이 토지를 많이 소유하고 있다는 점을 가장 큰 문제점으로 꼽고 있는 데는 별다른 변동이 없지만, 사회 · 문화, 환경의 측면에 있어 자연환경 파괴에 대한 인식이 증대되고 있다.

• 개발 제한에 따른 사유권 침해에도 불구하고 경관보존 등을 위해 개발제한 조치가 지속되어야 한다고 보는 사람들(개발에 부정적인 사람들)이 70.9%로 그렇지 않다고 보는 사람들(10.0%)보다 훨씬 많다. 한라산에 케이블카를 설치하여 입산장소를 제한하고 수익금을 한라산 보존에 활용한다는 생각을 좋은 생각이라고

보는 사람들(개발에 긍정적인 사람들)은 38.7%로서 그렇지 않다고 보는 사람들(40.2%)보다 다소 적다. 그리고 관광지의 혼잡을 피하고 관광자원을 보호하기 위해 제주방문 관광객 수를 제한해야 한다는 생각(개발에 부정적인 입장)에 동조하는 사람들은 63.5%로서 그렇지 않는 사람들(21.4%)보다 훨씬 큰 비중을 차지하고 있으며 관광 개발이 가져다주는 경제적 혜택을 위해 어느 정도 자연환경을 훼손할 수밖에 없지 않겠느냐(개발 긍정적 태도)는 주장에 동조하는 사람들은 22.8%로 그렇지 않다고 하는 사람들(51.7%)보다 훨씬 적다.

4. 도민 참여 및 개발방식

• 제주도민의 자본투자 여력이 부족할 경우 투자자본이 확보될 때까지 개발을 연기한다(7.0%)거나 외부자본을 적극 유치한다(1.5%)는 생각을 하기보다 지역주민과 지방자치단체의 합작투자(49.5%)나 주민에 대한 적극적인 금융 지원(32.3%)이 좋겠다고 생각하고 있다. 그러니까 외부자본에만 의존하지 말고 개발해 나가는 방식이 좋겠다는 생각인 것이다.

• 성공적인 개발을 위해 가장 필요한 것은 무엇이라고 생각하는가를 살펴보면 그 첫째가 주민의사의 효율적인 수렴과 반영(39.0%%)이고 다음으로 지역주민의 확고한 개발의지(26.5%), 정부의 정책적인 지원(25.3%) 등으로 나타나고 있고, 외부자본의 적극적인 유치는 부정적으로 보고 있다.

• 관광지 개발방식으로는 현재와 같은 단지지정 대단위 개발방식(30.0%)보다는 도 전역에 걸쳐 적정지역에서 소단위로 개발하는 방식을 선호하고 있다(64.8%).

• 제주도민이 관광사업에 참여하는 가장 적절한 방안으로 지적하는 것을 보면 경영참여 방식이 제일 많고(50.4%) 다음으로 토지참여(25.1%), 자본참여(19.4%) 순이다.

• 한편 개발과정에 도민 참여가 이루어지는 정도에 대한 견해를 보면 참여가 이루어지지 않는다는 견해(56.8%)가 그렇다는 비율(7.6%)보다 훨씬 높게 나타나고 있다. 그리고 개발사업에 제주도민이 참여하기 어려운 이유로는 투자할 자본이

없다(34.3%), 주민의사를 대표하는 단체가 없다(33.5%), 행정기관에서 참여할 기회를 주지 않는다(16.5%) 등을 들고 있다.

• 그러면 투자할 자본을 마련해 준다면 관광사업에 투자하겠는지를 살펴보면 투자하겠다는 사람들이 81.5%이고, 투자하지 않겠다는 사람들이 18.5%이다(종전의 조사 결과와 비교해 볼 때 투자하겠다는 비율이 69.5%에서 81.5%로 증가하고 있다). 투자하겠다는 사람들이 투자하겠다는 관광사업을 보면, 관광스포츠나 문화시설(22.5%), 관광농원(16%), 숙박시설(12%), 관광목장(12%), 관광어촌(6.3%) 등이고, 유흥음식점(4.8%), 토산품점(4.0%) 등은 그 선호 순위가 최하위이다. 한편 투자하지 않겠다는 사람들은 밭이나 과수원을 사겠다(47.2%)거나 주택이나 빌딩을 사겠다(23.6%) 등 부동산 투자를 선호하는 경향이며 빚을 갚겠다(11.4%)는 사람도 적지 않다.

• 제주 지역 개발을 위하여 도민의 영세자금을 모으는 경우 그런 일에 참여할 사람들은 응답자의 73.7%에 이르고 있어서 개발자금 조성운동의 성공 가능성을 보여주고 있다. 참고로 개발자금 조성에 참여하겠다는 비율은 1990년(KDI)조사에서 75.7%, 1991년(국토개발연구원) 조사에서 69.9%로 나타난 바 있다. 그리고 참여하지 않겠다는 사람들의 경우 그 이유를 보면 여유자금이 없다는 이유가 제일 많아서 58.2%이고 다음으로 투자하여 이익을 볼 수 있다는 전망이 불투명하기 때문이라는 사람들이 21.8%로 나타나고 있다. 종전의 조사와 비교해 보면 투자할 여유자금이 없다는 응답비율이 1991년(국토개발연구원) 33.9%에서 1992년 현재 58.2%로 20%가량 큰 폭으로 증가하고 있는 사실을 엿볼 수 있다.

• 76.7%의 사람들이 관광요원을 양성하는 특수 전문교육기관의 설립이 필요하다고 보고 있는데 관광개발에 맞추어 앞으로 이런 교육기관의 설립도 조성해 볼 만하다고 하겠다.

• 앞에서 제주도민들의 욕구 중 중요한 것이 개발이익 환원이라는 점을 알 수 있었는데, 그러면 '개발이익 환원'의 형식으로 어떤 것을 생각하고 있는가를 살펴보면 첫째가 '개발이익의 지역 내 재투자'이고(60.3%), 다음으로 '지역 소규모자본의 참여'(15.8%), '지방세 수입증대를 통한 공공시설 확충'(12.5%) 등이고 고용 증대를 지역 환원으로 보는 사람은 9.0%에 불과하다.

• 그러면 제주도민들이 생각하는 바람직한 제주도의 미래상은 무엇인가? 대체로 보아 그것은 현대적 관광지이기보다 '자연이나 농촌경관이 그대로 남아 있는 소박한 생활분위기'라 보고 있다. 이를 통해 제주도민들이 대규모 호텔이나 대단위 쇼핑센터, 각종 오락시설을 갖춘 관광객을 위한 제주도가 아니라 제주도민이 소박하게 살 수 있는 제주개발을 원한다는 사실을 엿볼 수 있다.

• 이제 제주도민들은 제주개발에 따른 불이익을 그저 묵묵히 따르는 그런 사람들이 아닌 것으로 나타나고 있다. 이 조사에 따르면 정부결정에 의한 공공사업 추진으로 자신의 이익이 침해당할 때 그 철회를 요구하는 지역운동에 참여하려는 사람들이 41.2%, 충분한 보상을 위해 법적 절차를 밟겠다는 사람이 43.4%이고, 정부결정에 따를 수밖에 없다는 체념적 생각을 하는 사람은 13.2%에 불과하다. 이렇게 보면 제주개발을 원만히 해 나가려면 주민들의 의견을 충분히 수렴하는 과정을 거치지 않으면 안 된다고 하겠다.

5. 요약 및 제언: 의식조사에 나타난 제주도민이 바라는 제주개발

① 관광개발을 중시하되 1차산업의 구조조정 등 도민이 종사할 경제활동영역을 고려하는 균형개발
② 개발과정에서 나타나는 토지 투기방지
③ 주민의사의 효율적인 수렴과 반영, 개발계획 실천과정에서의 도민 참여
④ 도민 참여를 위해 소규모 투자가 가능한 개발계획 마련
⑤ 관광사업자나 관광객의 이익이 아니라 제주도민의 이익을 고려하는 개발사업 추진
⑥ 개발의 부정적 결과(퇴폐분위기, 범죄 등)를 예방하는 차원에서 향락산업 위주의 개발 억제
⑦ 관광개발에 따라 필요한 관광 전문인력을 양성하는 교육기관의 확충
⑧ 자연환경의 보전, 지하수 오염방지
⑨ 도민 주체의 개발자금 조성(영세자금을 결집시키는 방안 마련 포함)
⑩ 너무 조급하지 않은 장기적인 안목에서의 개발계획 및 추진
⑪ 지역 간 균형개발

⑫ 대규모 호텔이나 대단위 쇼핑센터, 각종 오락시설을 갖춘, 관광객을 위한 제주도가 아니라 제주도민이 소박하게 살 수 있는 그런 제주개발

⑬ 환경 우선적인 개발을 하면서도 도민소득 수준을 전국수준으로 끌어 올리는 그런 제주개발

* 아래 〈부론〉은 이 보고서 작성 이전에 조사했던 1991년의 1차(사전)조사 보고서 당시에 포함되었던 내용으로 이 글에 참고로 덧붙임

〈부론 I〉 제주지역 개발의 장기적 방향에 대한 일 소견

1) 탈공업사회의 도래에 대비하는 방향에서 개발계획은 장기적으로 모색되어야 한다. 따라서 정보산업, 연구개발 부문을 적극 유치하고 후기산업시대에 맞춘 산업구조의 질적 고도화를 기해야 한다. 후기산업사회는 힘의 원천은 자본보다는 정보 즉 이론적 지식에 있다. 여기에 대학의 각종 연구기능은 강화될 필요가 있다.

2) 제주도의 지정학적 우위를 고려한 비교우위 부분을 중점 개발해야 한다. 따라서

① 태평양시대의 한국의 대외관계 전위지역으로의 개발을 모색해야 한다. (적어도 동남아의 중심지역으로 부상시키는 구상을 해 볼 필요가 있다.)

② 해양 관련산업을 촉진하는 것이 중요하다. 제주도가 섬이라는 조건을 고려하고 태평양권이 재편되는 시기가 도래한다는 점을 감안하면 해양개발은 제주사회 발전을 위한 수단이 된다.

③ 아열대 혹은 열대농업관련 기술을 적극 유치하고 그 이용을 확대하는 것이 필요하다. 이 부분은 한국 내에서 제주사회가 갖는 비교우위 부문이 되기 때문이다.

3) 제주도민 중심의 개발계획이 필요하다. 따라서

① 제주사회 스스로 제주사회 발전의 문제를 결정 · 행사하는 제도적 장치를 마련해야 한다. 제주 사람 스스로 제주사회에 대한 정책을 선택할 수 있어야

한다. 그리고 제도적인 협의체를 구성, 제주사회의 영향력 원천을 집결하는 것이 필요하다.

② 제주사회의 인적 자원을 조직화하는 일이다. 도내외에 걸친 제주인들의 연합조직을 만들어 제주문제에 공동대처하는 것이 필요하다. 여기에 재일제주교포의 에너지를 조직화하는 것이 큰 의미를 가질 것이다.

4) 끝으로, 발전을 지속하려 할 때, 도민적인 선택 · 결정 · 참여의 폭을 넓힐 필요가 있다. 이는 정치적 선택의 정당성을 인정받는 것이 되고 이에 따라 성원들의 에너지가 결집될 가능성이 더욱 크기 때문이다.

〈부론 II〉 '제주도민'이란 어떤 범위의 사람들인가에 대한 도민들의 견해

1) '제주도민'은 어떤 범위의 사람들인가 하는 질문은 지역주민 주체 개발을 주장할 때 부딪치는 문제이다.

본 조사 응답자의 약 40%의 사람들은 제주에서 출생해서 성장한 사람이면 제주도민이라 보고 있으나 대를 이어 살아오고 있는 사람이 제주도민이라고 보는 사람이 26%가 되고 스스로 제주도민이라고 생각하는 모든 사람을 제주도민이라고 보는, 말하자면 주관적 판단의 문제라고 보는 사람도 20%를 상회하고 있다.

그러나 자신이 '제주도민'이라고 생각하게 되는 것은 제주도와 각별한 인연, 즉 혈연적, 지연적 인연을 갖고 있기 때문인 것으로 보면, 제주도민은 단순히 제주도에 살고 있는 모든 사람일 수는 없을 것으로 생각한다.

이제 이런 견해를 응답자의 특성별 차이가 유의미하게 관계된다고 보는 특성별로 분석해 보면 다음과 같다.

• 거주지역의 구분에서 보면 시 지역에서는 '제주에서 출생하고 성장한 자'를 제주도민으로 보는 경향이 짙고 군 지역 특히 서부지역에서는 '2대 이상' 대를 이어 살아온 자를 제주도민으로 보는 경향이 짙다.

특기할 점은 제주시의 경우는 '오래 살아온 사람', '주민등록이 되어 있는 사람' 등 기타 요인을 지적하는 사람들이 상대적으로 많은데 이는 도시적인 생각을 잘 나타내주는 것으로 볼 수 있다.

• 연령별로 보면 연령이 많을수록 특히 50대 이상에서 '2대 이상' 대를 이어 살아온 사람을 제주도민으로 보고 있는 반면 젊은 층일수록 특히 20대에서 제주에서 출생 · 성장한 사람을 제주도민으로 보는 사람들이 많고 20 · 30대층에서 스스로 제주도민으로 생각하는 사람이면 제주도민으로 생각하는 경향이 비교적 많다.

• 직업별로 보면 1차산업 종사자와 블루칼라의 경우에는 '2대 이상' 대대로 살아오는 자를, 그 이외의 직업층 특히 학생 및 기타 직업의 경우에는 '출생 · 성장'한 사람을 제주도민으로 보는 견해가 가장 많고, 기업 및 상업의 경우와 화이트칼라층에서는 '오래 살아온 사람'이거나 '주민등록자' 등 기타의 요건을 제주도민의 요건으로 드는 경향이 비교적 많이 나타나고 있다. 상대적인 면에서 크게 보아 농민이나 블루칼라층은 보다 토착적인 요소를, 화이트칼라와 학생층 그리고 자영업자층은 비토착적인 요소를 도민의 요건으로 드는 경향이 비교적 짙다.

• 계층의식별로 보면 '2대 이상' 대를 이어 살고 있는 요건을 드는 사람들은 낮은 계층의식을 가질수록, '출생 · 성장'의 요건을 드는 사람들은 높은 계층의식을 가질수록 많은 비중을 차지하고 있다. 그리고 비토착적인 요건(주민등록, 장기거주 등)을 제주도민의 요건으로 드는 사람들은 상층일수록 큰 비중을 차지하고 있는 경향이다.

CHAPTER

03

제주도 사회복지

1993.『제주도지』, 2권, 제주도, pp. 1272-1289

제1절 사회복지사업의 전개과정

1. 제주도 도제 이전의 사회복지

도제 이전의 제주의 사회복지는 크게 관에 의한 국가 차원의 민생구휼사업과 민간수준의 선도사업이 있다.

제주는 지리적으로 격리되어 있는 섬으로 겨울은 북서풍이 강하게 불어 같은 위도상의 다른 지역보다 추위를 더 느끼게 하고 여름은 태풍의 경로가 되기 때문에 여름과 가을에 걸쳐 바람의 피해가 잦았다. 태풍은 폭우와 조기(潮氣)를 동반하므로 수해 · 조해(潮害)까지를 불렀다. 지질에 있어서도 제주는 대부분 화산회토로 덮여 있기 때문에 표토가 건조하여 한해 또한 심했다. 이런 자연적 · 지리적 조건 때문에 예로부터 기근이 잦았고 이는 고래로 조정의 적잖은 관심거리였다. 이런 사정은 조선시대 세종 15년(1433년) 가을부터 이듬해 여름에 걸쳐 큰 가뭄이 있어 굶어 죽는 자가 많이 발생하였을 때 왕이 조정 신하들에게 명한 다음과 같은 기록에서도 찾아볼 수 있다. 당시 왕은 조정 신하들에게 명하기를 제주는 땅이 척박하여 백성은 빈곤하며 해적은 안 끊기고 초적(草賊)은 부지중에 일어나서 방위하기가 어려운데 근래 한발로 인하여 흉년이 들고 백성들은 기근에 빠지게 되니 참으로 불쌍하다 하고 문무(文武) 중에서 재략과 위혜(威惠)가 뛰어난 자를 택하여 보하라고 하였던 것이다. 그리하여 당시 전(前) 공조참판 최해산이 기용되어 안무사로 본도의 구제에 임하게 하였다. 그러니까 제주민의 근검절약의 풍습은 지척민빈(地

瘠民貧)의 여건 속에서 이루어진 것이다. 근세에 이르러서는 특히 기근이 심하여서 현종 이래 고종까지는 평균 3년에 1회 정도로 기근이 들어 역대 조정은 제주민 구휼사업이 국정 중대사의 하나였으며 제주의 치정(治政)을 맡았던 관원들도 그 구휼사업의 여하에 따라 도민의 숭앙을 받기도 하고 원망을 사기도 했다.

특기할 만한 구휼의 사례는 숙종 당시 진곡을 3만여 섬씩 2차에 걸쳐 보내어 진휼한 바 있으며 영조 41년에는 아사자(餓死者)가 1만여 명에 달한 참사도 있었다.

민생 구휼사업에 대하여 조정에서 관심을 보인 사례의 기록은 고려 충렬왕 3년(1277) 봄 대기근 때 최석을 보내 순시케 한 것과 세종 때의 행정이 있으며 광해군 이후에 구휼사업이 보다 활발하게 이루어졌다. 구휼수단은 주로 곡물이었으며 가끔 금전적 구휼도 있었다. 또 사후 대책적, 일시적 구휼 이외에 예비적 노력이 제도화되었다. 지방관에게 구휼의 책임을 물어 구휼을 강화했다.

또 유고 시 물적 구제를 위하여 곡물 비축제도가 마련되었다. 현종 8년(1667년) 목사 이인은 곡물을 준비하여 설진(設賑)하였고 진휼고(賑恤庫)를 별도 설치하여 곡식을 저장 흉년에 대비했다. 영조 31년(1755년)에는 목사 이윤성이 율곡(栗穀)을 청하여 진휼하였으며 정의현감 윤용흥은 양곡 5백 섬을 구입하여 안민고(安民庫)를 설치하였다.

영조 42년 목사 윤기동이 보민고(補民庫)를 설치하였으며 고종 29년 흉년으로 목사 이규원이 백성들로부터 원납(願納)을 받아 전도를 진휼하였으니 이는 주민 모금운동의 고대적 형식이었다. 광무 2년(1898년) 삼읍(三邑) 환곡 1만 8천9백 섬을 방매하여 대전은 탁지부(度支部)에 납부하고 나머지 4천 섬만 남겨 3군에 분치사환(分置社還)을 만든 적도 있다. 민간인으로서는 고종 30년 김응표, 송두옥, 이시영, 채귀석 등이 전곡을 희사하여 기민구제에 힘쓰기도 했다.

이외에도 개인적인 자선활동은 적지 않았으나 특히 유명한 것은 정조 19년(1795년) 김만덕이 사재로 곡을 사서 반입하여 기민을 구제하였던 일이다.

목사는 지방관에 대하여는 민생 구휼사업에 대한 책임을 물어 처벌도 하고 보상도 했다.

2. 도제 실시 이후 제주도의 사회복지

1946년 8월 1일 제주도가 전라남도에서 분리되어 도로 승격하면서 도제가 실시된 후 초기의 사회복지사업은 4 · 3사건과 6 · 25전쟁에 따른 혼란 속에서 그 체계적인 실시가 어려웠을 뿐 아니라 계속되는 흉년으로 민생구휼의 사후대책적 원호 활동을 크게 필요로 하였다. 1961년 12월 생활보호법이 제정되고 그 이듬해 원호처가 창설됨에 따라 본도의 사회복지사업도 체계를 갖추면서 조직화, 제도화하기 시작했으며 60년대 아동복지법 등 수많은 복지 관계법이 마련되어 복지사업 내지 그 활동은 법적 뒷받침 아래 정비되기 시작했다. 1970년대에 이르러 국민복지연금법과 의료보험법 등의 마련은 사회복지사업의 발전기에 해당된다. 1980년대에 이르러서는 의료보험이 확대 실시되는가 하면 국민연금제도가 실질적으로 시행되는 등 사회복지분야의 사업과 정책이 확대 강화되는 추세를 보였다.

1) 도제 초기의 사회복지

1940~50년대 제주도의 복지사업은 거듭되는 흉년에 따르는 민생 구호사업과 전화(戰禍)의 결과인 이재(罹災) 피난민을 대상으로 하는 사업으로 나눌 수 있는데 해방 초기 군정(軍政) 시에도 흉년에 따르는 기근은 여전하였다. 1946년 가을 흉년이 들자 미군정 당국은 본토에서 실어온 구호양곡을 절량(絶糧)농가에 나누어주어 어려운 고비를 넘겼으며 제주주정공장이 공업원료로 사놓은 절간(切干)을 다시 농가에 풀어 대용식으로 큰 몫을 한 때도 있었다. 1950년대에는 52, 53, 55, 57, 58년 등 다섯 해에 걸쳐 큰 흉년이 들었는데 특히 57년의 흉년은 40년 만의 대흉년이었다.

이 같은 흉년에 정부에서는 환마양곡제(換馬糧穀制)를 실시하고 잡곡의 도외반출 금지 등의 방법으로 대처하며 구호곡을 풀어 구제했으나 굶어죽는 자가 속출했다.

53년의 흉년에는 요구호대상자 4만 2천7백 명에게 긴급 구호곡을 배정하고 수리 및 사방취로사업(砂防就勞事業)을 벌여 그들에게 구호 밀가루를 삯으로 지급했다. 57년 대흉년에는 국민회도지회가 식량절약 캠페인을 벌였으며 학교에는 결식 아동 돕기 쌀 한 줌 모집운동이 전개되었다. 58년도는 정부로부터 대여곡 1만 섬과 구호곡 등을 배정받아 카드제로 방출했다.

4 · 3사건과 6 · 25전쟁에 따른 피난민은 사회가 해결해야 할 큰 사회문제였으며 이는 필연적으로 사회복지사업을 활성화하기에 이르렀다. 이 사건의 피난민은 제주에 사회복지시설의 필요성과 관심을 촉진시켜 근대적 전문사회사업의 발전계기를 마련해 주었다. 본도 최초의 사회사업시설은 고아원시설이었다. 4 · 3사건으로 인하여 의지할 곳 없는 이재 고아들이 많이 발생하자 황징일은 1950년 6월 20일 제주시 도두동에 평해보육원을 개설하였다.

6 · 25전쟁이 터지자 1950년 7월 제주, 성산, 한림항을 통해 1만여 명의 피난민이 제주에 몰려오고 1 · 4후퇴를 앞둔 1950년 12월 20일 미군목 브라이덴과 헤스미공군 대령이 UN군 사령부로부터 수송기 7대를 빌려 서울 거리에서 방황하는 고아 1천여 명을 제주에 공수하였다. 이들을 수용하여 1951년 4월 황온순이 제주농업고등학교 운동장에서 한국보육원을 설립하였다. 1952년에는 피난민인 김정하가 제주모자원을, 1953년에는 고수선이 송죽보육원을 개설하였는데 당시 도내 시설 수는 보육원 9개소, 모자원 1개소 등 모두 10개소에 수용인원 1천4백12명이었다.

1957년에는 영진보육원, 제주양로원, 제주모자원이 생기고 1960년에는 기아와 생계 곤란한 미망인들을 위한 제성애육원이 조금숙에 의해 개설되었다.

이런 시설 보호와 더불어 이재 피난민에 대한 구호를 위해 도당국은 1951년 4월 동란이재민구호위원회를 조직하였으며 이보다 앞서 3월에는 제주도피난민협회를 구성하여 구호품 배정업무와 상부상조를 위한 정보교환을 시작하였다. 1952년에는 한국사회사업연합회가 결성되어 황온순이 회장으로 피선되었다. 한편 군경원호와 관련해서는 1951년 11월 상의군인회도지부와 각 관공서 대표 연석회의를 개최하여 각 직장에서 상의군인 5명씩을 채용키로 결정하였으며 같은 해 12월 군경원호회지부는 제주시 삼도리에 회관을 개관하였다.

1952년 군인유가족협회도지부가 결성되고 이듬해 상의군인 정양원이 개설되었다. 신체장애자를 위한 복지시설로 맹아학교가 1951년 제주북국민학교에 신설되었는데 이듬해 10월 도 사회과가 발표한 본도의 맹아자 수는 9백13명이었다.

2) 사회복지제도 정립기: 1960년대

1960년대는 1961년 12월 생활보호법이 제정되는 등 초기부터 많은 사회복지관계법이 제정되어 사회복지사업의 제도적 체계가 확립되기 시작한 때였다. 이때부터 한국의 사회복지제도는 종래의 사후대책적이고 임기응변적인 민생구휼의 차원에서 벗어나 근대화되기 시작했다. 1960년대에 들어와서도 61년, 62년, 63년에 걸쳐 흉년이 들어 절량사태가 벌어졌는데 그 상황이 특히 심각했던 63년도에 도당국은 대용식(代用食) 권장, 술 제조 금지, 연회 폐지 등 행정조치를 취하는 동시에 절량민 5만 3천1백47명에게 대여양곡을 배정한 바 있으며 7월에는 일본 적십자사에서까지 구호곡을 보내왔었다. 그러나 종래 숙명처럼 찾아들었던 절량현상은 1965년부터 자취를 감추게 되었고 1969년부터는 정부 대여양곡을 찾는 농민도 없어졌다.

종래 이재 난민에 대한 구호는 1966년 이후 영세민에 대한 구호로 전환되었다. 생활보호제도, 재해구호제도, 아동복지제도 등 각종 공적부조제도가 시행되었다. 생활보호제도의 시행에 따라 1964년부터 생활보호기금이 적립되기 시작했으며 이듬해 연인원 5만 2백16명의 생활보호대상자에 대하여 구호양곡이 배급되었다. 영세민 보호를 위해 자조근로사업이 추진되었는데 64년 연 3만 1천6백70명, 65년 연 64만 6천4백25명에 대하여 구호양곡이 배급되었다.

생활보호기금은 생활보호품 급부에 소요되는 비용을 마련하기 위한 것인데 그 소요액의 10분지 8 이상을 국가가, 10분지 1 이상을 도가, 당해 시군이 10분지 11 이내를 부담토록 되어 있다. 이를 위해 지방 자활단체는 매년 지방세 수입액의 1천분지 1 이상을 적립토록 하고 국가와 도는 보조하는 형식을 취하고 있다. 본도에서는 64년도에 원금 2만 2천1백30원과 이자를 합쳐 2만 4천1백63원이 적립되었고 그 후 계속 적립되어 1969년까지 누계 40만 8천7백5원이 적립되었다. 62년 3월 20일 재해구호법이 공포됨에 따라 63년 원금 1만 7천5백90원으로 시작된 재해구호기금은 66년 이후 매년 10만 원 이상의 기금이 적립되었다. 그러나 69년 말 현재 잔액은 없다.

아동복지사업은 61년 12월 제정 공포된 아동복리법에 따라 보다 확대 강화되었는데 50년에 이미 개설된 보육·모자 시설 8개소(제주시 6, 서귀 2개소)에 69년 말 현재 수용된 인원은 9백12명이었다. 1961년 제주시 삼양2동 공회당에 농번기 탁아소가 설치된 바 있는데 전문 탁아시설로는 67년 4월에 신광어린이집, 같은 해 6월에 제주어린이집과 선덕어린이집이 개설되었으며 68년 12월에 서귀어린이집, 69년에는 삼양어린이집이 개설되었다.

61년 8월에는 제주신보의 부모찾기운동으로 영주보육원의 김순애 양이 1차로 부모를 찾기도 했다. 군경원호사업은 1961년 11월 군사원호보상법의 시행과 이듬해 원호처가 독립 설치됨에 따라 더욱 강화되었는데 69년 말 현재 원호대상자는 상이군경 8백62명, 전몰군경 유족 2천5백62명이며 특별원호대상자로서 4·19 유족 1명이 혜택을 받았다. 1963년 8월에는 회원 간의 상부상조, 자활능력 배양 등을 목적으로 대한전몰군경 미망인회제주도지회가 발족했다.

61년 9월 59명의 상이군경 및 유가족의 취업 이래 원호대상 취업자 수가 늘어나서 69년에는 8백8명에 이르렀다. 1861년 9월 사회복지사업도연합회가 황징일을 회장으로 발족하였다.

사회보험제도로서 공무원연금급여제도, 산업재해보상제도 등이 60년대 초부터 실시되었고 69년에는 의료보험법의 제정으로 의료보험제도가 실시되는 기초가 이루어졌다. 1962년에는 직업안정법이 제정되어 도지사의 지도감독 아래 직업안정소가 운영되게 되었다. 도내에서 최초의 직업안정소는 69년 3월 김성태에 의해 개설된 제주제일직업소개소이다.

3) 사회복지사업 발전기: 1970년대

1970년 1월 사회복지사업법이 제정되고 국민복지연금법이 제정되어 한국의 사회복지는 그 발전기를 맞게 된다. 의료보험제도가 보다 강화된 것도 이를 뒷받침해주는 것이다.

생활보호제도에서 보면 요구호 대상자 중 생활보호법 해당자는 거택구호를, 일반 영세인에 대해서는 취로구호를 각각 실시하고 있다. 거택구호에 해당하는 자는 부양의무자가 없는 65세 이상 노약자, 또는 18세 미만의 자, 임산부, 신체장애자, 근로불능자로 부양의무자가 없거나 부양능력이 없는 자, 그리고 월평균 소득 재산이 일정 기준에 미달하는 자이다. 영세민에 대한 취로구호사업은 1974년부터는 새마을운동의 추진과 더불어 영세민에게 소득의 기회를 더욱 확대시켰다. 그런데 70년대에는 연차적으로 거택보호대상자나 영세민을 포함하는 생활보호대상자가 줄어드는 추세를 보였다.

보호시설에 대한 구호도 70년대 후반기 특히 1979년에 이르러 그 질과 양이 많이 향상되었다.

종래 보호시설은 그 운영비의 50~80%를 외부 지원단체의 지원이나 지방비 보조에 의존해 왔었는데 72년부터는 외부 지원이 크게 줄어들어 그 운영에 어려움을 겪게 되었다. 따라서 72년에는 제성애육원이, 73년에는 평해애육원이 문을 닫았으며 75년에는 제주보육원이 없어져 79년 현재는 양로원 1, 모자원 1, 보육원 5 등 모두 7개소의 보호시설이 운영되고 있다. 그리고 이들은 모두 제주시에 위치해 있다.

양로원의 수용인원 수는 25~30명선을 유지하고 있으나 아동 보호시설에 수용되어 있는 아동 수는 70년도에 1천1명에서 점차 줄어 78년 현재 6백31명이다.

탁아시설은 70년대에 들어와서 크게 늘어 70년대 탐라어린이집을 시초로 79년 용담어린이집, YMCA어린이집에 이르기까지 24개소가 증가되어 79년 현재 30개소가 되었다. 이것은 주부들의 사회참여와 그 노동량의 증대에서 오는 경향도 있지만 아동들의 학령전 교육과 생활태도의 변화에서 오는 것이기도 하다. 70년대에 들어서 재해는 70년 빌리호 태풍 피해와 72년 리라호 피해이다. 빌리호 때는 정부에서 피해복구비로 1억 9천만 원, 양곡 1천4백 톤, 시멘트 12만 포대의 지원을 결정한 바 있으며 재일제주도개발협회에서 3백20만 원의 의손금을 도에 전달하였다. 리라호 태풍 때는 그 피해가 빌리호 때보다 적었는데 정부는 피해복구비로 2억 5천만 원을 책정하였다.

1963년 창설된 생활보호기금과 재해구호기금은 70년대에도 계속 적립되었는데 생활보호기금은 73년에 2백6만 7천 원으로 적립이 완료되어 78년 현재 이자 수입이 더해져서 약 4백47만 원에 이르렀고 재해구호기금은 79년 현재까지 해마다 기금 적립이 되어서 79년 말 현재 약 1천4백70만 8천 원에 이르렀다. 1974년 이래 범국민운동으로 전개해 오던 불우이웃돕기운동은 79년 7월부터 새마을인보복지사업으로 추진되고 있는데 그 목적은 불우 취약계층에 대한 범도민적 지원, 가진 자와 못 가진 자의 상부상조 풍토, 정착 생활 무능력자의 자활능력 배양 등이다.

도는 또한 76년 11월에 도지사를 본부장으로 하고 각계 인사 16명을 이사로 하여 구성된 한라상조은행을 설치하여 이웃돕기, 이재민 구호, 사회복지설 구호 등을 목적으로 운영한 바 있다.

4) 사회복지제도 확대 강화기: 1980년대

1980년대에 이르러 복지국가건설이라는 국정 목표에 따라 선택적인 사회보험

분야를 더욱 포괄적으로 개선하는 한편 1981년에 심신장애자복지법과 노인복지법을 제정하고 동년 아동복지법을 개정하여 사회적 도움을 필요로 하는 취약계층에 대한 복지혜택을 강화하기에 이르렀다. 1980년대 중반에 와서는 지역의료보험 확대실시, 국민연금제도 실시, 최저임금제 도입 등 이른바 3대 복지정책이 발표되었으며 6공화국 수립을 전후로 하여 1988년 농촌지역의료보험과 노동자를 대상으로 하는 국민연금제도가 실시되었고 1989년에는 도시지역의료보험과 최저임금제가 실질적으로 실시됨으로써 우리 사회도 일정한 형식을 갖춘 사회보장제도가 본격적으로 자리잡기 시작했다.

국가의 정책 실시에 발맞추어 도내에서도 1981년 10월 제주 제1지구 의료보험조합을 발족하여 직장의료보험조합을 실시하게 되었는데 최초에 조합에 가입한 사업장은 17개소였다. 1977년 처음 500인 이상 대기업부터 실시된 직장의료보험은 1979년에는 300인 이상, 1981년에는 100인 이상, 1983년에는 16인 이상, 1988년에는 5인 이상 사업장까지 그 적용범위가 확대되어 1989년 현재 제주도 내 조합가입 사업장 수는 942개소에 이르고 있다. 그리고 지역의료보험사업으로 농·어촌의료보험의 시행을 위해 1987년 7월에 북제주군과 남제주군에 각각 지역의료보험조합을 설립하였으며 1989년에 도시지역 주민에까지 확대 적용됨에 따라 1989년 4월 제주시와 서귀포시 의료보험조합이 각각 설립되어 운용되고 있다.

또한 1988년부터 시행에 들어가기 시작한 국민연금제도의 운용과 관리를 위해 도내에서는 1987년 10월에 국민연금관리공단 제주지부가 설립되었다.

한편 1980년대에 이르러 사회복지 전문행정기구로 도립부녀아동상담소, 제주시 청소년복지회관과 함께 도직제로 사회국, 가정복지국이 신설되었으며, 직업훈련기관인 농민교육원직업훈련원, 한국직업훈련관리공단제주직업훈련원이 설립되었으며 민간주도법인체에서 장애자 복지시설, 노인요양원, 정신장애자 시설, 장애자복지회관을 설립하고, 각 마을마다 이민복지회관이 건립되고 경로당이 증설됨으로써 본도 사회복지서비스체계가 질적·양적으로 크게 향상되었다고 할 수 있다.

제2절 사회복지제도 및 기관, 시설

제주도 내 사회복지와 연관된 제도 · 기관 · 시설에 대해 살펴보기 전에 대체 사회복지란 무엇을 의미하며 사회복지라는 개념 속에 어떠한 제도와 시설 및 기관들이 포함될 수 있을 것인가? 하는 사회복지의 범위를 잠정적으로나마 한정할 필요가 있다. 왜냐하면 사회복지의 개념은 시대의 변천과 국가에 따라 변화되거나 확대되면서 다양하게 규정되는 경향이 있기 때문이다. 특히 우리나라에서는 사회복지의 개념과 실천의 대상 범주를 규정함에 있어 그 한계가 매우 모호해서 어디까지가 일반적 용어로서의 사회복지이며 어디까지가 전문적 영역으로서의 사회복지인지를 명확하게 구분하지 못하고 있는 것이 우리의 현실이다.

오늘날, 일반적으로 사용되는 사회복지에 대한 개념은 보충적 개념과 제도적 개념이다. 보충적 개념에서는 사회복지제도가 오직 가족 또는 시장과 같은 정상적인 사회조직이 제 기능을 발휘하지 못하는 경우에 주로 응급조치기능을 수행하는 보충적 활동을 하는 것으로 간주한다. 반면에 제도적인 관점에서의 정의는 복지서비스가 현대산업사회에서 각 개인의 자아 완성을 돕기 위해 타당하고 정당한 기능을 수행하는 것으로 받아들여진다. 즉 제도적인 복지 개념에 있어서는 현대사회의 복잡성이 인정되고 있어서, 각 개인이 자신의 힘만으로는 예상치 못한 재난에 대해 충분히 대비할 수 없으며, 가족이나 직장을 통해 그의 모든 필요를 충족시킬 수 없다는 것은 정상적인 상태로 간주된다. 따라서 원조기관은 정상적인 제도적 지위를 획득하게 된다. 현재 사회복지에 대한 개념은 위의 보충적 개념과 제도적 개념의 두 가지를 개별적으로 그 의의를 찾는 것이 아니라 두 개념을 양축으로 하는 연속선상의 어느 위치에서 축소되거나 확대되는 복합적인 개념으로 사용되고 있으며 산업화의 진전과 사회발전과정에 따라 제도적 개념이 더 우세해지는 경향을 보여주고 있다.

이와 같은 점을 염두에 두면서 우리 사회에서 사회복지와 연관된 제도와 시설 및 기관의 범주를 잠정적으로나마 규정해 본다면 보충적 개념으로서의 사회복지 개념을 사용하고 있는 사회복지사업법에 규정된 여러 사업 및 사회복지조직과 사회복지 개념을 보다 넓은 의미에서 사용했을 때 오늘날 사회보장제도로서 널리 받아들여지고 있는 사회보험과 공적 부조가 포함될 수 있을 것 같다.

사회복지를 좁은 의미에서 규정하고 있는 사회복지사업법(1983년 시행, 법률 제3656호) 제2조를 보면 사회복지사업이라 함은 다음의 법률에 의한 보호, 선도 또는 복지에 관한 사업과 사회복지상담, 재해구호, 부랑인선도, 직업보도, 인보복지, 무료숙박, 지역사회복지, 모자복지, 의료보호, 사회복지관 운영, 나(癩)병 완치자 사회복구에 관한 사업 등 각종 복지사업과 복지시설의 운영 및 지원을 목적으로 하는 사업을 말한다고 규정하고 있다(생활보호법, 아동복지법, 노인복지법, 심신장애자복지법, 윤락행위등 방지법).

다음으로 사회보장은 대체로 산업재해, 질병, 노령, 장해 및 사망 등의 제 위험을 담보하는 사회보험과, 사회보험으로서는 필요를 충족할 수 없는 사람들을 위한 공적 부조로 대별할 수 있는데, 우리나라의 사회보험에는 의료보험, 국민복지연금, 산업재해보상보험 등이 시행되고 있으며 공적 부조사업으로는 생활보호, 의료보호, 원호사업이 실시되고 있다.

1. 사회복지제도

1) 의료보험제도

우리나라 의료보험제도의 영역을 보면 1963년 12월에 최초의 의료보험법이 제정되었고 1976년 12월에 전면 개정된 새 의료보험법이 공포되었다. 1979년 1월부터 공무원 및 사립학교 교직원 의료보험이, 1980년 1월부터는 군인가족이, 1981년부터는 퇴직(또는 퇴역) 연금수급자도 적용받게 되었으며, 1981년 12월에 직종의료보험이 실시되어 오늘에 이르고 있다. 그리고 1986년 9월 전 국민 의료보험 확대 실시계획에 따라 1988년부터 농어촌지역, 1989년부터 도시지역 주민에 대하여 실시됨으로써 전 국민이 의료보장의 혜택을 받게 되었다.

1989년 현재 제주도 내 의료보험제도 실시현황을 보면 다음의 표와 같다.

〈표 3-1〉 지역/직종 의료보험

구분	조합 수	피보험자 수
계	4	271,353
제주시	1	91,499
서귀포시	1	54,525
북제주군	1	64,630
남제주군	1	60,699

자료: 제주도, 『제주통계연보』, 1990.

〈표 3-2〉 직장의료보험

구분	사업장 수	수혜자 수		
		계	피보험자	피부양자
계	942	68,518	19,533	48,985
제주시	729	55,573	15,841	39,732
서귀포시	127	7,330	2,088	5,242
북제주군	58	3,946	1,126	2,820
남제주군	28	1,669	478	1,191

자료: 제주도, 『제주통계연보』, 1990.

〈표 3-3〉 공무원 및 사립학교 교직원 의료보험

구분	조합 수	사업장 수	수혜자 수		
			계	피보험자	피부양자
계	1	91	62,838	14,941	47,897
제주시	1	58	35,057	8,581	26,476
서귀포시	–	14	4,808	1,034	3,774
북제주군	–	14	10,788	2,431	8,357
남제주군	–	5	12,185	2,895	9,290

자료: 제주도, 『제주통계연보』, 1990.

2) 국민복지연금제도

국민연금은 선진산업사회의 기본적인 사회복지제도로서 국민의 평균수명 연장에 따른 퇴직 후의 생계보장과 각종 사고 또는 질병으로 인한 소득 상실자 및 그 가족에 대한 생활보장을 위한 것이다.

우리나라는 특수지역 연금으로서 공무원연금, 군인연금 및 사립학교 교직원연금을 실시하고 있으며, 일반국민에 대한 연금제도로서 국민복지연금법이 1973년에 제정되었으나 사회경제적 여건의 미성숙으로 실시하지 못하였다.

그러나 1980년대에 들어 법 제정 당시에 비해 물가의 안정과 경제성장 등 제도 실시 여건이 성숙함에 따라 1986년에 국민연금법으로 전면 개정되어 1988년 1월부터 실시되고 있다. 적용대상은 10인 이상 사업장 근로자로서 18~60세 미만자를 강제적용대상으로 하고 농어민, 자영업자, 영세사업장근로자는 임의가입토록 하고 있다.

급여의 종류는 노령연금, 장해연금, 유족연금, 반환일시금으로 되어 있다.

제주도 내 국민연금 가입자 현황을 보면 〈표 3-4〉와 같다.

〈표 3-4〉 국민연금 가입자 현황 (단위: 개소, 명)

구분	총가입자 수	사업장 가입자						지역 가입자	임의 계속 가입자
		소계		당연적용		임의적용			
		사업장	가입자	사업장	가입자	사업장	가입자		
전국	4,593,995	68,628	4,586,017	66,679	4,559,267	2,949	26,750	6,056	1,922
본도	22,182	666	22,060	615	21,657	51	403	110	12

자료: 한라일보사, 『한라연감』(1991: 389).

3) 공적 부조

공적 부조라 함은 개인적 혹은 사적인 부조나 도움 대신에 국가나 공공기관이 도움의 주체가 됨을 의미한다. 즉 국가 책임하에 도움을 요하는 사람들에게 무기여(無寄與)급부(noncontributory benefit)를 제공하는 제도를 공적 부조제도라 한다. 우리나라에서도 여러 가지 공적 부조 프로그램이 있지만 공적 부조라 하면 주로 생활보호(거택보호, 시설보호, 자활보호) 및 생활보호대상자와 영세민 등을 대상으로 하는 의료보호를 칭하는 좁은 의미의 용어로 사용하고 있다.

제주도 내 생활보호대상자 현황, 생활보호대상자 양곡 및 생계비 지급 상황, 영세민 취로 구호사업 현황을 보면 〈표 3-5~3-7〉과 같다.

〈표 3-5〉 생활보호대상자 현황 (단위: 가구, 명)

구분	계		생활보호대상자						의료보호	
			거택보호		시설보호		자활보호			
	가구 수	대상자 수	가구 수	대상자 수	가구 수	대상자 수	가구 수	대상자 수	가구 수	대상자 수
계	9,679	25,096	3,859	6,103	(15)	1,136	3,469	10,801	2,351	7,055
제주시	3,460	9,547	968	1,484	(8)	740	1,393	4,113	1,099	3,210
서귀포시	1,399	4,102	588	991	(2)	170	436	1,615	375	1,326
북제주군	3,096	7,273	1,394	2,185	(3)	128	1,119	3,317	583	1,643
남제주군	1,724	4,173	909	1,443	(2)	98	523	1,756	294	876

주: * ( ) 내는 개소 · 시설 수임.
자료: 한라일보사, 『한라연감』(1991: 391).

〈표 3-6〉 생활보호대상자 양곡 및 생계비 지급 상황 (1989년 현재, 단위: kg)

구분	가구원 수	양곡			생계비 현금(천 원)
		계	미곡	맥류	
계	5,403	840,112	672,484	167,628	1,188,833
제주시	1,335	207,579	166,161	41,418	303,131
서귀포시	791	122,993	98,452	24,541	165,857
북제주군	1,992	309,736	247.934	61,802	432,172
남제주군	1,285	199,804	159,937	39,867	287,673

자료: 제주도, 『제주통계연보』(1990).

〈표 3-7〉 영세민 취로구호사업현황 (1989년 현재)

구분	사업장 수	취로 가구 수	취로 연인원 (명)	재원별(천 원)			사업량 (건)
				계	국비	지방비	
계	196	3,568	26,339	209,515	169,304	40,211	196
제주시	56	1,529	9,871	71,640	71,640		56
서귀포시	16	197	1,965	15,257	15,257		16
북제주군	108	1,436	10,703	91,252	51,041	40,211	108
남제주군	16	406	3,800	31,366	31,366	–	16

자료: 제주도, 『제주통계연보』(1990).

2. 사회복지시설, 기관

사회복지시설의 체계를 크게 둘로 나누면 수용시설과 이용시설로 나눌 수 있다. 수용시설이란 심신의 미발달, 미성숙, 노화 또는 장애 등으로 타인에의 의존

없이는 자립이 곤란한 자들에게 가정과 격리된 상태에서 보호서비스를 행하여 주는 곳이라고 정의할 수 있다. 또한 이용시설이란 가정을 중심으로 통원을 통해 이용할 수 있는 시설을 말한다.

우리나라의 사회복지시설은 대부분 수용시설이지만 통원이 가능한 시설, 즉 심신장애자 근로시설, 자립지원시설, 아동상담소, 노인복지회관, 점자도서관, 점자출판시설, 직업보도시설, 사회복지관 등은 이용시설이라 할 수 있다.

현재 제주도 내에 분포하고 있는 사회복지시설 및 기관을 복지분야별로 살펴보면 다음과 같다.

아동복지와 관련된 시설로는 영진육아원, 제남보육원, 제주보육원, 천사보육원, 홍익보육원 등 5개소가 있으며, 이들 시설들은 요보호 아동 수용 및 보호를 주요 사업으로 하고 있다. 이 가운데 홍익보육원은 제주도 입양위탁기관으로서 아동 입양 및 미혼모 상담활동을 겸하고 있다. 제주도 보육시설의 시작은 6·25전쟁 중 미국의 헤스 대령이 전쟁고아들을 비행기로 제주도에 우송하여 고아원을 시작한 것을 들 수 있다. 제주도 내 5개 보육원 중에서 4개의 보육원이 1950년도에 설립된 것을 보면 전쟁고아들을 보호하기 위하여 시작되었음을 알 수 있다. 보육소의 아동들은 대부분 부모가 사망하여 고아가 된 경우 또는 이혼, 별거, 재혼으로 인하여 양육이 불가능해진 경우, 부모가 있으나 양육능력이 없는 경우의 아동들이다. 보육소에 있는 아동들은 만 18세가 되면 독립하여 나가는 것을 원칙으로 삼고 있으며, 이들은 연고자 인도, 또는 직업을 찾아 자립하게 된다. 보육원이나 영아원 이외에도 제주도 부녀아동상담소는 각종 입양상담이나 기미아(棄迷兒) 신고센터를 운영하고 있으며 한국어린이재단 제주사회복지관은 가정문제 종합상담과 탁아·예능 교실을 운영하고 있다.

청소년복지와 관련되는 시설로는 제주시근로청소년복지회관이 운영되고 있는데, 이 기관은 청소년의 취미 및 교양 교실과 교육 제반시설을 제공하고 있다.

장애인복지시설로는 정박아 수용 보호 및 재활을 주요 사업으로 하는 아가의 집이 있으며 이 밖에 이용시설로 제주장애자종합복지회관이 운영되고 있다. 특히 장애인복지회관은 1988년도에 건립되어 장애아동들에 대한 상담 및 한정평가, 사회심리재활, 심리검사 및 치료, 개별·집단치료를 실시하고 있으며 교육재활분야에서는 학령 전 아동들에게 특수교육, 조기교육, 통합교육 등을 실시하고 있다.

성인들에게는 의료재활, 직업재활, 자립작업장운영을 통하여 그들의 기능을 개발시켜 주며, 생활보조를 할 수 있도록 도움을 주고 있다. 이 회관은 국비와 지방비로 운영하고 있으며 특수교육, 상담, 심리치료 등의 전문자격증을 갖춘 직원을 채용하는 데 어려움이 따르고 있다. 또한 신체부자유, 정신지체아동의 교육을 담당하는 학교시설로 제주 영지학교와 사립인 제주영송학교가 설립되어 운영되고 있다.

부녀복지와 연관된 시설로는 모자세대 수용보호와 자립지도 사업을 펴고 있는 제주모자원이 유일하게 운영되고 있는데, 제주모자원은 1952년도에 시작되어 1989년 현재 143명의 어머니와 자녀들이 함께 생활하고 있다. 대지 1,457평에 건평 550평, 4동의 아파트형 건물에 50개의 방이 마련되어 있다. 모자원의 시설운영은, 국비, 지방비, 자비 부담으로 운영되고 있다. 한편 부랑인시설로는 제주시립 희망원이 운영되고 있다.

노인복지시설로는 남제주양로원, 성요셉양로원, 성이시돌양로원, 제주양로원, 제주원광요양원 등 5개소가 있으며, 이용시설로 성이시돌 노인복지회관이 운영되고 있다.

이 밖에도 정신질환자 보호 요양을 주요 사업으로 하는 시설인 제주정신요양원, 출소자의 관찰 및 보호사업을 펴는 갱생보호회 제주지부 등의 시설이 있다.

이상의 제주도 내 사회복지시설의 분포 및 수용인원을 수용시설을 중심으로 요약해 보면 〈표 3-8〉과 같다.

〈표 3-8〉 사회복지시설분포(1989년 현재) (단위: 명)

구분	합계		육아원		부랑인시설		모자시설		장애인복지시설		양로원시설	
	시설 수	인원	시설 수	인원	시설 수	인원	시설 수	인원	시설 수	인원	시설 수	인원
계	13	918	5	506	1	55	1	143	1	38	5	176
제주시	6	580	3	338	1	55	1	143	–	–	1	44
서귀포시	2	133	1	110	–	–	–	–	–		1	23
북제주군	3	118	–	–	–	–	–	–	1	38	2	80
남제주군	2	87	1	58	–		–		–	–	1	29

자료: 제주도, 『제주통계연보』, 1990.

한편 1988년 7월 1일자로 제주도 행정기구가 개편되어 종래의 보건사회 담당관 제3개과에서 사회국, 가정복지국이 신설되면서 사회과, 환경보전담당관실, 가정복지과, 청소년과, 부녀복지과로 분리 조정하여 2개과가 증설되어 보다 체계적이고 세분화된 방식으로 지역주민의 복지문제에 대처하고 사회복지시설의 운영, 지도에 나설 수 있는 기반이 조성되었다. 참고로 제주도의 사회행정조직표를 소개하면 다음과 같다.

〈표 3-9〉 사회복지행정조직표

도 지 사

사 회 국

부 서	업 무 명
사회과	• 사회복지법인 설립 및 지도 • 부랑인보호시설 지도 • 장애자 복지시설 운영지도 • 사회복지관 운영지도
환경보건 담당관	• 환경, 보건, 의료사업지도

가정복지국

	업 무 명
가정 복지과	• 아동복지시설 운영지도 • 노인복지시설 운영지도
청소년과	• 청소년복지시설 운영지도
부녀 복지과	• 여성회관 운영지도 • 부녀복지시설 운영지도

여성회관
부녀아동 상 담 소

제3절 사회복지 관련단체

제주도 내 사회복지 분야 관련단체의 현황을 간단히 소개하면 다음과 같다.

먼저 제주 지역사회의 전반적인 복지활동에 관심을 갖고 사회복지의 여러 분야에서 비교적 다양한 복지사업을 펴고 있는 단체로는 제주도 사회복지협의회, 제주복지회, 제주사회복지회를 꼽을 수 있을 것 같다.

사단법인 한국사회복지협의회 산하 단체인 제주도 사회복지협의회(회장: 강도아)는 사회복지에 관한 조사연구와 각종 복지사업을 조성하고 각종 복지사업과 활동을 조직적으로 협의, 조정하며 사회복지에 대한 국민의 참여를 촉진시킴으로써 사회복지 증진과 발전에 기여함을 목적으로 1986년 1월에 창립되었다. 이 협의회의 회원으로는 각 복지분야의 시설이 가입하고 있는데, 아동복지시설로는 영진육아원, 제남보육원, 제주보육원, 천사보육원, 홍익보육원이, 장애자복지시설로는 아가의 집, 제주정신요양원이, 부녀복지시설로는 제주모자원이, 부랑인복지시설로는 제주시립희망원이, 노인복지로는 남제주양로원, 성요셉양로원, 성이시돌양로원, 제주양로원, 제주원광요양원 등이 참여하고 있다. 이 협의회의 주요사업으로는 사회복지와 연관된 조사연구, 교육훈련, 출판홍보 등이 있다. 또한 1991년 1월부터는 신체적, 정신적으로 도움이 필요한 가정 및 복지시설 등에 자원봉사자를 파견하여 이들의 일상생활에 도움을 줌으로써 편안한 삶을 영위할 수 있도록 기여함을 목적으로 한 지역복지봉사센터를 운영하고 있다.

제주복지회(회장: 양정규)는 1976년 5월 불우한 사람, 보호자가 없는 어린이, 황혼길을 걷는 노인들의 복지 향상을 도민사업으로 전개해 나갈 것을 목적으로 하여 설립되었다. 현재 이 복지회는 제주시 노인학교와 서귀포시 노인학교를 운영하고 있으며 이 밖에도 각종 장학사업을 펴고 있다.

제주사회복지회(회장: 임정자)는 탁아소와 노인학교를 운영하고 있으며 이 밖에도 각종 지역 복지사업을 행하고 있다.

한편 사회복지의 세부 분야와 연관된 단체들을 소개하면 다음과 같다.

먼저 아동복지와 연관된 단체로 한국어린이재단 제주지부(지부장: 김정현)는 불우아동 결연사업과 영세가정 지원사업을 펴고 있다.

다음으로 청소년복지 관련 단체로는 B.B.S제주도연맹, 제주YMCA, 제주YWCA, 한국걸스카웃제주연맹, 한국보이스카웃제주연맹, 한국청소년제주도연맹, 한국해양소년단제주연맹 등을 들 수 있다. 이들 단체들은 청소년문제 상담과 조사, 청소년 사회 · 문화 · 체육 교육 등의 사업을 전개하고 있다.

장애자 복지 관련 단체로는 제주도 농아복지회(회장: 양재근), 제주맹인자활복지협회(회장: 김홍민), 제주지체장애자복지회(회장: 박성후) 등이 있으며 이들 단체들은 그 주요 사업으로 농아자 능력개발, 농아자 생활안정사업, 시각장애자 자활교육과 상담, 지체장애자 사회적응지도사업 등을 펴고 있다.

부녀복지 관련 단체로는 대한가족협회 제주도지부, 대한어머니제주도연합회, 전국주부교실제주도지부 등을 꼽을 수 있을 것 같다.

노인복지에 연관해서는 대한노인회제주도연합회와 각 지부들이 노인학교, 노인취업 등 노인복지에 해당하는 사업을 펴고 있다.

CHAPTER

04

북제주군의 사회복지

2000.『북제주군지』, 상, 북제주군, pp. 1191-1207

1. 사회복지사업의 발달

1946년 8월 1일 제주도가 전라남도에서 분리되어 도로 승격하면서 설치된 북제주군은 1955년 본군에 속해 있던 제주읍이 시로 승격 독립되어 나가면서 동서로 분할된 지역구조를 가지고 오늘에 이르고 있다.

군제 실시 이후 초기(1940~50년대) 복지사업은 거듭되는 흉년에 따르는 민생구호사업과 4 · 3사건이나 6 · 25전쟁으로 인한 이재 피난민을 대상으로 하는 민생구휼의 사후 대책적 구호활동사업이 고작이었다. 4 · 3사건과 6 · 25전쟁에 따른 피난민은 사회가 해결해야 할 큰 문제였으며 이는 필연적으로 사회복지사업의 필요성과 관심을 촉진시켜 근대적 전문사회사업의 발전 계기가 되었다. 본도 최초의 사회사업시설은 고아원시설이었다. 4 · 3사건으로 인하여 의지할 곳 없는 이재고아들이 많이 발생하자 황징일(黃澄一)은 1950년 6월 20일 제주읍 도두동에 평해보육원을 개설한 것이 그 예이다.

6 · 25전쟁이 발발하자 1950년 7월 제주, 성산, 한림항을 통해 1만여 명의 피난민이 제주에 몰려오고 1 · 4 후퇴를 앞둔 1950년 12월 20일 미군 목사 브라이텐과 헤스 미 공군 대령이 UN군 사령부로부터 수송기 7대를 빌려 서울거리에서 방황하는 고아 1천여 명을 제주에 공수하였다. 이들을 수용하여 1951년 4월 황온순이 제주농업고등학교 운동장에서 한국보육원을 설립하였다. 1952년에는 피난민인 김정하가 제주모자원을, 1953년에는 고수선이 송죽보육원을 개설하였는데 당시 한림에는 수원리(2개의 리로 나누어진 뒤 현재의 한수리)의 이민회관에 고아수용시

설인 영진보육원(명칭 미상)이 개설된 바 있다. 1952년 군인유가족협회도지부가 결성되고 이듬해 상의군인 정양원이 개설되었다. 신체장애자를 위한 복지시설로 맹아학교가 1951년 제주북국민학교에 신설되었다.

북제주군이 제주시와 분리된 1955년 이후 1960년대는 사회복지제도의 정립기라 할 수 있다. 1961년 12월 생활보호법이 제정(1969년 그 시행령 제정)되고 그 이듬해 원호처가 발족되면서 북군의 사회복지사업도 체계를 갖추게 되었는데, 60년대에는 생활보호법 외에도 아동복리법(1961), 사회보장에 관한 법률(1963), 의료보험법(1963) 등 수많은 복지 관계법이 마련되어 복지사업 내지 그 활동은 법적 뒷받침 아래 정비되기 시작했다. 1970년대에 이르러 사회복지사업법(1970), 국민복지연금법(1973), 모자보건법(1973), 의료보험법(1970 개정; 1976 전면 개정; 1977년 시행), 의료보호법(1977) 등으로 사회복지사업은 그 발전기를 맞게 된다. 그럼에도 불구하고 북제주군에는 최초의 사회복지시설이라고 할 수 있는 샛별유아원(설립: 1974.6.29, 원장: 임성자, 위치: 구좌읍 서김녕리) 외에 별다른 복지시설이 설립되지 않았으며 정부 차원의 복지시책이 군 행정조직 중심으로 추진되고 있었던 것으로 보인다.

1980년대에 이르러서는 의료보험이 의료보험법의 개정(1981, 1984)으로 확대 실시되는가 하면 아동복리법이 아동복지법으로 전면 개정(1981)되었으며 생활보호법도 전면 개정(1982)되었고 사회복지사업법도 개정(1983)되었다. 사회복지사업기금법(1980), 노인복지법(1981), 심신장애자복지법(1981)이 제정되고 국민복지연금법이 국민연금법으로 개정(1986)되면서 국민연금제도가 실질적으로 시행되는 등 사회복지 분야의 사업과 정책이 확대 강화되는 추세를 보였다. 북제주군에는 장애인 복지시설로서 아가의 집(1988), 노인복지시설로서 성이시돌양로원(1984)과 제주원광요양원(1988)이 설립되고 각 마을마다 리민복지회관 건립이 확대되고 경로당이 증설됨으로써 사회복지서비스체계가 질적 · 양적으로 크게 향상되었다고 할 수 있다.

1986년 9월 이른바 '3대 복지정책'(지역의료보험 확대 실시, 국민연금제도의 실시, 최저임금제도 도입)이 발표되면서 그 이후 80년대 후반은 사회복지가 확산되는 시기로 볼 수 있을 것이다. 1990년대에 접어들어 영 · 유아, 청소년의 복지도

법제도적으로 뒷받침되었는데 1991년 영유아보육법과 청소년기본법 제정이 그것이다.

1990년대의 사회복지는 대체로 기존 제도의 내실화를 기하는 방향에서 시행되고 있다고 할 수 있다. 다만 지방자치제의 실시와 맞물려 지방의 복지비용이 중앙정부에서 지방정부로 대폭 이전되고 있다는 점은 재정자립도가 낮은 기초자치단체의 입장에서 보면 주민의 복지수준을 떨어뜨리는 결과가 될 것으로 우려되고 있다. 이 시기에 북제주군에는 민간법인체로서 작은예수회광령분원(1998, 애월읍 광령리), 한백동산(1994, 애월읍 하귀리), 한림소망의 집(1999, 한림읍 한림리) 같은 사회복지시설이 설립되었고 최근에는 제주도장애인종합복지회관 북제주군분관('99.12.14, 구좌읍 동김녕리)이 설립되어 상담, 교육, 결연사업 등의 서비스를 하게 되었다.

2. 사회복지시설

사회복지시설은 생활보호법, 아동복지법, 노인복지법, 장애인복지법, 모자복지법, 영유아보육법, 윤락행위 등 방지법 등에 의거하여 각종 '사회복지사업을 행할 목적으로 설치된 시설'을 말한다(사회복지사업법 2조 3항 참조).

북제주군에 사회복지시설이 들어서기 시작한 것은 1970년대 이후의 일이다. 1974년 6월 29일 샛별유아원(원장: 임성자, 위치: 구좌읍 서김녕리)을 시발로 생활수준 향상과 조기교육 붐을 타고 아동복지시설이 많이 들어서게 되는데 1986년 말 현재 19개였던 것이 1996년 말 현재 22개로 늘어났고, 1980년대 이후 노인복지시설과 장애인복지시설이 설립되면서 1999년 현재 30개의 복지시설이 설치 운영되고 있다(〈표 4-1〉 참조).

〈표 4-1〉에서 알 수 있듯이 북제주군 관내에 영아원, 육아원 등 아동복지시설, 모자시설 등 여성복지시설, 정신질환자요양시설, 부랑자시설, 농아시설 등은 없고 노인복지시설(양로원) 2개소, 장애인복지시설 4개소 그리고 23개의 유아원이 설치 운영되고 있다.

〈표 4-1〉 사회복지시설 현황 (1999년 12월 현재)

시설종별	시설 수	시설명	설립연도	시설장	소재지
장애인복지시설	4개소	아가의 집	'88.2.2	김정렬	조천읍 함덕리20-2
		작은예수회광령분원	'98.11.1	조수영	애월읍 광령리1018
		한림소망의 집*	'99.3.23	강상국	한림읍 한림리1284
		(위와 같음)	'99.7.3	강상국	(위와 같음)
		제주도장애인종합복지회관 북제주분관	'99.12.14	정두림	구좌읍 동김녕리1698
노인복지시설	2개소	성이시돌양로원	'84.2.20	민병숙	한림읍 금악리109
		제주원광요양원	'88.4.1	강정숙	애월읍 고성리72
보육시설	23개소	동남어린이집	'90.5.1	고춘자	한림읍 옹포리617-6
		하귀어린이집	'90.5.1	강옥숙	애월읍 하귀리1311-6
		등대어린이집	'90.5.1	고창숙	한경면 고산리2143-4
		한림어린이집	'90.9.14	문은복	한림읍 한림리1284
		애월원광어린이집	'90.12.7	안진희	애월읍 애월리2152-1
		은하어린이집	'90.12.7	강계순	조천읍 함덕리2888-1
		한림원광어린이집	'93.3.10	백영자	한림읍 한림리546
		하도어린이집	'93.3.10	곽인석	구좌읍 하도리2271-4
		선유어린이집	'93.3.10	이영옥	구좌읍 서김녕1390-1
		성이시돌어린이집	'94.1.10	김봉원	한림읍 금악리2092
		우도어린이집	'94.2.21	조미자	우도면 서광리2092
		곽지어린이집	'94.3.8	조정순	애월읍 곽지리1948-3
		신창성이시돌어린이집	'96.2.12	손영자	한경면 신창리705
		조천삼일어린이집	'96.3.11	김춘균	조천면 대서리58-2
		세화어린이집	'96.7.8	고길월	구좌읍 세화리1301
		애월어린이집	'96.7.26	장영순	애월읍 애월리514
		명지어린이집	'96.2.28	한애숙	조천읍 조천리2288
		해오름어린이집	'97.3.4	문호준	애월읍 구엄리930-1
		세화중앙어린이집	'97.11.18	장복엽	구좌읍 세화리1551
		신촌어린이집	'98.2.14	박경희	조천읍 신촌리2469-4
		등지어린이집	'98.3.1	강복선	애월읍 하귀1 1101-2
		한수풀어린이집	'98.3.25	이안순	한림읍 대림리1722-1
		성암어린이집	'99.3.18	김병찬	한경면 저지리1507-6
기타	1개소	한백동산	'94.2.28	박명자	애월읍 하귀1리107-1

주: * 한림소망의 집은 두 가지 성격을 갖는 시설인데, '99년 3월에 설립된 것은 주간보호시설이고 7월에 설립된 것은 여자공동생활가정이다.

자료: 북제주군 홈페이지(http://www.pukcheju.cheju.kr: 1999년 12월 현재, '사회복지/환경')와 양은심, "제주지역의 사회복지 현실과 대안"(제주발전연구원 · 제주대 법과정책연구소 공동주최 세미나: '21세기 제주복지정책의 방향과 지역의 의료수준', 2000.1.21)에서 종합.

북제주군의 노인복지시설로는 양로시설 1개(성이시돌양로원)와 요양시설 1개(제주원광요양원)가 있다. 이 시설들에서 수용하고 있는 노인 수용현황의 추세를 보면 1984년 한림에 성이시돌양로원이 설립되면서 34명이 수용되었던 것을 시작으로 40여 명을 상회하던 것이 1988년 애월읍 고성리에 제주원광요양원이 설립되면서 그 인원은 대폭 늘어 88년 64명, 89년 80명으로 늘어나더니 90년대 들어서서 100명선(91년 100, 91년 101명)에 이르렀고, 92년에서 94년까지는 100명 미만 90명 내외로 감소하기도 하였으나 1995년부터 다시 100명 이상으로 늘어나서 계속 증가세를 보이면서 1998년 현재는 109명이다. 이 중 57명은 성이시돌양로원에, 52명은 제주원광요양원에 수용되고 있다(『북제주군통계연보』, 1999 참조).

성이시돌양로원은 한림읍 금악리에 있으며 1984년 2월 20일 인가를 받고 운영되고 있는데 노인복지사업과 무의탁노인을 수용 보호하고 있다. 제주원광요양원의 소재지는 애월읍 고성리이며 1988년 4월 1일 설립되어 노인요양 · 보호사업, 가정봉사원 파견사업, 치매노인 놀이치료 프로그램 제공 등의 사업을 하고 있다.

위의 두 노인복지시설 종사자 현황을 보면 원장 각 1, 총무 각 1, 물리치료사 각 1, 취사 각 1, 생활지도원 각 1명이고, 사회복지보조원은 성이시돌 3명, 원광요양원 5명이며, 간호사는 성이시돌 2명, 원광요양원 1명이다. 의사는 원광요양원에 1명 있고 영양사는 성이시돌에 1명이 있다. 기타 운전기사 1명이 성이시돌에 종사하고 있다. 사회복지사는 두 기관 모두에 배치되어 있지 않다.

1999년 현재 성이시돌양로원의 수용정원은 80명이고, 제주원광요양원 수용정원은 50명인데 입소요령 및 자격은 다음과 같다.

장애인복지시설로는 지역사회 재활시설로 복지관이 있고 생활시설, 집단공동가정, 주간보호시설, 직업재활시설, 재활의료시설, 생활지도관과 비인가 공동가정 등이 있는데 북제주군의 경우 장애인복지시설 현황은 〈표 4-2〉와 같다.

〈표 4-2〉에서 볼 수 있는 것처럼 북제주군의 장애인복지시설은 지역사회재활시설 4개소, 생활시설 1개소인데, 지역사회재활시설 4개소 중 주간보호시설 1, 여자공동생활가정 1, 비인가공동생활가정 1이 있다. 그 주요 사업을 보면 한림의 한림소망의 집은 정신지체장애인 대상으로 하는 지역사회재활시설로서 그룹홈이나 주간보호센터를 운영하고 있고 아가의 집은 정신지체장애아의 보육사업과 교육사

업, 의료재활, 직업재활 등의 사업을 벌이고 있는데 군내 다른 장애인시설과 달리 생활시설로서의 성격을 갖고 있다. 한편 작은예수회광령분원은 지체장애인 공동체를 운영하면서 사회적응훈련, 장애극복프로그램을 운영하고 있다.

이들 시설에 수용되어 있는 장애인 현황을 보면 1988년에 처음으로 시설(아가의 집)이 설립되면서 그 수용인원 28명이던 것이 89년 36명으로 늘어났고 92년과 94년에 각각 40명(수용정원)을 최고 인원으로 하여 1998년(36명) 현재까지 30명에서 40명 사이의 인원이 수용되어 왔다.

〈표 4-2〉 북제주군 장애인복지시설 장애인 현황 (1999년 12월 31일 현재)

시설종류	시설명	대표자	설립 또는 개원일	이용 및 수용 정원		직원 수		주요 기능	소재지	비고
				정원	현원	정원	현원			
지역사회 재활시설	제주도장애인종합복지회관 북제주군 분관	정두림	99.12.14.	25	–	3	3	상담, 교육, 결연사업 등	구좌읍 동김녕리	
생활시설	아가의 집	김정열	88.2.2.	40	39	16	16	정신지체 장애인 수용	조천읍 함덕리	
지역사회 재활시설	한림소망의 집	강상국	99.7.3.	4	4	1	1	정신지체 장애인 보호	한림읍 한림리	여자공동 생활가정
〃	〃	〃	99.3.23.	15	10	4	4	정신지체 장애인 보호	한림읍 한림리	주간보호 시설
〃	작은예수회 광령분원	조수영	98.11.1.	14	14	2	2	정신지체 장애인 수용 (성인 남성)	애월읍 광령리	비인가 공동생활 가정

자료: 양은심, "제주지역의 사회복지 현실과 대안", 제주발전연구원 · 제주대 법과정책연구소 공동주최 세미나: '21세기 제주복지정책의 방향과 지역의 의료수준', 2000.1.21.

기타 시설로 한백동산('여성보호의 집')은 사단법인 국제사회복지회(전 제주사회복지회, 99.12.24. 명칭변경. 이사장: 임말시아) 부설 노인여성장애인 무료 일시보호시설로서 99년 말 현재 7명(6개월 미만 단기 2명, 장기 5명)이 보호되고 있다.

신체부자유, 정신지체아동의 교육을 담당하는 학교시설로는 사립인 제주영송학교(애월읍 광령 2리 소재)가 설립되어 운영되고 있다.

3. 생활보호

1950년대의 생활보호는 주로 고아나 전쟁미망인을 대상으로 한 시설보호에 역점이 두어졌으나 북제주군에는 1950~60년대 초까지 복지시설이 전무한 실정이었다.

행정적으로는 1961년 10월에 생활보호법이 제정됨에 따라 생활능력이 없는 사람들이 생활보호대상자로 선정되어 혜택을 받게 되었다.

1963년 생활보호기금과 재해구호기금이 창설된 바 있는데 생활보호기금은 73년에 2,067,000원으로 적립이 완료되고 78년 현재 이자수입이 더해져서 약 4,470,000원에 이르렀다. 또한 재해구호기금은 79년 현재까지 해마다 기금이 적립되어 79년 말 현재 약 14,708,000원에 이르렀다. 1974년 이래 범국민운동으로 전개해 오던 불우이웃돕기운동은 79년 7월부터 새마을인보(鄰保)복지사업으로 추진되었는데 그 목적은 ① 불우 취약계층에 대한 범도민적 지원 ② 가진 자와 못 가진 자의 상부상조 풍토 정착 ③ 생활 무능력자의 자활능력 배양 등에 있다. 영세민에 대한 취로구호사업은 1974년부터는 새마을운동의 추진과 더불어 영세민에게 소득의 기회를 더욱 확대시켰다.

70년대에는 연차적으로 거택보호대상자나 영세민을 포함하는 생활보호대상자가 줄어드는 추세를 보였다. 보호시설에 대한 구호도 70년대 후반기 특히 1979년에 이르러 그 질과 양이 많이 향상되었다.

1980년대에 이르러서 보면, 북제주군 생활보호대상자가 1985년 말 거택보호 1,051가구, 영세민보호 775가구로서 총 1,826가구에 4,090명(『북제주군통계연보』, 1986)에서 90년대 초(1993)에는 총 가구 수 2,416에 4,945명으로 늘어났었으나 그 후 점점 감소하는 추세 속에서 1999년 1월 1일 현재 거택보호 1,203가구 1,714명, 자활보호 348가구 670명, 시설보호 3개 시설 135명, 총 1,551가구에 2,519명이다(『북제주군통계연보』, 1999 참조).

이들 중 거택보호자에 대해서는 일정량의 양곡과 연탄대를 지급하고 중학생에 대해서는 수업료를 면제해 주고 있다. 한편 영세민보호자에게는 취로사업뿐만 아니라 생활안정자금의 융자, 생업자금의 지원, 주택용지 알선 등의 혜택이 주어지고 있다. 생활보호대상자는 모두 의료보호 혜택을 받고 있다.

북제주군 관내 생활보호대상자의 취업실태를 보면 1999년 1월 1일 현재 대상자 총 2,519명 중 영세자영업 및 농수산업 128명, 상시고용 18명, 임시 및 일일고용 181명, 미취업 468명이고 비경제활동인구는 1,724명이다(『북제주군통계연보』, 1999). 생활보호대상자의 31.6%(795명)가 경제활동인구이고 이들 중 취업자는 절반에 이르지 못한 41.1%에 머무르고 있다.

2000년부터는 식당종업원 등 일용직으로 종사하다 일자리를 잃거나, 소득이 감소하여 생활이 어려운 자나 자활보호대상자로서 실직, 기타 생활수단 상실로 생활이 어렵게 된 자를 지원하기 위하여 99년 12월 현재 신청 접수 중인데 그 보호내용은 한시적 생계보호대상자에게는 생계비, 의료보호, 자녀학비 지원을, 한시적 자활보호대상자에게는 의료보호, 자녀학비를 지원할 계획으로 있다.

그 외에 북제주군에서는 특별취로사업, 의료보호대불, 저소득층자녀 무료 컴퓨터 교육, 저소득층 전세 세입자에 대해 전세보증금 융자지원 등의 사업을 추진하고 있다.

4. 의료보험

1963년 12월에 최초의 의료보험법이 제정되었고 1976년 12월에 전면 개정된 새 의료보험법이 공포되었다. 오늘날의 의료보험은 1976년 12월 전면 개정된 의료보험법(법률 제2942호)에 근거를 두고 있는데, 동 시행령과 시행세칙 제정이 늦어져 사실상 1978년 이후 본격적으로 시행에 들어갔다.

1979년 1월부터 공무원 및 사립학교 교직원 의료보험이, 1980년 1월부터는 군인가족이, 1981년부터는 퇴직(또는 퇴역) 연금수급자도 적용받게 되었으며, 1977년 처음 500인 이상 대기업부터 실시된 직장의료보험은 1979년에는 300인 이상, 1981년에는 100인 이상, 1983년에는 16인 이상, 1988년에는 5인 이상 사업장까지 그 적용범위가 확대되었다. 이러한 국가시책에 발맞추어 도내에서도 1981년 10월 제주도 일원을 통괄하는 '제주 제1지구 직장의료보험조합'을 발족하게 되었는데 조합에 가입한 최초 사업장은 17개소였다. 북제주군의 의료보험 적용대상 사업장을 보면 1981년 1개소에 수혜자가 16명뿐이었던 것이 1985년에는 32개소로 급증하면서 수혜자 수도 2,205명으로 불어났고(『북제주군통계연보』, 1986 참조) 1996년에는 132개소(수혜자 7,647명)로, 1999년 말 현재는 194개 사업장(수혜자 10,069

명)으로 급증했다(99년 수치는 의료보험조합 내부자료임).

1986년 9월 전 국민 의료보험 확대실시계획에 따라 지역의료보험조합이 설립되는데 1987년 7월에 북제주군과 남제주군에 각각 지역조합이 설립되었으며, 1988년부터 농어촌지역 주민부터 시작하여 1989년에 도시지역 주민으로까지 확대 적용됨에 따라 1989년 4월 제주시와 서귀포시 의료보험조합이 각각 설립되어 운용됨으로써 보다 많은 주민들이 혜택을 받게 되었다. 북제주군의 경우는 제주시 지역의료보험조합에 속하여 실시되고 있다.

북제주군의 직장 및 지역 의료보험조합과 수혜자 상황을 보면 〈표 4-3〉과 같다.

〈표 4-3〉 북제주군 직장 및 지역 의료보험조합과 수혜자 상황

연도	수혜자 수* 합계	직장의료보험			지역의료보험	
		조합 수	사업장 수	수혜자 수	조합 수	수혜자 수
1989	68,576	1	58	3,946	1	64,630
1993	133,585	1	99	6,272	1	56,212
1997	139,372	1	149	8,259	1	55,750
1998	140,747	1	171	8,816	1	57,617

주: * 수혜자 수는 피보험자와 피부양자를 합한 수치.
자료: 『북제주군통계연보』, 1990년 및 1999년 종합.

또한 1988년부터 시행에 들어가기 시작한 국민연금제도의 운용과 관리를 위해 도내에서는 1987년 10월에 '국민연금관리공단 제주지부'가 설립되었다.

5. 부녀 · 아동보호

1) 부녀보호

부녀복지는 요보호여성 혹은 이들로부터 야기되는 문제를 다루는 치료적 성격의 복지서비스로서 그 대상은 저소득 모자가정, 미혼모, 가출여성, 기타 요보호여성들이다. 그 법적 근거는 1989년 4월 1일 제정된 모자복지법(법률 제4,121호)이다. 그 해 말이 법의 시행령과 시행규칙이 제정되면서 부녀복지는 체계적으로 시행된다. 이 법에 따르면 부녀복지의 기본내용은 모자가정에 대한 생계보호, 교육

보호, 생업자금 융자, 주택 제공 등이다. 이를 통하여 모자가정의 자립, 자활을 도와주고 건강하고 문화적인 생활을 보장하려는 것이다.

1999년 9월 현재(이하 시점이 명시되지 않은 수치는 같다) 북제주군의 여성인구는 50,458명으로 총인구 100,540명의 50.2%이다. 그중 만 65세 이상의 노인은 8,610명이고 10대 이하의 아동 및 청소년은 12,885명이다.

여성을 위한 복지서비스로는 부녀보호서비스로서 저소득 편모부자가정에 대한 보호 및 지원 이외에 사회참여 확대와 남녀평등의 실현, 여성상담선도 및 예방사업이 있다.

1999년 9월 현재 저소득모자가정 현황을 보면 총 124/359(저소득/모자가정: 한림 24/71, 애월 23/66, 구좌 31/86, 조천 27/82, 한경 13/38, 추자 4/12, 우도 2/4)로서 이들에 대해서는 아동양육비, 월동준비금, 자립정착금, 기술교육비, 중·고교자녀 학비 등을 지원하고 있다.

부녀상담에 관련해서 보면 여성상담소(1개소)에 상담원 1명을 두어 상담을 실시하고 있는데 1991년 이후 95년도(735명)를 제외하고 상담자 수가 꾸준히 줄어들고 있어서 91년도에 802명이던 것이 92년 635명, 94년 553명, 96년 343명이 되었으며 98년에는 98명에 불과하였다(『북제주군통계연보』, 1995 및 1999 참조). 이 98명에 대한 상담 후 조치 결과를 보면 대부분이 교육 및 조언이고(94명) 생계보조의 경우가 더러 있으나(4명) 선도귀가, 시설입소, 직업알선, 치료의뢰 등은 전무하다. 91년도부터 95년도까지 선도귀가 3명, 시설입소 18명(91년도에 12명), 치료의뢰 2명이며 직업알선을 한 경우는 없다.

2) 아동보호

우리나라의 근대적 아동복지사업은 주로 고아나 기아를 보호하는 차원에서 시작되었는데, 1961년에 제정된 아동복리법이 1981년 아동복지법으로 개정되면서 아동복지의 대상은 요보호아동에서 전체 아동으로 확대되었다. 또한 1991년 영유아보육법의 제정으로 영유아를 복지의 차원에서 보호·교육하는 길이 열렸다.

북제주군 당국에서는 사회복지여성과에서 부녀·아동 보호에 대한 업무를 담당하고 있는데 부녀에 대한 업무로는 요보호부녀자 보호 및 새마을부녀회, 한국부인회, 대한어머니회, 전국주부교실 등의 여성단체 육성지도, 모자시설운영에 대한 지도 · 감독이고, 아동에 대한 업무로는 청소년 선도 및 부랑아 단속, 고아 · 미아의 보호, 아동시설에 대한 지도 · 감독을 수행하고 있다.

보육대상 아동은 99년 9월 현재 8,341명(한림 1,752, 애월 2,412, 구좌 1,337, 조천 1,828, 한경 668, 추자 227, 우도 117)이며 입소아동은 북군관내 보육시설 입소아동 1,686명, 학교 및 사설유치원 입소아동 1,175명이다. 어린이놀이터로는 마을 16개소(한림 4, 애월 4, 구좌 4, 조천 3, 한경 1), 공동주택 5개소(한림 2, 애월 1, 조천 2) 등 21개소가 운영 중에 있다.

아동보육시설로는 1999년 9월 현재, 법인 23개소, 직장 1개소, 개인 2개소, 놀이방 7개소 등 34개소가 운영되고 있는데 법인 23개소의 시설현황(〈표 4-1〉 사회복지시설 현황 참조)에서 보면 한림 5, 애월 6, 한경 3, 조천 4, 구좌 4, 우도 1이고 모두 1990년 이후 설립되어 운영되고 있다.

소년소녀가장 세대를 위한 복지사업도 전개되고 있는데 이는 부모의 사망, 질병으로 인해 생활이 어려운 만 20세 이하의 소년소녀가 실질적인 가장으로 가정의 생계를 이끌어가는 세대에 대해 생활보호를 하는 것이다. 또한 20세가 되어 보호만료되는 소년소녀가장에 대해서는 자립준비금이 지원되기도 한다.

소년소녀가장 세대의 현황 추이를 보면 〈표 4-4〉와 같다. 1997년 현재 소년소녀가장 80명의 읍 · 면별 분포현황을 보면 한림읍 9, 애월읍 15, 구좌읍 14, 조천읍 13, 한경면 12, 추자면 13, 우도면 4이다.

〈표 4-4〉 소년소녀가장 세대의 현황 추이

연도	합계	세대주	세대원	재학별				
				미취학	국교	중학	고교	기타 (미재학 등)
1991	72	41	31	3	20	18	24	7
1992	84	38	46	1	23	24	22	14
1993	86	47	39	1	20	29	30	6
1994	89	49	40	6	25	30	27	1
1995	75	45	31		21	29	24	1
1996	75	43	32	1	21	25	22	6
1997	80	46	34		18	26	29	7

자료: 『북제주군통계연보』, 1995 및 1998.

6. 노인보호

제주도는 1998년 현재 이미 고령화 사회로 접어들어 그 노인인구 비중이 7.3%에 이르고 있다. 북제주군의 경우 노인인구는 1998년 12월 말 현재 11,742명으로 전체 인구 100,422명의 11.7%로서 도내 4개 시·군 중 노인인구의 비중이 가장 높다(제주시 5.0%, 서귀포시 6.8%, 남제주군 10.11%). 읍·면별 현황은 〈표 4-5〉와 같다.

〈표 4-5〉 읍·면별 노인인구

구 분	전체인구	노인인구	비율	100세 이상
북제주군	100,422	11,742	100.0	20
- 한림읍	21,223	2,408	11.3	9
- 애월읍	25,393	2,939	11.6	3
- 구좌읍	18,006	2,341	13.0	4
- 조천읍	20,115	1,857	9.2	3
- 한경면	10,306	1,524	14.8	1
- 추자면	3,502	374	10.7	-
- 우도면	1,877	299	15.9	-

자료: 북제주군 홈페이지(http://www.pukcheju.cheju.kr), 1999.12 현재, "사회복지/환경"에서 종합.

이 노인들 중 24%가 생활에 어려움을 겪고 있으며 혼사 사는 노인의 수노 석지 않다. 이는 제주 특유의 장남 분가라는 가족제도의 영향인 것으로 지적되고 있다. 그럼에도 불구하고 노인복지사업은 이들 지역사회의 특수성을 고려하지 않고 보건복지부 소관의 중앙시책에 따라 이루어지고 있으며, 제주도가 특수시책으로 추진되는 사업도 예산확보의 어려움으로 지속적이지 못하고 일과성의 성격을 띠는 경우가 많다.

1999년의 경우 경로연금 지급, 교통수당의 지급, 목욕료 및 이·미용료의 지급, 경로당 지원, 노인교실 운영, 청소년 충효 및 한문교실 운영, 무주택 거택 보호노인 주거비 지원, 노인건강 진단의 실시, 노인 공동작업장 운영, 재가서비스의 재공, 일거리 제공, 치매노인 서비스 제공 등의 사업이 추진되고 있다.

경로연금은 만 65세 이상의 생활보호노인과 1933년 7월 1일 이전 출생한 노인으로서 저소득노인으로 선정된 자에게 직접적이고 실질적인 소득보장혜택을 부여함으로써 노후생활의 안정을 도모하기 위한 제도로서 '98년 7월 1일부터 지급하고 있으며 생활보호노인의 경우 월 40,000(65~79세) 혹은 50,000원(80세 이상)을 지급하고, 저소득 노인(소득 1인당 월 370,8000원 이하, 재산 가구당 40,000,000원 이하)의 경우는 99년 현재 1인당 월 20,000원(부부인 경우 1인은 15,000원으로 감액 지급) 지급하던 것을 2000년부터는 30,000원을 지급하게 된다. 부부가 모두 수급자인 경우 그중 1인에게는 99년 15,000원이던 것을 2000년부터 22,500원을 지급하게 된다.

무주택 거택보호노인 주거비 지원사업은 제주도 특수시책사업으로서 만 65세 이상 생활보호노인 중 무주택자에 한하여 가구당 400,000원('98년은 360,000원)을 지원하는 사업이다.

세계노인의 해를 기념하여 '99년 8월부터 경로연금대상자를 대상으로, 기존 생활보호노인에게만 실시하던 것을 저소득 노인에게까지 확대하여 무료진료를 실시한다. 이 · 미용료 및 목욕료도 '99년 8월부터는 저소득노인에게까지 지급대상을 확대하여 지급하고 있다(매월 5,000원, 분기별 지급).

교통수당은 수당지급을 신청한 만 65세 이상의 노인에게 매월 12,000원씩 분기별로 통장으로 입금하게 된다. 목욕료 및 이 · 미용료 지급사업은 만 65세 이상 생활보호노인에게 목욕료 분기당 15,000원(월 5,000원), 이 · 미용료 분기당 15,000원(월 5,000원)을 지급하는 제주도의 특수사회복지시책이다. 저소득 노인에게도(북제주군 특별시행) 1인 월 5,000원(생활보호노인의 50%)씩 '99년 8월부터 지급하고 있다.

경로당에 대한 지원은 운영비 월 100,000원과 난방비 500,000원('98은 300,000원)을 지원하는 것을 그 내용으로 하는 사업이다. 난방비의 경우 북제주군의 지원액은 제주시와 같은 수준의 금액이며 서귀포시나 남제주군보다 많은 액수이다.

1998년 12월 31일 현재 경로당 수는 94개소('99년 6월 현재 95개소; '99년 3월 함덕2구 등록)로 다른 시 · 군에 비해 현저하게 많이 설치되어 있다(제주시 64개소, 서귀포시 33개소, 남제주군 76개소). 읍 · 면별 경로당 현황은 〈표 4-6〉과 같다.

〈표 4-6〉 경로당 등록현황('98년 12월 현재)

계	한림읍	애월읍	구좌읍	조천읍	한경면	추자면	우도면
94개소	22	26	12	13	15	5	1

자료: 북제주군 홈페이지(http://www.pukcheju.cheju.kr), 1999년 12월 현재, "사회복지/환경".

65세 이상 생활보호노인 중 희망자에 대해서는 심전도검사 등 40개 항목에 걸쳐 건강진단을 실시하고 그 결과에 따라 유질환자에게 진료비가 지원된다. 1차의 경우 1인당 12,146원이, 2차는 13,951원의 진단비가 지급된다.

노인 의료비 부담을 경감하기 위해 99년 현재는 의원급 1차 의료기관에서 외래 진료를 받을 경우 70세 이상 노인에 대해서만 진료비가 9,000원 이하인 경우 1,200원을, 12,000원 이하인 경우 2,100원을 내도록 하여 일반인에 비해 34%에서 57%까지 감면해 주고 있는데 2000년 1월 1일부터는 65세 이상 노인으로 확대 실시하게 되어 있다.

노인교실운영에 대해서는 월 267,000원을, 청소년 충효 및 한문교실에 대해서는 월 950,000원을 지급하고 있는데 후자의 사업은 제주도 특수시책 사업이다. 노인교실은 4개소(성이시돌노인대학, 세화노인교실, 납읍노인교실, 광령1리노인교실)가, 청소년 충효교실은 12개소가 운영되고 있다.

북제주군 관내에는 현재 애월리노인회를 비롯한 12개 노인회에서 동계방학을 이용한 충효교실을 운영하고 있는데(〈표 4-7〉 참조) 군 당국에서는 이들 노인회에 1개소당 350,000~600,000원씩 운영비를 지원하여 운영을 보다 활성화시키고 모든 경로당으로 확산해 나가며 모범운영 노인회에 대하여는 표창 등을 실시하여 격려해 나갈 방침으로 되어 있다.

〈표 4-7〉 동계 충효교실 운영내역

- 금능리 : 1999.12.27 ~ 2000.1.20(13:00–15:00) — 윤리, 도덕, 서예, 한문
- 수산리 : 2000.1.2 ~ 1.31(11:00–13:00) — 충효, 예절, 한문
- 애월리 : 2000.1.3 ~ 1.22(09:00–11:00) — 한문, 서예, 예절, 향토사
- 봉성리 : 1999.12.28 ~ 2000.1.22(16:00–17:00) — 예절, 한문, 인성교육
- 하귀2리 : 1999.12.27 ~ 2000.1.22(07:30–08:30) — 한문, 충효, 예절
- 장전리 : 1999.12.27 ~ 2000.1.15(17:00–18:30) — 예절, 한문, 인성교육
- 광령1리 : 2000.1.4 ~ 1.26(13:00–15:00) — 예절, 서예, 한문, 컴퓨터
- 월정리 : 1999.12.29 ~ 2000.1.15(18:00–20:00) — 예절, 한문, 일반상식
- 송당리 : 2000.1.4 ~ 1.24(09:00–10:00) — 윤리, 도덕, 서예
- 동복리 : 2000.1.5 ~ 1.25(09:00–12:00) — 윤리, 도덕, 한문
- 신촌리 : 1999.12.27 ~ 2000.1.20(09:00–12:00) — 충효, 인성교육, 예절
- 고산1리 : 1999.12.27 ~ 2000.1.22(07:30–08:30) — 예절, 서예, 향토사

노인공동작업장은 경로당 및 노인복지시설로서 작업장 설치가 가능한 시설을 선정하여 공동작업에 필요한 기본설비를 지원하여 노인의 적성과 능력에 따른 여가선용과 소득기회의 제공을 위한 사업으로서 '98년도에 시범적으로 애월읍 신엄리에 노인공동작업장을 설치하고 '99년도에는 4개소가 운영되고 있는데(〈표 4-8〉 참조) 2000년에는 특용작물 집단재배마을 중심으로 적합한 마을 중 3개소를 추가로 선정하여 설치 운영토록 해나갈 계획이며 작업장 설치에 따른 설치비 및 장비구입비를 일부 지원하게 된다(공동작업장 운영 주체: 마을노인회).

〈표 4-8〉 노인공동작업장 현황

소재지	운영주체	공동작업 내용
구좌읍 종달리	종달리노인회	장의용품 제작
조천읍 신촌리	신촌리노인회	농작물 가공(쪽파 다듬기, 마늘 다듬기 등)
한림읍 대림리	대림리노인회	(위와 같음)
한경면 시창리	신창리노인회	(위와 같음)

자료: 북제주군홈페이지(http://www.pukcheju.cheju.kr), 1999년 12월 현재.

CHAPTER 05

제주의 사회과학 학술활동

1993. 『제주도지』, 제3권, 제주도, pp. 400-419

1. 광복 전의 연구활동

泉靖一이 정리한 "제주도관계문헌목록"(泉靖一, 『濟州島』, 東京大出版會, 1966)을 보면 광복 전에도 제주도에 관한 연구는 간헐적으로 이루어졌음을 알 수 있다. 그 연구들로는 秋葉隆의 "濟州島に於ける蛇鬼信仰"(『青丘學叢』, 第7號, 青丘學會編, 1932), 小基次・佐藤正良의 "濟州島・對馬並に壹岐に於ける原住民の體質人類學的研究"(『人類學雜誌』, 第50卷, 第2號, 東京人類學會, 1935), 桝田一二의 "濟州島の地理學的特性に就にて"(『地理學評論』, 1931), "濟州島海女の地誌學的研究"(『大塚地理學會論文集』, 第3輯, 1934), 濟州島廳, 『濟州島勢要覽』(1935, 濟州), 鳥居龍藏의 "民族學上よりたる見濟州島(耽羅)"(『日本周邊民族 原始宗教』, 1924) 등을 들 수 있다. 하지만 그 연구작업의 대부분은 일본인들에 의한 것이며 그 주제도 민속・무속이나 제주도의 지리적인 특성에 관한 것들이다. 따라서 광복 전에는 오늘날 통용되고 있는 의미에서의 제주사회에 대한 사회과학적 접근은 찾아보기 힘들다고 볼 수 있을 것 같다. 이러한 사정으로 인하여 이하에서는 광복 후에 이루어진 연구작업을 중심으로 제주사회에 대한 연구를 개관해 보고자 한다.

2. 광복 후의 연구활동

1) 서언

이 글은 제주사회의 학술분야 활동을 개관하려는 데 그 목적이 있다. 따라서 학술활동의 세세한 사항을 들어 그 활동의 내용을 하나하나 따져보려는 것이 아니라 지금까지 이루어온 학술분야의 큰 물줄기를 파악하고 그 물줄기의 특색과 의미를 가늠해 보려는 데 일차적인 주안점을 두었다.

구체적으로, 이 글의 범위는 우선 시간적으로 보아 해방 후부터 현재(1991.8)까지로 한정하였으며, 논의되는 내용에 있어서는 사회과학분야에 한정하였다. 여기에서 사회과학분야에 포함시킨 학문영역은 사회학 · 인류학 분야, 법정분야(정치학, 법학, 행정학), 산업 · 경제 분야 등이다. 사회과학분야에 인접하고 있는 사학, 민속학, 교육학 분야의 글들은 원칙적으로 제외하였다.

글의 짜임새는 제주사회연구 개관, 연구조직과 기타 학술활동, 연구자별 연구 개관 등으로 이루어지고 있는데, 이는 학술활동을 연구물의 분석, 연구조직의 활동, 연구인력의 활동 등 3개의 영역으로 나누어서 살펴본 후, 그 영역들 간의 연결점을 음미해 보려는 데 그 의도가 있다.

제주사회 연구를 개관함에 있어 분석대상으로 삼은 연구물은 그 연구의 의도가 제주 연구 자체에 있거나 보편적인 이론에 지향되어 있거나 간에 제주도를 대상으로 하는 사회과학 전공자의 연구, 또는 전공자의 연구가 아닌 경우에라도 그 주제가 사회과학의 영역에 포함될 수 있는 연구들을 포괄하였다.

연구조직의 활동을 다룸에 있어서는 사회과학분야 대학부설 연구소 및 사설연구소 가운데 제주사회 연구를 목적으로 하는 연구소를 중심으로 소개하였으며, 연구자별 연구를 개관함에 있어서는 제주도 내 각 대학에 소속된 전임교수의 활동을 다루었다.

2) 제주사회 연구의 연대기적 개관(사회과학)

(1) 사회 · 인류학 분야

광복 후 제주사회에 대한 최초의 사회 · 인류학적 접근의 시도는 석주명의 『제주도의 생명조사서: 제주도 인구론』(서울신문사출판부, 1949)인 것으로 보인다. 이와 함께 같은 저자의 저술인 『제주도 수필: 제주도의 자연과 인물』(보진제, 1968)이 있는데, 이는 1940년대 당시의 상황에 관한 단편적인 기록을 모아놓은 것으로 그 학술적 전문성은 결여되어 있으나 제주사회에 대한 사회 · 인류학적인 기초자료를 제공해 준다는 데서 그 의미를 찾을 수 있다고 본다.

1950년대에 접어들면서 그 초기에 泉靖一은 "제주도의 촌락조직"과 "동경에 있어서의 제주도인"을 일본에서 발표하였다. 전자는 1938년 경성제국대학 학사논문인 "제주도: 사회 · 인류학적 연구"의 일부를 엮어 발표한 것이고, 후자는 泉靖一 등 4인의 명의로 발표된 것으로 제주 교포에 대한 최초의 연구라 생각된다.

1960년대에 이르러서는 泉靖一의 『濟州島』(東京大出版會, 1966)가 제주사회에 관한 가장 돋보이는 연구업적이다. 이 책은 특히 제주사회의 경제, 가족 · 친족을 사회변동의 맥락에서 살펴보고 있는데, 제주도에 관한 기초적 문헌으로 그 가치를 평가받고 있다. 1960년대 한국인의 제주 농촌지역사회에 관한 연구발표는 노창섭 · 강우철 · 김종서의 "제주도 개발 농촌지역의 연구: 신효리 부락의 사회, 경제 및 교육적 분석과 평가"(『이화 80주년 기념논문집』, 1966)가 있는데, 이는 개발과정에 있는 농촌의 시범부락에 대한 연구의 일환으로 이루어진 사례연구이다. 이 논문은 그 연구방법이나 서술이 사회학적 접근이라는 데 그 의의가 있다고 본다.

1960년대 여성분야에 관한 글로는 민경희의 "한국 해녀의 역사 및 생활 실태"(1964)가 『梨大史苑』에 발표된 바 있고, 이외에도 해녀에 관한 3편의 글이 발표되었다.

이상에서 살펴보았듯이, 1960년대까지의 제주사회에 대한 연구는 사회학 · 인류학 부재의 상황 속에서 민속지적 연구들이 주류를 이루고 있었고 그것도 일본인 학자들에 의해 독점되다시피 했던 실정이었다.

1970년대에 이르러 제주도에 관한 연구가 점차 활기를 띠기 시작하는데, 특히 1970년대 후반에 이르면 사회학 전공자들의 연구가 속속 나타나게 된다.

1970년대 제주사회 연구에서 가장 돋보이는 연구 주제영역은 가족 · 친족 분야이다. 이 분야에 있어서 최재석은 사회학자로서 독보적인 업적을 남겼다. 그의 연구업적들은 1979년 『제주도 친족조직』(일지사)으로 엮어져 출판되었는데, 그 내용은 1970년대 후반 5년 동안에 걸쳐 실시된 남제주군 성산읍 S리의 현지조사 자료를 중심으로 하여 1975~1978년 사이에 이미 발표된 11편의 논문을 담고 있다. 한편 일본인 佐藤信行도 2편의 논문, 즉 "濟州島の 家族"(中根千技 編, 「韓国農村の家族と祭儀」, 東京大出版会, 1973)과 "제주도의 사돈"(최길성 편역, 『한국의 사회와 종교』, 아세아문화사, 1982)을 발표하였다. 현용준도 1971년 일본의 동아시아문화센터 주최의 심포지엄에서 "Family and Religion in South Korea: Chiefly Based of Cheju Island"를 발표한 바 있다.

이상에서 언급한 연구들 이외에 가족관계 연구들은 사회학이나 인류학 이외의 학문영역, 즉 가정학 분야에서 적지 않게 찾아볼 수 있다.

가족 · 친족 분야에 버금하여 들 수 있는 제주사회 연구영역으로는 마을(부락) · 친족에 대한 연구들이다. 조혜정의 박사학위논문 "An Ethnographic Study of a Female Diver's Village in Korea"(1979) 및 이 학위논문을 근간으로 한 "Neither Dominance: A Study of a Female Diver's Village in Korea"(*Korea Journal*, 19-6, 1979)가 발표되었고 그에 앞서 현용준의 "제주도 해촌생활의 조사연구(1)"(『논문집』, 2집, 제주대, 1970)이 발표된 바 있다. 조혜정의 글은 제주도의 해촌마을을 대상으로 해서 쓴 최초의 인류학 박사학위논문이라는 점에 그 또 다른 의미가 있고, 현용준의 글은 민속지적 글로서 그 뒤에 이어지는 민속지적 현지조사(특히 제주대 국문학과의 조사활동)의 출발점이 되었다. 이외에 가족이나 마을 관계의 다른 글로는 이광규의 "사회"(문공부 문화재관리국 편, 『한국민속종합조사보고서(제주도편)』, 형설출판사, 1977) 외에 5편의 글이 나왔다.

여성관계의 글로는 60년대에 이어 줄곧 해녀를 다룬 글들이 대종을 이루고 있는데, 특히 김영돈은 1970년 "제주도 해녀 연구 서설"(성곡학술문화재단, 『성곡논집』, 1) 외 3편의 글을 발표하더니 그 이후 계속해서 해녀에 관한 글을 내놓았다. 1970년대 후반에는 여성활동에 관한 글들도 선보이는데 강병찬의 석사학위논문 "여성활동에 관한 연구: 제주도를 중심으로"(1977, 동국대) 외에 3편의 글이 있다.

인구분야에 있어서는 지리학 전공자인 강상배의 "제주도내의 인구에 대한 연구"(1975) 외 2편의 논문이 있을 뿐이다.

1970년대 후반에 들어서게 되면 제주도민 의식에 대한 연구들이 이루어지는데 그중 박재환의 "인간상호작용에 관한 제주도민의 사회의식: 민속자료를 중심으로"(『논문집』, 9, 제주대, 1977)는 사회학 영역에서 접근한 최초의 것이다. 도민의식에 대한 연구로서 최초의 대규모 작업은 제주대 통일안보연구소가 제주도의 후원을 받아 실시한 "제주도민의 의식구조 조사연구"(1978)이다. 이외에 탐라정신을 구명해 보려는 시도인 "탐라정신 탐구"(『논문집』, 11, 제주대, 1980에 요약 · 수록되어 있음)와 제주도 기층문화에 대한 현용준의 글 "제주도의 기층문화"(『문화인류학』, 7, 1975) 외 1편이 발표되었다.

1980년대에 접어들면서, 제주사회 연구 열기는 한층 가열된다. 80년대의 제주사회 연구는 우선 제주도의 가족·친족에 관련한 학문적 논쟁에서부터 그 막을 올렸다. 논쟁의 서막은 1979년 2학기 객원교수로 제주대학에 부임한 사회인류학자 김한구가 그 다음해에 최재석의 저서 『제주도의 친족조직』을 비판하는 글 "최재석 저, 『제주도의 친족조직』"(『한국학보』, 19, 1980)을 발표함으로써 비롯되었다. 이러한 논쟁은 비판 부재의 학문 풍토에 자극제가 되었으나 당사자들 사이에는 감정적인 갈등이 깔려 있는 듯했다.

이 논쟁의 시기에 가족·친족에 관한 글들이 몇 편 발표되는데, 이창기의 "제주도의 가족관계"(『한국의 발견(제주도편)』, 뿌리깊은나무사, 1983)와 이광규의 "제주연구의 현황과 전망: 사회학적 측면"(『탐라문화』, 3, 제주대 탐라문화연구소, 1983)이 그것이다. 이 가운데 이광규의 글은 제주사회연구의 논쟁(최재석·김한구 논쟁)에 대해 언급하고 있을 뿐만 아니라 조혜정("제주도 해녀사회연구: 성별분업에 근거한 남녀불평등에 관하여", 한상복 편, 『한국인과 한국문화』, 심설당, 1982)의 남녀 역할 분담에 대한 이분법적 사회 원리의 설명을 비판하고 있는데, 이 점은 제주사회연구의 일환으로 논의해 볼 만한 주제가 될 것이다. 또한 일본인 松本誠一은 지금까지 이루어진 제주도 가족에 대한 연구와 인구 통계를 바탕으로 하여 제주도 가족의 동·서 지역에서 나타나는 차이를 검토하고 있다("제주도 가족의 검토–세대규모의 동·서차", 진은숙 옮김, 『탐라문화』, 11, 1991).

1980년대의 연구들 중 농촌마을을 연구 대상으로 한 연구들은 다른 주제에 비해 그 수가 가장 많고, 주제도 농촌마을의 정치·경제·사회조직 등 다양하다. 이는 종래 가족·친족에 집중되던 관심이 농촌마을로 옮겨진 것이며, 그 연구의 성격도 민속지적 접근에서 사회·인류학적 접근으로 탈바꿈하고 있다는 점을 보여준다. 이제 그 연구들의 예를 들어보기로 한다.

신행철은 마을의 정치체계(권력)에 관련하여 1981년 "한국 농촌지역사회의 권력구조에 관한 연구: 제주도의 행정 단위 부락을 중심으로"(『논문집』, 12, 제주대)를 발표한 후, 줄곧 3편의 동일 주제의 글들을 발표하더니 이들 논문을 바탕으로 하여 박사학위논문을 썼고, 이 학위논문은 1989년 『제주 농촌지역사회의 권력구조』(일지사)라는 제명하에 단행본으로 발간되었다. 사회조직에 관련해서는 김석준의 "제주도 중산간 부락민의 계집단 참여와 사회적 유대"(『논문집』, 22, 제주대, 1986) 외 2편이 발표되었다.

농촌마을에 관련한 석사학위논문들도 있는데 김준희의 "감귤 재배에 따른 농촌의 경제적 변화: 제주도 위미리의 사례"(서울대 대학원 인류학과, 1983), 오석민의 "제주도 감귤재배지의 계층구성 및 임노동의 성격"(서울대 대학원 인류학과, 1986), 고승한의 "농업의 상업화가 농민의 사회경제적 지위 변동에 미치는 영향: 제주도 열대 특용작물 재배농가의 사례연구"(부산대 대학원 사회학과, 1986) 등이 그것이다. 이들 신진 전공자들의 논문이 제주도 농촌지역의 변화에 따른 사회현상에 연구의 초점이 모아지고 있다는 점이 주목된다. 지역개발을 주제로 하는 글도 발표되는데, 신행철 · 김태보의 "새마을 운동과 지역개발"(『새마을운동 10주년기념 논문집』, 제주도, 1980), 신행철의 농촌개발엘리트에 관한 글, 전경수 · 한상복의 "지역개발의 통합모형과 주민참여: 제주도, 1959~1989"(『제주도연구』, 7, 1990) 등이 그것이다.

제주도의 문화에 관해서는 주로 인류학적 접근에 의해 이루어졌는데 유철인의 "일상생활과 도서성: 제주도 문화에 대한 인지인류학적 접근"(『제주도 연구』, 1, 1984), "제주사회의 전통과 문화적 정체감"(『탐라문화』, 11, 1991) 등 5편, 이기욱의 "도서와 도서민: 마라도"(『제주도연구』, 1, 1984) 외 2편, 양영웅 · 김종태 · 김병택 · 이기욱의 "한국 문화속의 제주지역문화의 특수성과 발전 방향"(『사회발전연구』, 6, 1990) 등이 발표되었다. 이외에도 김성례는 자신의 박사학위논문, "Chronicle of Violence, Ritual of Mourning: Cheju Shamanism in Korea"(박사학위논문, University of Mishigan, 1989)와 "원혼의 통곡: 역사적 담론으로서의 제주 무속"(『제주도연구』, 6, 1989)에서 무속적인 의례에 대한 문화인류학적인 접근을 통해 역사적 폭력(4 · 3사건)의 기억이 현대인의 관념 속에서 재구성되는 측면을 밝히고 있다. 한편 의식에 관한 글로는 신행철의 "제주도민의 사회 · 문화 의식상의 전통성"(『논문집』, 11, 제주대, 1980) 외 2편, 김항원의 "제주도 주민의 정체성"(『제주도연구』, 7, 1990) 등이 있다.

여성 분야의 글로는 역시 해녀를 소재로 한 글들이 상당수 발표되었는데, 인류학 영역의 글로 조혜정의 "발전과 저발전: 제주 해녀사회의 성체계와 근대화"(『한국의 여성과 남성』, 문학과지성사, 1988) 외 2편의 글이 주목되며, 석사학위논문으로는 한정우의 "도서 어촌 여성의 사회적 지위에 관한 일 연구: 추자도 답마을의 사례를 중심으로"(서울대 대학원 인류학과, 1987)가 있다. 이외에 국문학, 법학, 가정학 전공자들이 쓴 해녀 · 여성관련 논문들이 다수 발표되었다.

해외 제주도민에 대한 글로는 신행철의 “재일 제주교포: 그 소수집단으로서의 성격과 계층구조”(제주대 탐라문화연구소, 『탐라문화』, 창간호, 1982)와 보다 최근의 것으로 이문웅의 “재일 제주인의 의례생활과 사회조직”(『제주도 연구』, 5, 1988), “재일제주인 사회에서의 무속”(『제주도연구』, 6, 1989) 등의 글이 있다.

1980년대의 연구 경향으로 특기할 만한 사항은 종래 도외시되었던 사회학적 주제들이 다루어지기 시작했다는 점일 것이다. 도시, 사회사, 사회변동, 인구, 산업 · 노동을 주제로 하는 글들이 그것이다.

도시 영역에서, 정대연의 “제주시의 생태학적 구조 분석”(『탐라문화』, 3, 1984) 외 1편, 조성윤의 “제주도 도시개발의 기본구조”(한국사회학연구소, 『사회학연구』, 4, 1986)를 꼽을 수 있겠고, 석사학위논문으로 황석규의 “도시 내 상층 이주민의 적응에 관한 연구: 제주시를 중심으로”(연세대 대학원 사회학과, 1986)가 있다. 사회사의 영역에서는 신용하의 “새로운 향토사의 연구대상과 방법”(『제주도 연구』, 3, 1986)과 조성윤의 “1898년 제주도 민란의 구조와 성격”(한국사회연구회 편, 『한국전통사회의 구조와 변동』, 문학과지성사, 1986) 외 2편, 석사학위논문으로는 이정훈의 “제주 신축 성교난에 관한 연구”(한신대 신학대학원, 1986. 『제주도연구』, 5, 1988에 수록됨) 등이 있는데, 특히 신용하의 글은 사회사 연구의 방법론을 제시하는 글로서 그 의의가 크다고 생각한다. 사회변동을 다룬 글은 이상철의 “제주사회변동 서설: 개발 정책과 산업구조의 변화를 중심으로”(서울대 사회과학연구소, 『사회과학과 정책연구』, 8, 1987)가 있고, 산업 · 노동 분야의 글로는 김진영의 “제주지역 노동시장의 구조와 특성에 관한 연구”(『논문집』, 28, 제주대, 1989)가 있다.

관광에 관련한 글로는 전경수의 “제주도의 관광개발과 지역문화 보전을 위한 제언: 관광인류학적 입장”(『제주도 연구』, 2, 1985)과 신행철의 “제주 관광개발의 사회 · 문화적 영향”(제주대 사회발전연구소, 『사회발전연구』, 5, 1988), 석사학위논문으로 박현숙의 “제주도 민속마을의 관광 현상에 관한 연구: 관광체계에 따른 인류학적 접근 분석”(서울대 대학원 인류학과, 1988) 등이 발표되었다. 제주도가 관광지로 각광받고 있다는 점을 감안해 보면 관광이라는 사회현상은 제주사회연구에 좋은 주제가 된다고 볼 수 있다.

제주도 인구에 대한 연구는 주로 이창기에 의해 이루어졌는데, 이창기는 1982년 이후 “제주도 가구의 크기(『탐라문화』, 6, 1987) 외 3편의 글을 발표하였다. 인구에 관한 사회학 이외의 학문분과에서 접근한 예들은 주로 지리학 분야에서 찾아볼 수 있는데 강상배의 "제주도 인구의 성비 변화에 대한 연구"(『논문집』, 12, 제주교대, 1982)와 송성대의 "제주시 인구성장에 관한 고찰"(『논문집』, 20, 제주대, 1985), 그리고 석사학위논문으로 송경언의 "제주도 성산포 이주집단의 이주, 정착과정에 있어서의 특성에 관한 연구"(서울대 대학원, 1989) 등이 발표되었다. 이 밖에 보건에 관한 글로는 김성혁의 "제주도 지역 주민의 보건의료기관 이용 후 만족도 격차에 미치는 요인에 관한 연구"(『논문집』, 제주간호전문대, 1990)가 있다.

이제까지의 제주사회연구의 큰 흐름을 가름해 보면 다음과 같다.

첫째, 연구주제가 다양해지고 있다. 종래 거의 가족 · 친족에 국한되어 있던 것이 도시를 포함한 지역사회의 제 현상에 대해서 그리고 도민의식, 기층문화, 사회변동, 인구, 해외교포, 산업 · 노동, 관광 등 광범위한 주제들에 관련한 연구들이 나타나고 있다. 이러한 경향은 더욱 확대되어 갈 것이다.

둘째, 민속지적인 사실 발견적 연구에서 인류학 · 사회학적인 이론적 연구로 전환되고 있다.

셋째, 제주연구에 대한 논쟁의 여지는 계속되고 있다. 가족 · 친족의 연구는 물론 제주 기층문화, 사회구조, 남녀역할 등에 대한 견해차이 등이 그것이다.

(2) 법 · 정 분야

① 정치

제주도민의 정치활동에 관한 연구는 그 실적이 매우 미미한 편이다. 이러한 연구의 빈약은 연구자들이 특정 지역에 국한된 연구보다는 일반론에 치중하는 경향이 강할 뿐만 아니라 역사적으로 보아 지방정치의 부재에서 오는 연구소재의 제한성에서 비롯되는 것으로 보인다.

따라서 제주도내의 정치분야에 관한 연구는 자료정리의 수준을 크게 넘지 못하고 있는데, 부만근의 『광복제주 30년』(문조사, 1975)에서는 제2장에서 도민들의 정치 참여행태와 자유당 창당 시부터 제4공화국 초기까지의 각종 정당의 조직 및 활동상황을 선거와 관련하여 다루고 있다. 또 제주도가 간행한 『제주도지(상)』

(1982)에서도 제3편 제1장(정치 · 선거)에서 제주도의 정치전통, 정당활동, 선거상황을 자료 중심으로 다루고 있다. 한편 제주도 선거관리위원회는 1965년『역대 공직자 선거 실시 상황』을 간행한 이래 매 선거 시마다 그 자료를 정리하여 5회 펴내었고 1981년에는 그 내용을 총정리한『제주도 선거사』를 간행하였다. 이 자료집은 각종 선거의 내용뿐만 아니라 제주도내 정당들의 창당과 소멸의 상황을 연대기적으로 소상하게 기록하고 있다.

자료 정리라는 차원을 넘어선 학문적 전문성을 띤 글로는 석사학위논문인 김영배의 "투표참여에 관한 고찰: 제주도를 중심으로"(동국대 행정대학원, 1976)와 조문부 · 양영철 · 김성준의 "지방자치를 위한 선거행태에 관한 조사연구-제주도를 중심으로"(『논문집』, 30, 제주대, 1990)를 꼽을 수 있다. 한편 최근에 와서 제주도 4 · 3사건에 대한 관심이 고조되고 있는 분위기 속에서 4 · 3사건을 다룬 글들이 다수 쏟아져 나오고 있다. 이 중에는 양한권의 석사학위논문 "제주도 4 · 3 폭동의 배경에 관한 연구"(서울대 대학원, 1988), 고문승의 "박헌영과 4 · 3사건-남로당의 제주폭동과 한민당 정권의 과잉진압"(『논문집』, 10, 제주전문대, 1989), 고창훈의 "4 · 3 민중항쟁의 전개와 성격"(최장집 외,『해방전후사의 인식 4』, 한길사, 1989) 외 2편, 김동만의 "제주지방 건국준비위원회 인민위원회의 조직과 활동: 해방 직후 지방정치 연구"(『역사비평』, 12, 1991), 이대성의 "제주도 4 · 3 민중운동에 관한 연구"(『북악논총』, 7, 국민대, 1989), 안종철의 "제주도인민위원회와 전남인민위원회의 조직관계"(『제주항쟁』, 1, 제주4 · 3연구소, 1991) 등이 있다.

한편 넓은 의미에서 정치 분야에 포함시킬 수 있는 안보에 관한 연구는 1960년대부터 간헐적으로 이루어져 왔는데 그 예로 고성준의 "동북아 정세 변동과 통일안보 정책상의 제주도의 좌표"(국토통일원 정책과제 논문, 1978), 김항원의 "제주도 주민들의 반공의식 조사연구"(『논문집』, 13, 제주대, 1981)를 들 수 있다.

통일문제에 관한 연구는 도민들의 의식조사와 관련하여 주로 1970년대 후반부터 시도되어 왔는데 고성준의 "재일 제주동포의 통일안보의식에 관한 서설적 연구"(『논문집』, 11, 제주대, 1980)와 김치홍의 "제주도 중 · 고등학생의 통일안보의식에 관한 조사연구"(제주대 교육대학원 석사학위논문, 1983) 등을 꼽을 수 있겠다.

② **법학**

제주도와 관련된 법에 관한 연구도 정치분야와 마찬가지로 매우 부진한 편이다. 연구 내용 면에 있어서는 어촌을 대상으로 한 입어 관행이 주종을 이루고 있는데, 이는 제주도 특유의 해녀와 직접 연관되는 문제이기 때문인 것으로 보인다.

이에 대한 연구로는 고상룡의 "한국의 입어권에 관한 연구"(성균관대 석사학위논문, 1967), 김영돈의 "해녀의 권익침해"(『논문집』, 2, 제주대, 1970), 김두희 · 김영돈의 "해녀 어장 분규 조사연구"(『논문집』, 14, 제주대, 1982) 등이 있고, 단행본으로는 강대원의 『해녀연구』(한진문화사, 1970; 1973)가 발행되었다.

비교적 최근에 와서 서경림은 법사회학의 시각에서 어촌의 법규범을 다루는 "어촌공동체의 사회구조와 법규범과의 상호관계: 제주도의 어촌을 중심으로"(『현대 법학의 제과제』, 동양산업사, 1987) 외 1편의 글을 발표했는가 하면 서경림 · 한삼인 · 고호성 · 고창민 등은 공동으로 "제주도 마을의 공동체와 법규범"(『탐라문화』, 10, 1990)에 대한 연구를 내놓았다.

한편 민사 관습에 관한 연구로는 배경숙의 "제주도의 민사관습에 관한 연구"(한국가족법학회, 『가족법 연구』, 창간호, 1984) 외 1편, 한삼인의 "제주도 가족관습에 관한 연구(I)"(『논문집』, 29, 제주대, 1989) 등이 발표되었고, 민사법 분야에서는 김형훈의 "멤쇠(맴소; 위탁우)계약의 법적 성격에 관한 고찰"(『제대법학』, 창간호, 1965), 형사법 분야에서는 김수길의 "제주도 범죄 현상: 범죄 통계표 분석을 중심으로"(『제대법학』, 3, 1975) 외 1편 등이 발표된 바 있다.

이외에도 법의식, 이혼, 마을 공동재산, 소비자 보호운동 등에 관한 법학적 접근이 80년대 들어 시도된 바 있다.

③ **행정**

제주도의 지역행정에 관한 연구는 1960년대 초부터 본격화되기 시작했다고 볼 수 있다.

1960년대의 지역행정에 관한 연구의 주된 흐름은 당초에는 관광개발에 있어서의 행정이 어떠한 역할을 담당하느냐에 두어졌으나, 1964년 제주도건설종합계획(안)이 수립됨을 계기로 하여 제주도 개발을 종합적으로 다루는 경향으로 차츰 이행하게 되었다. 이러한 배경에서 최초로 제기된 것이 자유항에 대한 연구인데 제주도가 간행하는 도지인 『제주도』의 제16호(1964)는 이에 대한 찬반을 다룬 6편의 연구물을 게재하고 있다.

그 후 제주도가 특정 지역으로 지정됨에 따라 특정 지역 건설계획을 수립하는데 필요한 각종 보고서와 자료들이 나오기 시작했고, 1967년 9월에는 제주도와 국제관광공사가 공동 주최한 관광개발 세미나가 열려 관광개발의 방향과 추진방법이 제시되었다. 이즈음에 조문부 · 이경남의 "제주도 개발을 위한 제도적 연구: 민간 투자의 유치를 위한 조세책 및 그 입법화 방안"(등사판, 1968)이 발표되었는데, 이는 당시 발표지면이 주로 행정지였음을 감안해 본다면, 60년대를 통해 유일한 학술적 성격의 유인물인 것으로 보인다.

한편 1960년대 중반부터는 농업, 축산, 수산 등 1차산업에 대한 개발계획이 수립 · 집행됨을 계기로 하여 산업행정에 관한 연구도 이루어지기 시작했다. 농지이용도 제고를 중심으로 한 농정방향이 제시되기 시작했고 1968년 중산간 개발계획이 수립됨을 전후해서는 중산간의 농업기반 조성정책에 대한 연구결과가 적지 않게 나왔다.

축산분야는 축산행정의 기본 방향, 가축 품종개량의 필요성, 목야 개량에 대한 연구가 주로 이루어졌으며, 수산분야는 한 · 일 국교정상화가 실현된 직후부터 연근해 어업 발전의 필요성 등 수산행정의 기본 방향을 제시하는 글들이 나오기 시작했다.

1960년대의 지역행정 연구에 있어 특기할 만한 또 하나의 사실은 비록 행정공무원들에 의해서긴 하지만 행정구역의 개편문제가 활발히 제기되었다는 점이다. 『제주도』지의 제31호(1967)는 이에 대한 특집을 마련하고 6편의 글을 싣고 있는데 그 내용은 한결같이 현행 군 행정구역은 경제권과 생활권이 일치되지 않아 지역개발이나 주민생활에 불편을 주고 있으므로 남 · 북군을 동 · 서군으로 개편해야 한다고 주장하고 있다.

60년대 지역행정에 관한 연구를 가름하는 특색 중 하나는 연구물의 발표가 『제주도』지를 비롯한 각종 행정지를 통해 이루어졌다는 점일 것이다. 이러한 사실은 이 분야의 연구가 행정지라는 잡지의 성격에 부합되는 형태로 양적인 확대를 가져왔다는 점을 지적해 준다. 즉 1962년에 제주도가 『제주도』를 창간한 것을 필두로 시 · 군에서 『북제주』(1966), 『제주시』(1967), 『남제주』(1967)를 각각 발간함으로써 연구자들에게 발표지면을 제공하고 연구의욕을 북돋아주었다고 볼 수 있다. 한편 1969년에는 제주연감사에 의해 『제주연감』이 발간됨으로써 지역행정연구자들에게 기초자료를 제공해 주었다.

1970년대 들어와서 지역행정의 연구는 60년대보다 그 영역이 확대되고 세분화되었을 뿐만 아니라 그 심도도 더욱 깊어졌다. 새로운 영역에 대한 연구가 진행되고 종래 주로 행정지를 통한 개괄적이며 서설적이던 연구에서 벗어나 연구의 주제를 보다 좁히고 깊이 있게 다루려는 태도가 정립되기 시작했으며, 연구자의 수도 도내 · 외적으로 급속히 증가하는 경향을 보였다. 특히 1970년대 중반부터는 각 대학 및 연구소 논문집 등 학술연구지를 통하여 연구물들이 발표되기 시작했다.

1970년대 종합개발에 관한 글로는 석사학위논문으로 고충석의 "제주도 지역사회 개발을 위한 실험적 모델에 관한 연구"(연세대 대학원, 1978) 외 1편이 발표되었고, 고남욱은 "제주권 지역개발의 방향설정에 관한 연구"(『논문집』, 1, 제주대 관광개발연구소, 1975) 외에 지역개발 행태에 관한 글을 내놓은 바 있다. 이들 논문 이외에 개발에의 도민 참여 방안, 관광개발과 도민소득의 연계방안에 관한 글들이 다수 있다.

한편 환경보전에 관한 행정적 연구에도 관심이 모아졌는데 이 당시 환경행정 연구의 중점은 천혜의 자연경관을 파괴 · 훼손 · 오염으로부터 어떻게 보호할 것이며 궁극적으로는 개발과 보전을 어떻게 조화시킬 것인가에 두어졌다. 또 새마을운동이 추진되면서부터는 이 운동의 효율화를 통한 지역개발과 이를 위한 행정의 기능에 대한 관심이 나타나게 되었는데, 이에 관한 글로는 조문부 · 한창영의 "제주도 새마을운동과 행정의 역할에 관한 연구"(『논문집』, 6, 제주대, 1974), 김승호 · 한창영 · 조문부 외의 "새마을운동을 통한 제주도 동부지역 개발의 구체적 방안"(『새마을운동 연구논문집』, 1, 1978) 등을 꼽을 수 있겠다.

1970년대의 연구방법과 경향은 60년대에 비해 몇 가지 두드러진 특징을 찾을 수 있는데 그 하나는 관 · 학 협동적인 연구가 많아졌다는 점과 다른 하나는 지역행정에 관한 공동 조사 · 연구가 활기를 띠기 시작했다는 점일 것이다. 이러한 연구의 대표적 예로 1979년 제주대학교 통일안보연구소의 조사보고서 "제주도민의 의식구조 조사 연구"를 꼽을 수 있겠는데, 이 보고서의 내용 중 행정부문을 보면, 일반 행정분야에서는 행정시책, 행정참여, 행정지원, 공무원에 대한 인식도를 중점적으로 다루었으며, 지역개발 분야에서는 지역사회개발, 관광개발, 농업개발에 대한 요인 및 효과 그리고 차후의 개발 방향과 행정의 역할에 대한 도민들의 의견을 통계적 기법을 사용하여 정밀하게 분석하고 있다.

한편 평가교수단 및 도정전문위원회에 의한 『도정 연구 및 평가보고서』는 1971~1980년까지 8회에 걸쳐 발간되었고 그 내용은 주로 관광행정과 산업행정에 대한 평가와 개선방안을 다루고 있다.

제주지역 행정연구의 주류를 이루고 있는 지역개발 · 관광개발에 관한 연구들 이외에도 노인복지, 문화, 재무행정, 행정사 등 다양한 주제의 연구들이 다수 발표되었다. 특히 노인문제에 관한 연구는 주로 1970년대부터 한창영에 의해 이루어졌는데 그는 1976년 "노인문제에 관한 연구"(『논문집』, 8, 제주대)라는 글을 내놓은 이래 『제주도 노인논고』(한일문화사, 1978)를 단행본으로 내는 등 노인복지를 위한 행정적 접근에 집념을 보여주고 있다.

또한 1970년대에는 행정에 관한 몇 종의 자료집이 나와 연구자들에게 편의를 제공해 주었다. 『탐라실록』(한치문, 한진문화사, 1973), 『광복제주 30년』(부만근, 문조사, 1975), 『제주연감』(제주연감사, 1976, 1979) 등이 그것이다.

1980년대에 들어와서는 지역행정에 대한 연구가 더욱 심화되었으며 그 관심분야는 70년대에 이어 여전히 지역개발, 관광개발 분야가 주종을 이루고 있다. 또한 80년대 후반부터는 지방자치에 관한 논의와 주민의 자치의식, 의사결정 등에 관한 연구가 속속 나오는 상황이다.

1980년대 지역개발 · 관광개발 분야 연구의 주요 흐름은 종래 지역개발의 추진성과에 대한 재검토와 이를 근거로 한 비판, 새로운 계획의 합리적 방향 모색을 다루는 연구물들이 다수 발표되고 있다는 점이다. 이에 대한 연구로는 김태영의 "제주도 종합개발계획에 대한 재고"(『논문집』, 4, 제주전문대, 1982), 김태보의 "제주권 개발을 위한 지역권의 설정과 개발 전략에 관한 연구"(『논문집』, 16, 제주대, 1983), 고남욱 · 양영철의, "내생적 지역개발을 위한 정책 대안의 모색-제주지역을 중심으로"(『논문집』, 30, 제주대, 1990) 등을 꼽을 수 있겠고 이외에도 한창영, 조문부, 부만근, 송성대, 강상배 등의 연구가 다수 발표되었다.

종합개발과 관련하여 80년대에 나온 자료집으로는 제주도가 발행한 『특정지역 제주도종합개발계획』이 있다.

최근 들어서 지방자치제 실시에 대한 관심이 고조되는 가운데 이에 대한 연구들이 하나둘씩 선보이기 시작했다. 조문부 · 부만근 · 신행철 · 양영철 등이 공동 집필한 "지방자치의 효율화 방안에 관한 연구: 제주도를 중심으로"(『사회발전연구』, 4, 제주대 사회발전연구소, 1988), 조문부의 "제주도 지방자치의 배경과 방향"(『사회발전연구』, 6, 제주대 사회발전연구소, 1990) 등이 발표되었다.

지역개발을 주민과 연관하여 파악하는 연구로는 석사학위논문인 문경종의 "제주도 개발사업에 대한 주민 참여 방안"(서울대 행정대학원, 1990), 양시경, "지역주민의 자주적 조직체에 의한 지역개발 방안 조사 연구–성산리 · 서귀포 해녀 · 용담동 해녀를 중심으로"(『지역발전연구』, 1, 제주대 지역발전연구소, 1989) 등이 발표되었다.

또한 마을단위의 의사결정구조를 파악하는 연구도 발표되었는데 장성수 · 양영철의 "제주도 농촌부락의 의사결정에 관한 연구"(『사회발전연구』, 5, 1989)가 그것이다.

(3) 산업 · 경제 분야

① 지역경제

제주 지역경제에 관한 연구는 제1차 경제개발계획의 시행과 더불어 시작되었다고 볼 수 있다. 1960년대에 경제개발계획이 실시됨에 따라 제주지역의 경제 현상에 대한 관심이 일게 되고 이에 대한 연구들도 선보이게 되었다. 대체로 60년대 지역경제연구는 개괄적이고 문제점 제시의 수준에 머무르는 듯하였으며 그 발표 지면도 주로 행정지인 경우가 허다하였다. 연구내용 면에서 보면, 1960년대 초 연구의 주요 흐름은 제주도의 잠재적 자원의 현황과 더불어 그 개발 가능성에 대한 연구가 주종을 이루고 있다. 예컨대 김한준의 글, "본도 산업개발에 대한 관견"(『제주도』, 1962)은 농수산 자원의 상황 및 잠재 자원을 살펴보고 이런 자원의 개발을 위한 몇 가지 대책을 제시했다. 한편 1960년대 말에 들어서서는 주요 관심사가 제주지역 경제성장의 추진력과 개척단지 조성에 쏠리게 된다. 이에 대한 글로는 이경남의 "본도 지역경제 성장의 내면과 외면"(『제대학보』, 1968)과 김병수의 "제주시 개척단지 조성사업"(『제주시』, 1969) 외 1편이 발표되었다.

1970년대에 들어서면서 연구 관심은 종래 경제개발 성과를 평가해 보고 지역경제 성장을 지속시키기 위한 정책적 대안 제시 및 특화산업의 육성 문제로 옮아갔으며, 그 연구의 성격도 보다 체계적이 되었고 발표지면 역시 점차 전문 학술지를 통해 이루어지게 되었다. 이 시대의 연구로는 고종원 · 오현도의 "제주도 중산간 개척에 따르는 농업 경영 진단"(『논문집』, 2, 제주대, 1970), 고남욱의 "제주지역의 개발 방향 설정에 관한 연구"(연구보고서, 1975) 외 1편을 꼽을 수 있을 것이다.

1980년대에 접어들면서는 제주지역 경제에 대한 구조적 분석과 함께 경제성장 과정에서 도외시되었던 지역 간 불균형에 관한 논문이 등장하고 있다는 점을 하나의 특색으로 들 수 있을 것이다.

제주 지역경제의 구조분석과 발전전략에 관한 글을 살펴보면, 김태보는 "제주 지역경제의 구조적 특성과 산업개발전략에 대한 연구"(『논문집』, 18, 제주대, 1984) 등 비슷한 주제의 글을 몇 편 발표한 것 외에도 그의 박사학위논문으로 "제주 경제의 구조적 특성과 성장 전망 지역산업관련분석을 중심으로"를 내놓았다. 이 밖에 지역경제를 분석한 글로 김문관의 "제주도 산업구조 개선 방안에 관한 연구"(『사회발전연구』, 1, 1985), 장기신용은행기획조사부에서 편집한 "제주지역의 경제 현황과 성장 잠재력"(『은행계』, 227, 1985), 부종철의 "제주지역의 경제개발 전략에 관한 연구"(『논문집』, 28, 제주대, 1989), 박희정의 "제주도 지역경제의 구조 분석"(『지역행정연구』, 12, 1989) 등이 발표되었다.

지역 간 불균형에 관해서는 김창중의 "제주도의 지역간 농가소득 격차 요인에 관한 연구"(『산경논집』, 2, 제주대, 1988), 김태보의 "제주지역 경제의 격차 실태와 균형 개발 전략에 대한 연구"(『산경논집』, 3, 제주대, 1989) 등을 꼽을 수 있겠다.

이 밖에 김항원의 "제주도 주민의 경제생활과 개발의 문제점에 대한 의식성향"(『사회발전연구』, 6, 제주대 사회발전연구소, 1990), 김형길의 "제주지역 소비자보호운동의 활성화에 관한 연구"(『탐라문화』 11, 1991), 이영훈의 "일제하 제주도의 인구변동과 경제사회구조"(『제주항쟁』, 제주4 · 3연구소, 1991) 등 다양한 주제의 글들이 발표된 바 있다.

② 농수산업

제주도 농수산업에 관한 연구는 통시적으로 보아 농업경영과 농수산물의 유통과정에 비중이 두어져 있는 것으로 보인다. 또한 여타의 농수산업보다도 감귤에 관한 연구가 다수를 차지하고 있는 점이 하나의 특색으로 보인다. 이는 감귤이 고소득 특용작물로서 제주도민에게는 가장 중요한 소득원이었음을 반영하는 결과라 하겠다.

60년대 농수산업에 관한 연구는 대부분 개발 초기단계에 있는 제주도 농수산업의 현황분석과 농업 육성을 위한 특용작물의 선정에 관한 연구가 주종을 이루었는데, 그 연구의 성격은『제주도』지 등 주로 행정지를 통한 개괄적인 성격의 글들이 다수를 차지했고, 전문 학술지에 발표된 논문으로는 고종원의 "제주도 농업경영 분석과 개선방안"(『논문집』, 1, 제주대, 1969) 외 1편이 있을 뿐이다.

70년대에 들어서서는 특용작물의 구체적 육성방안이 제기되었으며, 이와 아울러 농수산물의 유통개선에 관한 논문들이 다수 발표되었다. 예컨대 김범국의 "제주도 농수산물의 유통 근대화 방안에 관한 조사연구"(『경영논집』, 2, 제주대 기업경영연구소, 1971), 현학순의 "감귤 유통 정책의 개선 방안에 관한 조사연구"(『경영논집』, 5, 제주대 기업경영연구소, 1974) 외 수산물 수출에 관한 글 1편, 강경선의 "감귤의 경영관리 개선에 관한 연구"(『논문집』, 10, 제주대, 1978) 등이 그것이다.

80년대와 90년대 초에 걸쳐 우리 사회 전반적인 농업의 구조적 변화와 농산물 수입개방 등에 따른 농업구조 재조정 작업이 행해지면서 연구분야 역시 농업생산 증대의 문제로부터 점차 농업 생산물의 수급 불균형 문제, 산업구조 재편과 새로운 발전 방향 모색 등의 문제 등에 대한 관심으로 옮아가는 경향을 보였다. 예컨대 박양문·강승진의 "제주도 식량 수급 현황과 전망"(『논문집』, 17, 제주대, 1984), 김창중의 "감귤의 수요 분석 모형 설정과 활용에 관한 연구"(『경영논총』, 8, 제주대 경영학과, 1984), 강보성의 "21세기 제주도 농수산업의 위상"(『제주도연구』, 7, 제주도연구회, 1990), 김정호의 "제주도 원예작물의 실태와 발전방향"(『제주도연구』, 7, 제주도연구회, 1990), 현공남의 "제주도 농업구조의 특성과 발전방향"(『지역발전연구』, 1, 제주대지역발전연구소, 1989), 홍영기의 "제주도 산업구조의 재편"(『제주도연구』, 7, 제주도연구회, 1990), 김태보의 "농산물 수입개방이 제주경제에 미치는 효과 분석"(『사회발전연구』, 6, 제주대 사회발전연구소, 1990) 등이 그 대표적 예라고 할 수 있겠다.

이와 함께 제주도 특산물의 유통 및 수출에 대한 연구도 다수 발표되었는데, 강경선의 "제주도 겨울작물(채소류)의 유통 및 대일 수출 증대에 관한 연구"(『논문집』, 15, 제주대, 1983), 문원석의 "제주도 특산물의 수출 증대 방안 연구: 수산물을 중심으로"(『논문집』, 16, 제주대, 1983), 김성만의 "제주도 특산물의 생산증대 및 수출증대에 의한 주민소득 고양 방안에 관한 연구"(『논문집』, 10, 제주전문대, 1989) 외 1편, 고금석의 "제주도산 양념채소류의 유통체계 효율 증진에 관한 연구"(서강대 경영대학원 석사학위논문, 1988), 김문관 · 고경표의 "제주도 수출산업의 실태와 육성 방안"(『산경논집』, 5, 제주대 관광산업연구소, 1991), 성배영의 "제주농업의 유통과제"(『제주도연구』, 7, 제주도연구회, 1990) 등이 그것이다.

이 밖에 80년대 후반 90년대 초에 발표된 글로 남석진의 "제주도 농촌사회의 농업 경영에 관한 연구: 애월읍을 중심으로"(『교육논총』, 1집, 제주대 교육대학원, 1987), 고창실의 "제주도 토지정책 변경에 관한 소고-제주도를 중심으로"(『논문집』, 11, 제주전문대, 1990) 등이 있다.

③ **제조업**

1960년대 제주도 제조업에 관한 연구는 제주대학 상학과에서 발표한 "본도 제조업의 경영실태"(『제주도』, 15, 1964), 김범국의 "본도 제조업 실태"(『제주도』, 37, 1968) 등 2편뿐으로 매우 저조한 연구실적을 나타냈다.

70년대 후반부터 제주대학 기업경영연구소에서 『경영논집』이 출간됨으로써 본도 제조업에 관한 연구가 본격화되기 시작했다. 『경영논집』, 1호에 실린 김범국의 "제주도내 제조업의 현황과 노동자 실태"(1970)에서는 업종별, 규모별로 제조업의 현황을 분석한 후, 각 기업체의 임금실태를 파악 · 제시함으로써 차후의 연구분석에 기초를 제공해 주었다. 그 이후에는 각 부문별로 제조업에 관한 연구가 발표되기 시작했다. 중소기업 부문에서는 오동현의 "제주도내 중소기업의 경영실태 분석과 경영 합리화 대책"(『경영논집』, 2, 1971), "제주도내 주정공업의 실태 및 경영관리 개선에 관한 조사연구"(『경영논집』, 3, 1972) 등이 있다. 특화산업에 관한 글로는 고남욱의 "제주지역의 특화 산업 실태 및 개발 육성에 관한 조사연구"(『경영논집』, 4, 1973)가 있는데, 이 글은 흑산호 공예품, 감귤 및 유채류 부문을 유명특화산업으로 선정하면서 각 분야별로 개발 육성을 위한 방안을 제시한 바 있다.

이후 제조업 분야에 관한 연구는 한동안 발표되지 않다가 90년대에 들어 고재건 · 김범국 · 김형길은 공동으로 "제주지역 중소기업의 경영합리화와 육성 방안에 관한 연구"(『산경논집』, 5, 제주대 관광산업연구소, 1991)를 내놓았다.

(4) 관광분야

제주도내에서 관광에 대한 관심은 1950년대 후반 제주도 관광개발 3개년 계획(1960~62)이 발표되면서 나타나기 시작했다. 이 3개년 계획은 제주도가 자체적으로 관광 선전, 관광도로 개설, 관광안내소 설치 등을 주 내용으로 하고 있었으나 사업 추진에 필요한 막대한 재원 조달의 미흡, 정치적 상황변동 등의 요인에 의해 계획의 집행은 무위로 끝나고 말았다.

1960년대 들어와서는 1964년 제주도종합건설계획이 수립되었고, 1966년 제주도가 특정 지역으로 설정됨에 따라 건설부의 『제주도 특정지역 종합건설계획 보고서』(1967), 한국종합기술공사의 『제주도 특정지역 종합건설 조사보고서』(1968)가 조사보고되었다. 이들 조사보고서에서는 제주도가 국토건설종합계획의 선도적 역할을 할 수 있도록 자원의 부존도와 개발효과를 고려하여 농수산 및 관광자원 개발에 역점을 둘 것을 제시하였다.

1969년 7월 문공부에 의해 제주도가 문화재관리시범단지로 지정되는 것을 전후하여 문화적 관광자원에 대한 연구가 활발하게 이루어졌는데, 이와 관련하여 송석범의 "본도 문화재의 효율성"(『북제주』, 49, 1970) 외 다수의 논문이 발표된 바 있다.

요컨대 1960년대 연구흐름의 주요 특색은 첫째, 문화적 관광자원에 대한 연구가 부분적으로 이루어진 것을 제외하면 그 내용이 대부분 제주도 개발의 전략적 관점에서 관광개발에 집중되어 있으며 연구의 성격은 단편적이고 서설적인 수준에 머무르고 있다. 둘째, 대부분의 조사연구가 국가의 관광개발정책과 지방행정과의 밀접한 관계 속에서 중앙정부의 제주지역에 대한 관광개발정책의 일환으로 혹은 지방행정 방향의 모색과정으로 연구가 진행되었다는 점이다. 이는 1960년대에 발표된 조사 연구들이 개발계획사업에 대한 조사연구보고서이거나 행정지인 『제주도』지 등을 통해 발표된 연구물이 주류를 이루고 있다는 점에서 찾아볼 수 있다.

1970년대의 제주도 관광에 대한 연구는 60년대에 비해 그 조사 및 연구 영역이 확대·세분화되었을 뿐만 아니라 제주관광에 대한 이론적·체계적인 연구가 이루어지기 시작했다. 70년대 연구의 흐름은 관광개발의 방향, 관광자원의 이용을 통한 관광사업의 진흥에 연구의 초점이 모아졌다고 볼 수 있다.

관광개발의 방향에 관한 연구로는 서경림의 "국민 관광의 본질과 그 방향"(『논문집』, 1, 제주대 관광개발연구소, 1975)을 꼽을 수 있겠고, 관광사업의 진흥에 대해서는 고남욱의 "제주지역 관광 사업 실태와 진흥 방안"(『논문집』, 2, 제주대 관광개발연구소, 1976) 외 몇 편의 논문이 발표되었다. 그 외에 민속촌 조성에 관한 글로는 고남욱 · 서경림의 "제주 민속촌 조성에 관한 연구"(『변시민 박사 회갑기념 논문집』, 1978) 외 2편이 나왔고, 석사논문으로 박재만의 "제주도 관광개발에 관한 연구"(동국대 행정대학원, 1976)가 있다.

한편 70년대에는 관광과 관련된 보고서 및 자료집이 발간되기도 했다. 제주도의 평가교수단 및 도정자문위원회에 의해 발간된『도정 연구 및 평가보고서』(1978), 70년대 초에 나온 제주관광종합개발기획단(청와대 소속)의『제주도 관광종합개발계획(1973~1982)』, 1978년 국제관광공사의 중문단지개발에 대한 조사보고서『중문관광단지 개발계획』 등이 있다.

이외에도 제주도가 발행하는『제주도』지를 비롯한 각 시 · 군의 기관지, 민간에서 발행한『월간제주』,『개발제주』,『제주상공』,『탐라』,『한라산』 등의 종합잡지를 통해 제주관광에 대한 다수의 글들이 쏟아져 나왔다.

80년대와 90년대 초에 들어와서는 종래의 제주관광 개발을 재검토하고 문제점을 지적하면서 합리적인 관광개발을 모색해야 한다는 연구 결과들이 나오기 시작했고, 구체적으로는 자연 및 문화자원의 보전, 관광개발과 도민소득의 연계방안, 개발에의 주민 참여방안 등에 그 연구의 초점이 모아졌다고 볼 수 있다. 또한 관광이 사회과학 내의 여러 학문분과 간의 공동 연구주제로 떠오르기 시작했다.

먼저 종래의 관광개발을 재검토하고 문제점 및 개선방안을 제시한 연구로는 김태영의 "제주도 관광종합개발계획에 대한 재고"(『논문집』, 4, 제주전문대, 1982), 김경호의 "관광개발의 문제점과 개선 방안"(『논문집』, 12, 제주대, 1981), 장성수의 "권역별 관광자원실태의 비교 · 고찰"(『논문집』, 20, 제주대, 1985), 이장춘의 "90년대 제주 관광개발의 방향"(『제주도연구』, 7, 제주도연구회, 1990), 김태영의 "태평양시대에 있어서의 태평양 관광권의 전망과 제주-하와이의 역할"(『논문집』, 10, 제주전문대, 1989) 등을 꼽을 수 있겠다.

관광지리학적 입장에서 관광개발의 전략을 다루는 글로는 오남삼의 "제주도의 관광지리학적 접근"(『사회발전연구』, 5, 1988) 외 송성대 · 고의성 등의 논문이 발표된 바 있다. 특히 오남삼은 "관광지 주민의 관광행태에 관한 연구: 서귀포시를 사례지역으로 하여"(서울대 대학원 지리학과, 1991)라는 제목의 글로 박사학위를 받은 바 있다.

관광산업에 대한 지역경제 구조분석을 통해 개발전략을 제시한 연구로는 김태보의 "지역경제 성장을 위한 관광산업 진흥방안: 제주권을 중심으로"(『논문집』, 12, 제주대, 1980), 김경호의 "제주권 관광산업의 진흥방안: 시장 세분화를 중심으로"(『논문집』, 20, 제주대, 1985), 고남욱 · 김태보의 "관광개발을 통한 지역사회의 개발 전략–제주도 김녕해수욕장을 중심으로"(『지역발전연구』, 2, 제주대 지역발전연구소, 1990)를 꼽을 수 있겠고, 현학순 외의 "제주지역 관광산업의 마케팅 전략화 방안에 관한 연구"(『산경논집』, 1, 제주대 관광산업연구소, 1987), 윤희순의 "제주도 관광기념품의 마케팅 방안에 관한 연구"(세종대 경영대학원 석사학위논문, 1986) 외 1편 등 관광 마케팅에 관한 논문들도 발표되었다. 이와 함께 관광객 유치에 관한 글도 나왔는데, 현학순 · 강보식의 "제주도의 관광산업 진흥을 위한 관광객 유치 증대방안에 관한 연구"(『산경논집』, 3, 제주대 관광산업연구소, 1989) 외 4편의 논문이 있다.

80년대 후반에 들어서는 환경보존에 대한 강조와 더불어 관광개발과 주민의 이익을 연결시켜 논의를 전개하는 글들이 다수 발표되는 점이 돋보인다.

관광자원의 보존에 관해서는, 오남삼의 "제주도 고유문화의 보존 및 선양방안에 관한 연구"(『사회발전연구』, 3, 제주대 사회발전연구소, 1987), 오휘영의 "제주도 관광개발과 환경보존"(『제주개발 무엇이 문제인가』, 제주대 사회발전연구소 · 새마을연구소, 1988) 등이 발표되었고, 관광개발과 도민소득 연계방안에 관한 연구로는 신행철 · 오남삼 · 김승호의 "외화 수입증대를 위한 관광지 새마을 추진 방안–제주도를 중심으로–"(『새마을운동 학술논문집』, 11-2, 전국대학새마을연구소연합회, 1986), 김태보 · 허향진의 "제주지역 관광 소득 잔류효과 제고 방안"(『사회발전연구』, 5, 제주대 사회발전연구소, 1989) 외 고남욱 · 김태보, 강광하 · 허향진 등의 논문이 발표되었으며, 주민참여에 관한 글로는 김홍철의 "제주도 관광지 개발과 지역주민 참여에 관한 실증적 연구"(한양대 대학원 석사학위논문, 1987) 등이 있다.

이들 주제 이외에도 관광상품개발, 민자유치, 국제경쟁 시에 있어서의 제주관광의 위치 등 다양한 주제의 논문들이 발표되었다.

〈게재논문의 출처〉

Ⅰ. 계층 · 계급과 지식인

제1장 사회계급의 개념과 관점

1997, 『사회발전연구』, 13집, 제주대 사회발전연구소, pp. 329-346(→ 일부 조정, 1999, 『한국사회의 계급연구』, 대우학술총서 454, 아르케. 제1장)

제2장 갈등이론에 있어서 산업사회 계급형성에 관한 이론 검토

1982, 『논문집』, 13집, 제주대, pp. 93-111

제3장 지식인 집단의 사회계층적 성격

1983, 이만갑교수회갑기념논총, 『한국사회의 전통과 변화』, 범문사, pp. 214-240

제4장 서학에 대한 후기조선 지식인들의 대응

1998, 『인문학연구』, 4집, 제주대 인문과학연구소, pp. 175-194 (←1998, "The Response of Late Chosun Intellrectuals to Sohak: In Reference to the Case of Chin-san Incident", Proceeding of the 4th Pacific and Asia Conference on Korean Studies, orginized by Center for Korean Research, The University of British Columbia, 1998.5)

제5장 현대 산업사회 지식인의 야누스적 모습

1984, 『논문집』, 19집, 제주대, pp. 135-150

Ⅱ. 사회복지 · 지역사회개발

제6장 역할 개념과 사회복지

1985, 『사회발전연구』, 창간호, 제주대 사회발전연구소, pp. 251-262

제7장 지방분권화 정책과 사회복지의 미래

2005, 『사회발전연구』, 20집, 제주대 사회발전연구소, pp. 159-173 (←"참여정부의 지방화정책과 사회복지의 미래", 제주관광대학 사회복지개발연구소, 제5회 사회복지학술세미나 '지방분권화와 사회복지의 미래', 2004.11.26. '기조발표'(발표장소: 제주관광대학 미래관 세미나실)

제8장 노인복지와 사회정책(草稿)

2002.1 작성

제9장 도벽성(盜癖性) 치료의 일 사례

1977.6, 교도교사를 위한 연찬회-발표요지-, 중앙대 사회사업학과

제10장 지역사회개발

1985, 김영모 편, 『지역사회 복지론』, 한국복지정책연구소, pp. 73-104

제11장 지역사회와 리더십

1978, 『지역사회개발연구』, 3집, 한국지역사회개발학회, pp. 73-98

Ⅲ. 국가와 사회변화의 여러 측면

제12장 21세기, 후기산업사회 국가의 성격

2002, 『현상과 인식』, 25권 3호(2001년 3호), 한국인문사회과학회, pp. 97-118

제13장 한국 정치사회의 변화와 교육 · 교육자의 역할(草稿)

2008, 『초 · 중등 교장자격 시 · 도 연수』(교재), 제주 탐라교육원, pp. 21-32

제14장 미래사회의 특성과 교육의 과제(草稿)

1994, 학교장연찬회, 『연수교재』 94-03, pp. 69-79 (→ 수정, 1994, "미래사회의 예견과 대응", 국민학교 교감자격 연수과정, 『연수교재』 94-04, 탐라교육원, pp. 7-14; 교도교사자격 연수과정, 『연수교재』 94-11, 탐라교육원, pp. 7-17)

제15장 대학의 연구기능과 사회발전

1989, 『신용준박사회갑기념논총』, 신용준박사환갑기념회, pp. 359-381 (← 1989, "대학의 연구기능 강화와 사회발전", 대학발전을 위한 학술세미나 '대학의 연구기능 강화와 지역발전을 위한 대학의 참여' 발표자료, 제주대(후원: 한국대학교육협의회), 1989.7.10)

제16장 일차적 사회의식의 변모

1977, 『홍익』, 8호, 홍익대학교 사범대학 부속여자중 · 고등학교, pp. 21-33 ("홍익여고생의 일차적 사회의식의 면모"라는 제목으로 실은 글)

Ⅳ. 제주사회

제17장 제주사회의 갈등과 도민통합

2012, 제주학회 · 제주특별자치도 사회협약위원회 공동주최, 제주학회 제38차 및 제3기 제주특별자치도 사회협약위원회 출범기념 전국학술대회, '제주의 사회갈등을 넘어 상생발전 모색: 사회갈등 해소와 통합 방안', 기조발제 논문(←2006.7, '이 시대 참 도민 통합을 위한 포럼' 제주특별자치도 제주시 · 공개협제주도협의회 공동주최 발표문 수정 · 보완)

제18장 제주 사회 · 문화 연구 개관

1985, 『제주도』, 통권 제79호, pp. 74-86

저자약력

신행철

서울대학교 사회학과 졸
연세대학교 사회학 박사
제주대학교 사회학과 교수
미국 아이오와대 교환교수
한국사회학회 부회장
제주학회 회장
(현) 제주학회 고문
(현) 제주대학교 명예교수

青南齋 사회학論集 學問餘滴

2018년 10월 5일 초판 1쇄 인쇄
2018년 10월 10일 초판 1쇄 발행

지은이 신행철
펴낸이 진욱상
펴낸곳 백산출판사
교 정 편집부
본문디자인 구효숙
표지디자인 오정은

저자와의 합의하에 인지첩부 생략

등 록 1974년 1월 9일 제406-1974-000001호
주 소 경기도 파주시 회동길 370(백산빌딩 3층)
전 화 02-914-1621(代)
팩 스 031-955-9911
이메일 edit@ibaeksan.kr
홈페이지 www.ibaeksan.kr

ISBN 979-11-5763-420-0 93330
값 30,000원